책갈피 신서 13

알려지지 않은
미국 노동운동 이야기

Labor's Untold Story

by
Richard O Boyer
Herbert M Morais

책갈피 신서 13

알려지지 않은
미국 노동운동 이야기

리차드 O 보이어·허버트 M 모레이스 지음
이태섭 옮김

알려지지 않은 미국 노동운동 이야기
Labor's Untold Story

지은이 리차드 O. 보이어 / 허버트 M. 모레이스
옮긴이 이태섭
펴낸곳 도서출판 책갈피
등 록 1992년 2월 14일(제 18-29호)
주 소 서울 중구 필동1가 21-1 대덕빌딩 205호(100-866)
전 화 (02) 2265-6354 FAX (02) 2265-6395
E-mail bookmarx@naver.com

초판 1쇄 발행 1996년 9월 20일
초판 5쇄 발행 2022년 10월 5일

값 12,000원
ISBN 89-7966-013-8 03940
잘못된 책은 바꿔 드립니다.

책머리에

　교과서나 종래의 역사책에도 대부분 빠져 있고 지금까지도 알려지지 않은 노동자들의 이야기는, 사실상 파업·밀정·음모의 이야기나 노동조합을 조직하고 일으킨 이야기나 '보다 나은 미국에서 보다 나은 삶을 누리기 위해' 싸우고 죽은 사람들의 이야기 그 이상의 것이다. 그것은 록키 산맥의 탄광에서 피어린 투쟁을 벌였던 노동운동 지도자 빌헤이우드, 교수대에서 숨을 거두면서 "민중의 소리를 들으라"고 울부짖은 파슨즈, 하늘을 찌를 듯한 용기로 '산업별 노동조합회의'(CIO)의 불꽃을 요원의 불길처럼 퍼지게 했던 플린트 농성파업의 이야기를 넘어선다.
　근본적으로 노동자의 이야기는 미국 민중의 이야기이다. 그것을 좁게 보아 특정한 노동조합의 역사나 개인별 생애에 초점을 맞추다 보면, 미국 민중을 완전히 행동 속으로 몰아붙였던 그 위대한 힘이 바로 노동자를 뭉치게 했던 그 힘이란 점을 보지 못하게 된다.
　노동조합 운동은 남북전쟁과 흑인의 자유를 위한 싸움의 대격동 가운데에서 전국적인 운동으로 시작되었다. 그때 이래 지금까지 흑인의 민권투쟁은 노동자의 복지향상에 중요한 역할을 했다. 노동자들은 1870년대, 80년대 및 90년대에 걸쳐 전미국인의 운동을 자극했던 불황 속에서 괴로움을 당했다. 이 같은 운동은 노동자들이 1890년대 인민당(Populist Party)의 장엄한 반항과 그 후의 뉴딜 정책이 승리할 때 농민, 중소 상공업자 및 흑인들과 손을 잡음으로써 절정에 이르렀다. 노동자는 결코 고립되어서 살아 오거나 동맹세력 없이 진보한 적이 없었기 때문이다. 언제나 노동자는 미국 국민생활의 주된 흐름 속에 있어 왔으며 미국 역사의 요체였다. 노동자야말로 미국 대기업의 집중과 가장 크게 관계되어 왔다. 노동자의 이야기는 그러므로 본질상 미국 독점기업의 성장 발전 및 그 모든 국면과 일치되어 전개된다. 노동자들이 산업별 노동조합을 만들어 일으킨 도약은 기업 합병(trust)과 거대한 산업재벌의 발달에 대응하는 행동이었다.

노동자들의 불만은 산업과 금융의 힘이 결합된, 흔히 월 스트리트(wall street)라고 불리우는 거대한 세력이 강요한 것이었다. 최초로 눈에 띄는 전국적 노동운동 조직을 만든 강철공 윌리엄 H 실비스의 정신과 행동은, 그와 같은 시대 사람이며 현대 기업 합병의 아버지인 존 D 록펠러의 모략과 아울러 바라보지 않고는 이해할 수 없다. 장기적 관점에서 역사를 보면, 은행과 산업자본을 합병하고 소수의 사람들에 의해 통제되는 거대 기업의 결합을 추진했던 JP 모건의 책략은 새뮤얼 곰퍼즈의 계획보다도 더 미국 노동운동의 과정을 지배했을지 모른다.

그러므로 ≪알려지지 않은 미국 노동운동 이야기≫는 이 모든 것으로 이루어져 있다. 그것은 여러 사람들과 함께 노동조합을 만들었다는 이유 때문에 외국 첩자로 몰려 사형당하게 되자 포츠빌 형무소의 문을 뒤흔든 먼리 부인 — 남편이 몰리 매가이어(Molly Maguires)라고 일컬어졌던 — 의 흐느끼는 절망에 관한 이야기다. 그것은 또 1877년의 철도파업과 그것이 공산주의 음모라는 혐의로 어떻게 파괴되었는가에 관한 이야기이다. 그것은 세계평화를 위해 싸우다가 형무소에 갇힌 후 대통령에 입후보한 유진 V 뎁스와 그의 특사운동의 이야기이며, 죄를 뒤집어 쓰고 갇힌 남편을 살리기 위해 외로운 싸움을 한 루시 파슨즈의 이야기이기도 하다.

매장마다 역사에 알려지지는 않았지만 노동운동의 핵심 인물로서 인쇄물과 전단을 뿌리고, 회의를 이끌고 조합비를 거두며, 노동조합 운동의 씨앗을 퍼뜨린 사람들의 이야기가 있다. 거기에는 값싼 선실에 타고 낯선 미국에 온 수백만 이민자들과 산업별 노동조합회의와 뉴딜의 승리로 절정에 달했던 실업자들의 피어린 투쟁의 이야기가 실려 있다.

지은이
리차드 O 보이어

알려지지 않은 미국 노동운동 이야기 / 차례

1장 나라 위해 흘린 피의 보답은
남북전쟁 일어나다 • 11 / 제2의 미국혁명 • 13
피와 황금 • 17 / 전국 주물공 노동조합의 실비스 • 23
승리의 기쁨 • 29 / 기쁨도 가고 영광도 가고 • 31

2장 굶주린 자들에게 총알밥이나 처먹여라
대향연의 종말 • 45 / 리딩 계곡의 살인왕 • 52
교수형당한 영웅들 • 69 / 굶주린 자들에게 총알밥이나 처먹여라 • 71

3장 짓밟힌 노동운동
미국인의 이상(理想) • 81 / 재벌들의 천국 • 87
노동신문 편집장 존 스윈튼 • 97 / 시카고의 투사 파슨즈 부부 • 100
'하루 8시간노동' 추진운동 • 106 / 압제자여, 민중의 소리를 들어라 • 111

4장 황금의 십자가
전투의 전주곡 • 131 / 농민의 고난과 민중의 단결 • 135
잊혀진 독수리 • 140 / 보수주의자 뎁스 • 142
독점자본과 제국주의 • 163

알려지지 않은 미국 노동운동 이야기 / 차례

5장 지옥 같은 록키 산맥
크리플 천(川)의 광부들 · 175 / 빌 헤이우드 · 180
조작극의 발단 · 190 / 돌아온 독사의 솜씨 · 194
살인 도시의 재판 · 198

6장 떠돌이 노동자들
언론의 자유와 인간의 자유 · 207
진보의 시대 · 215
끄떡없는 곰퍼즈 체제 · 218 / 번영의 뒷전 · 222

7장 전쟁과 돈
제1차 세계대전 · 231 / 참전과 반전 · 234
강철 노동자의 파업 · 241 / 만능의 무기 — 매카시즘 · 248
재도전 · 253

8장 황금의 광란
편견과 증오 · 259 / 들뜬 세상 · 266
신기루의 뒷편 · 274 / 재난 · 285

알려지지 않은 미국 노동운동 이야기 / 차례

9장 분노의 포도
그로스업 씨의 흥망성쇠 — 대공황 • 291
빈곤을 벗어나려는 몸부림 • 297
맥아더 장군 전투에서 이기다 • 302
최루탄과 단결 • 305 / 엠바카데로 부두의 연대의식 • 312

10장 승리
산업별 조직위원회(CIO) • 319 / 플린트의 연좌농성 • 331
승리 • 345 / 승리의 비결 • 351

11장 전쟁 — 열전과 냉전
재연된 피의 황금 • 365 / 누구를 위한 냉전인가 • 377

12장 더 영광스러운 승리
시대의 흐름 바뀌기 시작하다 • 387 / 새로운 물결 • 393
맺음말 • 396

□ **역자 후기** • 398

1 나라 위해 흘린 피의 보답

남북전쟁 일어나다

남북전쟁은 1861년 4월 12일 사우스 캐롤라이나주 찰스턴의 재스민 향기 가득한 축제 분위기 속에서 시작되었다.

　남북전쟁의 개막을 알리는 전쟁의 첫 포탄을 쏘는 영광을 얻은 에드먼드 러핀은 웨스턴 햄프셔에서 맵시 있게 차려 입은 숙녀들에게 둘러싸이게 된다. 오랫동안 반역과 노예제도와 남북의 분리를 주창해 왔던 그는 찰스턴 항구에 위치한 북군의 섬터 요새를 포격함으로써 전쟁 개시를 알리는 '영광'을 차지한 것이다. 그가 첫 발을 쏘아대고 포탄이 나는 한참 동안의 긴장이 지난 다음, 이른 아침의 맑은 공기 속에 가볍게 날리고 있는 미국 국기와 푸르고 적막한 북군의 요새 위로 폭음과 포탄의 연기가 피어올랐다. 잠깐 동안의 환호가 있었으나, 곧 연속 포격의 찢어지는 소리로 이어진 이 전쟁은 미국인의 생활을 혁명적으로 뒤바뀌게 할 산업질서의 급속한 성장을 알리는 신호였다.

그러나 이런 것들을 이해하지 못한 에드먼드 러핀은 역사의 중심에 잠시 멍하니 서 있다가 그를 영웅으로 환호하는 잔치에 참석하기 바빴다. 팔다리의 조각들이 어지럽게 널려 있고 썩어 가는 시체로 가득한 온통 붉게 물든 넓은 벌판이 전개되리라는 것을 상상조차 할 수 없었던 당시로서는, 오직 찰스턴의 은은한 종소리와 무도회 속에서 '남북의 구세주' 에드먼드 러핀을 취하게 하는 축배가 있을 뿐이었다.

그 구세주의 주위에는 그에게 봉사하는 노예들로 가득했다. 그러나 그는 자신의 자유를 향해 싸우는 이 노예들의 몸부림과 자유에 대한 노력을 전혀 알 수 없었고, 18만 6천 명에 달하는 흑인들이 합중국을 위해 싸우리라는 것을 전혀 깨닫지 못하고 있었다. 그는 패배와 죽음에 관해서는 전혀 느끼지도 알지도 못한 채, 오직 포도주가 묻은 확신에 가득한 입술을 흰 손수건으로 문지르고 있을 뿐이었다.

노예 소유자들에 의해 미국 국기와 군대가 공격받았다는 보도에 '메이슨-딕슨 라인'[1] 이북의 도시와 농장들은 애국심의 열풍에 휩싸였다. 더구나 그 노예 소유자들은 이들 노예들을 공짜로 죽을 때까지 부려먹는 체제를 미국 전체에 확립하려는 생각을 강렬하게 품고 있는 자들이었다. 예를 들면, 찰스턴 머큐리 같은 자는 전쟁이 시작되기 직전 "노예제도는 노동자의 자연적이며 정상적인 조건이다. 북부 여러 주 역시 이것을 도입해야 한다. 자유사회의 이론은 환상이다"고 선언했다. 한편 링컨 대통령이 군대에 지원할 것을 호소했을 때, 노예 소유자들이 승리한다면 자유스러운 노동조합은 있을 수 없다는 사실을 잘 아는 노동자들은 각 노동조합 지부의 전(全)회원이 단체로 입대하게 된다.

역사상 이 전쟁만큼 유혈과 처참한 정도 그리고 광범한 싸움터와 중대한 쟁

---

1) 메이슨-딕슨 라인 : 미국 펜실베니아주와 메릴랜드주의 경계. 옛날 미국의 북부와 남부의 분계선으로 간주되었다 — 옮긴이.

점을 가진 전쟁은 일찍이 없었다. 전(全)국토의 절반에 걸친 전쟁이 진퇴를 되풀이하면서 수만의 병사가 윌더니스와 쉴로 티카모우가 그리고 인티에텀 등에서 죽어갈 때, 많은 노동조합 회원들은 이 전쟁에서 결정될 쟁점이 4백만의 검은 미국인이 노예 상태를 계속할 것이냐 아니냐는 것뿐만 아니라 흑인과 백인, 남부와 북부를 막론하고 모든 미국 노동자들의 자유와 부자유 여부를 결정짓는 것임을 알게 되었다.2)

산마루와 들판, 늪지와 삼림, 미시시피 강에서 대서양에 걸쳐 불타는 도시 등 1천 마일에 달하는 전선에서 전쟁이 열기를 더해 가자 전세계는 놀란 눈길로 지켜보았다. 특히 유럽의 노동자들은 성조기가 바로 그들의 운명을 짊어진 것으로 생각했다.

제2의 미국혁명

에드먼드 러핀이 찰스턴 항을 향해 최초의 포격을 했을 때, 그는 노예 소유자의 승리를 절대적으로 확신했고 또 이는 전개되는 상황을 통해 충분히 증명되는 듯이 보였다. 4반세기 이상 노예 소유자들은 북부의 정치적·경제적 동맹 세력과 남부의 강철 같은 체제를 통해 정부를 지배하고 있었다. 그들은 대통령직을 지배하고 최고재판소를 통제하고 의회를 조종하면서 주요 정당을 그들 뜻대로 움켜쥔 채 대부분의 신문과 학교와 목사들을 통제했다. 4반세기 이상 그들은 여러 가지 법을 통과시키고 연방정치를 주무르며 북부 산업자본주의의 경제발달을 훼방했다.

---

2) <아이언 플랫폼 *Iron Platform*>이라는 뉴욕의 노동자 신문은 1862년 11월 다음과 같이 지적했다. "만약 전쟁에서 남부가 승리한다면, 흑인과 백인을 막론하고 모든 노동자가 노예가 될 것이며 또 그렇게 되지 않을 수 없다. 그래서 미국 노동자들이 분명히 알아야 할 진리가 있다. 그것은 '흑인 노예제도'는 '백인 노예제도'로 이행한다는 것이다. …… '자본은 노동을 소유한다'는 반역자들의 주장이 진실이라면 논리적 결론은 명백하다. 흑백을 불문하고 모든 노동자들은 노예이며, 노예가 되어야 한다는 것이다."

언제나 저돌적이며 뻔뻔스럽고도 자신에 넘쳐 있던 그들은 승리에 승리를 거듭해 갔다. 노예제도 실시 지역이 확대됨에 따라 그들은 '대서부'를 위협했다.

1848년 멕시코 영토의 거의 절반을 빼앗아 크기가 거의 두 배로 늘어난 대서부는 자본주의 팽창에 꼭 필요한 땅이었다. 1857년 그들이 지배하는 미합중국 최고재판소는 '드레드 스콧트' 판결에서 "노예제도는 미합중국 전지역에서 합법적이다"고 선언했다.3) 그들은 지배계급이며 그들의 권력은 재산에 기초를 두고 있었다. 그 재산이란 소처럼 소유되는 4백만에 달하는 인간 — 약 20억 달러로 평가되는 — 이었다. 언론에 대한 영향력을 통해 그들은 남부는 물론 북부 사람들에까지 노예 폐지론자들의 주된 관심이 노예제도의 폐지가 아니라, 옛날의 적 영국을 위해 무력으로 정부를 전복하려는 반역 음모를 꾸미는 데 있다고 떠들었다.4) 거의 30년 동안 노예 폐지론자들은 공산주의자와 사회주의자로 몰렸다. 그들은 사회주의 반역 음모를 위장하기 위한 방패막이로서 흑인의 자유를 호소하고 있다는 것이었다. 오늘날 노동운동에 퍼부어지는 공격과 아주 비슷한 이런 비난의 전형적인 예로는 남부의 사회학자 조지 피츠휴가 1857년에 말한 것이 있다.

---

3) 특히 북부 노동자들이 '드레드 스콧트' 판결에 놀랐다. 재판장 데니는 "미국 헌법에서 의회는 미국 어느 곳 어느 때에나 노예제도를 금하거나 폐지할 권한이 없다"고 판결했다. 이 판결은 자유노동이 워싱턴주와 다코다주에서 뉴멕시코주까지 그리고 캔자스주에서 캘리포니아주에 이르기까지 서부의 넓은 땅과 모든 곳에서 노예노동과 경쟁해야 한다는 것을 의미하는 것이었다. '드레드 스콧트' 판결은 남북전쟁으로 돌입하는 결정적 시기에 있었던 노예제도 옹호자들의 연속적·장기적 승리의 하나에 불과했다. 1850년에 노예 소유자들은 북부로 도망가는 노예들의 송환에 연방 정부의 지원을 규정한 '도주 노예에 관한 법률'의 제정을 추진했다. 매년 수천 명의 노예가 도망했다. 이들은 연방법률 위반을 무릅쓰고 노예의 도망을 돕는 남부와 북부 모두에서 수천 명에 달하는 흑인과 백인 들의 도움을 받았다.
4) 1835년 매사추세츠주 출신의 전 상원의원이며 보스턴의 지도적 인물인 해리슨 그레이 오티스는 대규모 노예제도 지지 집회에서 노예제도에 반대하는 단체는 "우리 자매 주들의 정부 전복을 목표로 하는 혁명 집단이다"고 말했다. 나아가 그는 노예 폐지론자들은 "공공연하게 헌법에 규정된 바를 침해하는" 반역자들이라고 선언했다. 윌리엄 로이드 개리슨 전기에 의하면, 공개 석상에서 자주 언급된 이러한 비난의 결과로 노예 폐지론자들은 "반헌법적 수단에 의해 반헌법적 목적을 추구하면서 노예 반란을 선동하고, 공화국의 오래된 외적에게 원조를 구하는 파괴자로 몰려 대중적 증오의 대상이 되었다."

우리는 북부에 경고한다. 모든 노예 폐지론 지도자들은 그들의 궁극적 목적인 사회주의와 공산주의, 즉 사유재산의 부정·무교회·무법·자유연애·여성해방·아동해방 등을 위한 수단으로 흑인문제를 들먹이고 있다는 사실을 경고한다.5)

노예 소유자들은 존 브라운과 그의 부하들을 반역죄로 처형함으로써 그들 자신이 음모하고 있는 반역 계획으로부터 사람들의 주의를 돌려 버렸다. 1859년 12월 2일 버지니아주의 노예를 해방하려 했다는 이유로 브라운을 처형하는 일을 주동한 우두머리들은 나중에 남부 연방의 대통령이 된 데이빗 제퍼슨과 버지니아 주지사 와이즈 그리고 같은 주 상원의원 메이슨 등이었다. 이들 셋은 모두 그 후 2년이 채 못 되어 미합중국에 반대하는 반역의 지도자가 된다.

남북을 막론하고 반동주의자들은 외국 이민자, 특히 아일랜드인들이 교황청 첩자의 지휘 아래 백악관과 국가를 장악하려 음모하고 있다고 비난함으로써 그들 자신의 음모를 위장했다. 초기의 노동운동도 1805년 필라델피아 제화공(製靴工) 노조가 국민의 자유를 파괴하려 한다고 비난을 받은 이래 반미음모(反美陰謀) 혐의로 여러 차례 비난받아 왔다.6)

1790년대 미국에서 최초의 노동조합 조직이 생겨났을 때부터 제화공은, 배 만

---

5) 사우스 캐롤라이나주의 교육·종교 지도인 제임스 H 손웰의 말은 이에 관한 또 하나의 전형적 언급이라 할 것이다. 그는 1850년 "이 투쟁은 노예 폐지론자와 노예 소유자라는 두 당파의 싸움일 뿐만 아니라 무신론자·사회주의자·공산주의자·과격분자와 급진론자가 한편이 되고, 또 한편에는 자유보다는 질서를 앞세우는 사람들이 맞서 있는 싸움이다. 한마디로 말하면 세계는 무신론자와 기독교와의 싸움터이며 여기에 인류의 진보가 걸려 있다." 이 말은 오늘에 있어서도 시사하는 바가 많다.
6) 1805년 8명의 제화공(製靴工)들은 필라델피아 대배심에 의해, 임금인상 모의를 작당했다는 죄로 기소되었다. 이 사건 이후 고용주들은 자신들에게 고분고분한 법원의 도움을 얻어 노동운동이란 사회를 전복하기 위한 수단으로 폭력을 사용하려고 모의하는 것이라고 누명 씌우기를 서슴지 않았다. 예를 들면 그는 1836년 뉴욕 양복 재단사 사건을 담당하면서, 노조는 "외국에서 유래한 것이며 그것이 대부분 외국인에 의해 부채질되었다고 믿는다"고 말했다. 이런 류의 비슷한 비난은 1821, 1823, 1829, 1834, 1835, 1836년에 걸쳐 양복 재단사, 모자 제조공, 방적공, 제화공 및 카펫트 직공(織工)들을 희생시킬 때도 퍼부어졌다.

드는 노동자, 벽돌 쌓는 노동자들은 임금인상이 어렵다는 것을 알았다. 왜냐하면 불과 수백 마일 떨어진 남부에서는 노예 노동자에 의해 전혀 무보수로 신발과 배가 만들어지고 있었기 때문이다. 메릴랜드주에서는 채찍을 맞으며 지쳐 쓰러질 때까지 혹사당하고 있는데, 로드아일랜드주에서 노동시간 단축을 얻어낸다는 것은 무리였다. 일찍이 1844년 매사추세츠주 폴 강(江)의 방직 노동자들은, "너희들은 남부의 노예처럼 싸게 그리고 오래 일해야 한다"고 강요받았다. 그로부터 2년 후 뉴잉글랜드 노동자 협회는 "노동계층의 지위를 향상시키기 위해서는 노예제도가 먼저 근절되어야 한다"고 결론을 내렸다.

그러나 그 후 10년간 상황은 더 악화되었다. 노예제도가 전(全)사회에 걸쳐 아주 견고하게 확립되었기 때문에, 지도적인 노예 폐지론자이며 노동운동의 지도자인 웬델 필립스는 이렇게 썼다.

> 정부는 완전히 노예주의자의 손아귀에 떨어졌다. 정치에 관한 한 희망이 없다. 우리는 쿠바를 1~2년 후에 멕시코는 한 5년 후에나 차지할 수 있을 것이다. 미래는 아마도 노예제도가 브라질까지 파급되어 하나의 큰 노예왕국을 건설하게 될 것처럼 보인다. 나는 이것이 잘못된 예측이길 바라지만, 그러나 전망이 이렇게 어두웠던 적은 일찍이 없었다.

노예제도 지지자는 필립스가 지적한 것과 같은 생각을 가지고 있었는데, 그러나 그들에게 있어서 전망은 어두운 것이 아니라 밝은 것이었다. 그들은 노예제도가 마치 중력(重力)처럼 영원하리라고 믿었다. 그들은 세상이 변하고 있음을 알지 못했다.

북부의 산업자본주의를 일으키고 있는 자유와 증기기관을 비롯한 새로운 동력이 곧 그들을 삼키고, 그들이 영원히 지속되리라고 생각했던 노예제도를 파괴하며 그들을 파멸시키게 될 혁명의 공기가 성숙하고 있는 줄은 전혀 꿈꾸지 못했던 것이다.

제퍼슨이 "모든 인간은 평등하게 창조되었다"고 썼을 때, 이미 어떤 점에서 혁명은 시작된 것이었다. 자유와 독립을 위한 위대한 혁명 전쟁은 수백만 미국인을 대상에서 제외했다. 즉, 혁명은 최초로 미국에 온 청교도들만큼이나 일찍이 미국 대륙에 상륙했으나, 아직까지 노예상태에 있는 흑인을 해방시키지 않았던 것이다. 또한 북부에서 발달하고 있던 자본주의와 적대하는 지배계급, 즉 남부 대농장 소유자들의 속박 하에 노예들을 그대로 방치한 것이었다. 남부 대농장주들은 중앙 정부를 주도하면서 북부의 성장하는 산업자본의 힘을 구속하고 규제하는 정책을 내세우고 있었다. 북부의 산업이 영국의 전제적 지배를 타도하기는 했지만 또 다른 전제자를 만든 것이다. 따라서 폭발은 필연적이었다.

혁명은 전쟁을 치르는 것만으로 다 끝나는 것이 아니다. 따라서 1776년의 제1차 미국혁명은 완결된 것이 아니었기 때문에, 각축하는 사회제도 속에 점점 늘어가는 매일매일의 갈등 가운데에서 혁명은 계속되고 있었던 것이다. 그것은 때로는 조용히 때로는 끊임없이 확장되고 있는 공장의 소음 속에서, 또 노예들의 반란을 통해, 또는 드넓은 서부에서 세력 각축을 벌이고 있던 노예주의자와 자유세력간의 의회 투쟁에서 가끔 눈에 띄게 드러나고 있었다. 남북전쟁을 폭발시키고 제2의 미국혁명을 폭발시킨 것은 러핀의 찰스턴 항 포격이 아니라, 바로 여러 해에 걸쳐 계속되어 온 이 같은 갈등 때문이었다.

피와 황금

노동조합 운동은 1857년의 불경기까지 50년대를 통해 서서히 성장해 왔으나, 링컨의 지원병 호소가 있자 거의 존재가 없어지게 되었다. 전국 노동자의 절반 이상에 달하는 50만에서 75만 정도의 북부 노동자들이 전장에 나섰다. 매사추세츠주의 로웰방직 노동자 중대는 적의 위협 하에 있는 워싱턴을 지키기 위해 진군할 준비를 갖춘 최초의 중대로서 표창을 받았다. 전국 각 지부의 노동자들이 대거 입대했기 때문에, 모든 지부는 전쟁 기간 동안 거의 해체되었다. 예를 들면, 위스콘신주의 전국인쇄노동조합은 사실상 모든 조합원이 전선으로 갔기 때문에 23개 지부를 해체해야만 했다. 폴 강 연안의 방적(紡績) 노동조합은 전쟁 초기 수개월 동안에 모두 군대에 뛰어들어갔기 때문에 실질적으로 해체되었다.

희생은 1861년 7월 불런에서 북군이 처참한 패배를 당함으로써 시작되었다. 전쟁은 4년 동안 계속되어 대부분이 노동자·농민인 60만 이상의 젊은이들을 죽게 하고, 40만 이상을 부상과 불구·화상의 몸으로 만들어 놓았다.

전쟁은 격전지라는 '영광'스런 호칭을 얻은 2400개의 전장과 수천 군데의 작은 전투지에서 계속 펼쳐졌다. 당시 노동조합의 신문은 검은 띠를 두른 희생자 명단을 연일 발표했다. 전투와 죽음은 노예주의자들의 군대가 거의 2년간 연속적으로 승리함으로써 크게 위협받고 있던 워싱턴을 하나의 커다란 병원처럼 만들게 되기까지 계속되었다.

북군을 돕기 위해 워싱턴에 온 시인 월트 휘트먼은 부상당한 병사들과 고통을 같이하며 밤낮으로 그들을 돌본 끝에, 마흔 두 살밖에 되지 않은 그의 머리와 수염은 은색으로 변하게 되었다. 전쟁 동안 그가 발행한 신문 지면은 온통 전사자 목록으로 가득 찼다. 그는 이렇게 썼다. "한 병원에 입원해 있는 토마스 헤일리라는 뉴욕 제4기병대 병사는 젊고 건강한 육체를 지닌 남성미의 전형이었으나 폐를 관통한 총상을 입고 처참히 죽어갔으며, 그 옆에 있는 토머스 린다라는 펜실베니아 제1기병대 청년은 항상 진통제를 맞았고 그의 얼굴은 핼쑥해지고 그 빛나는 젊은 눈은 흐려져 갔다. 반대편에는 퀘이커 교도인 늙은 부인이 그녀의 아들 아머 무어라는 북군 제2포병대 소속 청년 옆에 앉아 있었다. 머리에 총을 맞은 그는 분명히 죽을 것이다. 내가 그에게 말을 건네자 그는 쾌활하게 대답했다."

아머 무어가 죽어가고 있을 때, 나무랄 데 없이 건장한 청년 JP 모건은 월가(街)에 있는 그의 사무실에서 금투기(金投機)로 벌게 된 이익을 계산하고 있었다. 북군이 또다시 패배하자 이는 북부의 통화 사정을 더욱 어렵게 했다. 그러나 이런 것들은 오히려 그가 매점(賣店)해 둔 금값을 폭등케 하여 그에게 상당한 이익을 가져다 주게 된 것이었다. 젊었을 때부터 뻔뻔스럽고 오만했던 모건은 전쟁이 시작됐을 때 24세밖에 되지 않았으나, 처음부터 전쟁이란 영리한 자에게는 돈을 벌게 해 주고 가난한 자에게는 죽음을 가져다 준다는 것을 터득하고 있었다. 타산적인 면에서 머리가 덜 돌아갔던 수천 명의 청년들이 애국심에 넘쳐 워싱턴을 방위하기 위해 블런전장으로 진격해 갈 때, 돈벌레 모건은 뉴욕의 정부 병기창으로 가서 정부 소유 창고의 소총들이 낡고 결함이 있는 것들이라는 정보를 빼내었다.

천재적인 장사 속으로 그는 이것을 정부로부터 1만 7500달러의 헐값으로 사서 그 다음날 고스란히 11만 달러로 정부에 다시 팔아넘겼다.

그는 같은 또래의 젊은이에게서 볼 수 없는 냉정하고 태연한 태도를 지니고 있었다. "충성을 가장해 국가의 불행을 치부와 향락의 기회로 삼는 자는 반역자보다 더 나쁘다"[7]면서 의회가 그와 몇 사람의 횡령자에 대한 수사를 펼 때에도 개의치 않는 것 같았다.

1863년 징집법이 통과되자 모건은 마치 밀가루 한 푸대를 사듯이 한 젊은이를 300달러에 사서 자기 대신 전쟁에 내보냈다. 나중에 자기 대신 군에 간 젊은이가 전사했다는 것을 희생자 명단을 보고 알았을 때, 이 젊은 사업가는 자신의 행동이 정말로 현명한 것이었음을 알게 되었다. 특히 전쟁 중의 군수물자 계약으로 수백만 달러가 생겨 자신의 생명이 날이 갈수록 값진 것이 되어 가는 판국에 자기 대신 전쟁에 나가 죽은 생명을 하나 사는 데 300달러를 들였다는 것은 문제도 되지 않는 액수였다.

모건이 돈으로 군대에 대신 갈 사람을 산 것은 불법도 또 희한한 일도 아니었다. 징집법에 돈으로 다른 사람을 사서 대신 군에 보내는 것이 가능하도록 규정되어 있었기 때문이다. 이 규정의 덕을 본 사람 가운데 또 존 D 록펠러가 있다. 그는 다른 사람들이 버지니아주에서 죽어가고 있는 동안 펜실베니아주 서부 유정(油井) 탑의 숲 속에서 느긋하게 빈둥대며 석유 왕국을 세울 꿈에 부풀어 있었다.

"오직 풋내기들만 징집되어 간다"고 핏츠버그의 멜론 판사는 그의 아들 제임스에게 말했다. "여기서는 전쟁에 나가는 것이 전혀 명예가 되지 않는다. 가지 않을 수 있는 자는 모두 가지 않고, 가지 않으면 안 되는 사람이 군에 간다. 자기 대신 몸을 던질 수 있는 사람을 살 수 있는 사람은 그렇게 해서 군에 가지 않아도 전혀 불명예가 되지 않는다."

뉴욕에서는 신문에 매일 다음과 같은 광고가 실렸다. 즉, "신사 여러분! 소개

[7) 코모도어 반더빌트는 당시 미국에서 제일 가는 부자 중 한 사람이었는데, 전쟁 중 부정을 한 혐의로 의회 조사에서 지목되었다. 특히 그가 정부에 하루 800~900달러로 빌려 준 나이아가라는 고물 증기선은 대서양에서 미국 남부 루이지애나주의 뉴올리언즈로 병력을 수송하는 데 사용되었다. 아이오와주 출신 그라임즈 상원의원은 이렇게 지적했다. "순탄한 날씨와 잔잔한 바다에서 뱃전이 깨어져 나가는 사태가 배 위에 있던 노한 병사들에게 목격되었고 뱃널은 썩어 있었다. 위원회는 이 배가 못 하나도 실을 능력이 없다는 것을 증명하는 이 배의 들보를 견본으로 가지고 있다."

소나 은행 혹은 일반 지원병 협회의 사무실에 주문을 해 주시면 대신 군에 갈 사람을 신속히 마련해 드리겠습니다."

"나는 의무를 다했다고 어머니에게 말해 주오" "나라를 위해 죽어갔다고 아버지에게 말해 주오" 등의 평범하고 케케묵은 말을 감상적으로 하며 죽어간 많은 젊은이가 있는가 하면, 보다 약삭빠른 다른 젊은이들은 군수물자 계약을 통한 돈벌이를 비롯해 철도 부설권을 얻기 위해 의회에 뇌물을 마구 뿌리기까지 하면서 여러 가지 사업을 벌여 거대한 부를 긁어모으고 있었다. 그리하여 필립 아머, 제임스 힐, 앤드류 카네기, 제이 고울드, 짐 피스크 등은 모두 당시 20대 초반이었는데 모건이나 록펠러처럼 군대에 가지 않았다. 다른 사람들이 죽어가는 동안 이들은 편안히 살면서 거대한 부의 바탕을 미국 내에서 축적했다. 그 재산 가운데 상당 부분은 지금도 미국인의 생활을 지배하고 있다. 매튜 조셉슨은 다음과 같이 썼다.

> 산업과 은행의 신귀족층을 형성한 젊은이들은 링컨이 처음 지원병을 모집할 당시 젊음의 절정에 올라서고 있었다. 제이 고울드, 짐 피스크, JP 모건, 필립 아머, 앤드류 카네기, 제임스 힐, 그리고 존 록펠러 등이 모두 20대 초반이었다. 콜리스 헌팅턴과 랠란드 스탠포드가 30대였으며, 제이 쿠크는 아직 마흔이 되지 않았다. 이들 일단의 젊은이들은 전쟁이 시작된 초기에 모두 크나큰 횡재를 하게 되었다. 그들은 전쟁 중 절정에 달한 경제혁명 속에서 새로운 지위를 얻었다. 전쟁이 끝나자 그들은 대재벌이 되기에 충분한 준비를 갖춘 자본가로서, 즉 돈을 지배하는 자로서 등장하게 되었다. 어려운 시대에 마치 그들만이 만반의 태세를 갖춘 듯했다. 마치 제2의 미국혁명은 그들을 위해서 일어난 것 같았다.

제2차 미국혁명이 진행되고 '산업과 금융의 새로운 귀족'이 권력의 자리로 밀고 들어오게 됨에 따라 전혀 색다른 거대한 힘이 미국에 나타났다. 탐욕스러운 꿈을 통해 부자가 된 사람들이 생기고, 4백만 흑인 노예들이 승리하는 북군의 뒤를 쫓아다니느라 집을 잃고 굶주림으로 쓰러져 가며 수천 마일을 방황하는 동안 전쟁은 위세를 떨쳤다. 셔먼 장군이 이끄는 군대가 남군의 기점인 조지아주의 수도 애틀랜타를 불태우고 바다로 쓸어넣고 있을 때, '포장마차'의 물결은 1862년에 제정된 '자영농지 보장법'(Homestead Act : 미국의 남북전쟁이 한창 벌어지고 있던 1862

년 5월 20일에 제정된 이 법은 정식으로는 '공유지(公有地)에 실제로 정착하는 자에 대한 자영농지 보장법'이라 불린다. 이 법률은 서부에 존재하는 드넓은 공유지를 실제로 정착하는 소농(小農)에게 무상으로 불하할 것을 규정하고 있었다. 즉, 서부에 정착하는 만 21세 이상의 사람에게는 160에이커까지 무상으로 토지를 주게 되어 있었다. 그러나 이 법률에도 허점이 있어 그 효과는 현저하게 감소됐지만 미국 역사상 커다란 의의를 가진 것이었다 — 옮긴이) 하에서의 새로운 생활과 새로운 땅을 찾아 서부로 향하는 길을 더듬고 있었다. 그랜트 장군의 군대가 리치몬드를 격렬하게 포격해 막대한 손실을 입히고 있을 때, 1만 명의 중국인 노동자들과 3천 명의 아일랜드인이 캘리포니아에서 동쪽으로 시에라네바다 산맥과 록키 산맥을 넘어 철로를 부설하고 있었다. 산꼭대기의 얼음덩이와 불타는 사막 속에서 희생된 그들의 숫자는 전투 중 희생된 군인들의 수와 맞먹는 것이었다. 그들은 최초의 대륙횡단 철도를 건설하기 위해 동쪽 방향으로 일하고 있는 사람들이었다.

　북부의 신흥 산업자본가 계층은 남부의 구(舊)지배자들을 몰아내고 미국의 지배적인 집단으로 자리를 잡았다. 여러 해 동안 갇혀 있던 힘들이 마치 무너진 둑에서 쏟아지는 홍수처럼 한꺼번에 밀려나와 전국을 산업 진흥으로 충만시켰다. 연방정부는 막대한 군수물자를 구입하기 위해 하루 백만 달러 이상의 돈을 지출했는데, 그 대부분은 신흥 은행가 제이 쿠크가 조달했다. 그리고 그는 중개 수수료로 2천만 달러를 벌어들였다. 수천 마일의 철도가 군대 수송과 보급을 위해 필요했다. 군대의 교신을 위해 수천 마일의 전신이 가설되었다.

　새로 건설된 대공장들은 신기술을 활용해 밤낮을 가리지 않고 벨트와 직기를 덜커덕거리며 대량생산을 계속하고 있었다. 특히 군복·군화·통조림 그리고 농기구 등이 그러했다. 최근까지 동력원이었던 서서히 육중하게 돌아가는 물레방아는 이제 완전히 과거의 유물이 되어 버렸다. 석탄과 증기 그리고 철 등 혁명적 3대 동력은 1890년 중반까지 미국을 세계 공산품의 3분의 1을 생산하는 세계 제1의 공업국으로 바꾸어 놓았다.

　펜실베니아주 서부에서 쏟아져 나온 석유는 록펠러를 갑부로 만들었고, 핏츠버그의 철은 전국을 철도와 철교, 열차로 넘치게 하여 29세밖에 안 된 앤드류 카네기를 황홀하게 했다. 27세인 필립 아머가 배럴당 18달러에 산 돼지고기를 40달러씩 군대에 팔아 2백만 달러를 벌었을 때, 시카고는 철도와 밀과 고기의 중심지가 되고 있었다. 아버지의 충고를 받아 군대에 입대하지 않은 제임스 멜론은, 밀로 투기를 해 수백만 달러를 벌어들인 자기의 친구를 부러워하면서 아버지에게 "그들은 점점 더 부자가 되고 있으며, 전쟁이 언제 끝나는가 따위에는 관심도 없습니다" 하고 편지를 했다.

대규모의 희생에도 불구하고, 신흥 산업사회의 어떤 불행한 측면만 없었다면 모든 것은 더없이 완벽하게 보였을 것이다. 이 산업사회는 한편에선 많은 사람을 가난하게 만들었고, 다른 한편으로는 골치 아픈 노동운동을 등장시켰다. 경제계의 새로운 거물들은 처음에는 침착했다. 빼앗을 땅이 그들 앞에 널려 있는데 당황할 필요는 없었던 것이다. 그들은 한창 기운이 넘치는 공화당을 소유했고, 정부를 좌우하고 있었다. 돈을 벌기에 혈안이 된 그들은 그 어떤 것도 거칠 게 없었다. 신흥 대실업가로부터 대부분의 의원들이 뇌물을 받고 있던 의회는 얼마 지나지 않아 그들 악덕 재벌들에게 전국에 있는 천연자원의 거의 절반을 넘겨 주고 말았다. 1850년대와 60년대에 걸쳐 연방의회는 '유니온 퍼시픽'·'샌트럴 퍼시픽'·'노던 퍼시픽' 및 기타 서부 철도회사에 뉴잉글랜드 지방과 뉴욕주 및 펜실베이니아주를 합친 만큼의 넓이인 1억 5800만 에이커의 토지를 넘겨 주었고, 그 동안 여러 주정부는 거의 텍사스주만한 넓이인 1억 6700만 에이커의 토지소유권을 넘겨 주었다.[8]

대기업가들에게 넘어간 이 거대한 땅은 그렇지 않았더라면 1862년의 '자영농지 보장법'에 의해 농부들에게 돌아갔을 경작 가능지의 상당 부분에 해당되는 것이었다. 이 법의 제정 의도는 원래 서부(西部)에 대한 수백만의 일반 미국 국민의 소유권을 확보하도록 하는 데 있었다. 이러한 법에 의해 정부는 토지를 개간하기 위해 정착한 사람이면 누구에게나 그 땅을 자영농지로 인정해 줄 것을 약속했었다. 그러나 이 법과 다른 토지법은 의회와 친밀한 자들과 국회의원에게 뇌물을 바치는 자들에게 의회가 드넓은 공유지를 그 보답으로 공공연하게 줄 수 있도록

---

8) 철도회사에 넘어간 공유지는 3억 3500만 달러로 평가되고 있다. 한편 정부가 철도에 준 실질적인 보조금은 이보다 훨씬 많아 적어도 7억 700만 달러에 달한다. 이들을 합치면 철도는 약 10억 달러를 들어먹은 것이다. 1870년까지 철도 건설비의 약 60퍼센트가 공공기관에서 보조해 준 것인데, 이는 미국 국민 소유의 토지와 국민의 호주머니를 턴 세금에서 나온 것이다.

하는 권한을 부여했다. 이리하여 젊은 기업가들은 곧 현재 미국 영토의 절반에 달하는 가장 좋은 땅을 사유지로 차지하게 되었다. 그들은 부(富)와 풍요의 알맹이인 초원과 삼림뿐 아니라, 그들이 차지한 땅 밑에 매장된 무궁무진한 철과 석탄·구리·금·은 및 석유 등의 모든 것을 그 자신뿐만 아니라 그들의 대리인과 상속인을 통해 영원히 소유하게 된 것이다.

그러나 이 협잡꾼들의 황금기에 버지니아주는 유혈로 가득 차 있었다. "숲의 한 골짜기에는 양측의 시체가 대여섯 겹으로 쌓여 부상자가 시체 밑에 깔려 몸부림치고 있었고 …… 9일 만에 우리 부대의 손실은 1만 547명에 달했다. ……"고 전투에 참가했던 한 젊은 장교는 썼다.

흑인 부대가 남북전쟁 사상 가장 용감한 공격을 감행했던 와그너 요새 앞에는 시체들이 줄을 이어 누워 있었다. 북군측 정탐꾼으로 활동한 흑인 여성 해리엣 텁먼—그녀는 '흑인의 모세'였다—은 전장의 모습을 이렇게 묘사했다. "총알이 날아가고 대포가 불을 뿜고 연이어 거대한 포성이 천둥쳤다. 그리고 피가 비처럼 쏟아져 흘렀다. 그리고 우리가 전장으로 달려갔을 때는 무수한 시체들을 확인할 수 있었다."

전국 주물공 노조의 실비스 (Sylvis)

윌리엄 H 실비스는 미국 노동운동의 위대한 지도자 가운데 한 사람이다. 그는 위대한 사상을 가진 한편, 약간 성깔이 있는 사람이었다. 그의 어깨와 팔 근육은 주물공 일을 통해 단련되었고, 짧은 턱수염을 기르고 있었다. 분노했을 때 그의 빛나는 눈초리는 열기로 타는 듯했고, 결코 입을 다물거나 가만히 앉아 있는 법이 없었다. 최초의 전국 노동자 연맹일 뿐만 아니라 최초의 전국적 노동조합의 하나인 주물공 조합(Iron Molders)의 창설자 중 한 사람인 그는 온 정열을 다 바쳐 일했고 마침내 41세를 일기로 사망했다. 항상 분노에 떨면서 살았던 그는, 생각한 것은 그대로 말해 버리는 성격이었고 결코 망설이는 법이 없었다.

그는 생각하면 곧 행동에 옮겼다. 불 같은 성격에도 불구하고 그는 조직과 관리에 있어 천재적이었다. 수천 명을 노동조합 운동에 끌어들이고 조합비 모금, 지부 조직, 필요한 파업기금 설치, 중앙집중 제도 등 그가 창시한 노동운동 실무는 오늘날까지 사용되고 있다.

그는 성년이 된 이후의 전(全)생애를 통해 전국을 순회하며 조직, 강령 작성, 연설, 결의 및 자신의 사상을 설득시키기 위한 동료들과의 끈질긴 토론 등을 통해 노동운동을 발전시켰다. 그가 정열과 삶을 다 바친 것 가운데에는 흑인 노동자의 단결, 여성과 동일한 노동에 대한 동일한 임금, 여성의 노동조합 가입, 노동자·농민·흑인에 의한 독자적 정치활동 및 노동자의 국제적 단결 등이 포함되어 있다.

그는 1828년 펜실베니아주의 가난에 찌든 집안에서 10남매 중의 하나로 태어났다. 어려서부터 노동으로 끼니를 이으며 분노를 참고 살아온 그는 1857년 필라델피아 주물공 노동조합에 가입했다. 다른 사람에게는 그의 몸부림이 출세를 하기 위한 수단으로 보였을지도 모르지만, 실비스의 가슴에 불붙은 노동운동 정신은 일종의 종교였고 확고한 행동의 규범이었으며 진실한 철학이었다. "나는 노동운동을 사랑한다! 나는 노동조합을 나의 가족과 나의 목숨보다도 더 아낀다. 나는 나의 전부를 여기에 던질 각오가 되어 있다"는 그의 외침에서 그 심정이 어떤 것이었나를 엿볼 수 있다. 그는 노동조합에 들어가면서부터 주물공 노동조합 전국 조직을 추진했다. 그리고 마침내 1860년대에는 조직을 이룩하고 회계 간사로 선출되었다.

실비스와 그의 가족은 그가 죽는 날까지 외상 수금원으로 가난에 찌들리며 살았다. 그의 다섯 아이들은 굶는 일이 많았으며 부인은 걱정과 괴로움 끝에 자주 몸져누웠다. 실비스는 모든 생활을 '노동운동'을 위해 바쳤다. 그는 항상 사건이 발생하는 곳에 가서 자신이 사건 중심에 있고 싶어했다. 따라서 남북전쟁이 일어나자 그가 대부분 주물공 노동조합원으로 구성된 지원병 부대를 편성한 것은 당연했다. 그리고 그는 지휘관으로 선발되었다. 그러나 그가 출전하려고 할 무렵 그의 가족은 돈도 없고 어린애들은 굶고 있었다. 그가 없으면 가족은 굶어 죽는 길밖에 없었다. 실비스 부대의 출전을 환호하는 '악대'와 군중을 뒤로 하고 그는 주물공장과 가족에게 돌아갈 수밖에 없었다.

그러나 그대로 단념할 수 없었던 실비스는 민병대를 또다시 조직하고, 1861년 펜실베니아주가 적의 위협을 받자 상사로 출전하여 3개월 동안 복무한 다음 가족을 부양하기 위해 다시 돌아왔다. 전장을 떠난 실비스는 결코 편안할 수 없었다. 그의 친구들은 모두 전쟁에 나갔으며, 막 결성된 전국 주물공 노동조합은 노조원의 출전으로 사실상 해체되어 있었다.

전장에서는 최선을 다해 싸우고 있는데도 후방에서는 협잡이 판을 치고 있다는 것을 알았을 때, 그의 분노는 머리끝까지 치밀었다. 남부의 밀정(密偵)이며 북부의 반역자로 알려진 코퍼헤즈(Copperheads : 남북전쟁 때 남부에 협력한 북부 사람 — 옮긴이)가 디트로이트와 시카고 그리고 인디애나주와 오하이오주를 장악하려고 음모했을 때, 뉴욕 시장인 퍼난도 우드는 북부 최대의 도시 뉴욕을 북부에서 탈퇴시키려는 반역 음모를 꾸몄지만 미수에 그쳤다. 아버지와 남편들이 전선에 나가 싸우는 동안 이들의 어린애들과 부인들은 굶주림 때문에 일터에 나가야만 했다. 그리고 신흥 재벌들은 이와 같이 일터로 나서는 사람이 많아지자, 이를 품삯을 적게 들이는 기회로 이용했다. 1864년 9월에는 대표적인 공화당계 신문도 이를 인정할 수밖에 없었다. "학교에 다녀야 할 수많은 어린이들이 공장에 갇혀 노동하고 있으나, 근근히 살아갈 수 있는 정도밖에 벌지 못하기 때문에 수많은 가정이 절대적인 가난에 직면해 있다."

지금까지 북부의 산업에서 제외되어 왔던 해방된 흑인들은 값싼 임금조건 하에 고용되고 있었다. 북부의 항구는 계약 노동자를 실어 오느라고 붐볐다. 해방된 노예는 새로운 노예 계약서로 고용된 하인이나 다름없었다. 즉, 계약된 회사에서 주거와 생계 문제로 피눈물나는 고난을 치르기까지는 직장 이동이나 임금 또는 취업조건 등에 관해 결정을 내리거나 최소한의 발언권도 가질 수가 없었던 것이다.

한편 임금인상과 비교할 때, 생계비는 엄청나게 오르고 있었다. 1860년에서 1865년 사이에 임금은 43% 올랐으나 물가는 무려 116%나 치솟았다. 노동자의 구매력이나 실질임금은 형편없이 떨어졌지만, 새로 도입된 기술은 생산을 더욱 증가시켰다. 엎친 데 덮친 격으로 노동자의 노동시간은 길어졌다. 하루 평균 노동시간은 11시간이었으나 12~14시간 노동이 보통이었다.

실비스가 분노와 번민 속에서 주급 12달러짜리 일에 하루 12시간씩 혹사당하고 있을 때, 그는 소녀들이 아침 6시부터 밤늦게까지 주급(週給) 3달러에 혹사당하고 있다는 사실을 <뉴욕 트리뷴>지와 <뉴욕 헤럴드>지에서 읽게 되었다. 여성들이 일에 지쳐 직기(織機) 옆에서 기절하고 어린이들이 일하던 기계 옆에서 잠에 취해 떨어진다는 기사가 났을 때, 실비스 자신도 우유와 고기, 빵 및 다른 식품들의 값이 마구 오르고 있는 가운데에서 일곱 식구를 부양하는 데 애를 먹고 있었다. 버터값은 1파운드에 4센트에서 24센트로, 우유값은 1쿼트에 4.5센트에서 10센트로 올랐고, 고기·빵 및 다른 식료품값도 이와 비슷하게 오르고 있었기 때문이었다. 부자가 늘어나고 있는 것과 아울러 빈민가도 늘어나고 있었다. 확장되어 가는 도시 속의 셋방 한 칸의 방세는 두 배가 되었지만, 10명에서 12명이 비좁은 방에서 새우잠을 자야만 했다.

그러나 새로운 공장이 자꾸 생김에 따라 잠재적 노동조합원인 노동자의 수는 계속 늘어났다. 불과 10년 동안에 공장 노동자는 130만에서 200만 명으로 증가했다. 1870년에는 이미 산업 부문의 인구가 농업 부문 종사자를 넘어섰다. 200만 공장 노동자에다가 360만 명의 다른 임금 노동자를 합하면 노동자의 수는 모두 560만 명이나 되었다.

실비스는 노동자들이 근검 절약하기만 하면 지금의 임금으로 충분히 생활을 꾸려갈 수 있다는 얘기를 들을 때마다 분노에 몸을 떨었다. "그러면 아버지나 남편이 병으로 눕게 되면 어떻게 한단 말인가?" "몸은 노동의 고통으로 쇠약해지고 마음은 굶주리는 가족에 대한 염려와 분노로 가득 차 있을 때, 누가 그의 고통을 헤아릴 수 있으며 누가 그의 비참함을 이해할 수 있을 것인가?"

노동자들은 현재의 임금으로서는 도저히 생계를 유지할 수 없으며, 고용주들은 일찍이 그 예를 찾아볼 수 없는 번영에도 불구하고 어쩔 수 없게 되기 전까지는 임금을 올려 줄 생각이 전혀 없음이 확인되자 1862년 늦게 문제는 폭발하게 되었다. 1863년초에는 파업이 전국적으로 번졌다. 이 파업으로 노동자들은 임금인상과 노동조합 조직의 확대라는 두 가지 효과를 거두었다. <스프링필드 리퍼블리컨>지는 1863년 3월 26일 "지난 수개월 동안 거의 모든 노동조합 지부 노동자들이 파업을 일으켜 대부분이 고용자에 대한 그들의 주장을 관철시켰다. …… 파업은 신속히 수행되었으며 수많은 노동조합과 연맹을 만들어 냈다"고 보도했다. 또한 샌프란시스코의 <이브닝 불리틴>지는 1863년 11월 6일 "임금인상을 요구하는 파업이 지금 샌프란시스코의 모든 노동자들에게 번져 있다"고 보도했다.

실비스는 전국의 주물공들에게 편지를 써 1863년 1월 핏츠버그에서 '전국 주물공 노동조합'(National Molders Union)의 재조직 대회를 개최하자고 제의했다. 이 대회에서 실비스는 위원장으로 선출되어, 대부분이 명목상으로나 존재하고 있을 뿐인 취약한 조직을 재건하는 일을 맡게 되었다. 역사상 최초의 전국 조직을 만들기 위한 장정(長征)을 떠났을 때, 그의 수중에는 100달러밖에 없었다. 100달러면 겨우 1만 마일을 여행할 수 있는 돈이었다. 돈이 곧 바닥나자 철도 기사에게 사정하여 여러 도시를 찾아 여행을 계속했다. 그는 가는 곳마다 노동조합 조직의 '복음'을 전파했다. 오랜 여행으로 굶주렸고 옷은 남루해졌지만 오랫동안 하고 싶었던 일을 하고 있었기 때문에, 그때보다 더 행복했던 때는 없었다고 그는 나중에 회고했다. 그의 동생은 당시의 그에 관해 이렇게 썼다.

> 형님은 옷이 낡아 헤져 입을 수 없을 때까지 입었다. 죽는 날까지 걸치고 있었던 그의 목도리는 노동조합 조직을 권유하러 방문했던 도시의 주물공장에서 튄 쇳똥으로 탄 구멍 투성이 상태였다.

그가 가는 곳마다 노동자들은 "왜 자본가들은 호화스럽게 살고, 노동자들은 굶주림과 가난 속에서 근근이 비참한 삶을 살아가야 하는가" 하고 물었다. 그때마다 그는 "개인적으로 우리는 아무것도 이룰 수 없다. 그러나 단결하면 우리는 어떤 악의 세력에 대해서도 맞설 수 있다"고 대답했다. 그는 공장마다 다니며 '클로즈드샵'(Closed Shop : 노동자가 특정 노동조합의 조합원인 것을 고용조건으로 하는 제도, 즉, 사용주는 노동조합에 가입되어 있는 노동자만을 고용할 수 있다. 현행 미국 노사관계법과 한국의 노동조합법은 이를 금지하고 있다―옮긴이) 을 토대로 하는 노동조합을 결성했다. 노동자와 자본가가 같은 이해관계를 갖고 있다는 주장에 대해 그는 결코 침묵하지 않고 통렬히 그 이론을 반박했다. 장시간의 연설을 통해 "노동자와 자본가의 이해관계가 같다는 이론은 잘못된 것이며, 만일 이해가 동일하다면 왜 노동자들은 저임금에 혹사당하며 인간다운 생활을 할 수 있는 임금을 얻기 위해 싸워야 하는가" 하고 반문했다.

그 해말 그는 "우리 노동조합은 보잘것없는 난쟁이에서 거인으로 성장했다"고 보고했다. 초기 1863년의 주물공 노동조합 회원은 15개 지부의 2천 명에 불과했고, 기금은 1600달러에 불과했다. 그러나 1863년 실비스의 방문 여정이 끝났을 때

노동조합은 펜실베니아주에서 오하이오주·미주리주·캐나다·미시간주 그리고 뉴욕에 걸쳐 54개 지부로 늘어났고 조합원은 6천 명에 달했다. 그리고 2만 5천 달러의 기금이 확보되었다.

어느 곳에서나 노동자들은 다시 일어난 노동조합으로 몰려들었고, 다른 모든 노동자들도 실비스가 취한 방법을 따랐다. 아이라 스튜워드는 기계공과 대장장이들의 노동조합을 조직하고, 실비스가 많은 사람들의 문제를 해결해 줄 것이라 주장했던 8시간 노동제를 따라서 거론하기 시작했다. 지칠 줄 모르는 노동문제 웅변가이며 조직가인 리처드 트레블릭은 조선공 노동조합 지부들을 재조직했다. 30여 년 동안 노동운동에서 활약한 로버트 쉴링은 양조 노동조합(Cooper's Union)을 재건했다. 이 모두가 최초의 전국 노동조합인 전국 인쇄노조가 JC 훼일리와 AC 카메론에 의해 재건되고 있을 때 일어났다.

이들과 다른 모든 노조들은 1850년대, 즉 1857년의 불황으로 고통을 받고 남북전쟁 초기에 노동조합원의 참전으로 실질적 해체를 겪어야 했던 시기에 태어났다. 1861년까지도 수천 명에 불과했던 노동조합원은 1864년말에는 20만 명에 달할 정도로 노동운동은 멋지게 다시 일어나 불이 붙었다.

1864년에 이르자 이제 고용주들은 점점 커지는 노동운동을 깨뜨리기로 굳게 마음먹게 되었다.

그들은 이미 조직되어 있는 노동자 협회에 대적하기 위해 시 단위로 그들의 힘을 결집시키기 시작했다. 공화당을 지배하고 군(軍)에 광범한 영향력을 가진 그들은 1864년에 총검을 들이대고 25%의 임금인하를 강요하려고 했다. 그 결과로 파업이 일어나자 군대가 동원되었고, 뉴욕과 테네시·펜실베니아·미주리 주에서 군대는 파업 노동자들을 공격했다.

그 이외의 파업과 군대의 동원은 링컨 대통령이 노동자의 편에 서서 개입함으로써 어느 정도 가라앉긴 했다. 그는 한 노동자 대표단에게 "나는 거의 모든 파업 사건에 대해 노동자들이 불만을 가질 만한 정당한 이유가 있다는 것을 알고 있소" 하고 말했다.

동시에 고용주들도 전쟁이 끝난 후에는 노동자들의 문제를 해결해 주겠노라고 자주 공언하고 있었다. 하지만 한 고용주는 실비스에게 말했다. "노동자들의 여건이 과거 어느 때보다 나빠질 날이 멀지 않았다. 노동운동에 적극적인 자들이 무릎을 꿇고 일자리를 구걸해야 할 때가 올 것이다. …… 모든 사업주들의 가슴에 보복심이 일어나고, 그 결과 너희들의 노동조합을 때려부수기 위한 광범하고 전세계적인 자본가 조직이 지금 이 순간에도 계속 번져 나가고 있음을 기억하라."

승리의 기쁨

박살이 난 리 장군의 군대는 1865년 4월 9일 아포매톡스(Appomattox)에서 항복했고, 마침내 미국의 진저리나는 기나긴 고통은 끝났다. 아니 미국 사람들은 그렇게 믿었다. 수많은 사람들이 거리로 쏟아져 나와 유혈(流血)과 죽음의 공포가 이제는 끝났다고 울고 소리치며 환호했다.

신문기자들은 광란하는 군중의 물결에서 일어난 일들을 보도했다. 남편이 돌아오지 않는 아낙네와 아들을 잃어 버린 어머니가 군중을 뿌리치고 서서 얼굴을 일그러뜨린 채 눈물로 뒤범벅이 되어 있는 장면, 아니면 기쁨에 넘치는 수많은 사람들과 울면서라도 어울릴 수밖에 없는 딱한 사람들의 이야기를 그들은 썼다. 농부와 농사꾼들의 아낙네들은 대문 앞에 나와 집에 놔두었던 낡은 총을 허공에 쏘았다. 그들은 강물처럼 흐르는 눈물을 닦을 생각도 하지 않은 채, 자기네의 아들이 돌아오기를 기다리기라도 하는 양 저 멀리 뻗친 길을 바라보고 있었다.

노예 소유자들이 에드먼드 러핀의 포격과 더불어 전쟁을 시작했던 찰스턴에서는 매사추세츠주 출신의 유명한 흑인 연대인 제54연대가 군가를 부르며 행진했고, 그 뒤를 수천 명의 흑인들이 모두 해방된 기쁨에 차서 따르고 있었다. 그들은 노예 소유자들의 거대한 저택으로 몰려가 '자유!'라고 써놓고 이를 소리 높여 외쳐 댔다. 그들은 노예 공매소를 불태우고 채찍과 그들을 묶던 족쇄를 부수고 250년 동안이나 그들을 괴롭혀 온 여러 가지 고문 도구를 부수어 버렸다. 미국 사람들이 소처럼 사고팔아 온 4백만에 달하는 남부 노예들은 그들의 250년 동안의 피 어린 반란과 많은 순교자들, 그리고 250년 동안 박탈당해 온 자유를 위한 싸움을 회상하면서 그렇게 하고 있었다.

그날 밤 그들의 기쁨에 들뜬 함성을 들은 에드먼드 러핀은 자기 집 마당에서 머리에 총을 쏘아 자살했다.

리 장군이 항복한 얼마 후, 끈질기고 우울한 힘으로 어쨌든 미국의 정신을 비틀어 왔던 에이브러험 링컨은 존 윌크스 부스에 의해 암살당했다. 슬픔이 온 나라에 가득 찼다.

링컨이 땅에 묻혔을 때 평범한 백성들은 그가 게티스버그에서 "이 죽음은 결코 헛되지 않을 것이다"고 말한 것과 '새로운 자유의 탄생'을 약속했던 사실을 상기했다. 그들은 그 두 가지가 모두 실현되어야 한다고 확고하게 믿고 있었다. 노동자들은 장차 그들이 생산하는 부(富)의 더 많은 부분이 자신들에게 돌아와야 한다고 선언했다. 보스턴에서 열린 매사추세츠주 노동자들의 대집회에서 노동자들은 이렇게 결의했다.

> 우리는 남부의 부유층 반역자들이 분쇄된 것을 기뻐하면서 …… 우리는 앞으로 산업이 생산하는 부(富)를 미국의 노동자들에게 보다 균등하게 나누어 주기를 요구하고, 또 노동자들이 수많은 전투에서 피흘리며 지킨 자유 사회의 특권과 복음에 보다 평등하게 참여하게 되기를 천명한다.

흑인 부대는 다른 부대보다 35%나 더 많은 사상자(死傷者)를 냈고, 그러므로 흑인들도 또한 요구가 있었다. "우리는 인간이다. 우리를 인간으로 취급하라!" 링컨이 죽기 전 루이지애나주의 흑인들은 청원서에 이렇게 썼으며, 이전에는 노예였던 사우스 캐롤라이나주의 흑인들은 대표자 회의를 열고 법 앞의 평등, 학교에서의 평등 및 토지에 있어서의 평등을 요구했다.

1865년 5월 23일에서 24일까지 워싱턴에서 그랜트 장군이 지휘한 군대와 셔먼 장군이 지휘한 군대의 대열병식이 거행되었다. 길게 뻗은 기병대의 덜거덕거리는 소리, 군악대의 나팔소리, 전투에서 찢긴 깃발들이 지나갔다. 그러고는 야릇한 침묵이 계속되었다. 그 야릇한 침묵 속에선 행군하는 발자국 소리만이 울렸고, 나팔소리는 멀리멀리 소용돌이쳤다. 수많은 전사들을 위해 울리는 나팔소리가 기뻐하기에는 너무도 착잡한 감정을 만들어 구경꾼들을 침묵시킨 듯했다. 그리고 행진하는 군인들이 '공화국 전승 찬가'(The Battle Hymn of the Republic)를 부를 때 많은 사람들은 울었다.

남루한 옷을 입었으나 건장한, 역사상 가장 처절했던 전쟁의 승리자들은 끝없이 지나갔다. 총검을 부드러운 봄의 햇살 속에 번쩍이면서 수많은 병사들이 합창하는 공화국 전승 찬가는 멀리멀리 그리고 또 역사 속으로 사라져 갔다. 그러나 그것은 오래도록 공기 속에 메아리쳤고, 사람들의 발걸음이 기쁨에 넘쳤던 곳에는 어디에나 메아리쳤다.

그리고 일반적인 확신 가운데에서 외국 태생 이주자, 노예 폐지론자, 노동조합원들은 그들에게 퍼부어져 온 오래된 비난, 즉 그들이 음모자, 외국의 공작원, 폭력과 강제력으로 정부 전복을 꾀하는 자라는 비난이 이제는 없을 것이라고 생각했다. 그들은 모두가 "수많은 전장에서 피를 흘리며" 진짜 음모자, 정말로 폭력과 강제력을 사용한 자들과 싸웠으니까 이제는 그런 일이 없을 것이라 믿고 있었다.

기쁨도 영광도 사라지고

시대는 풍성했고 영광은 가버렸다. 그렇게 공공연하게 그리고 구석구석까지 부패가 스며든 때는 일찍이 없었다. 어떤 방법으로 어떻게 해서든 돈을 벌어야겠다는 열광이 아주 널리 퍼져 갔다. 사치스러운 잔치와 어두컴컴한 셋방, 호사한 옷을 입은 자와 추위와 굶주림에 떠는 자들의 공존이 세상을 가득히 채우고 있는 시대였다. 신흥 재벌들은 문화를 걱정이라도 한다는 듯이 유럽에서 성(城)을 뜯어 수입하기 시작했으며, 감투와 명예를 얻고, 또한 자기들의 딸을 좋은 곳에 시집보내는 일에 열심이었다. 그리고 그 수입한 성 조각들로 다시 쌓은 성과 다른 신흥 재벌들의 저택 밖 싸늘한 곳에서는 근심에 찬 사람들이 — 이제는 이미 승리한 북군의 병사도 아니고 실업자가 되어 절망에 빠져 버린 사람들이 — '이런 것을 위해 그렇게 피흘려 싸웠던 것인가' 의아해 하고 있었다.

살찐 손을 다이아몬드로 장식하고 멋들어진 외투와 최고급 조끼로 몸을 치장한 짐 피스크는 1866년에는 대중의 영웅이 되었다. 그는 지팡이 속에 칼을 숨겨 갖고 다니며 성난 사람들과 투자가들로부터 자신을 보호하고 있었다. 전쟁이 끝날 무렵 다른 사람들이 전쟁에 나가 죽어가고 있을 때, 피스크는 한 몫을 잡은 일단의 청년들 중 한 사람으로서 20대 후반기의 새파란 젊은 나이에 '에리 철도회사'의 소유자인 교활하고 늙은 다니엘 드루의 문하생이자 한 패가 되었다. 드루로부터 에리 철도를 빼앗기에 앞서 에리 철도의 주식을 위조해 팔아 코넬리우스 반더빌트로부터 6백만 달러를 사취한 젊은 제이 고울드도 역시 그러했다.

2대 대통령 애덤스나 3대 대통령 제퍼슨 식의 평범한 삶과 고귀한 생각은 게티스버그에서 죽은 용사들의 이야기만큼이나 시대에 뒤떨어진 일이 되어 버렸다. 한편 전에 북군의 사령관이었고, 1868년에는 민주당의 대통령 후보였던 조지 B 매클런 장군은 캘리포니아주의 1천만 달러짜리 루비 광산회사를 후원하고 있었다. 포커에 이기는 방법에 관한 책을 쓴 로버트 C 셍크 장군은 영국 주재 공사로 가 있었는데, 부정(不正)한 주식을 영국 친구들에게 팔아 5만 달러를 사취하여 영국과 미국간의 우호관계에 기여하고 계셨다. 앤드류 카네기는 이미 벌 만큼 벌었기 때문에 항상 자신이 나쁜 평을 받고 있다는 것을 걱정하게 되었다. 그리하여 전쟁이 끝난 직후 그는 이렇게 썼다. "더 이상 내 생각을 오로지 가장 짧은 시간 내에 보다 많은 돈을 버는 길을 찾는 데에만 몰두시키게 되면, 영원히 회복할 수 없을 정도로 내 명예를 더럽히게 될 것이 틀림없다."

이 같은 일이 벌어지는 가운데 노동자 대표들은 1866년 8월의 찌는 듯이 무더운 날 기쁨에 넘친 발걸음으로 볼티모어에 몰려들었다. 레이스턴 건물에 드넓게 걸린 '환영! 북부·남부·동부 및 서부에서 온 노동자 대표들'이라는 플랭카드를 보고 그들이 기뻐한 것은 당연했다. 전쟁이 끝난 후, 불경기와 고용주들의 혹독한 공격에 직면한 그들은 최초의 성공적인 전국 노동자 조직을 만들려고 하는 것이었다. 그리고 그것이 30년대, 40년대, 50년대에 걸쳐 여러 번 시도됐지만 실패로 끝났던 바로 그 장소에서 성공을 거두려 하고 있는 것이었다.

북군이 승리를 거두었지만, 그 후에 찾아온 사태는 마냥 고달픈 것이었다. 새로운 고난의 시대는 직장폐쇄와 남부의 멤피스에서 뉴올리언즈에 걸친 흑인들의 대량 살육으로 시작되었고, 북부에서는 파업 지도자들이 투옥되었다. 1866년의 1년 동안 노동자 신문들은 노동자는 단결하든지 아니면 죽든지 두 가지 길밖에 없다고 계속해서 외치고 있었다. 많은 노동조합 지방조직이 분쇄되었고, 전국 조합의 회원은 줄어들었다. "자본은 집중되고 조직되고 매일같이 더욱 강력해지고 있다"고 로체스터의 <데일리 유니온 앤드 애드버타이저>지는 경고했다. 이 신문은 전국적인 조직만이 "노동운동을 파멸로부터 구원할 수 있다"고 덧붙였다.

고용주들은 도처에서 노동자와 싸우기 위해 협회를 구성하고 연합했다. 지방 규모로는 뉴욕·버팔로·세인트루이스 및 보스턴에서, 주(州) 규모로는 미시간주 같은 데에서, 전국 규모로는 주물공장 소유자들의 경우처럼 고용주들은 결속했다. 1866년에 구성된 미국 난로 제조업자 및 제철업자 협회가 맨 먼저 행동에 옮긴 일은 직장을 폐쇄하고 주물공 노동조합원을 내쫓는 일이었다. 알바니와 트로이에서 시작된 직장폐쇄는 서쪽으로 퍼져 나갔고, 10개의 주물공 노조 지부가 죽느냐 사느냐 하는 싸움을 벌이게 되었다.

전쟁 군수계약이 갑자기 끝나고 병사들이 제대하게 되어 북부에서 실업자가 늘어났을 때, 자기들이 이제까지 유지해 온 노예제도를 '채무자 및 유랑자에 관한 법률'을 통해 날품팔이 노동으로 대체함으로써 계속 이어 가려던 남부의 대공장 소유자들은 1866년 5월 1,2,3일에 걸쳐 멤피스에서 흑인 대량살해를 선동했다. 사건은 56명의 흑인이 집에서 잡혀와 사형(死刑)을 당함으로써 일어났다. 5천 명의 주물공들이 핏츠버그의 직장에서 쫓겨나고, 그들의 지도자들은 음모 혐의로 투옥되었다. 또한 일곱 달째 거의 굶어죽을 지경에 들어가고 있을 때, 55명의 흑인들이 뉴올리언즈에서 살해되었다.

모든 부문의 미국인들이 직면한 가장 큰 문제는── 특히 노동자 문제를 제외하고는── 바로 흑인의 운명이었다. 간단히 말하면, 그것은 흑인이 그 자신을 해방한 피투성이의 전쟁이 끝난 지금 다시 노예화되느냐 아니냐의 문제였다. 수많은 노동자들은 노동자 대표들이 볼티모어에 모였을 때, 점차 늘어가고 있는 공격에 직면한 노동자와 흑인들은 함께 힘을 합치거나 아니면 각개 격파당하는 길밖에 없다고 소리 높여 외쳤다. 볼티모어 창립대회를 성사시키기 위해 노력하다가 지쳐 쓰러진 실비스는 노동자를 단합시켜야 할 뿐만 아니라, 노동자·흑인 및 농부들로 구성된 독자적인 정당을 만들어야 한다는 자신의 소신을 글로 적어 보냈다.

금융자본의 힘이 점점 커지고 있음을 예리하게 꿰뚫어보고 있었던 실비스는 흑인에 관해 이렇게 썼다. "우리가 흑인들에게 우리와 공동전선을 펴도록 확신시키는 데 성공할 수 있다면 …… 우리는 강력한 힘을 가지게 될 것입니다. …… 그것은 월가를 밑바닥에서부터 뒤흔들게 될 것입니다." 흑인을 공동전선에 가담시키자는 제의를 받아들이지 말자고 주장하는 노동운동가들에게 그는 다음과 같이 말했다.

부당한 취급을 당하고 있는 사람이 과부이든 백인 숙련 기계공이든 무식한 흑인이든 상관없이, 빼앗은 자와 빼앗긴 자로 우리는 구분해야 합니다. 부당한 취급을 함에 있어 자본가들은 상대를 가리지 않습니다. 그들은 본질적으로 노동자라는 하나의 계층만을 부당하게 취급하고 있는 것이 아닙니다. 그들은 모든 사람들을 부당하게 취급하고 있는 것입니다.

볼티모어 대회가 열리기 얼마 전 보스턴 <데일리 이브닝 보이스>지는 "노동자는 이전에 노예였던 흑인을 위해서가 아니라 백인 노동자의 이익을 위해서, 즉 기본적인 자기 이익을 위해서 흑인과 손을 잡아야 한다"고 썼다. 흑인의 투표권, 민권, 토지에 관한 권리를 부인하면서, 또한 남부 대농장주들의 힘을 다시 소생시켜 주려는 존슨 대통령의 노력을 비난하면서 이 노동자 신문은 이렇게 외치고 나섰다.

자본가들은 백인 노동자와 흑인 노동자를 구분해서 생각하지 않는다. 따라서 노동자가 이를 구분하는 것은 그 자신의 발판을 무너뜨리는 것이고, 노동자를 지키는 벽을 허물어 버리는 것이다. 자본가의 단결된 힘에 성공적으로 대항하기 위해선 모든 노동자의 단결된 힘이 필요하다.

그러나 볼티모어의 레이스턴 건물에서 회합한 대부분의 대표들은, 이러한 주장에 귀를 기울이지 않았다. 우선 노동자들 속에는 아직도 흑인에 대한 많은 편견이 남아 있었다. 그러나 더욱 중요한 이유는, 대표들 자신이 노동시간 단축의 요구가 더 급하다고 생각한 데 있었다. 임금의 감소 없이 이루어지는 하루 8시간 노동제야말로 무엇보다도 그들이 우선적으로 원하는 바였고, 그에 대한 바람이 강렬했던 만큼 다른 여타의 계획이나 개혁은 모두 이론적이고 우회적인 것처럼 보였다. 어둠이 가시지 않은 이른 새벽부터 캄캄한 밤중까지 일해야 하고 일이 끝난 후에는 너무나 지친 나머지 침대 — 다음날 역시 새벽에 일어나야 하는 — 속으로 허물어져 들어갈 수밖에 없었으므로, 이러한 요구가 성취된다면 그들은 고된 일의 노예에서 인간으로 탈바꿈할 수 있을 것이라고 믿었다.

첫 회의가 시작되기 직전 대표들이 건물 안에서 서성거릴 때, 노동시간 단축을 위한 열광적인 운동가로 전국에 알려진 작달막한 중년의 매사추세츠주 출신 기계공 아이라 스튜어드는 8시간 노동제를 요구하는 그의 결의안을 즉각 통과시키려고 동료들의 옷자락을 붙잡고 설득하기에 바빴다. 10여 년간 아주 열심히 주창해 왔기 때문에, 그가 그의 개혁안을 다시 한 번 설명하는 것으로 논의는 충분했다. 갈색 머리의 난쟁이 같은 스튜어드는 그 밖의 것에 대해선 거의 할 말이 없었다. 어떤 사람이 <아메리칸 워크맨 *American Workman*>지에 이렇게 기고했다. "그가 열심히 길을 갈 때라도 언제나 그를 만나라. …… 딴 문제를 얘기하면 변명하고 구실을 댈지 모르지만 …… '노동시간'에 관한 얘기라면 …… 그는 멈춰서 해가 질 때까지라도 당신을 설득하려고 할 것이다."

"일한 분량에 따라서 임금을 받든, 일한 날짜에 따라서 임금을 받든, 노동시간을 줄이는 것은 바로 보수를 올리는 것이다"고 볼티모어의 지독한 더위 때문에 상기되고 땀에 젖은 대표들은 일제히 소리쳤고, 그들의 함성은 강당에 우렁차게 울렸다. 이 구절은 스튜어드의 부인 메어리가 쓴 것이다. 왜냐하면 보수의 감소가 없는 노동시간의 단축을 위해서는 보다 큰 노동세력의 단결이 요구되고, 그렇게 함으로써 구매력의 증대를 가져오며 불황을 종식시키고 생산을 증대시켜 이상적인 사회로 인도할 것이라는 스튜어드의 말에 수백만이 동조했기 때문이다. 그것은 모든 사회적 병폐를 고치면서 노동자들에게 달콤한 휴식뿐 아니라 배움과 발전의 기회를 가져다 줄 것이었다.

함성과 외침으로 대표들은 하루 8시간 노동제 결의안을 통과시켰는데, 그 함성은 다음과 같이 메아리쳤다.

자본제적 노예상태로부터 이 나라의 노동자들을 해방시키기 위해서, 현재 가장 시급히 그리고 절실히 요구되는 것은 미국의 모든 주(州)에서 정상적인 하루 노동시간을 8시간으로 하는 법률을 통과시키는 일이다.

그들은 이러한 일 외에는 별로 한 일이 없었다. 하루 8시간 노동제야말로 만병통치약이고 그 외의 것은 거의 필요없다고 생각했기 때문이다. 그들의 행동은 거대한 운동으로 퍼졌고, 그것은 무서운 속도로 대서양에서 태평양까지, 뉴잉글랜드 지방에서 캘리포니아주까지 퍼져 나갔다. '8시간 노동 동맹'(Eight-hour Leagues)이 전국에 걸쳐 결성되었다. 캘리포니아주 안에서 만도 1868년까지 50여 개가 결성되었다. 심지어 농부들까지도 '8시간 대동맹'(Grand Eight-hour League)을 결성했고, 1866년에 뉴욕의 거의 모든 조합이 참여하여 '8시간 중앙 동맹'(Central Eight-hour League)을 결성했을 때에는 일리노이주·인디애나주·미시간주 및 아이오아주 등지에서도 이미 그 개혁을 위해서 일하는 주 조직(州 組織)이 결성되어 있었다. 1868년에 연방정부가 고용 노동자를 위한 하루 8시간 노동법을 통과시킨 것은 바로 이 조직된 힘에 의해 이루어진 것이다. 6개 주에서도 역시 하루 8시간 노동을 법제화했다. 그리하여 한동안 조합원들은 자기들이 승리했다고 생각했다. 그러나 곧 그 법률들은 법의 형태를 취한 단순한 정치적 사탕발림이고, 사실은 너무나 많은 허점을 안고 있어서 8시간 노동제를 강제할 수도 없고, 또 강제할 의사도 없음이 명백해졌다.

전국노동조합의 설립을 평가하면서, 실비스는 그 대회가 흑인과 노동자의 결속을 위한 행동을 취하지 않고 있다고 비판했다. 이미 설립된 노동조합에 흑인 노동자를 가입시키기 위한 건의조차 이루어지지 않고 있음을 그는 유감으로 여겼다. 여러 사람과 공동으로 실비스는 〈미국의 노동운동가들에게 보내는 호소문〉을 작성했고, 이것은 1867년 전국노동조합에 의해 간행되었는데, 그 1절은 이렇게 말하고 있었다.

> 흑인은 4백만의 거대한 힘이고, 그들의 노동력은 지구상 어떤 같은 숫자의 사람들보다 더 큰 비율을 차지하고 있다. 우리가 그들이 제공하는 협력을 거부하고 그들을 적으로 돌릴 수 있겠는가? 그러한 바보 짓을 저지름으로써 우리는 자본가들의 단합된 노력이 끼치는 것보다 더 큰 상처를 노동개혁 운동에 가할 것이다. 뉴욕의 자본가들은 북부에서나 남부에서나 백인 노동자와 흑인 노동자 사이의 불화를 조장하며, 자기네 세력을 유지하고 억압적 지배를 계속하기 위해 이익과 기회가 요구하는 바에 따라 흑인 노동자와 백인 노동자 사이의 싸움을 유도할 것이다.

동시에 실비스는 노동조합 운동에 여성을 받아들일 것과 전국노동조합이 국제노동자협회(International Workingmen's Association)에 가입할 것을 주장했다.

그는 이렇게 말했다. "언제 어느 곳에서나 동맹이 필요하다. 왜냐하면 끊임없이 중앙집중화되고, 끊임없이 강대해지고 있는 기업의 손아귀에서 노동운동은 서서히 질식당하고 있기 때문이다." 주물공 노조는 1866년과 1868년 사이에 파업 기금으로 거의 100만 달러의 비용을 써야만 했다. 파업이 계속되어 조합의 재정을 고갈시켜 감에 따라, 실비스는 노동자들의 이익을 보호하기 위해서는 노동조합 이상의 그 무엇인가와 더불어 독립된 정치적 행동이 필요하다고 생각하기 시작했다.

가난이 끊임없이 번지는 가운데 월가(街)의 주식 가격을 조작해 매일 큰 돈벌이를 하고 있던 드루와 반더빌트, 고울드, 피스크의 얘기를 읽으면서 실비스는 서서히, 이른바 '돈의 힘'을 깨뜨리고 이 세상을 이윤의 체제가 아닌 것으로 바꾸기 위해서는 근본적인 행동이 요구된다고 결론을 내렸다. 그는 "자본가는 그가 가는 어떤 곳이나 그곳을 시들어 말라죽게 한다. 그들은 거드름 피고, 오만하고, 부정직하고, 오직 이윤과 노동자의 착취만 노리는 새로운 귀족들이다"고 말했다.

당시 실비스는 '에리 철도' 주식의 조작자이고 백만장자인 늙은 드루가 '에리 철도'의 주식을 끊임없이 밀고 당기면서 자기 맘대로 시장을 상하로 조작해, 높은 가격으로 팔고 낮은 가격으로 사들임으로써 월가에서 수백만 달러를 벌어들이고 있다고 주장했다.9) 그는 장사에서 재미를 본 날은 자랑스럽게 교회에 헌금을 했지만, 재미를 못 본 날은 위스키 병을 들고 잠자리에 들어가 버리곤 했다. 거기서 그는 번갈아 하느님에게 탄원하고 위스키를 폭음하면서 무릎을 통통 튀기곤 했던 것이다.

그의 숙적은 거대한 저택에 사는 코넬리우스 반더빌트였는데, 그는 독설에 천재적이고 대머리에다가 험상궂은 늙은이로 그 주에서 막대한 재산을 가지고 있었으며, 그 중에는 '뉴욕 중앙 철도'가 있었다. 드루와 반더빌트는 각기 다른 사람들의 희생 위에서 자기 철도에 특별한 이권을 따내기 위해 뉴욕시 의회와 뉴욕주 의회에 뇌물로 수백만 달러를 썼다. 법이란 비웃음거리밖에 안 되었다. 개인적인 이익을 위해서 국가를 굴복시키는 데 관해 판사가 꾸지람하자 그 늙은이는 이렇

---

9) 당시 다니엘 드루와 에리 철도 주식에 관해 월가에서는 이렇게들 말했다. "다니엘이 '올라라' 하고 말하면 에리 주식은 올라가고, 다니엘이 '내려가라'고 말하면 에리 주식은 내려간다. 다니엘이 '흔들려라'고 말하면 그것은 올라갔다 내려갔다 한다."

게 말했다. "도대체 내 것을 가지고 내가 하고 싶은 대로 할 수도 없단 말이오?"

'에리 철도'와 '뉴욕 센트럴'을 비롯한 서로 경쟁하는 철도 기업들은 자객들로 구성된 사병(私兵)을 고용하여 서로 탐내는 철도 노선의 소유를 위해 간악한 싸움들을 벌이고 있었는데, 젊고 실리에 밝은 돈의 제왕 모건은 짐 피스크의 세력에 대항해 그러한 사병을 멀리 배후에서 지휘하고 있었다.

전후의 엄청난 부패에도 불구하고 철도는 실제로 계속 건설되어 1860년의 3만 1천 마일에서 1870년에는 5만 3천 마일로 늘어나 전국을 하나로 묶었고, 그와 더불어 전국을 소수 집단의 무자비한 권력 아래 굴러 떨어지게 했다. 전후의 불황은 실업과 빈곤을 가져 왔지만, 산업의 진보를 심각하게 가로막는 것 같지는 않았다. 1860년에서 1870년 사이에 공업생산물의 총가치만 따져도 19억 달러에서 42억 달러로 100% 이상 늘어났다. 산업에 투자된 고정자본은 1859년에 10억 1천만 달러에서 1869년에는 16억 950만 달러로 증가했다. 큰 재산은 석유·석탄·철강·목재·구리·쇠고기·금·은에서 축적되어 갔지만, 몇 세대 뒤에 잠식된 토지와 황진지대(黃塵地帶)가 증명하듯이 전 국토는 황폐되어 갔다.

그들의 엄청난 도둑질은 역시 민중을 빈곤으로 몰아넣었다. 포스테리아 댈레스는 그 시대의 끊임없이 커갔던 부에 관해 쓰면서 이렇게 덧붙이고 있다.

> 그러나 동시에 수백만의 사람은 아주 비좁은 빈민가에서 비참한 빈곤 속에 살았다. …… 그들은 애썼지만 가족들은 동물적인 굶주림과 헐벗음의 수렁에서 간신히 목숨만 이어갔을 뿐이다. …… 그토록 적은 보수를 받기 위해서 그토록 오랜 시간 노동하는 많은 대중—그들의 지위는 일반으로 자본가들이 누리는 번영에 비추어 비극적인 이변이었다.

돈은 정말로 귀하다고 농부들은 말했다. 농산물 가격은 남북전쟁이 끝난 이래 계속 폭락해 왔고, 농부들은 엄청난 운임 때문에 시달리고 있었다. 많은 농부들이 남북전쟁 후의 몇 년간에 사들인 곡식단 묶는 기계와 수확기 때문에 빚을 지고 있었다. 더 많은 그린백(Greenback : 미국 남북전쟁기에 합중국 정부의 재정을 충당하기 위해 발행된 정부 지폐(U Note)로 뒷면이 녹색이었기 때문에 그린백이라는 명칭이 붙었다—옮긴이) 지폐가 발행되어 돈을 구하기가 보다 쉬워지고 그 돈이 소수 금융

자본가의 수중에 독점적으로 장악되지 않게 되면 이 나라의 고통은 끝날 것이라는 생각이 널리 퍼지게 되자, 농부와 중산계급의 자유주의자들과 노조 지도자들은 돌파구로서 화폐개혁을 점점 요구하게 되었다. 실비스와 트레벨릭 및 다른 전국노동조합(NLU)의 지도자들도 그린백 지폐를 더 많이 발행하는 길만이 문제를 해결할 수 있다는 생각을 가지게 되었다. 그들은 또한 노동조합이 생산 협동조합으로서 사업을 벌여, 거기서 나오는 이윤을 노동자들에게 나누어 주는 것을 통해 사유재산 제도를 직접 공격하기로 결정했다.

"이윤을 만들어내는 사람들에게 이윤을 나누어 주자. 그리고 생산하지 않는 자는 영광스러운 노동을 하든지 굶어죽든지 둘 중에 하나를 택하게 하자"고 실비스는 말했다. 1867년 이후에 제빵노조·객차제조노조·조선공노조·기계공노조·대장장이노조·제화공노조·모자제조노조·인쇄공노조 및 기타 노조들뿐 아니라 주물공노조의 여러 지부들은 실제로 생산 조합을 만들었다. 특히, 그들이 직장폐쇄로 일터에서 쫓겨난 후 그러했다. 얼마 동안 그들은 눈에 띄게 성공을 거두어 이윤을 분배할 뿐만 아니라, 당시 다른 기업에서 주고 있는 수준의 임금을 주면서 8시간 노동제를 제도화했다. 그러나 하나씩 하나씩 자본이 부족하고 신용대부 등을 받지 못했기 때문에 그들은 실패했다. 실비스는 전국노동조합의 수천 회원의 의사를 대변해 협동조합은 월가(街)가 돈과 신용대부를 통제·장악하고 있기 때문에 실패하고 있다고 말했다. 그는 노동자·농민·흑인 및 도시의 중산계급이 보다 쉽게 보다 많은 돈을 구할 수 있도록 그린백 지폐 발행정책을 지지하는 독자적인 후보를 내어 정책에 영향을 미치는 것에 의해서만 이 월가의 지배를 깨뜨릴 수 있다고 말했다.

1867년에 다시 열린 전국노동조합 대회는 흑인을 노동운동에 가담하게 할 것이냐는 문제에 대해 다시 한 번 아무런 조치도 취하지 않았다. 실비스가 전국 노조의 위원장으로 선출된 1868년의 대회에서도 그 문제는 또 처리되지 않았다. 1869년의 대회 바로 전날 밤 실비스는 41세의 나이로 갑자기 죽었다. 그의 가족들은 매장하는 데 필요한 돈조차 없어 어쩔 수 없이 100달러를 빌려야만 했다. 그러나 그는 미국의 노동자들을 뜨겁게 사랑했으며, 죽기 얼마 전에는 이렇게 말한 일도 있었다. "전국의 동료 노동자들이 인류와 사회의 개혁을 이루기 위한 나의 미천한 노력을 고맙게 여기고 있음을 생각할 때 나는 참으로 긍지를 느낀다."

1869년의 대회는 어느 정도는 실비스의 공적이었다. 실비스가 살아 있을 때에도 깨닫지 못했던 노동운동 지도자들은 실비스의 죽음으로 그 슬픔 속에서 깨달은 바가 있었다. 그리하여 드디어 흑인들의 대회 참가가 허용되었고, 142명의 대표 중 9명이 흑인 대표였다. 그리고 다음과 같은 결의가 채택되었다.

전국노동조합은 노동자의 권리를 문제 삼음에 있어 북부·남부·동부·서부를 가리지 않으며, 피부색과 성(性)을 가리지 않는다. 우리는 모든 유색인종 동료 회원들이 모든 정당한 방법으로 조직을 구성하고, 모든 주에서 다음 총회에 대표를 파견할 것을 촉구한다.

얼마 동안은 200년 동안의 노예제를 통해 넓혀져 온 흑인과 백인 노동자 사이의 오랜 분열이 없어진 듯했다. 볼티모어 흑인 조선공노조의 흑인 대표 아이잭 마이어즈가 연설했을 때, 노동자를 분열시켜 그들을 손아귀에 넣으려는 낡은 정책은 이제 아무런 성과도 거두지 못할 것처럼 보였다. 노예제도가 백인 노동자의 지위를 떨어뜨린 주요 원인이라고 하면서 마이어즈는 이렇게 말했다.

여러분, 흑인 노동자를 받아들이고 흑인 노동자의 이익이 백인 노동자의 이익과 같은 것이라고 말하며, 흑인 노동자가 살아가는 데 있어 똑같은 기회를 가져야 한다고 주장하는 여러분의 행동에 의해 조용하지만 강력하고 광범위한 혁명이 시작되었습니다.

백인 노동자의 지위를 떨어뜨린 주된 원인인 노예제도와 노예노동은 이제 끝났습니다. 그리고 노예 자신이 한쪽 끝으로는 노예의 발목을 속박하고, 다른 한쪽으로는 백인 노동자의 목을 속박했던 쇠사슬을 부수는 일에 큰 몫을 차지하게 되었다는 것은 내 생애에 있어 참으로 영예로운 일입니다.

태어난 지 6년도 못 되어 전국노동조합은 원칙을 버리고 통화개혁에 몰두함으로써, 노동조합의 기능이 꺾여져 버렸다. 그린백 지폐를 더 발행시키려는 운동을 추진해 가는 과정에서 화폐 문제에 열성이지 않은 모든 사람들이 간부직에서 물러났다. 1868년에 이미 회원 60만 중 3분의 2가 노동운동의 회원이 아니라, 파업에는 관심도 없고 하루 8시간 노동제를 위한 운동이나 다른 운동의 목표를 으뜸가는 문제로 생각하지도 않는 의사·변호사·농부·목사·편집자 및 기타 중산계급 사람들이었다. 할 만한 가치가 있는 단 하나의 목표는 사회개혁이라고 그들은 말하고 있었다. 1869년 대회 후 전국 노조의 지도자들이 "어떤 영구적 개혁도 노동조합의 힘으로는 이루어질 수 없다"고 밝히자 여러 노동조합, 즉 벽돌공 조합, 연초 제조공 조합, 전국인쇄노조 및 다른 조합들이 탈퇴하기 시작했다. 1871년의 전국 대회에는 노동운동의 대표로서 단지 2명의 대표가 참석했다.

1869년의 대회는 제3당인 전국노동개혁당(National Labor Reform Party)의 창당과 화폐개혁 일색인 강령으로 1872년의 대통령선거에 참여하는 것을 승인했다. 그 강령과 선거 결과는 전국노동조합(NLU)에 치명타를 안겨 주었다. 새 당은 겨우 3만 표를 얻었던 것이다. 실비스가 제3당에 가입시키려 했었던 흑인들은 그린백 지폐 발행촉구 운동이 그들의 권리·일자리·투표권을 얻는 데 아무런 도움도 되지 않는다고 생각했다. 흑인들은 그대로 전과 같이 공화당에 표를 던졌다. 공화당은 60년대말 남부의 농장 경제를 민주적으로 재건하기 위해 피투성이의 싸움을 벌이고 있던 흑인들을 여전히 지원하고 있었지만, 얼마 안가 흑인들을 배신하게 되었다. 보다 높은 임금보다 짧은 노동시간 및 조직할 권리에 관한 노동자들의 요구는 전국노동개혁당의 계획에 진실하게 반영되지 않았다. 선거 후인 1872년에는 단지 7명의 노동자 대표가 전국노동조합 대회에 참가했을 뿐이었고, 그 후 그 대회는 다시 열리지 않았다.

최초의 전국적인 노동자 연맹을 만들기 위해 일하고 땀흘리고 그 속에서 희망을 가졌던 사람들에게 전국노동조합의 실패는 커다란 좌절감을 안겨 주었다. 너무나 충격이 컸기 때문에, 그 밑바닥에 있는 근본적인 진보를 노동운동 지도자들은 보지 못했다. 노동운동 지도자들은 노예제도가 분쇄되었다는 것과 자본가와 노동자 양측 모두의 커다란 진보를 위한 조건이 만들어졌다는 사실을 가끔 잊고 있었다. 전국노동조합의 창설은 그것이 비록 연약하고 붕괴되기는 했지만 백인 노동자와 흑인의 결속, 여성의 권리, 독자적인 정치활동 및 국제적으로 노동자를 뭉치게 한 선구자적인 투쟁과 아울러 커다란 전진인 것이 분명했다. 또한 그 같은 전국적인 노동운동의 중심이 존재한다는 바로 그 사실이 전국에 걸쳐 임금 생활자의 상태를 개선하는 데 많은 공헌을 했던 것이다.

남북전쟁 후 물가가 떨어지기 시작했을 때, 조직 노동자들은 임금도 따라서 떨어지도록 놔두지 않았다. 전투적인 파업과 갖가지 힘에 의한 시위의 결과로 노동자들은 기업주에게 자신들의 임금을 인상시키지 않을 수 없게 만들었으며, 그리하여 60년대말에는 60년대초보다 60% 높아진 임금을 받았다. 노동조합이 조직된 건축업과 광업 분야에 있어서는 임금이 10년 동안 거의 두 배 내지 세 배로 각각 올랐다. 또 광업 분야에서 노동조합이 있는 곳의 노동자는 노동조합이 없는 곳의 노동자보다 40% 더 많은 임금을 받고 있었다. 1869년의 노동자 실질임금은 1860년보다 조금 높았다. 조직 노동자들은 또한 노동시간을 단축함으로써 작업조건을 개선했다. 나아가서는 전국노동조합의 '하루 8시간 노동' 운동의 추진 결과로 모든 노동자의 평균 노동시간은 1865년의 하루 11시간에서 1870년의 10.5시간으로 줄어들었다.

그러나 백인 노동자와 흑인이 동맹을 이루는 데 실패한 경우에는 서로 나누어진 상태로 말미암아 자본가들로부터 점점 더 심한 공격을 받았고, 그리하여 양쪽 모두가 점점 자기의 조직 노동자들을 잃는 사태에 직면한 것도 사실이었다. 남부에서 흑인들은 '쿠 클락스 클란'(Ku Klux Klan : KKK단— 옮긴이)에 의해 살해당하고 있었고, 1871년 한 해에만 캔터키주에서 100명이 죽임을 당했다. 북부에서는 남북전쟁 후 천천히 인상되어 왔던 임금이 전반적으로 크게 깎이고 있었다. 아마도 이 부패한 시대를 대표할 만한 말은 짐 피스크가 한 것이리라. 거래 부정 때문에 의회의 조사를 받은 후, 그는 이렇게 외쳤다. "해 볼테면 해 보라지! 잃을 것이라고는 명예밖에 없으니까!" 공무원의 부정과 부패는 점점 더 판을 쳐 그 누구도 도전할 수 없는 것처럼 보였고, 1869년 공화당 대통령후보로 당선되고 1872년에 재선된 그랜트 장군의 행정력 하에서 이 두 가지는 모두 유례 없이 번창했다.10)

---

10) 그랜트 대통령의 행정부 전체가 부정·수뢰·독직으로 가득 차 있었다. 장관, 국회의원, 그리고 심지어는 그랜트의 매형인 에이블 R 코빈이 제이 고울드 편에 서서 국가를 상대로 금을 공급하는 투기를 도왔다. 그 도움으로 고울드·피스크와 그의 동료들은 경쟁자들을 파멸시키면서 수백만 달러를 벌게 되었다. 재무장관 WA 리처드슨은 의회의 책임 추궁을 피하려고 서둘러 사임했다. 부통령 슈일러 콜팩스, 장차 대통령이 될 제임스 A 가필드, 뉴햄프셔주 출신 상원의원 패터슨 및 매사추세츠주 출신 하원의원 오크스는 1869년 5월 10일 완공된 '유니온 퍼시픽' 대륙 횡단 철도 건설을 둘러싼 뇌물 사건에 관련되어 있었다. 그랜트의 개인비서인 OE

드디어 주식·증권 및 뇌물의 •전성시대가 다가왔다. 전국노동조합이 깨지고 나자 미국 노동 대중에 대한 공격은 점점 더 거세졌고, 이런 사태는 곧 임금이 하루에 1달러 안팎으로 떨어지는 무서운 사태로 발전했다.

배브콕은 그 당시 소위 '위스키 링' 사건에 관련되어 있었고, 육군장관 WW 벨크냅은 뇌물을 받았다는 죄목으로 탄핵받는 것을 피하기 위해 1876년 사임했다.

2 굶주린 자들에게 총알밥이나 처먹여라

대향연의 종말

닥쳐올 큰 재난에 대해 몇 가지 작은 경고의 소리가 있었지만, 마크 트웨인이 말한 바와 같이 그 대부분은 묵살되고 있었다. "사람들의 얼굴마다 즐거움이 가득했고, 머리 속마다 끓어오르고 있었던 돈벌이에 대한 즐거운 꿈이 눈동자마다 강렬하게 드러나 있었다"고 마크 트웨인은 썼다. '대향연'이 끝나고 있다는 조짐은 아무도 깨닫지 못하고 있었다.[1] 트위드가 실상 수백만 달러의 부정으

---

[1] 버논 루이스 패링턴은 그의 저서 ≪미국 사상의 주류≫ 가운데에서, 남북전쟁 및

로 기소된 사실이나, 새까만 수염의 제이 고울드가 '에리 철도'에서 내쫓기기 전 감옥에 가두겠다는 위협을 받고 다른 부정 이득을 취할 계략을 품은 채 수백만 달러를 챙겨 서부로 도망친 사실의 의미를 사람들은 알지 못하고 있었다. 의기양양하게 민중으로부터 수백만 달러를 빼앗고 1872년 1월 7일 총에 맞아 죽은 짐 피스크의 피살은 그것의 진실한 의미, 즉 한 시대의 종말이라는 식으로 언급되지 않았다.

농산물 가격은 떨어졌고 임금도 떨어지고 있었지만, 배당금은 안정되어 있었고, 끝없는 경제팽창이 일어나 눈부신 번영이 중단 없이 계속될 것이라고 모두가 생각하고 있었다. 공황이 일어날지도 모른다거나 불황이 닥쳐올지도 모른다는 식의 이야기는 비애국적인 것으로 받아들여졌다. 어떤 불안감이 있으면, 그것은 미국에서 제일 가는 은행가 제이 쿠크가 했던 식으로 묵살되었다. 그는 필라델피아 교외의 호화로운 저택에서 이렇게 말했다. "나는 하느님을 굳게 믿고 있다. 나는 하느님이 우리를 버릴 것이라고는 생각하지 않는다."

그 당시 미국의 신념이기도 했던 이 같은 믿음에서 투기열은 더욱더 널리 퍼지게 되었다. "여자들은 금에 열심이었고, 성직자들은 광산과 석유 쪽을 즐겼다. 법률가들은 '에리 철도'의 주식을 좋아했다"고 그 당시의 어떤 작가는 썼다. 약삭빠른 판단조차도 만연되어 있는 욕망에 의해 흐려져 있었다. '펜실베니아 철도회사'의 사장인 톰 스코트와 대은행가 제이 쿠크 자신도 너무나 사업을 확장하여 자금이 딸리고 있었다. 또한 스코트는 남서부에, 쿠크는 북서부에 새로운 철도회사를 건설하기 위해 증권을 팔기 시작했다.

겉으로 보면 미국은 꽤나 번영하고 있는 듯이 보였다. 광산에서는 석탄과 구리를 캐고 있었고, 강철 생산업자들은 거대한 제철소를 세우려 계획하고 있었다.

전쟁이 끝난 후 일어난 악덕 자본가들에 의한 미국 자원의 약탈을, 의회가 식당에서 요리를 가져다 주듯이 이미 살찐 자들에게 미국의 가장 좋은 것을 하나씩 하나씩 가져다 주어 버린 대향연(a Great Barbecue)으로 묘사하고 있다. 그는 이렇게 쓰고 있다. "의회는 토지·관세·보조금, 모든 종류의 특혜 등 풍성한 선물거리를 가지고 있었다. 영향력 있는 시민들이 자기들이 바라고 있는 바를 세력이 강한 정치인에게 알리면, 이에 동조하는 정치인들은 정부에 영향력을 행사하여 정부가 유권자들이 바라는 대로 친절하게 시중들도록 바꾸어 놓는 것과 마찬가지였다."

굶주린 자들에게 총알밥이나 처먹여라 47

 콤스톡 광맥에서 캔 금과 은의 유입량(流入量)이 계속 늘어났고, 펜실베니아주에 새로 개발된 코넬스빌 지역에서는 거대한 코크스 가마가 가동되고 있었다. 곡창지대에는 밀과 기타 곡물이 넘쳤고, 공장은 활발하게 돌아가고 있었다. 그때 갑자기 마비가 일어났다. 마치 마귀에게 홀리기라도 한 듯이, 거의 갑작스럽고 완벽하게 전국의 일터와 일손이 한꺼번에 멈추었다.
 산업 사회의 불황인 이 죽음 같은 삶은 1873년 9월 18일 필라델피아 3번가에 있는 제이 쿠크 회사의 대은행이 문을 닫음으로써 막을 올렸다. 하느님이 그를 버리지 않을 거라고 믿고 있던 쿠크는 자신의 저택에서 그랜트 대통령과 아침 식사를 하고 있다가 그 사실을 들었다. 쿠크는 눈물을 참고 있다가 대통령이 떠나가자 자기 소유 은행의 닫혀진 문 뒤에 서서 벽에 얼굴을 댄 채 눈물이 작은 시내처럼 흘러 금빛 턱수염을 적시도록 울어댔다.
 1873년의 경제위기는 그 뒤에 주기적으로 일어난 경제위기와 마찬가지로 사기업(私企業)이 이미 커진 이윤을 더 늘리기 위해 생산을 지나치게 늘린 결과, 기계·철·목재 및 다른 생산재(生産財)와 밀·면화·직물·모직물 및 다른 기본적 소비재 등이 노동자의 희생 위에서 너무 많이 생산된 사실에 그 원인이 있었다. 기업가들은 노동자에게 최저 생계비조차도 안 되는 낮은 임금을 주면서 노동자들을 아주 오랜 시간 일하게 하고 새로운 생산기술을 도입함으로써 생산을 증가시켰다. 점점 더 적은 비용으로 더 많은 상품이 생산되었고, 그 결과로 이윤은 엄청나게 치솟았다. 이러한 이윤을 보다 높은 임금과 보다 짧은 노동시간의 형태로 좀더 고르게 분배하지 않고 기업가들은 그것을 자기들이 모두 차지해 버렸고, 그 일부는 더 많은 돈을 벌기 위해 더 많은 기계를 사들이고 더 많은 공장을 짓는 데 투자했다. 자본가들이 너무 많은 양을 차지하고, 부(富)를 만들어낸 민중이 너무 적은 양을 차지한 결과는 경제적 공급과잉이었고, 그것이 재난을 부른 것이다.
 재난은 미국 역사상 그 유례가 없었던 경제호황 후인 1873년에 찾아왔다. 남북전쟁이 끝난 후, 여러 해에 걸친 번영에 대해 앨런 네빈스 교수는 그의 저서 《근대 미국의 출현》에서 다음과 같이 쓰고 있다. "이전 미국 역사의 그 어느 시기보다도 많은 면방추(綿紡錘)가 설치되었고, 더 많은 용광로가 점화되었으며, 더 많은 강철이 제조되었다. 또한 더 많은 석탄과 구리가 채광되었고, 더 많은 목재가 벌채되었으며, 더 많은 집과 상점이 건설되고, 더 많은 다른 종류의 공장들이 세워졌다."

그러고는 메마른 시절, 즉 6년 동안의 길고 무서운 시절이 왔다. 직기(織機)의 움직이는 소리가 요란했던 방직공장에는 이제 적막이 깃들고 기계는 얼어붙은 듯 조용해졌고, 공장 안의 긴긴 마루는 노동자 한 사람 찾아볼 수 없이 사막처럼 황량했다. 광산은 텅비었고 쟁기는 먼지가 풀썩거리는 들판에서 녹슬었으며, 수확용 기계는 버려진 채 놓여 있고, 옥수수와 밀은 그대로 시들어 갔다. 한편 점점 불어나고 있는 실업자들의 식량을 달라는 아우성은 높아만 갔다.

1877년에 실업자 수는 3백만에 이르렀다. 적어도 전체 노동자의 5분의 1이 일자리를 잃은 것으로 추산되었다. 취업하고 있는 노동자의 5분의 2는 1년에 6내지 7개월을 일할 뿐이었고, 5분의 1 미만이 일정한 일자리를 가지고 있었다. 취업하고 있는 노동자의 임금은 45%나 삭감되었고, 또 하루 1달러 이상이나 삭감된 경우도 흔히 있었다.

불경기가 시작됐을 당시 존재하고 있었던 30개의 전국노동조합 가운데 1877년에는 단지 8~9개만이 남아 있을 뿐이었다. 살아남은 노동조합에 대해서는 직장폐쇄, 블랙리스트 명단 작성, 음모 사건으로 기소, 결코 노동조합에 가입하지 않겠다는 그 당시의 '충성 선서'를 노동자에게 강요하는 '황견(黃犬)계약'(yellow-dog contract : 노동조합 조직을 부인하거나 약하게 만들기 위해, 또는 단체교섭을 회피하기 위한 수단으로 조합에 가입하지 않을 것, 또는 가입해 있는 조합에서 탈퇴할 것, 그리고 또는 어용조합을 만들어 새로 고용되는 자나 이미 고용되어 있는 자는 그 어용조합에 가입할 것 등을 고용조건으로 하는 계약을 말한다—옮긴이) 등이 행해졌다. 미국 노동조합의 조합원들은 "미친 개를 때려잡듯이 탄압받았다." 1876년 미국 독립 1백주년 기념 축제에 참석하러 왔던 프랑스 노동조합의 사절단은 그러한 탄압의 이야기를 들었다. 아직 살아남은 노동조합은, 이윽고 미국 역사상 가장 큰 노동조합 연맹으로 성장하고 있던 노동기사단(The Knights of Labor)의 경우가 그러했듯 암호를 사용하는 비밀결사가 되지 않을 수 없었다.

실업자 떼가 일을 찾아 전국을 떠돌아 다녔다. 한편 신문들은 배고픈 자들이 하고자 하면 일은 얼마든지 찾을 수 있다고 주장하면서 '떠돌이'들을 끊임없이 그리고 맹렬히 비난했다. 또 "그들의 반은 하고자 마음만 먹으면 일을 구할 수 있다"고 배부른 자들도 악랄한 비난을 퍼부었다. 그러나 그들은 일자리를 왜 구할 수 없는가를 설명하지는 못했다. 주로 신문과 비평가들은 실업자들이 할 일 없이 지내는 사태의 원인이 산업의 파탄에 있는 것이 아니라 실업자들의 성격적 파탄, 즉 게으른 성격 때문이라고 주장했다.

그러나 모두 다 그렇게 비참하지는 않았다. 다니엘 드루는 남북전쟁에 대해 말하면서 "한몫 잡기에는 혼란을 틈타는 것이 좋다"고 의기양양하게 말했다. 불경기에 처하자 앤드류 카네기, JP 모건, 존 D 록펠러 및 몇몇 사람들은 이 말을 그대로 행동에 옮겼다. 예컨대, 카네기는 재빨리 거대한 강철공장을 세워 값싼 원료와 노동력을 이용해 돈을 벌었는데, 이렇게 독선적으로 말했다. "공황기에 돈을 가진 사람은 현명하고 가치 있는 사람이다." 이와 같은 불경기의 소용돌이 속에서 욕심쟁이들이 출현하고 있었다. 록펠러는 수백 개의 경쟁 기업들을 합병했고, JP 모건은 쿠크를 대신해 미국의 지도적인 은행가가 되었으며, 헨리 C 프릭은 앤드류 멜론의 도움을 얻어 코넬스빌 석탄지대를 삼켰다. 또 J 힐, 헨리 빌라드, 에드워드 H 해리만 등이 불경기의 혼란기에 돈을 벌었다. 그들은 철도와 정부가 무상불하한 땅과 석탄광을 소유하여 새로운 산업계의 거물로 등장했다.

그러나 프릭이나 해리만처럼 돈을 번 사람이 그렇게 많았던 것은 아니다. 전국에 걸쳐 수많은 사람들이 길 모퉁이에서 빈둥거렸으며, 수없이 많은 사람이 선술집에 앉아 외상 술을 아껴 마시면서 시간을 보내고, 오랜 시간을 주방에 앉아 벽을 바라보며 그들 자신과 나라가 무엇이 잘못된 것일까를 의아해 하며 지냈다. 수백만의 미국인들이 자식들을 먹일 수도, 또 자식들의 의심이 가득한 눈초리를 감당할 수 없는 데서 생기는 엄청난 수치감에서 자신들을 사회의 낙오자로 비관해 버리고 있었다.

천천히 분노가 일기 시작했다. 서부의 농민들은 농민 공제조합(Granges)에 가담했고, 월가(街)에 대해 불만을 터뜨렸다. 동부에서는 뉴욕의 톰킨스 광장에서 "실업자는 자선이 아니라 일자리를 요구한다" "노동자가 생각하기 시작할 때 독점은 흔들린다"는 구호를 외치며 벌인 것과 같은 성격의 시위와 폭동이 일어났다.

시위가 번져 가자 경찰은 이를 공격했고, 그 뒤 시위가 공산주의적이라고 발표했다. 당시의 한 신문기자는 이렇게 썼다. "경찰봉이 휘둘러졌다. 여자들과 어린이들이 비명을 지르며 사방으로 뛰었다. 그들 중 상당수는 발로 짓밟혔다. 이 거리 저 거리에서 말을 탄 경관들은 구경꾼들을 뒤쫓아 사정 없이 후려갈겼다."

그러나 〈뉴욕 타임즈〉의 기자는 그 광경이 "재미가 없지 않았다"고 하면서 이렇게 썼다. "어제 체포된 사람들은 모두 외국인들이었던 것 같다. …… 공산주의는 저절로 자라는 풀이 아니다."

분노는 더욱 커졌다. 시카고에서는 2만 명의 노동자들이 시카고 화재 희생자를 위한 구제기금 70만 달러를 실업자를 위해 사용하라고 요구하면서 시청으로 행진했다. 오랜 논쟁 끝에 9700채의 가구가 그 기금에서 일종의 생계 보조금을 지급받았다.

"1세기가 지난 지금 세상은 정말 많이 변했다!" 불경기에 희생된 한 사람은 이렇게 썼다. "수천 마일의 철도, 헤아릴 수 없이 많은 공장, 광산과 제철소, 어마어마한 부(富)를 보라! 이 모두가 지난 한 세기 동안 노동자에 의해 창조되었다. 그런데 노동자가 만든 이 좋은 것들 가운데 노동자가 자기 몫으로 가지고 있는 것은 무엇인가? 문자 그대로 전혀 없다. 노동자는 철도, 공장, 제철소, 광산 그 어느 것도 가지고 있지 않다. 자본가들이 교묘하게 이 모든 것을 독점해 버렸다."

사람들이 그러한 말들을 하게 됨에 따라 분노는 계속해서 강해졌고, 또 그들의 요구도 늘어났다. 1874년과 1875년에는 방직 및 석탄광 노동자들의 파업이 있었고, 노동자들의 투쟁이 늘어나자 공화당을 지배하며 세상을 좌우하고 있던 사람들은 노동조합 운동에 대한 새로운 공격을 준비하기 시작했다.

그들은 맨 먼저 노동자들이 새로운 다른 세력과 힘을 합치지 못하게 하면서, 자기들의 편을 새롭게 얻으려는 일을 시작했다. 그들은 노동자들이 반항적인 농민들과 제휴해 공동전선을 펴 민주당을 부흥시키고, 또 남부의 대농장주들과 연합해 공화당을 내쫓고, 나아가서는 그들의 돈벌이에 도움이 되는 정책을 뒤엎지 않을까 두려워하고 있었다. 이것을 막기 위해 그들은 민주당을 충실하게 지지하고 있는 남부의 대농장주들을 자기네 편으로 끌어들이기로 마음먹었다. 1876년 이래로 그들은 남부에서의 민주적인 권리를 요구하며 채무자법을 통해 자기들을 다시 노예로 만드는 것에 반대해 싸우는 흑인들을 지원해 왔다. 공화당은 남부를 5개의 군구(軍區)로 나누어 합중국군이 수비하게 하고, 자기 권리를 지키도록 흑인을 무장시켰으며, 70만여 명의 흑인들이 선거권을 얻기 위해 싸우는 것을 돕는 한편 주요한 대농장주들의 공민권을 박탈해 버렸다. 간단히 말해서 그들은 커다란 민주적 소득으로 기록된 남부의 혁명적 소용돌이를 도와 왔지만, 불경기라는 새로운 사태에 골머리를 앓고 있는 지금에 와서는 그들의 오랜 반대자들을 자기 편으로 끌어들여 그들이 새롭고 급진적인 민주당을 만들지 못하도록 하자는 생각에 빠져 있었다. 이것들은 정치세력의 근본적인 재정비를 통해 행동에 옮겨졌고, 그리하여 노동자들에게 닥친 위험은 더욱 커지게 되었다.

남부에 주둔했던 군대는 곧 철수하여 불경기 하의 임금인하에 반대해 파업에 들어간 북부 노동자들의 궐기를 진압하는 데 투입되어야만 했다. 그러는 동안에 흑인들은 오히려 그들이 섬겨 왔던 옛 상전의 모진 손아귀에 의해 뼈아프게 다시 내던져지게 되었다. 새로운 동맹관계 때문에 남부의 민주당은 완전히 북부 공화당의 부속물이나 다름없었다. 적어도 경제적으로는, 민주당의 강령은 공화당의 강령 못지않게 대체로 보수적이고 부유층에겐 하나도 위협적인 점이 없었다. 그러나 이러한 일이 일어나고 있을 때, 자신들의 문제에만 정신이 팔려 있던 북부의 노동자들은 자신들의 곤경을 남부에서 일어나고 있는 일과 연결시켜 생각하지 못했다. 북부의 제임스 S 앨런은 "섬유 노동자와 광부들이 심각한 좌절을 겪고 있던 몇 해 동안, 남부의 진보적인 여러 주정부는 대농장주(planter)와 산업가들이 지배하는 정부로 바뀌어졌다"고 썼다.

대중운동은 북부와 남부에서 서로 상대를 지원하는 대중 세력을 갖지 못한 채 따로따로 좌절되고 있었다. 그들의 적은 똘똘 뭉쳤지만, 민중운동은 실비스와 다른 사람들이 지난날 수없이 경고했었음에도 불구하고 그렇게 뭉치지 못했다. 이러한 민중운동의 분열에 대해 필립 S 포오너는 "높은 임금을 받기 위한, 또 고용주들의 공격을 제지하기 위한 자신들의 투쟁에 골몰해 있던 북부의 조직된 노동자들은 그들의 앞날이 남부의 민주주의를 위한 투쟁의 성과에 따라 영향을 받게 될 것이라는 사실을 깨닫지 못했다"고 지적했다.

흑인은 남북전쟁에서 용맹스럽게 싸운 용사였지만 무참히 살육당했다. 그러나 공화당이 흑인들을 배신한 행위가 어느날 갑자기 일어난 일은 아니었다. 오히려 그것은 4~5년의 기간에 걸쳐 전개된 일이다. 그러나 1877년 대통령직을 둘러싼 헤이즈 대 틸덴의 경쟁의 결과로써, 공화당과 보수적인 남부의 민주당원 사이에는 흑인들을 남부의 보수적인 민주당원들이 원하는 대로 심하게 다루어도 좋다고 인정하는 원칙적인 합의가 이루어졌다. 이에 대신하여 남부의 민주당원들은 불만에 찬 노동자와 반항적인 농부들에게 둘러싸여 있는 북부의 산업자본가들을 후원해 줄 뿐만 아니라, 공화당의 헤이즈 후보를 지원하겠다는 약속을 했다. 공화당은 북부에서 일어나는 저항에 더욱 효과적으로 대처하기 위해 남부의 흑인들을 버렸다. 동시에 그들은 민주당이 농민과 노동자들의 저항 수단으로 이용되는 사태의 발전을 막기 위해 효과적인 조치를 취했던 것이다. 이렇게 하여 사우스 캐롤라이나주 콜럼비아의 스파탄버그, 알라바마주의 리빙스턴 및 텍사스주의 그렉스군(郡) 등지에서 흑인들이 학살당하고 있을 때, 다른 한편에서는 이 나라의 역사상 가장 지독한 불경기 속에서 싸우고 있던 매사추세츠주의 섬유 노동자와 펜실베니아주의 광부들을 진압하기 위해 군대가 동원되고 있었다.

리딩 계곡의 살인왕

한때 동남부 펜실베니아주의 리딩 계곡의 왕으로 알려졌던 프랭클린 B 고웬이 1889년 쓸쓸한 어느 워싱턴 호텔 방에서 자살했을 때, 몇몇 사람들은 그가 극적인 생애를 사는 동안 그 좋던 머리가 정신이상으로 돌아 버린 것이 아니냐고 이야기했다. 어떤 사람들은 그의 탁월하고 별난 머리가 세상에서 이제 통하지 않게 된 것을 그 자신이 미리 감지하여 스스로 목숨을 끊은 것이라고 말했다. 사람들이 그의 외로운 종말에 대해 이야기한 것으로 미루어, 그가 열기에 찬 웅변을 토하며 19명의 펜실베니아 노동조합 광부들을 죽음으로 몰아넣은 행위를 거의 미치광이나 다름없는 정신상태 속에서 한 짓으로 짐작할 수도 있다.

그러나 그것은 그가 전국 최초의 산업별 노동조합에 대항해 급속히 기업 합동(트러스트)을 이룬 기업가들을 이끈 지 16년이 지난 다음의 일이다. 그때 그는 일류 기업가이자 정치가이며 국가의 구원자로서 찬양받았고, 혹은 천재로 일컬어지기도 했으며, 또 그가 노동자들을 박살내 버린 이야기는 멀리 런던에까지 알려져 숱한 자본가들이 혀를 내둘렀을 정도였다.

고웬은 1873년의 불경기에 이름을 크게 떨치게 되었다. '필라델피아 앤드 리딩 철도회사'뿐만 아니라 미국 최초의 석탄 기업 합동의 우두머리인 그는, 펜실베니아주의 무연탄 광부들이 조직한 전투적 노동조합인 노동자 공제조합이 실제로는 강권과 폭력으로 사회를 뒤엎으려는 외국의 음모에 의해 만들어진 것이라고 비난했다. 그 비난과 그 후에 있었던 재판은 모든 노조 지도자들을 사형에 처하고 감옥에 가두고 혹은 추방시킴으로써 산산이 부수어 버렸다.

고웬을 포함한 많은 사람들을 치명적인 종말 속으로 몰아넣은 사건은, 1869년 10월 6일 펜실베니아주의 루전군(郡)에 있는 아본데일 탄광채탄소 꼭대기의 경보기가 사고 발생을 알리는 날카로운 소리를 되풀이해서 울리며 시작되었다. 대부분의 광부들은 갱의 입구 앞에 펼쳐져 있는 긴 거리에서 살고 있었는데, 이 경보가 울리자 광부의 부인들은 갱의 승강기 통로를 향해 뛰었고 그 뒤를 어린아이들이 뒤따랐다. 거대한 연기와 불기둥이 하나뿐인 환기 구멍 출구이기도 한 갱 입구에서 굽이쳐 나오고 있었으며, 부인들과 아이들은 남편과 아버지가 어떻게 해서든지 제2의 출구를 뚫지 못하는 한 이제 모두 죽게 될 것이라고 생각했다.

연기 때문에 숨막히고 앞이 보이지 않게 되자, 179명의 광부들은 땅 밑의 웅덩이 속에서 미친 듯이 흙을 파고 있었을 것이다. 그 미칠 듯한 상태에서도 땅 위에서 자기들을 기다리고 있을 부인과 아이들의 얼굴을 아마 그려보고 있었을 것이다. 부인들은 몇 시간 동안 거의 한마디도 없이 그곳에 서 있었다. 어떤 부인은 어린애를 안고 있었고, 조금 큰 아이는 엄마의 치맛자락을 붙잡고 선 채로 기다리고 있었다. 그들은 밤이 와도 그대로 남은 채 그 긴 날을 꼬박 보냈다. 하나뿐인 통로에서 솟아 나오는 불길은 캄캄한 하늘을 핥으면서 치솟았다. 때때로 어떤 부인은 아이들에게 밥을 먹이기 위해 답답하고 축축하며 낡아빠진 움막집 속으로 들어갔다가는 다시 돌아와서 쓸쓸한 모습으로 오랫동안 말 없이 기다리고 있었다.

그 다음날도 불길은 여전히 하나뿐인 입구에서 피어올랐으며, 그 어떤 구조의 손길도 밑으로 내려가지 못했다. 루전과 슈일킬 군에서 온 수천 명의 광부들은 아무 말 없이 그러나 이따금씩 탄식의 소리를 중얼거리며 갱 입구로 몰려들었다. 많은 광부들은 땅 속에 갇힌 사람들을 구하기 위하여 굴을 뚫고 있는 구조대에 끼워달라고 온 힘을 다해 간청했다. 10월 8일자 <뉴욕 트리뷴>지는 '죽음의 갱 입구에 몰려든 수천 명의 광부들', '과부와 고아가 된 6백여 명의 부녀자와 아이들'이라는 제목 하에 "모든 작업은 중단되었고, 갇힌 광부들의 생사여부를 떠나 그들을 땅 위로 끄집어올리는 일에 동료들은 모든 힘을 투입했다"고 썼다.

경보기가 요란하게 울린 지 이틀 후, 땅 속에 갇혀 있던 광부들 179명 모두는 죽어서 발굴되었다. 탄광 소유자들이 제2의 입구나 비상구를 만드는 데 드는 몇 푼 안 되는 돈을 쓰고 싶어하지 않았기 때문에 그들은 죽어야 했다. 펜실베니아 주의 루전·슈일킬·카본 군 등지에서 수많은 사람들이 죽어갔고, 또 그때 이후로도 그래왔듯이 그들은 죽은 것이다. 시체가 하나씩 발굴되자 최근에 형성된 노동자 공제조합의 지도자인 아일랜드인 존 씨니는 마차에서 일어섰으며, 수천 명의 광부들이 가까이 모여들자 그의 얼굴은 슬픔으로 일그러졌다. 갑작스러운 침묵을 뚫고 멀리서 슬픔을 삼키는 소리가 들려 왔다. 그것은 시체가 안치되는 건물에서 들려 오는 소리였다.

마음이 어느 정도 가라앉자 씨니는 "여러분, 여러분들이 무거운 장화를 신은 채 죽어야 한다면 여러분의 가족과 가정, 여러분의 나라를 위해 죽으십시오. 여러분이 땅을 파는 곡괭이에 기울이는 것만큼의 관심도 여러분에게 기울이지 않는 사람들을 위해 덫에 걸린 쥐처럼 죽어가서는 더 이상 안 됩니다" 하고 외치기 시작했다. 그는 잠시 쉬었다가 다시 계속할 수 있게 되자 죽은 동료들의 시체를 아직도 나르고 있는 군중의 끄트머리를 가리키며 광부들에게 노동조합에 가입하라고 호소했다. 그 날 수천 명의 광부들이 그의 말에 따라 조합에 가입했다.

슈일킬군(郡)의 노동자 공제조합은 하루 8시간 노동제도를 이룩하기 위한 파업을 벌였던 1868년 바로 그 전 해에 결성된 것이었다. 그 파업은 실패했지만, 조합원의 대부분을 이루고 있던 아일랜드인들은 조직 형성에 필요한 비상한 재주를 많이 보여 주었다. 그들은 독자적인 정치활동을 주장했으며, 많은 사람들이 이야기하기 훨씬 이전에 산업별 노동조합을 주장했다. 그들은 갱 속과 주위에서 일하는 모든 사람들이 하나의 커다란 노동조합에 속해야 한다는 것을 절대적으로 확신하고 있었다.

노동자 공제조합의 아일랜드계 회원들은 대부분 굶주림과 영국 압제자의 폭정을 피해 도망쳐 온 사람들이었다. 40년대, 50년대, 그리고 60년대 동안 약 52만 명의 아일랜드인이 살길을 찾아 슈일킬군으로 왔다. 그러나 그들이 하나의 폭군으로부터 다른 폭군의 손아귀로, 즉 영국인 지주들이 행했던 교수형에서 미국의 석탄업자들이 행하는 교수형, 총살형, 그리고 간악한 흉계 밑으로 옮아왔을 뿐이라는 사실은 한 인간에게 있어 너무나 얄궂은 운명이 아닐 수 없었다. 그들은 푸른 대지를 떠나왔지만, 도착한 곳은 검은 땅덩어리였다. 그 곳은 석탄과 파쇄기와 독한 술과 갱 그리고 모든 것이 거무튀튀한 무연탄 굴뚝밖에는 없는 곳이며, 검정색이 아닌 곳은 온통 자갈과 모래 투성이의 회색 땅이었다.

그들은 씨니가, 조합에 가입함으로써 죽음을 당하게 될지도 모르지만, 죽음이 도사리고 있는 밀폐된 갱 속에서 덫에 걸린 쥐처럼 죽는 것보다는 자신과 조합을 위해 죽는 것이 훨씬 낫다고 말했을 때 그 말이 무엇을 의미하는 지를 알았다. 탄광촌으로 굽이쳐 들어오기 전 산 속에서 흐르기 시작할 땐 매우 맑은 파란 빛이었던 슈일킬 강의 검정 물은 40년대와 50년대의 파업 기간 동안 광부들의 피로 검붉게 물들었다. 1842년에 그들의 조합은 무력으로 파괴되었으며, 1849년에 또다시 시작하자 그것 또한 격렬한 파업이 있은 후에 분쇄당했다.2) 그 당시의 권력자들이 노동조합 운동을 법률 위반의 음모 행위, 즉 은행강도 계획만큼이나 범죄적인 음모 행위라고 생각하고 있었음을 그들은 알았다. 또한 노동조합원들은 은행강도처럼 법률의 보호권 밖에 있다는 것도 알게 되었다.

그러나 아본테일 광산의 화재로 하나의 전환점이 찾아왔다. 재난이 있은 후에 광부들은 점점 더 노동조합으로 몰려들었다. 그럴 만한 충분한 이유가 있었다. 당시 통계에 의하면, 해뜰 때부터 어두울 때까지 일하는 사람의 기본 품삯이 주당 11~15달러였다. 광부들의 농담 섞인 이야기에 의하면, 아이들이 자기 엄마에게 "저기 집 근처에서 어정거리는 사람이 누구야?" 하고 묻게 되는 일요일을 빼놓고는 전혀 아버지 얼굴을 볼 수 없었다는 것이다.

미국 석탄 광부의 역사를 연구하는 앤드류 로이에 의하면, 파업 동안에 굶어 죽는 사람과 매서운 겨울 날씨에 추위로 얼어죽는 사람이 드물지 않았다고 한다. 또한 슈일킬군을 포함한 탄광 지구의 교구 집사인 PF 맥앤드류스는 1875년에 "광부라는 직업은 …… 반(半)노예제도와 마찬가지다"고 썼다.

---

2) "부자들이 가난한 노동자들을 억누를 수 있는 기회가 탄광지대만큼 훌륭하게 마련되어 있는 곳은 이 세상 어느 곳에도 없을 것"이라고 1877년 6월 22일자 <뉴욕 헤럴드>지에 실린 한 기사는 말하고 있다. 계속해서 "이러한 기회가 잘 이용되지 않는 일은 거의 없다. 기업주들의 탐욕스러움과 노동자들에게 정당한 임금을 지불하지 않는 강탈 행위는 아직도 기억되고 있으며 …… 지금도 여전히 존재하고 있다. 자신들의 환경을 개선해 보려는 노동자들의 시도는 그때마다 즉각 분쇄되었다. 이러한 노동운동에서 지도적인 역할을 한 사람들은 …… 찍혀서 블랙리스트 명단에 올려졌다"고 그 기사는 덧붙였다.

슈일킬군의 탄광에서 일하는 2만 2800여 명의 노동자 가운데 5500명이 7살부터 16살 사이의 소년들이었다. 그들은 파쇄기 속 활강판 밑으로 떨어진 석탄 덩어리에서 돌을 골라내는 일을 하고 일주일에 1내지 3달러를 받았다. 늙은 사람이나 부상당한 사람들은 일할 수 있을 때까지 부려먹은 후에는 파쇄기로 다시 보내져, 그들이 인생을 시작했을 때와 다름없이 비참하게 인생을 끝마치게 되었다.

그러나 이러한 모든 것보다도 더욱 나쁜 조건은 목숨을 앗아가는 사고 발생률이다. 어스름한 새벽에 탄광을 향해 한 광부가 집을 떠날 때는, 그 자신도 부인도 아이들도 서로 다시 볼 수 있을지 없을지를 장담할 수 없었다. 한 방울씩 떨어지는 물이 일에 골몰해 있는 그를 점점 적시고 땅 속에서 무릎까지 물에 잠겨 일을 하는 동안, 언제 어디서 떨어질지 모르는 석탄의 육중한 무게 밑에서 썩은 버팀대가 휘어지고, 목재가 우지직하면서 쪼개져 그 밑에 깔리게 되는지 전혀 알 수 없는 노릇이었다. 또한 독가스의 폭발로 일어난 불꽃이 죽음의 공기 속에서 타오르며 시커먼 굴 속을 꽉 채우고 퍼져 나가, 드디어는 광부들의 목숨을 앗아가는 사태에 언제 휩싸이게 될지 모를 일이었다. 한 사람의 예외도 없이, 탄광주들이 여러 해 동안 비상구와 환기 시설의 설치나 튼튼한 버팀대를 만드는 일을 해 오지 않았다는 사실을 광부들은 잘 알고 있었다. 슈일킬군에서만 7년 동안 566명의 광부들이 죽었고 1655명이 중상을 입었으며, 1871년 한 해 동안에는 이 군에서 112명의 광부들이 죽고 339명이 심한 부상을 당했다.

생명과 신체에 대한 위험 이외에도 광부들은 지독한 증산(增産)의 의무를 완수해야만 했다. 광부들은 벅찬 하루 작업량을 다하기 위해 밥도 먹지 않고 일을 해야 했기 때문에, 아주 녹초가 되어 버리는 것이 보통이었다. <하퍼즈 뉴 먼슬리 매거진>(1877년 11월호)의 현장 취재기자는 "한 광부는 시간이 없어서 점심을 먹지 못한 채 갱 밖으로 밥을 그대로 가지고 나오곤 했는데, 그는 그 이유가 석탄차를 운반자가 가지러 올 때 그것을 채워 놓아야지 그렇지 못하면 자기의 하루 작업량인 7량의 석탄을 채울 수 없기 때문이라고 나에게 말했다"고 썼다.

이 무렵 조합에 가입한 사람들 중에는 그 후에 일어난 투쟁에서 자신들의 능력이 보통 이상임을 보여 준 젊고 비범한 일단의 광부들이 있었다. 그들은 자신들과 대적하고 있던 모든 부자들과 보도기관과 성직자들과 맞섰으며, 주 방위군과 자경단원과 법원 그리고 경영자들의 '석탄 및 철강 치안대'의 공격을 받았다.

또 그들을 없애기 위해 400만 달러 이상을 투입하여 강경한 조치를 취하고 있는 세력과 맞선 상황이었지만, 그들은 그럼에도 불구하고 승리에 가까이 다가섰다. 그들의 능력은 참으로 대단한 것이었고, 누구나 그들의 능력에 놀랄 정도였다. 나중에 그들이 법정에 이끌려 서게 되어, 힘센 자들에게 맞섰던 사람들이 젊은 광부에 불과하다는 사실이 드러나고부터는 더욱 그러했다. 그들의 등은 우리의 눈에 익은 다른 광부들의 등처럼 굽어졌으며, 그들의 손은 굳게 못이 박혔고, 이른바 '광부들의 무릎'으로 알려진 직업적인 신체 특징을 그들은 가지고 있었다. '광부들의 무릎'이란 무릎 꿇은 자세로 석탄에 곡괭이를 찍으면서 한 시간 한 시간씩 몸을 옮기면서 일을 한 것 때문에 생긴 슬개골 위의 커다란 티눈을 가리켜 하는 말이다. 그러나 이 사람들은 이렇게 일을 하는 순간에만 유일하게 무릎을 꿇었던 것이다.

그들 가운데 몇 사람은 아일랜드에서 독립운동에 가담했다는 이유로 친구들이 교수형당하는 것을 본 적도 있었는데, 이들 모두는 처음부터 조합을 세우는 자신들의 '모험' 행위가 죽음과 같은 극한 상황에까지도 이어질 수 있다는 것을 알고 있었다. 그들 중에는 1864년에 아일랜드의 자유를 위해 싸우다가 미국으로 도망쳐 온 톰 먼리가 있었다. 그는 꽤 큰 몸집과 힘센 근육을 가진 광부로 불타는 듯한 커다란 코밑 수염과 밝고 붉은 빛을 띤 뺨을 가지고 있었으며, 부인과 네 아이를 두고 있었다. 또 다른 한 사람으로는 "직업 권투선수 같은 완강하고도 도전적인 표정을 지닌" 30세의 단단한 체격을 소유한 광부 마이크 도일이 있었다. 그와 엇비슷한 나이로 코밑 수염과 턱수염을 매끈하게 면도한 미소 띤 얼굴의 에드 켈리는 새로운 조합에 힘을 불어넣은 또 다른 한 사람이었다. 그는 짐 캐롤, 잭 케호, 휴 맥기언, 그리고 톰 두피와 함께 조합에서 슈일킬군의 선거에 독자적인 후보자를 내세워야 한다고 주장했다.

처음부터 이들 젊은 광부들과 동료들은 조합을 만드는 데 있어 가장 큰 적(敵)은, 나이는 그들보다 많지 않지만 특이한 성깔이 벌써부터 리딩 계곡의 구석구석까지 알려져 있는 프랭클린 벤자민 고웬이라는 사실을 잘 알고 있었다. 아본데일 사고가 나기 얼마 전인 1869년에 그는 33세의 나이로 동남부 펜실베이니아주의 경제계를 주름잡으며, 이 지역에서 '거대한 낙지'처럼 세력을 떨쳐 나간 '필라델피아 앤드 리딩 철도회사'의 사장으로 선출되었다. 동시에 그는 이 철도회사의

자(子)회사인 '필라델피아 석탄 및 철강회사'의 사장으로도 선출되었다.

먼리·케호·캐롤·맥기언·도일 및 다른 친구들이 석탄 광부들을 노동조합으로 조직하고 있을 때, 젊은 고웬은 이에 대항해 다른 종류의 조합을 만들고 있었다. 즉, 그는 모든 탄광주들을 기업주의 연합체인 '무연탄업자 위원회'로 조직했던 것이다. 동시에 그는 석탄의 독점판매 조직을 만들었다. 그의 철도회사는 이러한 일을 추진함에 있어 아주 강력한 힘을 과시했다. 만약 경쟁업자가 자기 말을 듣지 않으면, 그는 화물 운송료를 올리든가 아니면 석탄을 아예 시장으로 운반해 주지 않기까지 했다. 그는 이러한 방법으로 미국의 모든 중요한 무연탄이 매장되어 있는 동남부 펜실베니아주 483평방 마일 안의 석탄 탄광의 3분의 2를 손아귀에 넣었던 것이다.

아일랜드인 공제조합의 광부들에게 이보다 더욱 중요한 일은, 고웬이 조합의 지도자인 존 씨니를 꼬여 씨니의 마음이 그에게로 점점 옮아가는 것 같은 일이었다. 그들이 함께 어울려 있는 것이 자주 눈에 띄었으며, 씨니는 점점 파업이 가지는 해로운 성질에 대해 이야기하기 시작했고 노동조합을 위해선 중재라는 방법이 알맞은 전략이라고 떠들기까지 했다.

고웬은 벌써 움직일 수 없을 정도로 확고한 명성을 지니고 있었다. 그는 일종의 동물적인 마력을 가진 듯했으며, 그가 말할 때 사람들은 마술에 걸린 듯이 넋을 잃고 그의 말에 취해 버렸다. 그는 가장 고집센 사람이라도 검정색을 하얗다고 믿게 할 수 있는 능력이 있다고 사람들이 말할 정도였으며, 또 사실 그는 자기 소유인 '필라델피아 앤드 리딩 철도회사'를 위해 영국 투자가들을 달콤한 말로 꼬여 수백만 달러를 빼앗아 온 일이 있을 정도로 능란했다. 앞뒤를 가리지 않는 투기꾼이며 기회를 잡는 데 재주가 있던 그는 늘 사업 확장에 혈안이었고, 그의 야망은 그의 굳은 신념만큼이나 끝이 없었다. 그렇지만 대부분의 회사 주주들은 처음부터 그를 불신의 눈으로 보았다.

고웬은 남북전쟁 당시 자기 대신 다른 사람을 사서 북군에 들여보내고, 무연탄의 도시인 포츠빌에서 젊은 지방검사로 활약했다. 북부 아일랜드에서 이민온 그의 아버지는 남부와 노예제도에 동조하고 있었는데, 아들을 슈일킬군의 대농장주와 철강업자의 아들들이 다니는 사립학교에 보냈다. 고웬의 소일거리 중 하나는 다섯 줄짜리 노래(속요)를 짓는 일이었으며, 또 하나는 독일 시를 번역하는 일이었다. 점점 커져 가고 있던 노동문제를 다루는 적당한 방법을 장차 모든 사업주들에게 보여줌으로써 전국적으로 널리 알려지는 영웅이 되리라고 마음먹고 있었다는 사실은 그의 어린 시절 여러 면들에서 충분히 엿볼 수 있다.

고웬은 처음에 씨니를 통해 일을 시작했고, 또 노동조합을 환영했다. 그는 자신의 계획을 실현해 가는 데 조합을 이용할 수 있으리라고 믿었다. 이를테면 석탄의 과잉생산으로 석탄값이 똥값이 되고 있다고 고웬은 생각했다. 그래서 한두 번의 파업은 쌓이고 있는 석탄 재고량을 줄임으로써 값을 올라가게 할 것이라고 믿었다. 1869년에 파업이 있었는데, 고웬의 지도 하에 사업주들이 조합을 인정했기 때문에 파업은 쉽게 끝나 버렸다. 그리하여 조합은 이제 3만 명의 조합원을 가지게 되었는데, 이 수는 펜실베니아주 무연탄광 광부들의 85%에 해당하는 것이었다. 또한 1870년 7월 29일에는 기업주와 조합 사이에 합의 문서가 작성되기까지 했다. 이것은 미국 역사상 조직된 광부들과 기업주 사이에 이루어진 최초의 문서화된 계약이었다.

그러나 광부들은 임금을 석탄값에 연결시키는 실수를 저질렀다. 하지만 그들은 석탄값이 내려가는 경우에도 임금이 그 이하로는 깎일 수 없도록 최저임금을 책정했다. 석탄값이 한 톤당 3달러 이하로 떨어지는 경우에는 더 이상 임금을 깎을 수 없도록 했던 것이다. 광부들은 석탄값이 오를 것이라고 생각했고, 따라서 그들의 임금도 오를 것이라고 믿었지만 그 같은 생각은 결국 어긋나고 말았다. 석탄값이 떨어지자 임금도 떨어졌으며, 어떤 경우에는 거의 50%씩 크게 깎이기까지 했다. 석탄값이 한 톤당 3달러 이하로 떨어지자 고웬은 최저임금 규정에도 불구하고 계속해서 임금을 깎으려 했다. 조합이 계약서에 명기된 최저임금 이하로 임금을 깎는 데 항의하자 고웬은 조합을 없애 버리기로 결심했다.

1873년에 불경기가 닥치자 고웬은 심각한 곤경에 빠졌다. 그는 자신의 영웅적인 역할을 통해 떨어진 위신을 되찾을 수 있는 커다란 사건을 필요로 하고 있었다. 그가 죽기 전에 그의 전기를 쓴 슐레겔은 고웬이 "리딩 철도회사를 이 세계에서 가장 큰 회사로 만들기 위해 수백만 달러를 빌린 데다가, 또 수백만 달러를 빌려 댔으며" 이미 지나치게 확장된 상태에 있었다고 말했다.

아직도 자신만이 모든 것을 장악할 수 있는 천재라고 굳게 믿고 있던 그는 자기가 처한 곤경을 생각하면서 문제의 주된 원인이 광부들의 노동조합이라고 믿었다. 그리고 임금을 크게 깎는 것만이 흔들리는 재정의 어려움에서 벗어날 수 있는 유일한 길이라고 믿었다. 그러나 노동조합보다도 그의 사업을 더 방해하고 있는 사람들은 바로 아일랜드인 공제조합의 일단의 젊은 광부들이었다. 씨니가 파업 대신 이성적(理性的)인 태도와 중재를 택하자고 이야기했을 때 그에게 대항했던 사람들이 바로 이들이었으며, 계약상의 최저임금 이하로 깎아 내리는 처사를 참고 견디느니 차라리 파업을 할 것을 종용한 사람들도 바로 이들이었다. 고웬이 먼리·도일·맥기언·켈리·캐롤·케호·두피와 그들이 광산 노동조합에서 이끌고 있는 진보주의자들만 없애 버릴 수 있다면, 그의 앞길은 순풍에 돛을 단 듯이 나아갈 수 있는 것이었다. 우선 그는 그들을 공산주의자라고 비난하기로 마음먹었으며, 실제로 1875년에 펜실베니아주 의회의 한 위원회에서 그 집단이 외국의 앞잡이들, 즉 파리꼬뮌 옹호자들과 국제노동자협의회의 간첩들로 구성되어 있다고 증언했다.

이러한 고웬의 비난은 앞뒤가 어긋나는 발언이었다. 왜냐하면 2년 전 그는 사설 홍신소를 하고 있던 알랜 핀커튼을 노동조합과 아일랜드인 공제조합의 진보적인 회원들을 분쇄시키는 일에 고용했었는데, 그때는 다른 이야기를 했던 것이다. 비록 그가 가끔 진보적인 광부들이 공산주의자들이라는 비난을 꺼내기는 했지만, 핀커튼에게 말한 그 뒤에는 아일랜드계 광부들을 가리켜 사회 전복을 그 목적으로 하는 아일랜드 비밀 폭력조직의 회원들이라고 말해 왔었다.

진보적인 광부들은 아일랜드에서 형성되어 미국으로 건너온 '몰리 매가이어'라고 알려진 일단의 사람들이라고 그는 핀커튼에게 말했다. 그들의 목적은 권력 장악이며 방법은 살인이고, 그들은 자신들의 음모를 은폐하고 진전시키기 위해 아일랜드인 공제조합과 광부들의 노동조합을 이용하고 있다는 것이었다.

비록 신문이 고웬의 비난을 온 사방에 퍼뜨려 투쟁적인 광부들 모두가 '몰리 매가이어'라고 불리워졌을지는 모르지만, 많은 역사가들은 펜실베니아주엔 몰리 매가이어로 알려진 어떠한 조직도 있지 않았다고 결론내리고 있다. 실제로 몰리 매가이어라는 것은 리딩 계곡의 실력자 고웬이 꾸며낸 얘기에 불과한 것이었다. 그 곳엔 동지애와 애국심을 약속하는 서약과 의식을 소중히 다룬 'AOH'(아일랜드인 공제조합의 명칭인 The Ancient Order of Hibernians의 약자)라고 불린 아일랜드인 공제조합 외의 다른 것은 실제로 존재하지 않았다.

그러나 1873년에 고웬이 핀커튼에게 자기가 조작한 이 몰리 매가이어에 관해 이야기할 때, 그의 열변은 핀커튼을 압도했다. 그리고 핀커튼에 의하면 그는 이 사설 흥신소 사무실 앞을 왔다갔다하면서, 그 아일랜드인의 폭력조직이 동남부 펜실베니아주뿐만 아니라 전국 대부분의 노동조합을 지배하고 있다고 떠들었다는 것이다. 그에 의하면 고웬은 "미국에서 강철이 만들어지는 곳이면 어디든지, 메인주에서 조지아주까지, 이쪽 대양에서 저쪽 대양까지 석탄이 연료로 사용되는 곳이면 어디든지, 몰리 매가이어는 그 끈쩍끈쩍한 꼬리를 들이밀고는 음모와 연합공작을 무서울 정도로 벌이고 있다"고 말했다는 것이다.

완전히 설득당한 핀커튼은 10만 달러의 의뢰비 없이는 이 사건에 손을 댈 수 없다고 단호히 말했다. 그는 필요한 돈을 받은 후, 고웬에게 자기가 탄광촌으로 들여보낼 끄나풀은 고웬만큼이나 확신에 차 있는 사람이어야 한다고 말했다. 왜냐하면 핀커튼이 그의 책에서 몰리 매가이어에 대해 얘기했듯이, 보통의 끄나풀이라면 "고웬이 자기가 생각하고 있는 바를 정당화시키기 위해 박해"를 자행하고 있으며, 광부들의 조합을 파괴하려는 계획은 "한쪽의 자본가와 다른 한쪽의 노동자 사이에" 벌이는 싸움에 불과하다고 생각하게 될지 모르기 때문이었다.

신중히 생각한 후에 핀커튼은 29살 난 아일랜드 태생의 제임스 맥팔란을 탄광촌으로 보낼 끄나풀로 골랐다. 맥팔란은 자기의 공작으로 인해 생긴 희생자들이 노동운동에 대한 신념 때문에 괴롭게 박해당했다는 생각 따위로 괴로워하지 않으리라고 믿어졌다. 그는 언뜻 보면 싸움질과 장난질을 항상 즐겨 하는 사람처럼 보였고, 두 눈은 마치 독사의 눈처럼 으스스한 기분을 주었다. 그는 빨간 머리에 듣기 좋은 목소리를 가졌으며, 술을 매우 즐기는 사람으로 옛날에는 버팔로에서 사람을 죽였다는 말도 있었다. 그가 할 일은 아일랜드인 공제조합과 관련을 맺고, 두피·캐롤·맥기언·케호·켈리·먼리 등의 투쟁적인 조합원들을 사형에 처할 수 있도록 증거를 얻어내거나 혹은 만들어내는 일이었다. 이들 조합 광부들은 범죄 음모꾼들이며 노동조합 자체가 범죄적인 음모의 산물이라고 고웬이 믿고 있었기 때문에, 핀커튼의 끄나풀은 법률의 보호 밖에 있다고 믿어지고 있는 사람들을 어떻게 처치할까에 대해 특별히 생각할 것은 없었다.

일주일마다 12달러와 기타 비용을 받고 2년 동안 맥켄나라는 가명을 쓰면서 탄광촌을 돌아다녔지만, 광부들이 저지른 범죄 증거는 전혀 얻어낼 수가 없었다.

그러나 그는 아일랜드인 공제조합에 가입하는 데는 성공했다. 그는 대부분의 시간을 휴게실에서 보내면서 때때로 큰 싸움판을 벌이기도 했다. 또한 그는 언제나 기업주에게 대항하는 유일한 방법은 폭력뿐이라고 떠들었으며, 때로는 목청을 돋구어 노래를 뽑기도 했다.

그러나 맥팔란은 노래는 잘 뽑았지만, 조합을 파괴할 근거는 발견하지 못했다. 그가 기대하고 있는 음모는 좀처럼 일어나지 않았고, 1874년 석탄값이 떨어졌음에도 불구하고 조합은 여전히 임금인하에 대항해 굳건히 버티고 있었다. 고웬은 파업을 하게 만들어 조합을 파국으로 몰아넣기로 마음먹었다. 그는 맥팔란에게 더 이상 기대하고 있을 수 없었다. 1874년 12월에 고웬은 기업주들을 움직여 20%의 임금인하를 발표했고, 광부들은 1875년 1월 1일을 기해 파업에 들어갔다.

처음부터 그것은 전쟁이었으며, 고웬은 어떻게 해서든지 노동조합을 뿌리뽑아 버리려고 혈안이었다. '필라델피아 앤드 리딩 철도회사'의 사장 고웬이 이끄는 기업주들은 폭력을 계속해서 휘둘렀고, 고웬의 회사가 가지고 있던 '석탄 및 철강 치안대'와 결합된 '모독스'라는 이름의 일단의 자경단원을 무장시켜 투쟁적인 광부들을 매복하고 습격하여 죽였다.

노동조합과 아일랜드인 공제조합의 지도자인 에드워드 코일은 3월에 살해당했다. 아일랜드인 공제조합의 또 다른 한 사람의 회원은 탄광 감독자인 브래들리가 이끄는 '모독스'에게 총살당했다. 탄광 지배인인 패트릭 베리는 한 무리의 광부들을 향해 총알을 퍼부었으며, 후에 고웬은 그때의 광경을 "광부들이 도망치는 뒤로 핏자국이 길게 얼룩졌다"고 자랑스럽게 얘기했다. 투스카로라에서는 광부들의 모임이 자경단원의 습격을 받아 한 명이 총살당하고 몇 명이 부상을 당했다. 그 후에 이 폭력단은 위킨스 지구에 있는 찰스 오도넬의 집을 공격하여 이 투쟁적인 광부를 죽이고 찰스 매컬리스터 부인을 살해했다.

아일랜드인 공제조합의 깃발 아래 광부들은 반격을 가하기 시작했다. 곧이어 주 민병대는 탄광 지구들을 순찰했으며, 자기들에게 돈을 지불하는 회사에게만 책임을 질 뿐인 '석탄 및 철강 치안대'는 더욱더 증강되었다. 이 피비린내가 있는 이후, 일요일마다 성당과 교회에서 그리고 매일 보도기관에서 통렬히 비난했던 광부들의 지도자들을 감옥에 보내기 위해 그들은 법원을 이용했다. 5월 12일 파업에 들어가는 것에 반대하여 중재의 방법을 택하자고 했던 존 씨니는, 파업 파괴자의 개입에 항의하기 위해 모인 클리어필드군(郡)의 파업자 대회에서 체포되었다.

슈일킬 노동조합이 가입하고 있는 '전국 광산 노동조합'(Miners' National Association)의 지구 조직책인 제노 파크스도 26명의 다른 조합 사무원들과 함께 체포되었다. 그들은 한결같이 음모죄로 기소되었다.

'씨니-파크스 사건'에 대해 존 홀덴 오우스 판사는 노동력이든, 공산품이든, 어떤 다른 물건이든, 판매 가능한 상품은 어떤 것이든, 그 가격의 인하나 인상을 위한 합의나 연합 및 동맹 행위는 펜실베니아주 법 앞에서는 음모 공작으로 기소될 수 있다고 배심원에게 주장했다. 어느 광산 노동조합 지부의 두 사무원에게 형을 선고하면서 오우스 판사는 "조이스, 당신은 광산조합 본조의 조합장이고, 알로니, 당신은 총무임이 밝혀졌다. 그러므로 나는 당신들에게 1년의 징역을 선고한다"고 판결했다.

비록 조합은 많은 지도자들의 투옥과 기업주들이 끌어들인 자경단원의 소름끼치는 폭력과 살인행위로 거의 파괴되었지만, 아일랜드인 공제조합의 일반 광부들의 힘으로 아직 싸움은 계속됐다. 그들을 뿌리째 뽑아 버리기에 혈안이 된 고웬은 몰리 매가이어 쪽이 살인과 방화를 일삼고 있다는 이야기를 언론에 퍼뜨려 신문 지상을 장식시켰다. 아일랜드인 폭력단이 전국 대부분의 모든 파업을 선동하고 있다고 말하는 이 '위대한' 인물에게 신문기자들은 돈을 받고 아주 시원스럽게 넘어갔다. 이 신문들은 마치 두말할 여지가 없는 분명한 사실인 양 고웬이 조작해낸 이야기를 그대로 실었다. 또 아일랜드인의 비밀 결사단에 대한 비난을 마구 퍼부어대면서 조지시(市)와 오하이오주의 탄광촌 및 일리노이주에서 몰리 매가이어가 파업을 선동하고 있다는 그럴싸한 거짓말을 찍어내기까지 했다. 당시의 가장 큰 화제는 사회 전복을 위해 광분하고 있는 악질 노동자들의 단체인 몰리 매가이어를 뿌리뽑는 일이었으며, 대부분의 독자들은 지구가 둥글다는 사실을 받아들이듯이 이 조작된 이야기를 그대로 믿었다.

그러나 슈일킬군에서는 굶주림으로 광부들이 쓰러져 가고 있었다. 파업에 참여했던 한 광부는 친구에게 "지난번에 당신을 만난 후에 나는 내 막내 애를 땅속에 묻어 버렸네. 그 애가 죽기 진 날 우리 집에는 6명의 아이들이 배고파서 울고 있었지만, 음식은 한 조각도 찾아볼 수가 없었네" 하고 편지를 썼다. 또한 미국 광부의 역사를 쓰면서 앤드류 로이는 다음과 같이 썼다.

> 광부들은 파업에서 이기기 위해 이전에는 결코 겪어 본 일이 없었던 커다란 희생을 감수했다. 싸움이 후반으로 접어들면서 굶주리고 고통에 찬 모습들이 보였으며, 불평을 억지로 참고 있는 빛이 역력히 드러났다. 수백 세대의 식구들이 아침에는 빵 부스러기와 물 한잔을 그나마 찾아서 먹지만, 저녁을 어디서 구해야 할지 아무도 알 수 없는 노릇이었다. 남자·여자·아이 할 것 없이 몸과 정신을 지탱하기 위해 매일 근처의 숲으로 가서 나무 뿌리와 풀을 뜯어 왔다. ……

6개월 동안의 굶주림과 유혈로 인해 결국 패배한 광부들은 다시 탄광으로 돌아갔다. 조합은 분쇄되었으며 파업을 지휘했던 사람들은 블랙리스트 명단에 오르고 많은 사람들이 탄광촌에서 쫓겨났다.

"우리는 졌다. 부인들과 어린애들의 굶주림 때문에 항복해야만 했다. 그러나 다른 상황이었다면 우리는 결코 굴복하지 않았을 것"이라고 남북전쟁의 우수한 병사이자 탄광촌에서 쫓겨난 조합 지도자 중 한 사람인 존 월쉬는 패배를 자인하며 내뱉었다. 또한 다른 한 파업의 지휘자였던 조셉 F 패터슨도 후에 "우리 조직은 분쇄되었다. 조합을 만들고 용감한 동지들로 이루어진 우리의 중심 핵이 파괴되었다"고 말했다.

그러나 맥기언·캐롤·두피·먼리·케호·도일과 아일랜드인 공제조합에서 이들이 이끌어 온 사람들이 무릎을 꿇은 것은 아니었다. 그들은 광부들의 임금을 원래대로 회복하고 조합을 다시 세우기 위해 싸움을 계속했다. 한편 고웬은 노동운동가라는 사실 하나로 법원이 범죄 음모자라고 규정한 사람들은 자기가 그들을 어떻게 다루어도 전혀 상관없다고 생각했다. 피터 로버트는 저서 ≪무연탄촌≫에서 "많은 탄광업자들은 감독들을 총으로 무장시켰다. …… 노동자들이 휴식을 하려고 할 때는 총부리를 들이대고 서약을 하게 한 뒤에야 휴식을 허락했다"고 쓰고 있다. 투쟁적인 광부들은 자주 행방불명이 되었는데, 가끔 나중에 더 이상 석탄을 캐지 않는 갱의 통로 속에서 시체로 발견되곤 했다.

광부들이 아일랜드인 공제조합에 속한 젊은 광부들의 지휘 아래 반격을 가하자 고웬은 1876년에 맥팔란을 다시 불렀다. 1874년에 이 첩자는 상당량의 술과 보수를 받은 것 이외에는 한 일이 없었다. 아무런 증거도 얻어내지 못했던 것이다. 그러나 고웬은 자신의 노력이 열매를 맺었다고 느꼈으며, 이제 대중의 감정은 "몰리 매가이어 단원임이 밝혀지면 교수형에 처해도 좋다"는 식으로 되었다고 거침없이 말했다.

맥팔란은 고웬이 제거하려는 사람들을 처리하기 위해, 그들이 여러 가지 살인을 자행했음을 자신에게 자진해서 털어놓았다고 증언하기로 약속했으며 또 실제로 그렇게 했다. 그의 증언은 슈일킬군의 감옥에 갇혀 있는 여러 죄수들의 말로 뒷받침하기로 되어 있었고, 그 같은 진술의 대가로 그 죄수들에게는 석방이 약속되었다. 맥팔란의 증언을 뒷받침하는 거짓 증언을 한 사람들 중에는 부랑자인 켈리라는 사람이 있었는데, 그는 검사가 묻는 대로 모든 범죄를 저질렀다고 시인했다. 그러나 또 한 사람의 죄수 지미 케리건의 경우에는 사정이 복잡했다. 그는 아일랜드인 공제조합의 광부들이 살인을 했다고 덮어 씌웠지만, 그의 부인은 용감하게도 사실은 자기 남편이 오히려 살인행위를 저지른 진짜 범인이라고 증언했다.

첫 번째 대규모의 재판은 맥기언·캐롤·두피와 함께 다른 두 명의 투쟁적인 광부들과, 역시 아일랜드인 공제조합의 회원인 제임스 보일과 제임스 로어리티가 타마카 탄광지구의 순찰원인 벤자민 요스트를 살해한 죄로 기소된 1876년 5월에 시작되었다. 리딩 계곡 전체를 손아귀에 쥐고 흔들던 고웬은, 자신이 이 재판과 다른 재판에서 특별검사가 된 것을 하나도 이상하게 생각하지 않았다. 그가 재판에서 할 일은 그에게 대드는 노동자들을 사형에 처하도록 요구하는 흥겨운 일이었다. 그는 다른 어느 때에도 그토록 즐거운 시간을 결코 가져 보지 못했을 것이다. 그의 목소리는 때때로 도전적인 목소리로 뻐져 나오다가 또 때로는 근엄한 속삭임으로 변했으며, 그 뻔뻔스러운 생김새는 휴정(休廷) 때마다 그의 주위에 몰려드는 사람들을 전율하게 만들었다. 그는 탄광촌을 지배하듯이 여섯 번의 재판을 압도했으며, 결국 그 여섯 번의 재판은 19명의 광부들에게 사형을 선고하고 끝났다. 그는 피고측 증인이 증언대에서 내려서면 위증을 했다고 체포하게 했다. 또한 강제적인 힘으로 사회 전복을 꾀하는 아일랜드인 비밀 결사단이 언제 피고들의 구출을 시도할지 모른다는 인상을 주기 위해, 법원 주위와 모든 법정마다 총검으로 무장한 민병대를 꽉꽉 채워 놓았다.

요스트의 살해범으로 조합 지도자들을 기소한 첫 번째 재판을 통해 볼 때, 실제로 살인한 사람은 분명히 지미 케리건이었다. 그러나 그는 피고들에게 불리한 증언을 한 대가로 나중에 석방되었다. 케리건의 부인은 증언대에서 사실은 자기 남편이 살인을 했으며, 조합 지도자들의 유죄를 입증하는 일을 돕는다면 석방시켜 주겠다는 주정부와 고웬의 말에 넘어가 자기 남편이 다섯 사람의 광부 지도자들에게 불리한 증언을 하고 있는 것이라고 말했다. 그녀를 반대 심문한 고웬 자신도 그녀의 진술을 머리에서 지워 버릴 수 없었을 것이다.

문: 그 이후로 당신 남편을 전혀 보지 못했습니까?
답: 못 보았습니다.
문: 그에게 옷을 보내기를 거절했지요?
답: 예.
문: 그를 위해 뭐 다른 일은 했습니까?
답: 했어요.
문: 당신 남편이 요스트를 죽였다는 사실을 진술하기 위해, 얼마 전에 자진해서 포츠빌에서 왔지요? 당신 자신의 의사로 그렇게 한 것이 아닙니까?
답: 나는 포츠빌에 오기 전에 진술을 했습니다.
문: 당신은 그 진술을 오브라이언 치안 판사 앞에서 했지요?
답: 예.
문: 당신은 그 곳에 자진해서 갔습니까?
답: 예, 자진해서 갔습니다.
문: 당신 남편이 교수형에 처해지게 하기 위해서?
답: 사실을 말하러 갔던 거예요
문: 당신 자식들의 아버지를 사형당하게 하기 위해서 말입니까?
답: 내가 진실을 말할 때는 그런 생각이 들지 않았습니다.
문: 남편이 감옥에 있는데 왜 옷을 보내지 않았습니까?
답: 그가 자기 죄를 남에게 뒤집어 씌워 애매한 사람들을 처벌받게 했기 때문입니다.
문: 그가 죄 없는 사람들에게 자기 죄를 뒤집어 씌워 처벌받게 했기 때문이라구요?
답: 예. 그래요.
문: 그가 당신에게 보고 싶다는 말을 전했을 때, 왜 당신은 그를 만나러 가지 않았습니까?
답: 그 같은 죄를 저지른 사람을 내가 돌아볼 이유가 어디 있으며 그리고 …….

문: 그리고 무엇입니까? 계속하시오.
답: 그게 전부에요.
문: 그가 무슨 죄를 지었습니까?
답: 그가 무슨 죄를 지었냐구요?
문: 예.
답: 요스트 사건이지요.
문: 요스트 살해 말입니까?
답: 예.

이 외에도 케리건이 요스트를 죽인 진짜 범인이라고 증언한 진술이 있었다. 1875년의 파업과 그 후의 파업에서 활발한 활동을 한 이들 5명의 광부들에게 불리한 유일한 증언은 케리건 자신과, 다섯 사람 모두가 자기에게 조심성 없이 살인을 고백했다고 맹세까지 한 핀커튼의 첩자 ─ 케리건의 처제인 메리엔 히긴스와 약혼한 사이이기도 한 ─ 맥팔란의 진술뿐이었다. 피고측 변호인단은 이 재판이 1875년의 파업에서 피고들이 행한 역할에 대해 고웬이 복수하는 것에 불과하다고 주장했지만, 맥팔란과 핀커튼이 돈을 받고 고웬에게 고용된 사람들이라는 사실에 대해서는 거의 밝혀지지 않았다. 배심원들이 이들 다섯 명의 무고한 광부들에게 사형을 내린 것은 바로 그 시대의 병적인 흥분상태와 고웬의 권세 때문이었다.

똑같은 판결이 다른 죄 없는 광부들에게도 내려졌다. 마이크 도일과 에드 켈리가 사형선고를 받았다. 잭 케호는 14년 전에 죽은 파쇄기 작업장의 감독인 랭던을 죽였다는 혐의로 유죄판결을 받았다. 랭던은 한 떼의 광부들이 던진 돌에 맞아서 사흘 후에 죽었다. 자신은 돌을 던지던 곳에 있지 않았다는 케호 자신의 진술에도 불구하고, 다른 사람들은 그가 광부들의 무리 속에 있었다고 주장했다. 물론 그가 실제로 돌을 던졌는가에 대한 증언은 없었다. 그러나 배심원은 그에게 1급 살인죄를 적용했다.

다른 네 명의 광부들은 전에 무죄를 선고받고 석방된 바 있던 살인혐의로 다시 재판에 회부되어 사형을 선고받았다. 그들에 대한 증언은 모두 맥팔란과 부랑자 케리건이 행한 것이었다. 맥팔란은 그 네 사람들도 자기에게 살인을 했다고 털어 놓았다고 진술했다. 부랑자 케리건은 살인혐의로 갇혀 있던 감방에서 증언대로 불려 나왔다. 그는 맥팔란과 마찬가지로 피고들의 유죄를 입증하는 증언을 했다. 그리고 증언을 하고 난 후 그에 대한 살인혐의는 벗겨졌다.

가장 투쟁적인 조합 지도자들 중 한 사람인 톰 먼리의 재판에서 고웬은 자기가 가진 모든 웅변 능력을 발휘해야만 했다. 그도 그럴 것이 실제로 톰 먼리에 대한 증거는 피고들이 자기에게 범죄를 털어 놓았다는 너무나 자주 써먹던 맥팔란의 진술밖에는 없었던 것이다. 주정부에서 내세운 증인들까지도 먼리를 1875년 10월 1일에 살해당한 탄광 감독 토머스 샌저와 그의 친구인 윌리엄 유렌을 죽인 사람이라고 증언하지 않았던 것이다. 주정부에 의해 소환된 리차드 앤드류스는 살해 현장의 목격자였다. 그는 살해범을 다음과 같이 자세히 묘사했다.

문: 범인의 얼굴을 보았습니까?
답: 예, 보았습니다.
문: 그의 얼굴에 수염은 어떻던가요?
답: 그는 콧수염을 기르고 있었습니다. 작은 콧수염이었죠.
문: 그의 머리 색깔이나 눈빛을 말할 수 있겠습니까?
답: 그건 모르겠습니다.
문: 그 사람을 전에도 본 적이 있었습니까?
답: 그 날 아침에 처음 본 사람입니다.
문: 아는 사람이었습니까?
답: 아닙니다. 전혀 모르는 사람이었습니다.
문: 그 뒤에 그를 본 적이 있습니까?
답: 예.
문: 먼리, 일어서시오. 이 사람이 그 사람입니까? (피고는 일어서고 증인은 오랫동안 뚫어지게 그를 바라본 후에 대답했다.)
답: 저 사람은 내가 인정할 수 있는 사람이 아닙니다.

먼리의 변호인은 "제발 노동자에게 동등한 기회를 주십시오. 그들을 파괴시키지 마십시오. 자유 국가에서 자본의 어마어마한 권력으로 인해 그들이 분쇄되는 일은 없도록 해야 합니다" 하고 배심원에게 호소했다.

고웬은 먼리의 재판 마지막 무렵 최종논고를 하기 위해 배심원 석으로 다가

가면서, 피고에 대한 불리한 증거가 거의 없기 때문에 자신의 능력을 있는 대로 발휘해야만 피고의 유죄가 성립된다고 틀림없이 생각했을 것이다. 실제로 그는 그렇게 해냈다. 그가 그토록 훌륭하게 웅변을 토한 적은 결코 없었을 것이다. 그는 천둥이 치듯이 으르렁거리면서 또 때로는 시와 극작품을 인용해 나갔다. 그는 방청객을 향해 그럴 듯한 자세를 취하면서, 이른바 '몰리 매가이어'단에게 지금 여기서 자기를 죽이려거든 한번 죽여 보라고 거칠 것이 없다는 듯 마구 욕설을 퍼부었다. 그는 자신이 많은 위험 속에 놓여 왔지만, 한 번도 겁을 낸 적은 없다고 말했다. 계속해서 그는 배심원들에게 다음과 같이 말했다.

> 만약 내가 나의 임무를 게을리하고 내 앞의 의무를 다하지 못한다면, 돌멩이라도 소리 높여 항의할 것이라고 생각합니다. 합중국의 깃발에 비치는 찬란한 승리의 햇살과 더불어 여러분 앞에 서니 이제 끝나려는 이 싸움을 시작할 때의 감회가 다시 일어남을 금할 수 없습니다. 제가 무용담의 주인공인 양 이야기한다고 해서 그것을 잘난 체하는 것이라고는 생각하지 말아 주십시오.

> 이 용맹스러운 모험을 처음 시작할 때 나는 십자가에 걸고 맹세했네.
> 오른쪽으로도 왼쪽으로도 꺾이지 않으리라고.
> 악을 위해서든 선을 위해서든 …… 앞에는 신념과 귀중한 명성이 놓여
> 있지만, 뒤에는 거짓과 수치가 있을 뿐이다.
> 생명 속에서나 죽음 속에서나 나는 약속을 지키리라.

그것은 거창했으며 배심원들도 그렇게 생각했음이 분명했다. 아무것도 이것에 맞설 수는 없었다. 한 아일랜드인 광부의 목숨으로도 감히 맞설 수가 없었다. 먼리, 그도 역시 사형을 선고받았다.

교수형당한 영웅들

18 77년 6월 21일에 10명이 교수형에 처해졌다. 6명은 포츠빌에서, 4명은 모우치 청크에서 처형되었다. 교수대가 하나씩 세워진 두 개의 감옥 마당으

로 광부들이 묵묵히 떼지어 몰려들었다. 주 민병대가 희미한 햇빛 속에서 총을 번쩍거리며 감옥 주위를 둘러싸고 있었고, 몇몇 군인은 교수대 주위에 서 있었다. 광부들과 부인들 그리고 아이들은 11시로 예정된 사형집행을 보기 위해 새벽 4시부터 모여들기 시작했다. 어떤 사람은 20마일이나 떨어진 곳에서 왔으며 밤새도록 걸어서 온 사람도 있었다.

9시가 되자 포츠빌에 모인 군중들은 멀리까지 뻗쳐 있었으며, 아침 시간을 지루하게 느끼면서 조용히 서 있었다. 목격자들은 그들의 침묵이 죽을 사람들에 대한 존경을 표시하는 태도였다고 말했다. 단 한 번 그 침묵이 깨졌는데, 그것은 늙은 부인이 울면서 저주를 퍼붓기 시작했을 때였다.

감옥 안에서는 "눈뜨고는 볼 수 없는 광경이 벌어지고 있었다"고 <뉴욕 트리뷴>지는 보도했다. 6명의 사형수들은 그들의 아내와 어머니, 아버지에게 이별의 말을 하고 있었다. 캐롤과 두피를 만났던 맥더모트 신부는 기자들에게 "나는 두피가 요스트 경찰관 살해의 공범자가 아니라는 사실을 확신한다. 캐롤의 경우에도 똑같은 확신이 선다"고 말했다.

가난에 찌들려 있던 늙은 머리의 아버지는 13마일 떨어진 길버트슨에서 걸어왔다. 그는 아들의 무죄를 믿는다고 말하고 있었지만, 기자들이 묘사한 대로 "냉담하고 태연한" 태도로 곧 죽음을 맞이하게 될 머리는 괴로운 마음으로 자기 아내의 안부를 묻고 있었다. 그녀는 밖에 와 있었다. 억울함과 노여움으로 울부짖으며, 잠긴 감옥 문을 흔들어 대면서 들여보내 달라고 사정하고 있었다. 그러나 거절당했다. 사형수들의 가족을 입장시키는 마지막 시간인 6시가 넘어서 도착했기 때문이었다. 그녀는 집에서 해 놓고 와야 할 일이 있어서 늦었다고 혼신을 다해 설명했지만, 간수는 머리를 젓고는 안으로 들어가 버렸다. 한동안 그녀는 슬픔으로 미친 듯 울부짖었으며, 문에다 자기 몸을 내던지다가는 결국 기운이 완전히 빠져 감옥담 밖으로 고꾸라져 버렸다.

안에 있는 그의 남편은 냉정을 되찾았다. 사형집행에 입회했던 한 교회 목사는 "그는 훌륭한 미남자였으며 전혀 두려움을 보이지 않았다"고 회상했다. 6명 모두가 젊은 미남자들이었다. 그들은 말끔하게 면도를 했으며, 가장 좋은 옷으로 갈아입고 있었다. 한 간수는 기자에게 "그들은 마치 결혼식에 가는 사람들 같았다"고 말했다.

그들은 모두 옷깃에 붉은 장미를 한 송이씩 꽂고 있었다. "10시 55분에 마당 맞은 편의 철문이 삐걱거리는 소리를 내면서 열리자 모든 사람들의 눈이 그리로 쏠렸다. 2분 후에 사형수들 가운데 맥기언과 도일이 나왔다. 그들의 태도는 매우 침착했다. 두 사람의 정신상태는 …… 이상할 정도로 냉정했다"고 <뉴욕 트리뷴>지는 보도했다. 그들은 함께 교수대에 올라서 손을 마주 잡았으며, 올가미가 씌워지기 바로 전에 도일은 맥기언에게 "남자답게 죽읍시다" 하고 말했다.

그들 모두는 그렇게 죽었다. 토마스 먼리, 제임스 캐롤, 제임스 로어리티, 휴 맥기언, 제임스 보일, 토머스 두피, 마이클 J 도일, 에드워드 J 켈리, 알렉산더 캠벨, 존 도나우, 토머스 P 피셔, 잭 케호, 패트릭 헤스터, 피커 맥휴, 패트릭 툴리, 피터 맥마누스 및 앤드류 래너언은 모두 그렇게 죽었다.

19명의 광부들 중 마지막 두 사람, 찰스 샤아프와 제임스 맥도날드는 1879년 1월 14일 모우치 청크에서 교수형당했다. 이들 사형수들은 아마도 정부가 그들을 사면할 것이며, 사형집행 유예영장을 가진 관리가 올 것이라고 믿었다.

그러나 사형집행은 연기되지 않았다. 그들은 예정된 정확한 시각에 교수형을 받았다. 하지만 그들은 조금도 살려 달라고 구걸하거나 겁을 내지 않았다. 그들에 대해 <뉴욕 월드>지의 한 기자는 "교수대에 오른 그 두 사람은 자신들의 무죄를 주장하기라도 하는 듯 확고하고 조용한 태도를 보였다. 그것은 그들의 범죄에 대한 사람들의 믿음을 흔들리게 할 정도였다. …… 그들은 대중의 흥분이 최고에 달했을 때 체포되어 재판을 받았으며, 유죄를 선고받고 '일반적인 원칙'에 따라 교수형에 처해진 것이다"고 썼다. 이 기자는 그들의 죽은 몸뚱이가 공중에 매달려 올가미에서 떨어진 지 몇 분 후에 사형집행 유예영장이 도착했다고 말하면서 자신의 보고를 끝맺었다.

굶주린 자들에게 총알밥이나 처먹여라

불경기였던 1년 동안에 3100만 톤의 석탄을 운송하고 1200만 달러의 순이익을 올린 '펜실베니아 철도회사'의 총수 톰 스코트는 고웬만큼이나 이 분야에서 위세가 당당한 사람이었다. 그는 매력 있고 친절하고 상냥하며 아주 미남자로 알려져 있었다. 또한 그는 노동자가 제 분수를 지키도록 해야 한다고 믿는 사람으로, 미국 대통령에 누구를 앉힐 것인가를 결정할 수 있을 만큼 쟁쟁한 실력자였다.

스코트가 대통령을 만들 수 있었던 기회는 1876년에 민주당의 새뮤얼 J 틸덴이 184표를, 그리고 공화당의 라더포드 B 헤이즈가 165표의 선거인단 표를 얻었을 때였다. 아직 결정되지 않은 20표가 서로 자기들에게 던져질 것이라고 떠드는 가운데 그 결정은 의회로 넘어갔다. 헤이즈는 스코트 등의 사람들이 공화당 후보를 당선시키려고 의회에서 아직 결정되지 않은 표 전부를 공화당 쪽으로 모으기 위해 일을 꾸민 뒤에 당선되었다. 이런 술책으로 헤이즈가 대통령이 되었던 것이다.

스코트는 뛰어난 능력을 갖고 있었지만, 1873년의 불경기로 큰 타격을 받았다. 공사를 하는 둥 마는 둥 골칫거리였던 '텍사스 앤드 퍼시픽 철도회사'에 깊이 관여하고 있던 그는, 자신이 파멸을 피할 수 있는 유일한 길은 미국 정부가 공채로 50년에 걸친 이자를 포함한 3억 1200만 달러를 '텍사스 앤드 퍼시픽 철도회사'에 미리 보조하도록 만드는 길뿐이라고 믿었다. 스코트는 헤이즈에게 이 같은 보조금 지급을 약속한다면, 대통령에 당선되도록 밀어 주겠다고 약속했다. 합의는 이렇게 이루어졌다고 C 반 우드워드는 《노동조합과 반동》이라는 책에서 밝혔다.

스코트는 남부 하원의원의 표를 조정하여 헤이즈를 대통령으로 만들 수 있었다. 남부 민주당 의원들도 스코트만큼 다른 국내의 발전 못지않게 '텍사스 앤드 퍼시픽 철도회사'가 이루어지기를 간절히 원했으며, 헤이즈가 이 사업을 후원할 것이라는 확신이 서자 그들은 자기 당의 후보인 틸텐을 배반하고 헤이즈를 밀었다.3) 이것은 헤이즈 대 틸텐의 싸움에서 남부 민주당의 표를 돌리기 위해 썼던 책략의 일부이다. 이와 아울러 공화당은 남부 대농장주들의 표를 얻기 위해 흑인들을 배신하는 비열한 짓까지 서슴지 않았다.

이렇게 하여 1877년에 북부의 산업가와 남부의 농장주들은 뱃속이 맞아 떨어졌다. 부분적으로는 흑인들을, 전체적으로는 미국인들을 희생시켜 앞으로 나아가

---

3) 그러나 헤이즈는 대통령이 되기 위해 스코트를 이용한 후에는, 그를 배신하고 '텍사스 앤드 퍼시픽 철도회사'에 정부 보조금 제공을 거부했다.

는 역사의 수레바퀴를 뒤로 돌리는 반동적 연합전선이 이루어진 것이다. 당시의 상황 하에서 반동 세력은 자신을 갖고 앞을 내다보았다. 남부의 급진적인 정부는 사라졌고, 펜실베니아주 광부들의 투쟁적인 지도자들도 재판을 통해 살인죄로 쓸어 버린 뒤였다. 그리하여 그 당시의 '상업 및 재무 연감'은 자신만만하게 "노동자들은 …… 통제 하에 있다"고 썼던 것이다. 그러나 그것은 성급한 판단이었다. 이러한 판단은 10명의 광부들이 교수형에 처해진 6월 21일에서 7월 16일 사이의 짧은 시간 동안에나 맞는 얘기였다.

7월 16일 철도 노동자들은 미국 역사상 최초의 전국적인 파업을 일으켰다. 파업은 웨스트 버지니아주에서 켄터키주, 오하이오주로, 뉴욕시에서 시카고로, 세인트루이스에서 샌프란시스코로, 주에서 주로, 도시에서 도시로 퍼져 나갔다. 한 곳에서 재빨리 파업이 진압되자마자 다른 곳에서 곧 또 다른 파업이 불붙고 있었다. 수우족을 학살하는 싸움에서 소환된 필 쉐리단 장군의 연대가 시카고 노동자들에게 투입되었다. 미국의 그 막강한 군대는 미국의 원주민인 인디언에게 했던 것과 마찬가지로 불쌍한 노동자들에게 총을 쏘기 시작했다. 곳곳에서 군인들과 노동자들 사이에 피비린내 나는 싸움이 벌어졌으며, 전국이 작은 전쟁터처럼 어수선해졌다.

파업 첫날부터 신문들은 이것은 강권과 폭력으로 정부를 전복하려는 공산주의자들의 음모라고 떠들었다. 사실은 그런 것이 아니었다.[4] 그것은 오랫동안 억눌렸던 사람들이 일어선 것이었다. 그것은 4년 동안의 굴욕과 실직과 굶주림을

---

[4] 1875년 5월 펜실베니아주 의회는 오랜 조사 끝에 1877년의 철도 노동자 파업은 공산주의자의 폭동이 아니라, 철도 노동자들의 특수한 분노에서 일어난 것이라고 공식 발표했다. "어떤 사람들은 1877년 철도 노동자들의 폭동을 반란 행위라고 했지만 …… 그것은 시민적 또는 정치적인 권위에 대항한 폭동이 아니었다. 근본적으로 그들의 폭동은 법률의 집행에 정면으로 도전할 의향이 없었던 것이다. …… 그것은 결코 그러한 법률에 대한 항거가 아니었다. …… 앞에서 밝혔듯이 이 폭동은 1873년의 공황에 잇따른 산업 일반의 불경기로 많은 노동자들이 일자리를 잃고, 또한 가까스로 일자리를 구한 사람들의 임금도 크게 삭감됨으로써 일어난 파업이었으며, 전국의 노동자계급 특히 큰 회사에 고용된 노동자들 사이에 무서운 힘으로 번진 것이었다. ……" (1877년 7월의 '펜실베니아 철도회사' 노동자들의 파업 조사위원회 보고서, 의회 문서 No. 29, 해리스버스, 1878, p. 46.)

참다 못해 터져 나온 투쟁이었다.

파업이 퍼져 나가자 여성들이 특히 용감하게 싸웠다. 그들은 미국 군인들의 총알에 맞서서 돌멩이를 던지며 싸웠다. 어린이들도 핏츠버그 등지에서 민병대와 싸우다가 죽었다. 농부들도 파업 노동자들을 돕기 위해 농촌에서 떼지어 몰려왔다. 이제 파업에 가담한 사람들은 실직자들과 광부들뿐만 아니라, 불경기 때문에 생활이 불안정해지고 심한 타격을 받은 수많은 사람들로 불어났다. <뉴욕 해럴드>지가 "폭도들은 거친 짐승들 같았으며, 그들을 진압하기 위해서는 총을 쏘지 않을 수 없었다"고 보도하고, 또한 <뉴욕 선>지가 "굶주린 파업자들에게 퍼부어지는 총알밥"을 변호하고 나서자 사람들의 분노는 걷잡을 수 없이 커져 갔다. 그 많은 파업자들 모두가 공산주의에 대해 알고 있었는지 어쨌는지는 모르는 일이지만, 임금인하와 생산증가를 방해하는 파업 행위가 공산주의자들의 음모라고 언론이 매일 신나게 비난함에 따라 사람들의 분노는 더해 갔다. 파업자들은 공산주의라는 비난이 조직된 지는 얼마되지 않았지만, 국가 경제는 몇 사람의 이익을 위해서가 아니라 많은 사람의 이익을 위해 소유되고 민주적으로 운영되어야 한다고 믿는 노동자당(Workingmen's Party)에 속한 자신들의 동료 파업자들을 겨냥하고 있다는 사실을 곧 알게 되었다.

그러나 그들은 자신들이 일으킨 파업이 누구의 조종에 의해 일어난 것이 아님을 모두 잘 알고 있었다. 그것은 더 이상 참을 수 없는 불만 상태에서 터진 자발적인 행동이었다. 철도회사의 순이익금은 여전히 높아 가는데도 불구하고, 철도 노동자들의 임금은 계속 깎여 평균 주급이 5~10달러로 떨어졌다. 그것도 일주일에 3~4일밖에 일이 없었고, 나머지 날은 일거리를 기다리며 철도 한쪽 끝에서 돈 한푼 못 벌며 서성거려야 했다. 어떤 사람은 채 50센트도 안 되는 돈을 집으로 가져 가서 이것이 일주일 동안 일한 임금이라고 보여 주는 일도 있었다. 그런데도 화물차량은 배로 늘어났다.

6월 1일 '펜실베니아 철도회사'가 또다시 10% 임금인하를 발표하고 난 후, 한 달 동안 다른 대부분의 철도회사도 같은 발표를 한 것이 파업의 직접적인 계기가 되었다. 파업은 '볼티모어 앤드 오하이오 철도회사'의 화부와 제동수(制動手) 40명이 직장을 그만둔 7월 16일 이른 아침 볼티모어 교외에서 불붙기 시작했다. 한 시간 후에 파업은 웨스트 버지니아주의 마틴스버그 역으로 번져 1200명의 제동수와 화부들이 모든 기차 운행을 정지시키고 정거장을 장악했다. 광부들과 흑인 농부들이 철도 노동자들을 돕기 위해 마틴스버그로 몰려들었으며, 시장(市長)은 파업 주동자들을 체포했다가 노동자들이 감옥을 파괴하려고 덤비자 그들을 석방할 수밖에 없었다. 웨스트 버지니아주의 주지사 매튜스는 주 민병대를 현장에 급파했으나, 그들은 노동자들과 한패가 되어 버렸다. 이제 매튜스는 스코트와 그의 철도회사의 힘으로 대통령에 당선된 헤이즈에게 연방군을 보내달라고 호소했다.

연방군은 7월 19일 아침 6시 프렌치 장군의 지휘 아래 도착했다. "파업 군중들과 그들의 동료들은 연방군이 들어올 때 전혀 시위를 벌이지 않았다"고 조셉 A 다커스는 당시 한 보고서에 썼다. "10시에 마틴스버그에서 화물기차를 볼티모어로 향해 출발시키려는 시도가 있었다. 군인들이 호위한 가운데 기관차가 경적을 울렸다. 이미 파업 군중들이 모여들고 있었고, 보안관은 주 민병대를 거느리고 나타났다. 베드포드라는 이름의 기관사가 운전하겠다고 나섰다. 그는 기관차에 올라타기는 했으나, 기차를 한 바퀴도 움직이지 못했다. …… 기차가 막 움직이려고 하자 그의 부인이 군중 속을 뚫고 나와 기관차에 다가가서, 고통 어린 목소리로 남편에게 내려오라고 호소했다. 기관사는 간절한 애원을 받아들여 내려왔으며, 그 뒤를 화부가 따라 내려왔다. 이 광경을 보자 파업 노동자와 그들 동조자들의 억눌려 있던 활기가 되살아났다. ……"

프렌치 장군은 파업 주동자들을 체포한 후, 자기는 임무대로 파업을 진압했다고 워싱턴에 전보를 쳤다. 그러나 그것은 오판이었다. 파업은 오하이오주와 켄터키주, 그리고 메릴랜드주로 번져 나갔으며, 볼티모어에서는 제5,6연대가 교외의 파업 노동자들과 싸우기 위해 투입되었다. 이들 군인들이 철도역 쪽으로 행군해 갈 때, 그들이 기차를 타지 못하도록 하기 위해 수천 명의 노동자들이 길을 막았다. 군대는 군중을 향해 총을 쏘았으며 12명이 죽고 18명이 부상당했다.

연방군은 메릴랜드주에도 파견되었으며, 그들의 힘으로 기차가 다시 움직이기 시작했다. 기차를 멈추려고 한 파업자들에게는 즉시 발포가 되었으며, 파업 파괴자에게 파업에 가담할 것을 종용하는 노동자들은 곧바로 체포되었다. 볼티모어와 오하이오주의 파업은 7월 21일에야 분쇄되었다.

그러나 파업은 계속해서 번져 나갔으며, 이번에는 '펜실베니아 철도'와 '뉴욕 센트럴 철도' 및 '에리 철도'에까지 번졌다. 결국 수천 명의 노동자들이 펜실베니아주·뉴욕주·뉴저지주·오하이오주·인디애나주·일리노이주·텍사스주·캘리포니아주에서 파업에 가담하기에 이르렀다. 수많은 파업 노동자들과 광부·농부·실업자 들이 철도 연변에 떼지어 모여 기차가 한 바퀴도 움직이지 못하게 막았다.

'펜실베니아 철도회사'에 대항해 일어난 핏츠버그의 파업은 부당한 화물 운임에 분개한 사업가들의 지지까지 받았다. 7월 20일 파이프 보안관은 철로 연변에 모여 있는 수천 명의 군중들에게 폭동 단속법을 읽어 주기까지 했지만, 그것은 쇠귀에 경읽기였다. 대통령을 마음대로 만들 수는 있었지만, 그때에 기차를 움직이게 할 수는 없었던 톰 스코트가 파업 노동자들에게 "며칠 동안 총알밥을 먹여주고 그들이 그 밥을 어떻게 참는가를 두고 보자"고 폭언을 한 후, 민병대를 곧 파업 진압에 투입했다. 그러나 주 민병대는 명령에 불복하고 파업자들과 합세했다.

필라델피아 민병대도 파견되었는데, 그들은 기차에 오르면서 순식간에 핏츠버그를 소탕하겠다고 기염을 토했다. <군인 신문>도 그들이 "전투를 하고 싶어 못견뎌 했다"고 썼다. 그들이 핏츠버그에 내려 정거장을 행진해 나오자 거대한 군중들의 야유와 욕설이 메아리쳤다. 그들은 사람들을 향해 총을 쏘기 시작했으며, 20명의 남녀와 아이들을 죽이고 29명을 부상시켰다. "군인들이 발포를 그친 후에 벌어진 광경은 구역질이 날 정도였다"고 '임금을 위한 전쟁'이라는 제목 하에 6월 22일자 <뉴욕 헤럴드>지는 이렇게 보도했다. "넋을 잃고 파업 군중들을 구경하고 있던 노인들과 아이들이 …… 죽음의 고통으로 괴로워하며 뒹굴고 있었고 많은 아이들이 현장에서 죽었다. 충돌이 일어난 곳과 인접한 엘로우사이드 거리는 죽은 사람과 죽어 가는 사람들로 아수라장이 되었고, 울부짖는 부인들은 자기 남편을 빼앗아 간 그 총을 소리 높여 저주하며 피로 물든 시체에 매달렸다."

광부들과 철강 노동자들이 교외에서 몰려들어 왔는데, 밤이 되자 군인들은 이 어마어마한 군중의 위세에 밀려 밤중의 충돌을 피하기 위해 기관차고로 철수해야만 했다. 다음날 아침 어느 군인은 "나는 남북전쟁에 참전하여 거친 전투도 많이 해 보았지만 …… 어제 밤과 같은 공포의 밤은 처음이었다. 앞으로도 다시는 경험하지 않기를 바란다"고 <뉴욕 헤럴드> 기자에게 말했다.

이 군인은 역을 출발한 후 군중을 향해 발포한 것에 대해 이야기했으며, "몇

몇 노동자들은 우리의 소총을 붙들고 '노동자들에게 총을 쏘지는 않겠지요?' 하고 말했다"고 기자에게 전했다. 그는 계속해서 다음과 같이 말했다. "어두워지기 전에 사상자들을 치우고 나자 …… 우리는 기관차고 속으로 들어가 밤새 피신하라는 명령을 받았지요. 땅거미가 깔렸을 때 창고의 창문 밖으로 내다보니 우리의 식량을 싣고 오던 마차가 군중들에게 포위당해 있는 것이 보이더군요. …… 어둠이 짙어지면서 거리의 군중들이 늘어났고, 우리는 잠잘 생각을 일찌감치 그만두었습니다."

"밤이 되자 밖의 군중들은 …… 수천 명으로 늘어났고, 우리를 향해 총을 쏘기 시작했어요. 몇몇 사람은 군복을 벗고 사복을 입은 채 위험한 기관차고에서 빠져 나갔다는 얘기도 들리더군요. …… 우리는 긴 기차 차량들이 하나씩 불에 타는 것을 볼 수 있었어요. …… 불은 느리지만 틀림없이 우리에게 다가오고 있었습니다. …… 기름을 실은 차량이 갑자기 불붙어 맹렬하게 타오르며 하나씩 내리막길을 달려오고 있었어요. 그 열은 아주 뜨거웠고, 우리는 창문에서 물러나 건물 한가운데로 몰려들지 않을 수 없었습니다. ……"

그때 <뉴욕 월드>지는 '약탈당하는 핏츠버그'라는 제목 하에 이 도시가 "악독한 공산주의에 미친 사람들의 손아귀"에 들어갔다고 보도했다.

철도 파업이 '미시간 센트럴 철도회사'의 파업으로 번져 시카고를 강타한 지 3일 후, <뉴욕 타임즈>지는 "시카고가 공산주의자들의 수중에 들어갔다"고 썼다. 가난과 박해가 영원히 사라진 세계를 꿈꾸며 그것을 이루기 위해 일했던 텍사스 주 출신의 젊은 미남 앨버트 R 파슨즈가 이 모임 저 모임을 돌아다니면서 파업 노동자들에게 "평온한 마음으로 그러나 확고하게 싸우자"고 말했던 곳이 바로 시카고였으며, 또한 셰리던 장군의 기병대가 일단의 노동자들을 공격하여 12명을 죽이고 40명을 부상시킨 곳도 바로 이곳이었다.

파업은 '미주리 - 퍼시픽 철도회사'와 '세인트루이스'에도 번졌다. 이 곳의 총파업은 시카고 파업을 이끌고 있던 '노동자당' 지도자들의 지휘 아래 시작되었다. 일주일 동안 기차는 한 바퀴도 움직이지 못했으며, 공장은 하나도 가동되지 않았고, 상점도 거의 다 문을 닫아 버렸다. 파업을 혁명으로 묘사했던 <세인트루이스 공화당>지에 의하면 백마를 탄 어느 흑인이 공장에서 공장으로 뛰어다니며 직공들에게 파업에 가담할 것을 권유했고, 그들은 모두 이에 호응했다는 것이다.

세인트루이스의 여러 회사는 임금인상을 발표하고 하루 8시간 노동에 합의하고 있었는데, 그때 군대가 도착했다. 계엄령이 선포되고, 연방군은 주 민병대와 무장한 자경단원들로 더욱 강화되었다. 79명의 파업 주동자들이 체포되었고 44명이 투옥되었다. 이렇게 파업이 파괴됨으로 인해 폭넓게 인상된 임금과 하루 8시간 노동제는 물거품처럼 사라져 버렸다.

이제 군대는 엄청나게 불어나 힘을 발휘했다. 압도적인 병력이 구석구석까지 파업 노동자들에게 투입되었다. 한 노동자는 "군대는 총알을 퍼부으며 우리들을 일터로 몰았다"고 말했다. 8월 2일까지 모든 곳에서 파업이 진압되었다. 총검의 그림자 밑에서 노동자들은 기관차고와 화물차와 주차장으로 힘 없이 돌아갔다. 그렇지만 그들은 절망하지 않고 화물차와 여객열차에 오르면서 웃음과 농담을 나누는 여유를 보였다. 아무 조직도 없이 그들은 용감하게 힘껏 잘 싸웠다. 파업이 자연 발생적이었던 만큼 또한 노동자들은 잘 뭉쳐 있었다. 반대자와 배신자들은 거의 없었다. 다음 번에는 강력한 조합과 적절한 조직을 가지고 싸우겠다고 그들은 다짐했다. 다음 번에는 꼭 이기리라고.

1877년 철도 노동자들의 파업은 단순한 임금투쟁 이상의 것으로서 불경기를 미리 알리는 사건이었으며, 미국민의 기질을 보여 준 사건이었다. 월가(街)의 금융가들을 미워하고 통화 개혁을 열망하던 농부들은 자신들이 투쟁 지역에 가지 못하거나 또는 실업가들이 도처에서 생겨날 때, 파업 노동자들에게 식량을 대주었다. 불안은 파업 후에도 계속되었다. 이번에는 노동자들의 정치적인 결사체들과 전국에서 벌떼처럼 솟아나고 있던 농부들의 그린백(Geenback) 운동으로 나타났다.

이 두 가지 운동은 1877년 펜실베니아주, 오하이오주 및 뉴욕주에서 통합되고 있었고, 그 이듬해에는 전국적으로 국회의원 후보를 내는 데까지 이르렀다. 1878년 가을 약 100만 표가 그린백-노동자 하원의원 입후보자에게 던져졌으며, 그 중에서 15명이 선출되었다. 6명은 동부 출신이었고, 6명은 중부, 3명은 남부 출신이었다. 펜실베니아주의 농민-노동자 하원의원 후보자들의 득표율은 총투표의 14%인 약 10만 표였는데, 그 대부분은 무연탄 지대의 이른바 '몰리 매가이어'들이 던진 것이었다.

또다시 광부들은 노동기사단——1869년에 창설되었지만 이제야 전국적인 규모로 성장하기 시작한——에 가입해 슈일킬군에서 조직을 만들고 있었다. 얼마 후 노동기사단의 지도자가 된 테렌스 V 파우덜리는 '몰리 매가이어' 후보로 알려져 스크랜튼 시장으로 선출되었다.

고웬의 사업은 급속하게 파멸의 길로 내리닫고 있었고, 그가 이루어 놓은 무연탄 독점도 그 기반이 흔들려 갔다. 그가 파괴시킨 광부들의 노동조합은 다시 불사조처럼 나타났으며, 마치 19명의 광부들이 처형당한 게 언제냐는 듯이 맹렬한 기세로 협상을 요구하고 나왔다. '필라델피아 앤드 리딩 철도회사'는 파산했으며 고웬은 끝장났다. 모건이 이 회사를 인수했고, 모건의 한 대리인은 "고웬은 이제 세인트 헬레나로 유배된 나폴레옹이나 다름없다"고 말했다. 또한 그는 "고웬의 문제는 그가 줄곧 싸우는 쪽을 택했던 점이다. 그가 '몰리 매가이어'를 소탕하던 시절이 그의 가장 득의만만했던 때였다. 그러나 그는 철도회사 운영자로서는 실패한 사람이다"고 덧붙였다. 모건에게 철도와 광산 그리고 자신의 활동력까지 모두 빼앗겨 버린 고웬은 그의 친구들이 정신 이상이 되지 않을까 염려할 정도로 심한 우울증에 빠져 들어갔다. 그는 '실패'라는 말을 참지 못하는 사람이었는데, 이제는 자주 그 말을 들을 수밖에 없었다. 언제나 넘치던 그 옛날의 마력은 이제 사라져 버렸다. 모건과 싸워 보기 위해 새로운 자본을 얻으려고 애써 보았지만, 자본가들은 냉담하거나 그를 피할 뿐이었다. 그는 자주 즐기던 다섯 줄짜리 노래를 이제 다시는 읊을 수 없게 되었으며, 그를 저버리는 일이 없었던 넘치는 마력도 더 이상 아무런 효험을 나타내지 못했다.

1889년 12월 13일 고웬은 자기 머리에 총을 쏘아 자살했다.

3 짓밟힌 노동운동

미국인의 이상(理想)

1880년 7월 4일 연단에 올라선 사람들은 몸짓을 써가며 애국이란 제목으로 열변을 토했다. 그러나 누가 정녕 가장 나라를 사랑하고 있는지에 대해 말하는 사람은 별로 없었다. 사실 미국만큼 애국열이 높은 나라는 흔치 않다. 수천만 리의 망망대해를 건너 천신만고 끝에 찾아온 나라인데 어떻게 그렇지 않을 수 있을 것인가! 유럽 대륙에 살고 있던 사람들에게 '아메리카'라는 낱말은 자유와 풍요를 뜻하는 숭고한 대명사였다.

1880년부터 10년 동안에만 525만 명이 이 신대륙으로 건너왔다. 약속된 땅으로 오는 도중에 많은 사람들이 죽기도 했다. 당시의 한 보고서에 의하면 "정원이 857명인 오하이오 호엔 1342명의 승객이 타고 왔다. 그 중 10살 미만의 어린이가 273명이나 있었고, 돌이 안 된 아기만도 156명이 있었다. 환자도 많았는데, 13명은 항해 도중에 죽었고 한 사람은 상륙하자마자 죽었다. 죽은 사람은 모두 급사(急死)였다"고 한다. 이것은 당시 미해군의 군의관이던 토마스 튜너 박사의 보고서에 있는 구절이다.

이렇게 미국으로 건너온 수천 명의 이민자들은 광산에서, 제철소에서, 철도공사장에서, 계약된 노동조건 아래서 봉건시대의 농노(農奴)와 다름없는 산업노예의 생활을 시작했다. 이들 이민자들은 미국으로 건너오기 위해 빚진 여비와 밥값을 갚을 때까지는 거의 아무런 보수도 받지 못했다. 1883년 12월 30일자 <존 스윈튼>지(紙)는 이같이 인간을 수입해 오는 악습에 관해 다음과 같이 보도했다.

> 이민 중개인들은 미국이라는 깃발을 앞세우고 헝가리·이탈리아·덴마크 등지의 빈민지역을 찾아가서는 미국에 가면 많은 임금을 준다고 속여 그들을 유혹한다. 그러고는 미국까지 가는 데 드는 비용 전부를 자기들이 대신 지불하는 것으로 하고 이민 계약을 맺는다. 그렇지만 그들 가운데 이민 계약의 내용을 제대로 이해할 수 있는 사람은 거의 없다. 그들이 막상 미국에 도착하고 보면, 그들이 지녔던 꿈은 한낱 백일몽에 불과했음을 알게 된다. 그들은 광산·공장·철도 공사 등에 채용되는데, 그 임금은 전에 일하던 사람들의 수준보다 낮은 경우가 태반이다. ……

광산·공장·철도의 소유자들은 이들 산업노예나 다름없는 노동자들을 파업을 분쇄하는 데 이용하기도 했다. 오하이오주 혹킹 계곡 탄광의 광부파업 기간 중에 뉴욕의 한 상사(商社)는 이탈리아에서 일당 50센트짜리 노동자를 구해다가 그 탄광으로 보냈다. 광부들의 임금은 이민 중개인에게 지불되었다고 하지만, 중개인이 그 불쌍한 이민 노동자들에게 얼마를 주었는지는 아무도 모른다.

겉보기에도 미국은 급속히 성장하고 있었다. 그러나 그 성장의 뒤에는 치열한 투쟁이 전개되고 있었다. 농부들은 서부 개척에 마지막 안간힘을 다하고 있었으며, 다코타·워싱턴·몬타나·아이다호 등지에서는 주(州)로 승격시켜 달라고 아우성이었다. 또 한편에서는 강력한 농민 동맹을 조직하기 시작했다. 이 동맹은 순식간에 수십만의 성난 집단으로 발전했으며, 그들 대부분은 월가(街)의 지배 체제를 무너뜨리기 위해 제3의 정당을 결성하려고 했다. 한편 동부 지방에서는 물가와 임금을 통제하기 위한 대규모의 기업 연합체들(pools)이 생겨나고 있었다. 이 연합체들은 거대한 독점체인 기업 합동으로 점차 발전했으며 한층 더 결속되고 집중되었다. 그렇지만 이 같은 발전은 수천 개의 기업체들을 몰락시키는 가운데 이루어졌다. 수많은 기업들이 최고 지배자가 되기 위해 싸우다가 파산했다.

이 같은 사태 변화에도 불구하고, 세태에 둔감한 중산층들은 만사가 그지없이 순탄하고 평화로운 것으로 느끼고 있었다. 이들에게 있어 태평스런 오후의 평온을 깨뜨리는 것이라고는, 터벅터벅 걸어가는 말발굽 소리와 크로켓 꾼들의 공굴리는 소리가 고작인 것 같았다. 아담한 주택들이 늘어선 거리에서 가장 흥미로운 일이라고는, 해질 무렵 자전거를 탄 소년이 작대기를 높이 들고 거리에 늘어선 가스 가로등에 불을 하나씩 붙여 나가 마침내 황색의 등불로 어둠이 짙은 거리를 메우는 광경 따위였다. 그들은 기름진 농장을 소유하고 있었고, 추수기에는 따끈따끈한 과자, 옥수수, 싱싱한 버터와 크림, 통조림과 젤리, 통닭, 눈(雪)같이 찧어 만든 감자 뭉치로 저녁 식사를 장식하기도 했다. 그러나 이러한 풍요는 극히 소수만이 누릴 수 있는 예외적인 것이었으며, 늘어만 가는 실업자와 빈민들에게는 그림의 떡에 불과했다. 그런 느낌은 1883~1885년의 불경기가 밀어닥치면서 더욱 짙어가고 있었다.

불경기가 다시 돌아오자 폭력 사태가 늘어났으며, 임금인하에 저항하는 파업이 여기저기서 일어났다. '와바시 철도'와 '미주리-캔자스-텍사스 철도' 및 그외 여러 철도회사에서 1885년과 1886년에 걸쳐 대대적으로 파업이 일어났는가 하면, '미시간 목재회사' 노동자들과 뉴욕의 전차 종업원들의 파업도 있었다. 또한 오하이오주의 혹킹 계곡에서는 탄광 광부들이 임금인하에 대항해 피비린내 나는 투쟁을 전개하기도 했다. 한 노동자 신문 편집자는 이 유혈 사태를 "지옥 같은 혹킹 계곡"이라고 묘사했을 정도였다. 펜실베니아주의 콘넬스빌 광산과 콜로라도주 코믹 농기계 공장의 노동자들은 피살당했다. 텍사스주에서도 파업 노동자들이 총살당했고, 라살·빈덴·브레이드우드·세인트루이스 동부에서도 파업 노동자들을 쏴 죽인 사건이 일어났다.

1887년 대대적인 철도 파업이 있은 후, 주 방위군과 주(州) 민병대는 신무기와 대형 화기로 무장을 강화했고 파업만 발생하면 동원되었다. 조셉 R 부캐넌 같은 노동자 신문 편집자는 이렇게 파업만 일어나면 군인들이 동원되는 것을 보고, 군인들은 기업체의 월급을 받는 직원 같다고 비꼬았다. 그러나 살인과 유혈 행위를 직접 자행한 장본인의 대부분은 '핀커튼 흥신소'에 소속된 청부업자들이었다. 이 청부업체는 1880년대에 들어서면서 급속히 성장하여 대기업체로 발전했다. 1884년 소장이던 앨런 핀커튼이 사망하자, 이 흥신소는 동부 사업소와 서부 사업소로 나뉘었다. 동부 사업소는 로버트 A 핀커튼의 지휘 하에 본부를 뉴욕에 두었고, 서부 사업소는 시카고에 본부를 두고 윌리엄 A 핀커튼이 이끌어 갔다. 1885년 이 두 사람은 비밀리에 철도회사와 다른 기업체들에게 회람을 돌려 노동조합을 깨뜨리는 전문가인 자신들이 파업 주모자들을 색출해 주겠다고 제의했다.

이 '핀커튼 흥신소'의 탐정들은 탐정 행위를 위해서뿐 아니라 직접 파업을 분쇄하기 위해 고용되기도 했다. 노동신문 편집자 존 스윈튼은 제이 고울드 소유의 남서부 철도에서 일어난 1885년의 대파업을 다루면서, 거기에 동원된 이 사설 군대에 관해 이렇게 말했다.

> 이 용병들은 미국 연방정부에 의해 채용된 것도, 주 정부에 의해 채용된 것도 아니다. 이들은 단지 자본가들이나 기업주들에 의해 파업을 억압할 목적으로 고용된 것이다. 오하이오주에서는 '혹킹 석탄·철강 회사'가 이들에게 봉급을 주었으며, 펜실베니아주에서는 여러 석탄회사들이 공동 부담으로 이들을 고용했다. 미주리주에서는 그 곳 최대 재벌인 제이 고울드가 이들을 먹여 주고 있다.

스윈튼은 이어서 이들 '핀커튼 단원'들은 단지 정보 제공이나 파업 분쇄를 위해서만이 아니라, 사이비 노동운동가로서도 암약했다고 덧붙였다. 즉 이들은 고의적으로 폭동을 일으켜 노동운동에 불신감을 조장하고, 때로는 조합원들을 계략에 빠뜨려 투옥되게 했다는 것이다.

1880년대 들어서는, 해외로부터 이민온 사람들은 물론 미국에서 태어난 대부분의 사람들까지도 세상이 마치 막다른 골목을 향해 치닫고 있는 것처럼 느꼈다. 기입가들은 단호하게 노동조합을 송두리째 파괴해 버리겠다고 벼르고 있었으며, 노동자들은 8시간 노동제의 실시를 강력히 요구했다. 그러나 노동운동보다 더 빠르게 성장하고 있었던 것은 역시 자본의 힘이다. 노동기사단은 1880년에 2만 8천 명이었던 것이 1886년에는 70만 명으로 불어났다. 그러나 은행가들이나 기업가들은 자신만만했다. 그들은 정부와 두 개의 거대 정당을 조종하는 데 그치지 않고, 교수·목사·대학까지도 손아귀에 넣어 조종하고 있었다. 그들에게는 무서울 것이 없었다.

뇌물의 효력은 대단했다. 부유한 백인 신도들의 여론은 예전부터 압도적으로 대기업 쪽에 기울어 있었으며 이들은 무조건 대기업을 칭송했다. 이런 상황에서 기업가들은 교회나 대학에다 약간의 돈을 기증하는 것만으로도 목사와 교수들을 자기 편으로 끌어들일 수 있었다. 목사들은 기업 합동이 하느님의 율법을 완성한 것이라고 설교했으며, 교수들은 다윈의 적자생존 이론을 빌려 와 기업이 폭력을 사용하는 것은 과학적으로 불가피하다고 떠들어댔다.

노동자와 이주민들에 대해 그나마 끊임없이 관심을 보여 준 것은 신문과 잡지뿐이었다. 그러나 그들의 관심이라는 것도 파업이나 폭동이 있을 때 그들을 비난하는 것이 전부였다. 공산주의에 대한 공포는 오래 전부터 있어 왔지만, 이제는 아주 철저하게 굳어져 있었다. 신문쟁이들의 눈엔 모든 파업 주동자는 외국 태생들이고, 모든 외국 태생들은 공산주의자·무정부주의자·허무주의자 또는 사회주의자로만 보였다. 신문은 날마다 노동자들에겐 몽둥이가 제일 좋은 약이라는 위협적인 글들을 실었다. 다음에 인용하는 글은 1885년 당시엔 아주 전형적인 보도 형태였다. <뉴욕 트리뷴>지는 "이 야만적인 종자들은 몽둥이의 힘밖에는 무서운 것을 모른다. 그러므로 이것만 두고두고 기억나게 해 주면 된다"고 썼다. 한편 <시카고 타임즈>지는 5대호 지방에서의 태업에 관해 보도하면서 "이 수부 조합원들에게 수류탄을 던져 혼구멍을 내주어야 한다. 그러면 다른 파업자들도 겁을 먹고 잠잠해질 것이다"고 썼다.

해리 버나드는 외국 태생자들에 대한 시카고 각 신문들의 보도 형태를 논평하며 이렇게 말했다.

실업자로서 외국식 이름을 가지고 있으면, 이런 자는 곧 '유럽의 불량배'이다. 만약 미국 토박이로서 일정한 직업이 없는 자는 뜨내기이거나 부랑자이거나 게으름뱅이다. 노동자가 불만을 토로하는 것은 진짜로 불평거리가 있어서가 아니다. 노동자들은 외국의 선동가나 미국의 무뢰한들에게 속고 있는 것이다. 따라서 결론은 간단하다. 외국인 불량배나 대중 선동가들을 추방하고 본토박이 잡동사니들은 잡아 족쳐야 한다. 필요한 경우에는 속사 기관총으로 쏴 죽이고 교수대에 매달아야 한다. …… 신문은 이런 식으로 몰아치고 있다.

<트리뷴>지와 <타임즈>지의 논평은 이민온 사람들을 향한 잔인하고도 분별없는 공격으로 날마다 가득 차 있다. 공산주의자란 욕설은 언제나 독일계 이민자들을 겨냥하고 있었으며, 노동자의 파업과 시위는 늘 맥주 냄새나는 독일 놈, 무식한 보헤미아 놈, 난폭한 폴란드 놈, 무지막지한 러시아 놈 등 외국 놈들의 소행이라는 것이다.

외국 태생자를 비롯한 노동 대중이 미국 경제를 꾸려가고 있다는 사실은 전적으로 무시되고 있었다. 용광로 앞에서 하루 12시간 내지 14시간씩 일하며, 어둡고 위험한 탄광 속에서 물이 무릎까지 차오르는 가운데 곡괭이를 휘두르고, 철도를 건설하고 기차를 달리게 하며, 기관차·교량·댐을 만들고, 산을 뚫어 길을 내고, 공장에서 맡겨진 일을 다하면서 철·석탄·석유·구리를 공급해 주고 있는 노동자들을 이 나라는 깡그리 무시해 왔다. 마침내 1883~1885년에 불경기가 닥치자 빈곤과 실업이 더욱 퍼져 나갔고, 이에 대응한 실업자와 노동자들의 폭동이 연이어 일어났다. 외국 태생자들의 미국에 대한 애착은 고통이 강하면 강할수록 더욱 강렬해졌다. 본토박이 노동자들 역시 미국 독립 혁명가 제퍼슨에 의해 잉태된 미국의 이상(理想)을 간직하고 있었으며, 그 이상 때문에 피흘려 싸웠다. 그러면서도 어찌하여 그 찬란한 꿈들이 퇴색하고 마침내는 악몽으로 뒤바뀌어 버렸는지 의아하게 생각하고 있었다. "모든 인간은 평등하게 태어났으며, 생존·자유의 권리와 행복을 추구할 평등한 권리"를 갖고 있다는 독립선언은 이제 낡아빠진 약속일 뿐이었다.

이 약속이야말로 지구상의 수많은 사람들을 미국으로 끌어들여 미국 시민이 되게 한 원동력이었는데도 말이다. 그들은 이 약속이 일방적으로 파기되어 버린 것을 보았다. 그리고 진정으로 사랑을 한 사람이 사랑이 깨어지면 크게 상처를 받는 것처럼 아주 깊은 상처를 받았다.

재벌들의 천국

미국인들에게 이 같은 이상을 실현하는 데 있어 장애가 되었던 것은 자본을 집중하여 모든 산업을 지배한 몇몇 재벌들이었다. 이 재벌들이 나타나게 된 것은 남북전쟁 이후였으며, 애초부터 국민들은 재벌이 생겨나는 데 반대했다. 그렇지만 재벌의 등장을 막을 수는 없었다. 대통령도 별 수 없었다. 어떤 때는 공화당에서 어떤 때는 민주당에서 대통령이 나왔다. 그러나 록펠러와 모건은 누가 대통령이 되건 관계없이 재계(財界)의 왕으로 계속 군림했다. 1880년대 내내 국민들은 이들 재벌에 대항해 싸웠다. 20여 개의 도시에서는 노동자들이 선거에 무소속으로 출마했다. 농민 연맹을 결성해 대규모 저항운동을 일으켰고, 노동자들은 노동기사단을 조직했다. 이 노동기사단은 그때까지 미국에 나타난 노동자 조직 가운데서 가장 규모가 큰 조직이었다.

그러나 1880년대에 일어난 일 가운데 으뜸가는 것은 뭐니뭐니 해도 독점이 늘어가고 기업 합동이 생기기 시작했다는 사실이다. 그 밖의 큰일들은 사실 이것에 부수되어 일어난 사건들이었다. 대기업은 마치 물건을 끌어당기는 커다란 자석과 같았다. 분열시켜 정복하는 데 명수인 기업이 오히려 자기 자신을 하나로 뭉쳐 갔으며, 새로이 금융자본이라고 하는 것이 생겨났다. 모건의 은행들은 여러 기업 합동의 최고 지휘자가 되었다. 독점은 늘어났으며, 독점기업들이 자기에 대항하는 자를 분열시키는 기술도 훨씬 노련해졌다. 노동운동은 이들의 계략으로 분열되었다.

그렇지만 1880년대에는 그 어느 시대보다도 미래를 향한 싹들이 더 많이 자라나고 있었다. 이 당시 외모가 훤출한 젊은 청년 유진 뎁스는 라신느와 쉴러의 시를 읽고, 간판 그림을 그리며, 거울 앞에서 웅변 연습을 하고 있었다. 베드랜즈의 목장 감독인 젊은 테오도어 루즈벨트는 어떻게 하면 서부 유권자들의 지지표를 모을까 밤낮으로 궁리하고 있었다. 헨리 포드는 자전거 가게에서 땜장이로 일하고 있었다. 그러나 그의 가슴 속에는 장차 미국인의 생활양식을 크게 변화시킬 몇 가지 구상이 이미 싹트고 있었다. 비행기를 발명한 라이트 형제는 아직 어린 애였지만, 그들 역시 이 시대에 자란 사람들이다. 한편 조셉 퓰리처는 현대 언론(저널리즘)의 뼈대를 만들어 가고 있었다. 우드로우 윌슨은 당시 젊은 청년이었고,

플랭크린 루즈벨트는 이제 막 태어났다. 나중에 원자력을 발명한 사람들 대부분도 이 시대에 태어났다.

80년대에는 극적인 인물들도 많았다. 성미 급한 보수주의자이며 파업 반대주의자인 테렌스 V 파우덜리는 노동기사단의 총단장직을 고수하고 있었는데, 그는 자기에게 맡겨진 임무를 배반함으로써 뭇사람의 웃음거리가 되었다. 독특한 기략(機略)을 가진 노동운동가 조 부캐년은 시·평론·사설을 써 가며 신문을 편집하고 있었다. 그는 1885년 '유니온 퍼시픽 철도'에서 훌륭하게 파업을 지도했다. 사심 없고 용감한 노동운동가 마틴 아이언즈는 요시찰 인물로 찍혀 고통받다가 병들어 죽었다. 그는 1886년 고울드에게 도전하여 철도 파업을 주모했던 사람인데, 노동기사단 총단장인 파우덜리에게 배신당했다.

그러나 이 모든 인물들이 춤추도록 노래를 부른 사람은 실상 노동운동가들이 아니었다. 노동운동가들은 임금인하와 해고에 맞서 투쟁했을 따름이다. 즉 조합원들이 투쟁을 요구하거나, 아니면 그들보다 더 강력한 자가 노동조합을 없애려고 했기 때문에 부득이 싸울 수밖에 없었던 것이다. 사실 노래를 부른 것은 대기업의 우두머리들이었다. 제이 고울드는 그 중 대표적인 인물이었다. 그는 한때 뉴욕에서 죄를 짓고 도망친 과거가 있었는데, 밤에도 잠을 이루지 못해 때때로 새벽까지 콜록거리며 헛기침을 하고, 피를 토하고, 거리를 서성대곤 하는 기묘한 늙은이였다.

1880년대 말엽 그는 '유니온 퍼시픽', '와바시', '미주리 - 캔자스 - 텍사스', '텍사스 - 퍼시픽' 등 대철도회사와 '웨스턴 유니온 전선회사'와 '뉴욕 월드'라는 신문사, 그리고 여러 개의 기선회사와 수많은 동부 지방의 작은 철도회사들을 약탈해 소유하게 되었다. 그의 주특기는 증권시장을 조작해 철도회사들을 파산시키고, 이 파산된 회사를 인수한 다음 회사가 잘 돌아가는 것처럼 가장해서는 주식 가격을 올려 주식을 되파는 것이었다. 이러한 기술로 그는 '유니온 퍼시픽 철도회사'에서만도 2천만 달러를 벌어들였다. 그는 이렇게 모은 돈으로 '핀커튼 단원'들을 매수하여 파업자들을 쏘아 죽였다. 그러면서도 노동자의 임금은 절대로 올려 주지 않았다. "나는 노동 대중의 절반을 고용해서 나머지 절반을 죽여 버릴 수 있다"고 떠들어댄 친구가 바로 이 작자였다. 그는 탐욕투성이의 인간이었다. 다음에 인용하는 '제이 고울드의 작은 소망'이라는 풍자시에서 그의 탐욕이 잘 묘사되고 있다.

나의 소망이란 별 게 없어요.
나는 말썽 많은 정유업자는 되기 싫어요.
나는 단지 미국을 원해요. 그리고 중국을 저당잡고 싶어요.
그리고 유럽과 아프리카와 아시아와
5대양에 떠 있는 섬들밖에는 바라는 것이 없어요.
이것들만 내게 준다면 나는 만족할 거예요.
그러면 난 바다 밑에 있는 모든 땅은
다른 사람이 차지할 수 있도록 내버려두겠어요.

제이 고울드야말로 당시 미국 국민에게는 독점자본가의 상징이었다. 그렇지만 그가 이룩한 독점자본이란 아직 초보적인 단계였을 뿐이다. 철도를 독점했다고는 하지만 일부 지역마다 제각기 분할 독점하고 있었는데, 그것은 개개의 작은 독점 기업을 여러 개 가진 것과 다를 게 없었다. 때때로 그도 기업 연합(pool)에 가담하기는 했지만, 연합회에서 정한 가격·임금·시장권(市場圈)·운임 등에 대한 협정을 수없이 위반했다. 이런 점에서 볼 때, 앞을 내다볼 줄 아는 진짜 독점자본가라면 프릭과 카네기를 꼽아야 할 듯하다. 이들은 코크스 광산업, 철광업, 압연공장 등을 흡수하여 철강업 분야에서 수직적인 기업 합동을 만들어 냈던 사람이다. 그 밖에도 앤드류 멜론, 모건 같은 사람을 손꼽을 수 있다. 앤드류 멜론은 핏츠버그 백만장자들의 토지를 돌보는 회사를 만들어 거기서 번 돈으로 공업 분야에 손을 뻗쳤다. 모건은 철도회사들을 하나씩 조직해 이를 장악했으며, 그 과정에서 금융자본과 산업자본을 결합시킨 인물이다.

그렇지만 록펠러를 빼놓고 독점에 대해 말할 수는 없다. 그는 클리블랜드 출신의 집사였으며, 자그마한 체구에 호리호리한 체격의 소유자였다. 그러나 그는 돈벌이에 있어서는 철저한 사나이였다. 비밀스럽고 은근하며 휘파람을 즐겨 불던 이 사나이는 돈에 관계되는 문제만 빼놓고 보면 지극히 온화한 사람이었다. 그러나 그는 일단 돈 문제가 개제되기만 하면 호랑이처럼 난폭해졌다. 그는 '음모적인 본능'을 지닌 사람이었다. 법이 원칙적으로 기업 합동을 금지하고 있는데도, 그는 세계 최초로 현대적인 기업 합동을 설립했다. 그 기업 합동이 바로 1882년에 설립된 '스탠더드 오일 회사'이다.

록펠러가 창설한 기업 합동은 법조문상으로는 전혀 불법이 아니었다. 그것은 하나의 산업 분야(예컨대 석유)에서 원료 채굴에서부터 소비자에게 판매하기까지 모든 과정을 결합하는 방식을 취했다. 이 방식은 곧 미국의 모든 산업 분야에서 모범으로 삼아졌다. 이러한 기업 합동은 일차적으로 소유권을 소수에게 집중시키는 것이 목적이었는데, 이것은 바로 거대한 독점기업을 만들어 임금은 묶어 놓고 가격은 올려서 이윤을 더 크게 하려는 의도가 깔려 있던 것이다. 이러한 록펠러의 기업 합동은 많은 기업가들에게 미래에 대한 하나의 청사진으로 받아들여졌다. 미국 독점자본가들은 이 청사진을 모범으로 독점체를 만들었다. 그들은 끊임없이 힘의 피라미드를 쌓아 올렸으며, 피라미드의 꼭대기에서 모든 것을 통제하려고 했다. 마침내 그들은 전세계를 그런 방식으로 지배하려 했다.
　그렇지만 경쟁자들의 눈에 록펠러는 일종의 화근이었다. 그는 경쟁자의 재산 가운데에서 자기에게 필요하다고 생각되는 것은 모조리 빼앗는 한편, 그 나머지는 산사태에 묻어 버리 듯 못 쓰게 매장해 버렸다. 그는 자기 나름대로는 확고한 신념을 가진 사나이였다. 그의 입으로 자기는 돈을 벌라고 하느님이 땅으로 내려보낸 사람이라고 말했을 정도였다. 그는 자기의 앞을 가로막는 자는 신의 뜻을 거역하는 것이라고 생각했으며, 미국의 산업들을 거대한 독점체로 전환시킨 최초의 인물이었다. 그는 "여러 사람의 자그마한 재물들을 모아 몇 개의 커다란 재벌을 만들었고, 개개의 분산된 생산 수단을 모아 사회적으로 집중된 대단위 생산 수단으로 바꾸어 놓았다."
　록펠러는 천재답게 단순한 사람이었고, 그의 돈벌이 방법 역시 단순했다. 그는 석유를 수송하는 데 있어 경쟁 기업들이 물고 있는 운임의 절반만 내게 해 주도록 철도회사를 설득했다. 결국 비밀 협정에 따라 철도회사들은 펜실베니아주 유전으로부터 원유를 수송하는 공식 운임, 즉 배럴당 40센트 가운데서 15센트를 록펠러에게 되돌려 주었다. 또한 정유소를 거쳐 나온 석유의 수송에 있어서도 다른 석유업자보다 배럴당 40센트나 싼 운임을 물었다. 당시 통용되던 운임은 배럴당 1.3달러였는데, 록펠러는 90센트밖에 물지 않았던 것이다. 더구나 록펠러를 위해 정보를 제공해 주던 운송업자들은 그의 적수들이 누구에게 얼마의 값으로 얼마만큼의 물품을 판매했는가에 대해 정기적으로 록펠러에게 보고해 주었다.
　이렇게 모든 준비를 끝내 놓은 다음 록펠러는 경쟁자 중에서 가장 약한 상대부터 찾아가 부드러운 목소리로 전투를 선언했다. 자기가 제의한 값에 회사를 넘겨 주겠느냐 아니면 망하겠느냐고. 이미 전세계 석유 시장을 손아귀에 넣겠다고 결심하고 있던 록펠러는 강한 경쟁자들에겐 자기와 손을 잡자고 제의해 볼 작정이었지만, 약한 자들은 아예 쓸어 버릴 계획이었다. 예컨대, 4만 달러짜리의 공장을 록펠러는 5천 달러밖에 값을 매겨 주지 않았다. 그리고 그 값에 공장을 팔지 않으면, 그 경쟁자보다 싼값으로 물건을 팔아 결국에는 그를 파산시켜 버렸다. 이런 일화가 있다. 클리블랜드에 사는 백커스라는 정유업자가 있었는데, 이 사람이 죽고 나자 그 아내가 록펠러를 찾아와 자기 회사를 보호해 달라고 요청했다. 그 여자의 어려움에 감동된 록펠러는 눈물을 흘리며 그녀를 돕겠다고 약속했다. 그러나 눈물이 마르고 난 다음, 그는 그 여자의 회사를 흡수해야겠다고 결심하고는 20만 달러짜리 공장을 7만 9천 달러에 사들였다.

그리하여 록펠러의 재산은 해가 갈수록 불어갔다. 수백 명의 사람이 제각각 소유하던 회사들이 하나의 거대한 기업 활동에 포함되었다. 처음 몇 년동안 록펠러는 남의 회사를 빼앗아 한데 모으는 데 전심전력했으며, 경쟁자의 재산을 파멸·몰락시키는 데 주저하지 않았다. 그러나 나중에 가서는 석유 생산을 통제하고 산업을 합리화하며 대규모의 판매망을 설치하고, 현대적 시설을 갖추며, 전세계적인 수출사업을 벌이는 데 온 힘을 기울였다. 그러면서 자기 회사 및 자매회사의 이윤을 높이기 위해 때와 장소를 안 가리고 노동자의 임금을 깎아 내렸다.

가격을 고정시키는 것을 금하고 임금문제에 관해 노동자들에게는 아주 효과적으로 사용되고 있던 음모금지법(The conspiracy laws)조차도 록펠러 앞에서는 아무런 힘을 발휘하지 못했다. 이에 대해 조셉슨은 이렇게 말하고 있다. "40여 년 동안 '스탠더드 석유회사'의 사람들은 마치 악당인 양 재판소에 수없이 불려다녔다. 그러나 경찰도 마침내 그들이 당대 최고의 악당을 다루고 있는 것이 아니라 '숙명'과 씨름하고 있음을 깨닫게 되었다."

록펠러가 첫 번째로 시도했던 것은 '남부개발상사'라는 기업 연합체를 만드는 것이었는데, 이 시도는 빗발치는 여론 때문에 철도회사들이 비밀 환불(還拂)제를 취소함으로써 실패로 돌아갔다. 그런데도 록펠러는 굴하지 않았다. 그는 다시금 행동을 시작했으며, 1881년에 이르러서는 40여 개의 철도회사들을 자기 휘하에 거느리게 되었다. 그는 철도회사들이 상호간에 주식을 갖도록 함으로써 새로운 철도회사 연합체를 만들고, 이 연합체를 조종했던 것이다.

이러한 신탁회사는 머지 않아 뉴욕에까지 진출했다. 그리고 오래지 않아 미국의 모든 산업을 휘어잡게 되었으며, 세계 방방곡곡에서 어마어마한 이윤을 긁어 모았다.

다시 한 번 조셉슨의 말을 옮겨 보기로 하자. "월가(街) 140번지에 자리잡고 있는 조그마하고 낡은 건물에서, 이들 경제 왕국의 수뇌들은 마치 로마 가톨릭 교회의 추기경들처럼 모여 앉아 최고회의를 했다. 이 곳에서 그들은 세계 각지로부터 앞잡이들이 보내 온 극비의 믿을 만한 정보들을 검토했으며, 이에 따라 사업 정책이 결정되었다. 도덕적인 거리낌은 전혀 없었다. 기묘할 정도로 모르는 것도 없었다. 그들은 세계 정세에 정신을 쏟고 있었다. 그러나 그들이 느끼고 있는 세계 정세라는 것은 보통 사람들이 느끼는 것과는 이상하리만치 아주 다른 것이었다. 그들은 시작도 끝도 없는 전쟁에 참가하고 있는 참모들이었다. 그들은 이익이 없는 사업은 잘라 버리고 새로운 사업을 벌였다. 또한 사업이 잘 안 되어 위급하게 된 때에는 기상천외한 묘기를 발휘하기 위해 회합을 가졌다. 그들은 어떻게 하면 어마어마하게 돈을 벌 수 있는지 그 방법을 알고 있었으며, 그들이 버는 이윤은 언제나 엄청나기만 했다. 1879년에 이들은 350만 달러의 자본으로 315만 달러를 벌었다. 당시 그들 휘하 석유회사들의 자본 평가액은 모두 5500만 달러였다. 이윤은 거의 모두 재투자되었으며 기업 합동을 만드는 데 동원되었다. 그리하여 이제 석유 기업 합동의 자본 평가액은 7천만 달러에 이르렀다. 1886년에는 순이익만도 연간 1500만 달러로 올라갔다."

이와 비슷한 규모의 이윤이 1880년대 내내 다른 독점자본가들에게도 흘러 들어갔다. 그러나 이들은 록펠러처럼 절제성이 없었다. 많은 자본가들이 갑작스레 번 재산을 어쩔 줄 몰라 탕진했다. 비어즈의 글을 옮겨 보기로 하자. "이들은 클리블랜드와 해리슨에서 여러 날 동안 뭇사람들을 깜짝 놀라게 할 대사건을 벌였다. 그들은 말잔등 위에서 저녁식사를 하며 사랑하는 말에게 꽃과 샴페인을 먹였다. 조그마한 흑갈색의 강아지에게 다이아몬드가 박힌 1만 5천 달러짜리 목걸이를 달아 주고 호화로운 음식을 대접했다. 어떤 연회장에서는 100달러짜리 지폐로 담배를 말아 피웠고, 또 어떤 연회에서는 손님들에게 고급 흑진주를 넣은 조개를 대접했다. 또 다른 연회는 주최자의 광산 속에서 베풀어졌다. 물론 이 연회에는 부자 친구들만 초대되었다. 이 정도의 오락에도 만족을 못 한 재벌들은 더욱 기기묘묘한 일들을 생각해 냈다. 원숭이를 손님 옆에 앉히고, 금붕어로 변장한 여자들을 연못 속에서 수영하게 하고, 파이 속에서 소녀 합창단이 튀어나오게 하는 등의 장난도 했다. 이빨에 다이아몬드를 끼우는가 하면, 애완용 원숭이를 위해서 마차를 대령하고 사람이 시중을 들었다. 개에게 리본을 달아 사륜마차 뒤에 태우고, 공원으로 마차를 몰아 산책을 가기도 했다. 크로에서스라는 작자는 딸에게 60만 달러짜리 목걸이를 사주었으며, 또 6만 5천 달러짜리 화장대와 7만 5천 달러짜리 연극 관람용 쌍안경을 사주기도 했다."

그들은 이렇게 마치 제왕처럼 호화롭게 살아가면서 점차 조심성이 없어지기 시작했고, 자기들의 정치적 책략과 수완의 비밀까지 발설하기도 했다. 이 재벌들은 공화당이 집권하건 민주당이 집권하건 상관할 바 없다고 말하기도 했다. 사실 공화당도 민주당도 모두 재벌들의 것이었다. 그들은 서슴지 않고 노동기사단을 깨뜨려 버릴 날이 멀지 않았다며 호언장담했다. 이들은 하루 8시간 노동제를 주장하는 운동이 벌어지자 노동기사단을 깨버리겠다고 더욱 굳게 결심했다.

이제 돈많은 프레데릭 타운센드 마틴의 솔직한 소신에 귀를 기울여 보자.

…… 어느 정당이 집권하건 누가 대통령이 되건 그까짓 것은 아무런 문제가 아니다. 우리는 정치가도 사상가도 아니다. 우리는 단지 부자일 뿐이다. 그리고 미국을 소유하고 있는 것은 바로 우리다. 우리가 어떻게 돈을 벌었건 미국은 여하튼 우리 것이다. 그리고 할 수만 있다면 엄청나게 무거운 각종 성금, 후원비, 정치적 결탁에 드는 비용, 국회의원 매수, 입법 반대를 위해 민중선동가를 동원하는 따위의 번거로움도 필요없게 만들고, 국론을 분열시키는 대통령선거 따위는 깡그리 없애 버렸으면 하고 생각중이다. …… 우리 계급은 정치와 상관할 바 없다. 어떤 재계 거물 중 한 사람은 서부 지방에서 공화당을 주지사로 뽑는 데 돈을 대주었는데, 같은 시간 동부 지방에서 주지사를 뽑는 데에는 민주당에 돈을 대주었다고 한다.

그리고 80년대 후반에 창설된 설탕업 기업 합동의 총수인 헤이브메어 씨는 연방의회에서 증언하는 가운데, 자기들 독점자본가는 민주당·공화당 구별 없이 정치자금을 대주었다고 대답했다.

오로지 돈 버는 사업밖에 모르는 미국의 기업 합동들은 이미 1890년대 초반에 거대한 괴물로 커져 있었다. 그 규모가 얼마나 어마어마했는지는 1894년에 간행된 헨리 D 로이드의 저서 ≪공화국에 반대하는 부 *Wealth Against Commonwralth*≫에 잘 나타나 있다. 이 책에서 한 구절만 옮겨 보자.

석탄업 연합의 재산은 5억 달러에 가까우며, 석유업 연합의 재산은 거의 2억 달러 정도이다. …… 북서 지방의 철도업과 창고업에 들어가 있는 재산은 수억 달러에 달한다. 축산 및 정육업에 들어가 있는 돈도 1억 달러 정도이고, 위스키 제조업에 3500만 달러, …… 설탕업에 7500만 달러, 피혁업에 1억 달러 이상, 가스업에 수억 달러가 들어가 있다.

이렇게 재벌은 재산을 불렸고 그만큼 노동자의 수도 늘어갔지만, 노동은 더욱더 상품화되어 갔다. 노동에 대한 보수는 마치 쇠붙이의 값과 같이 취급되었다. 대다수의 독점자본가들은 "노동 또한 하나의 상품이다. 따라서 결국은 다른 상품과 마찬가지로 수요와 공급의 법칙에 따라 전적으로 가격이 결정될 것이다"는 제이 고울드의 말에 찬동하고 있었다. 1883년 상원의 노사문제위원회가 청문회를 열었는데, 그 증언 석상에서 한 노동자는 이렇게 말했다. "사업주는 노동자를 마치 기계인 양 생각하고 있다. 그는 우리 노동자한테서 최대한 싼값으로 최대한의 이익을 얻어 내려 한다." 같은 청문회 석상에서 새뮤얼 곰퍼즈는 한 공장주가 자기에게 한 말을 이렇게 되풀이했다. "나는 내가 데리고 있는 사람들을 기계와 마찬가지로 생각한다. 나는 그들을 나에게 이득이 되도록 부려먹으며, 늙어서 더 이상 쓸모가 없어지면 그들을 공장에서 내쫓는다."

기업주들의 이 같은 태도는 지극히 보편화되어 있었다. 이 점에 대해서 '미국 노동총동맹'의 전신(前身)인 '미국·캐나다 노동총동맹'의 총서기이던 WH 포스터는 "노동자들 사이에는 불만이 꽉차 있다. 다만 그들은 자신들의 불만을 공개적으로 표현할 용기를 갖고 있지 않을 뿐이다"고 증언했다. 그러나 파업만 일어나면 '핀커튼 단원'과 주 민병대 등을 동원하여 이를 분쇄시키고, 유혈 사태를 일으키며, 노동자들의 요구사항에 대해 늘상 무력과 폭력으로 짓밟는다는 점은 노동자들을 몹시 분노하게 했다.

뿐만 아니라 노동자들의 일상 생활은 비참하기 그지없었다. 임금은 아주 낮았고, 집이라고는 판잣집이 대부분이었다. 연방 노동청장 캐롤 D 라이트가 1886년 연차 보고서에서 지적한 대로 "기계의 도입으로 생산성이 향상되었지만, 노동자에게는 그 혜택이 전혀 돌아가지 않았다." 노동자의 임금은 주급(週給) 7.5~8달러가 보통이었다. 이것은 1883년 목재공들의 노임이 일당 1.45달러였던 것에 비하면 오히려 떨어진 셈이다.

1883년 9월 18일, 토머스 오도넬이라는 한 방적공은 상원의 노사문제위원회에 나와 이렇게 증언했다.

나에게는 형님이 한 분 계십니다. 형님네 식구는 형수와 네 자녀까지 합쳐 여섯입니다. 형님의 수입이라고는 일당 1.5달러뿐입니다. 형님은 폴 강(江)가에 있는 철공소에서 일하고 있습니다. 보통 1년 중 석 달은 일거리가 없어 쉽니다. …… 말하자면 아홉 달 치 봉급으로 여섯 식구가 1년을 연명하는 것입니다. 그것도 일당 1.5달러짜리 봉급으로 말입니다. 이러니 식구들이 끼니인들 제대로 이을 수 있을 것이며, 옷가지야 말할 필요가 있겠습니까? 어린 자식들은 걸핏하면 앓아 눕고 하니 말입니다.

같은 자리에 이번에는 시카고에서 온 사람이 증인으로 섰다. 그는 이렇게 증언했다. "노동자들은 대부분 허름한 집에 세들어 살거나 아니면 판잣집 또는 다락방에서 살고 있다. 셋방은 클라크 가(街)와 스테이트 가(街)에 많은데, 거기에는 이태리 출신 사람들이 주로 살고 있다. 그런데 그 집들이란 것이 말이 아니다. 사람으로서는 차마 살 수 없는 정도이다. 애들은 떼를 지어 길거리에서 뛰노는데 거의가 발가벗은 것이나 다름없는 상태이다. 아이들은 이런 식으로 자라나 나중에 불량배가 되기도 한다. 그들에게 교육의 혜택 같은 것은 찾아볼 수가 없다."

이런 빈민지대에 사는 것도 무슨 특전이라고 노동자들은 매달 10달러 내지 15달러씩 방값을 지불해야 했다. 수입이 고작 일주일에 7~8달러인데도 말이다. 그렇지만 집주인들은 이러한 집세로 상당한 수입을 올리고 있었다. 시카고의 '셋집 문제 시민협의회'는 1884년 10월 보고서에서, 몇몇 셋집에서 노동자들이 물고 있는 방세는 1년을 합치면 자그만치 그 집값의 25~40%가 될 정도라고 지적했다.

놀기만 하는 부자들은 입맛을 돋구겠다고 원숭이탕을 해먹는 판국에 노동자들은 시간에 쫓겨 눈코 뜰 새조차 없었다. 컴컴한 이른 새벽부터 작업이 시작되면 밤이 깊어서야 집으로 돌아왔다. 공장에서는 일하고 집에 와서 잠자는 다람쥐 쳇바퀴 도는 생활이 이들 생활의 전부였다. 상원의 '노사문제위원회'에서 한 의원이 시카고 노동자들은 "이웃간에 서로 찾아다니며 사귀고 지낼" 시간이 있느냐고 물었을 때, 증인석에 있던 사람은 이렇게 답변했다. "대부분의 경우 노동자들은 아침 7시까지 출근해야 한다. 거기다가 노동자들은 보통 집에서 공장까지 십 여 리 정도를 걸어다닌다. …… 그래서 늦어도 새벽 5시 반에는 잠자리에서 일어나야 한다. …… 아침에 이렇게 일찍 일어나는데도 저녁 때 집에 오는 것은 빨라야 7시 반이나 여덟 시다. 이것만 보아도 노동자에게는 이웃간에 사귀고 지낼 시간조차 없다는 것이 충분히 짐작될 것이다."

그 당시 몇몇 공장에서는 노동자들의 하루 노동시간이 14시간에서 18시간이나 되었다. 미네소타주에서는 철도 공사장에서 노동자들에게 18시간 이상 작업을 시키면, 작업 반장과 기사에게 벌금을 물게 하겠다는 법률이 제정되었다. 뉴욕의 빵공장 노동자들은 일주일에 84시간 내지 120시간씩이나 일했고, 다른 노동자들도 일주일에 90~100시간씩 일하는 경우가 흔했다.

이렇게 형편없는 노동조건들은 불경기가 깊어감에 따라 더욱더 나빠져 갔다. 지나친 시설 확장과 무분별한 투기로 특징지어지는 호경기가 사라지고 고역스런 시기가 찾아온 것이다. 지난 호경기 동안 철도 부문에서만 전국의 총 철도 길이 수는 34%나 늘어났었다. 그러나 포레스트 데이비스가 지적한 바와 같이 "그 중 3분의 1 정도만이 타산이 맞는 것이었다." 월가(街)의 증권시장이 연리 7%짜리 우량 회사채를 공모하자, 구미가 당긴 유럽의 투자가들은 이미 과잉상태에 있던 철도산업에다 돈을 쏟아 넣었다. 이러한 양상은 비단 철도에서뿐만 아니라, 철강·석유·섬유 등 나머지 산업 분야에서도 마찬가지였다. 마침내 1883년이 되자 증권 파동이 일어났으며, 이어 불경기가 휘몰아치기 시작했다. 연방 노동청장 캐롤 라이트는 1885년에 실업자는 100만 명에 이른다고 말했고, 파우덜리는 200만 명으로 추산했다.

그러나 독점자본가들은 여전히 이윤을 올리고 자본을 축적하고 있었다. 그들은 불경기를 기회로 삼아 힘이 약한 경쟁 기업들을 합병했다. 1890년의 정부 조사에 따르면, 국민 소득의 절반 이상을 전체 국민의 8분의 1의 사람들이 차지했다고 한다. 그리고 맨 꼭대기 1% 부유층의 총 소득은 전 국민의 50%를 차지했던 맨 밑바닥 빈민층의 총 소득보다도 많았다는 것이다. 또 미국 전체의 1200만 가구 가운데에서 550만 가구는 재산이라고는 하나도 갖고 있지 않았다고 한다. 클리블랜드 대통령이 1888년 12월 3일자 의회에 보내는 연두교서에서 다음과 같이 주장하게 된 것도 세태가 그 같은 실정이었기 때문이다.

"기업 연합, 기업 합동, 독점기업 같은 것들이 자기네 쇠발굽으로 국민들을 밟아 죽이고 있다."

노동신문 편집자 존 스윈튼

클리블랜드 대통령이 이같이 말하기 훨씬 이전부터 노예 폐지론자(Abolitionist)들은 독점자본의 등장을 위험하다고 생각해 왔다. 그들은 노예를 채찍으로 매질하는 것을 보고만 있을 수 없었던 것과 마찬가지로, 대기업의 쇠발굽 아래 노동자가 죽어가는 것도 보고만 있을 수 없었다. 미국 독립의 기쁨이 채 가시기도 전에 태어난 그들은 독립전쟁에 참가했던 할아버지로부터 자유를 얻기 위해 싸운 선조들의 이야기를 들으며 자랐고, 국민은 정부를 개혁하거나 갈아치울 권리가 있다고 굳게 믿었다. 그들은 또한 때와 장소에 관계없이 사람은 누구나 자기의 생각과 주장을 발표할 자유가 있다고 믿었다. 그들은 노예제도를 후원하고 퍼뜨리는 돼먹지 않은 연방정부를 뒤엎어 버리기 위해 몸소 자기들의 고귀한 청춘을 아낌없이 바친 사람들이었다.

이러한 노예 폐지론자 가운데 유명한 사람으로서는 JR 로웰, 웰텔 필립스 같은 사람을 손꼽을 수 있다. 필립스는 명문 집안 출신이었는데도 죽는 순간까지 노동자를 옹호했던 사람이다.

이처럼 굽힐 줄 모르는 노예 폐지론자 가운데 존 스윈튼이라는 위대한 사람이 있다. 그의 생애와 업적은 그 야만스런 1880년대 어떤 사람의 그것보다 훨씬 더 빛나는 것이었다. 그는 1860년부터 1870년 사이에 <뉴욕 타임즈>지의 수석 논설위원으로 일했으며, 나중에는 <선 *Sun*>지의 주필로 일했다. 브루클린의 <데일리 유니온>지의 한 기자는 스윈튼을 "체격이 건장하고 둥근 얼굴에 강건한 얼굴색을 지니고 있었으며, 흑갈색에 부리부리한 눈을 지녔고, 턱수염은 꺼칠꺼칠한 반백이었으며, 머리는 훌렁 벗겨진 대머리였다"고 묘사했다. 또 "말은 유창하고 빨랐고, 가끔 역사라든가 고전 가운데 실린 글귀들을 인용하기도 하면서 자기가 주장하고자 하는 내용의 요지를 요령 있게 설명했다"고 한다.

1880년의 어느날 밤에 스윈튼은 언론계의 지도급 인사들이 마련한 만찬에 주빈으로 초대된 적이 있다. 그는 당시 뉴욕의 언론계에서는 누구도 당해 낼 수 없는 탁월한 인물이었다. 그런데 거기에서 신문은 물론이고 스윈튼이 어떤 인물인지 잘 알지도 못하는 한 친구가 스윈튼에게 언론의 자유를 위해 축배를 들자고 제의했다. 스윈튼은 몹시 화가 나서 모인 사람들에게 이렇게 대답했다.

> 언론의 자유 같은 것은 미국에는 없어. 촌구석을 빼놓고는 말이야. 그건 당신들도 알지 않아. 당신들 가운데 자기의 솔직한 생각을 기사로 쓰고 있는 사람은 하나도 없잖아? 솔직하게 쓴다고 해도 신문에 실리지 않는다는 것을 알고 있을 테고. …… 뉴욕의 신문쟁이들이 하는 일이라는 건 진실을 왜곡하고, 공공연히 거짓말을 하며, 남을 헐뜯고, 돈많은 자들의 발 밑에서 꼬리 치며 하루하루의 호구지책을 위해 민족과 국가를 팔아먹는 것이야. 이건 우리 모두가 너무나 잘 알고 있는 사실이잖아! 이러고서도 무슨 '언론의 자유'를 외치며 축배를 든단 말이야? 우리는 우리 배후에 있는 돈많은 자들의 도구이며 그들의 종이야. 우리는 꼭두각시 놀음에 나오는 꼭두각시나 다름없어. 돈많은 자들이 줄을 당기는 대로 춤을 추고 있는 거지. 우리의 재능과 잠재력과 생명까지도 모조리 우리 아닌 다른 사람의 것이야. 우리는 지식을 팔아먹는 창부야!

그 자리에 모인 사람들은 그의 이런 말에 놀라지 않았을 것이다. 스윈튼이란 사람은 상당한 지위에 있을 때에도 쫓겨날 것을 무릅쓰고 할 말을 다한 사람이었으며, 위에서 쓰지 못하게 해도 진실대로 쓴 사람이었으니까. 스윈튼의 이 같은 전력을 알고 있는 사람이라면 그가 결코 그렇고 그런 손님이 아니라는 것을 이미 알고 있었을 테니까 말이다. 이미 나이 스물도 되기 전에 스윈튼은 감옥에 잡혀 갈 것도 겁내지 않고, 사우스 캐롤라이나주에 가서 노예들에게 읽고 쓰는 법을 가르쳤다. 흑인들을 돕는 것은 죄였으므로 그는 밤중에 지하실에서 흑인 노예들을 가르쳤던 것이다. 한편 스윈튼은 존 브라운을 숭배하고 있었다. 브라운은 캔자스주에서 노예제를 옹호하는 '변경의 악한들'(Border Ruffians) [남북전쟁 전 자유주에 접하고 있으면서도 노예제를 채택했던 몇몇 주(켄터키·델라웨어·메릴랜드·미주리·버지니아 주)를 '보더 스테이츠'(변경의 주란 뜻)라고 했는데, 이 지역의 노예제 옹호자들을 가리키는 말이다—옮긴이]과 싸우고 있었는데, 그를 돕기 위해 스윈튼은 캔자스로 달려갔다. 그는 시대가 이미 달라졌다거나 브라운 씨는 지금(1880년대) 노예제를 반대해 싸우기보다 1859년에 싸우는 편이 한결 쉬웠을 것이라고 조롱하듯 말하는 사람들에게 화를 내며 대들곤 했다. 스윈튼의 연설 구절 하나를 인용해 보자.

> 우리는 한 사람(브라운)의 힘에 대해 이러쿵저러쿵 하기에 앞서 예전 노예제도를 떠받들고 있던 엄청난 힘을 상기해야 한다. 그 철옹성 같은 의회정치·중상주의·자본주의 그리고 교회 만능주의를, 노예제도를 둘러싸고 있던 이해관계와 감정들을 …… 노예제의 반대자들조차도 극소수를 빼놓고는 비굴하고 어리석지 않았던가? 그러나 브라운은 그 모든 난관을 헤치고 나왔으며 사람들의 마음을 바꾸어 놓지 않았는가!

1874년 뉴욕에서는 실업자들이 톰킨스 광장에서 대중집회를 갖고 있는 중에 경찰이 이들을 습격한 사건이 있었다. 스윈튼은 이 사건에 충격을 받아 노동운동에 가담하게 되었다. 그는 연설 도중 이 사건에 대해 여러 번 이야기했다. 그 같은 경찰의 폭행은 1880년대에도 수없이 많이 일어났으며, 그럴 때마다 톰킨스 광장에서의 경찰 폭력사건은 다시금 시민들의 얘기거리가 되곤 했다. 언젠가 노동쟁의가 일어나 파업이 벌어진 일이 있었는데, 스윈튼은 그 노동자들의 집회에 가서 연설하기로 약속이 되었다. 친구들이 보기에 그는 죽으러 가는 것이나 마찬가지였다. 스윈튼도 그 점을 알고 있었다. 노동자들이 모여 있는 곳의 사방에 무장한 경찰들이 진을 치고 있었던 것이다. 그런데도 스윈튼은 의기양양하게 그 곳에서 일장 연설을 했다. 그리고 "8천 정의 소총과 1200개의 곤봉이 나를 노리고 있다"고 외쳤다. 톰킨스 광장 사건에 대한 그의 연설 구절 하나를 옮겨 보자.

> 10시쯤 노동자들은 조용히 둘러앉아 시장이 나타나기를 기다리고 있었다. 그때 일단의 경찰들이 갑자기 나타나더니 사전 경고도 없이 광장 속으로 돌진해 들어왔다. 그들은 아무런 무기도 갖고 있지 않은 노동자들의 머리를 곤봉으로 마구 때렸으며, 삼사십 명을 붙잡아서 군대 영창 같은 경찰서 유치장으로 끌고 갔다. 이런 소동 속에서

수많은 사람들이 다쳤다. …… 그런데도 겁쟁이인 신문 편집자들과 민중의 지팡이라는 기자들은 이 사건을 엉터리로 보도했다. 그들은 노동자들을 죄인 취급하면서 공산주의자라고 몰아붙였다. 이 얼마나 통탄할 일인가? 신사 여러분! 그런 엉터리 말에 속지 마시오. 그리고 마치 옛날에 '노예 폐지론자'라는 별명으로 뭇사람을 욕했듯이, 또다시 '공산주의자'라는 딱지를 써서 사람들을 미치게 하지 마시오. 설혹 이 비참하기 짝이 없는 노동자들이 기자 나리나 편집장들이 보기에 공산주의적인 생각을 갖고 있다 치더라도, 가슴 속에 있는 생각을 어찌 함부로 이렇다 저렇다 단언할 수 있으며 또 머리통을 두들겨 팰 수 있단 말입니까?

스윈튼은 앞서 말한 '언론의 자유를 위한 축배 거부' 사건이 있은 지 얼마 되지 않아 주필 자리를 사임하고 스스로 신문사를 차렸다. 신문은 주간지로서 <존 스윈튼 신문>이라는 이름을 달았다. 신문의 발행인 란에는 다음과 같은 '편집 4대 원칙'이 적혀 있었다.
　(1) 인권 신장을 과감히 격려한다.
　(2) 산업사회의 모든 죄악과 투쟁한다.
　(3) 노동자의 이익을 옹호하며, 노동자들의 단결과 조직을 위해 헌신한다. 또한 노동조합의 소식을 전달한다.
　(4) 모든 미국 시민에게 반역 도당에 주의할 것을 경고하며, 독점기업·재벌·권력층의 각종 음모를 분쇄한다.
　스윈튼의 논설은 길고 자세했다. 그리고 사실에 근거한 분명한 입장이었다. 그는 강도나 다름없는 재벌들에게 통렬한 공격을 퍼부었고, 계약 노동자를 고용하거나 살인 청부업자인 '핀커튼 단원'들을 동원하는 것에 대해 굳세게 투쟁했다. 그리고 그가 펴내는 신문에 특별히 지면을 할애하여 노동자 조직의 발전, 임금문제 및 하루 8시간 노동제를 위한 투쟁에 대해 특별 기고를 연재하기도 했다.

시카고의 투사 파슨즈 부부

앨버트 R 파슨즈는 일생을 투쟁에서 시작해 투쟁으로 끝낸 사람이다. 이미 열 네 살도 되기 전에 남군에 들어간 그는 4년 동안을 텍사스에서 군인으로 복무했다. 가수이자 시낭송가이기도 한 파슨즈는 조그만 체구에다 호리호리한 사람이었으며 다정다감한 성품의 소유자였다. 그러면서도 총잡이답게 투쟁적이고 투지만만했다. 별다른 일만 없다면 전형적인 남부의 신사로 성장할 그런 사람이었다. 그러나 그는 점점 논리적인 사람이 되어갔다. 그는 미국이 모든 사람을 위한 자유의 땅이라고 한다면 왜 국민 모두가 땅을 나누어 갖지 못하는지, 또 어떻게 땅을 못 가진 국민들이 자신의 땅을 갖는 방도가 없는 것인지 하는 의문을 갖고 있었던 것이다. 그는 또한 승마와 사격의 명수로 자만심이 대단했다. 그렇지만 성품만은 너그러운 사람이었다. 그의 아내는 비할 데 없는 현모양처였으며, 자녀들도 영리하고 단정했다.

그러나 어떻게 보면 그는 구식 티를 못 벗은 사람이었다. 사진을 찍을 때는 꼭 오른손을 양복 속 가슴에 얹고 찍었으며 지극히 명예를 존중했다. 구성진 노래를 즐겨 불렀고, 연설을 할 때에는 시를 낭송하는 것으로 끝을 맺곤 했다. 때로 침울한 기분에 빠지곤 했지만, 근본적으로 행동적이었으며 자부심이 대단했다. 그래서 누가 자기를 거짓말쟁이라고 하면 그 자와 즉각 결투를 해야 한다고 생각하는 사람이었다. 호기심이 많고 학구열도 높았으며, 정직한 사람에게는 생각과 행동이 구별될 수 없다고 확신하고 있었다. 이것은 매우 '곤란한' 신념이기도 했다. 나이가 들어감에 따라 그의 사상은 자기 나름대로는 더욱 논리적이 되어갔지만, 남의 눈에는 지독히 비타협적으로 보였고 또한 경마장의 말처럼 예민하고 성미 급한 사람으로 비춰졌다. 그러나 반면에 그는 아주 충직한 사람으로서 한 번 충성을 바치겠다고 마음먹으면 끝까지 지키는 사람이기도 했다.

파슨즈의 족보를 보면, 그가 열렬한 청교도였던 조나단 파슨즈 목사의 후손임을 알 수 있다. 조나단 파슨즈는 독립전쟁 때 자기 교회의 전도사와 교인들을 중심으로 일개 중대를 만들어 벙커 힐로 진격했던 역사적 인물로, 이 전투에서 팔 하나를 잃었다고 한다.

파슨즈의 아버지는 엘리자베드 톰킨즈라는 여자와 결혼했는데, 결혼 얼마 후 뉴잉글랜드 지방을 등지고 알라바마주의 몽고메리로 이사해 이 곳에서 파슨즈를 낳았다. 파슨즈는 삼남매 중 막내로 1848년 6월 20일에 태어났다. 파슨즈의 양친은 그가 다섯 살 적에 사망했고, 파슨즈는 텍사스주 브라조즈 강변의 목장에서 살고 있던 큰형 윌리엄과 함께 살게 되었다. 뒷날 파슨즈가 말한 것을 들어보면,

그 당시 에스터 아줌마라고 하는 한 흑인 노예가 자기의 어머니 노릇을 맡아 주었다고 한다. 그리고 이것이 파슨즈의 생애에 결정적으로 큰 영향을 끼쳤다는 것이다.

열한 살이 되어서 파슨즈는 갤브스턴으로 갔다. 이 곳에서 그는 <데일리 뉴스>라는 신문사의 식자공 견습생이 되었다. 그리고 열세 살이 되었을 때 남북전쟁이 일어났다. 아직 소총 길이보다도 작았던 꼬마 소년 파슨즈는 이때 군에 입대했다. 그는 군에서 받아들여 주지 않으려고 하자, 자기 키가 소총보다 더 크다고 우기면서 어른들 못지않게 잘 싸울 수 있다고 고집을 부렸다고 한다. 결국 그는 기병대에 배속되었다. 그는 그 후 4년 동안 군에서 복무했으며, 남북전쟁이 끝나고 제대했을 때는 그의 나이 열 일곱이었다.

그는 이제 어른이 되어 고향으로 돌아왔다. 고향에 돌아온 그는 점차 자기가 남북전쟁에서 나쁜 편에 가담해 싸웠음을 깨닫게 되었으며 이 때문에 괴로워하게 되었다. 파슨즈에게 있어서 어머니와 다름없는 에스터 아줌마는 노예 신분에서 해방되어 있었는데, 그는 에스터 아줌마 앞에서 차마 얼굴을 들 수가 없었다. 얼마 만큼의 세월이 흐르고 난 뒤, 파슨즈의 말에 의하면 이때 나눈 이야기가 자기의 일생을 뒤바꿔 놓은 중요한 계기가 되었다고 한다.

마침내 그는 해방된 노예들의 인권을 보호하기 위해 싸우기로 결심하고, 이를 위해 신문사를 하나 차리기로 마음먹었다. 그의 친구인 퇴역군인들은 그따위 짓을 한다면 단번에 죽이겠다고 덤벼들었다. 그러나 파슨즈는 이에 굴하지 않고 신문사를 만들었으며, 그 후 1년 동안 남부의 백인들은 모두가 파슨즈에게 말조차 건네지 않았다. 매일같이 협박이 들어오기도 했다. 때려 죽이겠다는 둥, 말채찍으로 갈기겠다는 둥, 먹칠을 해 버리겠다는 둥, 가랑이를 찢어 버리겠다는 둥, 거꾸로 처박아 버리겠다는 둥의 협박이었다. 그러나 파슨즈는 돈이 바닥날 때까지 꾸준히 신문을 발행했다. 신문의 이름은 <목격자 *Spectator*>라고 붙였다. 때로는 순회 강연을 하며 '재건 공화당'의 일원으로서 흑인 인권을 위해 일했다. 한마디로 그는 이 남부 재건 당시 보수적인 남부의 역사가들이 욕설 삼아 붙여준 이름인 '스칼라액'(망나니라는 뜻)의 하나였던 것이다.

그는 사람들이 어째서 백인이 더 우월하다고 생각하게 되었는지 그 이유를 알게 되었다. 그것은 편견이었다. 그는 바쁘게 다니는 중에도 쉬지 않고 이 문제를 깊이 생각했던 것이다. 언젠가 그는 텍사스주의 북서부에 자리잡고 있는 존슨 군(郡)에 간 적이 있다. 그 곳에서 멕시코인과 인디언의 혼혈인 예쁜 소녀를 만나 그녀를 사랑하게 되었다. 그녀의 이름은 루시 엘딘 곤잘레스였다. 그녀는 삼촌과 함께 살고 있었는데, 그녀의 삼촌은 버팔로 천(川)변에 커다란 목장을 가지고 있었다. 파슨즈는 3년 동안 버팔로 천과 오스틴(텍사스 주의 수도)을 왕래하며 그녀와 교제했다. 그러는 중에도 그는 흑인 인권을 위한 투쟁을 늦추지 않았으며, 재건 공화당이 지배하던 주의회에서 독회(讀會) 간사(reading secretary)로 일했다.

루시와 파슨즈는 1873년초에 결혼했다. 결혼 후 필라델피아에서 잠시 지내다가 곧 시카고로 이사했다. 그들은 삶의 마지막 순간까지 서로를 열렬히 사랑했다. 그녀는 주위로부터 유색인종이라고 따돌림을 받기도 했던 것 같다. 시카고에 이사온 이후 그들이 주로 외국 출신 사람들과 사귀었던 것도 아마 이 때문이 아닌가 싶다. 외국에서 이민온 사람들은 자유민의 땅이라는 미국에서 태어난 사람들보다 인종적인 편견이 한결 덜 했다.

이 젊은 부부가 시카고에 온 것은 1873년의 기나긴 불황이 시작되기 직전이었다. 파슨즈의 나이 스물 다섯이었고, 아내는 그보다도 아래였다.

버나드가 기록해 놓은 것을 보면, 그 당시 시카고는 "공장 굴뚝들이 끝없이 떼지어 늘어서 있고 빈민들이 수없이 우글거리는" 도시였다. 어떤 외국 사람은 시카고를 이렇게 묘사했다. "연기가 장막처럼 드리워 있다. 거리는 사람으로 꽉차 있고 행인들은 부산하게 움직이고 있다. 기차와 선박과 갖가지 차량들까지 빽빽이 들어차 도시는 만원을 이루고 있다. 전지전능한 돈을 벌기 위해 모두가 미쳐 있는 도시―이것이 시카고다."

그러나 1873년 10월 18일 이후부터는 공장 굴뚝에서 쏟아지던 연기도 점차 줄어가고 있었다. 그 날이 바로 '제이 쿠크 은행'이 폐업한 날이다. 도시 남단의 가축 수용소로부터 풍겨 나오던 고약한 냄새도 자취를 감추었다. 해고와 임금인하와 파업이 쉬지 않고 일어났으며, 빈곤은 만연하고 식량 배급을 받기 위해 늘어선 사람들은 장사진을 이루었다.

게다가 대화재로 이재민이 생겨났는데, 이재민들에게 할당된 구호자금도 금방 바닥이 나 버렸다. 실업자들에 대한 구호 대책은 거의 없었다. 가을이 가고 날씨마저 싸늘한 겨울로 접어들면서 사람들의 어려움은 더해 갔다. 갑작스레 세상이 바뀌어 버린 것만 같았다. 눈보라가 휘몰아치는 속에서 온 가족이 그대로 눈을 맞는가 하면, 어린아이들은 미시간 호(湖)로부터 불어오는 살을 에는 찬바람을 맞으며 울어야 했다. 직장을 잃은 수천 명의 실업자들이 시 당국과 주(州)정부에 구호를 호소했지만 당국의 반응은 차가왔다. 마침내 실업자들은 플랭카드를 앞세우고 거리로 나와 시위를 벌였다. 거기에는 "빵이 아니면 죽음을 달라"는 구호가 거칠게 휘갈겨져 있었다.

파슨즈 부부는 이러한 시위 광경을 길 옆에 서서 구경했다. 시위 군중들은 프론트 호반(湖畔)에 모여 사람들이 연설하는 것을 듣고 있었다. 그때 갑자기 경찰이 나타나 연사들을 곤봉으로 후려치고 단상에서 끌어내렸다. 신문들은 이 연사들을 무정부주의자·공산주의자·사회주의자라고 몰아붙였다. 언론과 표현의 자유는 어디로 가 버렸는지, 놀랄 수밖에 없는 일이었다. 그런 중에도 불경기는 계속되었다. 최소 생활이라도 할 수 있게 임금을 올려 달라고 외치며 파업을 했다고 해서 노동자들을 총으로 쏴 죽인 사건까지 있었다. 파슨즈는 이제 미국이 멸망해 가고 있다고 생각했으며, 이 같은 상황을 시민들이 보고만 있지는 않을 것이라고 믿었다. 드디어 그는 1879년 '사회민주당'(Social Democratic Party)에 가입했다. 사회민주당은 자본주의 폐지를 주장하는 당이었다.

그 이듬해 파슨즈는 대규모 철도파업에 참가해 적극적으로 활동했다. 그러던 어느 날 오전 그는 파업자들의 모임에서 연설을 했는데, 이를 이유로 그 날 오후에 해고되었으며 즉시 요주의 인물로 점찍혔다. 어느 신문은 파슨즈를 미국식 '파리 꼬뮌'의 우두머리라고 몰아쳤다. 그리고 그 날 오후 그는 권총 위협을 받으며 시청으로 끌려 갔다. 그 곳에서 시 경찰국장 히키는 일단의 이름난 사업가들 앞에 그를 세워 놓고 심문했다. 이들 사업가들도 가끔씩 심문에 끼어 들어 파슨즈에게 이것저것 물었으며, 파슨즈를 교수형에 처해야 한다고 말했다. 두세 시간의 심문이 끝난 뒤 경찰국장은 파슨즈를 경찰국 밖으로 떠밀어내며 이렇게 말했다. "까불면 죽어. 아까 심문할 때 모여 있던 사람은 상무성(Board of Trade) 사람들이야. 그 사람들은 너를 가로등 기둥에 매달아 죽여 버릴 수도 있어. 이 도시에서 꺼져 버리는게 좋을 거야. 냉큼 떠나라구!" 이 모든 일이 열두 시간 동안에 벌어졌던 것이다.

그러나 파슨즈는 시카고를 떠나지 않았다. 그는 시카고에 머물면서 노동운동을 계속했다. 시카고의 노동운동은 미국 내 어느 곳의 노동운동보다도 강했다. 파슨즈는 천부적인 재능을 가지고 있는데다가 아주 성실했으며, 또한 연설하기 전에 노래를 부르고 연설 끝막으로 가선 시를 읊었으며 통계 숫자를 열거하는 등으로 청중을 사로잡았다. 노동자들 사이에서 파슨즈의 인기는 대단했다. 그러면서도 파슨즈는 아내와 함께 사회 악의 원인을 밝히기 위해 공부를 계속했다. 그들은 가난했다. 그러나 행복했다. 서로가 서로를 격려하며 사랑했기 때문이다. 이들 부부는 벅클, 모건 등의 저서도 함께 읽었다. 그러는 사이에도 아이를 낳아서 길렀고, 파업장을 찾아다니며 연설하는 것을 주된 일과로 삼았다. 파슨즈는 특히 외국 태생들 사이에서 인기가 있었다. 그의 훌륭한 인격은 외국에서 이민온 사람과 본토박이들을 단합시키는 일종의 가교(架橋)이기도 했다.

1884년 파슨즈는 <경종 *Alarm*>이라는 잡지의 편집장이 되었다. 아내 루시도 가끔 이 잡지에 글을 실었다. 1886년에 이르러서는, 그는 이미 노련한 노동조합 조직가라는 평판을 얻었으며 일약 유명 인물이 되었다. 이때 그의 나이 서른 여덟이었다. 이것은 십여 년 동안 전국을 누비고 다니며 크고 작은 수많은 모임에서 연설해 온 덕분이다. 그의 말대로 "서부의 네브라스카주에서 동부의 뉴욕에 이르기까지 수십만의 노동자들과 개인적인 교분을 맺고" 있었던 것이다. 어떤 때는 노동기사단의 대표 자격으로, 또 어떤 때는 사회민주당 대표의 자격으로 연설했다. 자격이야 어떠했든 그는 자기 말마따나 "한 사람의 노동자 조직가이자, 노동자 모임에서 연설하는 한 사람의 노동운동가"라는 입장을 늘 지키고 있었다.

한편 1883년에 파슨즈와 스파이즈를 비롯한 전국 각지의 사람들이 '국제노동자협회'(International Working People's Association)라는 단체를 조직한다. 이 단체는 하루 8시간 노동제를 이루기 위하여 전력을 다해 투쟁했다. 파슨즈는 '시카고 8시간 노동제 추진동맹'의 서기장이 되었다. 마침내 1885년에 들어 8시간 노동제 추진운동은 전국적으로 확대되었으며, 1886년에 들어서는 십자군 원정의 열풍처럼 전국을 휩쓸었다. 그와 아울러 1885년 '와바시 고울드 남서부 철도'에서 파업이 성공했으며, 이에 힘입어 노동기사단의 단원 수는 1년 만에 일곱 배로 불어났다. 1885년에는 10만 명이던 단원이 1887년에는 70만 명이 되었다. 노동기사단이 이렇게 커지자 독점자본가들은 크게 놀랐다. 그리하여 독점자본가들은 다시 한 번 노동운동을 파괴해 버려야겠다고 마음먹었다. 그들은 기회가 오기만 기다렸다. 드디어 사건은 시카고에서 터졌다.

'하루 8시간 노동' 추진 운동

사태는 걷잡을 수 없이 진행되고 있었다. 그 당시 노동기사단의 단장은 테렌스 파우덜리라는 사람이었는데, 이 자는 체격도 조그마하면서 성미까지 꼼꼼한 새침때기였다. 그런 사람으로서는 그와 같은 사태의 급진전을 감당할 수 없었다. 사실 그는 노골적으로 그렇게 사태가 급진전되는 데 대해 못마땅하게 생각하고 있었다. 그는 무엇보다도 노동기사단이 너무 빠르게 팽창하고 있으며, 그러한 급격한 팽창 때문에 자신의 건강이 해쳐지고 있다는 점을 제일 불만스러워 했다. 둘째로는 미국 노동자들은 이성을 잃고 있으며, 특히 1886년 5월 1일에 하루 8시간 노동제의 실시를 요구하며 파업을 벌이기로 결정한 것이 잘못이라는 것이다.

견디다 못한 여러 사람들은 야유회를 이용해 파우덜리에게 해명을 요구하기로 궁여지책을 마련했다. 파우덜리는 야유회를 몹시 싫어했다. 그런 데서는 맥주를 마시기 마련인데, 그는 술 자체를 굉장히 싫어하고 있었기 때문이다. 그는 "나는 야유회 같은 곳에서는 얘기하지 않겠어. 남자 여자가 뒤섞여 맥주를 들이키는 데서 무슨 이야기를 하겠어? 만약 내가 야유회 석상에서 연설할 것이라고 선전하는 말이 하나라도 내 귀에 들어오기만 하면 용서하지 않겠어. 최고 책임자의 뜻을 거역하는 반대파 놈들은 가차없이 문책해 버리겠어" 하고 떠들어 대기까지 했다.

파우덜리는 자신이 노동자들을 다스리는 사람이라고 자부했다. 그러니 파업 따위에 신경쓰는 것은 당연히 시간낭비라고 여겨졌다. 자기에게 주어진 사명은 교육을 통해 사회를 재건하는 일이라고 그는 생각했다. 그는 스스로를 인상적인 인물이라고 믿고 있었는데, 그래서 그런지 옷도 특색 있는 것만을 입었다. 두꺼운 안경을 쓰고 겁쟁이 같은 눈을 가지고 있었지만 멋쟁이였던 것은 사실이다. 항상 빳빳한 옷깃에다 앞가슴에 두 줄의 단추가 달린 검정색 고급 외투를 입고 다녔으며, 구두는 늘 끝이 뾰족한 것을 신었다.

파우덜리는 늘상 노동자들을 미심쩍게 보았다. 그들이 너무 투쟁적이라는 게 그 이유였다. 그리고 파업은 잘못된 짓이며 쓸모도 없다는 것이 그의 생각이었다. 자본주의를 점진적으로 개선하여 노동자의 생산협동조합 체제로 바꾸어야 하며 그러기 위해서는 무엇보다 교육이 최우선되어야 한다는 것이다. 게다가 그는 사람들이 자기를 알아 주지 않고 무시하고 있다며 불평을 늘어 놓기도 했다. 그리고 열 사람이 할 일을 자기 혼자에게 떠맡기고 있다고 투덜거렸다. 특히나 노동자들에게 8시간 노동제 실시를 위해 메이데이 날에 파업을 할 것이 아니라 초대 대통령인 워싱턴의 생일 날에 전국의 신문사에 편지를 보내서 8시간 노동제가 국가 발전에 보탬이 된다는 기사를 쓰게 하자고 제의했는데도, 노동자들이 자신의 제안을 전적으로 무시해 버린 데 대해서 몹시 분개했다. 노동기사단 산하의 지부들은 한결같이 파우덜리의 정치적 제안에 대해선 일언반구도 없이 메이데이대파업을 지지하는 결의문을 보내 왔던 것이다.

파우덜리와 같은 생각을 가진 사람도 적지 않았다. 그들은 8시간 노동제를 위해 함성을 지르며 거리를 휩쓰는 것은 납득이 가지 않으며, 예전에 볼 수 없던 일이라고 개탄했다. 그러나 사태는 걷잡을 수 없었다. 1886년 4월 18일자 <스윈튼 신문>에서 스윈튼은 8시간 노동제를 위한 운동이 전국적으로 전개되고 있다고 썼다. 노동자들은 동부의 뉴욕에서 서부의 샌프란시스코에 이르기까지 방방곡곡에서 노래를 부르며 시가행진을 했다. 그런데 신문들은 이러한 노동운동을 한결같이 공산주의자 아니면 빨갱이의 소행이라고 단정했다. 더 나아가서 신문들은 8시간 노동제는 노동자들의 보수를 적게 하여 빈곤을 가중시키고 미국 사회를 무너뜨릴 것이며, 도박과 폭력 사태와 방탕과 음주만을 조장하게 될 것이라고 선전했다. 1886년 4월 25일자 <뉴욕 타임즈>지는 8시간 노동제 추진운동을 '비미국적'이라고 단언하면서 "노동자들의 소란은 외국인들의 선동 때문"이라고 덧붙였다.

노동자들은 신문의 그 같은 경고에도 아랑곳하지 않았다. '8시간 노동 구두'를 신고 '8시간 노동 담배'를 피우며 다녔다. '8시간 노동 구두'라는 것은 이미 8시간 노동제를 실시하고 있는 공장에서 만들어진 신발을 두고 그렇게 부른 것이다. 그러면서 노동자들은 가는 곳마다 이런 노래를 소리쳐 불렀다.

우리도 이제 노동 일은 않을 테야.

일해 봐야 보람도 없는 그런 일은 않을 테야.
겨우 연명할 만큼 주면서, 생각할 틈조차 안 주다니,
진절머리가 난다네.
우리도 햇볕을 보고 싶다네.
꽃 냄새도 맡아 보고 싶네.
하느님이 내려 주신 축복인데 우리들 아니 볼 수 없다네.
우리는 여덟 시간만 일하려네.
조선소에서, 공장에서, 그리고 점포에서
우리는 힘을 길러 왔다네.
이제 우리 여덟 시간만 일하세.
여덟 시간은 휴식하고,
남은 여덟 시간으로 하고 싶은 일을 해 보세.

파우덜리는 자기가 마치 거대한 조수에 떠 밀려 가는 꼴이라고 느꼈다. 그리고 이 거대한 파도가 자신의 사려 깊은 판단까지도 뒤덮어 버리고 있다고 생각했다. 그는 자신의 묘한 처지를 너무나도 잘 알고 있었던 것 같다. 1885년과 1886년 동안 파업은 연이어 일어났고, 단원들의 수는 급격히 불어나 70만이나 되었다. 견디다 못해 파우덜리는 "잠깐만 생각해 보자. 파업을 중지하자. 항상 파업만 해서 어쩌자는 거야!" 하고 신경질적으로 외쳤다. 그는 당분간 단원을 새로이 가입시키지 못하게 명령하기도 했다. 그러나 그는 정말 아무 힘이 없었다. 가입자는 끊이지 않았고 기사단은 계속 커져 갔으며, 조직 담당자들은 그의 지시를 완전히 무시했다. 그것은 마치 기사단 산하의 노동기사 협회들이 5월 1일을 총파업 날짜로 정함으로써 자신의 파업금지 명령을 무시한 것과 경우가 같았다.

그는 "우리 가운데 단 한 사람이 다치더라도 그것은 우리 모두의 문제이다"는 구호조차 견디지 못할 지경이었다. 왜냐하면 기사 단원들이 파업을 할 때 자기 자신들을 방어하기 위해 이 구호를 외쳤기 때문이다. 이제 6만 명의 흑인들이 기사단에 가입했고, 뉴욕의 흑인 민권운동 지도자인 프랑크 페렐은 기사단의 간부직을 맡았다. 외국 태생의 노동자와 비숙련 노동자들이 수천 명씩 한꺼번에 기사단에 가입해 들어왔으며, 그들은 기사단의 공식 목적인 생산협동조합을 위한 교육 따위에는 아랑곳하지도 않고 임금인상과 노동조합의 보전만을 열망했다. 이제는 여자들까지도 점점 더 적극적으로 행동했다. 여자들은 레오노라 베리가 지도를 맡고 있었다. 이제 노동기사단은 세계적인 규모의 노동자 조직이 되었으며, 단원들 사이에선 전세계에 걸치는 노동자 조직을 만들자는 얘기까지 나왔다. 어떤 때에는 파우덜리 자신도 기사단이 이렇게 커진 데 대해 우쭐했을 정도였다.

1885년 시카고 노동조합 협의회는 산하 지부에 "기업주들이 핀커튼 단원, 경찰, 민병대 등을 동원하는 데 대항해서 노동자들도 무장하라"는 권고를 시달했다. 이에 따라 몇몇 노동조합과 사회주의자 조직들은 방어 목적으로 중대를 편성했다. 이 움직임은 시카고에서 두드러지게 많았다. 한편 핀커튼 단원이나 민병대만으로 안심하지 못한 기업주들도 역시 독자적인 군대를 만들었다. 사태는 나날이 험악해지고 있었으며, 1885년 <경종>지에는 이런 기사가 실렸다. "이 사실은 아직 시카고에서도 잘 알려져 있지 않은 것이지만, 어떤 큰 회사에서는 150명의 청년을 조직하여 소총으로 무장시키고 정규적인 군사훈련을 시키고 있다."

파우덜리가 싫어한 다른 하나의 골칫거리는 AFL(미국노동총동맹)이 점차 조직되어 가고 있다는 문제였다. 이 조직은 1881년에 '미국·캐나다 노동총동맹'이라는 이름으로 발족되어 주로 숙련 노동자들에게 기반을 두고 있었다. 이 조직은 또한 직업별로 조직되었으며 파업과 더불어 임금인상, 노동시간 단축, 작업환경 개선 등을 위한 투쟁에 재정적인 뒷받침을 할 수 있도록 전국적으로 잘 짜여진 조직이었다.

이 조직의 지도급 인물 가운데는 아돌프 스트라서와 피터 메가이어 같은 저명인사도 포함되어 있었다. 그 밖의 유명한 지도자로는 새뮤얼 곰퍼즈가 있었다. 이렇게 뛰어난 지도자를 가지고 있었기 때문에 곧 새로운 노동운동의 전국적 중심체로 발전했고, 1886년에 정식으로 '미국노동총동맹'으로 개편되었다. 이 당시 설립 규약에는 다음과 같은 머리말이 쓰여져 있다.

전세계 모든 나라에서 하나의 투쟁이 일어나고 있다. 이 투쟁은 압제자에 대한 피억압자의 투쟁이며 자본가와 노동자의 투쟁이다. 이 투쟁은 또한 필연적으로 해가 거듭될수록 격렬해질 것이다. 이러한 투쟁에 있어서 노동자들이 상호 이익 증진과 보호를 위해 굳게 단결하지 않는다면, 수백만의 노동자에게 엄청난 재앙이 불어닥칠 것이다.

이 '미국노동총동맹'은 파업이 노동자의 가장 강력한 무기라고 생각하는 투쟁적인 조직이었다. 아직까지는 조그마한 조직체에 지나지 않았지만, 장차 전국의 노동자를 끌어모을 쟁점을 찾고 있는 야심만만한 조직이었다. 드디어 그들은 하루 8시간 노동제의 추진을 쟁점으로 삼아 투쟁에 나섰다. 1884년도 연차 총회에서 그들은 만장일치로 1886년 5월 1일의 8시간 노동제 실시를 요구하는 파업에 모든 노동자들이 가담하자는 결의문을 채택했다. 이 같은 사태 또한 파우덜리로서는 매우 골치 아픈 일이었다. 이것은 자기 부하인 노동기사단원들이 자신의 지시를 어기고 임금인하에 대항해 노동조합을 인정할 것을 요구하며 고울드의 남서부 철도의 대파업에 가담했던 것만큼이나 분통터지는 일이었다.

텍사스주에서 세인트루이스에 이르기까지 방방곡곡에서 '핀커튼 단원' 및 주방위군에 의해 노동자들이 학살당하는 사태가 일어났다. 1500명의 노동자들이 연방법원의 파업금지 명령을 어겼다는 이유로 체포되었다. 4월 7일에는 미시시피강 건너 세인트루이스 동부에서 파업 노동자들과 경찰, 민병대, 파업 담당 보안관대리들 사이에 전투가 일어나 일곱 명의 노동자가 피살되었다.

신문들은 역사적으로 5월 1일은 공산주의적인 노동자들이 '파리 꼬뮌'을 만들어 봉기한 날로서, 이 날 공산주의자들이 폭동을 일으킬 것이라고 외치고 있었다. <시카고 데일리 뉴스>지 — 당시 사람들은 이 신문사를 "뉴욕을 빼놓은 전미국에서 가장 돈을 많이 버는 신문사"라고 불렀다 — 의 사장인 멜빌 E 스톤은 "1886년 5월 1일에 '파리 꼬뮌'과 같은 대규모 폭동이 일어날 것이 불보듯 환하다"고 예언했다. 또한 1886년 5월 1일자로 시카고에서 발행된 <인터 오우션>이라는 신문에는 이렇게 적혀 있다. "사회주의적인 선동가들은 하루 8시간 노동제의 실시를 명분으로 시위가 일어나면, 그것을 계기로 무슨 일을 벌일 수 있을 것이라고 공공연히 떠벌이고 있다. …… 오늘날 시카고에 사회주의 운동을 벌이는 몇몇 신출귀몰한 배후 조종자들이 활동하고 있다는 것은 공공연한 사실이다."

한편 사태가 이렇게 급변하고 있는 판국에 파우덜리는 8시간 노동제 추진을 위한 노동자들의 파업을 분쇄하기 위해 수단 방법을 가리지 않고 바쁘게 뛰어 다녔다. 1886년 3월 13일 그는 한 장의 비밀 회람을 돌렸다. 이 회람에는 이렇게 적혀 있다. "어떤 노동기사단 지부도 5월 1일자 파업에 가담해서는 안 된다. 기사단 본부에서는 파업 명령을 내린 적이 없고 앞으로도 내리지 않을 것이다."

그러나 노동기사단원이 아닌 사람은 물론 기사단원들조차도 파우덜리의 그 같은 방해 공작에 흔들리지 않았다. 당시의 노동자들은 신문에서 이름 붙였던 것처럼 모두 '8시간 미치광이'가 되어 있었던 것이다. 5월 1일이 점점 가까워지자 회합, 대회의 개최, 결의문 발표 및 시가행진 등이 잇달아 일어났다. 횃불 행진들도 볼 수 있었다. 이글거리는 불길로 얼굴마저 붉게 보이는 노동자들이 횃불을 들고 노래를 부르며 행진하는 모습은 약간 무시무시하기까지 했다. 그들이 부르던 노래까지도 무시무시했다.

수백만의 노동자들이
드디어 잠에서 깨어났노라.
그들의 행군을 보라.
모든 압제자들이 떨고 있구나.
저들의 권력도 사라졌구나.
그대 노동 기사들이여, 요새를 향해 돌진하여라.
승리를 위해 압제자의 법 같은 건 쓸어 버리고,
만인의 평등한 권리를 위하여.

압제자여, 민중의 소리를 들어라

시카고의 기업가들은 평상시에도 야만적이라는 평판이 자자했다. 헨리 데이비드의 역작 《헤이마키트 사건》에 의하면, 경찰이라는 것은 "오래 전부터 기업주에게 봉사하는 사병(私兵)이나 다름이 없었다." 경찰은 노동자들의 집회를 당연하다는 듯이 마구 쳐부수었으며 닥치는 대로 노동자를 곤봉으로 후려치고 노동운동 지도자들을 잡아 가두었다. 어떤 때는 노동조합의 회합 장소에 문을 쳐부수고 들어와 권총을 쏘아 대기도 했다. 순경들은 말할 것도 없고 경찰의 고위 간부들까지도 대부분 시(市)당국에서 주는 봉급 외에 따로 기업체에서 보수를 받았다.

경찰은 말할 것도 없고 기업주들도 실상 파업자들이 외국의 앞잡이가 아니며,

외국 태생 노동자들이 기존 질서를 파괴하려는 공산주의자가 아니란 것쯤은 너무나 잘 알고 있었다.

쇠고기 업계의 왕, 돼지고기 업계의 왕, 신문왕, 상업왕, 농기계왕인 아머, 스위프트, 필드, 맥코믹 같은 가문의 사람들은 마치 왕자처럼 시카고 거리를 제 세상인 양 활보했다. 그러면서 자기들은 시카고를 가득 채우고 있는 보헤미아 사람이나, 폴란드인, 아일랜드인, 독일인 같은 노동자들과는 감히 상종할 수 없는 고귀한 신분이라고 생각했다. 이 같은 시카고 분위기 아래서 이에 대항하는 세력이 서서히 고개를 든 것은 당연한 일이었다. 1886년 5월 1일의 대시위가 있기 10년 전인 1875년 11월 23일자 <시카고 트리뷴>지에 실린 다음과 같은 기사에서 이미 시카고의 분위기가 어떤 것이었지를 알 수 있다. 그 기사는 50명의 실업자가 구호원조 협의회의 실업수당 정책에 항의해 일으킨 한 집회에 관한 것이었다.

> 세상에 미국 사람들처럼 법을 마음대로 휘두르는 국민도 없다. 사형(死刑)은 미국인의 천부적 본성이다. …… 선동을 꾀하지 못하게 하기 위해서, 필요하다고 생각되면 시카고의 모든 가로등마다 공산주의자의 시체를 매달아 버리는 것도 서슴지 않을 것이다.

하여튼 데이비드의 표현대로 하자면, 5월 1일이 되기 두 달 전부터 "끊임없이 노동쟁의가 발생했고 경찰을 가득 실은 순찰차들이 시가지를 질주하는 모습을 수없이 볼 수 있었다." 3월과 4월 내내 숨막힐 듯한 긴장 상태가 계속되었다. 5월 1일에 파업할 것을 결의한 노동자는 날마다 수천 명씩 늘어났으며, 시카고의 신문들은 날마다 이 같은 파업 결의 사건을 보도하고 있었다. 한편 이 동안 앨버트 파슨즈와 오거스트 스파이즈는 전례 없이 바쁘게 움직이고 있었다. 그들은 5월 1일의 대대적인 파업을 성공시키기 위해 조합 지부를 찾아다니며 설득하고 있었다.

파슨즈는 유창한 연설가일뿐 아니라 군군한 지도자였다. 그는 노동기사단의 단원인 동시에 1만 2천 명의 회원을 갖고 있는 '노동조합 협의회'(Central Labor Union)를 만든 사람 가운데 하나이며 간부였다. 시카고에서 그는 이미 노동운동 지도자로 정평이 나 있었다.

3월 중 시카고에서는 가구 노동자, 기계 노동자, 가스업 노동자, 연관공, 벽돌공, 주물공, 운수 노동자들이 5월 1일 이전에 8시간 노동제가 실시되지 않으면 이

날 파업하겠다고 결의했다. 4월 초순에는 가축 수용장의 3만 5천 노동자들이 파업에 참가하기로 결정했고, 4월이 깊어감에 따라 석탄 운반공, 미장공, 푸줏간 노동자, 장난감공장 노동자, 신발공장 노동자, 양품점 점원, 인쇄공 등이 연이어 파업 참가를 결의했다. 4월말에 이르러 파업을 결의한 노동자의 숫자는 6만 2천 명에 이르렀으며, 4월 30일에는 2만 5천 명의 노동자들이 파업 결의는 하지 않았지만 8시간 노동제를 촉구했다. 그 중 2만 명은 이미 8시간제를 실시하고 있었다.

기업주들은 파업에 대비해 주 방위군을 동원하고, '핀커튼 단원'을 증강시키며, 특수 경찰을 대리로 임명하는 등 대응책을 강구하고 있었다. 또한 노동자들은 두 번이나 대규모의 군중 집회를 열어 힘을 과시했다. 4월 17일에는 노동기사단의 군중대회가 병기창(兵器廠)에서 열렸는데, 이 가운데 7천 명만이 건물 안에 들어갔으며 건물 밖엔 1만 4천 명이나 모였다. 이 같은 집회는 4월 25일에도 열렸으며, 이 날은 2만 5천 명이 모였다. 파슨즈와 스파이즈는 이 집회에서 연설했다.

시카고의 신문들은 공격의 화살을 파슨즈와 스파이즈에게 집중시키고 있었다. 시카고에서 8시간제 운동이 일어나게 된 것은 이 자들 때문이라는 것이다. <시카고 트리뷴>지는 "이 공산주의 놈들을 가로등에 매달아 죽여야 한다"는 말을 무슨 좋은 말이나 되는 것처럼 되풀이했다.

5월 1일 시카고의 날씨는 더할 수 없이 화창했다. 웬일인지 5대호로부터 불어 치던 바람마저 그치고 햇살도 따사로웠다. 거기다가 공장들마저 기계 소리를 멈추었다. 상가는 문을 닫았고 운전수들도 쉬었다. 공사장의 망치 소리도 멈추었고, 거리에는 인적이 끊겨졌으며, 공장 굴뚝으로부터 솟아오르던 연기마저 보이지 않았다. 가축 수용소는 고요에 휩싸여 있었다. 참으로 조용한 날이었다.

이 날은 토요일, 정상적으로는 작업이 있는 날이다. 그러나 수만 명의 노동자들은 외출복으로 차려 입고 아내와 자녀의 손을 잡고서 웃으며, 재잘거리며, 농담을 주고받으며 떼지어 미시간 거리로 모여들고 있었다. 미시간 거리는 온통 축제로 들떠 있는 것 같았다. 기성복으로 단장한 노동자들의 모습은 약간 촌스러워 보였지만 기쁨에 넘쳐 있었다. "우리 집에서는 모조리 다 나왔어. 고양이까지 말이야" 하고 말하기도 했다. 그러나 길 건너편과 가까운 건물의 옥상에는 무서운 분위기가 감돌고 있었다.

노동자들이 행진하게 될 길 건너편에서는 무장경찰들이 전투 태세를 갖추고 여차하면 공격해 들어올 자세를 취하고 있었다. 주요 건물의 옥상에서는 경찰, 핀커튼 단원, 민병대 등이 소총을 비롯한 각종 전투 장비를 갖춘 채 대기하고 있었다. 또한 주 방위군 본부에서는 1300명의 주 방위군이 기관총을 앞세운 채 출동 준비를 갖추고 있었으며, 여차하면 즉각 시내로 진격할 태세였다. 그리고 한 건물에서는 '시민 위원회'의 지도자들이 모여 시내 각지로부터 들어오는 긴급한 보고를 접수하면서 회의를 계속하고 있었다. 이들이야말로 '공산주의자들'의 8시간 노동제 운동으로부터 시카고를 구하기 위해 전투를 지휘할 참모진이었던 것이다.

앨버트 파슨즈는 말쑥하게 차려 입고 나왔다. 기분도 상쾌했다. 아내 루시와 두 자녀의 손을 잡고 화창한 5월의 태양 아래 미시간 거리를 걷는 것만으로도 기분 좋은 일이었다. 게다가 수십만의 파업 노동자들이 시가행진을 하기 위해 모여들고 있는 모습은 가슴 벅찬 광경이 아닐 수 없었다. 파슨즈의 친구 스파이즈는 기쁨에 넘쳐 그 구릿빛 수염을 가볍게 떨면서 <시카고 메일>지(紙)를 옆구리에 낀 채 급히 걸어가고 있었다. 전국적으로 34만 명의 노동자가 시가행진에 참여했으며 19만 명이 파업했다. 시카고에서만도 8만 명이 시가행진에 참여하기 위해 쏟아져 나왔다. 그들은 이제까지 하루 8시간 노동제를 위한 행진을 기다리고 있었다. 스파이즈는 흥분하여 이들을 향해 팔을 흔들기도 했다. 그리고 <시카고 메일>지의 사설 한 구절을 되씹어 보았다.

> 시카고에는 두 명의 위험 인물이 도사리고 있다. 이 뻔들뻔들한 겁쟁이들이 자꾸만 말썽을 일으키려 하고 있다. 하나는 파슨즈라는 놈이고, 다른 하나는 스파이즈라는 놈이다.
>
> 그 놈들을 감시하라. 그 놈들을 놓쳐서는 안 된다. 5월 1일에 일어날 모든 사건의 주모자는 그 놈들이다. 만약 사건이 터지게 되면 그 놈들을 뭇사람의 시범으로 처단하라.

시가행진이 시작되었다. 수천 명씩 떼를 지어 출발했다. 제각기 숨가쁘게 고동치는 가슴을 안고 벅찬 연대감을 느끼고 있었으며 어린아이들은 가끔씩 부모의 손을 떨치고 앞으로 튀어 나가기도 했다. 사람들은 의기양양해 야릇한 미소를 지으며 자기 뒤를 잇고 있는 웅장한 행렬을 자꾸만 돌아보았다. 그것은 단결된 노동자의 힘이 어떤 것인지를 웅변하고도 남는 거였다. 그 끝없는 대열 속에는 노동기사단원들도, 미국노동총동맹의 조합원들도 섞여 있었다. 거기에는 보헤미아인·독일인·폴란드인·흑인, 그리고 지금은 가축 수용소에서 일하지만 한 때는 카우보이였던 사람들도 있었다. 거기에는 가톨릭교도·신교도·유대교인·무정부주의자·공화당원·공산주의자·민주당원·사회주의자, 땅에 대한 과세를 제외한 모든 조세의 철폐와 토지개혁을 주장하는 단일세(單一稅)론자, 그리고 그 외에도 신봉하는 것은 없지만 그저 8시간 노동제에 이끌린 평범한 사람들이 모두 뒤엉켜 있었다.

　파슨즈는 행진 대열의 앞쪽에서 아내 루시와 손잡고 걸어가고 있었다. 일곱 살짜리 룰루는 아빠의 손을 잡고, 여덟 살짜리 앨버트는 엄마의 손을 잡은 채 함께 걷고 있었다. 마침내 행진 대열은 프론트 호반(湖畔)으로 향했고, 이 곳으로 모든 사람들이 서서히 모여들었다. 프론트 호반에서 지도자들의 연설이 시작되었다. 어떤 사람은 영어로, 어떤 사람은 보헤미아 말로, 어떤 사람은 독일어로, 어떤 사람은 폴란드 말로 연설했다. 파슨즈는 단결된 노동자의 힘은 아무도 당할 수 없다고 힘주어 말했다. 독일계 노동신문 〈아르바이터 짜이퉁〉의 편집장인 서른한 살의 스파이즈 역시 훌륭한 연설가였다. 그는 독일어뿐 아니라 영어에도 유창하여 군중들의 갈채를 받았다. 스파이즈를 칭송하는 박수 갈채를 끝으로 5월 1일의 대행사는 막을 내렸다.

　아무런 유혈사태도 일어나지 않았다. '파리 꼬뮌'의 재판(再版) 같은 일은 없었다. 동원된 민병대는 해산되었고, 흥분도 점차 가라앉고 있었다. 집으로 돌아가는 민병대원들의 모습은 기가 죽어 있었으며, 그들도 사람들의 대열 속에 뒤섞여 있었다. 그러나 그들의 군복만은 기분 나쁘게도 유난히 눈에 띄었다. 신문들은 폭력사태가 일어나리라고 예언했던 사실에 대해 변명하고 있었다. 경찰도 정상 임무로 되돌아갔다.

　일대 결전이 벌어질 것으로 예상했던 것과 반대로 평화가 깃들었다는 것이 어쩌면 거짓말과도 같이 느껴졌다. 다음날은 일요일이었다. 파슨즈는 신시내티시의 한 모임에 나가 연설하기로 되어 시카고를 떠났다. 월요일에는 파업이 더욱 확대되었으며, 다른 한편에서 수천 명의 시카고 노동자들은 이제 새로이 하루 8

시간 노동을 하게 되었다. 한편 '시민 위원회'는 여전히 무언가 중대 조치를 취해야 된다고 떠들고 있었다.

그렇게도 노리고 있었는데 5월 1일 허탕을 처버린 것에 화가 치민 경찰은 드디어 사건을 일으켰다. 30명의 무뢰한을 '맥코이 농기계 공장'에 들여보내서 공장을 폐쇄하고, 농성하고 있던 노동자들을 몽둥이로 처부수도록 했던 것이다. 그러나 노동자들은 숫적으로 우세했고, 무뢰한들은 쫓겨 나올 수밖에 없었다. 바로 이때 갑자기 경찰이 나타나 농성중인 노동자를 향해 권총을 난사하기 시작했다. 노동자들은 후퇴하지 않을 수 없었다. 그러나 경찰은 쫓겨 가는 노동자의 등을 향해 권총을 쏘아댔으며, 노동자들은 쫓겨 가며 총을 맞고 쓰러졌다. 살해된 사람은 여섯 명이었으며, 그 속에는 어린 소년도 있었다. 사건 현장으로부터 조금 떨어진 제재소 노동자들의 파업 집회에 나가 연설하고 있던 스파이즈는 이 학살 사건을 직접 목격하게 되었다. 스파이즈는 이 사실을 동지들에게 알렸으며, 격분한 동지들은 마침내 다음날 저녁 헤이마키드 광장에서 경찰의 만행을 규탄하는 항의 집회를 열기로 결정했다.

다음날 파슨즈는 사기충천하여 신시내티를 떠나 시카고로 돌아왔다. 전국적으로 수천 명의 노동자들이 8시간 노동제를 쟁취하고 있다는 보도를 접했기 때문이다. 집에 돌아온 그는 점심을 먹으며 아내에게 여행중에 보고 느낀 것을 일일이 얘기해 주었다. 파슨즈의 얘기를 다 듣고 난 후, 아내 루시는 일요일 날 남편이 없는 동안 노동조합을 조직하기 위해 싸우고 있던 한 봉재 여공들의 모임에 참석했던 것을 얘기해 주었다. 그리고 저녁에 헤이마키트 광장에서 집회가 열릴 예정이라는 사실도 전해 주었다. 그러나 여공의 움직임에 감동한 파슨즈는 헤이마키트의 집회는 나중에 생각하기로 하고, 우선 <경종>지 사무실에서 샘 필덴을 비롯한 '노동자 협회'의 간부들을 만나 여공들의 조직 문제를 논의하기로 마음먹었다.

그 날 저녁 파슨즈네 일가족은 아이들까지, 그리고 <경종>지의 편집보 홈즈 부인을 동반하여 사무실로 향했다. 그들은 전차를 탈 작정이었다. 전차를 기다리고 있는 동안에 신문기자 몇 명이 나타났다. 기자들은 헤이마키트 회합에 대해 이것저것 물었는데, 그 중 하나는 "오늘 저녁에 무슨 일이 일어날 것이냐"는 질문이었다.

"그렇다면 당신도 전투 준비를 해야지" 하며 파슨즈는 가볍게 웃어넘겼다.

전차가 왔다. 파슨즈는 딸애를 안고 차에 올랐다. 아내 루시는 장난기 어린 눈길로 남편을 바라보며 기자를 향해 이렇게 말했다. "저이는 아주 위험 인물 같이 보여요, 그렇지요?"

사무실에 갔다. 거기서 파슨즈와 필덴 등의 노동자협회 간부들은 조직 활동에 관한 여러 가지 제안들에 대해 얘기했다. 이때 한 사람이 허겁지겁 달려들어와 이렇게 말했다. "오늘 저녁 헤이마키트에서 대대적인 집회가 열리기로 되어 있소. 그런데 연설을 해 줄 사람은 스파이즈뿐이오. 스파이즈는 당신이 와 주기를 희망하고 있소. 그리고 필덴 씨도 마찬가지구요."

헤이마키트 광장의 크기에 비해 모인 사람은 너무 적었다. 제일 먼저 도착해 있던 스파이즈는 빈 마차 한 대를 길 한 구석에 세워 놓았다. 그것을 임시 연단으로 이용할 작정이었다. 광장 바로 옆에는 경찰서가 자리잡고 있었고, 경찰서 안에는 180명의 기동 경찰들이 여차하면 집회 장소로 습격해 들어갈 차비를 갖추고 있었다. 경찰서장은 존 클리버 본필드라는 사람이었는데, '클리버'란 몽둥이꾼이라는 뜻이었다. 그런데도 스파이즈는 이런 사실을 전혀 눈치채지 못하고 있었다. 또한 카터 해리슨 시장도 군중 속에 끼어 있었는데, 그도 역시 이러한 사실을 눈치채지 못하고 있었다.

스파이즈는 마차 위에서 연설을 시작했다. 이때 파슨즈가 아내와 자녀들을 데리고 나타났다. 파슨즈를 발견한 군중들은 그를 향해 환호했다. 파슨즈는 아내와 자녀들을 다른 빈 마차에 데려다 놓고는, 즉석 연단이 있는 곳으로 다가와 연단 위로 올라갔다. 그리고 "나는 선동하기 위해 이 곳에 온 것이 아닙니다. 다만 사실을 폭로하고 알리러 왔습니다" 하고 외치며 말문을 열었다. 시카고 시장 해리슨은 청중 속에서 빠져 나와 바로 옆에 있는 경찰서로 향했다. 그리고 경찰서장 본필드에게 집회는 평화적이며, 따라서 동원된 기동 대원들을 해산하고 정상 업무로 되돌아가게 하라고 지시했다.

파슨즈의 연설은 10시에 끝이 났다. 밤이 깊어지자 호수 쪽으로부터 찬바람이 불어치기 시작하면서 빗방울까지 떨어지고 있었다. 폭풍이 불어올 것만 같은 날씨였다. 청중들도 많이 빠져 나갔다. 이제는 파슨즈 다음으로 샘 필덴이 연설하고 있었다. 파슨즈는 아내와 자녀들을 마차에서 안아 내리고, 몇몇 동료와 함께 구석에 있는 '제프스네 집'이라는 술집으로 자리를 옮겼다. 밖에서는 필덴이 열변을 토하고 있는 동안에 이들은 이 곳에서 맥주잔을 기울이며 담소했다.

필덴은 "사실 우리는 우리의 생명조차 마음대로 하지 못하고 있습니다. 우리 아닌 다른 누군가가 우리의 생존 조건을 좌우하고 있는 것입니다" 하고 외치고 있었다. 이때 갑자기 "경찰이다!" 하는 외침이 들려왔다. 180명의 기동 대원들이 군대식으로 대오를 지어 방망이를 들고 길을 건너오고 있었던 것이다. 몇몇 청중들이 달아나기 시작했다. 경찰서장은 필덴이 연설하고 있는 마차로 다가와서 "일리노이주(州) 시민의 이름으로 이 회합을 즉각 평화적으로 해산할 것을 명령한다"고 소리쳤다.

필덴은 긴장하여 침을 꿀꺽 삼키면서 "그러나 서장도 보다시피 우리는 평화적으로 집회하고 있소" 하고 응수했다.

잠시 침묵이 흘렀다. 그리고 캄캄한 어둠 속에서 발자국 소리가 이 정적을 깨뜨렸다. 그러더니 갑자기 붉은 섬광이 번쩍하면서 폭음이 터졌다. 누군가가 폭탄을 던진 것이다. 어둠 속에서 청중들은 어쩔 줄 몰라 갈팡질팡했고, 경찰은 난폭하게 마구 총을 갈겼다. 노동자들은 부상당하고 쓰러지고 짓밟혔으며, 경찰을 향해 욕설과 저주를 퍼부으며 달아났다. 경찰들은 미친 듯이 몽둥이를 휘둘렀다. 그야말로 아비규환이었다. 이 소동 속에서 경찰 한 명이 즉사했고 일곱 명이 중상을 입었다.

다음날 시카고를 비롯한 전국에서 복수를 외치는 소리가 진동했다. 이 헤이마키트 사건에 관해 데이비드는 이렇게 쓰고 있다. "이 폭탄 사건에 관해 모든 신문은 완전히 객관성을 잃고 있다. …… 어떤 신문의 제목은 '이제 피의 대결! …… 경찰을 향한 폭탄 투척으로 살인극이 연출되다'였다."

<뉴욕 트리뷴>지 기사는 다음과 같이 말하고 있다.

> 군중들은 피에 굶주려 미쳐 있는 것 같았다. 그들은 땅에 엎드린 채 경찰을 향해 총알을 퍼부었다.

애초부터 폭탄을 던진 것은 매수된 끄나풀의 짓이라고 생각하는 사람도 적지 않았다. 이러한 추측은 나중에 가서 경찰 조사에서도 어느 정도 드러났다. 그렇지만 사건 발생 후 며칠 동안에는 아무도 그런 추측을 입 밖에 내놓을 수 없었다. 그 당시 한 시카고 시민은 이렇게 말했다. "나는 어제 저녁 사건에 흥분한 몇몇 사람들의 대화를 엿들어 보았다. 그들은 한결같이 그 회합에서 연설한 사람과 그 밖의 몇몇 선동가들이 그 같은 무시무시한 범죄를 주모한 장본인이라고 단정하고 있었다. '그 놈들부터 목을 베어 놓고 봐야 한다'는 말이 수없이 되풀이되었다. …… 분노와 공포와 증오의 분위기가 휩쓸고 있다."

각 신문들은 한결같이 파슨즈, 스파이즈 및 필덴이 폭탄을 직접 던졌느냐 던지지 않았느냐 하는 것은 별 문제가 아니라고 주장했다. 이 자들은 정치적인 견해가 불온하고 평상시에 하는 말과 행동이 불순하기 때문에 처형되어야 한다는 것이었다. 또 각 신문들은 한술 더 떠서 불온한 자들은 있는 대로 처형해 버리는 것이 좋다고 주장했다. <시카고 트리뷴>지의 사설은 "국민은 암살도당 오거스트 스파이즈, 마이클 슈왑(노동자 협회의 한 간부) 및 샘 필덴을 살인죄로 처형할 것을 요구하고 있다. …… 그리고 암살도당 앨버트 파슨즈도 즉각 체포하여 살인죄로 처형할 것을 촉구한다. 이런 놈이 미국에서 태어났다는 것만으로도 미국의 수치다."

<목격자>라는 신문에서 RH 보오는, 혐의는 명백하며 비록 어떤 예상 외의 사태가 일어나 용의자들이 무죄로 풀려난다고 해도 죽음을 면할 수는 없다고 말했다. 그의 견해인 즉, 이들은 무죄로 석방된다고 하더라도 성난 군중들에 의해 교살(絞殺)당할 것이라는 얘기였다. 자경위원회가 법과 질서를 회복하겠다는 명분으로 비상조치를 발동하여 무슨 일을 벌일 것이라는 뜻이었다.

대대적으로 즉각적인 보복을 해야 한다는 신문과 목사들의 충동에 들떠 경찰은 더욱더 난폭해져 갔다. 시카고의 감옥들은 외국 태생들로 가득 찼다. 경찰은 문을 부수고 민가에 쳐들어갔으며, 외국어로 발행되는 신문사를 파괴했고, 노동조합을 비롯한 각종 노동자 단체의 본부와 사무실을 습격했다. 혐의가 있는 사람은 구타를 당했으며 인간 이하의 취급을 받았다. 하비 위시 교수가 지적한 대로 "경찰은 사회주의가 뭔지 무정부주의가 뭔지도 모르는 사람들을 잡아다 고문했다. 또 이런 사람들에게 뇌물을 먹여 주(州) 당국을 위해 법정에서 증언하도록 꼬이기도 했다." 이 사건을 기소한 줄리어스 S 그리넬 검사는 "법 같은 건 나중에 생각하고 우선 일제 검거부터 실시하라"고 지시했다. 이 같은 공포 분위기를 조성

한 것은 무엇보다도 노동조합 지도자들을 잡기 위해서였다. 이러한 분위기는 이내 시카고 이외의 다른 도시에도 퍼졌다. 사건이 있은 다음 주(週)에 밀워키에서는 노동기사단 밀워키 지부의 집행부 전원이 폭동죄와 음모죄로 체포·고발되었다. 또 뉴욕에서도 노동기사단 뉴욕 지부의 집행부 75명 전원이 고가철도 파업을 지휘했다고 해서 음모죄로 체포·기소되었다. 존 스윈튼은 뉴욕의 노동자들은 "공포정치에 떨고 있다. 독점자본의 앞잡이인 부패한 경찰과 검찰 당국이 시민들을 도매금으로 감옥에 처넣고 있다"고 절규했다.

파슨즈는 사건 발생 즉시 직감적으로 돈에 매수당한 하수인이 폭탄을 던진 게 확실하다고 느꼈다. 그리고 자기 자신도 그들이 꾸민 각본에 제물로 올라 있으리라고 직감했다. 그는 헤이마키트 사건이 터지자마자 즉각 피신했다. 예상대로 며칠이 지나자 경찰은 스파이즈, 필덴, 마이클 슈왑, 조지 엔젤, 아돌프 핏셔, 루이스 링, 오스카 니이베 및 앨버트 파슨즈를 살인 음모죄로 기소했다. 이들이 헤이마키트 광장에서 마셔스 J 드간이라는 순경을 죽인 범인이라는 것이다. 그러나 폭탄이 터질 당시 현장에 있었던 것은 스파이즈와 필덴뿐이었다. 앞에서 이야기했듯이 당시 파슨즈는 아내와 자녀들과 함께 '제프스네 집'이라는 술집에 있었다.

경찰은 미친 듯이 전국적으로 수배망을 펼쳤다. 그러나 파슨즈는 잡히지 않았다. 그는 위스콘신주의 어느 조용한 시골에서 숨어 있었다. 그러나 이것도 잠깐이었다. 그는 자기의 동료들이 고통으로 쓰러져 가고 있는데 자기만이 편안히 숨어 산다는 것에 견딜 수가 없었다. 시카고로 돌아가기만 하면 교수형에 처해질 것이 분명했지만, 그렇다고 죄 없는 동지들이 날조된 각본에 따라 처형되고 있는데 자기만이 멀쩡하게 숨어 있을 수는 없다고 느꼈다. 훗날 일리노이 주지사였던 존 P 알트겔트가 증언해 준 바와 같이, 파슨즈는 자기가 법정에 나가게 되면 조작된 증인들과 배심원들과 재판관에 의해 교수형 선고가 내려질 것을 뻔히 알면서도 재판이 열리는 첫날 법정에 나타나 자수했다. 법정에 들어서면서 "죄 없는 나의 동지들, 그리고 존경하는 재판장! 내가 법정에 왔소" 하고 의기양양하게 외쳤다는 것이다.

그리고 그는 한 동지에게 이렇게 말했다. "나는 법정에 서게 되면 어떤 결말이 온다는 것을 잘 알고 있다네. 저 놈들은 날 죽일테지. 그러나 나의 동지들이 고통받고 있는데 나만이 자유의 몸으로 살아갈 수는 없었다네. 그들도 나와 마찬가지로 아무 죄가 없는데 말일세."

　조셉 E 개리 판사의 주재 아래 6월 21일 공판이 시작되었다. 배심원은 기업주와 그 하수인들로 구성되어 한 패거리를 이루고 있었으며, 재판은 편파적이었다. 이 재판에 대해 일리노이 주지사 알트겔트는 훗날 이렇게 말했다. "이 사건을 맡은 재판관은 피살된 경찰의 친척 가운데 한 사람을 배심원으로 정했다. 그것도 그 사람이 이 사건에 대해 편견을 갖고 있음을 노골적으로 내보였는데도 말이다. 판사는 이 밖에도 피고들이 죄가 있다고 믿는다는 주장을 노골적으로 하는 사람들을 데려다가 모두 배심원으로 앉혔다. …… 그랬으니 재판이 공정성을 잃었다고 하는 것은 새삼스럽게 말할 필요도 없는 문제이다." 더구나 재판 중에 채택된 증거라는 것은 "대부분이 순전히 조작된 것이었으며, 무지한 사람들이 경찰의 협박과 고문의 위협에 못 이겨 인정해 준 것"뿐이었다.

　이렇게 협박·공갈로 매수된 증인들은 피고들이 무력과 폭력을 통해 미국 정부를 쓰러뜨리려고 음모를 꾸몄다고 증언했다. 헤이마키트에서 폭탄을 던져 드간이라는 사람을 죽인 것은 이 폭력 음모의 서막(序幕)이라는 것이다. 그러나 증인들의 진술은 앞뒤가 맞지 않았다. 하는 수 없게 된 당국은 재판이 진행되고 있는 동안에 기소의 방향을 바꾸었다. 당국은 이제 공격의 화살을 바꾸어 피고들 이외의 제3의 사람이 폭탄을 던졌다 하더라도, 그것은 피고들의 선동으로 인해 충동받았기 때문이라고 몰고 갔다.

　그리하여 재판에서는 이제 증인들을 세워 질문하는 대신 피고들이 지은 책과 피고들이 쓴 글들을 놓고 입씨름을 벌였다. 파슨즈와 스파이즈가 쓴 글들이 끝없이 읽혀졌으며, 피고들이 행했던 연설 내용들이 끝날 줄 모르게 되뇌어졌다. 노동자 협회의 정치 강령과 결의문, 성명서 등이 증거로 채택되기도 했다.

　재판은 그야말로 선풍적인 인기를 모았다. 그것은 마치 인기 있는 연극과도 같았다. 재판은 볼 만한 구경거리였다. 재판이 열릴 때면 무장 경관들이 떼지어 법정 주위를 삼엄하게 경계했다. 언제 무정부주의자들이 피고들을 탈출시킬지도 모른다는 것이 그 이유였다. 구경꾼들은 방청석에 자리를 차지하기 위해 소란을 피웠다. 재판정에 들어간 사람들은 아예 도시락을 가지고 들어갔다. 그래서 점심시간이 지나고 재판이 오후까지 속개되었을 때, 재판정은 오렌지 냄새로 진동했고 통로는 바나나 껍질로 미끈미끈했다. 더욱이 피고들은 목숨을 걸고 싸우고 있는 판에 신성한 법정에서 존경해 마지 않는 법관들이 옆자리에 앉은 선량들과 낙서짓을 주고받으며 웃기도 하고 잡담도 하고 사탕과자를 주고받고 하는 꼴을 구경하는 것도 흥미진진한 일이었다.

각지로부터 이름 있는 신문사들이 저마다 기자들을 파견한 것은 말할 필요도 없고, 재판 내용도 매우 상세히 보도되었다. 이 기사 속에는 창백하고 초췌한 피고의 아내들이 놀라서 어쩔 줄 모르는 자녀들을 안고 방청석 앞줄에 앉아 안절부절 못해 하는 모습도 실려 있고, 개리 판사의 옆에 앉아 점잖게 담소하는 저명인사들의 모습도 기록되어 있었다. 재판정은 찌는 듯이 더웠고 질식할 지경이었다. 방청꾼들이 꽉 들어차서 부채질을 할 여지도 없었다. 이런 가운데에서 재판은 몇 주일씩이나 질질 끌며 계속되었다. 그것은 마치 비록 죄인이라 할지라도 처형되기에 앞서 충분한 법적 절차를 거치도록 하는 것이 미국 사법계의 전통이라는 것을 자랑이라도 하는 것 같았다.

피고들에 대해서는 가지가지의 형용사들이 붙여지기도 했다. 쾌활한 스파이즈라고 하는가 하면, 무신경한 필덴, 광대 같은 파슨즈, 키다리 핏셔, 폐병쟁이 슈왑, 무례한 링 등등. 어떤 기자는 "이 자들에게 양심의 가책이나 개전의 정이라고는 찾아볼 수 없다. 이들의 비뚤어진 생각으로는, 재판을 받아야 할 것은 자기네들이 아니라 바로 이 타락한 사회라는 것이다"고 보도했다.

어떤 신문에는 어린 소녀 하나가 법정으로 들어오는 피고들에게 꽃묶음을 하나씩 건네 주었다는 기사도 실렸다. 그리고 어떤 가난한 사람 하나가 필덴이 법정 진술을 하고 있는 동안 흐느끼면서 "나는 필덴의 이웃에 여러 해 동안 살아왔어요. 저 분만큼 정직하고 훌륭한 사람은 없답니다" 하고 말하더라는 기사도 있었다. 또 니나 반 잔트라는 예쁜 처녀가 법정 투쟁을 하고 있던 스파이즈의 용기에 감동해 그를 사모하게 되었으며, 그래서 그와 결혼을 하려고 백방으로 돈을 썼으나 성공하지 못했다는 일화도 있다.

배심 판결은 격식을 갖추는 데 지나지 않았고, 드디어 재판의 마지막 순간이 임박했다. 이제까지 피고의 위치에 있던 사람들이 마침내 자기들을 고발한 사람들을 거꾸로 공격할 차례였다. 왜 자기들에게 사형이 선고되는 것이 부당하며, 왜 심판을 받아야 할 것은 자신들이 아니라 바로 사회 전체인가 하는 것을 증명할 차례였다. 그들의 주장은 논리정연했다. 그들은 법정을 압도했고, 나아가 전국을 압도했다. 신문들이 아무리 보수적이라고는 하지만, 그들도 피고들의 주장이 너무나 엄숙하고 인상적이었기 때문에 그것을 속일 수가 없었다.

15년 징역형을 선고받고 유일하게 사형을 면한 니이베가 제일 먼저 일어나 발언했다. 그의 최후진술 가운데 몇 구절을 옮겨 보자.

> 나는 보았다. 이 도시에서 빵집 노동자들이 개새끼처럼 취급되는 것을 …… 나는 그들이 조직되는 것을 도왔다. 이것이 커다란 죄란 말인가? 이제 그들은 예전처럼 14시간이나 16시간씩 일하는 대신에 단지 10시간을 일하게 되었다. …… 이것도 죄란 말인가? 그렇다면 나는 이보다 더 큰 죄를 지었다. 이른 아침 조원(組員)들과 더불어 차를 타고 가며 맥주 양조장의 노동자들이 아침 네 시에 출근하는 것을 구경했으니 말이다. 그들은 밤 7시나 8시가 되어서야 집으로 돌아갔다. 그들은 대낮에 자기 아내와 자식의 얼굴을 볼 수가 없었다. …… 나는 이들을 조직했다. …… 그리고 재판장, 이 밖에도 또 죄지은 것이 있다. 나는 잡화상의 점원들이 밤 10시나 11시까지 일하는 것을 보았다. 나는 그들을 충동했다. …… 그래서 그들은 이제 저녁 7시까지만 일하고 일요일에는 쉬게 되었다. 이거야말로 큰 죄가 아닌가. ……

끝으로 니이베는 다른 피고가 죄가 있다면 자기도 똑같은 죄가 있을 것이니 자기도 그들과 같이 사형에 처하라고 요구했다. 그 다음은 파슨즈의 차례였다. 그는 옷깃에 꽃을 달고 시를 읊으며 최후진술을 시작했다.

> 궁핍과 공포로부터 노예를 해방하라!
> 빵은 자유이며, 자유는 빵이다.

이렇게 도전적이며 격정적인 파슨즈의 행동을 두고 어떤 사람들은 연극적인 가식이라고 생각했다. 그러나 그것은 잘못 본 것이다. 파슨즈는 자신의 이름과 자신이 신봉하는 신념을 욕되지 않게 하려고 거의 쓰러질 지경에 이르도록 이틀씩이나 진술을 했던 것이다. 그는 기업주들이 먼저 폭력을 쓰는 경우를 빼놓고는 결코 폭력을 쓰라고 주장하지 않았음을 다시금 강조했다. 또한 파업자들을 폭력으로 진압하라고 쓴 신문 사설들을 수없이 인용하며 핀커튼 단원, 경찰, 민병대들이 노동자들을 쏴 죽인 사실들을 차근차근히 열거했다. 나아가 파슨즈는 헤이마키트 광장에 폭탄을 던진 것은 기업주들에게 매수된 하수인의 짓이라고 통렬하게 반박했다. 기업주들이 하루 8시간 노동제라는 것을 미국에서 아예 없애려고 이런 음모를 꾸몄다는 것이다. 파슨즈의 고발을 들어 보자.

지난 20년 동안 나의 일생은 흔히 그렇게 부르고 있는 바 그대로 노동운동과 뗄 수 없는 관계를 맺어 왔다. 나는 노동운동에 적극적으로 참여했다. …… 나를 무정부주의자니 사회주의자니 무어라 부르든 상관없다. 듣기 싫다고? 그러나 내 생각을 좀 들어 보라. …… 간단히 말해서 나는 노동하는 사람들이 생산의 도구들을 자유로이 소유하고 사용할 수 있는 권리, 그리고 생산된 물건에 대해 생산자로서 나누어 가질 권리가 공평하게 주어진 사회를 원한다.

그렇다. …… 나는 지금은 비록 임금을 받아먹고 사는 노예에 지나지 않지만, 그렇다고 이 노예 같은 신분에서 벗어나기 위해 내 스스로가 노예의 주인이 되어 남을 부리는 것은, 나 자신은 물론 나의 이웃과 나의 동료들을 욕되게 하는 것이라고 확신하는 사람 중 하나이다. …… 만약에 인생의 길을 달리 잡았다면, 나도 지금쯤은 시카고 시내의 어느 거리에 호화로운 저택을 장만하여 가족과 더불어 사치스럽고 편안하게 살 수 있었을 것이다. 노예들을 시켜 내 대신 일하도록 부려 가면서 말이다. 그러나 나는 그 길을 걷지 않았다. 그 때문에 나는 여기 재판정에 서게 되었다. 이것이 나의 죄인 것이다.

파업하는 노동자들에게 폭탄을 던지라고 제일 먼저 말한 것이 누구인가? 독점자본가들이 아니었던가. 놈들에게 본때를 보이라고 하지 않았던가. "그 놈들에게 총알 세례나 퍼부어라"고 말한 것은 누구였던가? 펜실베니아 주지사인 톰 스콧이 아닌가. "놈들에게 홍분제나 먹여 주라"고 말한 것은 누구였던가? <시카고 트리뷴>지가 아닌가. 그렇다. 그들이 주모자들이다. …… 5월 4일 헤이마키트 광장에 폭탄을 던진 것은 바로 그 자들이다. 8시간 노동 추진운동을 분쇄하기 위해 뉴욕으로부터 특파된 독점자본 음모자들이 폭탄을 던진 것이다. …… 재판장, 우리는 단지 그 더럽고 악랄한 음모의 희생자들이오.

그러나 뭐니뭐니해도 가장 감명 깊었던 것은 스파이즈의 최후진술이다. 그는 재판장 개리를 향해 이렇게 항변했다.

만약 그대가 우리를 처형함으로써 노동운동을 쓸어 없앨 수 있다고 생각한다면, 우리의 목을 가져 가라! 가난과 불행과 힘겨운 노동으로 짓밟히고 있는, 그러면서도 해방되기를 애타게 원하고 있는, 수백만 노동자의 운동을 없애겠다면 말이다! 그렇다. 당신은 하나의 불꽃을 짓밟아 버릴 수 있다. 그러나 당신의 앞에서, 뒤에서, 사면 팔방에서 끊일 줄 모르고 불꽃은 들불처럼 타오르고 있다. 그렇다. 그것은 들불이다. 당신이라도 이 들불은 끌 수 없으리라. ……

이제 나의 사상에 대해 말해 두겠다. 그들은 나의 일부이다. 나는 그들을 버릴 수 없다. 아니, 버릴 수 있더라도 나는 버리지 않겠다. 그리고 그대가 만약 이 같은 우리의 사상을 부수어 버릴 수 있다고 생각한다면, 만약 우리를 교수형에 처함으로써 우리의 사상을 부술 수 있다고 생각한다면 …… 만약 진리를 말했다고 해서 그대가 그 국민을 사형에 처하기를 원한다면 …… 나는 기꺼이 나의 목을 그대에게 주겠노라! 자, 어서 사형집행인을 불러라! …… 진리를 말하다 죽은 선인들이여, 소크라테스여, 예수 그리스도여, 조르다노 브루노여, 그 밖에 진리를 위해 싸우다 죽은 수많은 선조들이여, 그들은 죽었으되 진리는 영원히 살아 있다. 나도 그들의 뒤를 따르겠다. 모든 준비는 끝나 있다. 어서 사형집행인을 불러라!

사형 선고는 1886년 9월 9일에 내려졌다. <뉴욕 타임즈>의 보도에 따르면 스파이즈에게 사형을 선고하던 개리 판사는 경련을 일으키며 말을 제대로 잇지 못했다고 한다. '교수형'이라는 말이 거의 모기 소리만 했다는 것이다.

시카고는 평온을 되찾은 것 같았다. 이제 남은 것은 사형을 집행하는 일뿐이었다. 그러나 파슨즈의 아내 루시는 승복할 수가 없었다. 두 자녀를 거느리고 있으면서도 사방을 찾아다니며 돈을 모았다. 그리고 전국을 돌아다니며 "억울한 일곱 명의 생명을 구해 달라"고 호소할 작정이었다. 재판이 일리노이주 고등법원을 거쳐 미합중국 최고재판소에 올라가기까지 1년여 동안 루시는 쉬지 않고 16개 주를 돌아다니며 20만 명 이상의 사람들에게 죄 없는 사람을 구해 달라고 호소했다. 그녀는 자식들까지 데리고서 낮에는 연설할 곳을 향해 차에 시달리며 갔고, 밤에는 강연에 목이 메이며 눈물 겨운 노력을 계속했다. 그녀는 때로 사람들로부터 모욕을 받기도 했고, 어떤 때는 강연을 못 하도록 방해를 받기도 했다. 마침내 그녀는 오하이오주의 콜럼버스에서 체포되어 감옥에 갇히고 말았다.

이때까지만 해도 자존심을 지키며 눈물을 보이지 않던 그녀도 이제 더 이상 참지 못하고 몸부림치며 통곡했다. 그녀는 강연을 금지시킨 콜럼버스의 시장에게 항의했다는 이유로 투옥된 것이다. 훗날 그녀는 당시를 이렇게 회고했다. "두 명의 돼지 같은 녀석들이 내 팔을 단단히 붙들고 내 신발을 확 벗기는 것이었어요. 그리고 나를 아래층으로 끌고 내려 갔어요. 분통이 터져 나는 '이 악당 놈들아! 작은 여자 하나를 끌고 가는데 두 놈이나 덤벼드느냐?'고 소리쳤지요."

한편 그녀는 미국을 비롯한 세계 각지의 저명인사들과 노동조합에 수백 통의 편지를 보냈다. 이렇게 정열적으로 헌신한 덕분에 기적과도 같은 일이 일어났다. 처음에는 루시 혼자서 시작했던 항의 운동이 마침내 전세계로 확대되어 수백 명이 이에 뜻을 같이 하게 된 것이다. 미국의 지도적인 문필가 윌리엄 딘 호웰즈는 이 사건에 대해 이렇게 말했다. "나는 그들이 결코 살인죄를 범했다고 생각하지 않는다. 죄가 있다면 그들의 정치적인 견해가 죄일는지 모르겠다. 그렇기 때문에 나는 그들에게 유죄를 선고한 것은 정당하지 못했다고 생각한다. 이 사건은 엄청나게 잘못 처리되었으며, 따라서 두고두고 우리 나라의 명예를 크게 손상시킬 것이다."

그러나 이러한 여론에도 아랑곳 없이 미합중국 최고재판소는 상고를 기각하고 원심을 확정지었다. 남은 일이라고는 1887년 11월 11일의 사형집행뿐이었다. 이제 기대해 볼 것이라고는 오글스비 주지사가 사형을 무기징역으로 감형해 주는 것뿐이었다.

로버트 잉거솔, 헨리 로이드, 위대한 노예폐지 운동가의 아들인 존 브라운을 비롯한 수백 명의 시카고의 지도급 인사를 포함해, 새뮤얼 곰퍼즈를 비롯한 수많은 노동조합 지도자와 전국 수천 명의 국민들이 주지사에게 관대히 처분해 달라고 탄원했다. 어떻게 사람의 정치적 견해가 교수형의 이유가 되느냐는 것이 공통된 주장이었다.

프랑스에서는 하원의장이 오글스비 주지사에게 관대히 처분해 주도록 요청해 왔다. 또 이탈리아·러시아·영국·네덜란드·프랑스 등지에서는 노동자들이 항의 집회를 열기도 했다. 영국에서는 특히 버나드 쇼와 윌리엄 모리스가 이들 사형수들의 목숨을 건지기 위해 노력했다.

사형수 가운데서는 필덴·슈왑·스파이즈가 주지사에게 관대히 처분해 달라고 탄원했다. 그러나 스파이즈는 자기가 이렇게 탄원하는 것을 두고 어떤 사람들이 비겁함의 표시라고 생각한다는 소문을 듣고 탄원했던 것을 후회했다. 한편 파슨즈는 끝까지 관대한 처분 같은 것을 빌지 않았다. 그는 그런 것을 요청하는 것은 자신의 유죄를 인정하는 꼴이라고 주장했다. 최후의 순간이 다가오자 파슨즈와 스파이즈는 서면을 통해 주지사에게 자신들의 뜻을 전달했다. 이 편지는 사형집행 이틀 전에 주지사 앞에서 낭독되었다. 스파이즈의 편지는 전 날 자기가 주지사에게 탄원했던 것을 취하하겠다는 뜻을 역력히 보여 주고 있다. 그 구절을 잠깐 옮겨 보자.

    나는 재판이 계속되고 있는 동안 나를 사형에 처하려 한다는 것을 확신했다. 그렇지만 다른 피고인들에게는 가벼운 형을 내려 석방할 것이라고 느꼈다. 그 당시 나 자신은 물론 많은 사람들 역시 사형은 한 사람에 그칠 것이라고 생각하고 있었다. …… 그렇다면 좋다. 내 목숨을 가져 가라. …… 만약 합법적인 살인이라고 하는 것이 있다면 내 목숨을 내 주겠다. 그렇지만 나 하나로 충분하지 않겠는가?

    뷰캐넌은 이어서 파슨즈의 편지를 읽어 나갔다. 파슨즈의 편지를 듣고 있던 주지사는 안색이 창백해졌다고 한다. 파슨즈의 편지는 다음과 같다.

    만약 본인이 헤이마키트의 회합에 나타난 것이 죄이고 그 때문에 나를 교수형에 처하겠다면, 나는 나의 아내와 자식들도 재판해 나와 함께 목매달아 줄 것을 요구한다. 그리고 그때까지 나의 사형집행을 유예해 주기를 희망한다. 그들도 나와 함께 그 곳에 있지 않았던가.

    오글스비 주지사는 "오, 하느님, 이럴 수가 ……" 하고 외치며 얼굴을 손에 묻었다.
    사형집행 바로 전 날, 주지사는 필덴과 슈왑에게 사형을 면하고 무기징역으로 감형해 주었다. 같은 날 이제 갓 스물두 살에 지나지 않던 링은 그의 독방에서 변사체로 발견되었다. 자살이었는지 타살이었는지는 밝혀지지 않았다. 독일 태생으로서 영어도 할 줄 모르고, 그 때문에 "독일땅 밖에서는 친구 하나도 없는 녀석"이라고 불렸던 외로운 젊은이였다.
 한편 이보다 조금 전 파슨즈는 아내에게 편지를 보냈다. "나의 사랑하는, 가련한 아내여! 그리고 민중의 아내인 그대여! 나는 당신을 두고 가오. 다만 당신에게 한 가지 부탁이 있소. 내가 죽더라도 결코 경솔한 행동은 마오. 다만 우리의 위대한 이상을 향하여 힘써 나아가 주오."
 스파이즈, 핏셔, 엔젤, 파슨즈 이들 네 사형수는 마지막 밤을 거의 뜬눈으로 새웠다. 그러나 고된 시련도 이제 다 끝났다는 생각에 오히려 위안을 느끼고 있는 듯했다. 그들이 갇혀 있는 감방으로부터 멀지 않은 한 방에서 목수들이 교수대를 만들고 있었고, 그들의 망치 소리는 밤의 정적을 뚫고 이들의 귓전을 울리고 있었다. 목수들은 새벽녘이 다 되어서야 작업을 마쳤다. 그때 파슨즈는 그의 풍부한 테너 목소리로 '자유의 행진곡'을 불렀다. 노래 소리는 감옥을 울리며 퍼져 나갔다. 자유의 행진곡을 부르고 난 뒤, 그는 아주 조용하게 '애니 로리'라는 노래를 불렀다. 그것은 아마 아내에게 띄우는 노래였으리라.
 아침이 밝아오자 보안관 매트슨이 부하들을 데리고 감방으로 들어왔다. 그리고 하얀 수의(壽衣)를 입힌 후, 네 사람을 하나씩 결박했다. 이렇게 사형집행이 진행되고 있는 동안 루시는 마지막으로 남편의 모습을 보려고 감옥 안으로 들어가기 위해 몸부림치고 있었다. 그녀 옆에는 어린 두 자녀도 함께 있었다. 그러나 그녀는 경찰의 저지망을 뚫을 수가 없었다. 무정부주의자들이 죄수들을 탈출시킬지도 모른다는 이유로 경찰이 감옥 주위에 진을 치고 있었던 것이다. 그런데도 그녀는 끝까지 감옥 안으로 들어가겠다고 고집을 피웠고, 마침내는 체포되어 감방에 구금되었다. 아이들도 함께.
 사형실은 기자들과 사형 입회인들로 입추의 여지가 없었다. 그런 가운데 네 명의 사형수가 끌려들어 왔다. 그들의 얼굴에서 흔들리는 기색은 찾아볼 수 없었으며, 자기들을 처벌하는 사람들보다 한결 늠름했다.
 교수대 위에 흰 수의를 걸치고 서 있어서 유난히 키가 큰 것같이 보이기도 했다. 그들의 태도에는 보통 사람이 감히 접근할 수 없는 엄숙함이 감돌았다. 그들은 흔들거리는 올가미 밑에 제각기 자리를 잡았다. 입회하고 있던 사람 중에 몇 사람은 마음 속으로 이들을 인류를 위해 죽었던 존 브라운에 비유해 보고 있었다.

사형집행인이 오거스트 스파이즈의 얼굴을 덮고 있던 천을 벗겨 내렸다. 스파이즈는 짤막하게 이렇게 말했다.

"언젠가 우리의 침묵이 오늘 우리를 목매다는 당신들의 사형 명령 소리보다 훨씬 강력해지는 날이 오고야 말 것이다."

핏셔는 "지금이 내 일생에서 최고로 행복한 순간이다"고 말했고, 엔젤은 "무정부주의 만세" 하고 외쳤다.

마지막으로 할 말이 없느냐는 물음에 파슨즈는 이렇게 대답했다. "미국 양반들, 나에게 말할 기회를 주겠다고? 매트슨 보안관, 나에게 말을 시키겠다고! 그 이전에 민중의 소리를 들어라!"

파슨즈는 말을 계속하려 했다. 그러나 이미 그의 몸은 올가미에 걸려 허공에 매달리고 있었다.

파슨즈, 스파이즈, 핏셔, 엔젤 등을 교수형에 처한 것은 당시의 독점자본가들이다. 그러나 독점자본가들은 이들 넷의 목숨과 그들의 정치적 견해를 파괴하는 데 주목적을 둔 것은 아니다. 독점자본가들은 이들보다 훨씬 강력한, 전국적인 노동자 조직을 파괴하기 위해서 이들을 제물로 이용한 것이다. 그들이 분쇄하기로 결심하고 있던 조직이란 노동운동, 그 중에서도 특히 노동기사단이다. 시카고의 한 기업가가 파슨즈와 동료 사형수들에 대해 이야기한 다음과 같은 말 속에 그러한 저의가 잘 드러나 있다.

> 나도 그 친구들이 폭탄을 던졌다고는 생각하지 않아. 그러나 그 놈들은 교수형에 처해야 해. 나는 무정부주의 같은 것은 겁내지 않아, 정말이라구. 그런 건 몇몇 해괴한 박애주의자들의 공상적인 설계도에 지나지 않거든. 어떻게 보면 그 놈들은 귀엽기조차 하다구. 그러나 노동운동은 분쇄시키지 않으면 안 돼! 이 놈들을 죽이고 나면 노동기사단도 다시는 감히 말썽을 일으키지 못할테지.

헤이마키트에 폭탄을 던진 자가 기업가들의 하수인이었다고 장담할 수는 없다. 그러나 어쨌든 기업가들은 그 사건을 이용해 노동운동에 대해 재빠르고도 교묘하게 소름끼치는 공격을 감행했다. 존 스윈튼은 이 점에 대해 이렇게 썼다. "누가 폭탄을 던졌는지 모른다. 그러나 노동운동의 적들에게 있어서 이 사건은 하늘이 보내 준 다시 없는 좋은 기회였다. 그들은 이 사건을 노동 대중이 이룩하고자 하는 목표를 좌절시키고, 자본가들이 유지시키고자 하는 악(惡)들을 방어하기 위한 폭약으로 이용했다."

윌리엄 호웰즈의 말로 이 장을 끝내기로 하자. "역사적인 관점에서 보건대, 이들 네 사람을 죽인 것은 자유 공화국이라고 하는 미국 바로 그것이었다. 전적으로 불의와 악으로 이루어진 하나의 판결문만 남고 다른 모든 것은 끝나 버렸다. 영원히 사라져 버렸다."

4 황금의 십자가

전투의 전주곡

추억은 과거의 쓰라림을 부드럽게 해 주며, 마침내 인간들은 그 과거를 금빛 아지랑이를 통해서 보게 된다. 그리고 그 황금빛 아지랑이는 유쾌하지 못했던 모든 일들을 달콤하게 만들어 주며, 심지어 우리가 잊고 싶어하는 것도 아예 감춰 버린다. 독점자본이 성장하여 제국주의로 변해 갔던 미국의 1890년대가 그렇다. 푸에르토리코와 필리핀 정복, 노동조합원들의 대량 학살 등은 점점 잊혀졌다. 또한 시카고와 콜로라도의 치열한 충돌, 제철소, 금속 광산 및 철도 노동자들의 파업, 수천 명의 노동조합원들의 투옥, 사형(私刑)에 의해 유지되는 백인 지상주의가 남부에서 부활했던 사실 등도 희미한 과거의 일로 잊혀져 갔다. 한편 그것은 수영장 달빛 아래에서의 뱃놀이, 가수가 있는 술집 앞뜰에서 맥주 마시던 기억 등으로 바뀌어져 버린다. 그러나 사실 1890년과 1900년 사이의 10년은 잔인하고 피로 물든 시절이었다.

인디애나주 출신 상원의원인 비버러지가 다음과 같이 말한 것은 바로 그 시기였다. "세계를 지배하는 것은 미국의 운명이다. 그것은 자본가(월가)에게 이익을 가져다 줄 것이며, 미국적인 방식을 가르쳐 주고, 지배해 줄 필요가 있는 황인종·흑인종·갈색인종 등의 소수 종족들에게 질서를 가져다 줄 것이다." 쿠바를 미국 설탕정제회사(American Sugar Refining Co.)가 마음 놓고 휘젓게 만들어 주겠다며 산 후안 힐(San Juan Hill)로 향하는 의용 기병대(Rough Riders) 앞에서 선언했던 테디 루즈벨트는, 적어도 선택받은 사람들 가운데서는 그 시기의 상징이었다. 그 시기에 미국은 재정에서 질적인 변화를 겪었으며 자본과 해군을 카리브해와 태평양에 진출시키기 시작하고, 푸에르토리코와 필리핀을 군대의 힘으로 삼켜 버렸으며, 쿠바를 보호령으로 지배하는 한편 하와이를 공공연하게 합병해 버렸다.

한편 일반 민중들, 즉 노동자와 농민들이 독자적인 정치적 행동을 통해서 월가의 지배로부터 나라를 해방시키기 위해 다시 한 번 용감한 노력을 기울였던 것도 바로 이 10년 동안이다. 그것은 노동운동 지도자 유진 뎁스와 광부 빌 헤이우드가 활약한 시기였으며, 전국의 농민들을 중심으로 운동을 벌인 제리 심프슨과 메리 엘리자베드 리스가 활약한 시기였다. 그것은 남북전쟁 이래 꾸준히 성장해 온 독점자본이 권력의 맨 꼭대기로 새로이 올라선 시기였으며, JS 콕시가 누더기를 걸친 실업자 대중을 모아 워싱턴 시가를 행진하며 실업자 구제를 요구한 시기이기도 했다.

그것은 또 브라이언이 1896년 젊은 민주당 대통령 후보로서 엄청난 세력을 몰고 질풍처럼 서부로부터 등장해, 부자들조차도 한동안 독점 시대가 끝나고 이제 민중이 지배하는 세상이 오는 것이 아닌가 하며 두려워한 시기였다. 그들의 두려움은 자본주의가 여전히 농민들과 노동자 무리들에게는 퇴악으로 생각되고 있다는 인식에 기초를 두고 있었다. 미국노동총동맹(AFL)조차 막강한 사회주의 세력을 갖고 있었다. 그리고 그들의 모임은 사적 기업에 대한 민중들의 공동 소유를 주장하는 결의안에 대해 오랫동안 토론했다. 그 결의안은 총동맹 내의 12개 노동조합의 찬반투표에 의해 뒷받침되어 제안된 것이었는데, 아주 적은 표 차이로 부결되었다. 한편 노동기사단(Knights of Labor)은 헤이마키트 사건을 계기로 이름뿐인 존재가 되어 버렸지만, 파우덜리를 대신해 노동자 총단장(Grand Master Workman)이 된 제임스 R 소브린은 여전히 임금제도 철폐 및 공장·광산·철도·공공사업 등이 민중에 의해 소유되고 운영되는 체제의 건설을 요구했다.1)

"민중의 소리를 들으라"고 앨버트 파슨즈는 형장에서 숨을 거두며 말했다. 그 말은 1890년대를 통해 우렁찬 소리로 울려 퍼졌다. 헤이마키트의 순교자들은 잊혀지지 않았다. 유진 뎁스는 1894년의 철도 파업을 이끌어가 투옥되었는데, 석방된 후 시카고의 발트하임 공동묘지에 있는 그들의 무덤을 참배했다. 그 곳에서 그는 그들의 영혼은 미국 노동운동에 생명과 힘을 주면서 계속해서 살아 전진할 것이라고 말했다.

그들이 처형되기 전에도 이미 노동 대중은 파도치듯이 정치적으로 전진하고 있었다. 모든 신문이 헤이마키트 사건의 결과로 노동 대중은 무너질 것이라고 예언했지만, 노동조합과 뉴욕의 사회주의자들은 1886년 가을의 시장 선거에서 많은 표를 얻어 건재함을 과시했다. 노동 대중은 그들의 반대자들이 노동자들은 굴러 넘어져서 죽어갈 것이라고 확신하고 있을 때, 메인·코네티커트·뉴욕·뉴저지·펜실베니아·오하이오·켄터키·미시간·일리노이·위스콘신·아칸소·캔자스·워싱턴 등의 여러 주에서 하원의원 입후보자들을 1886년에 독자적으로 출마시켰다. 그들은 이들 주의 주의회에도 대부분 독자적인 후보들을 등록시켰으며, 20개의 도시에서는 시장 선거에 후보자들을 출마시켰다.

이러한 정치투쟁에도 불구하고 대개의 경우 독점자본가들이 선거에서 승리했고 독점자본은 계속 꾸준히 성장했다. 그러나 미국인의 모든 생활 분야를 지배하게 된 기업 합동 세력에 반대하는 민중의 비난이 높아지자, 1890년에는 거래 제한과 독점 지배를 금지하도록 마련된 셔먼 반독점(反獨占 : 트러스트) 법이 제정되

---

1) 미국노동총동맹(AFL)은 미국 역사상 자본주의를 받아들인 최초의 전국적 노동자 조직이었다. 미국 역사상 중요한 시기였던 30년 동안 두 개의 유력한 전국 노동 조직인 전국노동조합(National Labor Union)과 노동기사단(Knights of Labor)은 자본주의 체제를 전체 민중이 소유하고 경영하는 경제 체제로 바꾸라고 요구했다.

었다. 하지만 그 법은 노동자들보다는 기업주들에게 더 효과적으로 쓰여졌다.[2] 1890년대가 시작되자 석유, 설탕, 위스키, 선철 및 강철, 목화씨, 기름, 납, 담배, 정유, 농기계, 전신, 전화 및 철도 등에서 기업 합동과 가격 고정, 임금 고정의 물결이 일어났다. 그리고 금융 집중의 위대한 시대, 즉 다수의 노동으로부터 전설적인 이윤을 거두어들인 소수에 대한 통제가 점점 힘을 발휘하지 못하는 위대한 시대가 바로 시작되었다.

카네기 강철회사의 경우처럼 한 회사가 광산·철도·강철 노동자들을 동시에 고용하며, 하나의 기업이 수많은 공장을 운영하고 많은 계열의 산업을 지배하기 시작하던 바로 그때에, 노동자들은 가입금이 너무 비싸서 자기들이 가입하기도 힘든 직업별 조합(craft union)으로 스스로를 분해하기 시작했다는 것은 역사의 얄궂은 장난이 아닐 수 없었다. 그 당시에는 산업별 조합이 필요했는데, 일반으로 행해진 노동조직의 방법은 비교적 소규모이며 개별화된 집단을 조직하는 것이었다. 산업은 스탠더드 석유 및 미국 설탕정제회사처럼 거대한 재벌로 집중되어 가고, 때로는 수십 개의 공장이 하나의 소유권 하에 들어가고 있었다. 그때 노동총동맹 산하의 노동자들은 배타적이고 상호 경쟁적인 숙련 노동자 조합으로 스스로를 분열시켜 갔으며, 한편 대기업에서 일하는 미조직된 수백만 비숙련 노동자 특히 흑인과 외국 태생 노동자들은 완전히 무시되고 있었다.

경영진이 한 조합과 다른 조합을 서로 대립케 하여 덕을 볼 수 있는 체제 하에서는, 불만이 있는 직능 조합 외의 다른 직능 조합들은 일을 계속하는 경우가 많을 것이므로 단 하나의 공장조차도 파업하기가 어려운 실정이었다. 그리고 한 공장의 모든 노동자들이 단결에 성공하여 파업을 일으킨 때에도 경영진은 점점

---

2) 셔먼 반독점 (트러스트) 법이 통과되었을 때, 노동자들은 그 규정의 범위 안에 해당되지 않는다는 것이 일반으로 인정되었다. 그러나 사법부의 법해석, 또는 헨리 D 로이드가 적절하게 표현했듯이 사법적 사형(私刑)법이 그 법을 반노동자법으로 바꾸어 버렸던 것이다. 1892년에서 1896년까지 행정부는 그 법에 의해 10개의 사건을 법원에 제소했다. 이들 10개 사건 가운데 5개는 노동자에 대한 것이었고 5개는 기업에 대한 것이었다. 법원은 노동자들에 대한 5개의 사건 중 4개를 정부의 승리로 판결했으나, 기업의 트러스트에 대한 5개 사건 중 1개만을 정부의 승리로 판결했다. 셔먼 반독점법이 1894년에서 1895년 사이에 뎁스 및 다른 풀먼 차량회사 파업 지도자들에 대해 최초로 적용되었다는 사실은 주목할 만한 사실이다.

더 유리한 위치에서 파업이 끝날 때까지 기다릴 수 있었다. 그 기업이 소유하고 있는 다른 공장 노동자에게 일을 더 많이 시킴으로써 심각한 손실을 면할 수 있었기 때문이다.

기업가들은 노동조합을 파괴하려는 계획을 절대 버리지 않고 있었지만, 노동총동맹에 관해서는 여러 가지 좋아할 점들이 많았다. 기업가들이 볼 때 직업별 조합 제도는 산업별 조합보다는 좋은 것이었을 뿐만 아니라, 노동 대중이 독자적인 정치 행동을 해서는 안 된다는 노동총동맹의 창설자 곰퍼즈(Gompers)의 주장도 기업가들의 마음에 드는 것이었다. 말썽을 부릴 것이라고 국가의 지배자들이 예상했던 것은 노동총동맹이 아니라 농민들이었다.

농민의 고난과 민중의 단결

국가를 휘어잡은 자들의 예상은 옳았다. 농민들은 노동기사단과 광산노동자연합 및 노조 지부들의 도움을 받아 인민당으로 알려진 독자적인 정치운동을 전개했다. 동부의 기업가와 자본가들은 그것을 "사회주의 혁명운동의 물결" 또는 "재산권에 대한 도전"으로 표현했다. 그때까지는 그런 운동이 전혀 존재하지 않았다. 그 운동은 서부를 휩쓸며, 거대하고 감격적이며 불꽃 같은 개혁운동으로 날이 갈수록 힘과 숫자가 커져 갔다. 그 불길은 남부 및 북서부로 번져 들어가 한동안 캔자스·네브라스카·콜로라도·미네소타·아이오와 등의 여러 주에서 이미 세력을 이루고 있던 두 정당의 기반을 약화시키고 파괴시켰다. 백만이 넘는 당원들은 새로운 종교에 감동된 사람들같이 열렬했다. 그 열광적인 운동에 있어 악마는 월가였고, 지옥은 그들이 말하듯이 독점기업(트러스트)에 의해 메말라 버린 땅이었다.

캔자스·콜로라도·아이오와·네브라스카·미시간·일리노이·인디애나·조지아·알라바마·텍사스 주의 전역에서 거대한 농민 집회가 계속 열렸는데, 어떤 사람들은 노새를 타고 또 어떤 사람들은 수백 마일을 걸어와 나라가 무엇이 잘못되었는가를 세상에 폭로했다. 수많은 짐마차들이 떼를 지어 회의장 부근에 있는 숲 속 나무에 묶여 있었다. 그것은 회의에 가족 전부와 강아지까지 데리고 온 사람들의 것이었다. 하루 종일 회의는 계속되었고, 많은 남자와 여자들이 거대한 군중 앞에서 그들이 당한 부당한 일들을 낱낱이 이야기했다. 그들은 고함치고 떠들어 댔으며 옛 찬송가 곡조에 맞추어 반항의 노래를 불렀다.

엘리자베드 바아는 이 시기에 대해 다음과 같이 썼다. "그것은 일종의 종교적인 부흥 집회, 십자군 운동, 정치적 성령 강림제 같은 것이었다. 거기서는 남녀노소 누구할 것 없이 불꽃 튀는 토론과 주장이 쏟아져 나왔다. 모두가 마치 성령이 그에게 말하게 만들기라도 했다는 듯이 열변을 토했다. 남북전쟁 이후 커져 온 분노가 한꺼번에 말과 행동으로 폭발한 것이다. "네브라스카주에서 재배되는 곡식에는 크게 세 가지가 있다"고 1890년 8월에 한 농민신문 편집자는 썼다. "하나는 옥수수라는 곡식이고 또 하나는 운임료라는 곡식이며 나머지 하나는 이자라는 곡식이다. 옥수수는 땀과 노력으로 땅을 갈고 부치는 농민에 의해 생산된다. 나머지 두 가지는 사무실과 은행에 앉아 농민을 부리는 자들에 의해서 생산된다."

옥수수는 1부셀당 10센트까지 떨어졌고, 밀은 49센트까지 값이 떨어졌으며, 면화는 1파운드당 6센트도 약간 못되게 떨어졌다. 그렇게 이 새로운 10년이 시작되면서, 전국적으로 농장을 저당잡혔다가 찾지 못하게 되는 사례가 늘어났다. 1867년에는 1천 부셀의 밀로 갚아 버릴 수 있었던 1450달러의 저당이 1894년에는 2959부셀을 주어야 되찾을 수 있었다. 캔자스주에서는 1889년부터 1893년까지 11000개 이상의 저당잡혀진 농장이 돈을 못 갚아 넘어가 버렸고, 몇몇 군에서는 농토의 90%가 은행가들의 손에 넘어 갔을 정도였다.

이렇게 되자 캔자스주를 비롯한 서부를 찾아왔던 농민들은 다시 동부로 이주하게 되었는데, 그들의 마차 위에는 다음과 같은 글이 쓰여 있었다. "우리는 하느님을 믿었다. 그러나 캔자스주에서 우리는 파산했다." "내 아내의 친척들에게 돌아감. 우리는 하느님을 믿었다. 집으로 돌아 감." 그러나 어떤 사람들은 끝까지 버티며 이렇게 쓰기도 했다. "우리는 더 이상 서부로 갈 수가 없다. 우리는 이제 여기 머물며 싸워야만 한다. ……"

전국 곳곳에서 이와 같은 공통된 조건과 감정을 바탕으로 '농민 동맹'(Farmer's Alliances)이라고 알려진 조직이 1880년대를 통해 만들어졌다. 이제 그들은 지역적 단위의 연합으로 결합되고 있었다. 즉 그들은 북부 동맹, 남부 동맹으로 뭉쳐 갔으며 회원 수는 1890년대가 시작될 무렵엔 수천 명으로 늘어났다.

그리고 그들은 전국적인 정치운동을 준비했다. 그들은 통화를 늘릴 것, 은화를 만들 것, 신용대부를 보다 쉽게 해 줄 것, 이자율을 낮춰 줄 것, 운임을 싸게 할 것, 농작물에 대한 정부의 융자를 늘릴 것, 철도의 개인 소유를 금하고 국유화하여 규제할 것 등을 요구했다. 그들은 늘 자기들의 투쟁은 노동자들의 투쟁이며, 노동자들의 투쟁이 곧 자기들의 투쟁이라고 주장했다. 나아가서 그들은 결의문을 통해 파업 노동자들에게 '핀커튼 단원'과 군대를 투입하는 것을 비난했으며 하루 8시간 노동제를 요구했다.

노동기사단의 지도자인 소브린과 다른 노동조합 지도자들은 그들 조직을 전국적인 정당으로 발전시키기 위해 농민 집회에 참석했다. 남부에서는 백인 농민들이 정치적 행동으로 발전시키려는 노력의 일환으로서 흑인 농민들과 연합하고 있었다. 1891년이 되자 '흑인 농민 전국연맹 및 협동조합'(Colored Farmer's National Alliance and Co-operative Union)은 125만 명의 회원과 12개 주에 지부를 갖게 되었다.

모든 주에서 정력적인 지도자가 나타났고, 그 가운데 많은 사람은 여성이었다. 그 중의 한 사람인 메리 엘리자베드 리스는 아일랜드 태생으로서 네 아이의 어머니였는데, 그녀는 저항을 일으킨 캔자스주 농민들에게 이렇게 말했다.

> 자본가(월가)가 국가를 소유하고 있다. 정부는 이제 국민의, 국민에 의한, 국민을 위한 정부가 아니다. 자본가(월가)의, 자본가(월가)에 의한, 자본가(월가)를 위한 정부일 뿐이다. 대다수 일반 민중은 노예이며 독점자본은 그 주인이다. …… 돈이 통치한다. …… 그들은 민중에게서 빼앗아 부자가 되고 있다. …… 민중들은 궁지에 빠져 있다. 우리를 지금까지 괴롭혀 온 돈에 미친 개들을 반성케 하고 혼쭐을 내 주자.

인민당원 톰 와트슨도 매우 정열적인 사람이었다. 그는 조지아주 농부들의 존경을 받았는데 괄괄한 성격에 분노가 몸에 꽉 배다시피 한 사람이었고, 말년에 돌아서기 전까지는 민중들을 위한 싸움을 힘차게 전개했다. 그의 정력은 "마차 끄는 말" 같다고 말한 사람도 있었다. 그는 한창 활약하던 시절에는 흑·백인의 연합을 주창했다. 그가 타락했을 때, 그는 흑인 민중이 가장 미워하는 적 중 하나가 되었다. 하지만 1891년 인민당이 조지아주에서 조직되었을 때, 그는 흑인들을 당의 여러 위원회에 가담시키자고 주장했다. 백인 농민과 흑인 농민의 관계에 대해서 와트슨은 당시에 이렇게 썼다.

> 이제 인민당은 이 두 종류의 사람들에게 말한다. "당신들은 서로 떨어져 있어서 따로 따로 당신들의 소득을 빼앗기고 있다. 당신들은 서로 미워하도록 조정당하고 있다. 왜냐하면 당신들이 서로 미워함으로써 당신들 둘 모두를 노예로 삼고 있는 금융 재벌이 지배하는 발판은 단단해지기 때문이다. 이 인종적인 대립과 반목이 두 인종을 가난하게 만들고 있는 금융 제도를 영원토록 지속시켜 준다는 사실을 당신들이 알지 못하도록 당신들은 속임을 당하고 있고 눈이 가리워져 있는 것이다."

벤자민 해리슨이 공화당 후보였고 그로버 클리블랜드가 민주당 후보였던 1892년의 전국적 선거운동에 인민당이 참가한 것은 결코 무의식적으로 일어난 사건이 아니었다. 수백 장의 소책자가 저술되고 수백만 장의 복사판이 나돌았다. 선거에 뛰어들자고 주장하는 대대적인 연판장 운동이었다. 그것은 힘든 작업과 빈틈없는 조직 작업과 일련의 모임, 대회 및 집회를 통해 전국 각지에서 온 농민과 노동자의 서로 다른 여러 가지 견해를 조정하여 이루어진 것이었다. 제1차 대회는 세인트루이스에서, 제2차 대회는 플로리다주 오스칼라에서, 제3차 대회는 신시내티에서 각각 개최되었다. 신시내티 대회에서 노조 지도자이자 양조 노동조합 위원장이며 노동기사단의 회원인 로버트 실링이 새 당의 집행위원회 서기로 임명되었다.

1892년 2월 22일 20개 이상의 조직 대표자들이 참석한 세인트루이스 대회에서 노동기사단과 오하이오주 광산 노동조합 그리고 각지에 흩어져 있던 노조 조직의 대표자들은 두드러진 역할을 했다. 이 회합에서 그들은 인민당의 창당 및 후보자 지명 전당대회의 개최 장소를 오마하로, 개최 일시는 1892년 7월 4일로 결정했다.

약 1300명의 대의원들이 참석했고, 미국 정치 내에서는 그들의 정의로운 운동에 맞설 만한 게 없다는 열성과 신념을 가지고 그들은 새로운 정당을 출범시켰다. 성경을 인용하고 찬송가를 부르며 그들은 성경에서 따온 투쟁 구호를 외쳤다. "이제 그대들의 집으로, 오 이스라엘이여!" 그들의 명분은 미국 땅을 미국 민중에게 돌려 주는 것이었다. 즉 미국의 땅과 풍요를 "돈과 권력을 쥐고 약탈을 일삼는 자들"(금권정치)로부터 구출하는 것, 미국 민중을 독점자본의 손에서 놀아나는 꼭두각시나 졸개의 신분으로부터 자신과 그들 나라 모두에서 생명의 소리를 갖는 주인으로 바꾸는 것이었다.

전당대회의 연단은 적(赤) 백(白) 청(靑)의 깃발로 장식되었고, 농민동맹·노동기사단·반독점주의자들 및 단일세(稅)주의자들의 지도자들이 앉아 있었다. 연단을 가로지른 그들의 뒤엔 다음과 같이 써 있는 깃발이 걸려 있었다. "우리는 동정이나 자선을 요구하는 것이 아니다. 우리는 정의를 요구한다." 인민당의 신문 <위대한 서부 *The Great West*>지는 전당대회에 가득 찬 투쟁적인 전망을 보도하면서 서정적인 투로 다음과 같이 선언했다. "일반 민중의 정당이 새롭게 탄생했다. 그리고 그것은 거인이다. 피가 천만 명의 심장 속에서 용솟음치며, 그 심장의 깊은 곳에서부터 좀더 나은 생활을 달라고 외치고 있다. …… 이것은 여러분의 정당이다. 압제자들은 떨고 있다. …… 싸움에 뛰어들라."

전당대회는 이그네이셔스 도널리가 초안한 다음과 같은 전문(前文)을 채택했다.

> 우리는 한 국가가 바야흐로 도덕적·정치적·물질적인 파멸에 빠질 위기에 처해 있는 가운데 모임을 갖고 있다. 부정 부패는 투표함, 주의회 및 연방의회를 지배하고 있으며 심지어 판사들에게까지 손을 뻗치고 있다. …… 신문은 대부분 매수당했거나 재갈이 물려져 있다. 여론은 침묵당하고 있으며 사업은 침체해 있다. 우리들의 가정은 저당잡혀져 있으며 노동자들은 피폐해 있다. 그리고 농토는 자본가들의 손에 집중되고 있다.

오마하에서 채택된 강령은 이렇게 선언했다.

> …… 부는 그것을 창조한 자의 것이다. 노동자에게 정당한 임금을 주지 않고 돈을 모으는 것은 강탈이다. "만일 아무도 노동하지 않는다면, 한 사람도 먹고 살 수가 없을 것이다." 도시 및 농업 노동자들의 이해관계는 같은 것이다. 그들의 적은 같은 사람들이다.

…… 우리는 믿는다. 철도회사가 민중을 소유할 것인가, 아니면 민중이 철도를 소유해야 하는가를 결판내야 할 시기가 왔다고. …… 수송은 교환의 수단이며 대중적으로 필요한 것이므로, 정부는 민중의 이익에 입각해 철도를 소유하고 운영해야만 한다.

전당대회는 대통령후보에 전(前)북군 장군인 아이오와주 출신 제임스 베어드 위버를, 부통령 후보에는 전(前)남군 장군인 버지니아주 출신 제임스 C 피일드를 지명함으로써 북부와 남부의 민중 재단결을 상징적으로 표현했다. 전당대회 대의원들은 이러한 민중 재단결의 상징에 눈물을 흘렸다.

대의원들은 자기들이 겪은 이 같은 일에 감격하고 흥분하여 오마하를 떠났다. 그때 그들은 단결된 민중의 강력한 힘과 능력을 통해, 국가를 이윤이 아니라 행복을 생산하는 나라로 뒤바꿀 수 있다는 자신감을 가지게 되었다.

잊혀진 독수리

여섯 달 동안 매일 밤 존 피터 알트겔트의 서재에는 늦게까지 불이 켜져 있었다. 그는 일리노이 주지사가 된 독일계 사람이었다. 지금까지 7년을 복역해 온 헤이마키트 사건 관련자 가운데 세 명의 생존자들을 사면해 달라는 노동조합과 자유주의자들의 청원을 받고서 그는 그 사건의 심리 기록을 검토하고 있었다.

그 사실이 알려지자, 단순히 그가 기록을 검토한다는 사실만으로도 행정부에 몸담고 있는 사람들은 신경을 자극받게 되었다. 한밤중에 그들 중 한 사람이 서재에 들어와 화가 난 눈초리로 한동안 그 조그만 주지사를 쏘아보았다. 주지사의 푸른 눈은 백묵같이 흰 얼굴 위에서 비상하게 생기를 띠고 있었다.

"만일 내가 그들을 사면하면 정치적으로 매장된다는 것을 나도 아주 잘 알고 있소." 알트겔트는 짜증 섞인 듯이 말했다. 그는 그 후 기록 검토를 계속했는데, 얼마 뒤에 또 다른 친구가 그에게 경고를 했다. 그러자 주지사는 보통 그에게서 찾아 볼 수 없는 단호한 의사 표시로 책상을 주먹으로 치며 말했다. "비록 내 지위를 내일 당장 그만둘 수밖에 없다 하더라도, 그들이 무죄라는 판단이 서게 되면 맹세코 그들을 사면해 줄 작정이오."

그리고 실제로 그는 그렇게 결정했다. 당시엔 정신나간 짓거리라고 묘사되었지만, 이제는 일급 주(州)문서로 인식되고 있는 한 결정문에서 그는 헤이마키트 사건의 네 희생자들이 정치적 견해 때문에 "법에 의한 부당한 살인"을 당했으며, 투옥되어 있는 세 명의 생존자들도 그들의 행동이 아니라 신념 때문에 감옥살이를 하고 있다고 말했다.

알트겔지는 무슨 일이 닥쳐올 것인지를 알면서도 위축되지 않고 그것과 맞섰다. 다음날 아침 신문은 요란하게 그를 공격했다. 그 당시 주지사 비서였던 브랜드 휘틀로크는 그를 만난 기억을 이렇게 기록했다.

그는 말을 타고 있었다. 그리고 고개를 숙인 채 말없이 미소를 지었다. 그러고는 잠시 말을 멈추었다. 물론 그때는 한 가지 화제밖에 없었다. 그래서 내가 말했다. "아마 폭풍이 곧 닥칠 것입니다." 그는 걱정을 완전히 떨쳐 버리지 못한 것 같은 태도로 대답했다. "그렇겠지, 나는 준비가 되어 있소. 나는 단지 옳은 일을 했을 뿐이오." 고의적으로 무분별하게 그리고 악랄하게 오해받고 있는 그의 위대한 행동에 대해 나는 잘한 일로 생각하고 있다는 뜻의 말을 했다. 그 이후로 나는 그 용감하고 고통받는 분의 무거운 부담을 조금이라도 가볍게 해 줄 수 있는 위로의 말을 그때 그 분께 해드렸다면 좋았을 텐데 하고 늘 생각했다. 그러나 그가 힘이 없는 듯하면서도 무언가 완강한 미소를 지으며 말을 몰아가 버리고 말아, 나는 위로의 말을 하지 못했다. 하여간 폭풍은 터지고 말았으며, 그에게 퍼부어진 비난은 그의 마음을 갈갈이 찢어 놓았다.

미국 역사에서 그 예를 찾아볼 수 없을 정도로 사납게 "폭풍은 터지고 말았다." 그러나 그 작은 독일계 이민자인 알트겔지는 굴하지 않았다. 그는 노동자와 민중의 지지를 받으며 반(反)노동자적인 금지 명령에 맞서, 또 소년 노동에 반대해서, 그리고 외국인과 노동조합원들의 권리를 위해 투쟁했다.

그 이후 언론의 공격은 그의 일생 동안 점점 더 거세졌다. 거의 하루도 빼놓지 않고 잔인할 정도로 그를 풍자·비방하는 만화가 신문에 실렸다. 하지만 그의 얼굴에서는 고통의 그림자조차 찾아볼 수 없었다.

아직도 그의 이름은 대부분의 역사가들에 의해 경멸당하고 있으며, 또 망각 속에 파묻혀 왔다. 그러나 그 세대의 노동 투사 및 개혁 운동가들은 그의 용감한 행동에 커다란 격려를 받았다고 한다. 바첼 린제이라는 시인은 그에 대해서 이렇게 읊었다.

조용히 잠드소서 …… 잊혀진 독수리여 …… 돌 아래에서,
시간은 그 곳에서 당신과 함께 흐르고 있고,
육체는 자기의 길을 간다.
잠드소서, 오, 용감한 심장을 가진,
오, 현명한 분이시여, 당신은 불을 붙이셨습니다.
인간으로 사는 것은 이름을 남기는 것 보다 더 훌륭한 것,
인간으로 사는 것은 이름을 남기는 것 보다 더욱 더욱 훌륭한 것.

보수주의자 뎁스

민중들은 뎁스를 보았을 때 에이브러험 링컨을 생각했다. 후리후리한 귀와 번쩍거리는 대머리나 턱의 생김새 때문만은 아니었다. 그가 민중과 맺은 관계가 그러했다. 그의 힘은 민중으로부터 나왔고, 그의 발전은 민중 발전의 결과였으며, 그의 성장은 민중의 요구에 의해 이루어진 것이었다.

그는 전형적인 중서부 지방 사람이었다. 그는 친구인 제임스 휘트컴 릴리의 시를 암송하는 등 문학적 취미도 가지고 있었다.

그는 우정(友情)과 조국애에 대한 시 그리고 패트릭 헨리의 "자유가 아니면 죽음을 달라"는 연설, 또 반역죄로 사형 선고를 받은 존 브라운과 같은 용감한 사람들의 연설을 외웠다. 16세에 그는 기관차 화부로 일했는데, 당시 대부분의 미국인처럼 자기 수양에 힘써 문학회 의장을 지냈으며 토론회의 회원이기도 했다. 그는 훌륭한 연설을 좋아했고, 소년 시절에 벌써 당시 노동자와 흑인 노예를 위해 싸우던 웬델 필립스와 세계적으로 으뜸가는 웅변가였던 로버트 잉거솔 같은 사람들을 자기 고향에 초청할 정도였다.

18세 때 그는 이미 6척의 키와 단단한 알통을 가졌으며, 고참 철도원들은 그

를 일류 '철도꾼'이라고 불렀다. 그가 공직에 뽑힌 것은 24세 때였으며 30세 때에는 인디애나 주의회의 의원이 되었다. 그의 일생 동안 주위 사람들은 그를 국회위원에 출마시키려고 했으며, 어릴 때부터 장차 미국 대통령이 될 사람이라고 기대하는 사람도 많았다. 그러나 흑인해방 투쟁이 링컨을 만들었듯이 독점자본가들에 반대하는 투쟁이 뎁스의 생애를 결정지었다. 그는 백악관으로 들어간 것이 아니라 두 번이나 감옥에 들어갔다. 그는 소위 "뎁스의 반란"의 선동자로서 폭력과 무력으로 미국 정부를 전복시키려 음모하고 있다는 식의 혹한 비난을 자주 받았다.

뎁스는 동정심이 많은 참으로 착한 사람이었다. 추위에 떠는 실업자들에게 계속 외투를 벗어 주어 추운 겨울날 외투도 없이 집에 돌아온 일이 한두 번이 아니었다. 한번은 한 철도 노동자가 새 일자리에 필요한 시계만 있으면 승진할 수 있을 것이라고 말하자, 그에게 그 즉시 자신의 시계를 벗어 준 일도 있었다. 그는 항상 자신의 호주머니를 털어 더욱 필요한 사람에게 주곤 했다. 그도 역시 결점은 있었다. 그는 늘 술을 많이 마셨고, 기분이 좋을 때는 술집 앞에서 이야기를 하고 시도 읊곤 했다. 그러나 그는 누구보다도 부지런했다. 조직가이면서 웅변가이기도 했고, 편집자이고 작가였으며 파업의 지도자이기도 했던 그는 잠을 줄여 가며 뼈를 깎는 노력을 했다. 19세 때 노동조합원이 된 그는 모든 시간과 정열을 노동자를 위해 바쳤다. 뎁스는 이렇게 썼다.

> 기관차 화부로서 나는 눈이 덮인 미끄러운 철로 위를 달리는 일의 어려움, 철로 위의 끊임없는 위험, 일자리를 잃지나 않을까 하는 불안, 몇 푼 안 되는 품삯, 그리고 노동 대중의 시련에 찬 운명이 어떤 것인지를 알게 되었다. 그리하여 어렸을 적부터 나는 노동자가 받고 있는 부당한 처우를 몸으로 느꼈다.

그는 원래 보수적이고 폭력을 싫어했다. 그 때문에 1877년 철도 파업 때 일어난 폭동과 유혈극을 보고서는 깜짝 놀라 당황했다. 조합에서 꾸준히 성장한 그는 인디애나폴리스에서 있은 전국화부대회에서 1877년의 파업에 관해 이렇게 말했다.

> 현재로서 파업은 무정부 상태와 혁명을 의미한다. 바로 며칠 전의 파업은 기억 속에

서 결코 사라지지 않을 것이다.

인간은 착하다고 믿고 있었고 또 자신이 조합 내에서 빠른 승진을 하는 데에 만족하고 있었기 때문에, 그는 노사간의 투쟁은 불필요하며 철도회사 사장들은 신사들이라고 생각했다. 그래서 여건만 잘 갖추어지면 여러 가지 나쁜 점들을 사장들이 알아서 고쳐 줄 것이고, 또 임금도 올려 줄 것이라고 굳게 믿었다.

하지만 의심의 그림자는 이미 그의 착한 믿음을 좀먹고 있었다. 1877년의 파업 결과, 심지어는 파업을 지지하지 않았던 철도 노조와 기관차·화부·차장 들의 여러 조직까지도 거의 파괴당했다. 블랙리스트 명단과 '철갑(Iron-clad) 계약' 또는 '황견 계약'이란 것이 유행했다. 뎁스 자신이 계급투쟁의 존재를 부정하고 있던 것과 거의 같은 때, 그는 블랙리스트 명단이 "그 착상 자체가 더러우며 모든 점에서 저주받을 만한 것"이라고 말했다. 사용주에게 잘 보여 자기만 편하고 좋은 자리에 앉아 있으려고 하는 그런 얼치기는 아니었던 것이다. 그는 모든 정열을 다해서 회원들에게 봉사했고, 그의 모든 생각은 어떻게 하면 모든 노동자들의 지위를 개선할 수 있을까 하는 문제에만 자꾸 쏠리게 되었다.

이윽고 그는 없어서는 안 될 존재가 되었다. 그의 정열은 아주 대단해서 그의 봉사를 얻기 위해 조합의 본부 자체가 뎁스의 실질적 근부지인 테르호르로 옮겼을 정도였다. 그는 1880년에 회계 담당 서기로 선출되었고, 기관차 화부 잡지의 편집인으로 임명되었다. 이때 지부는 겨우 60개뿐이었고 빚은 6천 달러나 되었다. 따라서 조합의 많은 회원들은 조합 해체를 원하고 있는 실정이었다. 뎁스에게는 해체란 생각도 할 수 없는 일이었다. 1881년 전국 대회에서 뎁스는 기회 있을 때마다 대의원들을 붙잡고 설득했다. 방에서, 술집에서, 길거리에서 대의원들을 쫓아다니며 설득을 한 뎁스는 거의 혼자 힘으로 조합 해체를 막았다.

1882년 회원 수는 두 배로 늘어났다. 그리고 다음해 철도 노동자들은 블랙리스트 명단에 의한 탄압과 임금인하에 맞서 더욱더 저항을 했다. 투쟁 정신은 더욱 강화되었고, 회원도 또다시 늘어났다. 1882년 노조는 5천 명의 회원을 갖게 되었으며, 월간 기관지는 3천 부에서 몇 년 후엔 3만 부로 늘어났다.

이 당시 뎁스는 테르호트시 지부의 일개 서기에 불과했지만 쉬지 않고 움직였다. 기회만 있으면 승무원 전용칸과 기관사 운전실에, 또는 화물차를 집어타고서 그는 전국으로 조직 여행을 다녔다. 또한 인디애나주를 모두 돌아다니며 사고를 조사해서 보험금이 빨리 지불될 수 있도록 했다. 그러고는 또 테르호트시로 급히 돌아와 잡지를 출판하곤 했다. 그 잡지의 기사는 거의 혼자서 쓰다시피 한 것이다.

1882년 테르호트에서 노조가 전국 대회를 열었을 때, 노조를 살린 건 뎁스라는 것이 일반적인 공론이었다. "다른 사람들이 흔들리고 있을 때 그는 흔들리지 않았다"고 뎁스 전기를 쓴 레이 진저는 기록했다. "그러나 그때까지도 뎁스는 노사 분규는 이성(理性)과 타협에 의해 해결될 수 있다고 굳게 믿고 있었다." 미국 역사상 평균 10년이나 12년마다 나타났던 주기적인 불황이 1884년에 다시 한 번 닥쳐와, 살아가기가 참으로 어려운 현실에 부딪치자 뎁스의 생각은 변하기 시작했다.

뎁스가 문제를 보는 입장을 변화시키게 된 또 다른 이유는 노동자들의 태도 때문이었다. 노동자들은 임금이 떨어지고 실업이 늘어가자, 그들에게 겨우 싸구려 보험이나 타게 해 줄 뿐인 노동조합을 거의 돌아보지 않게 되었다. 레이 진저는 이렇게 쓰고 있다.

> 기관차 화부 노조의 1885년 전국 대회 대의원들은 블랙리스트 명단, 황견 계약, 실업과 긴 노동시간에 지쳐 있었다. 그들은 고분고분 복종이나 해야 하는 일에 진저리가 나 있었다. 그들은 싸워야 할 때가 왔다고 생각했다. 그들은 맨 먼저 그 조합 규약에서 파업금지 조항을 삭제해 버렸다. 그들이 파업을 바란 것은 아니었다. 그러나 파업을 하지 않으면 안 될 때, 결코 파업을 마다할 필요가 없다는 생각에서였다. 그들은 1만 5천 달러의 파업 기금을 마련함으로써 그것을 입증했다.

뎁스는 파업이나 급진적인 투쟁이 효과 있는 것이라고 믿지는 않았지만, 자기 생각과 일반 조합원들의 생각이 다른 것을 알게 되었다. 조합원들은 1885년의 전국 대회에서 파업 반대 선언을 했던 노조 중앙간부들을 축출함으로써 기존 노조 체제에 대해 계속 반발했다. 뎁스와 또 한 사람만이 축출되지 않았다. 그들은 뎁스의 성실성과 능력과 투쟁 정신을 알고 있었기 때문에, 그가 사임하려 했는데도 간곡하게 만류했다. 그들은 따로따로 조직되어 있는 여러 개의 철도 노조를 단합시켜 동맹을 이룩해야 한다고 믿었기 때문에 '기관사 노동조합'의 뉴올리언즈 전국 대회에 참석해 공동 투쟁을 제안하는 사명을 뎁스에게 맡겼다. 그러나 그는 발언권도 못 얻고 대회 입장도 거절당해 방청석에서 대회 진행을 지켜볼 수밖에 없었다.

그때부터 뎁스는 낙지발처럼 제멋대로 돌아가고 있는 여러 노조들의 동맹과 임금 및 다른 여러 노사분규에서의 공동 투쟁을 더욱 강력하게 주장하게 되었다. 전국의 수십만 노동자들이 하루 8시간 노동제를 얻기 위해 커다란 운동에 가담하자, 여기저기서 벌떼처럼 생기는 많은 노동조합 조직에 더욱 힘입어 뎁스의 투쟁 정신은 점점 왕성해졌다. 1886년 '제이 고울드 남서부 철도' 파업 중에 일어난 세인트루이스 동부와 텍사스주에서의 철도 노동자 학살 사건은 그의 생각을 바꾸어 놓았다. 그는 파업을 찬성하지 않고 있던 노조 지도자의 한 사람인 파우덜리의 배신적 전술로부터 교훈을 얻었다. 노동기사단 총단장 파우덜리가 '남서부 철도' 파업과 시카고 가축 수용장의 파업에서 노동자들을 배신하는 협정을 은밀히 맺음으로써 노동기사단의 파괴에 한몫을 하는 것을 보았던 것이다.

그는 1888년 2월 27일에 시작된 '시카고 벨링턴 앤드 퀸시 철도회사'에서 일하는 기관사·화부의 파업을 통해 자신의 생각을 한층 더 가다듬게 되었다. 그것은 2년 이상을 끈 임금 협상에서 회사측이 발뺌만 하고 있는 것을 보다 못한 조합원들의 요구에 의해 어쩔 수 없이 일어난 파업이었다. 철도회사가 고용한 '핀커튼 흥신소'의 깡패들은 파업 노동자들을 마구 습격함으로써 가진 자와 못 가진 자의 갈등이 어떻게 존재하는가를 명확히 보여 주었다. 뎁스는 그들에 대해 이렇게 썼다.

> 그들은 정신적으로 또 도덕적으로 비뚤어진 흉칙한 자들이다. 그들의 장사는 배신이며 그들의 호흡은 공해(公害)이다. 그런데도 '시카고 벨링턴 앤드 퀸시 철도회사'의 간부들은 그들이 저지른 정의롭지 못한 악명 높은 정책 때문에 일어난 이 파업을 분쇄하기 위해서 거짓말, 거짓 증언, 망나니 짓거리, 살인, 깡패짓을 직업적으로 하는 놈들과 손잡고 음모를 꾸몄다.

'핀커튼' 깡패들보다 더욱 나쁜 것은 경쟁관계에 있는 조합이 파업을 파괴하는 행위였다. 노동기사단 회원들이 파업자들 대신에 기관차에서 일을 하고 전철수들은 계속 일하며 파업에 동참하지 않게 되자, 뎁스는 노동자의 단결이 무엇보다도 시급하고 중요하다는 생각을 더욱 굳히기 시작했다. 열렬한 호소 끝에 그는 전철수와 기사단원들의 지지를 얻는 데 성공했다. 그리하여 파업 대오가 단단해지자 그는 승리를 확신했다. 책상 위에서 자고 따뜻한 음식은 거의 먹지도 못하면서 수백 마일 거리의 무수히 많은 집회에 연설하러 돌아다니는 바람에 뎁스는 계속해서 몇 주일 동안 집이나 침대를 구경하지 못했다. 그는 지칠 줄도 모르고 잠도 모르고 결코 쓰러질 줄도 모르는 파업의 원동력이었다. 철도회사는 이제 파업을 분쇄할 수 없게 되자 법원에 금지 명령을 청구하기로 결정했다.

이 소식을 듣고 기관사 조합의 지도자인 PM 아더는 겁에 질려서 기관사들에게 일자리로 돌아가라고 명령했다. 화부들만이 거의 일 년 동안 외로이 투쟁을 계속했다. 그러나 그들에게 돌아온 것은 블랙리스트 명단뿐이었다.

뎁스는 마음이 아팠다. 그는 하나의 노조만으로는 무력하지만, "만일 처음부터 '시카고 벨링턴 앤드 퀸시 철도회사'의 기관사와 화부와 전철수 및 제동수 사이에 동맹이 맺어져 힘을 합쳐 싸웠더라면" 파업은 하루 만에 성공할 수 있었을 것이라고 썼다. 어쨌든 그는 이제 더 이상 파업이 "무정부 상태와 혁명"을 의미한다고 믿지 않게 되었다.

오히려 그는 다음과 같이 말했다.

> 파업은 억눌린 자들의 무기이다. 정의를 이해할 수 있고, 불의와 싸울 용기가 있고, 이념을 위해 싸울 수 있는 자들의 무기가 바로 파업이다. 국민들은 자기네의 주춧돌로서 파업권을 가지고 있다. 한편 거만한 불의가 도전을 해 오고 싸울 권리를 위협하면 파업은 일어나기 마련이다. 그러한 때 파업이 일어나는 것은 필연적인 것이며, 인간의 지성과 독립성이 발달될수록 광범한 지지와 커다란 힘을 얻게 되는 것이다.

뎁스는 시련을 겪으며 여러 가지를 배우고 있었다. 그러나 인생과 역사에서는 그보다 더 큰 시련과 과제가 널려 있기 마련이다. 이제 그의 모든 시간을 단결을 위한 투쟁에 바친 끝에, 그와 동료들은 1889년 6월 3일 드디어 제동수·전철수 및 화부 노조의 동맹을 결성하는 데 성공했다. 그리하여 단결된 행동을 처음부터

할 수 있게 되어 파업은 성공했고, 철도 노동자들의 호주머니 속엔 더 많은 돈이 주어졌다. 열차 승무원 노조가 동맹에 가입하려 했고, 기관사와 차장 조합은 동맹 가입에 대한 압력을 심하게 받고 있었다. 그러나 바로 그때 치열한 그러나 사소한 조합의 관할권 문제에 대한 싸움으로 동맹은 1892년에 갑자기 완전 붕괴되어 버렸다.

뎁스는 초기 노동조합 운동을 했던 때와 마찬가지로 정치적으로는 여전히 보수적이었다. 확고한 민주당원인 그는 인민당이 노동기사단과 농민의 지지를 얻어 위버 장군을 출마시켰던 1892년의 활발한 민중운동에 감동을 받기는 했으나, 그들의 강령이 너무 급진적이라고 생각했다. 그는 철도의 국유화 정책에 반대했다. 하지만 그는 화부 노동조합의 잡지에 인민당은 "계급적 입법을 청산하고 정의의 통치를 시작할" 정당일 것이라고 썼다.

그의 이러한 감정에도 불구하고, 그는 전(前)대통령이자 당선 가능성이 높은 민주당 후보 그로버 클리블랜드를 위해 일했다. 그는 2년 뒤에 뎁스를 감옥에 보내는 일을 거든 자였다. 대통령 당선에는 실패했지만, 그럼에도 불구하고 인민당은 놀랄 만한 수확을 거두었다. 그들은 콜로라도주, 캔자스주, 다코타주 및 와이오밍주에서 주지사를 당선시켰으며 2명의 상원의원과 11명의 하원의원을 의회에 진출시켰다. 또 19개 주에서 354명의 주의회 의원을 당선시켰고 102만 7239표를 얻었다. 이는 오늘날의 선거에 견주면 500만 표를 얻는 것에 비할 수 있는 것이었다. '핀커튼 깡패'의 횡포, 저당을 못 갚아 땅이 넘어가는 일, 기업 합동 등은 제거되지 않았으나, 선거 결과 많은 투표자들이 그것들을 없애는 것을 바라고 있다는 사실이 드러났다. 그것에 영향받아 민주당의 급진파들은 인민당의 정강을 민주당의 1896년 강령으로 채택하자고 주장하기 시작했다.

결혼을 한 뎁스가 어느덧 38살이 되어 테르호트의 자신의 집에서 새로운 계획에 따라 일하고 있을 때, 그는 미국에 다시 찾아온 불경기의 소용돌이에 휘말렸다. 1893년 공황은 미국이 그때까지 겪은 것 중에서 가장 심한 것이었다. 역사학자 존 D 힉스는 그의 저서인 《미국 국민 *The American Nation*》에서 이렇게 쓰고 있다.

6개월이 채 가기도 전에 8개의 은행이 2억 8500만 달러의 빚을 지고 파산한 것으로 기록되었다. 주로 남부와 서부에 있는 400개의 은행이 문을 완전히 닫았다. 철도회사들은 연달아 위탁 관리로 넘어 갔고, 결국은 56개의 회사—그 중에는 에리, 유니온 퍼시픽, 노던 퍼시픽 철도회사 등이 들어 있었다—가 파산했다. 공황에 잇달은 혼란이 내내 이어졌으며, 4년이나 계속해서 불경기가 전국을 뒤덮었다.

그러나 이 4년은 대기업의 거물 실업가들에게 지루한 기다림의 시간만은 아니었다. JP 모건은 '에리 철도' 및 '서던 철도'회사를 재건했으며 '필라델피아 앤드 리딩 철도', '뉴욕·뉴헤이븐 앤드 하트포드 철도', '노던 퍼시픽 철도'회사 등에 대한 그의 지배력을 더욱 강화시켰다. 록펠러는 메사비 철광석 산맥을 아주 헐값으로 사들여 '슈피리어호 종합 광산회사'를 차렸다. 카네기는 그의 공장운영을 확장시켰으며, 록펠러의 도움으로 슈피리아호 지역에서 철광석 생산업자들을 몰아냈다. 로에브는 '유니온 퍼시픽 철도회사'를 얻었으나 '인간 발전기'란 별명을 가진 해리만에게 그만 빼앗기고 말았다. 헤리만은 이미 확보하고 있던 볼티모어와 오하이오주의 재산에 그것을 합쳤다.

거대한 독점자본가들은 점점 부유해지고 있는 반면, 농민과 노동자들은 더욱 빈털터리가 되어갔다. 농산물 가격은 전례 없이 낮은 수준으로 떨어졌다. 옥수수를 땔감으로나 쓰는 것이 도시로 내놓는 것보다 더 나을 지경이었다. 그렇지 않아도 낮은 노동자들의 임금도 지독하게 깎였으며, 실업자는 노조가 추산한 바에 의하면 450만 명으로 늘어났다. 수많은 실업자가 전국을 떠돌아다녔다. 가장 유명한 실업자의 무리 가운데 하나는 그린백 당원이자 인민당원인 오하이오주 매시욘의 제이콥 S 콕시가 이끄는 무리였다. 1894년 부활절날 시작된 행진은 5월 1일 워싱턴에 도착했다. 공공사업을 정부가 벌여 실업자에게 일자리를 마련하라는 요구를 의회에 전달하기 위해 모인 500명의 튼튼한 행군자들은 펜실베니아 거리 끝에 기다리고 있던 경찰의 저지를 받았다. 콕시와 다른 지도자들은 잔디를 밟았다는 이유로 즉시 체포되었고 시위 행렬은 해산되었다. 준비했던 연설을 의사당 계단에서 할 수 없게 된 콕시는 다음과 같은 공개 성명을 발표했다.

독점기업의 이익을 위해 의원을 상대로 설득 공작과 운동을 벌이는 이권 운동꾼(로비스트)들은 바로 이 계단을 통해 아무런 제지도 받지 않고 위원회실로 들어갔는데,

땀흘려 부(富)를 생산하는 사람들의 대표인 우리들은 다가서는 것마저 거절당했다. 우리는 오늘 수백만 노동자들을 대신해서 이 자리에 섰다. 힘들여 일하는 사람들의 청원서는 위원회실의 서류더미 속에 파묻혀 버렸고, 기도는 대답을 얻지도 못하고 있으며, 정직하게 보수를 받을 수 있는 노동의 기회는 게으름뱅이·투기꾼·도박꾼 들을 보호하는 공정하지 못한 입법에 의해 빼앗겨 왔다.

콕시를 비롯한 수많은 사람들과 마찬가지로 뎁스에게도 불황은 소름끼치는 일이었다. 수백만의 실업자가 생기자 뎁스는 1893년에 다음과 같이 썼다.

자본가들은 마치 문어와 같은 그 촉수로 노동자들을 움켜잡고, 그들을 끝도 없는 깊은 지옥으로 끌고 내려가고 있다.

많은 아낙네들과 자식들이 쓰레기 깡통을 뒤져 음식물을 찾고 수많은 실업자와 쫓겨난 사람들이 지방을 떠돌아다니는 것을 보았을 때, 그는 진정으로 노동자들을 보호해 줄 수 있는 노동조합을 만들어야겠다고 더욱 굳게 결심했다. 그는 전에도 자기가 가진 좋은 옷을 불쌍한 사람에게 주곤 했는데, 이제는 가지고 있는 돈이란 돈은 아낌없이 나누어 주며 거리를 돌아다녔다.

그는 정말로 고결한 인품을 가진 사람이었다. 인정이 있고 머리도 좋았다. 존 A 힐은 〈기관사 신문〉에 "뎁스는 미국에서 가장 유능한 노동자의 대변인이며 저술가"라고 썼다. 조지 하워드는 동맹이 이루어졌던 시절인 1890년 '열차 차장 조합'에서 다음과 같이 말했다. "지난해 우리들이 이룩한 성공의 대부분은 유진 V 뎁스에 의해 이루어진 것이다. …… 그는 노동자의 권리를 위해 싸우는 가장 용감한 투사이다."

'미국철도노조'(American Railway Union)는 1893년 6월 20일 시카고에서 탄생했다. 설립되면서부터 그것은 전국적 관심을 끌었다. 기업가들은 산업별로 조직된 조합을 두려워했기 때문이다. 뎁스가 위원장으로 선출되었고, LM 로저스는 출판을 담당하는 편집인으로 지명되었다. 또 실베스터 켈리어가 서기로, 조지 하워드는 부위원장으로 뽑혔다. 본부는 시카고에 두었다. 회비는 1년에 1달러였으며, 광부나 부두 노동자들을 막론하고 철도회사에서 봉급을 받는 사람이면 모두 가입

자격이 있었다.

그러나 새로운 노조의 비극적이고 커다란 약점은 노조 규약에 의해 흑인을 가입할 수 없도록 한 점이다. 그것은 모든 철도 노동자의 완전한 단결이라는 기본 원칙을 처음부터 스스로 부정하는 것이었다. 첫 번째 전국 대회가 그 다음해에 열렸다. 뎁스는 흑인의 가입을 허용하도록 규약을 개정키 위해 치열한 투쟁을 벌였으나, 결국 뜻을 이루지 못했다. 후에 그는 흑인을 빼놓은 것이 노조가 패배하게 된 주요한 요인이었다고 말했다. 또 흑인을 가입하지 못하게 하려는 움직임은 철도회사로부터 돈을 받아먹은 끄나풀들이 벌인 짓이며, 결국 그 자들이 조종한 것이라고 말하기도 했다. "그 뒤에 그들은 노동자들의 단결을 파괴하기 위해 여러 회사로부터 돈을 받고 노조 전국 대회에 파견된 배신자들이었음이 드러났다."

그러나 미국 철도 노동자들이 기다렸다는 듯이 이 새로운 조합으로 몰려들었을 때, 뎁스는 패배 따위는 조금도 생각하지 않았다. 때로는 60만 명이 약간 넘는 모든 철도 노동자들이 당장 가입하려 하고 있는 듯이 보일 정도로 분위기가 고조되기도 했다. 진저는 다음과 같이 썼다. "11월 15일까지 89개의 지부에 지부 설립 허가장이 발부됐고, 노조는 4명의 조직책을 계속 고용할 수 있게 되었다. 그 해말에는 '유니온 퍼시픽'·'산타페'·'덴버 앤드 리오그란데'·'리오그란데 앤드 웨스턴' 및 이들 보다 작은 몇 개의 철도회사들에 노조가 조직되었다. '노던 퍼시픽 철도회사'에는 22개의 지부가 섰고 '서던 퍼시픽 철도회사'에는 40개의 지부가 만들어졌다. 뎁스는 어디에서나 노동자들에게 불경기 동안의 임금인하에 맞서 저항하라고 충고했다. 임금은 한 번 깎이면 그것을 회복시키는 데에는 몇 년이나 걸리기 때문이었다. 그러나 굳이 그러한 충고는 필요없었다. 철도 노동자들 사이에서 임금인하를 받아들이겠다는 체념적인 자세를 전혀 찾아볼 수 없었기 때문이다.

아무런 일도 하지 않고 있던 직업별 노동조합(Brotherhood)의 위원장들은 자기네 조합의 조합원 수가 날로 줄어들자 견디기 어려워했다. 새뮤얼 곰퍼즈는 이제까지 그 예를 찾아볼 수 없을 정도로 빠르게 성장하고 있는 새로 탄생된 산업별 노조를 공격했다. 사회노동당 당수인 다니엘드 레온은 '미국철도노조'(ARU)를 "다른 모든 산업에서 일하고 있는 전체 노동자들과 손을 잡는 것은 일보 전진"이라고 찬양했다. 그러나 뎁스는 직업별 노조의 가입 자격이 없는 수천 명의 비숙련·저임금 노동자들이 노조에 다투어 가입해 오는 것을 더욱더 기뻐했다.

첫 번째 시련은 '유니온 퍼시픽 철도회사'의 임금인하에 맞선 싸움이었다. 그 싸움은 파업 한 번 벌이지 않고 예상 외로 보기 좋게 승리로 끝났는데, 위탁 관리인으로서 역할을 하던 연방법원이 그 이전의 결정을 뒤집어 임금인하 계획을 무효로 해 버렸기 때문이었다. 그러나 진짜 큰 싸움은 '그레이트 노던 철도회사'에서 벌인 파업이었다. 그 회사의 주인은 제임스 J 힐이었다. 그는 '노드웨스트 철도회사'도 거의 완전히 소유하고 있었다. 그가 권력과 부귀의 길로 들어서기 시작한 것은 남북전쟁 동안이었다. 파업은 세 번에 걸쳐 임금인하 조치가 취해진 뒤인 1894년 4월 13일에 시작되었다. '그레이트 노던 철도'의 평균 임금은 한 달에 40달러였다. 시작될 때부터 파업 대오는 흐트러짐이 없었다. 거의 한 사람도 일을 하지 않았고, 단 한 대의 기차나 화차도 움직이지 못했다. 직업별 노조는 자기네 회원들에게 일자리로 돌아가라고 명령했지만 아무 소용도 없었다.

파업이 시작될 때부터 뎁스와 그의 동료들은 폭력을 피하기 위한 여러 가지 방안을 세웠다. 폭력은 경영자들이 파놓은 함정에 빠지게 되는 것이고 아무 소용도 없다고 생각하고 있었기 때문이다.

'그레이트 노던 철도회사'는 회사 정문에 "우편배달 방해 행위는 연방 형무소에서 2년간 옥살이를 해야 하는 죄에 해당한다"는 간판을 게시했다. 그러나 어느 누구도 그것을 읽지 않았다. 노동자들은 집에 틀어박혀 있었던 것이다. 철도가 2주일이나 꼼짝 못하게 되자, 힐은 세인트폴에서 뎁스를 만나 직업별 노조와는 협상할 용의가 있다고 말했다. 뎁스는 반문했다. "만일 직업별 노조가 노동자들을 지배하고 있다면, 왜 그들은 당신 회사의 기차들을 움직이게 하지 못하는가? 우리들의 요구 사항을 받아들이지 않으면 파업은 결코 해결되지 않을 것이다."

힐은 다음 조치로, 자기가 마음대로 주무를 수 있는 미네소타 주지사를 시켜 뎁스를 주지사 사무실로 소환하게 했다. 그 곳에서 주지사는 뎁스를 "외국의 사주를 받은 선동가"니 "무정부주의자"니 하고 불렀다. 뎁스는 그의 지루한 욕지거리가 끝나기를 기다려 이렇게 쏘아 주었다. "당신은 나를 협박하지 못합니다. 당신은 힐을 상관처럼 섬기고 있소. 그러나 나는 그렇지 않소. 당신은 그의 명령대로 행동하고 있소. 나는 지금 힐 그 사람하고 싸우고 있는 중이오." 면회가 끝나기 전 주지사는 뎁스에게 자기를 오해하지 말아 달라고 사정했다. 뎁스는 그에게 대답했다. "문제는 내가 당신을 너무 잘 이해하고 있다는 것입니다. 나는 당신을 통해서 사태의 성격을 분명하게 알 수 있었습니다."

'그레이트 노던 철도회사'의 일반 노동자들처럼 뎁스도 굳건히 버티었다. 18일이 지나자 힐은 굴복했고 파업은 끝났다. 그것은 그때까지 대철도회사에서 기록된, 그 예가 많지 않은 완전한 승리 중 하나였다. 그것은 전국에 걸쳐 굉장한 감명을 불러 일으켰다. 파업 노동자들의 완전무결한 단결, 모든 직업별 노동자들의 직종을 넘어선 완전한 단결, 그리고 뎁스의 능력과 성실함 등이 합쳐져 일어났던 그 파업 결과 노동자들은 한 달에 총계 14만 6천 달러를 더 받을 수 있게 되었다. 뎁스가 탄 기차가 세인트폴을 떠나서 그의 고향 테르호트로 돌아갈 때, 수천 명의 철도 노동자들은 철도 연변에 조용히 서서 모자를 벗고 경의를 표시했다. 뎁스는 결코 그것을 잊지 않았으며, 오랜 뒤에 다음과 같이 썼다.

> 지금까지 나에게 주어진 가장 큰 선물은 '그레이트 노던 철도회사' 파업 후에 노조원들이 준 것이었다. 내가 탄 기차가 세인트폴을 벗어날 때, 그들은 손엔 삽을 들고 얼굴은 행복으로 활짝 빛나고 있었다. 그러나 그들의 눈에는 눈물이 고여 있었으며 차렷 자세로 서 있었다. 그들의 그러한 선물은 내겐 이 세상의 어떤 잘 차린 잔치보다도 값진 것이었다.

그로부터 2주일이 지나자 새로 탄생된 노조를 파괴하려는 일련의 사건이 벌어지기 시작했다. 독점자본가들은 새 노조를 파괴하는 데 동원할 수 있는 모든 수단을 동원하기 시작했다. 그 수단들이란 미합중국 정부, 합중국 대통령, 합중국 군대, 법무장관, 각급 병원, 감옥, 총탄 그리고 언론이었다. 언론은 스스로 "뎁스의 반란"이라고 명명하고 교묘한 수법으로 노조 파괴에 가담했다. 어떻게 보든지 간에 이 같은 사태는 보통 일이 아니었다. 한 노동조합이 전과 달리 굶어 죽을 지경에 이르고 있는 다른 공장 노동자들을 도와 주려고 했다는 이유로 독점자본가들은 가능한 모든 힘들을 동원해 그 노조를 파괴시키고 지도자들을 투옥시켰던 것이다.

이 모든 일들은 일리노이주의 풀먼에서 시작되었다. 풀먼은 시카고 교외에 자리잡고 있었는데, 침대차 생산자인 조지 M 풀먼에게 고용된 5천 명의 노동자들이 살고 있는 곳이다. 풀먼은 정말로 뻔뻔스럽게도 자기가 '절대 군주'로 있는 이 봉건적인 공동체가 세상에서 제일 가는 낙원이라고 묘사한 서적을 만들어 보급한 바 있었다. 그 곳은 낙원이었다. 그러나 풀먼에게만 낙원이었다. 그는 노동자들에게 준 헐값의 임금을 다시 되돌려 받는 길을——그것도 엄청난 이윤을 붙여서——완벽하게 만들어 놓고 있었다. 풀먼은 경기가 좋을 때에도 다른 회사에 다니는 일반 노동자들이 받는 임금보다 더 적게 임금을 주었으며, 풀먼 공장의 모든 노동자들은 시카고에 있는 비슷한 숙박소의 방세보다 20~25센트나 더 비싼——풀먼이 낙원이라고 묘사한——마을에서 살도록 강요되었다. 조명가스 비용은 실제로 1천 평방 피트 당 33센트밖에 안 들었지만, 풀먼의 노동자들은 1천 평방 피트 당 2.25달러를 풀먼에게 지불해야만 했다. 시카고시는 풀먼 회사에 1천 갤런 당 4센트에 물을 공급했는데, 노동자들은 풀먼 회사에 1천 갤런의 물값으로 10센트를 내야만 했다.

이렇게 터무니없이 비싼 요금들은 모두 노동자들의 임금에서 자동적으로 공제되었다. 일주일마다 보고를 하도록 돈으로 매수된 끄나풀이 들끓는 풀먼 교회당에서의 예배 외에는, 노동조합이나 그 어떤 집회도 풀먼의 낙원에서는 금지되었다. 몇 번씩이나 봉사를 한 사람이라도 말 한마디 잘못했다는 이유 때문에 멋대로 해고를 당하곤 했다. 한 노동자는 다음과 같이 말했다. "우리는 풀먼의 주택에서 태어났다. 우리는 풀먼의 상점에서 음식을 사 먹고 풀먼의 학교에서 교육을 받는다. 우리는 풀먼의 교회에서 교리 문답을 배우고, 죽으면 풀먼의 공동묘지에 묻힐 것이다. 그러고는 아마 풀먼의 지옥으로 갈 것이다."

절망으로 오히려 대담해진 풀먼의 노동자들에게 '미국철도노조'(ARU)의 설립은 노예에서 인간으로 변신할 수 있는 기회를 마련해 준 사건이었다. 그들은 철도 노조의 회원이 될 자격이 있었다. 왜냐하면 풀먼이 철도 장비를 생산하는 외에도 조그만 철도회사를 경영하고 있었기 때문이다.

1894년 봄, 일단의 남자와 여자들이 풀먼의 끄나풀을 피해 이웃 마을에서 몰래 만났다. 마침내 거기서 그들은 자신들의 권리를 위해 투쟁할 것을 결의했다. 그렇게 결의하자 그들의 기분은 한결 좋아졌다. 또 몇몇은 흥분된 감정을 느꼈다. 풀먼 회사에 실제로 철도 노조 지부가 결성되기도 전에 남자들은 고개를 떳떳이 들고 다녔으며, 아낙네들의 눈도 다시 활기를 찾았다. 행동, 그 어떤 행동이라도

하겠다는 벅찬 감정이 그들 사이에 퍼졌다. 그들은 자신들이 이제야말로 정말 미국인이 되었다고 느꼈다. 이제 더 이상 억눌려 살 수 없다고 그들은 다짐했다. 1894년 5월 7일에 그들은 노조를 조직했고, 같은 날 40명의 노동자들이 부사장이며 감독인 윅스의 사무실로 몰려 갔다. 윅스는 40마리의 개가 요구조건을 들고 몰려 왔다고 하더라도 그보다 더 놀라지는 않았을 것이다. 이때까지 풀먼 회사에서 요구사항이란 오뉴월의 눈보라처럼 전혀 있을 수 없는 일이었던 것이다

윅스는 그들을 적당히 무마해서 돌려보냈고, 이틀 후에 그들이 다시 왔을 때도 적당히 무마해서 돌려보냈다. 그 다음날 밤 이웃 마을 켄싱턴에서 한 집회가 열렸다. 그 곳에서 미국철도노조의 간부들은 그들에게 서두르지 말라고 충고했다. 그러나 인간답게 떳떳이 살기로 결심한 사람들의 의욕을 그들이 멈추게 할 수는 없었다. 드디어 노동자들은 3차 투표에서 파업을 결의했다. 마침내 5월 11일 공장 문은 굳게 닫혔다.

뎁스가 사흘 뒤에 달려 왔다. 그는 하루 종일 파업 노동자들과 아내들 그리고 어린이들에게 이야기했고, 또 그들의 이야기를 들었다. 그리고 그들이 받은 7센트의 임금 봉투를 보았고, 설쳐 대는 끄나풀들의 행패와 감시에 대한 이야기를 들었다. 이 모든 것들이 풀먼의 낙원에서 일어난 일이었다. 많은 사람들이 이미 굶주림으로 고통받고 있었다. 그날 밤 집회에서 뎁스는 파업 노동자들에게 말했다.

> 만일 여러분이 조지 M 풀먼을 위해 몇 년씩이나 일을 해 주었는데도 일을 중단한 지 겨우 두 주일만에 헐벗고 굶주리게 되었다면, 그것은 내가 여러분 앞에서 행한 비난이 옳았음을 입증하는 것입니다. …… 여러분을 하인처럼 다루는 풀먼의 가부장주의는 인간을 소유하는 노예 소유자의 이기주의와 같은 것입니다. 여러분은 노예제도와 인간적인 굴욕을 부수기 위해 파업을 하고 있는 것입니다.

뎁스는 풀먼 회사의 파업 노동자들이 겪고 있는 곤경을 '미국철도노조'의 제1차 전국 연례대회에 보고했다. 그 대회는 1894년 6월 12일 시카고의 울리크 회관에서 2주일 예정으로 열렸다. 465개 지부의 철도 노동자 15만 명을 대표하는 4천여 명의 대의원들이 참여했다. 그러나 뎁스는 풀먼 회사의 파업에 관해 말하기에 앞서 노동자들의 단결과 독자적인 정치활동을 호소했다. 그러자 대의원들은 모두

벌떡 일어나 휘파람을 불고 박수 갈채를 보내며 모자를 벗어 허공에 집어 던졌다. 이 소란이 끝나자 뎁스는 풀먼 회사의 노사분규에 대해 말을 꺼냈다. "풀먼 마을에는 노동과 가난뿐이었다. 그러나 참는 것도 한계에 도달했고 더 참는다는 것은 생명과 자유와 행복을 찾으려는 노력에 대한 반역이기 때문에, 노동자들은 드디어 자신들의 조건을 개선하기 위해 파업을 일으키기로 결정했다." 그러고 나서 그는 대의원들에게 풀먼 회사 파업자들의 호소문을 읽어 주었다. 그것은 다음과 같은 선언으로 끝나는 글이었다.

우리들은 파업을 일으켰다. 우리에게는 아무런 희망도 없기 때문이다. 우리는 '미국철도노조'에 가입했다. '미국철도노조'가 우리에게 한가닥 희망의 빛을 던져 주었기 때문이다. …… 동지들이여! 그대들이 지금 우리가 필요로 하고 있는 도움을 아낌없이 제공해 준다면, 우리는 그대들의 기대에 어긋나지 않게 행동할 것이다. 우리가 조국을 좀더 훌륭하고 완전한 것으로 만들도록 도와 달라. …… 가난한 사람들의 얼굴을 찍어누르는 저 거만한 자들에게 가르쳐 주자. 아직도 정의의 하느님은 존재하며, 그리고 필요하다면 싸움도 마다 않는 여호와 하느님이 존재한다는 것을 …….

대의원들은 깊은 감명을 받았다. 그들의 감정은, 그 역시 반기를 들고 파업자들과 손을 잡은 풀먼의 윌리엄 H 카와다인 목사가 풀먼의 모든 아낙네들과 어린이들은 굶주리고 있으며 거의 굶어 죽을 지경에 있다고 말하자 절정에 달했다. 그리고 풀먼 회사의 여성 지부장(269번 지부)이자 재봉사인 제니 커티스의 이야기를 듣고서 대의원들의 분노는 극에 달했다. 마르고 지친 듯한 얼굴을 가진 그녀는 13년간 풀먼 회사를 위해 일한 아버지가 돌아가시자, 자신이 아버지가 병들어 죽어갈 때까지 밀린 방세 60달러를 대신 지불해야 했다고 폭로했다.

한 사람의 대의원이 갑자기 일어나서 '미국철도노조'는 풀먼 회사의 철도 차량을 배척하고, 풀먼이 노동자들과 협상할 것을 승낙할 때까지는 풀먼 회사의 침대차 운행을 거부하자고 제안했다. 찬성한다는 고함 소리가 장내를 가득 채웠다. 뎁스는 앞으로 벌어질 싸움이 순탄하지 않으리라는 생각에서 그 제안을 받아들이지 않았다. 연방법원은 파업을 불법화하는 금지 명령을 점점 많이 내리고 있었다. 그 명령을 집행하기 위해 군대가 점점 많이 소집되었고, 파업뿐만 아니라 노조

자체를 파괴시키며 간부들을 투옥시키고 있었다. 뎁스는 6명의 파업 노동자와 6명의 비파업 노동자로 구성되는 위원회를 대회에서 임명하고, 그들로 하여금 중재안(案)을 갖고 회사측과 협상을 벌이도록 하자고 제안했다. 그러나 부사장 웍스는 위원들과 만나기를 거절했고, 위원들은 대회로 돌아와 아무런 성과도 없었다고 보고했다.

다시 배척 운동이 제안되었다. 그러나 또다시 뎁스는 그것을 보류시키고, 풀먼 회사의 노동자로만 위원회를 구성하여 회사측에 회담과 중재를 요청하자고 제안했다. 웍스는 "중재할 것이라고는 아무것도 없다"고 주장했다. 위원들이 아무 성과 없이 다시 돌아오자, 뎁스도 더 이상 대회 흐름을 막을 수 없었다. 풀먼 회사가 파업 노동자들과 6월 26일 이전까지 협상을 시작하지 않으면, 그 날 정오부터 배척 운동을 시작한다는 결의가 만장일치로 채택되었다. 그리고 '미국철도노조' 회원 중 어느 누구라도 침대차 운행을 거부했다는 이유로 해고당하면, 그 노선에 종사하는 다른 모든 회원들이 파업을 하기로 결의했다.

시카고에 본부를 둔 '경영자 총연합회'(General Managers Association)는 철도회사 간부들로 구성된 미국에서 제일 강한 조직 가운데 하나였는데, 노동자들의 이 같은 배척 운동 결의를 보자 새로이 탄생해 성장하고 있는 이 산업별 노조를 파괴시켜 버릴 절호의 기회가 왔다고 생각했다. 이 새로운 노조를 파괴시키지 못하면 임금인상으로 수십만 달러를 잃게 되고, 임금인하 계획에 대해서도 계속 저항받을 것은 뻔한 일이었다. 이 노조를 파괴시키지 못한다면 전국적으로 모든 산업에서 산업별 노조운동이 빠른 속도로 그리고 막을 수 없을 정도로 성장할 것이라는 사실 또한 분명했다. 그렇게 되면 독점자본가에게 대항하는 강력한 반항 세력이 생기게 된다고 그들은 두려워했다.

경영자들은 그 싸움을 반겼다. 그들은 풀먼 회사의 차량을 모든 기차에 달게 하고, 그것도 가능하다면 모두 우편열차에 달겠다는 발표를 하면 싸움이 더 커질 것이라고 굳게 믿었다. 그들의 그 같은 확신은 경영자 편에서 사건에 개입하도록 연방정부를 자기들이 조종할 수 있다는 완전한 자신감에 근거한 것이다. 그들의 술책대로만 되면 미합중국의 우편 사업을 노동자들이 방해한다고 주장할 수 있을 것이다. 그들은 또한 자기네 조직의 힘을 자신했다. '경영자 총연합회'는 미국에서 가장 큰 24개의 철도회사를 대표하고 있었고, 자본금은 총 8억 1800만 달러였으며, 22만 1000명의 노동자를 고용하고, 4만 1000마일의 주요 철도 노선을 장악하고 있었다.

게다가 연합회의 회원인 한 철도회사의 변호사가 미합중국의 법무장관을 지내고 있다는 사실에서 그들의 자신감은 더욱 강해졌다. 그는 법무장관으로서 전국적으로 파업을 통제하는 임무를 맡고 있는 사람이었고, 또 자기를 임명한 대통령에게도 적지 않은 영향력을 행사하는 사람이었다. 그의 이름은 리처드 B 올니였다.

합중국의 수도 워싱턴에서 노동쟁의를 주무르는 법무장관에 자기의 패거리를 앉힌 '경영자 총연합회'가 또한 미합중국 정부의 이름으로 철도회사를 위해 시카고의 노동쟁의를 주물러 줄 충실한 검사를 원하게 된 것도 매우 당연한 일이었다. 법무장관 올니는 그러한 검사를 임명해 달라는 철도회사의 권고를 받고서 '경영자 총연합회' 변호사들의 추천에 따라 노동쟁의에 대한 소추를 담당할 미합중국 시카고 특별검사로 에드윈 워커를 임명했다. '지방 법조계 1인자'로 알려진 워커는 철도회사 및 보험회사와 관계하고 있는 변호사였다. 그는 또한 얼마 뒤 파업에 휘말려들게 되는 '시카고·밀워키 앤드 세인트폴 철도회사'의 고문 변호사인 W 에디와 합동 법률사무소를 차리고 있었다.

올니와 경영자들은 자기네 쪽이 승리하도록 일을 처리하는 비결은 폭력을 휘두르는 데에 있다는 것을 알고 있었다. 뎁스도 그것을 알았다. 뎁스는 자기가 해야 할 가장 중요한 일은 폭력을 방지하는 것이며, 또 파업은 평화적일 때에만 성공할 수 있다고 믿고 있었다.

파업은 6월 27일에 시작되었다. 그 날 5천 명이 일자리를 떠났다. 뎁스가 평화롭게 파업을 진행하라고 한 경고가 그때까지도 노동자들의 귀에 쟁쟁했다. 그 날 밤이 되자 파업 노동자들이 미합중국의 우편 업무를 방해하고 있다는 비난이 들려왔다. 6월 29일엔 12만 5000명이 파업했다. 20개의 철도 노선은 마비되었고 열차는 전혀 운행되지 않았다. 그러나 직업별 노조는 이미 파업을 깨뜨리기 시작하고 있었다. 기관사 노조의 지도자인 PM 아더는 '와바시 철도'에서 파업에 참가한 회원 400명을 징계했다.

다음날인 6월 30일에 철도회사들은 폭력을 휘두르기 시작했다. 시카고 경찰국장의 증언에 의하면, 특별히 편성된 파업담당 보안관 대리들은 살인 청부업자와 도둑과 전과자들로 구성되었다. 이 보안관 대리들에게는 체포 및 사살할 권한이 부여되었고 그들은 곧 이를 실행했다. "철도회사는 그들에게 무기를 공급하고 급료를 지불했다. 그들은 철도회사의 고용인자이면서 동시에 미합중국의 관리자라는 이중의 자격으로 행동했다"고 '파업 문제 위원회'가 클리블랜드 대통령에게 훗날 보고한 정부의 공식 보고서는 쓰고 있다. "그들은 권한을 행사함에 있어 정부 관리의 어떠한 직접적인 통제도 받지 않았다. 정부가 임명한 공무원이 철도회사 연합에 지배받는 일이 벌어졌다. 이것은 나쁜 선례이며 틀림없이 심각한 결과를 초래할 것이다." 이들은 실제로 심각한 결과를 일으켰다.

1천 명의 미합중국 파업담당 보안관 대리들이 시카고 시내에 배치된 그날 밤 폭력 사태가 발생했다. 콜로라도 주지사 웨이트는 이 자들을 "자질(資質)에 대한 고려는 전혀 없이 군사적 목적만으로" 고용된 "불량배들"이라고 묘사했다. 시카고 경찰국장 존 브레넌은 파업이 모두 끝난 뒤 '파업 문제 위원회'에서 증언하면서, 철도회사의 지령에 따라 움직인 이 보안관 대리들은 위협도 받지 않은 상황에서 무장하지 않은 평화적인 군중에게 총을 쏘았다고 말했다. 그는 계속해서 "죄도 없는 사람들이 이들의 총알에 맞아 죽었다"고 증언했다. "이 보안관 대리들 중 여러 명은 파업 기간 중에 열차칸에서 도둑질을 한 혐의로 체포되었다. 또 그들 중 2명이 막 불이 난 화물차 근처에서 이상한 짓들을 하고 있다가 발각된 일도 있었다. 그들은 권총을 멋대로 사용하여 시민들의 생명을 매우 위태롭게 하는 자들이었다."

평화롭게 일을 처리하려는 뎁스의 노력에도 불구하고 올니는 계속 폭력을 사용했던 것이다. 보안관 대리라는 폭력배들은 철도회사가 매수하여 사례금을 주는 자들이었는데, 공무원 신분까지 가지고 있음으로 해서 미합중국 정부의 권위를 등에 업게 되었다. 이제 뎁스에게는 밤을 새우는 일도 드문 일이 아니었다. 파업이 벌어지기 몇 달 전 의사는 그에게 병이 나지 않도록 조심하라고 경고했다. 그러나 그는 자기의 몸을 돌보지 않고 있었다.

그러한 폭력에도 불구하고 파업의 대열은 굳건했다. 파업 5일째인 7월 1일, 뎁스는 여전히 승리하리라고 확신했다. 파업자들의 집회에서 그는 이렇게 말했다.

풀먼 회사와의 투쟁은 생산을 담당하고 있는 노동자들과 돈을 가진 세력과의 싸움으로 발전했다. …… 모든 철도회사들이 '경영자 총연합회'를 통해 구원병으로 끼여들었다. 그들은 기다란 변명을 늘어 놓으면서 풀먼과 손을 잡겠다고, 다시 말하면 노동자들을 굶겨 죽이려는 풀먼 같은 악당의 돈벌이를 돕겠다고 세상에 선포했다.

언론은 뎁스와 철도 노동자들을 있는 힘을 다해 비난하면서, 특별검사 워커나 법무장관 올니만큼이나 충성을 바쳐 파업을 분쇄하는 데 크게 기여하고 있었다. 언론은 파업을 흔히 "뎁스의 반란"이라고 불렀다. 파업 지도자는 "두목 뎁스"라고 불렀다. 6월 30일 <시카고 트리뷴>지는 "폭도들이 진압되고 있다"고 보도했고, 또 한편 다른 한쪽의 머리기사로 "법이 짓밟히고 있다"고 비난했다. 얼마 후에 그 신문은 다음과 같은 제목으로 사설을 실었다.

너희는 6일 동안 일하라—성경
내가 6일 동안 일하지 않아도 된다고 말하면 일하지 않아도 된다—뎁스

전국의 모든 신문들이 뎁스가 힘과 폭력으로 미합중국 정부를 전복시키려는 음모를 이끌고 있다고 비난했다. <뉴욕 타임즈>지는 7월 7일자 사설에서 다음과 같이 썼다. "뎁스와 그를 따르는 놈들의 태도는 반란의 태도이며 무정부주의적인 태도이다." "뎁스는 정부의 권위에 대해 반역하고 폭력을 선동한 죄로 처벌되어야 한다." 그리고 <뉴욕 트리뷴>지도 어느 날 이렇게 썼다. "이 자는 지금까지 나타났던 자 중에서 가장 위험한 무정부주의자이다. 그는 회사나 자본과 싸우는 것이 아니라, 미합중국 정부 그리고 모든 형태의 정부에 대해 싸우고 있는 것이다." 그 당시 전형적인 신문 기사의 제목은 다음과 같다. "공포가 시카고를 지배 …… 현재 공포 상태 …… 그러나 일반적인 봉기는 없어 ……" <뉴욕 헤럴드>지 7월 9일자. "유혈극 …… 구석구석에 폭력" <시카고 이브닝 포스트>지 7월 7일자.

이 같은 사태를 배경으로 연방법원은 7월 2일에 모든 파업 행동을 금지하는 강제 명령을 발표했다. 강제금지 명령은 연방법원 판사 윌리엄 A 우즈와 피터 S 그로스컵에 의해 공표되었다. 우즈는 "철도회사로부터 상당한 대접을 받아온 자였기 때문에, 그가 내린 결정이 공정할 수가 없는 자였다." 또 그로스컵 판사는 현충일날 발표한 연설에서 "노동조직의 성장을 법에 의해 규제해야 한다"고 말했

던 사람이다. 파업을 깨뜨려야겠다는 다급한 목적으로 특별검사 워커가 작성하고, 검사와 두 판사가 비공식적으로 만난 자리에서 확정된 이 강제 명령은 '미국철도노조'의 변호사들이 출석하지도 않은 상태에서 공표되었다.

사태는 극적인 상황에 이르렀다. 뎁스와 동료 간부들은 이 같은 명령에 절대 굴복할 수 없으며, 더구나 파업을 취소함으로써 노동운동을 몇 년 전의 수준으로 후퇴시킬 수는 없다고 선언했다. 7월 4일 1936명의 연방군이 클리블랜드 대통령의 명령으로 시카고에 파견되었다. 그리고 그 같은 군대 이동은 불법적이며 위헌적이라고 일리노이 주지사 존 피셔 알트겔트가 대들었는데도 불구하고, 연방정부는 속이 뻔히 들여다보이게 철도회사를 도와 파업을 분쇄하려고 시도했다. 이제 시카고에는 1만 4000명의 무장된 사람들로 들끓게 되었다. 6천 명은 군인이고 5천 명은 철도회사가 돈을 주는 미합중국 파업담당 보안관 대리였으며, 3천 명은 경찰관이었다. 곧바로 폭력 사태가 벌어졌다. 폭력 사태의 대부분은 철도회사에 고용되어 미합중국의 권위를 등에 업은 깡패들 때문에 일어난 것이었다. 30명의 남녀가 살해되었고, 그 세 배나 되는 수의 사람들이 부상을 당했다. 그 일련의 소란 속에서 죄 없는 구경꾼들이 제일 많이 희생되었다.

7월 10일 연방법원 대배심은 미국철도노조의 뎁스와 다른 간부들을 기소했는데, 혐의는 '셔먼 독점법'을 어기고 주 사이의 통상을 방해함으로써 미합중국 정부에 반항하는 음모를 꾸몄다는 것이다. 그들은 체포되었고 보석금을 내고 석방되었다. 그러나 파업자들은 여전히 정부·회사·군대·법원·언론·목사 등의 힘과 횡포에 대항해 투쟁을 계속했다. 어떤 날은 전국적인 총파업이 일어난 듯이 보이기도 했다.

7월 17일 뎁스와 다른 파업 지도자들이 다시 체포되었다. 이번에는 법정 모독죄와 7월 2일자 파업 금지 명령을 위반한 혐의였다. 지도자들이 모두 쿠크군(郡) 형무소에 수감되었고, 그들은 옥중에서도 파업을 지도했지만 결국 파업은 깨지고 말았다. '미국철도노조'는 파괴되었고 역사에서 보듯이 산업별 노조운동은 그 뒤 40여 년 동안 좌절되었다. 파업 노동자들을 보호하기 위해 '시카고 앤드 노드 웨스턴 회사'를 그만둔 젊은 변호사 클레런스 대로우는 변호할 노조 지도자들을 지저분한 감방에서 만났다. 후에 그가 말한 바에 의하면, 한 명의 간수가 그를 안내해서 "마룻바닥, 천장, 벽이 쇠로 되어 있는 긴 복도"를 따라 감방으로 데리고 갔다. 그 방엔 파업과는 관계없는 다섯 명의 죄수와 뎁스가 갇혀 있었다. 대로우의 기억에 의하면 몇 명은 "허리까지 옷을 벗고서 이름도 모를 벌레들에게 물린 상처를 긁고 있었으며, 피가 작은 시냇물처럼 그들의 벌거벗은 몸 위에서 졸졸 흘렀다. 고양이만큼이나 큰 시궁쥐들이 마루 위에서 앞뒤로 뛰어다니고 있었다."

뎁스는 매우 침착했다. 그는 자기가 있는 방이 노동 투사 파슨즈가 갇혀 있었던 방 근처라는 사실에 흥미를 보이고 있었다. 그가 파업을 지도한 데 대해 심한 보복을 받게 될 것이라고 대로우가 말하자 뎁스는 대답했다. "나는 화부로 철도계에 뛰어들었소. 나는 어떤 엄청난 일에도 익숙해 있소." 그는 자기 걱정은 하지 않고 블랙리스트 명단에 오르게 된 12만 명의 노동자들을 걱정하고 있었다. 그는 수많은 노동자들의 앞날을 불보듯 환하게 내다볼 수 있었다. 그들은 몇 년간에 걸쳐 전국을 떠돌아다닐 것이다. 가족을 떠나 가짜 이름을 쓰며 하루나 이틀 정도 일을 하다가, 다시 블랙리스트 명단이 그들을 뒤쫓아오면 또 방랑 생활을 하게 될 것이 분명했다.

그는 언제나 그러했듯이, 이제 새로운 교훈을 얻고 있었다. 지난 번의 어떤 파업 집회에서 그는 민주당을 탈당한다고 말한 바 있었다. 민주당은 그가 아주 오랫동안이나 지지해 온 정당이었는데, 그 정당 출신인 클리블랜드 대통령은 뎁스를 투옥시키는 일을 도와 주었고 12만여 명의 많은 노동자들을 집도 없고 일자리도 없는 떠돌이로 만드는 데 가담했던 것이다. 그는 그때 말했었다. "나는 인민당을 지지한다. 나는 두 개의 오래된 정당(민주당과 공화당)을 모조리 쓸어 버려 다시는 그들이 권력을 못 잡게 하자는 주장에 찬성한다. 나는 일생 동안 민주당원이었지만, 이제는 그런 사실을 인정하는 나 자신이 대단히 부끄럽다."

그는 자기 자신을 끊임없이 발전시키는 능력이 있었다. 그는 경험에서 여러 가지를 배우는 사람이었다. 미합중국 최고재판소가 법정 모독죄를 유죄로 인정해 일리노이주 우드스톡 형무소에서 6개월을 복역하도록 선고한 후에도 그는 계속 발전했다. 그 동안 뎁스는 헨리 데머리스트 로이드의 저서인 ≪공화국에 반대하는 부(富) *Wealth against Commonwealth*≫를 읽었다. 이 저서는 결론적으로 국가가 민중의 이익을 위해서 통치되지 않고, 독점기업을 조종하는 몇 사람의 이익만을 위해 통치되고 있다는 사실을 설명해 주고 있다고 그는 생각했다. 그는 또 감옥에서 당시 유럽에 퍼지고 있던 급진적인 사상에 관한 책도 읽었다.

우드스톡의 옥중에서 그는 과거의 경험으로부터 많은 것을 느끼고 미래를 계획했다. 그리고 평화로운 파업만이 노동운동을 승리로 이끌 수 있다고 생각해 왔던 이제까지의 생각을 180도 바꾸게 되었다. 보수적이었던 뎁스는 혹독한 탄압의 과정을 겪고 난 후 이렇게 말을 할 정도로 돌변했다.

우리는 너무나 오랫동안 저주스러운 황금의 지배를 받아 왔다. 돈이란 것은 훌륭한 문화 기초를 만들지 못한다. 나라의 주인이 자본가가 아닌 새로운 사회를 창조해야 할 때가 왔다. 우리는 광범한 변화의 전야에 있다.

1만 명의 시카고 시민이 감옥에서 나오는 뎁스를 맞이하기 위해 우드스톡에 모였다. 그들은 뎁스를 만져 보려고 앞을 다투며 "눈물을 흘리고, 박수 갈채를 보냈으며, 웃음을 터뜨리고 또 함성을 질렀다." 시카고에 이르러 그가 기차에서 내릴 때에는 10만 명의 인파가 기다리고 있었다. 그들은 거리를 꽉 메우고 다시 눈물을 흘리며 환성을 질렀다. 그는 몇 주일 뒤에 뉴욕 양조 노동조합에서 연설했다. 스윈튼은 이렇게 썼다.

양조 노조에 나타난 뎁스를 보자, 나는 마치 그 곳에 링컨이 서 있는 듯한 착각에 빠졌다. 일리노이주 출신인 링컨이 훌륭한 자유의 대변자가 되었듯이, 인디애나주의 뎁스는 다가오고 있는 노동자를 해방시키기 위한 투쟁에 뛰어들고 있었다. 링컨의 다음과 같은 위대한 말을 잊지 말자. "자유가 재산보다 먼저다. 인간이 돈보다 먼저다."

많은 사람들은 정부가 자유보다 재산을 먼저 위하고 인간보다 돈을 먼저 위한다고 생각하고 있었다. 그리고 미국에서 가장 사랑받는 인물 가운데 한 사람을 왜 정부가 투옥시켰는지 마음 속으로 물어 보고 있었다.

독점자본과 제국주의

뎁스가 쿠크군 형무소의 감방에서 생쥐들과 싸우고 있을 때, 앤드류 카네기는 스코틀랜드에 있는 그의 저택에서 장미 향기를 들이마시고 있었다. 한편 모건은 문예부흥 시대 옛 미술 작품의 사랑스런 색채를 즐기고 있었다.

특히 카네기는 폭력과 유혈 사태를 싫어했다. 그는 강철 같은 부하 프릭이 1892년에 노조를 파괴시키고 임금을 20% 깎아내리면서 홈 스테드의 카네기 회사 노동자들을 죽였을 때, 자기가 외국에 있었던 것은 다행스런 일이었다고 솔직하게 말했다. 홈스테드 근처에 살았던 사람들의 오두막집 안과 그들의 가슴 속엔 절망이 가득 찼다. 그러나 카네기는 이탈리아의 아름다움을 즐기면서 승리한 프릭에게 전보를 쳤다. "모든 이에게 축하를, 인생은 또 한 번 살아볼 가치가 있으며 이탈리아는 참으로 아름답다."

해가 갈수록 몸은 쪼그라들지만 재산만은 그렇지 않았던 록펠러도 프릭의 살인을 칭찬하는 축하 전보를 쳤다. 그리고 재벌답게 교회에는 더욱 많은 헌금을 냈다. 모건은 미국 사람들에게 엉터리 소총을 파는 일을 집어치우고 이제는 좀더 큰 거래를 하고 있었으며, 미국 성공회에서 가장 으뜸가는 평신도가 되어 있었다. 그는 "황소 같은 굵은 목에 까만 까치 눈을 한 성미 급한 사람이었고, 그의 코에는 혹이 나 있는" 것으로 알려져 있었다. 그는 뎁스와는 달리 겉모습에 그다지 신경을 쓰지 않았다. 결국 그는 노동 투사 실비스보다 오래 살았고, 노동기사단 단장 파우덜리가 시들어 가는 것을 보았으며, 몰리 매가이어 사람들이 교수형당하는 것도 보았고, 실업자들을 지도했던 콕시의 투옥도 보았다.

많은 대통령이 취임했고 또 물러났다. 그들 중 몇 명은 공화당 출신이었고 나머지는 민주당 출신이었다. 모두가 변했지만 유일하게 변하지 않은 것은 모건이었다. 그는 회사의 세력을 더욱 확장시켰다. 노동자들은 그가 이룬 일에 대해 경탄하기도 했다.

몇 년 동안 용광로에 쇠를 굽고, 광산에서 일하고, 사람들이 쓰고 입고 먹는 것들을 만들며 힘든 노동을 하느라고 보통 사람들은 나이만 먹었을 뿐이었다. 그러나 모건은, 황제 모건은 약 20명의 산업계 거물들이 모여 있는 방 안에 들어가서 마술을 부리듯 기업 연합을 이루고 서류를 읽어 치우고 증주(增株)된 주식을 판매할 계획을 세우는 것으로 그 방 안에 있던 산업계 거물들에게 백만 달러 이상을 벌게 해 주는 힘을 가지고 있었다. 곰퍼즈는 그것을 몰랐지만, 모건은 단결의 힘과 이익을 알고 있었기 때문이었다.

독점기업을 만들어 내는 일, 즉 굉장히 많은 서류와 변호사들과 일에 싫증이

나면 모건은 프랑스로 가곤 했다. 거기서 그는 술과 여자를 즐겼다. 그는 석탄 광산 경영자인 조지 F 베어스의 의견에 찬성하여 파업이 일어났을 때, 하느님이 부자들에게 나라의 통치권을 주셨다고 떠들었다.

카네기는 "이탈리아는 참으로 아름답다"고 홈스테드의 죽은 시체들에 대고 말했었다. 비록 그보다는 덜한 시적인 기분에서였지만, 모건 자신도 프랑스의 에르뱅에 있는 저택에서 비슷한 전보를 보냈다. 미국의 기간산업에서 일하는 수백만 노동자들의 임금을 얼마나 더 깎아내릴까를 빨리 결정하기 위해 프랑스 휴양을 중단한 뒤 그는 이렇게 덧붙였다. "최고로 훌륭한 날씨야!

1894년 미합중국 최고재판소는 '셔먼 반독점법'은 기업 합동에 대해선 적용되지 않고, 오로지 노동자들에게만 적용된다고 판결했다. 뎁스는 반독점법 위반 혐의로 기소되었다. 그러나 노동기사단 사건 때 내린 최고재판소의 판결에 따라 실업계의 거물들은 이 법에 의해 처벌받지 않게 되었다. 이 최고재판소의 결정이 있고 난 후 기업 합동이나 기업 연합과 같이 가격과 임금을 고정시키는 독점기업들이 우후죽순처럼 생겨났다. 그러한 것들은 대부분 태어날 때부터 덩치가 컸다. 그 후 5년 동안 300개 이상의 거대한 독점기업이 탄생했다. 그들은 지주회사[3]의 보조를 받았고, 그 같은 방식을 인정하는 뉴저지주 법률에 의해 공식적으로 인가를 받았다.

집중의 과정은 날마다 계속되었다. 집중 과정의 범위와 속도는, 산업문제위원회의 '마지막 보고서'라고 불리우는 1902년 발행된 한 정부 공식문서에 잘 나타나 있다. 그 문서는 이와 관련해 다음과 같은 사실들을 제시했다.

> 1900년도 조사에 의하면, 기업 연합의 수는 183개였다. …… 최근 들어 연합회 움직임의 속도가 빨라졌다는 것은 다음의 사실만 보아도 잘 알 수 있다. 즉 이들 기업의 63개만이 1897년 이전에 조직되었고, 79개나 되는 것이 1899년 1년 동안에 조직되었다. 이들 기업의 자본 평가액은 36억 753만 9200달러였다. 대부분의 주요 산업 분야에서 이들 기업 연합은 전국의 생산량 가운데서 커다란 비중을 차지했다. 철강 제품에 있어서는 한 회사가 전체 산출량의 75내지 80%를 점했고, 다른 분야에서는 그보다 더

---

[3] 持株會社 : 다른 회사의 주식을 소유하여 그 회사의 사업 활동을 지배하는 회사—옮긴이.

한 것도 있었다. 설탕 생산 분야에서 90%, 석유 생산 분야에서 82% 등 …… 1898년 경기가 회복된 이후, 그때까지와는 비교도 안 되는 규모로 철도회사의 합병이 진행되었다. …… 그때 미합중국 총 철도 마일 수의 반 이상이 6개 금융자본의 지배 하에 들어갔다. 그 중 4개 회사는 각각 거의 총 2만 마일씩의 철도를 소유하고 있었다.

석유의 록펠러, 설탕의 헤이브메이어, 담배의 듀크, 알루미늄의 멜론, 선철과 강철의 카네기와 프릭, 철도와 새로이 각광을 받게 된 산업의 모건 등. 이들 재벌은 경쟁을 없애 최고의 이익을 남길 수 있는 높은 가격 수준으로 가격을 고정시키려는 욕심뿐만 아니라, 노동자 조직을 분쇄함으로써 보다 낮은 임금 수준을 유지하려는 욕심에서 기업 합동을 만드는 일에 열심이었다. 그들은 "집중된 자본의 힘"을 가지게 되면, 노동조합 운동에 대해 더욱 강력한 입장을 가질 수 있다는 사실을 잘 알고 있었다. 특히 노조 조직이 직업별로 쪼개져 있다는 사실에 비추어 볼 때 더욱 그러했다.

산업 문제 위원회는 '마지막 보고서'에서 그것을 다음과 같이 설명했다.

많은 경우에 있어 기업 연합을 조직한 사람들은, 기업 연합에 포함된 한 공장의 기능이 마비되더라도 자본의 집중된 힘을 통해서 여러 개의 공장 중 어떤 한 곳의 공장을 가동시켜 주문받은 것을 생산해 낼 수 있기 때문에, 그들이 노동조합과 맞서는 데 있어 더 독립적일 수 있다고 생각하고 있었음에 틀림없다. 예들 들어서 1899년 콜로라도주에서 제련공들의 파업이 일어나자 '미국 제련 및 정련회사'는 파업이 일어난 공장을 폐쇄하고 일거리를 다른 공장에 맡겼다.

대기업들은 이 마지막 요점을 늘 명심하고 있었지만, 직업별 조합인 미국노동총동맹(AFL)의 대부분의 지도자들은 이 점을 무시했다.

언제나 위풍당당한 걸음으로 이사회실을 들어갔다가 나오며, 언제나 들어갈 때 보다 나올 때 더욱 부자가 되던 황제 모건은 은행과 산업자본을 합병하는 주인공이었다. 20세기가 시작된 몇 해 동안 모건과 그의 참모들은 어마어마한 기업 합동을 조직했다. 강철에서 '미국 강철'(US Steel), 해운에서는 '국제상업해운', 농기구에서는 '국제수확기회사' 등의 회사를 조직한 자들이 바로 모건과 그 동료들이었다.

록펠러도 거대한 '내셔날 시티 은행'의 총재 제임스 스틸만과 동맹을 맺고 석유산업 외의 분야에서 경영을 더욱 확장하기 시작했다. 그 후 그 은행은 '스탠더드 오일 은행'으로 알려지게 된다. 스틸만을 통해서 록펠러는 전체 은행 계열을 지배했다. 그 가운데에는 '내셔널 시티 은행'·'농민 대부 및 신용 은행'·'제2국민 은행' 등이 포함되어 있었다.

20세기로 접어들면서 미국은 세계의 주도적인 공업 국가가 되었으며, 당시 가장 강력한 경제국인 영국보다 거의 2배나 많은 양을 생산해 냈다. 총생산액은 1년에 110억 달러가 넘어섰다. 공업 분야에서의 노동자 숫자는 1860년의 131만 명에서 1900년에는 471만 3천 명으로 늘어났다. 이 거대한 미국이라는 공장은 몇 안 되는 금융 독점자본, 이른바 금융과두 체제의 지배 하에 들어갔다. 그들은 모든 은행과 산업을 지배했다. 당시 미국의 노조 지도자들은 단결의 위력을 모르고 있었지만, 금융 자본가들은 그것을 잘 알고 있었다.

이와 같은 거대한 자본의 집중과 아울러 은행 자본과 산업자본이 합병해 독점자본으로 커 나가면서 새로운 사태가 벌어지게 되었다. 자본이 아주 엄청나게 쌓였기 때문에, 그 자본을 식민지에 재투자하는 것이 한층 더 이윤을 가져다 주게 된 것이다.

전세계는 점점 미국 독점기업의 투자 무대로 되어 갔으며, 미국의 군함과 군인들이 이 투자를 보호하게 되었다. 국내의 독점 공장은 너무 커져서 수백만 명의 헐벗고 굶주린 미국 민중이 다 사들일 수 없을 정도로 생산이 넘쳐 잉여 생산물은 쌓여만 갔다. 독점기업이 너무나 비대해져 아주 많은 이윤을 쌓아 올렸기 때문에 더욱더 팽창하지 않으면 망하기 마련이었고, 재투자하지 않으면 쓰러져 버릴 수밖에 없었다. 해외 자본 수출과 잉여 생산물의 수출은 미국 경제가 살아남기 위해서는 꼭 이루어야 할 일이 되었다.

언제나 선거구민들의 요구에 민감한 정치가들은 이렇게 되자 다음과 같이 말하기 시작했다. "카리브해, 태평양, 라틴 아메리카 등 이교도들이 어둠 속에서 살고 있는 곳이면 어디든지 …… 미국이 그 미개한 원주민들에게 문명의 은총을 가져다 주는 것은 전지전능하신 하느님의 뜻이다." 인디애나주 출신 상원의원 비버리지는 하느님은 미국 민중들에게 "너희는 몇 가지 일에 충실했었다. 이제 나는 너희들을 많은 것의 지배자로 만들겠다"고 말씀하고 있다고 연설했다. 그러나 외국으로의 팽창이 미국 경제를 발전시키기 위해 꼭 필요한 것이라고 받아들여지기에 앞서, 1896년의 예상치 못한 대통령선거 운동의 양상으로 인해 제국주의자들은 잠시 동안 방해를 받았다.

일반 민중의 생활은 비참했고 그들의 비참한 상태 때문에 심지어 모건까지도 한동안 마음이 편하지 못할 지경이었다. 인민당은 민주당의 급진파와 손을 잡았다. 민주당 전당대회에서는 윌리엄 제닝스 브라이언이 예상 외로 대통령 후보에 압도적으로 지명되었다. 그는 더 이상 미국 노동자들은 황금의 십자가에 못 박힐 수 없다고 선언했다. 아직도 굶주림이 미국 땅을 활보했고, 농산물 가격은 남북전쟁 이래 어느 때보다도 낮았으며 노동자들의 평균 임금은 1년에 406달러에 불과했다. 또 수백만의 민중들은 실업이나 저당 같은 현상을 겪으며, 실질적으로 자신들이 자본가들의 황금의 십자가에 못 박히고 있다고 느꼈다. 또 한 번 소란이 일어났다. 분노는 들불처럼 타오르는 듯 보였다. 공화당원들은 분노를 진정시키기 위해 1600만 달러에 달하는 돈을 모아 선거운동을 벌였다. 그들은 민주당의 브라이언이 당선되면 전국적으로 저당잡은 토지나 민중의 재산을 돌려 주지 않고 모든 공장을 폐쇄하겠다고 위협했다. 공화당 후보자는 윌리엄 맥킨리였다. 개표 결과 맥킨리는 703만 5638표를 얻었고, 브라이언은 646만 7946표를 얻었다.

나중에 그가 말한 바에 의하면, 맥킨리는 대통령에 취임한 지 1년이 조금 지났을 때 무릎을 꿇고 필리핀을 어떻게 해야 좋을지 하느님에게 기도했다고 한다. "필리핀을 가져라." 그는 하느님이 필리핀을 짓밟고 문명의 은총을 그들에게 베풀라고 말했다고 썼다. 그는 이렇게 말했다. "나는 백악관의 복도를 매일 밤 걸어다녔다. 당신들 신사들에게 부끄럼 없이 말하는데, 나는 무릎을 꿇고 전능한 하느님께 기도했다. …… 그런데 어느 날 밤늦게 이런 생각이 떠올랐다. 필리핀을 송두리째 점령하는 것 외에는 다른 도리가 없다. …… 필리핀을 향상·개화시키고 기독교화하는 것 외에는 다른 도리가 없다는 생각이 떠올랐던 것이다."

인디애나주 출신 상원의원 비버리지, 매사추세츠주 출신 상원의원 로지, 해군차관 테오도어 루즈벨트 및 그 밖의 상당히 많은 사람들이 필리핀·쿠바·푸에르토리코를 점령하는 것은 하느님의 뜻에 합치되는 일이라고 생각했다. 당시 그 세 곳은 모두 스페인이 차지하고 있었다. 결국 군함 '메인'호가 아바나에서 원인 모를 폭발로 침몰하자, 1898년 4월 25일 미국은 이 사건을 스페인에 뒤집어 씌어 전쟁을 선포했다.

선전포고 이틀 뒤, 비버리지 상원의원은 그것을 환영했다. 그는 그것이 미합중국이 세계를 지배하는 위대한 사명의 첫걸음이라고 말했다. 그는 이렇게 말했다.

> 미국의 공장들은 미국 민중이 사용할 수 있는 양보다 훨씬 더 많이 생산하고 있다. 미국 땅은 미국 국민이 소비할 수 있는 양보다 더 많은 식량을 생산하고 있다. …… 운명의 신이 우리를 위해서 나아가야 할 바를 알려 주었다. 세계의 무역을 우리가 지배해야 하며 또 그렇게 되고야 말 것이다. 그리고 우리는 우리의 모국(영국)이 우리에게 가르쳐 준대로 그것을 차지할 것이다. …… 우리는 바다를 우리의 상선(商船)으로 뒤덮을 것이다. 그리고 우리가 위대한 세력이 되는 것에 발맞추어 해군을 만들 것이다. ……
>
> 미국의 제도는 미국의 상업이 퍼져 가는 것을 뒤따라 갈 것이다. 날개 위에서 펄럭이는 깃발처럼. 지금까지 피흘리고 미개했던 해변에 미국 법률, 미국의 질서, 미국의 문명, 미국의 깃발이 정착할 것이다. …… 만약 이것이 성조기가 파나마 운하, 하와이, 쿠바, 그리고 남태평양 등의 하늘에 휘날리는 것을 의미한다면, 우리의 적들이 무슨 짓을 하든 무슨 말을 하든 굴하지 말고 힘찬 기쁨으로 그 의미를 충족시키고 또 널리 퍼지도록 만들자.

네브라스카주 출신 상원의원 더스틴은 선전포고가 있기 한 달 전에 훨씬 더 구체적으로 이렇게 말했다.

> 스페인과의 전쟁은 모든 미국 철도의 사업과 소득을 늘려 줄 것이다. 그것은 미국 전체 공장의 생산량을 증가시킬 것이고, 모든 분야의 공업과 상업을 자극할 것이다. ……

그리고 군함 '메인'호가 침몰되기 몇 년 전에 상원의원 로지는 다음과 같이 말함으로써 어떤 방향으로 사태가 벌어질 것인지를 미리 가르쳐 주었다.

태평양에서 우리가 상업의 주도권을 잡으려면 하와이를 지배해야 하고, 사모아에서의 이권을 유지해야만 한다. 쿠바에서 우리가 얻게 될 직접적인 금전상의 이익은 막대한 것이다. 자유 쿠바는 세금을 면제함으로써 그 곳에 투자될 미국 자본을 위해 훌륭한 돈벌이 기회를 제공하게 될 것이다. ……

국무장관 존 헤이에 의하면 '영광스러운 작은 전쟁'인 스페인과의 전쟁은 113일 만에 끝났고, 스페인 제국에서 떨어져 나온 모든 것이 미국 독점자본가들에게 넘어 왔다. 상원의원 로지, 더스틴, 비버리지 등의 솔직한 주장에도 불구하고, 신문과 연설가들은 그 전쟁이 스페인 독재 치하에서 투쟁하는 인민들을 해방시키기 위한 전쟁이라고 선전했다. 수천의 젊은이들이 그들의 "키작은 갈색 형제들(쿠바 사람들)"에게 자유를 가져다 주기 위해 군에 입대했다. 그러나 모든 미국인이 이러한 속임수에 넘어간 것은 아니다. 매사추세츠주 출신 상원의원 호어의 지도 아래 50만 명 이상의 회원을 가진 '반제국주의 동맹'이 결성되었다. 대부분의 노동조합원들은 전쟁을 반대했고 사회주의자들도 이에 가담했다. 필리핀 반란군의 지도자 아귀날도가 독립을 얻기 위해 미국 군대와 싸우고 있을 때, 미국 내에서는 외국의 폭군에 대항해 싸웠던 미국의 초대 대통령 조지 워싱턴과 아귀날도를 비유하는 사람들이 늘어가고 있었다.

마크 트웨인은 "영광스런 작은 전쟁" 동안 저질러진 미국의 살인 행위——무기 없는 원주민과 무방비 상태의 남녀와 어린이들을 학살한 것은 그 대표적인 예이다——를 통렬히 비난했다. 국민들은 그것을 용감한 승리라고 생각하고 있었다. 그들은 속고 있었던 것이다. 마크 트웨인은 주장했다. "교묘하고 조심스럽게 관리되고 있는 문명의 축복인 독점자본은 정말로 일품이다. 그 곳에는 어떤 놀이보다도 돈이 더 많고 영토도 더 많으며 통치권도 더 많이 들어 있다."

뎁스도 이 같은 전쟁을 비판하며 다음과 같이 말했다.

1894년에 언론은 우리가 살인적이며 피에 굶주렸다는 거짓말로 우리(철도 파업자)들을 비난했었다. 그런데 그 언론이 지금은 우리가 사람을 죽이는 전쟁에 나서지 않는다고 해서 우리들을 비난하고 있다.

우리는 전쟁을 반대한다. 그러나 우리가 이 살인적인 만행에 뽑혀 나가야만 하는 때가 앞으로 온다면, 그때는 모든 나라의 억눌리고 짓밟힌 민중들의 공동의 적인 자본주의를 쓸어 버리는 때가 될 것이다.

그러나 자유는 '문명의 저주'(기업 합동) 앞에 무릎을 꿇지 않을 수 없었다. 대략 12만 평방 마일의 값진 천연자원과 1060만 명의 식민지 착취 대상을 얻은 그 전쟁은 단지 사태의 시작에 불과한 것이었다. 쿠바를 미국 보호령으로 만든 뒤, 그 곳에 쏟은 미국의 투자는 1898년의 5천만 달러에서 8년 뒤에는 1억 5900만 달러로 늘어났다. 새로이 팽창하는 미국의 규모는 커졌고, 다른 나라에 대한 민간 투자도 따라서 커졌다. 해외에 대한 민간 투자는 1898년엔 5억 달러였는데, 1914년쯤에는 그보다 5배 이상으로 늘어났다. 하와이와 괌이 미국의 손아귀에 들어오자 자본가들은 아주 좋은 투자 기회를 발견하게 되었고, 사모아를 얻자 투자는 더욱 늘어났다. 중국이 미국 정규군과 해병대의 침입으로 문호를 개방하지 않을 수 없게 되자 투자는 더욱 늘어났다.

미국의 잉여 생산물과 투자가 조선(朝鮮)과 만주 지방에 매우 많이 흘러들어가게 되자, 테오도어 루즈벨트 대통령의 영도 하에 있던 국무성은 "동양의 자유"에 특히 신경을 쓰게 되었다. 상원의원 로지는 미국이 중국인과 조선인과 만주인들을 해방시켜야 한다면서 1903년 대통령에게 다음과 같은 편지를 썼다.

> 나는 만주에 대해 굉장히 많이 생각해 보았습니다. 우리의 교역량은 그 곳에서 매우 큰 몫을 차지하고 있습니다. 그러므로 우리가 강력한 뒷받침을 해 주어야 한다고 생각합니다. …… 나는 만주로 면 제품을 수출하는 로렌스 지방의 여러 생산 공장으로부터 온 여러 통의 편지를 받았습니다. 그 편지들은 가장 강력한 행동을 취해 달라고 재촉하고 있으며, 해군 함대를 보내야 한다고 요구하고 있고 …….

미합중국이 세계적인 강대국으로 발전함에 따라 미국의 독점자본가들은 외국의 독점자본가들과 싸움을 벌이게 되었다. 그들은 국제적인 기업 연합에 끼여들어 세계 시장을 분할하고 자원을 나누어 가지자고 주장했다. 1902년 미국 담배회사는 영국 담배회사와 협정을 맺어 초대형 영·미 담배회사를 설립했다. 그 다음 해에 모건의 국제상업해운과 독일의 해운회사는 대서양 횡단 해운의 상당 부분을 분할 독점하기로 협정을 맺었다. 모건이 지배하는 제네럴 전기회사는 1907년에 독일의 제네럴 전기회사와 합작하기에 이르렀다. 거의 같은 시기에 록펠러의 스탠더드 석유회사는 독일 은행과 유럽 시장의 일부를 분할 독점하기로 합의했다.

강력한 미국 독점자본의 위력 앞에서 새뮤얼 곰퍼즈와 같은 노조 지도자들은 커다란 충격을 받았다. 그러한 거대한 독점자본과 싸운다는 것은 어리석은 일이라고 생각했기 때문에, 곰퍼즈와 그 밖의 노동자 정치가들은 미국 최고의 독점자본가들이 지배하는 '전국시민동맹'(National Civic Federation)에 가입했다. 그것은 1900년에 창설되었다. 그 동맹의 목적은 "자본, 노동, 일반 대중 등의 세 개 세력이 결합해 산업사회에서 일어나는 여러 가지 문제를 혁명이 아닌 점진적인 방법으로 해결하는 것"이었다. 초대 회장은 마크 해너였다. 그는 공화당의 전국 의장이었고 오하이오주의 대기업가였다. 2대 회장은 오거스트 벨몬트였는데, 그는 월가의 금융가였다.

그 동맹은 임금에 대한 모든 분쟁을 해결하기 위해 나설 참이었다. 집행위원회에 들어 있는 '대중'의 대표는 전(前)강철왕 앤드류 카네기, 은행가 제임스 스파이어, 풀먼 회사의 노동쟁의를 깨뜨려 버린 당시의 대통령 그로버 클리블랜드, 은행가 아이잭 N 셀리그만 등이었다. 자본가측의 대표자는 미국 강철의 이사 헨리 핍스, 핏츠버그 석탄회사 사장 프란시스 L 로빈스, 미국 벨 전화회사 사장 프레데릭 R 피시였다. 노동자 대표는 곰퍼즈, 미국 광산 노조 회장 존 미첼, 제화(製靴) 노조 회장 존 토빈, 전차 노동자 연합 회장 윌리엄 D 메이혼 등이었다.

그 동맹이 어떻게 운영되었는가에 대해서 알턴 B 파커는 생생하게 말한 바 있다. 그는 동맹의 고문 변호사로서 오거스트 벨몬트에 이어 회장이 된 사람이다. 파커는 한 모임에서 다음과 같이 말했다.

> 벨몬트의 전차회사 노동자들이 파업을 일으키려 하고 있었다. 그러한 파업이 일어나면, 곰퍼즈를 포함한 다른 노조 지도자들이 곤란해질 것이라고 생각한 벨몬트는 동맹의 회장직을 사퇴하겠다고 말했다. 그러나 파커가 자랑스럽게 말한 바에 의하면, 곰퍼즈와 그의 동료 노조 지도자들은 벨몬트에게 사퇴하지 말아 달라고 말했을 뿐만 아니라 자기들이 파업을 하지 못하게 하겠다고 말했다. 그래서 벨몬트는 안심하고 회장직에 머무르기로 하고 플로리다주로 여행을 떠났다.

그가 목적지에 도착하기도 전에 모든 도시의 철도가 파업으로 마비되었다. 현장에 있었던 곰퍼즈·미첼·스톤·메이혼 등의 '노동자측 대표'는 즉각 파업은 질서를 파괴하는 행동이라는 공식 성명을 발표했다. 정말이었다. 그들은 파업은 아무런 이유도 없는 것이라고 말했다. 그들은 노동자들에게 일자리로 돌아가라고 명령했다. 그리하여 사실상 파업을 방해했고, 벨몬트에게 했던 그들의 약속을 충실히 이행했다.

일부 산업계에서 '전국시민동맹'을 통해 산업사회의 평화를 이루려 하고 있을 때, 1895년에 설립된 '전국제조업자연합'은 1903년 전국 대회에서 '오픈샵'[4] 운동을 시작했다. 조직된 노동자들이 엄청나게 늘어난 사실에 놀라(노조원은 1879년 44만 7000명에서 1904년는 207만 2700명으로 늘어나 363.7%가 증가했다) '전국제조업자연합'은 '노동 수칙 선언'을 채택했다. 이 '선언'은 다음과 같은 조건 속에서 노동자들을 고용할 수 있는 권리가 고용주에게 있다고 밝혔다. 즉 "임금은 양측 모두 만족스럽게 정해야 하며, 임금 계약에 있어서 그 계약의 직접적인 당사자가 아닌 어떤 개인이나 조직이 개입하거나 명령을 해서는 안 된다." 노동조합 운동을 없애 버리려는 의도를 이같이 선언한 후, 다음과 같은 노동운동에 대한 반대 연설이 행해졌다. "조직된 노동자들은 오직 한 가지 법칙밖에 모른다. 즉, 물리적인 힘의 법칙만 알 뿐이다. 그것은 흉폭한 야만인들이 쓰던 것과 똑같은 법칙이다. 그것은 역사의 피와 파괴로 얼룩져 있다."

'전국제조업자연합'이 볼 때 하루 노동시간의 단축을 요구하는 노동자들의 주장은 "공산주의적"인 것이었다. 1904년 12월 1일 그들의 공식 간행물인 <미국 산업 *American Industries*>지는 다음과 같이 썼다.

노동시간의 단축이라는 주장과 모든 재산을 나누어 가지고 아예 처음부터 다시 시작

---

[4] 노동조합과 사용자간의 단체교섭 결과로 성립하는 단체협약의 내용이 되는 사항으로서 샵 제도에는 클로즈드샵(Closed shop), 유니온샵(union shop), 오픈샵(open shop) 등이 있다. 클로즈드샵 협정이란 노동자가 특정 노동조합의 조합원인 것을 고용조건으로 하는 협정이다. 유니온샵 협정이란 사용주가 노동자를 자유스럽게 고용할 수는 있지만 정해진 기간 안에 반드시 조합에 가입시킬 것을 조건으로 하는 협약이다. 이 같은 강제 협정과는 달리 오픈샵 협정은 사용주의 고용 권한을 노동조합이 구속하는 것을 인정하지 않는 것으로, 고용된 노동자가 조합에 가입하든 하지 않든 상관없다—옮긴이.

하자는 주장은 경제적으로 아무런 차이가 없으므로, 의도적이든 아니든 그 같은 주장을 하는 감상주의자들과 쓸데없이 아는 척하고 덤벼드는 자들은 공산주의자들의 편에 서 있는 것이다. …… 고의적이든 아니든 그들은 공산주의 노선을 추구하고 있다.

곰퍼즈가 연회석상에서 벨몬트나 마크 해너 등이 그를 친근하게 대해 준 일에 몹시 기뻐서 흥분하고 있을 때, 기업가들은 크리플 천, 텔루라이드, 리드빌, 쿠에르달렌 등지에서 금속 광산 노동자들을 학살하고 있었다. 1901년 미국 강철회사 노동자들은 6만 2천 명의 노동자가 참가한 파업에서 패배했고, 노조 운동은 그 공장에서 사실상 사라졌다. 같은 해에 또 하나의 고용주 협회인 '전국 금속 협회'는 5만 8천 명의 기계공이 일으킨 파업을 분쇄했다.

그러나 곰퍼즈는 모든 일이 잘 되어가고 있다고 생각했다. 숙련 노동자의 임금은 증가했다. '미국노동총동맹'은 성장하고 있었다. 1904년에는 조합원이 150만 명이나 되었다. 그는 미조직된 700만 명의 공장·교통기관 노동자들에 대해서는 아무 걱정도 하지 않았다. 또 그는 다른 분야에서 일하는 3천만 명의 임금 노동자에 대해서도 아무 걱정을 하지 않았다. 이러한 사람들에 관해서는 독점기업가들도 마찬가지로 걱정하지 않고 있었다.

5 지옥 같은 록키 산맥

크리플 천(川)의 광부들

미국인들은 정복과 폭력을 통해 외국에서는 원주민을 죽이고, 자국 내에서는 노동조합을 파괴하는 그러한 반동적인 사태를 분리해서 생각할 수 없다고 곧 깨닫게 되었다. 미국이 필리핀을 정복해 저지른 대량 학살은 콜로라도주에서의 폭력과 연관되는 것이었고, 이 두 가지 사태의 원흉이 이윤(利潤)이라는 것은 아주 분명해졌다. 1900년대 초기에 미국 해병대와 군함(軍艦)들이 쿠바와 니카라과 및 여러 라틴 아메리카 나라에 개입하고 있을 때, 다른 한편으로 미국 군대는 '서부광부연맹'을 억누르는 일에 계속 투입되었다. 마침내 록키 산맥에 연해 있는 여러 산악 지방에서는 사태가 실질적인 내전으로까지 발전하고 말았다.

군함을 보내 위협해 미국의 힘을 뻗쳐 나갔던 이 포함외교(砲艦外交) 기간 동안, 최저임금과 단결권을 얻기 위해 투쟁한 서부의 금속 광부들에게 가해진 폭력은 미국 역사상 그 예를 거의 찾아볼 수 없을 정도이다. 유타주의 목초 무성한 평원과 알칼리성의 사막, 콜로라도주 록키 산맥의 수목 한계선 위에 있는 조그마한 광산촌, 아이다호주의 협곡, 그 어느 곳에서나 파업을 진압하기 위한 군대의 발자국 소리가 메아리쳤다. 정규군과 여러 주의 주 방위군——특히 콜로라도와 아이다호의 주 방위군——은 12년 동안 최소한 12번은 출동했다. 1892년의 쿠에르달렌, 1896년의 레드빌, 1899년의 솔트레이크시티와 쿠에르달렌, 1901년과 1903년의 텔루라이드, 그리고 1903년 아이다호주 스프링과 크리플 천(川) 등에서 일어난 광부들의 파업을 진압하기 위해 연방군이나 주 정부군이 출동했다. 그리고 그 곳들은 곧 피로 얼룩졌다.

1892년과 1899년 아이다호주 북부의 쿠에르달렌 파업에서처럼, 기소나 재판도 거치지 않은 채 곧바로 철조망 수용소 속에 갇힌 광부들의 수는 수천 명이나 되었다. 1903년 콜로라도주의 텔루라이드와 크리플 천에서처럼, 단지 노조원이라는 이유로 총칼의 위협을 받으며 기소나 재판도 받지 않고 송아지처럼 화물칸에 실려 추방된 광부들 역시 수천 명이 넘었다. 1903년에서 1904년에 걸쳐 콜로라도주에서 일어난 '하루 8시간 노동제'를 요구하는 파업에서는 42명이 죽고, 112명이 부상을 당했다. 1345명이 체포되어 유치장과 군대 수용소에 수감되었으며, 773명이 주에서 추방되었다고 당시의 시사 잡지 <현대사>는 적고 있다. 그 당시 광산주나 콜로라도 주 정부가 위반하지 않은 법이 하나라도 있다면, 그것은 조사자들의 눈을 피했다는 이야기밖에 되지 않는다. 어빙 스톤은 《클래런스 대로우 전기》 속에서 "이 싸움의 비극적인 부분은, 전적으로 주 정부가 법을 지키지 않아서 생긴 것이었다"고 쓰고 있다.

그러나 콜로라도주의 '하루 8시간 노동제'를 요구하는 파업에서 정말로 주목할 만한 것은 당국의 폭력이 아니라, 이에 맞서 싸운 광부들의 열정과 추진력이었다. 군대의 총 앞에서 그들은 다른 노동조합원들뿐만 아니라 유력한 농민과 중산계급 사람들 가운데에서도 동맹 세력을 규합했다. 도처에 총칼이 있는데도, 그들은 밤을 이용해 유인물을 뿌리고 온 마을에 구호·현수막·결의문·호소문 등을 붙였다. 그들은 화물 열차에 실려 광산촌에서 추방당하면 그 화물칸 밑의 막대를 잡고 되돌아왔다. 총을 잡고 그들의 보금자리를 지키며, 자경단원을 내쫓고, 자기 방어를 위해 필요한 때에는 총을 쏘아 고용주가 부리는 직업 총잡이들을 물리치기도 했다.

이 콜로라도주 파업을 처절하게 만든 이유 중의 하나는 광부들이 더 이상 아무것도 빼앗길 게 없었다는 점이다. 카우보이, 벌채꾼, 탄광을 찾아 헤매던 사람, 몰이꾼, 사냥꾼 출신인 그들은 블랙리스트 명단이나 직장폐쇄로 인한 굶주림에 굴하지 않았다. 록키 산맥 협곡의 절벽 사이로 선술집들이 늘어서 있는 쓸쓸한 거리의 광산촌은 점잖은 마음을 길러 주는 곳은 아니었다. 그들은 강제 수용소에 대량으로 갇히는 사태를 무한정 당하고 있지만은 않았다. 광부들이 산업별 노동조합인 '서부광부연맹'의 결성에 관한 논의를 처음으로 시작해 그 이듬해 조직을 탄생시킨 것은 바로 1892년의 파업 기간 중 쿠에르달렌의 수용소에서였다. 1200명이 쿠에르달렌에 여섯 달 동안 갇혀 있었다. 많은 사람이 죽고 가족들은 굶주렸다. 이 가운데 범죄 혐의를 받고 있는 사람은 겨우 12명뿐이었다.

1894년 이래 광부들은 '하루 8시간 노동제'의 확립을 위해 싸웠다. 정치적으로 조직화하고, '광산 노동자 연합'(The United Mine Workers)을 비롯한 다른 노동조합을 투쟁에 끌어들여 싸운 끝에 그들은 1899년 콜로라도주 의회가 '하루 8시간 노동법'을 통과하도록 하는 데에 성공했다. 그러나 록펠러나 구겐하임 등의 광산 소유주들은 법률을 초월한 사람들이라는 것을 노동자들은 깨닫게 되었다. 광산주들은 누구할 것 없이 법을 밥먹듯이 어겼다. 파업이 일어나면 법과 질서를 내세워 노동자를 탄압하던 바로 그 사람들이 이제는 '8시간 노동법'을 조금의 양심의 가책도 느끼지 않고 어겼다. 그리고 드디어는 광부들에 대한 파업 금지 명령을 내리는 일에 자주 이용되곤 했던 주 최고재판소가 1901년 '8시간 노동법'을 위헌(違憲)이라고 판시하자, 광산주들은 더 이상 법을 어기는 수고조차 할 필요가 없게 되었다.

광부들과 그들의 동맹자들은 엄청난 노력을 기울여 8시간 노동제가 합헌이라는 주(州) 헌법 수정안에 대한 국민투표를 실시하게 만들었다. 주(州) 헌법개정 운동에 많은 지지자를 확보한 끝에 4만 7000표의 지지를 얻어 마침내 수정안이 통과되어 광부들은 다시 한 번 승리했다. 그럼에도 불구하고, 광산주들은 이를 무시하고 일주일에 7일을 내내 하루 12시간씩 일을 시켰다. 더욱이 '서부광부연맹'의 회원인 제련공들은 한 주일 걸러 돌아오는 일요일에도 24시간 동안 쉬지 않고 일했다.

　유권자들의 지지에 힘입어 노동자들은 '하루 8시간 노동법' 실시를 공약한 의회 의원들을 새로이 뽑는 데 성공했다. 그러나 기업주들의 뇌물과 영향력이 국민의 의사보다 강했다. 부패한 의회는 공약했던 법안의 통과를 거부했다. 그리하여 광부들과 제련공들은 일주일에 최소한 84시간을 계속해서 노동했고, 제련공의 임금은 일당 1달러 8센트였으며, 광부들은 3달러도 못 받는 경우가 흔했다. 그래서 기숙사의 밥값과 집세를 빼고 나면 주급(週給)은 10달러, 또는 15달러인 것이 보통이었다.

　대파업이 다가오고 있을 때, 광산주들은 사회주의 사상을 품고 있는 광부들의 수가 점점 늘어가고 있는 데에 적이 놀랐다. 또한 1902년 '서부광부연맹'의 제10차 대회에서는 다음과 같은 결의문이 채택되었던 것이다. "우리는 …… 독자적인 정치활동을 할 것을 선언하며, 연맹의 각 지부에게 사회당 강령을 채택할 것을 제안·권고한다. ……" 얼마 뒤 사회당 대통령 후보가 되어 40만 표의 지지를 얻게 되는 유진 뎁스는 광산촌을 돌아다니면서 굉장한 환영을 받았다. 광부들이 뎁스의 주장에 호응하고 있는 것이 분명했다.

　긴긴 겨울밤 광부들은 합숙소의 난로 앞에 둘러앉아 독서와 토론을 하고 있었다. 그들은 싸구려 소설과 유럽의 급진적 책들을 읽었고 헤이마키트 사건의 순교자들, 노동기사단, 콕시가 이끌었던 실업자들의 싸움, 미국 철도 노조의 파업, 홈스테드의 대학살과 불경기의 원인에 관해 토론했다. 별 아래 거무스레한 모습을 드러내고 있는 거대한 산맥을 보며 잠자리에 들기 전 기지개를 켜면서, 철조망 울타리 속에 갇힌 동료들을 생각하고는 "왜 수백만의 민중은 가진 게 아무것도 없는데, 몇 사람이 수백만 달러를 차지하고 있는 것일까" 하는 의심을 품기도 했다.

　미국의 록키 산맥만큼이나 미국 토박이인 그들은 스스로를 사회주의자라고 자처하고 있었다. 살기 위해서 광부가 된 카우보이들, 사냥꾼 출신이거나 땅을 빼앗긴 자영농지 정착민 출신의 사람들, 또는 블랙리스트 명단에 올라 철도를 떠나 광산에 흘러온 그들을 보고 광산주들이 비미국적이라고 말했을 때, 그들은 그 말을 조금도 귀담아 듣지 않았다. 수천 명의 광산 노동자들은 뎁스가 말하는 사회주의로 기울고 있었다.

뎁스가 이렇게 이야기하고 있을 때 또 하나의 노사분규가 다가왔다. 광부와 제련공들은 '하루 8시간 노동제'를 이룩하고, 정치가들과 법에 의해서는 이룩할 수 없었던 것을 파업을 통해 이룩하려는 결의를 굳게 보이고 있었다. 마찬가지로 '광산주 협회'도 결전의 시기가 왔으며, '서부광부연맹'을 지부와 본부를 막론하고 완전히 깨뜨릴 때가 왔다고 마음먹고 있었다. 1894년 뎁스가 레드빌의 광부 파업을 격려하기 위해 콜로라도주를 처음으로 방문해 열차에서 내렸을 때, 총잡이들은 뎁스에게 돌아가지 않으면 다리몽둥이를 분질러 버리겠다고 위협을 했다. "이것이 아마 콜로라도주의 노동자 조직 운동의 시작이 되거나, 아니면 나의 종말이 될 것이다" 하고 뎁스는 말했다. 뎁스는 당장 떠나지도 않았고 다리가 분질러지지도 않았다.

광산주들을 놀라게 한 것은 자신의 가정과 직장을 지키겠다는 광부들의 결의가 아니었다. 광산주들을 정말로 놀라게 한 것은 광부들의 의식(意識) 변화, 즉 자기들도 다른 미국 사람들과 똑같이 생활할 능력이 있다는 생각 바로 그것이었다.

또한 그들은 새로운 조합 사무실에 모여 해마다 100명을 희생시키는 광산촌의 비참한 사고에 대해서도 이야기했다. 텔루라이드의 '스머글러 - 유니온 광산'도 콜로라도주의 다른 광산과 마찬가지 형편이었다. 다른 광산이나 제련소 촌처럼 그 곳의 광부들도 천막이나 양철로 이어 만든 오막살이에 살고 있었고 집이라고 할 만한 것은 없었다. 1901년 1월 광부들은 부당한 제도를 철폐하기 위해 파업을 벌였다. 계약 조건은 너무나 노동자들에게 불리했다. 그것은 정기적인 임금이나 최저임금을 인정하지 않고, 채굴한 원광석의 양에 따라 임금을 주는 일종의 성과급 제도였다.

파업하는 동안 사람들은 굶주렸다. 살인, 체포, 투옥이 잇달아 일어났다. 그런 일이 있었음에도 불구하고, 마침내 파업은 승리로 끝났다. 그리고 11월 20일경에는 16명의 광부가 타 죽는 화재 사건이 일어났다. 또 그 뒤에는 17명의 목숨을 앗아간 눈사태가 일어났다. 이처럼 파업투쟁을 승리로 이끌어 가는 길은 험난했다. 16명의 희생자가 묻힌 공동묘지에 3천 명의 광부가 줄을 서서 무덤에 상록수

가지를 던지며 지나갔다. 그들은 울면서 무덤을 지나가며 16명이 아니라 수천 명을 생각했다. 1903년의 파업이 시작되었을 때, 34세밖에 안 된 회계 간사 헤이우드(Big Bill Haywood)가 앞으로 닥쳐올 투쟁을 위해 2만 5천 달러를 모금한 서류를 보이며 "우리는 하루 8시간 노동제를 위해 계속적인 파업투쟁을 벌여야 한다"고 말하자 그들은 갈채를 보냈다. 그는 제련공의 감정을 이렇게 표현했다. "광석을 녹이는 불은 지옥의 불과 같이 결코 식는 법이 없다. 휴식도, 일요일도 휴일도 없다." 그는 또한 크리플 천(川) 지구 광부들의 작업으로부터 매년 240만 달러를 벌어들이고 있는──광산을 본 적도, 동력 천공기(穿孔機)를 만져 본 적도 없이 가만히 앉아서──동부의 부자들에 관해 이야기했다. 그는 말했다. "야비한 황금 귀족들, 그들은 금을 발견하거나, 캐내거나, 제련하지도 않으면서 무슨 기묘한 연금술을 가졌는지 모든 금을 그들의 것으로 만들고 있다."

빌 헤이우드(Big Bill Haywood)

콜로라도주의 파업을 이끈 사람은 빌 헤이우드였다. 그 파업과 광부들을 이해하기 위해서 빌 헤이우드에 관해 잠깐 살펴보는 것도 좋을 듯하다. 그는 키가 크고 알통이 단단했다. 한 주먹에 상대방의 턱을 부술 수 있는 완력의 소유자이면서도, 시(詩)에는 곧잘 감동하여 눈물을 흘리곤 했다. 우락부락한 인상과 볏짚 같은 머리털에 한쪽 눈만 잘 보이는 거구의 사나이였지만, 정의와 지식에 강한 욕구를 갖고 있었다.

그는 성자가 아니었다. 허영심도 있었다. 그러나 불독처럼 결코 물러설 줄을 몰랐다. 그는 파업투쟁을 하는 것처럼 허약함과도 싸웠다. 하루가 졸작으로 끝나면 다음날은 더 열심히 투쟁했다. 때로 비틀거리며 술집을 들락날락하면서 웃고, 싸우며, 시를 흥얼대면서 무뢰한이나 총잡이 흉내를 낼 때의 그는 마치 떠들썩한 거인 같았다. 그러나 버클리·모오간·다윈의 작품을 비롯해 급진적 저술이나 특히 셰익스피어의 작품을 읽을 때는 술집에 나타나지 않았다. 또 그는 한동안의 절제로 몸과 마음이 맑아지고 강해진다는 이론에 따라 오랜 단식을 하기도 했다.

젊은 광부로서의 그의 강하고 끈질긴 성격은 전설적인 것이었다. 또한 연약한 아내에 대한 그의 부드러움도 그랬다. 그의 아내 마이너는 말에서 떨어져 불치의 상처를 입었다. 네바다주 실버시티의 블레인 광산 지하에서 12시간을 노동한 후, 가끔 광산촌 위에 사는 친구를 방문할 때 그는 아내를 부축하고 아이들은 넓은 등에 업고 산기슭을 올라갔다.

그의 일생에는 남북전쟁 후 서부에서 일어난 많은 사건들이 얽혀 있다. 그는 '유니온 퍼시픽 대륙횡단 철도'가 대륙을 관통하기 직전에 솔트레이크시티의 몰몬교도 가정에서 태어났다. 세 살 때 속달 우편배달부였던 아버지가 돌아가셨다.

뒤에 어머니가 재혼하면서 가족은 유타주의 오피르 광산촌으로 이주했다. 7살 때 그는 처음으로 권총 결투를 보았다.

그는 15살 때 흑인이 두들겨 맞는 것을 보고 조용한 곳에 가서 몸을 떨면서 울고, 그가 본 인종차별 같은 것에 대항해 온 힘을 바쳐 싸우기로 결심했다. 헤이마키트 사건이 일어나기 2년 전인 1884년에 그는 의붓아버지를 통해, 네바다주 이글 천(川) 협곡의 오하이오 광산에서 일자리를 하나 얻었다. 솔트레이크시티를 떠나기 전에 그는 "작업복 바지, 점퍼, 푸른 셔츠, 장화, 담요 두 장, 장기판, 권투 장갑 등의 장비를 구입했다."

"나의 첫 일은 갱에서 바위를 수레로 나르는 것이었다"고 그는 오하이오 광산 시절을 회상하면서 썼다. "일이 끝나면 완전히 지쳐서 몸을 가눌 수가 없었다."

이 곳 합숙소에서 광부들은 탁자 주위에 모여 깜박이는 등불 아래에서 카드 놀이를 하거나 체스를 두고 혹은 독서를 했다. "그들은 모두 대단한 독서가들이었다. …… 광부들은 모두 몇 권의 책을 가지고 있었다. 어떤 사람은 다윈을, 어떤 사람들은 볼테르, 셰익스피어, 바이론 번즈, 밀턴을 가지고 있었다. 우리는 책을 바꿔 가며 읽었다. 광부들의 책을 다 모으면 도서관을 만들 수 있을 정도였다."

그 당시 그와 특히 친했던 사람은 레이놀즈였다. 그는 "가장 나이가 많았으며 키가 크고 깡마른 사람이었다. 나에게 처음으로 노동조합 운동을 가르쳐 준 사람은 바로 이 늙은 아일랜드 사람이었다"고 헤이우드는 썼다. 노동운동은 레이놀즈 같은 사람들의 노력으로 커다란 발전을 했다. 당시 대부분의 서부 지역과 서부 광산촌에서는 노동조합에 관해 별로 알지 못했다. 조직 운동과 노동자의 단결에 관한 이야기는 레이놀즈 같은 무명의 노동자들에 의해 전파되었다. 때로는 동부 지방에서 블랙리스트 명단에 올라 도망쳐 온 노동자들이 이곳 저곳 밥벌이를 찾아 떠돌아다니며, 흡사 농사꾼들이 씨를 뿌리듯이 노동운동의 씨를 뿌렸다. 그들은 진지하게 노동자의 파업과 단결을 통해 노동자의 생활이 향상된다는 사실을 이야기해 주었다. 또한 그들이 목쉰 소리로 "한 사람의 불행은 우리 모두의 관심사"라고 말하는 소리를 듣고 노동자들은 많은 교훈을 얻었다.

파슨즈, 스파이즈, 엔젤 및 피셔가 헤이마키트 사건으로 처형되었을 당시에 헤이우드는 여전히 오하이오 광산에서 일하고 있었다. 1년여 동안 그는 이 사건을 관심있게 지켜보면서 재판 내용에 대해 하나도 빼놓지 않고 레이놀즈와 이야기했다. 여러 가지 의문이 그의 머리에 떠올랐다. "누가 폭탄을 던졌을까? 파슨즈도, 그가 아는 누구도 아니다. 만일 그가 폭탄을 던졌다면 무엇 때문에 자기 발로 법정에 나타나 자수했겠는가? '우리의 침묵이 오늘 우리를 목매달려는 당신들의 사형 명령보다도 더욱 우렁차게 울릴 날이 오고야 말 것이다'는 스파이즈의 최후 진술도 마음 속에 깊이 메아리쳤다. 이것이 내 인생의 전환점이 되었다"고 헤이우드는 뒤에 말했다.

이 광산을 떠난 그는 유타주의 브루클린 납 광산에서 한동안 보일러 화부로 일했다. "광부들의 얼굴은 무서울 정도로 창백했다"고 그는 그 당시를 회고하면서 말했다. 납중독과 사고로 인해 죽음이 잇따랐다. 그는 지하 420미터의 모르몬 채굴장에서 일하다가 친구의 죽음을 목격했다. "천장에서 돌멩이가 떨어지면서 잡고 있던 천공기에 머리를 부딪쳐 폰테인이 죽었을 때, 나는 조금 떨어진 곳에서 작업하고 있었다. 우리는 그의 시체를 갱목 운반차에 실어 밖으로 내보냈다. 그리고 거기에 남긴 물건들을 광차(鑛車)에 모두 실었다"고 그는 당시의 모습을 회상했다.

19살 무렵에 헤이우드는 애인 제인 마이너와 결혼해 네바다주의 호핀 목장으로 가서 카우보이로 일했다. 젊은 부부는 목장으로부터 멀리 떨어진 네바다주의 육군 주둔지 포트 맥더모트로 이사했고 거기서 딸을 낳았다. 아이를 낳자 그는 더욱 정열에 불탔고, 뒤에 맥더모트 주변 토지가 자영농지 정착민들에게 불하되자 헤이우드는 개간을 시작했다. 그는 그 땅이 자기의 것이 되리라고 믿었다. 그는 그 땅을 사랑했다. 그와 아내에게 그 땅은 자립을 의미했고, 그 지긋지긋한 광산에서 벗어나는 길로 비춰졌다.

장비와 개간하는 데 드는 돈을 마련하기 위해 헤이우드는 가끔 얼마 동안씩 광산에 되돌아가 일을 하곤 했다. 그러나 1893년 집에 돌아온 후 그가 담장과 대문을 만들었을 때, 이들 가정은 '쓰라린 일격'을 받았다. 정부가 그 땅을 인디언들에게 돌려 주기로 결정했던 것이다.

헤이우드의 가족은 떠나야 했다. 엎친 데 덮친 격으로 1893년의 불경기가 찾아와 그는 일자리를 구하지 못했다. "눈앞이 캄캄하고 희망이라곤 없었다. 절망적이었다. 그래도 나는 절망하지 않으며, 낡은 스피링필드 총이 있고, 목장에 소떼가 있는 한 굶지는 않으리라고 말했다. 얼마 후 나는 아내와 아이를 위네무카로 옮겼다. 아무것도 남은 게 없었다. 자영농지에다 쏟아부은 노동, 내가 지은 집, 내가 만든 담장, 내가 심은 나무에 대해 그 어떤 보상도 없었다."

화물 열차를 타고, 걷고, 때로는 친절한 마부의 덕택으로 마차를 타고 서부를 떠돌아다니면서, 그는 자신도 일자리를 찾아 떠돌아다니는 수많은 노동자 중의 한 사람에 불과하다는 사실을 알았다. 서리 내린 밤에 별 아래 누워 담요를 끌어당기면서 그는 어릴 때 레이놀즈와 나눈 이야기를 자꾸만 생각했다. 무엇이 잘못되었는가? 왜 수많은 사람들이 굶주리고 있는가? 레이놀즈가 그렇게도 자주 이야기하던 사용자 계층이 뭐길래, 노동하지 않고 세계를 소유하고 있는 것일까?

그때, 1893년 미국 철도 노조의 파업이 일어났다. "갑자기 위대한 불빛이 번쩍였다. 나는 그때 위대한 힘을 보았다. 파업의 위대한 힘이 기차를 정지시킬 수 있다는 것을. 그것은 노동기사단의 가르침의 결과였다. 또 그것은 헤이마키트 사건으로 죽은 사람들이 울부짖은 목소리의 메아리였다"고 그는 썼다.

1893년 아이다호주 실버시티의 블레인 광산에 일자리를 얻었을 때, 그는 노동조합에 대한 생각에 한창 불타고 있었다. '서부광부연맹'의 보이스 회장이 노조를 조직하려고 실버시티에 온 것은 그가 내려오던 광차와 갱 사이에 끼어 오른손이 으스러진지 얼마 되지 않았을 때이다.

헤이우드는 그를 만날 채비가 되어 있었다. 한 손이 불구가 되고 아내는 막 두 번째 딸을 낳은 그 무렵, 그는 동료 광부들이 모아 준 돈으로 살고 있었다. 헤이우드만큼 적극적으로 수천 명의 실버시티 광부들을 조직한 사람도 없었다. 그는 조합에 가담하지 않는 광부 두 사람을 광산촌에서 떠나지 않을 수 없도록 만들었다.

1896년 헤이우드는 솔트레이크시티에서 열린 '서부광부연맹' 총회에 참석할 '실버시티 광부 노조' 대표로 뽑혔다. 이듬해에도 다시 대표로 뽑혔는데, 총회에 참석하러 출발할 무렵 철조망 속에 1200명이 감금되어 있는 쿠에르달렌에 또다시 연방 군대가 파견되었다는 소식을 들었다. 목장 경영자이기도 한 프랭크 스테넨버그 주지사는 굶어 죽지 않을 정도의 임금만으로 노동자들을 부리고 있었다. 광산에서 사건이 터지자 이를 진압하기 위해 그는 맥킨리 대통령에게 연방 군대를 보내 달라고 요청했다.

"1200여 명이 영장 없이 체포되어 뚜렷한 혐의도 없이 한 달 동안 갇혔다"고 헤이우드는 썼다.

쿠에르달렌에서는 폭동이 일어난 것도 아니었다. 노동자들이 법원의 기능을 못하게 방해한 일도 없었다. 그런데 수백 명이 가축 우리만도 못한 철조망이 높이 처진 수용소에 몇 달 동안이나 갇혀 있었다. 서부의 광부들은 아이다호주 납 광산의 동료 광부들에게 가해지는 악의에 찬 대우를 보며 분개했다. 모든 광산촌과 다른 지역에서 모금 운동이 일어났고, 고통받는 여성들과 어린이들에게 모은 돈을 보냈다. 광산회사가 이번 사태에 책임이 있다는 것이 드러났다. 불법행위를 규탄하는 성난 결의문이 의회에 빗발치듯 쏟아졌다.

솔트레이크시티 대회장은 쿠에르달렌 사태의 어두운 그림자로 가득 채워져 있었다. 대표자들은 그 밖의 것에 관해선 생각하거나 이야기할 여유가 없었다. 1200명이 갇혀 있고, 그 가운데 9명이 살인 혐의로 기소되었으며, 여성들과 어린이들은 계엄령의 위협 아래 떨고 있었다. 의회, 법원, 군대가 우리에게 화살을 겨누고 있었다. 모든 사람들이 문제를 뼈저리게 느끼고 있었다. 이런 무시무시한 사건이 쿠에르달렌과 레드빌에서 일어났으니, 부트·블랙힐·네바다에서 이런 일이 머지않아 일어나지 않는다고 누가 장담할 수 있겠는가? 내가 살고 있는 광산촌에서 이런 일이 일어나지 않도록 하려면 무엇을 해야 할 것인가! 우리들이 받는 임금과 노동조건은 항상 기업주의 생각에 좌우되어야만 하는 것인가?

나의 마음 속에 떠오른 유일한 해답은 조직을 통해 우리의 힘을 늘리는 것이다. 우리가 뭉치지 않고 흩어져 있는 한 우리는 짓밟힐 수밖에 없다.

그 총회에서 헤이우드는 노조 집행위원으로 선출되었다. 이듬해인 1900년에 그는 덴버로 본부를 옮긴 '서부광부연맹'의 회계 간사로 뽑혔다. 이 젊은 광부는 빠른 속도로 조합의 핵심 인물이 되어갔다.

습기찬 갱 속에서 나온 그는 지금까지 햇빛을 보지 못하고 자란 나무가 햇빛을 보아 크게 커 나가는 것처럼 발전하는 듯했다. 탄광의 살인적인 노동에서 해방된 그의 마음은 빠른 속도로 성장을 했다. 또한 광부들과 모든 노동자들은 어느 곳의 어떤 사람들과 마찬가지로 똑같은 인간이며, 함께 뭉쳐 행동하면 어떤 문제도 해결할 수 있다는 확신을 더욱더 굳히면서 긍지와 흥분을 느꼈다. 1901년 그와 '서부광부연맹' 위원장 보이스는 사회당에 가입했다. 그때부터 줄곧 그리고 특히 뎁스가 덴버를 방문했을 때, 그들은 궁극적으로 이윤이 아니라 인간을 위주로 운영되는 사회의 건설을 목표로 하는 전국적인 산업별 노동조합에 관해 토론했다. 헤이우드를 거칠고 전투적인 투사로 보았던 사람들은, 그가 조합의 회계 간사 일을 하는 것을 보고는 그들의 생각이 잘못된 것임을 깨닫게 되었다. 1900년과 1901년의 '하루 8시간 노동제'를 위한 콜로라도주의 정치투쟁에서 그가 보인 수단은 대단했다. 그는 운동을 계획하고 모금을 하며, 동지를 모으고 반대자를 설득할 수 있는 능력을 가지고 있었다. 그는 글 재주도 좋았고 토론도 잘하며 누구에게나 대담하고 쉽게 접근했다. 또한 그는 광부들의 견해를 그 이전이나 그 이후에도 그런 기사를 실은 일이 없는 신문에까지 실리게 했다. 그는 '미국노동총동맹' 지부에 들어가는 것처럼 쉽게 주교관(主敎館)으로도 밀고 들어갔으며, 일단 들어가면 우악스런 말투로 주교를 설득했다. 더욱이 그는 특히 '하루 8시간 노동제'에 대해 아주 확신에 찬 말투로 이야기했고, 또 이 제도에 대한 고용주들 사이의 의견 차이에 대해서도 잘 알고 있었다. 마침내 그는 콜로라도주 상원의원이자 <록키 마운틴 뉴스>지의 운영자인 패터슨을 설득시켜, 그로 하여금 만 7천 자에 달하는 광부들의 성명서를 상원에 제출하고 그의 신문에 싣게 했다.

1903년 8월 콜로라도주의 제련공과 광부들은 하루 8시간 노동제에 최저 3달러의 임금을 요구하는 파업을 벌였다. 그러나 이후의 사태는 파업이라고 부를 수 없을 지경이 되었다. 그것은 차라리 내란이라고 불러야 했다. 광산주들은 처음부터 모든 법규를 무시했다. 조합원을 죽이거나 체포하는 일은 무슨 일이든 옳다는 억지 주장을 광산주들이 내세웠기 때문에, 보수적인 신문조차도 광산주들의 주장을 반박했다. 거리낌없이 사건을 조작해 조합원들을 얽어 넣는 일이 거의 매주

일어났다. 판사들이 법을 통해 광산주들을 불리하게 몰거나 파업 노동자들 편을 들면 군대의 위협을 받았고, 법정은 군대의 침입을 받았다.

신문들이 노동조합에 유리한 기사를 한줄이라도 쓰면 문을 닫아야만 했고, 간부들은 감옥에 들어가야 했다. 파업 노동자를 변호한 변호사는 비난을 받았고 추방되었다. '광산주 협회'는 살인 청부업자들을 수십 명이나 돈을 주고 사왔으며, 또한 주(州) 안에 3만 명의 회원으로 자경단을 조직했다. 그 자경단은 '시민 동맹'이라 이름 붙였졌다.

'핀커튼 흥신소'와 '티엘 사설 탐정사'에서 온 사설 탐정과 고용된 첩자들은 의기양양하게 제복을 입은 군인들처럼 권총을 허리에 차고 소총 끝에는 칼을 꽂고 떠들썩하게 거리를 돌아다니며, 길에서 시민들을 만나면 비키라고 소리를 질렀다.

파업이 일어나자마자 셔먼 벨 장군이 지휘하는 1천 명의 군대가 크리플 천과 텔루라이드에 각각 진격해 왔다. 그 곳에선 아무런 사태도 일어나지 않았는데, 피바디 주지사의 승인 하에 벨 장군은 두 곳에 계엄령을 선포했다. 쿠바에서 루즈벨트와 함께 의용 기병대원으로 활약했던 작달막한 체구의 벨 장군은 콜로라도주에서 봉급을 받는 공무원이었지만, 보스턴의 <트랜스 크립터>지를 포함한 여러 신문들이 보도한 바에 의하면 이 외에도 광산주들로부터 매년 3200달러를 받고 있었다.

그는 크리플 천에 도착하자마자 곧 개인 건물을 접수해서 주둔군 사령부로 사용하고, 시청으로 들어가 시장과 경찰국장에게 명령에 복종하지 않으면 가두겠다고 말했다. 그는 또한 시위 노동자들에게 우호적인 것으로 보이는 선거로 뽑힌 세 명의 관리 즉 보안관, 군(郡) 사정관, 재정관을 강제로 사직시켰다. 또 유치장을 만들어 그 지방의 노동조합원을 모조리 잡아넣었는데, 600여 명이 뚜렷한 혐의나 재판도 없이 몇 주일 동안 감금당했다. 어떤 변호사가 변호를 의뢰한 한 노동자에 대한 구속 적부심을 청구하자, 장군은 씨근거리며 "구속 적부심이라고! 그런 건 나중에 해 줄게" 하고 소리쳤다. <아미 앤드 네이비 저널>지에 의하면, 군인들은 광산주들에게 돈을 받고 크리플 천 지역에 도착한 후 곧 그 지역을 둘러싼 언덕에 대포를 장치해 놓았다. 그로부터 얼마 지나지 않아 크리플 천에 이웃해 있는 빅터에서 <레코드>지의 편집인이 벨의 권력 장악을 비판했는데, 그 신문이 발행되자마자 군인들은 신문을 모두 압수하고 편집 간부 및 인쇄공들을 붙잡아 철조망으로 둘러싸인 영창에 가두었다. 투옥된 자동 주조 식자공의 아내이며, 자신도 인쇄공인 에마 랭턴은 다음날 저녁 좀 보기 흉하긴 했지만 "우리는 끝까지 종소리를 울릴 것이다!"는 내용의 신문을 혼자서 찍어 냈다.

노동조합측 변호사인 리차드슨과 남북전쟁에도 참전했던 나이 지긋한 엥글리 장군은 약 2주일 동안이나 불법적으로 갇혀 있는 광부들의 석방을 위해 노력했다. 그들이 제출한 구속 적부심 신청은 빅터의 법정에서 시즈 판사가 심리하게 되었다. 벨 장군은 구속 적부심이 열릴 법정으로 죄수들을 끌고 가기에 앞서 법정 안에 무장한 군인들을 가득 배치시켰다. 그것도 모자라 근처 언덕과 건물에 장치된 대포를 법정을 향해 겨누게 했다. 이런 위협에도 굴하지 않고, 시즈 판사는 죄수들을 석방하라고 명령했다. 그러나 벨은 판사의 명령에 코웃음치며 콜로라도주에서 구속 적부심 제도가 정지되었다고 말하고는, 석방 명령을 받은 죄수들을 다시 영창으로 끌고 갔다. 담당 변호사 리처드슨이 법정을 나오자 기업주가 고용한 살인 청부업자들 가운데 한 사람인 킨리가 그를 습격해서 두들겨 팼다.

주(州) 노동총동맹은 총파업을 단행하겠다고 위협했다. 한편 '광산 노동자 연합'은 이미 파업을 시작해 트리니다드와 푸에블로에서도 계엄령이 선포되었다. <하퍼스 위클리>지는 '푸에블로 시민동맹' 위원이 "시민동맹은 '서부광부연맹'과 '광산 노동자 연합'이 없어질 때까지 무력으로 이를 분쇄할 것"이라고 말했다고 보도했다.

헤이우드와 '서부광부연맹' 위원으로 선출된 찰스 H 모이어는 허리에 권총을 차고서 주로 밤을 이용해 여기저기의 광산촌을 돌아다니며, 흔히 언덕 위에서 집회를 가졌다. 집회를 갖는 언덕 주위엔 첩자나 군인들이 접근하면 미리 신호를 보내는 임무를 띤 보초들이 여기저기 서 있었다. 헤이우드는 일이 어떻게 진행되는가에 상관없이 싸움도 하지 않고 순순히 잡히거나 목숨을 내놓지는 않겠다고 결심했다. 그 당시의 살벌한 분위기는 헤이우드가 들려 준 다음과 같은 사건에도 어느 정도 나타나 있다.

파업이 계속되고 있던 어느 날 헤이우드와 모이어 그리고 '미국노동조합' 회장인 댄 맥도날드가 덴버에 있는 어떤 술집에서 막 나올 때 그 사건은 일어났다.

"우리는 나가다가 한 패거리의 보안관 대리들과 마주쳤다. 그 패거리에는 덴버시 경찰 주임 오닐의 젊은 조카 녀석이 우두머리로 있었다. 그들이 모두 뱃지를 달고 있는 걸 보고 모이어가 '귀여운 뱃지군' 하고 비아냥거렸다."

"뱃지 안 좋아해?" 오닐이란 녀석이 쏘아붙였다.

"좋아하구 말구, 개에게 달아 주고 싶군" 하고 모이어가 대꾸했다.

"모이어의 말이 떨어지자마자 그 중 한 놈이 모이어의 미간을 정통으로 갈겼다. 아마 그 녀석은 틀림없이 주먹에 쇳조각을 감고 있었을 것이다. 모이어는 돌부리에 머리를 부딪치고는 부들부들 떨면서 나가떨어졌다. 오닐은 권총을 뽑아 쥐고 맥도날드의 앞 이마를 갈겨 3인치나 머리를 찢어 놓았다. 맥도날드는 쓰러지면서 팔을 다쳤다."

"나는 그 녀석을 발로 차 뒤로 밀어 버리고 모두를 한꺼번에 상대했다. 상황이 얼마나 절박한지 생각할 틈도 없었다. 죽기 아니면 살기였다. 그 중 한 녀석이 총으로 내 머리를 갈겼다. 나는 무릎을 꿇고 보도로 나가떨어져서 권총을 뽑아 들었다. 경찰 주임의 조카 녀석이 나를 또 갈기려고 달려오고 있었다. 나는 연달아 세 발을 쏘았다. 그 후에 그 녀석은 병원에 입원했는데 중상이었다."

항의의 소리가 드높아지자 영장 제도는 부활되었고, 광부들은 영창에서 석방되었다. 벨 장군은 부랑죄로 이들을 다시 체포함으로써 이에 보복했다. 이번에는 군대 보조역할을 하던 자경단원들이 밤에 광부들의 집을 습격하다가, 권총 사격을 받고 격퇴당한 사건이 일어났다. 이 사고로 여러 자경단원이 죽었다. 체포와 굶주림에도 굴하지 않고 파업투쟁은 군건히 계속되었다. 광산주 또는 적어도 그들이 고용한 사설 탐정과 첩자들은 새로운 수법으로 흉계를 꾸미기 시작했다.

이때 크리플 천 근처의 빈디케이터 광산에서 폭발 사고가 일어났다. 사건 당시 그 광산은 군대가 경비하고 있었다. 폭발 사건은 지하 180미터 지점에서 일어났다. 그러나 크리플 천 광산 노조 간부들이 폭발 사고로 광부와 감독들을 죽게 했다는 혐의로 체포되었다.

그들은 증거 불충분으로 곧 석방되었으나, 곧바로 다시 체포되었다. 이번에는 열차전복 음모 혐의였다. 사건은 오래 끌지 않았다. 사건의 증인이라는 맥키너라는 뚱뚱한 뚜쟁이 같은 자가 반대 심문을 하는 과정에서 자기는 노조 간부들에게 누명을 씌우려는 티엘 사립 탐정소에 고용된 사람이라고 자백하자, 판사는 피고들의 석방을 선고했던 것이다.

파업은 여전히 거세게 계속되었다. 1904년 6월 4일에는 크리플 천 근처에 있는 인디펜던스의 조그마한 철도 창고가 폭파되어 비노조원이 14명이나 죽은 사건이 발생했다. 실제로 이 사건은 해리 오처드라는 첩자가 일으킨 것이었는데, '서부광부연맹'이 이 사건의 범인으로 지목되었다. 나중에 오처드가 자백한 바에 따르면 그는 그 당시 '광산주 협회'를 위해 일하고 있었는데, 노조에 충실한 조합원으로 가장해 들어가 파업 기간 동안 노조의 회합 상황을 사설 탐정인 스콧트와 스털링에게 보고했다고 한다.

많은 사람들이 오처드의 자백이 있기 훨씬 전부터 이 사실을 알고 있었다. 그럼에도 불구하고, 배심원들은 '서부광부연맹'의 조합원과 간부들이 그 돌발 사고에 책임이 있다는 유죄 평결을 내린다. 얼마 지나지 않아 많은 군중들이 흥분해 크리플 천의 거리로 모여들자 배심은 평결을 금방 뒤집었다. 그 이후의 상황이 어떻게 진행되었는지는 '서부광부연맹'의 조합원들로 구성된 '광부 진상 조사위원회'의 보고서에 다음과 같이 나타나 있다.

'광산주 협회' 사무총장인 햄린은 군중들을 향해 폭발 사건을 일으킨 것은 '서부광부연맹'이라고 맹렬히 비난했다. 그리고 그 사고로 죽은 용감한 사람들의 원한을 풀어주기 위해서는, 노조원 50명을 총살하고 50여 명 이상을 전신주에 매달아야 하며 나머지 놈들은 저 언덕 너머로 쫓아내야 한다고 말했다. 그러자 파업 노동자 한 사람이 물었다. "그들이란 도대체 누구를 말하는 거요?" 그때 소동이 일어났다. 비노조원 몇 명이 죽고, 자기네 사무실에 피신해 있던 많은 노조원들은 창문과 천장으로부터 집중 사격을 받아 심하게 다쳤다. 보안관이 현장에 도착하자 노조원들은 항복했다. 그들은 군대 막사로 끌려갔는데, 이 막사가 나중에 유치장이 되었다.

폭도들은 아나콘다·골드필드·빅터·크리플 천의 노동조합 매점을 부수고, 비노조원들은 밀가루·설탕·고기 등의 식품을 포함한 수많은 물건들을 가져갔다. '서부광부연맹' 회장 모이어는 '작전상 필요'라는 이유로 체포되었고, 헤이우드에게는 인디펜던스 폭발 사건과 관련한 살인 혐의로 구속 영장이 발부되었다. 이 모든 역경에도 불구하고, 크리플 천의 광부들은 노동절인 9월 7일에 대시위를 벌였다. 그들은 총칼의 위협 속에서도 시가를 행진했다.

캔자스주나 뉴멕시코주 경계선까지 추방당했던 대부분의 광부들이 매일같이 돌아오고 있었다. 그들 가운데 조우 반즈라는 사람은 다른 사람들보다 꽤 고생을 했다. 그는 통 속에 들어가 거기에 못질을 하고 숨어 지냈다. 공기 구멍이 있긴 했었지만, 나중에 부인이 집 뒤뜰에서 그를 끌어냈을 때 그는 기운이 거의 빠진 상태였다. 매일 저녁 노조원들은 군인과 자경단원의 눈을 피해서 기둥이나 벽에 벽보를 붙였다. 그 벽보는 헤이우드가 작성하고 그와 모이어가 서명한 것이었다. 벽보 맨 위에는 "콜로라도주도 과연 미국인가"라는 제목이 써 있었고, 그 제목 밑에는 성조기가 그려져 있었다. 성조기의 줄무늬 사이에는 "콜로라도주의 언론은 질식당하고 있다" "군대는 콜로라도주 법원을 무시하고 있다"는 글이 쓰여 있었다. 군(軍)은 이 벽보를 보고 크게 화가나 이번에는 텔루라이드에서 모이어를 국기 모독죄로 체포했다. 군대는 그를 덴버로 끌고 갔는데, 헤이우드는 모이어를 만나기 위해 정거장으로 나갔다.

1904년 12월 1일 텔루라이드 지역의 광산주와 제련소 고용주들은 항복한다. 투쟁 15개월 만에 광부와 제련공은 1년 전 요구했던 하루 8시간 노동제와 최저임금 3달러를 달성한 것이다. 다른 곳에서의 결과는 여러 가지로 달랐다. 그때부터 크리플 천의 많은 광부가 블랙리스트 명단에 올랐고, 그들 가운데 수천 명은 금광이 발견된 네브라스카주의 골드필드로 옮겨 갔다. 네브라스카주 당국은 콜로라도주에서 이주해 온 광부들에게 민병대와 총잡이나 감옥이라는 두려움 없이 편히 살 수 있는 기회를 주겠다고 약속했다.

대체로 이 투쟁은 '서부광부연맹'의 대승리로 끝났다. 많은 조합원들이 '하루 8시간 노동'을 하게 되었고, 조합은 파괴되기는커녕 나날이 가입하는 사람으로 힘이 커져 갔다. 조합원 수는 1901년에 2만 5천 명이었는데 1905년에는 4만 명으로 불어났다. 그러나 '광산주 협회'가 노동조합과의 대결을 포기한 것은 아니었다. 그들은 곧 광부 노조를 부수기 위한 새로운 계획을 세우기 시작했다.

조작극의 발단

뚱한데다 얼굴은 둥글고 풍성한 보름달처럼 혈색이 좋은 첩자 해리 오처드는 1905년 11월말 아이다호주의 콜드웰을 방문하기로 작정했다. 왜 그런 마음을 먹었는지는 자신도 잘 몰랐다. 그는 콜로라도의 파업 때 '광산주 협회'에 고용되어 인디펜던스 폭발 사건을 일으켜 14명을 살해한 바 있었다. 그 파업이 끝난 후 그는 어렵게 생활하고 있었는데, 무슨 일인가가 콜드웰에서 벌어질 것 같은 생각이 들었기 때문이다. 그는 가방 속에 다이너마이트와 소석회 같은 강도용 도구를 가득 담아 출발했는데, 다시 폭탄이 필요하게 될지 모르는 상황이 그려졌기 때문이다.

더욱이 그는 여러 단체들로부터 미움의 대상이 되고 있는 콜드웰의 전(前)주지사 스테넨버그를 중심으로 어떤 건수가 생기리라는 막연한 생각을 가지고 있었다. 그는 그저 본능에 따라 무슨 일이든 했기 때문에 구태여 범죄를 꼼꼼히 계획할 필요는 없었다. 그의 마음은 아주 병들어 있었기 때문에 아무 생각 없이 범죄를 저지를 수 있었다. 말하자면 그는 무슨 일에든 빌붙어 정보를 팔아먹으면서도 전혀 양심의 가책을 느끼지 않을 수 있는 그런 부류의 인간이었다.

그 후 몇 달 동안에 드러난 바와 같이 그의 성격은 너무나 비뚤어져 있었다. 자기 자신도 때때로 어느 편에 서 있는지를 알 수 없을 때가 있을 정도였다. '광산주 협회'측에 고용되어 열성적인 노조원으로 가장하고 첩자 일을 할 때도 이따금 자신이 정말로 노조원인 것 같은 생각이 들 때가 있었다. 그의 몸에는 아일랜드 계의 피가 흐르고 있었다. 그래서 때때로 정직하고 명랑한 아일랜드 사람으로 되돌아가 약간은 사심 없이 마음을 툭 터놓는 부드러운 성격의 인간이 되기도 했다. 이런 모든 일을 너무나 잘 해냈기 때문에, 사람들은 그를 보고 때때로 "저 사람은 벼룩 한 마리도 죽이지 못할 거야, 마음이 너무 착해서" 하고 말하기도 했다.

그는 콜드웰의 사라토가 호텔의 넓은 복도를 배회하면서 양을 사러 온 톰 호건이란 사람으로 행세했다. 뒷방에 든 사람들은 그와 카드놀이 하기를 좋아했다. 그들은 그를 좋아했지만 대수롭지 않게 생각했다. 이 점은 아마 그의 기분을 상하게 했을 것이다. 그는 늘 남의 이목을 끄는 인물이 되고 싶어했기 때문이다. 그와 카드놀이를 했던 사람들은 그를 두고 "누구도 해치지 못할 사교적이고 상냥한 아일랜드인"이라고 말할 정도였다.

그러한 모습을 한 채 그는 그 호텔에서 5주를 보냈다. 그가 저녁마다 휴게실 흔들의자에 쾌활한 모습으로 앉아 있는 모습을 보면, 사실은 어두운 골목에서 술

취한 사람을 쏘아 죽이거나, 보험금을 타 먹으려고 공장에 불을 지르거나, 많은 여자를 유혹해 강도질을 하거나, 동료의 아이를 유괴할 음모를 꾸미던 사람으로는 보이지 않았다. 양을 사러 왔다고 하는 그가 실제로는 전문적인 강도요, 이익을 위해서는 다이너마이트를 상습적으로 사용해 노동자를 해치는 첩자라는 사실이 전혀 엿보이지 않았던 것이다. 의자를 삐거덕거리며 앉아 있는 그는 순진하고 정상적인 인간으로 보였다. 마음 속에는 황당무계한 생각이 부글부글 끓고 있으면서도, 남을 해치지 못할 것 같은 그 두 눈으로 콜드웰의 지도급 인사이며 이 사라토가 호텔 휴게실에 매일 위엄을 갖추고 나타나는 스테넨버그를 사색에 잠겨 천천히 바라보고 있었다.

스테넨버그는 생김새는 그럴 듯하나 양심은 없는 평범한 인물이었다. 그런 두 가지 덕분에 1896년 그는 주지사가 될 수 있었다. 그러나 다른 한편으로는 많은 적을 만들었는데, 그들은 그가 뇌물을 먹고 자기들을 배신했다고 생각했다. 그는 언제나 넥타이를 매지 않는 대신 목에 금붙이 장식을 걸고 있었고, 상대방에게 절대 안 된다는 말은 하지 않는 사람이었다. 그는 저녁 때 자기가 은행장으로 있는 콜드웰 은행에서 퇴근해 집으로 돌아가다가 잠시 사라토가 호텔 휴게실에 들르는 것을 낙으로 삼았다. 거기서 신문도 읽고 좋아하는 의자에 앉아 쉬기도 했다.

그는 주지사로 있을 당시 가장 큰 광산주로부터 뇌물을 받고 쿠에르달렌의 '서부광부연맹'을 때려부수는 데 온 힘을 다 쏟은 일이 있었다. 그 때문에 그를 존경하는 사람들도 있었다.

스테넨버그가 자기의 옆 좌석에 아주 선량하게 생긴 아일랜드 사람이 앉아 있다는 사실을 알았는지 어쨌는지는 잘 모를 일이다. 그가 이때 호건이라는 가명의 오처드가 자기를 죽여 뭔가 일을 꾸밀 결심을 굳혀 가고 있다는 사실을 알았다면 상당히 놀랐을 것이다. 오처드는 아주 많은 사람이 미워하고 있는 사람을 죽이면, 무언가 이득이 있을 것이라는 생각을 가지고 있었다. 그는 무슨 일이든 깊이 생각하지 않았다. 그는 자신의 생각을 세밀하게 검토해 보는 법이 별로 없었다. 왜냐하면 자신에 관해 자세하게 생각하고 싶지 않았고, 또 자기 계획에 대해 생각해도 모르는 것이 많았기 때문이다. 그러나 여러 생각을 하던 중, 스테넨버그를 죽이면 광산주들이 노동조합에 죄를 덮어 씌워 제법 그럴듯하게 사건을 만들 수 있으리라는 생각이 번개같이 그의 머리를 스치고 지나갔다.

어쨌든 그는 호텔 방에서 폭탄을 만들었다. 드디어 1905년 12월 30일 스테넨버그가 호텔 휴게실에서 일어나 저녁 먹으러 집에 갈 채비를 할 때, 오처드는 재빨리 2층으로 올라가 자기 방에 숨겨 둔 폭탄을 외투 밑에 감춘 채 초저녁의 어둠을 타고 스테넨버그의 집으로 달려갔다. 한편 자기가 로마의 원로원 의원을 닮았다고 생각하기를 좋아하던 스테넨버그는 이런 줄도 모르고 천천히 집으로 걸음을 옮겼다.

민첩하고 익숙한 솜씨로 오처드는 스테넨버그가 대문 안으로 들어서면 발길에 줄이 걸려 폭탄의 안전핀이 당겨지도록 장치했다. 그러고 나서 재빨리 사라토가 호텔로 향했다. 그가 호텔에 도착할 무렵 등과 옆구리에 구멍이 뚫린 스테넨버그는 자기 집 앞 눈 속에서 신음하고 있었다. 그는 죽기 전 자신을 부축한 사람에게 "누가 날 쏘았어" 하는 한마디를 간신히 남겼다.

스테넨버그가 죽었을 때, 해리 오처드는 호텔 바(bar)에서 술을 마시고 있었다. 아무도 본 사람이 없이 스테넨버그를 죽이려던 자기 계획은 성공한 셈이었다. 이상한 이야기이지만 이제는 범인으로 체포되는 것이 그의 목적이었다. 그 뒤 두 주일 동안 체포되기 위해 어찌나 애를 썼는지, 사람들은 그가 진짜 범인이 도망치는 동안 주의를 엉뚱한 곳으로 돌리려고 속임수를 부리는 공범이거니 생각했다. 오처드는 도망치려 하기는커녕 오히려 큰 소리로 떠들어대며 콜드웰 대사건을 이야기하는 어느 곳에나 끼여 들었다. 폭탄에 의한 살인 사건 때문에, 이 조그만 도시에는 구딩 주지사를 비롯한 아이다호주의 많은 인사들이 몰려들어와 있었다.

사건 이튿날인 12월 31일 '시민위원회'가 조직되어 첫 모임을 갖고, 범인 체포에 2만 5천 달러의 현상금을 걸었다. 오처드는 첫 모임에 참석해 자신이 살인 혐의를 받고 있음을 알고 있다고 말했다. 대부분의 사람들에게 이는 흥미 있고 새로운 사실이었다. 그러나 체포되려고 애쓴 그의 노력은 이틀이 지난 1906년 1월 1일에 가서야 빛을 보게 되었다. 그는 감방으로 가면서 노래를 불렀고 아주 기분 좋은 표정이었다. 그는 또한 그가 묵었던 호텔 방에서 살인 폭탄의 원료와 똑같은 폭약이 발견되었다는 사실에도 놀라지 않았다.

목격자가 없었기 때문에 술책을 부릴 여지가 충분히 남아 있다고 생각한 그는 자신의 생명을 기꺼이 도박에 걸었다. 그러나 그는 자신의 생명을 지킬 수 있다고 분명히 확신했다. 오처드는 악명이긴 하나 이름을 날린다는 묘한 즐거움과 거기에서 생길 물질적 이익에 대한 욕심으로 자신을 불태웠다. 그렇기 때문에 콜드웰 형무소에 갇혀 있으면서도 기분이 좋았다. 누구에겐가 많은 돈을 받고 살인 사건을 팔게 될 때가 오기를 기다리고 있었던 것이다.

돌아온 독사의 솜씨

아주 많은 광산주들이 곧 오처드의 가치를 깨달았다. 오처드가 체포된 날 광산주들의 생각을 충실하게 잘 대변해 주고 있던 셔먼 벨 장군은 덴버에서 오처드로부터 살인의 이유와 '살인 공범자들의 이름을' 얻어낼 수 있다고 자신있게 말했다.

벨 장군이 그런 말을 하고 있을 때, <아이다호 데일리 스테이츠맨>지와 <덴버 리퍼블리컨>지를 비롯한 서부 전역의 신문들은 스테넨버그 살인 사건은 '서부 광부연맹'의 음모라고 떠들어대고 있었다.

그러나 '몰리 매가이어 사건'을 조작한 바 있는 제임스 맥팔란에게는, 오처드의 체포로 인해 이 방면에서 다시 한 번 실력을 발휘할 수 있는 절호의 기회가 찾아온 것이었다. 사실 그는 오랫동안 이런 사건이 벌어지길 갈망하고 있었다. 그는 이제 예전처럼 싸움이나 하고 장난이나 치는 애송이가 아니었다.

나이가 들어 주름살 투성이로 볼품도 없어졌고 게다가 길을 걸을 때는 지팡이 신세를 져야 했지만, 그가 젊은 시절 펜실베니아주 광부들을 19명이나 교수형에 처했던 화려한(?) 경력을 이야기할 때는 아직도 눈에서 열기가 뿜어 나왔다. 신참 탐정들이 덴버의 핀커튼 흥신소 소장인 이 늙은이 주위로 모여들었는데, 맥팔란의 무용담을 듣는 그들의 눈은 무언가를 벌이겠다는 결의로 빛났다.

맥팔란은 아주 부자가 되어 있었다. 덴버의 핀커튼 흥신소 소장으로서 그는 광산주들에게 파업 파괴자, 감시자, 첩자 들을 보내는 일을 해 주고 1년에 7만 달러를 벌고 있었다. 그는 알아 주는 유지로 성장했고 덴버의 상류층 인물들과 사귀었다. 피바디 주지사도 그의 절친한 친구였다. 그는 '광산주 연합'의 강력한 오른팔로 활약하고 있었다. '광산주 연합'의 간부들은 저녁마다 그와 어울리기를 좋아했다. 왕년에 노조 파괴에 도사 같은 수완을 보였던 맥팔란은 그런 자리에서 쿠바제 고급 담배를 피우고 좋은 술을 홀짝거리며 '서부광부연맹'을 때려부수는 방법에 대해 충고를 해 주곤 했다.

그는 오랜 옛날 자신이 젊었을 때 신나게 일했던 것을 생각하며, '서부광부연맹'을 비밀 폭력 결사라 불렀다. 또한 그는 이 연맹은 처음에 가입하는 사람들에게는 친목 단체로 행사하지만, 실제로는 살인과 사회질서를 뒤엎어 버리는 데 온 정력을 쏟는 조직이라고 말했다. 그러나 광부들은 그 말을 듣고 비웃을 뿐이었다. 바로 이 비웃음이야말로 그에게 정말 참을 수 없는 것이었다. 그는 광부들이 자기를 보고 "코브라"나 "독사 중의 독사"라고 불러도 개의치 않았으나, 자기를 비웃으며 "저 늙은이, 망령들었군" 하는 소리를 들을 때는 속이 부글부글 끓어올랐다.

그는 처음부터 "오처드"의 체포를 다시 없는 좋은 기회라고 보았다. 그는 비록 나이가 들긴 했지만, 노동운동가들을 처치하여 노조를 파괴할 수 있는 자신의 능력은 조금도 약화되지 않았다고 믿고 있었다. 오처드가 잡혔다는 소식을 들은 지 얼마 뒤, 그는 자기의 상전인 광산주들과 만나 지금이야말로 '서부광부연맹' 지도자들을 없애 버릴 절호의 기회이고, 또 매년 수백만 달러를 절약할 수 있다는 것을 별로 힘 들이지 않고 설득시켰다. 또 몇 시간 뒤에는 아이다호 주지사 구딩을 만나 주지사가 힘을 빌려 주기만 하면 자기가 이 사건을 잘 요리하겠다고 말했다. 그러자 주지사는 아이다호주 예산에서 약 9만 6천 달러를 지출했고, 그 중 많은 돈이 맥팔란의 주머니에 들어갔다. 그는 나이를 먹었어도 지난날과 같이 일할 수 있는 능력을 그대로 가지고 있었으며, 여전히 '광산주 협회'로부터 돈을 받았다.

주지사에 의해 수석 조사관에 임명된 이 늙은 '핀커튼 단원'은 콜드웰로 갔다. 하지만 오처드에게 말을 걸지는 않았다. 죄수가 아직 뻔뻔스럽고 자신만만해 하고 있었기 때문에, 맥팔란은 그와 협상을 시작하기 전에 좀 기를 죽여 놓아야겠다고 생각했다. 비록 불법이긴 했으나, 그는 오처드를 콜드웰군(郡) 형무소에서 보이즈 형무소로 옮겨 놓고 깜깜한 징벌 독방에다 열흘 동안을 가두게 했다.

매일같이 간수가 갖다 주는 곰팡내 나는 빵 한 조각과 물 한 잔을 겨우 얻어

먹으면서 오처드는 놀라 떨지 않을 수 없었다. 더구나 간수는 무슨 지시를 받았는지 교수형당할 거라고까지 했다. 차가운 어둠 속에서 열흘 밤낮을 지내는 동안 그에게는 커다란 변화가 일어났다. 아픔과 배고파 견딜 수 없는 고통, 그리고 어쩌면 목매달려 죽을지도 모른다는 두려움에 젖어 지내던 어느 날 휘트니 형무소장이 밝은 방으로 데리고 가 맥팔란을 소개했을 때 그는 이미 지난번처럼 뻔뻔스럽게 굴지 않았다.

맥팔란은 손짓으로 형무소장을 나가게 하고서 다른 한 손에 든 성경책을 펴 들고 읽기 시작했다. "끔찍스럽게도 목이 조여 천천히 죽어가 지옥에서 영원히 말할 수 없는 고통을 받으리라." 이미 기가 죽어 의자에 푹 주저 앉아 있던 오처드는 맥팔란의 동그란 눈을 바로 볼 수조차 없었다. 오처드는 그 뒤 회고록에 이렇게 썼다. "그는 나의 신앙심에 호소하려 했다. 그러고는 죽음이 얼마나 끔찍스러운가를 이야기했다. 모든 사람은 자신이 저지른 죄를 회개해야 하며, 신은 어떤 죄라도 용서해 주는 법이라고 말했다. 그는 다윗 왕이 살인범이었고 사도 바울도 그랬다고 말했다. 그는 또 나에게 다른 사람에게 불리한 증언을 한 사람들의 사례를 이야기해 주면서, 주 정부에서 그러한 사람을 증인으로 채택할 경우 주 정부는 그를 기소할 수 없을 뿐만 아니라 실제로 기소하지도 않는다고 말했다. 그는 범인들이 범행 장소로부터 수천 리 밖에 있을 수도 있으며 그들도 공모자로 기소될 수 있다고 하면서, 실제로 살인을 저지른 자는 살인을 음모한 자보다 죄가 가볍다고 말했다. 나아가서 그는 내가 단순히 음모자들의 하수인에 불과하다는 사실에 만족하고 있으며, 이 사건 배후에는 '서부광부연맹'이 틀림없이 관여하고 있고, 그들이 솜씨 있게 일을 저질렀지만 그러한 내막이 드러나기 시작했다고 말했다."

그때 식사가 들어왔다. 열흘 동안 끔찍한 징벌 독방에 갇혀 있던 오처드가 처음으로 맛본 좋은 음식이었다. 오처드가 식사하는 동안, 맥팔란은 오처드에게 택할 수 있는 길은 간단하다고 힘주어 말했다. 맥팔란이 원하는 대로 증언하던가, 그렇지 않으면 교수형을 당하던가 두 가지 길뿐이라는 것이었다. 그는 '서부광부연맹'의 지시에 따라 스테넨버그를 죽였다고 자백하고, 또 반대 심문에서 꼬투리를 잡히지 않도록 그가 저지른 강도·협잡·방화·살인·사기 등도 자백해야만 한다. 또 하느님 앞에서 영혼을 깨끗이 해 배심원들이 기독교 신앙에 철저한 그의 말을 믿을 수 있게 해야 한다. 이렇게 한다면 그는 풀려나 정부와 '광산주 협회'로부터 감사의 보답을 받고 영광을 누릴 수 있게 된다. 그렇게 하지 않으면 밧줄에 목매달려 허공에서 덜랑거리며 죽게 될 것이라는 요지의 얘기였다.

오처드는 이 두 가지 선택 사항을 가슴에 품은 채 어둡고 축축한 독방으로 되돌아갔다. 이 모든 것을 생각하면 할수록 속죄받는 편이 낫다는 생각이 들었다. 이제 자기가 너무도 큰 죄를 지은 인간이라는 생각이 들었던 것이다. 다음에 다시 끌려 나왔을 때 그는 성경을 들고 있는 맥팔란에게 감방에서 신의 계시를 받아 자신이 지은 죄를 깨닫게 되었다고 말하면서, 기독교 신자인 자기가 해야 할 일은 단 한 가지 — 맥팔란이 하라는 대로 자백하는 것 — 라고 말했다.

맥팔란의 생각대로 일은 되어갔다. 해리 오처드는 헤이우드와 모이어 및 페티본이란 광부로부터 250달러를 받고 스테넨버그를 죽인 것이다. 스테넨버그가 살해당했을 때, 이들 노조 간부들은 천리 밖의 덴버에 있었으나 살해는 그들의 지시에 따른 것이었다. 그러나 그것이 전부가 아니었다. 그들은 또 피바디 주지사, 주대법원 판사, 벨 장군 등을 죽이라고 오처드에게 돈을 주었으나 실수로 그 일을 성사시킬 수가 없었다. 그들은 또 돈을 주고 모든 광산을 폭파시키라고 지시했다.

좀처럼 감동하는 일이 없던 맥팔란은 제풀에 감동했다. 그는 한 영혼을 구원했다는 우쭐한 생각에 도취되었다. "맥팔란은 별 볼일 없는 인간이 되어 버렸다"고 떠들고 있는 개자식들에게 자신의 멋진 솜씨를 보인 것이다. 그는 정말로 노망이 든 모양이었다. 그는 오처드에 대해 따뜻한 애정 같은 것을 품게 되었다. 이제 오처드는 감옥의 고통 대신에 멋진 집을 제공받고 충분한 용돈과 새 옷 그리고 좋아하는 여송연을 듬뿍 받았다. 오처드가 자기 친구가 된 것을 자랑스럽게 생각한다고 말한 구딩 주지사는 자주 그를 점심 식사에 초대했다. 몇 주일 전만 해도 오처드를 혹독하게 다루어야 한다고 이야기하던 자들이 이제는 그를 추켜세웠다. 광부 노조로부터 이 서부를 구하는 일이야말로 가장 장한 일이라고 그들은 떠들었다.

이제 친구가 된 오처드와 맥팔란은 밤낮으로 자백할 내용에 대한 자세한 각본을 만들어 갔다. 한 달 남짓 계속 궁리한 끝에 두 사람은 콜로라도주와 아이다호주에서 일어난 거의 모든 범죄는 오처드가 '서부광부연맹'의 돈을 받고 저지른 것이었다는 각본을 만들었다. 맥팔란은 신이 나서 각본을 짰고, 다시 젊어지는 듯한 기분까지 느꼈다. 그는 오처드야말로 그가 젊은 시절 펜실베니아주에서 19명의 노동자를 교수형에 처할 때 자기 편에서 결정적인 거짓 증언을 해 주었던 케리건보다도 훨씬 나은 녀석이라고 생각했다. 맥팔란은 기분이 몹시 좋았다. 그는 신문사에 제공할 보도 자료를 만들기 시작했다. "나는 '몰리 매가이어 사건'에서와 마찬가지로 이번 사건에서도 혼자서 일했다. 나는 이 두 사건의 내막을 다 알고 있다. 이들은 내가 틀림없이 노망났다고 생각하겠지만, 모이어·헤이우드·페티본은 이렇게 생각한 대가로 목숨을 내놓아야 할 것이다."

살인 도시의 재판

광산주들은 헤이우드와 모이어를 목매달아 죽여야 한다고 믿고 있었다. 콜로라도주·아이다호주를 비롯한 서부 지역뿐만 아니라, 전국을 구하기 위해서도 그래야 한다고 그들은 믿었다. 또 이는 날이 갈수록 위협받고 있는 자본주의 체제를 강력히 지키려는 테오도어 루즈벨트의 단호한 뜻에도 걸맞은 수단이라고 생각했다.1) 헤이우드와 모이어가 연맹을 통해 서부에서 투쟁해 온 방식을 전국적인 규모로 확대시키고 있었기 때문이다. 그들은 뎁스, 리온, '미국노동총동맹'의 사회주의 좌파인 소수 간부들과 함께 1905년 6월 27일 전국적 산업별 노동조합인 '세계 산업노동자 동맹'(The Industrial Workers of the World : IWW)을 조직했다. '대륙 노동계급 총회'(The Continental Congress of Working Class)라 불

---

1) 역사학자들은 테오도어 루즈벨트 대통령을 독점 자본에 반대한 사람으로 묘사하고 있으나, 그는 근본적으로 전혀 그런 사람이 아니었다. 그는 월가(街)의 자본가들을 구하려고 애썼다. 1907년 3월 28일 '쿤·레옵 회사' 대표 제이컵 쉬프에게 보낸 편지에서 그는 다음과 같이 정열적으로 썼다. "왜 월가에서 나를 핏발선 혁명가로 보는지 도대체 이해할 수 없소." 계속해서 그는 이렇게 썼다. "언젠가는 월가의 사람들이 나를 반대한 게 자기네들의 이해관계에서 보다라도 잘못이었다는 사실을 알게 될 것입니다. 내가 지금 제정하기 위해 노력하는 법률이야말로 그들에게 참으로 이로운 것입니다." (《대통령을 만드는 사람들, 1899~1919》, M 조셉 지음, 뉴욕, 1940, p. 259.)

린 창립 총회는 15만 가까운 노동자를 대표하는 200여 명의 대표가 참석한 가운데 열광적으로 진행되었다. 따뜻한 6월 시카고의 브랜드 회관에는 헤이우드, 뎁스, 사회노동당 대표인 리온, 노조 조직 운동가 존스, 헤이마키트 사건으로 사형당한 파슨즈의 아내가 참석했다. 새로운 동맹의 핵심인 '서부광부연맹' 위원장 헤이우드가 임시 의장으로서 회의를 진행했다. 그는 "우리 동맹의 목표는 노동계급이 자본가 지배를 타파해 생산과 분배 기구를 장악함으로써 생활수단과 경제력을 가질 수 있도록 투쟁하는 것이다" 하고 선언하는 것을 통해 이 회의의 성격을 규정지었다.

'세계 산업노동자 동맹'은 본질적으로 '미국노동총동맹'의 직업별 조합 구조와 그 최고 지도층의 보수적인 정책에 대한 불만에서 생겨난 것이다. 1901년 강철 노동자들의 파업투쟁이 실패로 끝남으로써, 고도로 집중된 독점 체제에 대항해 직업별 노조 형태로 효율적인 투쟁을 벌인다는 생각이 얼마나 헛된 짓인지 여지없이 드러났다. 한편 1902년의 대대적인 석탄산업 파업에서 '광산 노동자 연합'이 승리한 것은 노동자가 산업별로 조직되면 참으로 강력한 힘을 가질 수 있음을 알려 주었다. '세계 산업노동자 동맹' 지도층은 이 교훈을 잊지 않고 숙련도·성별·인종 등에 관계없이 전체 노동자를 산업별로 조직해 나갔다. 그들은 1930년대의 '산업별 노동조합 회의' 운동을 미리 내다보기라도 한 듯이 노동자의 단합을 기초로 하여 비조직 노동자를 조직하기 시작했다. '세계 산업노동자 동맹'은 직업별 노조뿐만 아니라 '미국노동총동맹' 지도층이 위험을 피해 조심스럽게 대기업에 접근하는 방식에도 반대했다. 그들은 노동운동 초기의 전투적이었던 계급투쟁을 다시 살리는 것을 목표로 했고, 경제투쟁과 함께 정치투쟁의 전개를 제창했다. '세계 산업노동자 동맹'의 헌장은 다음과 같았다.

…… 노동계급과 고용계급은 언제나 이해를 달리 한다. 수백만의 노동자들이 굶주림과 궁핍에 허덕이고, 한줌의 고용계급이 사는 데 필요한 모든 재화를 독차지하고 있는 한, 두 계급 사이에 평화란 있을 수 없다. 모든 노동자가 산업에서뿐만 아니라 정치적으로도 단결해 세력을 얻을 때까지 두 계급 사이의 투쟁은 계속되어야 한다. ……

그러나 정치활동에 대한 의견대립 때문에 '동맹'은 분열하기 시작했다. 1908년 총회에서 '동맹'은 정당과의 동맹이나 협력에 반대하고, 그 대신에 노동계급의 주된 무기인 '직접 행동'을 통해 혁명적 산업별 노조운동을 벌여 나갈 것을 제창했던 것이다. 이렇게 되자 리온이 이끄는 사회노동당은 동맹을 탈퇴했다. 리온이 탈퇴하기 전에 이미 '서부광부연맹'은 이 새로운 전국적 노동조직을 이탈했고, 뎁스도 점점 미지근한 태도를 취하기 시작했다.

그러나 이 모든 것은 뒤에 일어난 일이다. 돌이켜보면 새로운 조직이 출범한 1905년 6월에는 모든 것이 희망적이고 기대에 차 있었다. 사람들은 새로운 동맹이 '미국노동총동맹'을 대신하리라고 믿었다. 물론 새로운 조직이 생기면 노동운동 조직이 둘로 갈라지고 '미국노동총동맹'에서 진보적인 사람들을 몽땅 뽑아내어, 결국은 '전국시민동맹'에 들어가 대기업과 손잡고 있는 노동 귀족들에게 마음 놓고 '미국노동총동맹'을 주무를 수 있는 기회를 만들어 줄 것이라는 생각에서 새로운 조직의 결성에 반대한 사람들도 있었다. 그러나 헤이우드와 뎁스 같은 사람들은 대다수의 미국 노동자들이 이 혁명적인 '세계 산업노동자 동맹'에 가입해 총파업을 벌여 임금을 인상하고, 계몽과 선전을 통해 자본주의를 사회주의로 대체하는 운동을 벌이게 될 것이라고 믿고 있었다.

'서부광부연맹'의 힘이 얼마나 센지를 겪어본 서부 지방의 독점자본가들은 '세계 산업노동자 동맹'의 계획이 결코 허황된 잠꼬대라고 생각하지 않았다. 그들은 앞으로 전국적인 비상사태가 일어날 가능성이 있으며, 그러한 사태는 헤이우드·모이어 및 페티본을 목매달아 죽임으로써 막을 수 있으리라고 믿었다. 그러나 그들은 법대로 한다면 그들을 처치할 수 없다고 믿었기 때문에 다른 수를 쓰기로 마음먹었다.

다른 주에 있는 사람을 데려다가 재판을 하려면 그 전에 범인 인도에 관한 청문회를 열도록 법률은 규정하고 있었는데, 이들 세 사람을 그러한 법 절차대로 처리하다 보면 풀려날 가능성이 많았다. 그래서 독점자본가들은 비록 거리가 멀긴 하지만, 덴버에서 캄캄한 밤중을 이용해 그들 셋을 납치하기로 결정했다. 그리하여 그들은 이 세 사람을 납치하기 위해 2월 어느 날 사람들의 발길이 끊어진 캄캄한 밤중에 특별 열차와 호송원을 역에 대기시켰다.

그때의 상황을 헤이우드는 이렇게 쓰고 있다. "1906년 2월 17일 밤 모이어, 나 그리고 조지 페티본은 체포되었다. 모이어는 아이올라의 제련공 노조를 찾아가던

길에 버스 정류장에서 붙잡혔고, 페티본은 집에서, 나는 사무실 근처의 하숙집에서 체포되었다. 11시 30분쯤에 문을 두드리는 소리가 들렸다. 나는 일어나서 누구냐고 물었다.

"빌, 자넬 보러 왔어" 하는 대답 소리에 문을 열어 보니 낯익은 형사가 있었다.

"나하고 같이 좀 가 줘야겠어" 하고 그는 말했다. 나는 까닭을 물었다.

"이유를 말할 순 없으나 여하튼 가 줘야겠어." 우리는 내려가 차를 탔다. 어디로 가느냐고 물었더니 군(郡) 형무소로 간다고 했다.

"사람을 체포하려면 영장이 있어야 할 것 아닙니까?"

"영장은 없어" 하고 그가 말했다.

그들은 나를 감방에 넣었다. 몇 분 후에 군(郡) 보안관이 왔다. 나는 어떻게 된 것이냐고 물었다.

"당신을 아이다호로 끌고 갈 모양이오. 아마 스테넨버그 살해 사건과 연관지을 것 같습니다."

"그럼 어떻게 해 볼 기회도 없단 말이오? 영장 없이 사람을 체포할 수 없는 법이고, 다른 주로 데려 가려면 범인 인도에 관한 서류가 있어야 할 것 아니오?"

"사전에 모든 일이 계획된 것 같습니다" 하고 그가 말했다.

"아침 다섯 시경 나는 모이어, 페티본과 함께 사무실로 끌려 갔는데, 거기에는 낯선 사람이 많이 있었다. 우리는 호송원이 셋씩 딸린 마차에 따로따로 실려 고요한 새벽 거리를 달려 갔다. 기차가 대기하고 있었다. 모두 수갑이 채워졌다. 기차는 광장한 속도로 달렸으며, 조그만 역에서 석탄과 물을 공급받는 외에는 큰 역에서도 멈추지 않고 계속 달렸다. 보이즈에 도착하자 또다시 따로따로 호송차에 실려 형무소로 끌려 갔다. 우리는 다시 이 죽음의 집이란 사형수 감방에 수감되었다."

그들을 체포 감금한 것은 누가 봐도 황당무계한 조작극이었기 때문에, 모든 노동운동 세력은 분노했다. 그러나 항의운동은 자연 발생적으로 일어나는 것이 아니었다. 운동은 조직되어야만 했다. 전국에 걸쳐 시위가 일어났다. 사회주의자와 보수주의자, '세계 산업노동자 동맹'과 '미국노동총동맹'이 연합해 수천 달러를 모금하여, 젊고 유망한 클라렌스 대로우를 변호사로 선임했다. 브래독의 제철소에서 네브라스카주의 잡화상에 이르는 독자층을 가지고 25만 부를 발행하던 사회주의 주간지 <이성에의 호소 *The Appeal to Reason*>지에 뎁스는 세 명의 노동운동가가 살아서 "아이다호주를 떠나지 못하리라"고 한 맥팔란의 말을 반박하는 글을 실었다. "노예의 상태에서 일어나라"는 제목으로 뎁스는 이렇게 썼다. "만약 그 세 사람이 살아서 돌아가지 못한다면, 아이다호와 콜로라도 주지사는 물론 뉴욕의 월가에서 록키 산맥에 걸쳐 모든 사업주들도 그들 세 사람의 운명을 따르게 될 것이다." 계속해서 그는 이렇게 썼다.

약 20년 전에 기업가들은 죄 없는 사람들을 노동운동을 옹호했다는 이유로 죽였다.
그들은 지금 그러한 무서운 음모를 또다시 꾸미고 있다. 천만에, 이번엔 어림도 없다. 헤이마키트의 비극 이래 20년 동안 혁명적 교육 계몽과 조직화가 이루어졌다. 또다시 옛날의 흉계를 되풀이하려 한다면 혁명이 일어날 것이며, 나는 혁명을 촉진시키기 위해 내 모든 정열과 역량을 쏟겠다. 위기는 왔으며 우리는 이에 맞서 싸워야 한다. …… 그들이 모이어, 헤이우드와 동료들을 죽이려 한다면, 적어도 100만 명의 혁명 전사들이 총을 들고 일어나 싸울 것이다.

아이다호주의 한 편집인은 이렇게 말했다. "올 테면 오라, 주(州) 경계선에서 총으로 맞아 주겠다." 구금된 지 1년이 지난 뒤 이들 조작된 범인 세 사람의 재판 날짜가 가까워져 왔을 때, 아이다호주의 분위기는 바로 이런 것이었다. 노동조합원 5만 명이 시가를 행진했다. 그들이 부르짖는 외침 소리는 조용한 비콘 힐 주위에 메아리쳤다.

모이어와 헤이우드가 죽는다면, 2천만 노동자는 그 이유를 밝혀 내고야 말 것이다.

1907년 5월 9일로 공판 날짜가 정해지자, 뉴욕 시민 2만 명은 이스트 사이드에서 그랜드 센트럴 펠리스까지 시가행진을 했다. 그랜드 센트럴 펠리스에서 존 체이스, 모리스 힐커트, 조셉 완호프가 이 조작극을 맹렬히 비난하자 군중들은 소리치고 울었다. 유진 뎁스가 전국을 누비고 <이성에의 호소>지가 특별판을 백만 부나 찍는 가운데 공판이 하루 앞으로 다가왔다. 이 날 테오도어 루즈벨트 대통령은 백악관에서 기자 회견을 하며 뎁스, 모이어, 헤이우드를 "몰지각한 국민"이라고 비난했다. 하룻밤이 지나자 수천 명의 사람들이 "나는 몰지각한 국민이다"는 현수막을 들고 거리로 나서기 시작했다.

드디어 5월 9일 보이즈에서 공판이 시작되었다. 이 도시는 병적인 흥분 상태에 빠진 듯이 술렁거렸다. 제법 학식과 덕망이 있다는 사람들도 피고의 변호인인 대로우를 배척했고, 전화는 도청되었으며, 편지는 몰래 뜯어 본 후에 배달되고, 미행을 당하고, 끊임없이 신변에 위협이 가해지고 있었다. 주 정부는 먼저 헤이우드를 심리하기로 결정했다. 특별검사는 얼마 전 상원의원으로 뽑힌 보조개가 움푹 들어가고 광대뼈가 툭 튀어 나온 보라 상원의원과 홀리 검사였는데, 둘 다 '광산주 협회'로부터 돈을 받고 있다고 알려져 있는 사람이었다.

어떤 기자는 모든 사회 생활이 스테넨버그 피살 사건과 이에 따른 재판을 중심으로 돌아가고 있다고 지적하면서 보이즈를 "살인 도시"라고 불렀다. 이 재판이야말로 보이즈시(市)의 주된 일거리이고, 주된 생계 수단이며, 유일한 화제거리인 듯이 보였다. 상점과 호텔은 증인, 전문가, 재판을 보러 온 노동조합원, 기자, 잡지 기고가, 호기심으로 찾아온 관광객이 몰려들어 북적거렸다. 유명하다는 전국의 모든 신문·잡지사는 특파원을 보내 왔다. 보이즈 시민들은 모두 스테넨버그 피살 사건에 얽힌 얘기들, 오처드의 정신 상태, 다가올 헤이우드의 처형 이야기, 재판 결과에 따라 다른 살인범들이 곧 이 도시에 오게 된다는 소문 따위를 화제로 삼으면서 날을 보내고 있었다. 대로우 변호사에 관한 소문도 많이 떠돌았다. 주로 대로우가 오처드 집 뒤의 언덕에 고성능 권총을 가진 사람을 배치해 여차하면 오처드나 오처드와 의논하러 오는 주 검찰관을 죽이려 하고 있다는 소문이었다. 홀리 검사는 대로우에게 "오처드가 죽으면 다음은 당신 차례가 될 것이오" 하는 말을 전했다.

물론 오처드가 재판의 열쇠를 쥐고 있고 대로우도 중요한 역을 맡고 있었지만, 걸려 있는 것은 헤이우드의 목숨이었다. 그의 근엄한 태도와 침착한 자세 및 이 엉터리 재판에 대한 경멸, 굽힐 줄 모르는 웅변은 매우 감동적이었다. 심지어 그를 해치려는 적들조차도 그에게 강렬한 인상을 받았을 정도였다. 헤이우드가 재판정을 지배하고 있다고 말하는 적수들이 있을 정도로 헤이우드는 잘 싸웠다. <맥클루어>지의 한 필자는 그를 "황소같이 강한 인물"이라고 묘사했다. 그의 머리는 큰 편이었고 턱은 다부졌다. 이 필자의 묘사에 의하면, 헤이우드는 '지구의 창자'인 광산에서 몸을 일으킨 사람으로 열렬한 신앙심을 가졌으며 사회주의자였다. 그는 이제 두뇌가 좋은 사람으로 미국 사람들에게 많이 알려졌다. 그는 때리고 맞으면서 싸우고 투쟁해 온 사람인데, 그가 아는 것은 자기가 속한 노동계급이 매우 부당한 상황에 처해 있다는 것 외에 더 이상은 없었다.

헤이우드가 투사라면, 오처드는 주 검찰관의 말에 따르면 성자의 세례를 받은 자였다. 3일 동안 그는 살인, 거짓 증언, 강도, 사기에 열중했던 그의 과거를 고백했다. 검찰관 홀리는 이와 같은 범죄를 저지른 것은 지난날의 오처드였고, 현재의 오처드는 신성한 인물이라고 말했다. 오처드는 자못 경건한 표정으로 헤이우드가 돈을 주며 시켜서 자기가 스테넨버그를 죽였고, 또한 똑같은 이유로 콜로라도주의 여러 유력한 인물을 죽이기로 계획했었다고 말했다. 오처드가 한 인간을 죽이기 위해 하느님을 들먹이며 끊임없이 거짓말을 되풀이하자, 참다 못한 대로우는 자리에서 벌떡 일어나 외쳤다.

"해리 오처드가 지금 종교를 갖고 있다면, 나는 결코 종교를 갖지 않으렵니다. 오처드는 종교를 갖기 전부터 아주 악한 사람이었습니다. 그러나 그 악한 성격은 종교를 믿는다고 하면서도 그대로 남아 그를 완전히 타락시켰습니다. 종교란 무엇입니까? 그것은 사랑입니다. 종교란 자비입니다. 만일 한 인간이 종교를 믿는다고 하면서, 믿지 않을 때와 다름없이 여전히 잔인하고 무정하다면 여러분은 도대체 종교를 믿을 수 있겠습니까? 종교가 이 비열한 인간의 성격을 변화시킬 수 있는지에 관해 여러분의 의견을 듣고 싶습니다. 만일 여러분 가운데 누구라도 종교에 관심 있는 분이라면, 오처드란 인간은 종교를 믿지 않는 인간이라고 말씀하실 줄로 나는 믿습니다. 여러분은 자신의 종교를 포기하지 않기 위해서라도 그렇게 말해야 할 것입니다."

대로우 변호사는 잘 훈련되고 연습을 많이 한 오처드의 각본을 근본적으로 뒤집어엎을 수는 없었으나, 그가 지난날 법정에서 거짓 증언을 했으며 하지도 않은 범행을 했다고 자백한 일이 있다는 사실을 인정하도록 하는 데 성공했다. 헤이우드는 목숨을 건 싸움에서 굳은 결의로 싸웠으며, 명성이 자자한 특별검사 보라 상원의원에게 자기가 눈을 들여다볼 수 있는 위치에 설 것을 요구해 보라를 주춤하게 만들었다. 이 요구는 보라 상원의원을 당황하게 만든 것 같았다. 그는 후에 한 친구에게 이렇게 말했다. "그가 그런 요구를 하자 나는 당황했다. 사실 그의 요구는 나를 단도로 찌르는 것과 같았다."

그럼에도 불구하고 헤이우드의 목숨 따위는 아무것도 아니라는 게 일반적인 의견이었다. 모든 것은 대로우가 배심원들에게 행할 변론에 달려 있었다. 훌륭한 변론이 있을 것으로 예상되었지만, 유죄 평결이 내려지리라는 것은 의심할 여지가 없었다. 이처럼 광산주와 '서부광부연맹' 사이의 싸움은 법정으로 옮겨와 벌어지고 있었다. 좀 어리석은 사람들만이 광산주들이 질 것이라고 생각할 뿐이었다.

키가 큰 변호사 대로우는 분명히 낙심한 표정으로 바지 멜빵에 엄지 손가락을 꼽고, 눈은 생각에 잠긴 채 슬프고 엄숙한 목소리로 배심원들에게 다가가 최후변론을 시작했다. 날씨가 더워서 그는 셔츠 차림을 하고 있었다. 시카고 출신이면서도 배심원들보다 더 평범한 서부의 시골 출신 같아 보였다. 때때로 그는 큰 소리로 울부짖기도 했고, 발뒤꿈치를 들고 앞으로 걸어 나가면서 극적으로 속삭이기도 했다. 그는 이번 사건이 단순한 한 인간의 살인 사건이 아니라, 노동운동을 없애 버리려는 자본가의 음모라고 계속 강조했다.

그의 변론은 11시간이나 계속된 후에 결론으로 접어들었다. "헤이우드가 나의 최대 관심사는 아닙니다. 헤이우드 이전에도 다른 많은 사람들이 죽어 갔습니다. 앞을 내다보는 사람, 가난하고 약한 사람들을 위해 애쓰던 사람은 모두 희생당했습니다. 그들은 죽음을 떳떳이 맞이했고, 헤이우드 또한 떳떳이 죽을 수 있는 사람입니다. 좁은 소견으로 그를 박해하는 여러분, '광산주 협회' 여러분, 미움을 미움으로 갚으려는 여러분, 목에 올가미를 씌움으로써 그 사람의 감정과 희망과 열망을 부수어 버릴 수 있다고 생각하는 여러분, 그가 헤이우드이기 때문이 아니라 그가 한 계층을 대표하는 사람이기 때문에 죽이고자 하는 여러분, 꼭 감은 눈을 뜨십시오. 그의 목에 올가미를 씌워서 '서부광부연맹'을 없앨 수 있다고 믿는 어리석음에서 깨어나십시오. 만약 여러분들이 이 못된 자들이 원하는 대로 빌 헤이우드를 죽인다면, 그는 인간이므로 죽을 것입니다. 그러나 많은 사람들이 헤이우드가 내려 놓은 노동운동의 깃발을 움켜쥐고, 감옥에 잡혀 가는 것도 두려워하지 않고, 검찰의 기소나 배심원이나 법정에도 굴하지 않고, 굳은 의지의 손아귀로 그 깃발을 들고 승리하는 날까지 진군할 것입니다. ……"

"나는 어둠과 절망 속에서도 인류의 노동운동을 짊어지고 온, 약하고 가난에 지친 사람들을 위해 말씀드립니다. 그들의 눈은 오늘 밤 이 곳 아이다호주 12명의 배심원들에게 쏠려 있습니다. 만일 여러분들이 헤이우드를 죽인다면, 많은 사람들이 여러분의 행위에 박수갈채를 보낼 것입니다. 대도시의 철도 사무소에서 여러분의 이름은 갈채를 받을 것입니다. 여러분이 그를 죽이기로 결정한다면, 월가(街)의 남을 모함하기 좋아하는 사람들은 12명의 배심원들에게 찬사를 보낼 것입니다. 헤이우드가 가난한 사람들을 위해 싸우고 혜택받은 자들을 계속 부유하게 만드는 체제와 싸운다는 이유로, 그를 미워하는 전세계 은행에서 여러분을 칭송하는 소리가 울려퍼질 것입니다. 여러분이 이 사건에서 헤이우드는 무죄라는 평결을 내린다면, 경건히 머리를 숙여 자신의 명예와 다른 사람의 생명을 동시에 구한 배심원 12명에게 감사하는 사람들도 있을 것입니다. 땀 흘려 일하는 서부의 대초원에서, 파도에 흔들리는 바다에서, 공장에서, 광산에서, 수천의 남녀와 어린이가 오늘밤 무릎 꿇고 신에게 여러분의 마음을 인도해 달라고 간청할 것입니다."

밤 10시에 대로우는 조용히 법정에서 결론을 내렸다. 흥분으로 더욱 끓어오른 그는 자리에 다시 앉아서 헤이우드에게 몸을 기울여 나직이 말했다. "유죄 평결이 나더라도 힘을 내시오." 법정의 규칙에 따라 배심원들이 퇴장했고, 법정뿐 아니라 전미국의 오랜 기다림이 시작되었다.

대로우는 그의 웅변과 헤이우드의 결백함 이상으로 많은 사람들이 그의 석방을 위해 싸워 왔다는 사실을 완전히 이해하지 못하고 있는 것 같았다. 아침 5시경 대로우는 배심원들이 11대 1로 의견이 대립되고 있다는 소식을 들었다. 그의 변호사 생활 중 이때가 가장 초주한 순간이었다고 그는 말했다.

그때부터 사건은 급속도로 전개되었다. 아침 7시경 배심원들이 평결에 합의했다는 소식이 들렸다. 1907년 7월 29일 AP 통신 특파원이 보도한 바에 따르면 상황은 다음과 같이 진행되었다. "우드 판사가 7시 57분 자리에 앉고, 4분 후 지친 모습을 한 배심원들이 입장했다. 헤이우드는 그의 버릇대로 왼쪽 팔꿈치를 의자 등에 올려 놓고 앉았다. 서기가 기록을 읽는 동안 고통스러울 정도의 침묵이 흘렀다. 벽의 시계 소리가 철퇴 소리처럼 들렸다. 우드 판사의 목소리가 들렸다. '배심원 여러분, 평결에 동의합니까?' '그렇습니다' 하고 제스 배심장이 대답했다. 우드 판사는 자기에게 주어진 평결문을 훑어보고 서기에게 건네 주었다. '우리 배심원들은 피고인 빌 헤이우드에게 다음과 같이 평결한다.' '피고인은 무죄!'"

6 떠돌이 노동자들

언론의 자유와 인간의 자유

'세계 산업노동자 동맹'은 주로 숙련되지 않고 조직되지도 않은—'미국노동총동맹'에서 제외된—노동자들을 위해 만들어졌다. 그 회원들 대부분은 서부에서 화물 열차에 뛰어올라 타거나 기차 난간에 붙어 무임승차를 하는 등의 방법으로 끊임없이 온 나라를 돌아다니며 항상 일거리를 찾아 움직이는 사람들이다. 그것은 바퀴 달린 노동조합이었다. 그 회원들은 모두 끊임없이 덜커덕거리는 쇳소리, 석탄재와 연기 냄새, 한밤에 울부짖는 자동차의 경적 소리를 자장가 삼아 지내는 사람들이었다. 세상 사람들은 그들을 떠돌이 노동자들(the Wobblies)이라고 불렀다. 그들은 모두 열차 제동수(制動手)들과 끊임없는 싸움을 벌였고, 한겨울 밤에 록키 산맥을 지나는 열차에서 밀려 떨어지면 그대로 죽는다는 것도 잘 알고 있었다. 떠돌이 노동자는 6만 명을 넘지 않는 수였지만, 전국에 걸쳐 파업에 돌입하면 수백만 명에게 영향력을 발휘할 능력을 가지고 있었다.[1] 그들은 대규모 파업을 주도하며 끊임없이 하나의 큰 노동조합, 즉 모든 노동자를 하나로 이어줄 강력한 노동조합을 제창했고 노동에 종사하는 사람들이 나라의 산업을 소유해야 한다고 외쳤다. 그들은 계약 같은 것을 중요하게 생각하지 않았으며, 노동자들이 자신들의 몫을 보장받기 위해 힘을 뭉쳐야 한다고 생각했다. 그들은 한바탕 일을 벌이겠다는 식으로 끊임없이 파업하겠다고 위협하는 것을 통해 노동조건을 개선하는 방법에 찬성하고 있었다.

떠돌이 노동자들 중에서 가장 적극적인 것은 젊은 유랑 노동자, 블랙리스트 명단에 올라 있는 철도 및 광산 노동자, 목재 벌채 인부, 카우보이, 공사판 일꾼, 가을걷이를 하는 일꾼, 밀 타작꾼, 옥수수 수확 노동자, 유타주의 사탕수수밭 일꾼, 캘리포니아주의 과수원 일꾼들이었다. 뜨내기 선원들과 부두 노동자들도 적극적이었는데, 이들이 도회지나 파업 시위에 몰려들어 올 때의 힘과 정열은 일반 시민들이 볼 때 가히 혁명적이었다. 그들은 그럭저럭 살아가는 일반 노동자들을 '집지기'(homeguard)라고 경멸했다.

떠돌이 노동자들은 노래와 얘기를 좋아했다. 그들은 대부분 흘러간 옛날 냄새를 물씬 풍기고 있었으며, 철도용 물 저장소가 있는 사막이나 간이역이 있는 산간에서 야영할 때면 불을 피워 놓고 둘러앉아 이야기나 노래를 하길 좋아했다. 그들이 부르는 대부분의 노래는 대개가 옛 찬송가의 곡에 맞춘 것이다. 그 중에서도 나중에 유타주 파업 때 조작극의 제물로 사형당한 조우 힐은 그들로부터 가장 큰 존경과 사랑을 받았다.[2] 천여 명의 떠돌이 노동자들이 화물 열차에 물밀듯

---

1) 이 숫자는 1916년의 것이다. 1917년 정부는 빌 헤이우드를 기소할 때, 이 조직의 회원 수를 20만이라고 밝혔다.
2) "조우 힐이 체포되어 사형되기까지 거의 2년이 걸렸다"고 하면서 배리 스태비스는 ≪결코 죽지 않는 사나이, 조우 힐에 관한 음모≫라는 책 서문에서 다음과 같이 쓰고 있다. "이 2년 동안 조우 힐의 이름은 수백만 명에게 알려졌고, 그의 무죄를 확신하는 수십만 명이 그의 주장을 지지했다. 조우 힐을 지지하는 사람들은 그가 음

이 몰려 타 파업 현장으로 모여들 때는 과연 볼만했다. 목청을 다해 그들은 노래를 부르곤 했다. 그 중 하나는 '뭉치자'는 노래였는데, 가사는 이러했다.

협정 따위는 걷어 치워라.
싸울 때 힘을 갈라 놓고,
사장이 그 잘난 계약의 '신성한 권리'를 내세워
우리를 겁주는 그 따위 협정은 걷어 치워라.
동료가 싸우는데 일만 할거냐.
모두가 뭉쳐야 한다는 걸, 너희는 모르느냐?

모의 제물로 유타주에서 총살형을 당했다고 주장한다. 즉, 가게 주인과 그 아들을 죽였기 때문이 아니라 그가 바로 다름아닌 노동자들의 시인이라는 점, 또 그가 노동자들의 가장 절실한 욕구를 노래로 표현한 사람이라는 이유 때문이다.

그가 처음 투옥되었을 때 그를 지지하는 사람들은 대부분이 노동자들이었지만, 나중에 이 사건은 보다 많은 사람들에게 확산되었다. 이 사건은 미국에서 시작되어 점점 전세계적으로 알려졌고, 수십만 명이 조우 힐을 구하기 위한 싸움에 동참했다.

윌슨 대통령도 두 번이나 조우 힐을 위해 개입했고 스웨덴 정부도 참여했다. '미국노동총동맹' 대표들은 제35차 연례총회에서 그에 대한 재판을 비난하며, 유타주에게 "새롭고도 공정한 재판"을 하라는 요구의 결의안을 만장일치로 채택했다. 오스트레일리아에서는 3만 명의 노동자들이 대규모 모임을 갖고 조우 힐의 즉각적인 석방을 요구하는 결의문을 통과시켰으며, 만약 그를 석방하지 않으면 미국 상품에 대한 불매운동을 벌이겠다고 위협했다. 그 외에도 많은 사람들이 개인적으로 혹은 조직을 통해 항의했다.

조우 힐이 처형되기 전 날 밤 한 연사는 어떤 항의 집회에서 이렇게 외쳤다. "뭔가 일어날 것이다. 조우 힐은 결코 죽지 않을 것이다. 여러분 모두 들어보시오. 조우 힐은 결코 죽지 않을 것입니다."

1915년 11월 19일 조우 힐은 처형되기 직전에 다음과 같은 말을 최후로 남겼다. "나를 위해 울지 말고, 조직하라!" '산업별 조직위원회'(CIO) 운동이 진행되던 1930년대 중반기에 수천 명의 사람들이 알프레드 헤이즈와 얼로빈슨이 지은 감동적이고도 아름다운 노래 '조우 힐'을 불렀다.

"어제 밤 꿈에 조우 힐을 보았네. 너나 나와 마찬가지로 살아 있었네. '조우, 당신은 10년 전에 죽었잖소?' 내가 말했지. '나는 결코 죽지 않았소' 그가 말하더군. '조우 힐은 죽지 않았소' 그가 내게 말했지. 조우 힐은 결코 죽지 않았어. 노동자가 싸우는 곳엔 어디든지, 조우 힐이 그들 곁에 있다네."

뭉쳐라 뭉쳐라, 그것만이 이기는 길.
불붙기 전에는 사장도 외면하라.
총잡이 칼잡이 따위는 꼼짝도 못하니.
필요한 건 오직 거대한 조합, 거대한 파업.

처음부터 이 서부의 떠돌이 노동자들은 '외국의 첩자', 또는 '질이 안 좋은 외래 사상에 물든 선전꾼들'로 찍혔다. 1912년 3월 4일자 <샌디에고 트리뷴>지의 기사는 그 전형적인 예라 할 수 있을 것이다. 이 신문은 사설에서 "교수형이야말로 그들에게 꼭 알맞은 것이다. 명대로 죽게 하는 것은 그들에게 과분한 혜택이다"고 썼다.

'세계 산업노동자 동맹'의 첫 투쟁은 선전과 조직에 필요한 언론의 자유를 얻기 위해 일으킨 것이었다. 그들에게 주어진 언론의 자유란 고용주를 칭송하는 말을 하는 자유뿐이었지 싫은 소리를 할 수 있는 자유는 아니었다. 노동자들이 고용주들의 비위에 거슬리는 소리를 하면 징역살이나, 경찰과 자경단원의 몽둥이 찜질을 받았다. 카우보이, 목재 벌채 인부, 광부들은 비미국인이기 때문에 언론의 자유를 보장한 수정 헌법 제1조가 '세계 산업노동자 동맹'에는 적용되지 않는다는 것이 일반적인, 특히 서부 지역의 보편적인 사고방식이었다.

'세계 산업노동자 동맹'은 언론의 자유를 쟁취하기 위한 실천적인 투쟁을 벌였다. 실제로 그들은 언론의 자유가 위협받는 곳이면 어디에서든 하고 싶은 말을 다했기 때문에, 감옥은 항상 이들로 넘쳐났고 거리에는 온통 금지된 말들로 메아리쳤다. 그리하여 마침내 당국은 두 손을 들지 않을 수 없었다.

떠돌이 노동자들의 투쟁 방법은 어느 곳에 있든지 모두 화물 열차를 빼앗아 타고서 언론의 자유가 없는 도시로 몰려 가는 것이었다. 그리하여 문자 그대로 수천 명의 떠돌이 노동자들이 1909년과 1912년 사이에 스포케인·프레즈노·덴버·캔자스시티·델라스·뉴캐슬·샌디에고·뉴베드포드와 미줄라에 집결했다. 그리고 이들은 도착하자마자 임시로 가설된 연단에 올라가 목청을 돋구어 자본가를 욕하고, 모든 노동자들에게 '세계 산업노동자 동맹'에 가입하라고 권유했다.

한 사람이 마차에 실려 감옥으로 끌려 가면 다른 사람이 대신 연단에 올라섰다. 때때로 자경단원과 경찰이 연단으로 몰려와 독립선언서를 읽고 있는 노동자들을 끌어내리려고 했다. 심지어 어떤 노동자들은 "사람은 누구나 어디서든지 양심이 명하는 대로 말하고 생각할 권리가 있다"고 규정한 헌법을 읽고 있다가도 '애국자 나리들'의 무자비한 팔에 의해 연단에서 끌려내려 왔다. 때로는 한 마을의 광장에 연단을 여섯 개나 마련해 놓고 여섯 사람이 동시에 연설하기도 했는데, 이들이 연설을 하다가 붙잡혀 가면 또 다른 여섯 명의 노동자들이 그 자리를 대신했다.

국민들은 자신들이 낸 세금이 감방에 갇힌 떠돌이 노동자들을 먹여 살리기 위해 낸 거냐고 불평하기 시작했다. 갇히는 사람들이 너무 많아, 법원은 언론의 자유에 관한 사건 외의 다른 문제는 거의 다룰 수 없을 정도였다.

'세계 산업노동자 동맹' 지도자들은 조금도 흔들리지 않고, 탄광 지역과 제재소, 북서 지방의 건설현장, 태평양 연안의 통조림공장, 동부의 방직공장, 중서부의 철강 및 통조림공장, 전차 노동자, 유리닦이, 부두 노동자들이 일으킨 파업을 이끌어 나갔다.

이 투쟁들 가운데 1912년 매사추세츠주 로렌스에서 일어난 방직 노동자 2만 3천 명의 파업은 미국의 파업 사상 가장 유명한 것으로 꼽힌다. 다른 파업에서와 마찬가지로 '세계 산업노동자 동맹' 지도자들은 파업 당사자에게 일을 맡겼다. 특히 이번에는 로렌스에서 일하고 있는 여성과 소년 노동자 및 이민온 노동자들과 북부 출신 토박이들에게 맡겼다. 노동자들은 20여 명 이상이 의견을 제시하고 헤이우드가 문제점들을 설명하는 등의 긴 토론 방식을 통해 모든 투쟁 방법을 결정해 나갔다. 다른 파업 때와 마찬가지로 '세계 산업노동자 동맹' 지도자들은 노동자들을 격려하기 위한 다양한 오락 프로그램과 토론 내용을 마련하도록 했다. 헤이우드는 모든 파업을 일종의 노동자 대학, 즉 노동자들이 현실과 계급투쟁에 관해 배우는 단기간의 학습 과정으로 이용했다.

대부분의 기자들은 이 파업을 보도하면서, 거의 모든 노동자들이 자신의 힘에 대해 자신감을 가질 수 있게 되었다고 말했다. 또한 그 기자들은 노동자들이 단조로운 공장 생활에서 발견할 수 없었던 것을 투쟁을 통해 발견하고는 야릇한 행복감을 느끼는 것을 보았다.

로렌스의 파업을 때려부수기 위해 고용주는 갖은 음모와 폭력과 사기 조작극을 꾸몄다. 로렌스의 파업은, 주(州) 법에 의해 노동시간이 일주일에 56시간에서

54시간으로 줄어듦에 따라, 6달러밖에 되지 않는 여성과 소년 노동자들의 평균 주급이 그나마도 더욱 낮아지게 되는 등 노동조건의 급격한 악화로 인해 노동자들이 자발적으로 일으킨 투쟁이었다. 노동시간이 단축되자 고용주는 작업 속도를 더욱 빠르게 하면서 급료를 낮추었는데, 그것은 너무 지나친 처사였다. 1912년 1월 12일 새로 조정된 임금을 처음으로 받았을 때, "임금이 줄었다. 임금이 줄었어" 하는 고함 소리가 이곳 저곳에서 또 공장에서 공장으로 메아리치더니, 마침내 어떻게 하겠다는 뚜렷한 생각도 없이 모든 노동자들이 길거리로 쏟아져 나왔다.

주 방위군이 즉시 현장에 투입되었고, '세계 산업노동자 동맹'의 조직가인 스물 한 살난 엘리자베드 걸린 플린과 '세계 산업노동자 동맹'의 노련한 파업 지도자 조셉 에토와 아투로 조바니티가 나타났다. 민병대가 22개 중대나 소집되었고, 고용주들은 보스턴 사립 탐정소에서 50명의 깡패들을 데려왔다. 그들은 파업 노동자로 변장해 전차를 뒤엎고 유리창을 깨뜨리며 길거리에 있는 사람들을 마구 두들겨 팼다.

이 깡패들은 파업 노동자들의 본부 근처에 폭발물을 장치해 공장 기계들을 부수어 놓고 그 혐의를 노동자들에게 덮어 씌었다. 그러나 한 고용주가 술을 퍼 마시고는 우연히 그 음모를 폭로해 버렸다. 그는 술이 깬 후, 자신의 실수를 깨닫고 자살해 버렸다. 한편 경찰은 애니로 피조라는 여자 노동자를 쏘아 죽이고 나서 에토와 조바니티를 살인 혐의로 체포했다.

로렌스의 파업은 가슴을 울렁거리게 하는 감동 그 자체였다. 2월이 지나 3월이 되었지만, 그 감동의 물결은 조금도 수그러들 줄 몰랐다. 그러나 한편에서는 굶주림, 살인, 조작극이 끊임없이 계속되었다. 여류 작가 메리 히튼 보오스는 미국 최초의 여성 파업 지도자 가운데 한 사람인 엘리자베드 걸린 플린을 로렌스의 상징으로 보았다. 그녀는 다음과 같이 썼다.

플린이 연설하면 노동자들은 열광했다. 아일랜드 계통의 푸른 눈, 목련같이 흰 얼굴, 검은 머리를 한 그녀가 일어선 모습은 바로 젊은 여자 혁명가의 모습 그대로였다. … … 마치 대중의 해방을 가능하게 한 감동적이고 강력한 그 어떤 불씨가 청중 속으로 들어간 것 같았다.

플린은 파업이 일어난 그 해 겨울 동안 거의 잠을 자지 못하고 일했다. 그녀는 파업투쟁 위원회에 참석하고, 감옥에 간 동료들을 면회하고, 법정 투쟁을 준비하고, 쉴 새 없이 모금을 했다. 또 연설에 연설을 하다가 기차를 타고 돌아오면, 착검한 군인들이 하루 종일 지키고 섰던 감옥 같은 공장으로 둘러싸인 살벌한 거리가 그녀를 맞을 뿐이었다. 실로 그녀는 그 파업의 활력소였다.3)

플린의 가장 중요한 임무는 식량을 조달하는 것이었다. 파업 노동자들에게 제일 고통스러운 것은 굶주림이었고, 자식들이 굶주려 하루하루 말라 가는 것은 정말 못 볼 일이었다.

백방으로 노력한 끝에 파업이 끝날 때까지 수백 명의 아이들을 다른 시에 있는 노동자들 집으로 보낼 조치가 마련되었다. 먹고 쉴 곳을 찾아 떠나는 굶주린 수많은 아이들의 모습은 전국적으로 무시무시한 인상을 주었다. 그 때문에 로렌스시 당국은 더 이상 아이들을 떠나게 하지 않겠다는 성명을 발표했다. 파업투쟁 위원회가 또다시 일단의 아이들을 보내려고 하자, 아이들과 어머니들은 로렌스역에서 경찰의 습격을 받았다.

아이들을 보호할 책임을 맡았던 '필라델피아 여성 위원회'는 한 보고서에서 그때 일어난 일들을 다음과 같이 묘사하고 있다.

> 경찰과 민병대는 역을 포위했다. …… 출발 시간이 되자 아이들은 둘씩 둘씩 질서 있게 늘어서 각자 어머니들과 함께 기차로 향했다. 바로 이때, 그때까지 열차 문 양쪽에 늘어서 있던 경찰은 곤봉을 들고 우리들을 죄어 오면서 아이들은 안중에 없는 듯 좌우로 마구 곤봉을 휘둘렀다. 아이들이 마구 두들겨 맞아 짓밟혀 죽지나 않을까 걱정스러울 정도였다. 어머니와 아이들은 뒤죽박죽으로 이리 밀리고 저리 밟히며 군용 트럭으로 끌려 갔다. 끌려 가면서도 사정없이 곤봉에 맞았고, 경찰은 겁에 질려 울부짖는 부녀자와 아이들을 사정없이 두들겨 팼다. ……

이 사건으로 인해 파업은 새로운 국면으로 접어들었다. 밀워키주 출신 사회당

---

3) 엘리자베드 걸린 플린은 1953년 2월 공산주의자로서 '스미스 사상규제법'을 위반했다는 혐의로 3년형을 받았는데, 그때 그녀의 나이는 62세였다.

소속 하원의원 빅터 버거는 이 파업과 그 원인에 대해 의회가 조사하도록 요청하여 그것을 성사시켰다. 3월 14일 섬유 제조업자들은 굴복했다. 연방정부의 보고에 따르면, 파업 노동자들 — 대부분이 여성과 소년 노동자들이다 — 은 "5%에서 20%까지 임금인상을 쟁취했고, 시간외 근무 수당도 인상했으며, 상여금 지급 기준도 현행 4주에서 2주로 줄이는 데 성공했다." 비숙련 노동자의 임금이 가장 많이 인상되었다. 그리고 이번 파업의 간접적인 다른 성과가 뒤따랐다. 정부의 공식 보고에 따르면, "뉴잉글랜드 전역에 걸쳐 다른 섬유공장의 수천 명 노동자의 임금도 인상되었다."

"로렌스의 파업은 보통 파업이 아니고 사회혁명이었다"고 FP 브리센든은 '세계 산업노동자 동맹'에 대한 그의 저서에서 썼다. "숙련되지 않고 조직되지도 않은 노동자들(이들은 여러 나라에서 이주해 온 사람들이다)이 고용주와의 투쟁에서 승리할 수 있다는 사실을 보여 준 것이 바로 로렌스의 파업이다. 이번 파업은 약간의 기술이 있거나 전혀 기술이 없는 노동자 집단의 힘이 어떤 것인가를 보여 주었다." 그리고 이번 사건으로 '세계 산업노동자 동맹'은 온 나라에 알려졌고, 동부에서는 직접적인 영향력을 행사할 수 있게 되었으며, 나아가 전국적인 노동운동에서 보다 큰 역할을 할 수 있는 기회가 주어졌다.

파업이 끝나자 감방에 갇혔던 대부분의 사람들도 석방되었다. 하지만 에토와 조바니티는 여전히 조작된 살인 혐의로 구속되어 있었다.

재판도 없이 여러 주일이 지나자 노동자들은 다시 24시간 총파업에 들어갔는데, 이 파업이 있은 후 '세계 산업노동자 동맹'의 두 지도자는 재판을 받고 석방되었다.

조바니티는 석방된 후, 환호하는 군중들에게 다음과 같이 연설했다. "여러분 우리가 살고 있는 주나 다른 어떤 지역에서 파업이 다시 일어나 조셉 J 에토와 나 두 사람의 힘과 지식을 필요로 한다면, 우리는 막강한 노동자 세력의 한 사람으로서 보잘것없고 이름도 없는 병사로 되돌아가 힘을 바칠 것입니다. 우리 노동자들은 과거의 괴로웠던 암흑에서 벗어나 숙명적으로 짊어진 목표, 즉 인류의 해방과 사랑·동포애·정의를 이 땅에 심으려는 세력이기 때문입니다."

진보의 시대

테오도어 루즈벨트 행정부가 들어서 제1차 세계대전에 미국이 참전한 1901년에서 1917년 사이의 시기를 종종 '진보의 시대'라고 부른다. 이러한 수식어는 이 시대에 걸맞지 않는 것이지만, 이 시대 노동자들이 벌인 기나긴 투쟁으로 인해 그때까지 미국적인 것으로 생각되던 대다수 중간계급의 생활수준과 생활방식에 변화가 일어나기 시작했다. '몰리 매가이어'의 수난, 1877년의 폭력적인 철도 파업, 그리고 '하루 8시간 노동제'를 위한 투쟁에서 빚어진 헤이마키트 사건에서의 교수형 등 이런 것들에 대한 반응이 늦게나마 나타났던 것이다. 풀먼 차량공장의 파업과 소위 '뎁스의 반란' 그리고 콜로라도주의 내전 등을 겪으면서, 점점 더 많은 중산층의 사람들이 노동자와 파업이라는 전반적인 문제가 과연 '비미국적'이거나 '외국의 앞잡이'라는 말로 간단히 처리해 버릴 수 있는 것일까 하고 의문을 품기 시작했다.

인민당의 강령은 인민당이 잊혀진 훨씬 후에까지도 계속 전해졌다. 인민당이 독점기업에 퍼부었던 비난이 수백 명에게 퍼졌던 것이다. 뎁스는 사회당 후보로 대통령선거에 출마해 1900년에 9만 7000표, 1904년에는 42만 표, 그리고 1912년에는 그 두 배의 표를 얻었다. 이러한 운동 과정을 통해 일반 사람들은 지난날과는 다른 각도에서 사회 문제를 생각하게 되었다. 이렇게 새로운 생각과 정책을 등장시키는 데 중요한 역할을 한 사람이 바로 오하이오주 클리블랜드 시장 톰 존슨과 톨레도 시장 존스이다.

이 두 사람은 노동자의 지지를 받으며 독점자본과 싸웠다. 존스는 "남에게서 바라는 대로 남에게 해 주어라"는 기독교의 계명을 선거 구호로 내세우며, 1900년대초에 톨레도 시장선거에 출마했다. 그는 세 차례나 압도적으로 당선되었다. 6년 동안 이 계명은 톨레도에서 정치적인 쟁점이 되었고, 마침내 반대자들을 물리침으로써 그 계명은 뿌리를 내렸다.

존스는 그 계명을 그대로 실천에 옮겼다. 톨레도 시장으로 선출된 후, 그는 계명을 기준으로 삼아 가난한 이들의 세금은 낮추고 파업이 일어나면 노동자의 편에 섰다. 또한 강력한 기업이 경영하는 전차의 특권적인 영업에 반대하는 투쟁을 벌였다.

존스가 톨레도에서 기독교 정신을 실천할 무렵, 톰 존슨은 클리블랜드에서 독점기업과 싸우며 "민중만 내 편이면 나머지는 다 내게 대들어도 좋다"는 입장을 취했다. 요금을 5센트씩 받는 해너 상원의원의 전차회사에 맞서 시(市)에서 운영하는 전차는 요금을 3센트만 받도록 한 그의 노력도 이러한 투쟁의 결과였다. 그러나 시에서 하는 모든 노력은 법원의 강제 명령으로 제지되었다. 이 기나긴 싸움이 벌어지고 있는 동안, 한 번은 미묘한 법적 절차상의 문제 때문에 시영전차가 법원의 강제 명령으로 4분의 1마일이나 되는 거리를 통과할 수 없게 된 일도 있었다. 그러자 많은 사람들은 그 전차를 둘러싸 밀고 당기고 들고 해서 통행이 금지된 철로를 지나 자유 지역으로 가게 했다.

톰 존슨은 선거운동을 하면서 사람들에게 이런 류의 정신을 고취시켰다. 그는 한 강령을 통해, 독점자본가들은 클리블랜드와 이 나라를 민중의 이익이 아닌 그들 자신의 이익을 위해 운영하고 있다고 말했다. 세 차례의 임기가 끝난 후 그는 격렬한 선거전에서 패배했는데, 이 패배는 그의 친구의 말을 빌리자면 "치명적인 충격"이었다. 노동자와 농민의 투쟁을 통해 일어난 이 같은 중산층의 각성은 1910년까지 전국적으로 널리 퍼졌다. 이 현상은 테오도오 루즈벨트가 '추문을 파헤치는 사람들'이란 별명을 붙인 일단의 기자들 — 아이다 타벨, 링컨 스티븐스, 레이 스태너드 베이커 등 — 의 폭로에서도 나타났는데, 이들은 수백만 독자들에게 미국의 산업과 미국 정부는 거대한 부당 이득을 함께 누리고 있다고 계속 폭로했다. 흑인 중산층과 흑인 지식인들도 이러한 흐름에 새로운 자극을 주었다. 그들의 주장은 나이아가라 운동에서 잘 나타난다. 그 운동은 WEB 듀보이스 박사와 '흑인 지위향상 전국 연합회'에 의해 시작된 것이다. 이 당시 분위기는 또한 지식인들이 채택한 신강령에도 잘 반영되어 있는데, 그들의 주장에 대해 허버트 크롤리는 1909년에 다음과 같이 기록하고 있다.

> 강력한 개혁 집단이 계속 나타나고 있으며, 그들의 정치적 신조와 행동은 미국의 국가 체제상 당연히 받을 권리가 있는 공정한 처우를 일반 국민들이 받지 못하고 있다는 사실에 기초하고 있다. 또한 이들 개혁론자들은 여론 집단을 끊임없이 형성시켜 가고 있다."

상당수의 미국인들이 경제적·정치적·개인적 불만을 표현하기 시작하고 있다. 한 세대 전만 하더라도 모든 시민들은 미국의 국가 체제 하에서 공정한 기회를 보장받고 있다고 생각했기 때문에, 어떤 사람이 가난하더라도 그 가난을 개인의 탓으로 돌렸다. 그러나 지금은 가난한 사람들이 불만에 차서 가난의 원인이 불공평한 정치·경제적 체제 때문이라고 생각하기 시작했고, 개혁을 외치는 사람들도 주저없이 가난한 사람들의 주장을 지지하고 있다.

테오도어 루즈벨트의 '스퀘어 딜'(Square Deal) 정책과 우드로우 윌슨의 '신자유'(New Freedom) 정책은 바로 이와 같은 경향과 수많은 파업 및 전반적인 산업 불안이 나타난 현상 속에서 등장했다. 이 두 정책은 점점 커 가는 국민들의 투쟁심에 보수적인 두 정치인이 굴복해 만들어진 것이었다. 국민들의 항의가 정책에 반영된 것이다. 이 두 가지 정책은 월가(街)를 통제하려는 노력을 통해 민주·공화 두 정당을 자유화시키려는 노력이었는데, 때때로 선동적이기는 했으나 항상 효과를 보지는 못했다. 1895년 뎁스와 알트겔트를 총살시켜야 한다고 주장한 루즈벨트는 1904년 공화당 후보로 대통령에 당선된 후, "거대한 부(富)는 악이다"고 욕을 퍼부었다. 이내 그는 "핏발선 혁명가"라는 비난을 받게 되었고, 1912년 그가 진보당 후보로 선거운동에 나섰을 때 자본가들은 그가 자신이 속한 계층을 배반했다고 바라보았다.4) 우드로우 윌슨은 1912년 민주당 후보로 대통령에 당선되고 나서 "한 국가는 그 구성원이 위대할 때에만 위대할 수 있다"고 말했다.

그것은 단순한 선동만은 아니었다. 시대의 분위기도 달라졌고, 그것은 각 주와 연방법률에 반영되었다. 마침내 여성에게 선거권을 부여하는 주가 많아졌다. 이것은 여성들의 길고도 치열한 투쟁이 드디어 결실을 보기 시작했음을 뜻하는

---

4) 그러나 모든 자본가가 테오도어 루즈벨트를 자기 계급을 반역한 자로 본 것은 아니다. 실제로 모건 가(家)의 조지 W 퍼킨스와 신문 편집인 프랭크 A 먼시 그리고 '크루서블 강철회사' 사장인 HH 윌킨슨은 루즈벨트가 진보당 대통령 후보로 지명받도록 도와 주었고, 그가 조직한 '불 무즈'(Bull Moose) 운동에 돈을 대 주었다. 이들 대자본가들은 기업 합동에 대한 시민들의 시끄러운 소리를 두려워한 나머지, 서유럽의 급진주의 공격을 피하면서 기업 합동을 유지시키기 위해 루즈벨트를 밀었다. (M 조셉, ≪대통령을 만드는 사람들≫ p. 431.) 그들은 루즈벨트의 선거운동을 후원하면서, 그들 자식들에게 닥칠지도 모를 혁명의 가능성을 없애 버리고 싶어했다. (위의 책, p. 431.)

것이었다. 또한 사업장 감독을 규정한 주법(州法)과 독점기업을 규제하기 위해 연방정부가 1914년에 제정한 '클레이튼 법'도 이러한 시대적 분위기를 설명해 주는 좋은 예이다.

1915년까지 25개 주에서 노동시간을 제한하는 법률이 통과되었고, 또 한편 수많은 노동자들이 노동조합 활동을 통해 '하루 8시간 노동제'를 누리게 되었다. 취업할 수 있는 소년 노동자의 나이와 노동시간을 제한하는 '소년 노동법'은 노동자들이 거의 1세기에 가깝게 여론에 호소하며 떠든 결과, 1912년엔 38개 주에서 실시되기에 이르렀다. 1912년에 매사추세츠주는 처음으로 '최저 임금법'을 제정했고, 다음해에는 다른 8개 주도 그 뒤를 따랐다. 1915년까지 35개 주가 노동자들이 오랫동안 요구해 온 산업재해에 대한 보상법을 통과시켰다. 같은 해 연방의회는 '선원 노조'가 추진한 '라 폴레트 선원법'(La Follette Seamen' Act)을 통과시켰다. 이 법은 여러 주 사이를 왕래하는 철도 노동자들에게 '하루 8시간 노동'을 보장했으며, 시간외 근무는 1시간 반을 넘을 수 없도록 규정했다.

끄떡없는 곰퍼즈 체제

"곰퍼즈 체제는 끄덕 없다"고 말하며 37년 동안 '미국노동총동맹' 위원장을 지낸 새뮤얼 곰퍼즈[5]는 "진보의 시대"는 노동자들의 고난을 끝내는 첫걸음이라고 말했다. 그는 '클레이튼 법'은 노동자의 권리와 자유를 인정한 대헌장이며 새로운 시대의 여명을 알리는 것이라고 말했다. 곰퍼즈는 그의 자서전에서 그 법안이 토의되고 있을 때 상원의 복도에서 귀를 기울이며 얼마나 가슴 조였으며, 마침내 그것이 통과되었을 때는 얼마나 감동했었는지 이야기하고 있다. "그것은 노동자들이 잊을 수 없는 거룩한 순간이었다"고 그는 썼다. 1914년 10월 16일 윌슨 대통령으로부터 그 법률에 서명하는 데 사용했던 펜을 받자, 그는 역사적인

---

5) 곰퍼즈는 '미국노동총동맹'이 창설된 1886년부터 그가 죽은 1924년까지, 사회주의자들이 그를 지지하지 않고 '광산 노동자 연합' 위원장인 존 맥브라이드를 지지하여 1170대 976표로 곰퍼즈를 패배시켰던 1894년만 빼놓고는 줄곧 위원장 자리를 지켰다.

사건에 사용된 다른 펜들과 함께 진열하도록 조치했다.

그는 땅딸막한 키에 걸음걸이가 점잖았고, 기다란 여송연을 들고 다니면서 명사들과의 교제를 즐겼다. 심지어 연방 최고재판소가 '클레이튼 법'은 실질적으로 노동자들에겐 아무런 의미가 없는 것이라고 판시했을 때에도6) 곰퍼즈는 조금도 겸연쩍어 하거나 낙담하지 않았다. 한때는 말을 더듬는다고 알려졌으나, 이제는 잘은 못해도 제법 말께나 할 줄 알게 된 그는, '미국노동총동맹'의 업적에 대해 계속 연설을 했다.

이러한 업적들은 물론 주목할 만한 것이다. '미국노동총동맹'은 노동조합의 전국적 중심으로서 1890년 이래 엄격한 원칙 하에 조합비를 거둬 충분한 파업 기금을 만들었다. 또한 '동맹'은 조합원을 위한 양로(養老)·질병·장례 기금을 만드는 데 성공해 처음으로 미국 노동조합 운동을 확고한 실질적 기초 위에 올려 놓았다. '미국노동총동맹' 최고 지도자들은 사기업을 가장 좋은 체제라고 찬양하면서 독자적인 정치활동에 반대하고, 실업가들과 마찬가지로 정부의 실업 보험과 양로연금에 대해 심히 못마땅한 태도를 취했다. 그래서 제한적인 수준이긴 하지만 고용주들의 환영을 받았던 것이다. '미국노동총동맹'은 주로 그것에 관계하던 미국

---

6) 1914년에 제정된 '클레이튼 법'은, 사용자들과 보수적인 법원이 결탁해 1890년에 제정된 '셔먼 반독점법'을 법원이 노동운동 금지 명령을 내리는 데 이용하는 사태를 막기 위해 제정되었다. 이 법은 노동자들의 입장을 유리하게 만들어 주려는 것이었다. 역사학자 루이스 M 핵커와 벤자민 B 캔드릭은 이 점에 대해 다음과 같이 설명하고 있다. "클레이튼 법 제20조는 다음과 같은 경우, 즉 평화적인 피켓팅, 1차 및 2차의 불매운동, 노동조합이 파업 기금을 모금하거나 파업 수당을 주는 일, 집회, 그리고 노사 분규가 없는 시기의 노동조합의 합법적인 활동을 막기 위해 법원이 노동운동 금지 명령을 하는 것을 금지하고 있는 것처럼 보였다." 그러나 이 같은 규정에도 불구하고, 1921년과 그 이후 연방 최고재판소는 계속 노동운동이 '셔먼 반독점법'에 저촉된다고 판결해 사실상 노동자의 단결권과 단체교섭권을 무의미하게 만들었다. 위의 저자들이 말한 바와 같이 "최고재판소는 '클레이튼 법'이 불리한 법적인 중압감에서 조직 노동자들을 해방시켜 주는 법이 아니라는 사실을 밝혔고, 그리하여 이 법에 의해 노동자들은 또 하나의 부담을 짊어지게 되었다. 즉 법원에 대해 불리한 노동운동 금지 명령을 신청하는 권한이 종전의 '셔먼 반독점법'에선 연방 법무성에게만 규정되어 있었지만, '클레이튼 법'에 의해서는 개인도 할 수 있게 되어 노동자들의 짐은 더 무거워졌던 것이다."

노동자들의 지지는 얻었지만, 전보다 커진 '세계 산업노동자 동맹'의 지지는 얻지 못했다. 그러나 수백만에 달하는 비숙련 노동자들은 비록 가입할 자격은 없었지만, '미국노동총동맹'에 한가닥 희망을 걸고 지켜보고 있었다.

'미국노동총동맹'은 이상(理想)의 빈곤이라는 약점을 조합원에게 실질적인 이익을 주는 것으로 보충했다. 1914년까지 '미국노동총동맹'은 202만 1천 명의 조합원을 갖게 되었는데, 그들의 임금은 인상되었고 노동시간은 단축되었으며 직장은 안정되었다. 그리하여 '미국노동총동맹'이 미국의 으뜸가는 전국적 노동운동 본부로 등장한 1890년부터 유럽에서 전쟁이 일어난 1914년까지 노동조합이 조직된 제조업과 건축업 부문에서 주당 평균 임금은 17.57달러에서 23.98달러로 인상되었다. 또한 제조업 부문의 주당 평균 노동시간도 54.4시간에서 48.9시간으로 단축되었다. 이 기간에 조직 노동자들이 이룩한 임금인상과 노동시간 단축은 수많은 비조직 노동자들의 임금인상과 노동시간 단축에도 영향을 미쳤다. 따라서 1890년부터 1914년 사이의 비조직 노동자와 비숙련 노동자들의 주당 평균 임금은 8.82달러에서 11.52달러로 뛰어올랐고, 제조업 분야의 주당 평균 노동시간은 62.2시간에서 55.6시간으로 단축되었다.

그러나 이 기간에 임금이 오르고 노동시간이 줄었는데도, 노동자들의 실질임금 — 즉, 노동자들의 임금으로 자신들이 생산한 상품을 다시 살 수 있는 구매력 — 은 1899년대보다 더 낮았다. 이러한 사정은 비조직 임금 노동자뿐만 아니라 노동조합에 가입한 사람의 경우에도 마찬가지였다.

'미국노동총동맹'은 곰퍼즈와 같은 성격을 가진 지도자를 많이 길러 냈는데, 그들은 거대한 '전국시민동맹' 앞에서는 아부를 떨었고 조합원들에겐 무자비할 정도로 냉혹했다. 간부끼리는 늘 아웅다웅했고, 고용주들이 노동조합 집행위원들에게 뇌물을 주는 일도 흔했다.

그럼에도 불구하고, 곰퍼즈는 개인적으로 정직하고 유능한 사람이었다. 그는 '전국시민동맹'에 나오는 실업계 거물들을 좋아하고, 술마시기를 즐기며, 애틀랜타 시의 해변 산책길과 코러스 걸들을 좋아했다. 그러나 '미국노동총동맹'은 그의 지도 하에서 느리기는 하지만 분명히 규모가 커지고 안정되어 갔다. 미국의 모든 노동자에게 직접적인 도움을 주지는 못했지만, 최소한 제한된 방법으로 조합원들에게 얼마간의 도움은 주었던 것이다. 곰퍼즈는 자신이 미국적인 입신 출세의 본

보기라고 자주 말했다. 1850년에 영국 런던에서 태어난 그는 어릴 때부터 아버지를 따라 연초 제조공이 되었다. 굳이 교육이라고 한다면, 어둡고 먼지가 자욱한 다락방에서 동료 가운데 한 사람이 큰 소리로 책을 읽을 때 곁에서 손가락으로 능숙하게 담배를 말며 주워 들은 것이 전부였다. 책을 읽어 주는 사람의 보수는 듣는 사람들이 모아서 주었다.

13살 때 그의 가족은 런던 이스트 엔드로에서 뉴욕 이스트 사이드로 이주했다. 23살 때 그는 톰킨스 광장에서 경찰이 시위하는 노동자들의 머리통을 마구 두들겨 패는 것을 보았다. 이 사건에서 비록 자신의 머리는 다치지 않았지만, 경찰 곤봉이 난무한 그러한 광경을 보고 그의 생각도 틀림없이 달라졌던 것 같다.

'전국 엽연초 노동조합'(The Cigar Makers International)이 일체의 정치적인 목적을 배제하고, 소위 상업적 원칙인 "정당하게 일하고 정당한 보수를 받자"는 원리 하에 재개편 되었을 때 그의 나이는 29세였다. 그때부터 죽을 때까지 그는 결코 "순수하고 단순한 노동조합주의"를 벗어나 본 적이 없었다. '미국노동총동맹' 내에서 '양조 노동조합'·'전국 광산노동자 연합'·'전국 여성의류 노동조합'과 같은 산업별 노동조합이 점점 늘어가는 데도, 그는 끝까지 시대에 뒤떨어진 직업별 노동조합(craft unionism)을 옹호했다. 그러나 독자적인 정치활동과 산업별 노동조합을 지지하는 '미국노동총동맹' 내 상당수의 사회주의자들은 그의 이 같은 입장에 반대했다. 마침내 1912년 막스 헤이즈는 곰퍼즈에 대항해서 위원장에 입후보해 27%의 지지를 획득하게 된다.

자본주의에 대한 그의 신념이 단 한 번 흔들린 일이 있었다. 그것은 1907년의 일이다. 곰퍼즈를 비롯한 '미국노동총동맹' 간부들은 '전국제조업자연합' 회장인 제임스 반 클리브가 사장인 '벅스 난로회사' 제품을 불량상품 목록에 넣었는데, 이 회사가 법원을 움직여 이에 대한 금지 명령을 얻어냈던 것이다. 그는 법원에 소환되었고, 1년 징역형을 선고받았다. 그는 자서전에서 그 당시를 다분히 감상적으로 이렇게 표현했다. "라이트 판사가 법정에서 나, 미첼, 모리슨에 대한 판결 이유를 말하고 형을 내리는 것을 들으며 나는 정말로 견디기 어려웠다. …… 그는 우리에게 미국을 '무법' 천지로 만든 '폭도'의 두목이라고 말했으며, '법의 존엄한 권위'를 '무질서와 폭동'으로 짓밟는 '사회의 적'이라고 비난했다."

이 거친 말을 들은 그의 기분은 정말로 씁쓸했다. 자기 애칭을 부르며 포도주를 대접해 주던 실업계 거물들로부터 배신당한 기분이었다. 그는 다시 계급투쟁을 신봉하게 되었고, 1909년 그의 항소를 고등법원이 기각하자 더욱더 그러한 신념은 확고해져 갔다. 마침내 1911년 연방 최고재판소는 "하급 법원의 판결은 그대로 살린 채" 심리절차 위반만을 문제삼아 지방법원에 사건을 되돌려 보냈다. 그리하여 라이트 판사가 다시 재판을 맡아 심리를 한 후 원심 판결을 확정시켰다. 음산한 감방에 들어가야 한다는 생각이 들자, 순간적으로 투쟁심이 솟구쳤지만 그것은 분노라기보다는 비애에 가까웠다. 1914년 연방 최고재판소가 공소시효가 지났다는 이유로 이 사건을 기각하여 곰퍼즈는 겨우 감옥살이를 면하게 되었다.

번영의 뒷전

그럴 듯한 법률과 "진보의 시대"라는 간판 뒤에선 소년·여성·계약 노동자와 노예적 강제 노동을 하는 사람들에 대한 착취와 처절한 노동쟁의라는 냉정한 현실이 전개되고 있었다. 빈곤에 허덕이는 민중과 수백만 달러의 이윤을 거두어들이는 소수 재벌 사이의 격차는 갈수록 심해졌다. '전국제조업자연합'은 노동조합 결성를 막기 위해 무기·선전·첩자 등을 닥치는 대로 고용하고 있었다. 그들의 오픈샵 운동에 짓밟히고 있는 노동자들에겐 윌슨이 부르짖은 '신자유'나 루즈벨트의 '스퀘어 딜'도 별 의미가 없는 것이었다.

정부 통계에 의하면, 1910년 당시 200만여 명에 달하는 소년들이 집안 살림을 돕기 위해 어쩔 수 없이 노동판에 나서고 있었다. 이들의 주당 평균 임금은 의류업에서는 2달러에도 미치지 못했고, 유리와 견직물산업 부문에서는 3달러도 안 되었다. 1910년에 전국 노동자의 5분의 1을 차지하던 여성들도 섬유와 의류업, 유리와 견직물산업 부문에서 대부분 주당 6달러의 평균 임금을 받고 일했다.

1915년에 정부의 노사관계 위원회가 제출한 최종 보고서에 의하면, 고용 인구의 3분의 2 내지 4분의 3이 주당 15달러에도 미치지 못하는 임금을 받았고, 미국 전체 성인 고용인구의 약 10분의 1만이 주당 20달러 이상을 받는 것으로 나타났다. 계속해서 이 보고서는 "지난 1914년에 미국 산업계에서 대략 3만 5000명이 죽었는데, 이들 가운데 최소한 반 정도는 미리 막을 수 있는 성질의 질병을 앓고 있었다"고 보고했다. 이 보고서는 "예방할 수 있었던 1만 7500명의 죽음"에 대해 억만장자들은 책임을 져야 한다고 한 뒤, 전국의 탄광·공장 및 다른 작업장에서 1년에 70만 명이나 부상을 입고 있다고 지적했다.

이 공식적인 정부 보고서는 "예전에는 꿈도 못꾸던 수백만 달러의 재산이 사회 계층의 한쪽으로만 집중되고 있으며, 또 이 같은 재산을 소유한 사람 자신도 재산이 너무 많아서 정확한 규모를 모르고 있고, 영리한 직원의 도움 없이는 자기 소득이 어디서 어떻게 생기는지 알지 못하고 있다"고 지적했다. 계속해서 그 보고서는 부의 집중에 관해 다음과 같이 보고했다.

> 이들의 재산은 정당한 방법으로는 쓰일 수 없는 일종의 짐이 되어 버렸다. 따라서 이 재산들은 단지 흥청망청 낭비되든지 뒷구멍으로 빼돌려지든지 아니면 국가에 위협적인 일이 일어났을 때 소위 성금(誠金)이나 회사(喜捨)라는 명목으로 쓰여지거나, 다시 산업설비에 투자되어 날마다 높아지는 황금의 산을 보다 더 높게 만드는 데 쓰여질 뿐이다. 소득세 신고 결과를 보면, 거의 일을 않거나 전혀 일을 하지 않은 채 1년에 백만 달러 이상을 벌어들이고 있는 44가구의 1년간 소득을 합치면 거의 5천만 달러에 달했다. 이는 1년에 500달러를 받는 임금 노동자 10만 명이 1년에 버는 소득을 모두 합친 것과 맞먹는 액수이다.

이 공식 보고서는 빈부(貧富)의 격차에 대해서도 다음과 같이 언급하고 있다.

> 미국의 부(富)의 소유권은 파악하기 힘들 정도로 한쪽으로 쏠려 전국민의 2%밖에 안 되는 사람들이 전체 부의 35%를 소유하고 있고, 전국민의 33%인 중산층은 35%, 전국민의 65%를 차지하는 가난한 사람들은 겨우 5%를 소유하고 있을 뿐이다. 그러나 사실 부의 집중 현상은 이 같은 수치보다 훨씬 더 심한 실정이다. 미국에서 제일 부자인 한 사람의 재산은 10억 달러로 추산되고 있는데, 이는 평균 약 400달러 정도의 재산을 가진 사람 250만 명의 총 재산과 같다.

이 노사관계 위원회는 "진보의 시대"가 간판은 그럴 듯했지만 실제로는 독점 자본가들의 힘만 날로 커진 시기였고, 이들 독점자본가들이 대중에게 점점 세게 가한 압박에 대해서는 거의 속수무책인 시대였음을 밝혔다. 이 위원회는 위임을 받아 윌슨 대통령이 임명한 위원으로 구성되었고, 캔자스시 검사 프랭크 P 월쉬가 위원장을 맡았다. 이 위원회는 패터슨의 견직공 노동쟁의, 아크론의 고무공장 노동쟁의, 북서부 목재산업의 노동쟁의, 록키 산맥 지대에서 일어난 금속 및 석탄 광부의 노동쟁의를 비롯한 여러 노동쟁의들에 대해 증거들을 차례차례 조사했다.

이 위원회는 "파업중이거나 노조를 결성하려 하는 노동자들에게 있어 정치적·산업적·사회적 자유는 없다"고 단언했다. 나아가 이 위원회는 사용자들이 오픈샵을 유지하기 위해 살인 청부업자나 첩자와 총잡이 등을 고용하는 일이 전국에 걸쳐 일반적으로 행해지고 있다고 밝히면서, "지금과 같은 상황이 지속된다면 인간성이 필연적으로 파괴될 것"이라고 덧붙이고 있다.

또 이 위원회는 모건과 록펠러를 비롯한 독점기업들은 미국 국민의 생활뿐만 아니라 사고방식까지도 주무르고 있다고 보고했다. 독점자본가들은 언론 기관을 완전히 손아귀에 넣었고, 이에 따라 신문들은 독점기업의 정책과 생각을 널리 보급하고 있었다. 더구나 독점자본가들은 증여·기부금·재단 설립 등의 수단을 통해 대학·교수·목사뿐만 아니라 학교 교육까지도 점차 지배하고 있었다. 위원회는 이렇게 보고했다.

> 미국 산업의 대부분을 손아귀에 넣은 사람들은 자기네가 고용한 사람들만 지배하는 것이 아니라, 교육과 국가의 "사회적 사업"까지 주무를 정도로 급속히 세력을 확장시키고 있다. 이들의 지배는 언론 기관에 대한 영향력 행사나 조종을 통해서뿐만 아니라, 자기 마음대로 주무를 수 있는 다목적 자금을 만들어 "재단"이란 이름을 붙이고는 대학에 기부금을 내거나, 교육자들에게 장려금을 주거나, 혹은 사설 자선단체에 기부하는 따위의 방법을 통해 크게 확장되고 있다. ……

> 이러한 재단 설립 외에도 독점자본가들은 대학교수들의 강의 내용까지 지배하고 있다. 그 지배의 도가 나날이 강해져, 이제 교육은 심각하게 위협받고 있다. 올해(1915년) 6월 두 교수가 해직당했는데, 이들 중 하나는 주립대학 법학 교수로 콜로라도주 파업 노동자들의 법률 상담을 해 준 일이 있는 사람이었고, 또 한 사람은 경제학 교수로 소년 노동에 관한 입법과 다른 진보적인 입법을 위해 활동한 사람이었다.

또 이 위원회는 여성 노동자의 반 가까운 수가 일주일에 6달러도 안 되는 임금을 받고 있다고 보고했다.

일주일에 6달러—많은 사람들에게 있어 이 돈은 무엇일까? 극장표 3장, 일주일 분의 휘발유, 두 사람 분의 저녁 식사값, 구두 한 켤레, 장갑 3켤레, 하룻밤의 놀음 비용에 지나지 않는다. 그러나 이 돈을 벌려고 일하는 여공들에게 그 6달러의 의미는 대단한 것이다—즉 온갖 정상적인 욕망을 억제하고 꼭 사야 할 물건이 있어도 참고 견뎌야 겨우 최저 생활을 지탱해 갈 수 있게 해 주는, 한푼도 헛되이 쓸 수 없는 그런 액수이다.

루이스 마리온 보스워즈는 1911년에 대부분의 여성 노동자들의 노동조건에 관해 이렇게 썼다.

한 상자 공장에서는 소녀들이 외출복을 벗고, 낡은 치마와 더럽고 아교가 진득진득한 블라우스를 입은 채 하루 10시간씩 줄을 그으며, 가위로 자르고, 커다란 종이에 풀칠하고, 또 다 만들어진 무거운 상자를 앞으로 뒤로 들어올리거나 조그만 상자를 익숙한 솜씨로 포장해 큰 통에 잽싸게 던져 넣으면서 하루에 불과 몇 센트의 임금을 받고 있다.

어떤 공장에서는 햇빛도 거의 들어오지 않고, 그나마 들어오는 햇빛도 검댕으로 그을린 창문 때문에 가리워져 있었다. 한 여성 노동자는 눈이 아파 도저히 견딜 수가 없어 다른 곳으로 가야겠다고 말했다.

신발 공장이 있는 어떤 동네에서는 공장의 통풍 시설에 대한 불평이 대단하다. 겨울에 창문을 모두 닫아 놓고 작업을 하기 때문에 일을 하는 동안 여공들의 옷은 땀에 흠뻑 젖는데, 저녁 5시에 퇴근해 갑자기 차가운 바깥으로 나오게 되어 여공들에게는 감기가 그칠 날이 없었다.

노사관계 위원회는 노동계급 주부의 37%가 생계비를 보태기 위해 어쩔 수 없이 노동을 하고 있다고 보고했다. 뉴욕시의 이스트 사이드에는 수천 명의 여성 노동자들이 저임금으로 혹사당하고 있는 공장들이 있었는데, '트라이앵글 피복회사'에서 비극적인 화재 사건이 일어남으로써 이곳의 견디기 힘든 노동조건은 세인의 주목을 받게 되었다. 이때 화재로 146명의 여성 노동자가 빠져 나갈 구멍이라고는 전혀 없는 꽉 막히고 비좁은 다락방에서 타 죽었던 것이다.

제정 러시아의 폭정을 피해 노동조합을 결성하고 유대인 학살에 맞서 싸운 풍부한 경험을 가진 투쟁적인 유대인 노동자들은, 이 무렵 봉재 공장의 너무나도 착취적이고 가혹한 노동조건에 항의해 폭동을 일으켰다. 그들은 먼지와 악취로 가득한 지하실이나 무너져 가는 셋방에서 가축처럼 엉켜 살면서, 하루 14시간 노동을 하고도 가족은커녕 자신의 입조차 풀칠하기 어려운 임금을 받으며, 사용자들의 무리한 요구에 따르느라고 건강과 체력을 해치고 있었다. 공장의 환기 시설은 엉망이었고, 작업장은 더럽기 짝이 없었으며, 비극적인 '트라이앵글 피복회사' 화재 사건에서 드러난 것처럼 노동자들은 불이 나면 꼼짝없이 타 죽을 판이었다.

뉴욕 이스트 사이드 봉재 공장의 유대인 노동자 수만 명이 일으킨 일련의 대파업은 저임금과 살인적인 작업량 및 위험한 작업설비 등 가혹한 노동조건과 작업환경에 대항해 일어난 것이다. 1909년 2만 명의 블라우스 공장 노동자들(이 가운데 5분의 4는 여성)이 파업에 들어갔다. 그들의 용감함과 파업 대열의 단합된 모습을 보고, 그때까지는 그렇게 투쟁적이지 못했던 '미국노동총동맹' 위원장 곰퍼즈는 이렇게 말했다. "많은 여성 노동자들은 배고픔에 시달렸다. 그들은 평화적으로 피켓팅을 하며 잔인한 경찰에 맞서 용감하게 싸웠고, 매정한 치안 판사가 형을 선고하자 동료들에 대한 의무라고 생각하여 기꺼이 투옥당했으며, 조금도 굴하지 않고 솜씨 있게 사회 여론을 자기들 편으로 끌여들었다. 그리고 마침내 노동자들이 단결해 싸우면 자신들의 목적을 이룰 수 있다는 사실을 고용주들이 깨닫도록 해 주었다."

1909~1910년에 여성의류산업 부문에서 일어난 저항은 남성의류 분야에도 영향을 미쳤다. 1910년에 전국에서 제일 큰 의류 제조회사인 '하트 샤프너 앤드 마르크스 회사'의 노동자들이 시카고 전역에서 파업을 벌였고, 마침내 회사측은 '의류 노동자 연합'을 인정했다. 수만 명의 유대인 노동자들이 투쟁적인 파업을 벌인 결과, 점점 더 많은 산업에서 노동조합이 조직되었다.

한편 많은 노동조합들이 여성 지부를 조직하고 있었다. 24세 가량의 슬라브계

애니 클레멘스는 미시간주 구리 광산의 서부 광부연맹 여성 지부장이었다. 그 곳에서 일당 1달러를 받고 일하던 1만 5000명의 구리 광산 광부들은 '캘리멘트 앤드 헤클라 광산회사'를 상대로 파업에 들어갔다. 이 회사는 파업이 일어나기 직전인 1913년 성탄절 무렵에 주주들에게 400%의 이익 배당을 하겠다고 발표한 바 있었다. 클레멘스는 파업 노동자들의 자녀들을 위해 성탄절 축하회를 베풀었다. 축하회를 방해하려고 혈안이 되어 있던 한 보안관 대리가 실제로 불도 일어나지 않았는데 "불이야" 하고 외쳤다. 당시 현장을 목격한 엘라리브 블라(마더 블라)는 다음과 같이 썼다.

> 성탄절 전야에 아이들은 클레멘스가 성탄절 장식을 해 놓은 그 곳에 모였다. 먼저 아이들이 노래를 불렀고, 그 뒤에 선물들을 나누어 받았다. 머리를 길게 땋아 내린 13세쯤 된 핀란드 태생의 여자 아이가 피아노 앞에 앉았다. 그 애가 연주하기 시작했을 때, 한 남자가 문을 열고 들어와 "불이야" 하고 외쳤다.
>
> 그러나 실제로 불은 일어나지 않았다. 고함 소리에 놀란 아이들은 겁에 질려 밖으로 뛰어 나갔다. 그 곳은 출구가 하나뿐이었다. 클레멘스와 어머니들 가운데 한 명이 일어나 "놀라지마, 불이 난 것이 아니야" 하고 말했다. 장내는 매우 혼잡했고, 게다가 우리는 안쪽에 있었기 때문에 얼마나 많은 사람들이 밖으로 나갔는지 몰랐다. 우리는 축하회를 계속하려 했다. 그 작은 소녀는 연주를 계속했다.
>
> 약 5분 후에 방 뒷문이 열리며 축 늘어진 작은 물체를 안은 한 남자가 들어왔다. 다른 사람이 또 한 아이를 안고 들어왔고, 그 뒤로도 계속 들어왔다. 그들은 성탄절 장식 밑에 작은 시체들을 줄지어 늘어 놓았다. 아이들이 죽은 것이다. 모두 73명이었다. 지금도 나는 이 끔찍한 일을 입에 올리거나 생각하기조차 싫어한다.
>
> 방 안에 있던 사람들은 놀라움과 공포로 겁에 질려 있었다. 그때 클레멘스가 소리쳤다. "또 죽은 아이들은 없어요?" 그러자 보안관 대리 중의 하나가 "그게 당신과 무슨 상관이야? 당신 애는 없잖아?" 하고 말했다.
>
> 눈물을 흘리며 마침내 그녀는 울부짖기 시작했다. "그 애들은 모두 내 자식이에요, 모두 내 애란 말이에요."

사람들은 슬픔과 공포에 질려 자기 아이들을 찾기 위해 몰려 나갔고, 한편에서는 죽은 애들을 옮기고 있었다. 목사가 도착해서 죽은 아이들을 위해 기도하기 시작했다. 그때 클레멘스가 거칠게 그 목사를 두 주먹으로 때리며, 죽은 아이들 가까이에 가지 못하게 막았다. 바로 그 목사가 파업에 반대하는 설교를 해 왔기 때문이다. 그녀는 "이 배반자 목사놈들아, 이 아이들에게 손을 대지마" 하고 외쳤다. 보안관 대리들은 그녀를 끌고 나와 군청에 가두어 버렸다. 그러고 나서 그들은 애들의 시체를 군청으로 옮기고는, 장의사를 구할 때까지 밤새도록 방치했다.

1861년의 전쟁에 참가하지 않았던 모건과 록펠러 그리고 그의 동료들도 이제는 늙은이가 되었다. 그들의 자식들은 자신의 아버지가 악덕 재벌로서 모은 거대한 기업을 관리하고 있었고, 그들의 늙은 아버지들은 무엇이 어떻게 돌아가는지도 모른 채 빈둥거리며 얼빠진 취미에 넋을 빼앗기고 있었다. 쭈글쭈글해진 늙은 록펠러는 만나는 사람 모두에게 반들거리는 10센트짜리 주화를 던져 주는 일에 재미를 부치고 있었다.

제왕과 같은 풍모도 병에 시달려 사라지고, 검은 눈도 나이를 먹음에 따라 눈꼽에 절어 버린 모건은 전세계에서 수집한 수많은 보물들을 쓰다듬는 것이 유일한 낙이었다. 모건은 흰 대리석으로 지은 거대한 궁전 같은 집에 중국 도자기, 희귀한 책들, 보석, 유화들을 가득 채워 놓았다. 그는 1913년 3월 31일 죽었다.

"혈색 좋고 눈빛이 반짝이는 노인" 카네기는 스코틀랜드의 해안 도시 스키보에 있는 저택에 파묻혀 지냈다. 이제 그는 홈스테드에서 일어났던 대량학살 사건 따위는 까맣게 잊고 있었다. 그는 아침식사 때마다 풍금 연주를 즐겼으며, 침실 창문 밖에는 조그마한 폭포수를 만들어 놓고 호화로운 생활을 즐겼다. 그도 호화로운 저택에서 1919년 죽었다.

늙은 록펠러는 그들보다 오래 살았다. 그는 매일 부축을 받으며 골프장으로 나갔다. 아들 존 D 록펠러 2세는 늙은 아버지가 아직도 예전처럼 비상한 통찰력을 갖고 있다고 생각했다. 그는 신이 나서 1914년에 있었던 록펠러 그룹 산하 '콜로라도 연료 및 철 회사' 석탄 광부들의 파업에 관한 이야기를 들려 주었다. 그는 이 회사 대표이사인 LM 바워즈에게 다음과 같은 편지를 썼다. "아버님은 지난 몇 달 동안 일어난 연료회사와 관련된 사건들에 대해 대단히 만족하고 또 비상한 관심을 가지고 계셨습니다." 그 늙은이가 그토록 비상한 관심을 가지고 결과를 만족스럽게 생각한 사건 가운데에는 회사 소유의 주택에서 살고 있는 '미국 광산 노동자 조합' 노동자들이 파업을 일으켰다고 해서 쫓겨난 사건도 포함되어 있었다. 광부들은 쫓겨난 후 루들로우에 있는 천막촌에서 생활했는데, 주위는 주 방위군이 둘러싸고 있었다. 한밤중에 군인들이 가끔 천막촌에 총질을 해댔기 때문에, 부인들은 애들이 맞아 죽을까 봐 겁에 질려 있었다. 마침내 광부들은 가장 큰 천막 안에 굴을 파고 아이들 열 셋과 임신한 여자 한 명을 숨어 지내게 했다.

1914년 부활절 밤 회사에서 부리는 총잡이들과 주 방위군들이 파업 노동자들의 천막에다 석유를 흠뻑 뒤집어씌운 일이 벌어졌다. 그들은 광부와 가족들이 잠든 뒤 천막에 불을 질렀다. 광부들과 아내와 아이들이 불타는 천막에서 뛰쳐 나오자 그들은 기관총 세례를 퍼부었다. 대부분은 어둠 속으로 도망쳤지만 많은 사람들이 부상을 입었고, 특히 굴 속에 있던 13명의 아이들과 임산부는 총에 맞거나 숨이 막혀 죽었다.

루들로우 파업 노동자 가운데 한 사람이며, 13살짜리 아들이 총에 맞아 죽은 윌리엄 스나이더는 검시관의 심문에 다음과 같이 증언했다.

"그들이 천막에 불을 질렀나요?" 검시관이 물었다.

"예, 그때 아내는 '하느님 제발 아이들은 살려 주세요' 하고 말했지요."

"그들이 당신에게 뭐라고 하던가요?"

"'도대체 여기서 뭘 하는 거야?' 하기에 내가 '애들을 구해야지요' 했더니 '이 개새끼, 빨리 밖으로 꺼져' 하고 윽박지르더군요. 아내는 그때 밖에 있었는데 …… 아이가 죽었으니 제발 그만 하라고 사정했어요. 그랬더니 그들은 빨리 꺼지라고 소리쳤어요. 그래서 죽은 아이를 안고 밖으로 나와 눕혔습니다."

"그들 몇 사람에게 죽은 아이를 창고로 나르는 일을 좀 도와 달라고 했더니 '이 자식아, 덩치가 큰 놈이 그걸 못해' 하고 말하더군요. 저는 '못하겠다'고 했지요. 나는 죽은 애를 어깨에 메고 한 여자 아이를 다른 팔에 안고 있었는데, 바로 그때 군인 한 사람이 나를 붙잡고 '야, 이 개 같은 새끼, 죽여 버릴까보다. 이 개 같은 촌놈의 새끼, 당장 죽여 버릴 테야' 하고 말했습니다."

또 다른 여자 한 명과 남자 다섯 명 — 이들은 모두 파업에 가담한 사람들이었다 — 도 바로 그날 밤 13명의 아이들과 함께 죽었다. 늙은 존 D 록펠러가 이런 이야기까지는 듣지 못했을 수도 있다. 그의 아들이 이 사건을 전적으로 책임졌으니까. 록펠러의 아들은 이 사건이 노동조합으로부터 노동자들을 보호하기 위해 사명감을 가지고 싸운 끝에 생긴 불행한 결과라고 말했다. 악덕 자본가들은 늙어서 모두 죽었으나, 자식들이 그 아버지가 하던 짓을 본받아 되풀이하고 있었다. 뒤에 오픈샵에 대해 그 아버지와 비슷한 입장을 취한 JP 모건의 아들도 자기 아버지의 소행을 본받고 있었다.

그러나 광부들은 루들로우 학살 사건을 길이 잊지 않기 위해 기념비를 세웠다. 지금도 서 있는 이 기념비에는 한 부부 광부의 모습과 그 발 아래 죽은 아이가 누워 있는 모습이 함께 새겨져 있다. 거기에는 다음과 같은 비명도 새겨져 있다.

"미국 광산노동자 연합은 1914년 4월 20일 자유를 위해 죽은 남자와 여자들과 어린이들을 추모하여 이 비를 세운다."

7 전쟁과 돈

제1차 세계대전

1914년 7월 20일에서 1918년 11월 11일 사이에 약 1천만 명의 젊은이들이 1차 세계대전이라는 대량학살 놀음에서 살해되었다.

그리고 2천만여 명이 부상을 당해 불구가 되거나 화상을 입거나 병신이 되었다. 그와 동시에 1300만 명의 민간인이 대량학살의 소용돌이 속에서 희생당했다. 이 전쟁으로 인해 1천만 명의 난민과 500만 명의 전쟁 과부들 그리고 900만 명의 전쟁 고아가 발생했다. 통계 숫자만으로는 상황이 얼마나 비참했는지 실감나지 않겠지만, 존 도스 파소스의 다음과 같은 말은 당시 상황을 잘 이야기해 준다.

"땅은 피로 물들었고, 깨진 머리에서는 골수가 줄줄 흘러 나오고 있었다. 참호 속에서는 쥐들이 이것들을 핥고 있었다. 부풀어 오른 배(腹) 위에는 파리 떼들이 우글거리고 있었다."

EL 보가트 교수는 1차 세계대전으로 3316억 달러가 날아 갔다고 추산했다. 미국이 이 전쟁에 쓴 돈은 외국에 준 전쟁 차관을 빼고도 공식적으로 500억 달러에 달한다.

1차 세계대전에 참전한 많은 젊은이들은 자신들이 위대한 이상을 실현하기 위해 싸운다고 믿었다. 그러나 전쟁이 끝나고 나서야 전쟁에서 죽은 1천만 명이 독점자본의 사적 이윤 때문에, 즉 두 거대한 제국주의 세력의 경쟁과 싸움의 결과로 인해 희생된 것이라는 사실을 비로소 보다 많은 사람들이 깨달았다. 미국에서는 1천만 명이 희생된 대가로 2만여 명의 백만장자가 생겨났다.

1917년 4월 6일 미국이 1차 세계대전에 참전하기에 앞서, 윌슨 대통령은 그 당시 영국 주재 대사였던 주전론자(主戰論者) 페이지에게 "교전국들 사이의 문제는 달리 해결할 방도가 없습니다. 전쟁이 발발한 원인은 영국이 세계를 지배하고 있고 독일은 세계를 원하기 때문입니다" 하고 말했다. 전쟁 초기에 윌슨 대통령은 1차 세계대전을 "제국의 약탈물을 둘러싼 상업 열강들의 전쟁"으로 생각한다고 말했다. 그리고 1차 세계대전이 끝난 뒤, 1919년 9월 5일에 윌슨 대통령은 이렇게 연설했다. "현대 세계의 전쟁이 산업들의 경쟁 때문이라는 것을 모르는 사람이 있습니까? 삼척동자라도 그것을 알고 있습니다." 그리고 덧붙여 "그 전쟁은 산업 전쟁이요, 상업 전쟁이었습니다" 하고 1차 세계대전에 대해 그는 분명하게 말했다.

1914년 유럽에서 전쟁이 일어나자, 처음에 윌슨은 미국인들에게 "행동뿐만 아니라 사고에 있어서도" 어느 한 편을 들지 말도록 강조했다. 그러나 윌슨 대통령은 "전쟁을 종결짓고" "민주주의를 확립하며 세계를 안정시키기 위해" 미국을 전쟁에 참여시키지 않을 수 없었다. 국무장관 윌리엄 제닝스 브라이언은 교전국들에게 돈을 빌려 주는 것은 중립 정신에 위배되는 것이라고 비난했다. 그러나 3개월 후 로버트 랜싱 국무차관은 '내셔널 시티 은행'의 한 간부와 만나, 유럽 나라들이 미국에서 물건을 살 수 있도록 미국 금융가들이 단기 차관을 제공하는 문제를 논의했다.

1915년 브라이언 국무장관이 물러나고 랜싱이 장관이 되었다. 이 무렵 미국의 금융가들은 영국과 프랑스에 단기 차관 대신에 장기 차관을 주도록 뒷구멍에서 일을 꾸몄다. 모건 그룹의 HP 데이빗은 윌슨 대통령의 사위인 매커두 재무장관과 회담을 가졌다. 마침내 매커두는 "미국이 계속 번영하려면 유럽에 돈을 대줘야 한다"고 확신하게 되었다. 유럽에 돈을 대주는 것은 미국의 거대 금융가들이 영국과 프랑스에 장기 차관을 주는 것을 허락하는 셈이었다. 신임 국무장관인 랜싱이 매커두의 입장을 지지함으로써, 윌슨 대통령은 1915년 8월 26일에 전(前)국무 장관 브라이언의 차관금지 조치를 철회했다. 윌슨의 결정은 일반 국민에게는 전혀 발표되지 않았고, 몇몇 이해관계가 있는 사람들에게만 알려졌다.

이렇게 해서 결국 모건 그룹은 윌슨이 표방한 중립노선을 물리치고 말았다. 이 일로 인해 나라를 좌우하는 것은 모건 그룹이고, 정부는 단지 재벌의 장단에 춤추는 들러리에 불과한 것처럼 보였다. 모건 그룹의 동업자인 TW 라몬트는 "우리 회사는 잠시도 중립을 표방한 적이 없었고 또 그럴 수도 없었다. 수십억 달러의 돈이 왔다갔다 하는 판에 어떻게 중립을 지킬 수 있겠는가?" 하고 말했다.

1915년 9월 모건 그룹은 영국과 프랑스에 대한 차관을 공모(公募)한다. 액수는 5억 달러로서, 이때까지 공모된 차관 가운데 가장 큰 규모였다. 모건 그룹은 수수료로 2200만 달러를 벌어들였다. 계속해서 차관은 제공되었다. 1916년 대통령 선거에서 윌슨 대통령은 "미국을 전쟁에 말려들지 않게 한 윌슨을 다시 뽑자"는 구호를 들고 유세를 다녔지만, 미국은 이미 전쟁에 개입하고 있었다. 연합국에 탄약·식량·강철·구리 등의 전쟁 물자를 팔아 얻는 수입이 미국 경제의 중요한 밑바탕이 되어 있었다. 또한 연합국이 미국에서 빌려 간 25억 달러를 갚느냐 못 갚느냐는 연합국의 승리 여부에 달려 있었다. 만약 독일이 이기게 되면, 미국은 돈을 못 받아 공황과 불경기를 맞게 될 것이었다.

1917년 초반에는 형세가 연합국에 매우 불리해 보였다. 전쟁을 수행하는 데드는 돈이 부족해진 연합국은 차관과 외상판매를 더 달라고 미친 듯이 호소했다. 당시 영국 주재 미국 대사였던 페이지는 1917년 3월 5일 본국에 전보를 보내 영국과 프랑스의 경제 상황이 위태롭다고 설명했다. 당시엔 공개되지 않은 이 전보에서(1937년에 공개되었다) 그는 다음과 같이 말했다. "미국이 참전하는 길만이 무역에서 미국의 확고한 입지를 계속 유지하고, 공황을 피할 수 있는 길인 줄 압니다."

꼭 한 달 후 윌슨 대통령은 의회에 선전포고 승인을 요구했고, 의회는 이를 받아들였다.

참전과 반전

"우리는 돈 있는 자들의 명령을 받아 참전하고 있다"고 네브라스카주 출신 상원의원 노리스는 말했다.

위스콘신주 출신 상원의원 라 폴레트는, 국가의 이익을 위해서가 아니라 자본가들의 이익을 위해 미국 젊은이들을 죽음의 전쟁에 가담시키려 하고 있다고 연일 떠들어댔다.

미국 국민들은 독점 재벌의 이익을 위한 전쟁에 쉽게 나서려고 하지 않았다. 1914년 여론은 둘로 갈라졌는데, 대부분이 참전하지 않는 방향으로 기울어져 있었다. 미국에는 제인 아담스, W J 브라이언, 오스왈드 G 빌라드를 중심으로 하는 강력한 평화주의 경향이 있었다. 한편 강력한 육군과 해군을 가져야 한다고 주장하는 사람들이 이에 맞서서 참전 운동을 벌였다. 참전을 지지하는 단체 가운데 가장 강력한 단체는 '국가안보연맹'이었다. 이 단체는 '뉴욕 에디슨 회사'의 브래디, '스탠더드 석유회사'의 로저스, 탄약회사의 듀퐁, 'US 강철회사'의 퍼킨스, 구리 기업 합동의 구겐하임, 모건, 록펠러 등의 지지를 받고 있었다.

"돈을 긁어모아 평판이 나쁜 이 영웅들"이 미육군과 해군을 증강한다는 구실로 벌인 이 운동의 목적은 미국 국민들을 전쟁에 끌어들이려는 것이었다. 참전을 외치는 격렬한 흥분이 점점 구체적인 모습을 띠기 시작하자, 뉴욕·시카고·샌프란시스코 등지에서는 거대한 집회가 열렸고 파업은 이제 나라를 해치는 일로 낙인찍히기 시작했다.

1916년 7월 22일 샌프란시스코에서 개최된 '임전 태세를 위한 군중집회'는 미국 역사상 가장 조잡한 조작극을 연출했다. 그 시위에 폭탄이 투척되어 9명이 사망하고 40명이 부상을 당한 것이다. 대기업이 주무르는 지방 검찰청 검사 찰스 M 피커트는 법을 위반했는지에 대한 여부는 따져 보려 하지도 않고, 무작정 젊은 톰 무니(Tom Moony)를 체포했다. 무니는 전차노동자 파업을 이끈 사람이었다. 폭탄투척 사건에 증인으로 나온 사람이 거짓 증언을 하여 그는 사형 선고를 받게 되었다. 워렌 K 빌링즈라는 청년 노동운동 지도자도 폭탄투척 사건과 관련된 것으로 꾸며져 유죄판결을 받았다.

그러나 사건이 끝나자마자 검찰측 증인들은 자신들이 위증을 했다고 자백했고, 다른 증인들도 돈을 받고 증언했음이 밝혀졌다. 무니에 대한 재판에서 중요한 증언을 했던 프랭크 C 옥스먼은 위증을 한 것으로 밝혀졌고, 또 다른 중요한 증인이던 존 맥도날드도 재판이 끝난 지 몇 년 뒤 진술서에서 위증을 했다고 시인했던 것이다. 무니에게 유죄판결을 한 배심원장 맥네빈도 부검사인 쿤하와 손잡고 일하고 있었음이 밝혀졌다.

정부는 조사 결과 무니가 노동조합 지도자였기 때문에 날조된 혐의로 유죄판결을 받은 것이라고 결론을 내렸다. 윌슨 대통령의 조정위원회는 다음과 같이 말했다. "1916년 봄, 무니와 그의 부인은 샌프란시스코의 '유나이티 철도' 노동자를 조직하려고 투쟁했으나 성공하지 못했다. 사설 탐정 스완슨의 지휘 하에 무니의 활동을 막으려는 일이 벌어졌으며, 스완슨의 지휘로 조사가 시작되었고, 마침내 무니는 기소되었다."

덴스모어는 노동 장관 윌슨에게 다음과 같이 보고했다. "무니를 기소하게 만든 기본적인 동기는 샌프란시스코 고용주들이 오픈샵에 입각해 기업체를 운영하려는 결의에서 생긴 것이다. 문제가 될 만한 다른 이유는 없었다."

조직된 노동자들은 사건 조작을 문제삼아 무니와 빌링즈를 변호하고 나섰다. 대규모 항의 집회가 전국적으로 열렸다. 유럽 노동자들도 이와 비슷한 집회를 열었다. 이들의 외침이 거셌기 때문에, 마침내 윌슨 대통령이 사건에 개입해 무니를 처형하지 못하도록 조치를 취하게 되었다.

무니는 사형에서 무기징역으로 감형되었다. 이때 무니는 35세였는데, 그 후 22년을 감옥에서 살았다. 그 동안 '미국노동총동맹' 소속의 조직가이자 투쟁적인 사회주의자들은 결코 낙담하지 않았다. 그리고 수많은 노동운동가들도 그를 잊지 않았다. '미국노동총동맹'과 1930년대에 창립된 '산업별 조직위원회'는 계속해서 그의 석방을 요구했다. 1939년 1월 7일 무니는 올슨 캘리포니아 주지사의 명령으로 석방되었다. 그는 같은 해 9월 '미국 전기·라디오 및 기계 노동자 연합회'의 스프링필드 연차 총회에서 힘있는 연설을 했다. 이 노동조합은 무니를 감옥으로 보냈던 바로 그 회사에서 일하던 노동자들이 조직한 것이었다.

전쟁에 대한 병적 흥분이 점점 높아감에 따라, 비슷한 성격의 노동자 탄압 사건은 계속 늘어만 갔다. '세계 산업노동자 동맹' 회원 5명이 제재업 노동자들을 조직하려다 1916년 11월 5일 워싱턴주에서 살해되었다. 다섯 명의 목숨을 앗아간 이 파업은 결국 제재업 부문에서 "하루 8시간 노동제"를 도입시키게 된다.

1917년 4월 6일 미국의 참전이 선포되고 "민주주의를 세계에 확립시키 위해" 온 전국이 동원 체제에 들어갔다. 파업이니 평화 따위를 외치면 무슨 일이 벌어지고 말 것 같은 분위기였다. 오클라호마주의 털사시에서는 노동조합 운동을 하던 17명의 석유 노동자들이 납치되어 나무에 결박당한 채 "몸에서 피가 줄줄 흐르도록 가죽 회초리로 얻어맞았다." 1917년 아리조나주 비스비에서 일어난 동광(銅鑛) 노동자 파업에서는 2천 명의 노동자가 잠자다가 무장한 자경단원의 습격을 받은 일이 일어났다. 그들은 무기를 든 사람들의 감시를 받으며 새벽에 사막으로 끌려가 내버려졌다. 먹고 마실 것도 없었던 사막에서 그들은 집이나 가족들에게 돌아가면 죽이겠다는 위협을 받았다. 8월 1일 '세계 산업노동자 동맹'의 노동운동가 리틀은 다리가 부러진 채 호텔에서 폭도들에게 끌려 나와 철교 교각에 목매달려 죽었다.

이런 사건들이 일어나는 동안 크릴을 회장으로 하는 공보위원회가 발족되었다. 이 위원회의 목적은 "전쟁을 지지하는 선전활동을 하는 것"이었다. 크릴의 지휘 하에 수많은 선전원·운동가·벽보전문가·예술가·교수·판매전문가·신문발행인·역사학자·신문기자·광고업자·홍보전문가·영화감독·편집자 및 소설가들이 동원되었고, 게시문·영화·연설문·벽보·잡지·광고물·전단·그림·소책자 등이 전국에 흘러 넘쳤다. 모든 선전물들은 이 전쟁이 반독재·언론자유·사상의 자유를 위한 것이고, 독일인의 독재를 막는 십자군이며, 기본적인 인권 보장과 민주주의를 수호하기 위한 것이라고 떠들었다.

한편 의회는 간첩죄 및 폭동 교사죄를 벌하는 법률을 통과시켰는데, 이 법은 특히 공공연히 전쟁에 반대하는 것을 처벌할 수 있도록 규정했다. 그러나 이러한 형벌과 폭도들의 행패에도 불구하고, 수천 명의 미국인들은 왜 전쟁이 나쁜 것인가를 용감하게 이야기했다. 이들은 전단을 만들어 밤중에 게시판·울타리·지하철 및 공중 전화통에 붙였다. 거기엔 "군인이 되지 말고 인간이 되십시오. '세계 산업노동자 동맹'에 가담하여 당신 자신과 자신이 속한 계층을 위해 투쟁합시다"라고 쓰여 있었다.

1916년초 '세계 산업노동자 동맹'은 전쟁을 반대하는 단호한 입장을 다음과 같이 밝혔다. "우리는 모든 전쟁을 저주하며, 그러한 전쟁을 막기 위해 평화시에는 반(反)군사적인 선전을 벌여 전세계 노동자들의 단결을 촉진하고, 전시(戰時)에는 모든 산업에서 총파업을 단행한다."

'미국노동총동맹' 산하 노동자들도 치솟는 물가에 비해 임금은 제자리 걸음을 하자 전쟁에 대한 불만이 커져 갔다. 1917년에 4450건의 파업이 있었는데, 이에 관련된 노동자는 230만 명이 넘었다. 파업은 반역이라고 신문과 고용주들이 연일 떠들었지만, 그들 대부분은 힘있게 견뎌 냈다. '광산 노동자연합'·'인쇄 노조'·'여성의류 노조'·'이발사 노조' 등은 1917년 3월 12일 곰퍼즈가 소집한 전쟁지지 노동조합 회의의 참석을 거부했다. 또한 다수의 노조 지부, 시 노조협의회, 주 노조연합회에도 강력한 반전 기운이 차 있었다. 참전이 선포된 다음날인 4월 7일 10만여 명의 당원을 가진 사회당은 세인트루이스에서 긴급 전당대회를 개최해 미국 국민에게 사회당은 전쟁을 저주한다고 알렸다. 또한 사회당은 상원의원 노리스와 라 폴레트와 같은 노선을 취해 참전은 약탈적인 자본가들이 선동했다고 선언했다. 즉, 그것은 미국 국민에 대한 범죄행위라는 것이었다.

연이은 검거와 체포 선풍이 몰아치기 시작했다. 1917년 9월 5일 전국의 '세계 산업노동자 동맹' 사무실은 법무성과 지방 자경단원의 습격을 받았다. 며칠 후 사회당 중앙당사가 습격당했고, <뉴욕 콜>·<더 매시즈>·<이성에의 호소>지 등 수십 개의 신문이 탄압을 받았다. 1918년 2월 '세계 산업노동자 동맹'에 대한 또 한 차례의 전국적인 검거 선풍이 불었고, '동맹'의 집행부는 모두 체포되었으며, 2월말까지 2천 명이 구속 기소되었다.

유진 뎁스가 또다시 참전 반대 유세를 벌이기로 결심하게 된 것이 바로 이때였다. 1918년 여름 그는 63세였다. 그는 감옥에 가기를 원하지는 않았지만, 가장 친한 친구들이 평화를 내걸고 참전을 반대하여 싸우다 투옥되고 있는데 혼자만 자유를 누릴 수도 없는 노릇이었다. 그는 지치고 가끔 앓기도 해서 수척한 모습에다가 나이를 먹어 허리는 구부정했고, 이마엔 주름이 지고 시력도 약해져서 항상 금테 안경을 끼고 있었다. 그는 지금의 몸으로는 감옥살이를 견디기 힘들 것이라고 생각했다.

그는 1915년초 미국 참전을 반대하는 반전 유세를 하며 전국을 순회했던 적이 있었다. 그는 평화를 바라는 국민의 열망이 강력한 데 놀랐다. 1915년 6월 그는 프랭크 오헤어에게 다음과 같은 편지를 보냈다. "자네가 여기와서 한번 이 시위를 보면 좋을텐데. …… 낡은 창고는 문을 열자마자 청중들로 가득찼고 수백 명은 들어올 수가 없었다네. 농부들과 그 가족들은 수백 마일 떨어진 곳에서 왔고 …… 그들은 완전히 우리 편이라네. ……"

그는 테르호트에 있는 자기 집에서 고민을 했다. 감옥에 갈 것인가? 아니면 은퇴 생활을 즐길 것인가? 그리고 결심을 하자 한결 마음이 편해졌다. 어쩌면 체포될 것이고, 어쩌면 구속된 동지들이 석방될 때까지 평화를 위한 시위를 할 수도 있으리라.

"오하이오로 가는 동부행 열차를 탔을 때, 뎁스는 행복해 보였다"고 레이 진저는 기술했다. "그의 움직임은 다른 사회주의자들을 고무해 그와 비슷한 행동을 하게 할 것이다. 마침내 그는 과거 그가 몸담았던 자리로 되돌아왔다. 급진적인 공격 세력의 지도자로 ……"

그의 첫 유세는 1918년 6월 16일 오하이오주 캔턴에서 열렸다. 니미실라 공원에서 연설하기 전, 그는 그 공원 근처에 있는 스타크군(郡) 감화원에 들러 평화를 위해 싸우다 투옥된 오하이오주 사회당 지도자 찰스 E 루덴버그, 알프레드 켄크넥트와 찰스 바커를 만났다. 그 자리에서 그들은 차별 대우에 항의하다가 지붕 서까래에 이틀 동안이나 묶여 있었다고 뎁스에게 말했다.

유세 첫날은 찌는 듯이 더웠다. 뎁스는 니미실라 공원에 있는 연단에 올라갔다. 수많은 군중 속에는 정부에서 보낸 속기사가 미친 듯이 연설을 받아쓰고 있었는데, 뎁스의 연설이 워낙 속사포같이 빨랐기 때문에 미처 따라 쓰지 못하기도 했다. 뎁스는 전쟁을 비난하고, 얼마 전 유죄판결을 받은 무니와 떠돌이 노동자들 및 그 당시 시카고에서 재판을 받고 있던 헤이우드를 지지하는 발언을 했다. 그는 전쟁을 외쳐 대면서 수백만 달러를 벌여들이고 있는 사람들이 애국자가 아니라, 지금 투옥되어 있는 사람들이 진정한 애국자라고 말했다. 그는 유세장 옆에 있는 감옥을 가리키며 계속해서 연설했다.

오늘 오후 여러분들에게 이야기하면서, 나는 언론의 자유가 분명히 제한적임을 알았습니다. …… 내가 생각하는 바를 전부 말씀드릴 수 있을지는 모르겠습니다만, 내가 생각하지 않는 것은 아무것도 말하지 않을 것입니다. 나는 밖에서 아첨하고 비겁한 자가 되느니, 천만 번이라도 감옥에서 자유로운 영혼의 소유자가 되는 쪽을 택할 것입니다. 사람의 육신은 감옥에 가둘 수 있지만— 그래서 우리와 가까운 사람들이 감옥에 가 있지만— 나의 사상과 운동은 결코 가둘 수 없을 것입니다. ……

전쟁을 선포하는 것은 지배계급이지만, 그 전쟁터에서 싸우는 것은 언제나 피지배계급입니다. 지배계급은 전쟁에서 모든 것을 얻되 아무것도 잃어 버리는 것이 없지만, 피지배계급은 얻는 것은 하나도 없이 모든 것을 잃어 버리며 심한 경우엔 목숨까지도 잃어버립니다. ……

뎁스의 니미실라 공원 연설에 대해 연방정부는 1918년 6월 20일에 기소장을 보냈다. 그는 연설 도중 10가지 범법 언동을 해서 '선동자 처벌법'을 열 군데나 위반했다는 혐의를 받았다. 9월에 재판을 받을 때, 그는 미국 국민은 누구나 수정헌법 제1조에 따라 국가의 정책에 대해 자기 생각을 표현할 수 있는 존엄한 권리를 갖고 있다고 말했다.

그는 캔턴에서 행한 연설에 관해 증인을 내세우거나 정부의 주장에 항변하지도 않았다. 그러나 그의 엄숙한 모습은 법정을 압도했다. 사람들이 보기에 그는 언변이 유창하고 나이가 들어 건강이 좋지 않으며 머리가 벗겨진 평범한 노동자일 뿐이었다. 그러나 어쨌든 노동자들을 위해 여러 해 동안 일해 오면서 그에게는 연방정부의 대리인 역할을 하는 하찮은 정치인들로서는 도저히 공격할 수 없는 관록이 붙어 있었다.

1918년 9월 14일, 전쟁에 관한 그의 신념을 말했다는 이유로 뎁스는 10년형을 선고받았다. 선고가 내리기 전에 그는 법정에서 연설했다.

재판장, 몇 년 전에 나는 모든 살아 있는 존재들과 친척임을 알았으며, 나 자신이 지구상에 있는 아주 비천한 것보다 조금도 낫지 않다는 것을 다시 한 번 깨닫게 됐습니다. 이 세상에 하층 계급이 있다면 나도 거기에 속해 있고, 단 하나의 죄악의 요소가 있더라도 나는 그와 무관할 수 없습니다. 또한 단 한 사람이라도 감옥에 있다면 나는 자유롭지 못함을 분명히 말해 두는 바입니다.

재판장, 나는 이 법정에서 분명히 현재의 정부 형태와 우리가 살고 있는 사회 제도에 반대한다고 말했습니다. 또한 나는 이 두 가지가 변한다는 것, 그것도 지극히 평화적이고 질서 있는 방법에 의해 변할 것이라고 말했습니다.

땀흘려 수고하는 자와 그들을 착취하는 자들간의 끊임없는 투쟁 속에서 나는 지금까지 살아왔고, 또 내 목숨이 다할 때까지 나와 운명을 같이 하리라고 믿어지는 사람들을 위해 노력해 왔습니다.

오늘도 나는 공장에서 일하는 남자들과 보잘것없는 급료를 받으며, 생명을 부지하기 위해 어쩔 수 없이 일해야만 하는 여인들을 생각하고 있습니다. 또 나는 이러한 제도 하에서 어린 시절을 빼앗긴 채 어린 나이에 무자비한 자본의 손아귀에 잡혀 강제로 지옥과 같은 공장에 끌려온 어린아이들을 생각하고 있습니다. 그 아이들은 기계를 먹여 살리기 위해 육체적으로나 정신적 모두에서 굶어 죽어 가고 있습니다. ……

재판장, 나는 관대한 처분이나 처벌의 면죄도 원치 않습니다. 최후엔 정의가 이긴다는 것을 알고 있기 때문입니다. 탐욕의 세력과 새로운 세력으로 등장하고 있는 자유인 사이의 위대한 투쟁을 나는 지금 그 어느 때보다 잘 이해하고 있습니다. 지금 나는 인류의 보다 나은 내일의 여명을 볼 수 있습니다. 민중은 잠에서 깨어나고 있습니다. 때가 되면 그들은 자신들이 할 일을 스스로 하게 될 것입니다.

적도의 바다를 항해하는 선원이 망보기에 지쳐 쉬고자 할 때, 그는 불타고 있는 남십자성으로 눈길을 돌립니다. 한밤이 가까워 오면 남십자성은 구부러지기 시작하며, 돌고 도는 지구는 제자리를 바꾸고, 전능한 자는 우주라는 시계판에다 시간의 흐름을 표시합니다. 비록 시각을 알리는 종이 울리지는 않지만, 파수꾼은 한밤이 지나고 있음을 알고 위안과 휴식을 느낍니다.

민중들이여! 어디서든지 희망을 가지십시오. 십자성은 구부러질 것이고, 한밤이 지나면 아침과 함께 즐거움이 오리니.

오랜 침묵이 흘렀다. 재판관은 피고의 입장을 "순수하고 단순한 무정부주의"라고 단정한 뒤, 뎁스에게 10년을 선고했다.

이 재판 결과에 대해 뎁스는 언론 자유를 보장한 수정 헌법 제1조를 근거로 대법원에 상고했다. 뎁스는 신경통으로 고통을 당하며 테르호트에서 판결을 기다렸다.

1919년 4월초 대법원은 뎁스의 사건은 언론 자유의 문제가 아니기 때문에, 상고를 기각한다고 판결을 내렸다. 이에 대해 뎁스는 다음과 같은 성명을 발표했다.

이번 판결은 대법원이 지배계급의 옹호자라는 사실을 다시 한 번 드러내 주었다. 그 이상으로는 생각할 수가 없다. 내 개인에 대한 이번 판결은 그리 중요한 것이 아니다.

위대한 문제는 법정에서 결정되는 것이 아니라 민중이 결정한다. 나는 워싱턴에 있는 기업가들에게 조종받는 법률가들이 뭐라고 결정하든 관심이 없다. 최후로 호소할 수 있는 법정은 민중이며, 민중의 판결이 조만간 들려올 것이다.

4월 12일 뎁스는 감옥으로 향했다. 200만여 명의 노동자들이 뎁스를 전송했다. 감옥의 문이 그 노동운동 지도자를 가두고 닫혔을 때, '베슬리엄 강철회사'는 200%의 이익 배당을 발표했다. '듀퐁 화약회사'는 전쟁의 전기간을 통해 주주에게 458%의 배당금을 지불했다. 키가 크고 늙은 뎁스가 죄수복으로 갈아입고 있을 때, '칼루메트 앤드 헤클라 광산회사'는 주주(株主)들에게 800%의 이익 배당을 지불했다. 이 회사는 1913년의 구리 광산 노동자 파업 때 72명의 어른과 아이들이 죽었던 데이다.

강철 노동자의 파업

전쟁은 1918년 11월 11일에 끝났다. 이 대학살의 소동 속에서 지구를 뒤흔든 두 가지 커다란 변화가 일어났다. 하나는 전쟁에서 비롯된 비참함·굶주림·죽음에 대한 수억 민중들의 반항과, 식민지 예속에 반항하는 또 다른 수억 민중들의 동요였다. 1917년 11월 러시아─전지구의 6분의 1이 되는 지역이다─에서는 혁명이 일어나 사회주의 체제가 설립된다. 이 혁명적 변화가 일어날 즈음 중국인들은 손문의 지휘 하에 중국 해방운동을 시작했으며, 마하트마 간디가 이끄는 인도는 영국의 식민 통치로부터 해방되기 위해 길고도 쓰라린 투쟁을 시작했다.

두 번째 커다란 변화는, 대부분의 국가들이 전쟁 후유증을 겪고 있는 상황에서 미국이 자본주의 진영의 지도적인 국가로 등장했다는 점이다. 전쟁을 통해 미국은 채무자에서 채권 국가로 변했다. 미국 내에 있던 15억 달러 이상의 유럽 소유 주식은 정리되었고, 반면 250억 달러 이상의 개인 자본 및 70억 달러의 공공

자본이 차관 형식으로 동맹국에 뻗쳐 나갔다. 실제로 이 돈 전부는 미국 내에서의 전쟁 군수물자 생산으로 소모되었는데, 이것은 흡사 꿈에도 볼 수 없었던 금맥 같았다.

'JP 모건 회사'는 월가에 있는 자본가들과 손잡고 미국 내에서 막강한 지배력을 한층 더 확장시켰으며, 미국의 다른 대기업들은 유럽의 경쟁 회사들이 선점한 것을 이용해 카리브해 지역을 미국의 호수로 만들었고 라틴 아메리카 지역에 그 지배력을 확장시켰다. 전함·군함 및 군인 들이 —모두 국가의 돈으로—아이티 (1914~1915년), 도미니카 공화국 (1916년), 쿠바 (1916~1917년) 및 멕시코 (1914년과 1916년) 에 파견되었다. 미국은 1차 세계대전말까지 카리브해 지역에 있는 푸에르토리코, 파나마 운하 지대, 버진 아일랜드를 완전히 손아귀에 넣었고, 아이티, 도미니카 공화국, 니카라과 및 파나마를 보호령으로 만들었다.

1차 세계대전으로 말미암아 "합중국"이라는 말은 그 뜻과 내용이 크게 달라졌다. 미국이 참전하기 전만 하더라도 많은 사람들은 제퍼슨주의의 현대적 의미—지극히 부자도 지극히 가난한 자도 없다—인 비독점적인 중도적 방법으로 이 나라를 이끌어 갈 수 있다고 생각했다. 그러나 전쟁이 끝남과 더불어 그 소박한 제퍼슨주의로 되돌아갈 가능성은 희박해졌다. 좋든 싫든 간에 미국의 독점자본은 전보다 더 강한 세력이 되었고, 완전히 붕괴된 외국의 경쟁자들은 재정적 궁핍으로 인해 점점 더 미국의 통제 하에 들어왔다. 미국에게는 전세계가 쉽사리 획득될 수 있는 노획물로 보였다. 이것은 일찍이 그 예를 찾아볼 수 없는 현상으로서 전망은 참으로 밝았다.

그러나 국내의 전망은 그리 밝은 것이 않았다. 1919년이 한 해 앞으로 다가오고 있었다. 미국을 포함한 전세계 민중은 진군하고 있었다. 이러한 민중의 봉기를 막기 위해 미국의 독점기업은 전통적 수법인 '빨갱이 소동'이라는 무기를 꺼냈다. 이때처럼 '빨갱이'라는 말이 널리 사용된 적은 없었으며, 또한 이때처럼 민중이 용감하게 맞선 적도 없었다. 이 '빨갱이'라는 말은 1919년 여름에 보스턴 경찰국 직원들이 혹사를 당하고도 임금을 받지 못해 파업을 했을 때 이들을 탄압하기 위해서 사용되었고, 또 1919년 시애틀 노동자 6만 명이 총파업을 벌였을 때도 사용되었다. 이 '빨갱이'라는 말은 1919년 위니펙의 총파업 때도 파업 노동자들을 탄압하기 위해 쓰여졌다. 여하튼 어느 곳에서 일어나든, 모든 파업은 크레믈린의 직접적인 명령에 의해 일어나는 것이라고 그들은 덮어 씌웠다.

공산주의자들이 1877년 철도 노조의 파업과 1886년의 '하루 8시간 노동제'를 위한 투쟁 때와 마찬가지로 파업에 가담한 것은 사실이었다. 하지만 1919년에 일어난 파업의 직접적이고도 주된 원인은, 1914년 이래 생계비는 두 배나 올랐는데 실질 임금은 1914년에서 1919년 사이에 무려 14%나 낮아진 데 있었다. 사실 공산주의자들은 미국 전체 인구의 1천 분의 1에 불과했다. 그러나 우유값은 1쿼트당 9센트에서 15센트로, 달걀은 한 꾸러미에 37센트에서 62센트로, 버터는 1파운드에 32센트에서 61센트로 올랐다. 바로 당면한 생활고가 4백만 미국 노동자들로 하여금 시위를 벌이게 한 원인이지, 공산주의의 선동이 파업의 원인은 아니었다.

역사학자 포스터 리어 덜레스는 이 시기에 대해 "기를 쓰고 모든 노동운동을 과격파 공산주의의 영향이라고 몰아붙여 노동자들의 합법적인 권리와 정당한 불만들을 모두 깔아뭉개 버렸다"고 말했다. 금방이라도 혁명이 일어나지 않을까 하는 전반적인 공포심에 대해 덜레스는 다음과 같이 말했다.

> 고용주들은 이러한 공포심과 경계심을 최대한 이용해 모든 파업은 빨갱이들의 소행이라고 몰아붙이는 선전활동을 끊임없이 강화시켰다. …… 노동자들은 자신의 처지를 개선할 생각은 엄두도 못내고, 단순히 자신들의 현재 자리나마 그대로 유지하기 위해 공격적인 방식이 아니라 방어적인 투쟁을 벌였는데도 불구하고 …….
>
> 더구나 전체 노동운동을 공산주의 볼셰비즘이라고 몰아붙인 고용주들의 음모는 거의 맞아 들어갔다. '미국노동총동맹'의 지도층도 '전국제조업자연합'의 집행부 못지않게 공산주의에 대해서는 지독하게 적대적이었다. 곰퍼즈는 공산당을 때려잡아야 한다고 주장하면서 당대의 신경질적인 분위기에 부채질을 했다. …… 곰퍼즈가 공산주의의 위협을 무책임할 정도로 과장해 선전한 결과, 사회적 투쟁에 대한 일반 국민의 공포심은 더욱 깊어졌고, 그리하여 파업을 강제적으로 탄압하도록 요구하게 만들었다.

곰퍼즈 같은 사람들의 외침에 힘입어 모든 전략가와 선동가들은 자신의 계획을 진행시키는 공갈 수단으로 이 '빨갱이 소동'을 주요하게 사용했다. 프레데릭 루이스 앨런은 다음과 같이 말했다.

> 수많은 사람들이 무엇이든지 없애 버리려면 상대방을 공산주의자로 몰아 버리기만 하

면 된다는 사실을 알게 되었다. 수많은 군인, 금주법 찬성론자, 금연 운동가, 진화론을 부정하는 정통파 기독교도, 서적 검열관, 반유대주의자, 흑인을 미워하는 사람들, 하숙집 주인, 제조업자 등 모든 분야에 있는 사람들 전부가 과거의 영광과 건국 유공자들의 이념을 본받은 사람으로 자처하면서 그들의 적을 레닌과 결부시켰다. 예를 들어 오픈샵은 '미국적인 계획'이 되었다. 의심의 구름이 하늘을 덮고 불관용이 미국의 덕목이 되었다.

4백만 명의 노동자들이 임금인상과 노동조건 개선을 위해 파업을 벌인 것은 이러한 배경에 도전한 것이다. 부두, 임시 가축수용장, 조선, 지하철, 구두공장 들과 목수, 전화 교환수 들도 파업을 단행했는데, 이들은 전체 파업자의 일부에 지나지 않았다. 가장 중요하고도 미국 역사상 가장 큰 사건은 1919년에 일어난 철강 파업이었다. 만약 강철 노조가 조직된다면 ─ 오픈샵의 마지막 보루이며, 천만여 명에 달하는 비조직 노동자들의 상징이기도 한 강철산업에 노조가 조직되기만 한다면 ─ 미국의 모든 산업에 걸쳐 곧 노동조합이 생길 것이었다. 그것은 결정적인 파업이 될 것이라고 생각되었다.

지난 14개월 동안 온갖 종류의 폭력에도 불구하고, 윌리엄 Z 포스터의 지도 하에 조직된 철강 노동자 36만 5천여 명은 1919년 9월 22일 50개 시에서 파업에 들어갔다. 실질적으로 'US 강철회사'의 주요 공장들 전부와 큰 독립 생산업체 공장들이 대부분 문을 닫았다. '광산노동자연합'을 조직한 패니 셀린즈를 포함해 22명이 죽고 수백 명이 부상당했으며, 수천 명이 체포되고 150만여 명의 남자와 여자 그리고 소년들이 "싸우고 굶주렸다." '국제 교회 조사위원회'의 보고에 의하면, 이들 노동자들은 하루 12시간 동안 살인적으로 힘든 노동을 하고도 거의 굶주릴 정도의 임금밖에 받지 못하는 노동조건을 개선하기 위해 파업을 일으켰다. 그런데도 전국의 신문들은 전면 광고를 통해 이 파업이 강철산업을 장악하려는 과격파 공산주의자(볼셰비키)들의 음모라고 몰아붙였다.

'US 강철회사'의 회장 엘버트 H 게리는, 이 파업은 "강철산업을 공산(소비에트)화"하고 부와 재산을 재분배하려는 운동이라고 말했다.

이토록 심하게 노동자들을 탄압한 적도 또 이때만큼 '빨갱이 혁명'이라는 선전을 요란하게 해댄 적도 없었지만, 노동운동 지도자들은 어느때 보다도 용감하게 싸웠다. 레너드 우드 소장이 지휘하는 정규군이 인디애나주 게리의 파업 현장에 투입되었다. 여기서 노동자 18명이 피살된다. 법무성은 즉각 이 파업에 개입하여 수백 명을 체포하고, 많은 사람들을 '전시 추방법'에 따라 추방했다. 이 법은 정부를 전복하려는 혐의가 있는 외국인은 재판 없이 추방할 수 있게 규정한 것이었다. 이 파업을 조사한 '국제 교회 조사위원회'는 "연방 법무성이 지나치게 기업의 편에 섰던 것 같다"고 말했다. 그 후 상원 법사위원회는 '법무성의 불법행위 혐의'라는 제목으로 다음과 같은 보고를 했다.

> '빨갱이를 때려잡는다'는 운동이 1919년에서 1920년 사이의 강철 파업과 때를 같이해 일어났다는 사실은 정말 슬픈 일이었다. …… 파업을 주동한 사람들과 그 추종자들이 수백 명씩 구속되었다. 따라서 보다 짧은 노동시간과 보다 나은 임금을 받기 위해 이 파업에 참가한 선량한 노동자들이, 정부 당국이 사용자 편을 들어 파업을 깨뜨렸으며 사람들을 체포했다고 결론을 내린 것은 당연했다.

군인뿐만 아니라 주(州) 경찰, 보안관 대리, 재향군인, 사설 탐정, 그리고 기업가들이 돈을 대주는 수백 명의 밀정과 수천 명의 자경단원이 노동자 탄압을 위해 채용되었다. 9월 22일자 <뉴욕 월드>지는 다음과 같이 보도했다.

> 파업에 대비해 무슨 일들을 하고 있는가? 핏츠버그에서는 몇몇 큰 공장에서 수천 명의 보안관 대리들을 새로 채용했고, 펜실베니아주 경찰은 지휘 본부에 집결해 있으며, 다른 지역에서도 관계 당국이 재향군인을 특별 요원으로 조직해 놓고 있다. 맥키스포트에서만 3천 명의 시민들이 긴급 동원되었으며, 경찰보조 역할을 하겠다는 선서를 하고 임명받았다. 마치 전쟁 준비를 하고 있는 것 같다.

정말로 그것은 전쟁이었다. 생계에 필요한 적절한 임금을 달라는 미국 시민들을 겨냥한 전쟁이었다. 파업 노동자들이 펜실베니아·일리노이·인디애나 등지에 소련 같은 공산 정부를 세우려 한다는 소문이 너무나 널리 퍼졌고, 이 파업을 조사해 온 '국제 교회 조사위원회'는 현재의 견디기 힘든 노동조건이 바로 파업의 원인이라는 사실을 증명하기 위해 그만큼 더 애를 썼다.

이 위원회는 청문회를 열고 증언을 들었다. 최소한의 생활을 유지하기 위해서는 일주일에 38달러 92센트가 필요했는데, 철강회사의 노동자들은 대부분 겨우 34달러 19센트를 받고 있다고 이 단체는 폭로했다.[1] 이 중대하고도 결정적인 파업이 다음날에도 계속되자, 38세의 파업 지도자 포스터는 온갖 위협과 압력의 표적이 되었다. 그는 재향군인회와 회사에서 고용한 총잡이들이 노리는 가운데에서도 10개 주를 돌아다니며 파업 노동자들에게 연설했다. 강철 노동자들에게 연설하면 죽여 버리겠다는 협박을 계속 받았으나, 그는 줄곧 그러한 모임에서 연설을 했다.

이전에 떠돌이 노동자(Wobbly)였던 그는 스포케인 언론자유 투쟁으로 투옥된 일도 있었다. 그는 젊었을 때 유럽으로 건너가 노동운동을 연구했다. 프레데릭 루이스 앨런은 그를 가리켜 가장 정력적이고 지성적인 노동운동가라 했고, 덜레스는 그를 조직력이 뛰어난 사람이라고 말했다. 그는 매사추세츠주 톤턴에서 태어나 10살 때부터 노동을 하기 시작해 26년 동안 화학·목재·금속·통조림·농업·해운·철도·건축 등의 온갖 분야에서 일을 했고, 뉴욕에서 캘리포니아, 플로리다에서 워싱턴까지 동서남북으로 전국을 떠돌아다녔다. 고된 노동 속에서도 그는 닥치는 대로 책을 읽었다. 1917년에 그는 식료품가공 산업 분야에서 노동조합을 조직했다. 이 노조는 대량 생산업체이며 독점기업인 이 분야에서 산업별 노동조합주의 원칙에 따라 조직된 최초의 노조였다.

강철 노동자 파업은 형식적으로는 '미국노동총동맹'의 지도 하에 단행되었다. 그러나 강철산업 분야의 노동자들은 전국에 걸쳐 대규모적인 산업별 노동조합으로 발전할 잠재력을 가지고 있었기 때문에, 곰퍼즈를 포함한 많은 보수적인 노조 간부들은 이를 우려하여 이 파업에 대한 지지나 재정 지원을 거부했다. 포스터의 조직 역량에도 불구하고, 3개월 반 동안의 투쟁 끝에 파업은 실패로 끝난다. '국제 교회 조사위원회'는 이 파업의 실패에 관해 다음과 같이 밝혔다.

---

[1] 1919년 8월 5인 가족을 기준으로 노동자 가구의 최저 생활비는 주당(週當) 38달러 92센트였다. 하지만 탄광 노동자는 29.98달러, 건설 노동자는 22.88달러, 목수는 34.56달러, 미장이는 32.61달러, 화물열차 화부는 28.80달러, 대서양 연안의 조선소 노동자는 17.28달러를 받았고, 태평양 연안에서는 29.96달러였으며, 전차 노동자가 최저 22.45달러에서 최고 28.09달러를 받고 있었다.

미국의 강철회사는 너무나 크기 때문에 30만 노동자들의 힘으로는 부술 수 없었다. 강철회사는 너무나 많은 돈과 다른 분야의 동맹자를 가지고 있고, 지방 및 연방정부의 막강한 지원과 신문 및 교회 같은 사회단체에 강력한 영향력을 행사하고 있었다. 그 때문에 생각이 많고 두려움이 많으며 주머니 사정이 각기 다른 분산된 노동자들과 이에 따라 상대적으로 약화된 노동운동 지도세력은 이를 이길 수가 없었다.

'국제 교회 조사위원회'는 1919년 강철 파업에 관한 보고서에서 고용주와 정부가 파업을 진압하기 위해 밀정을 퍼뜨린 일을 빠뜨리지 않고 언급했다. 회사가 고용한 밀정에 대해서 이 보고서는 이렇게 쓰고 있다.

이들 회사의 밀정 조직은 연방정부 당국을 통해 실효를 거두었다. 연방 수사기관원들의 증언에 의하면, 급진주의자에 대한 습격과 체포는——특히 핏츠버그 지역에서는——강철회사 비밀 요원들의 고발 및 비밀 보고에 의해 취해졌고, 체포된 자들은 법무성으로 인계되었다는 것이다.

그 당시 연방 법무성은 은행 및 공공 사업체와 관계를 맺고 있는 미첼 파머라는 사업가가 장관으로 있었다. 1920년 6월 1일 그는 하원 운영위원회에 소환되어 급진분자 대책에 대해 답변했다. 강철 파업에 대해 법무장관 파머는 다음과 같이 증언했다.

포스터는 '미국노동총동맹'의 여러 가지 책략과 급진적인 조직의 도움으로 1919년 강철 노동자들의 대파업을 일으키는 데 성공했으나, 법무성의 활약으로 …… 이 파업은 종식되었습니다. ……
  1919년 6월이 되기 전 얼마 동안 뉴 헤이븐·앤소니아·워터베리·브릿지포트 등지에서 선동과 선전이 적극적으로 행해졌고, 6월 8일 '미국 놋쇠회사' 앤소니아 공장에서 파업이 시작되었습니다. 이 파업은 몇몇 급진적인 미국인이 참여하긴 했지만, 전적으로 러시아인들의 조직이 일으킨 소행이었습니다. …… 그래서 주 및 시 당국과 국무성이 긴밀히 협력하여 조치를 취할 수밖에 없었습니다. 앤소니아에서 가장 적극적인 파업 주동자들 다수가 추방 영장에 의해 체포되었으며 …… 무정부주의자의 검은 깃발이 회수되었습니다. …… 그러나 미국 시민권을 가진 많은 선동가들은 계속 소란을 부렸으며, 연방과 주 검찰의 개입이 있고 나서야 파업은 진압되었습니다. ……

이와 같은 정부의 노동자 탄압 정책의 결과로 수백만 노동자들은 오픈샵에 따른 저임금과 장시간 노동에 더욱더 시달리게 되었다.

1920년에 독점기업은 국민의 어깨 위에 군림했다. 그러나 그들은 언젠가 다시 국민이 단결해 자신들에게 맞서는 일이 일어나리라는 생각으로 항상 불안했다. 독점기업은 세력을 떨치기 시작했으나 항상 자기 자리를 지키기 위해 부단히 싸웠고, 자기 위치가 불안하다는 점을 잊지 않았으며, 언제라도 2700만 노동자들이 단결하는 날이면 바로 그 날이 자신들의 착취가 끝나는 날이 되리라는 것을 항상 염두에 두게 되었다.

그러나 1920년의 그 날은 아직 오지 않았다. 바야흐로 노동자들을 분열시키려는 독점기업의 만능 무기인 매카시즘(McCarthyism)이 그 어느 때보다도 더 큰 규모로 응용되려 하고 있었다.

만능의 무기 — 매카시즘 (McCarthyism)

고용주들은 '빨갱이 소동'으로 상당한 득을 보았다. 그 때문에 대규모 산업 분야의 노동조합 운동은 30년이나 늦추어졌고, 수백만 노동자들이 저임금에 시달리게 되었으며, 강철·고무·자동차·통조림·전기 및 기타 다른 산업 분야에서 오픈샵이 유지되었다. 또한 '미국노동총동맹'도 회원이 1920년엔 400만에 이르렀지만, 3년 후에는 300만도 채 되지 않을 만큼 줄어들었다. 그 '빨갱이 소동'은 노동자 파업을 부수는 마법의 처방이었고 저임금을 지속시켜 주는 비결이었다. 그것은 하딩 대통령 정부의 관리들이 티포트돔의 대규모 석유부정 사건으로 몰렸을 무렵, 국민의 관심을 이 독직(瀆職) 사건에서 다른 데로 돌려 버리는 한 가지 방법으로도 이용되었다.

'빨갱이 소동'은 그 어떤 방법보다도 효과적으로 노동자들을 겁먹게 했고, 그리하여 더 많은 이윤을 사용자들에게 보장했다. 그것은 어떤 시대에든 써먹을 수 있는 만능 무기였다. 또 그것은 19세기 중엽 노예제 폐지론자들을 공산주의자라고 부른 이래로 미국 국민에게 계속 써먹어 온 것이다. 그것은 1877년의 철도 파업을 탄압하는 데도 사용되었고, 1877년 '하루 8시간 노동'을 주장한 사람들을 교수형에 처할 때도 쓰였다. 그것은 뎁스와 '풀먼 회사'의 파업 노동자들에게 위력을 발휘했고, 1919년대 강철 파업을 분쇄하기도 했다. '빨갱이 소동'은 흑인을 탄압하기 위해 백인을 이용하는 것만큼이나 노동자들을 이간시키는 데도 매우 효과적으로 쓰였다.2)

'빨갱이 소동'은 공산당이 존재하든 안하든 사용할 수 있다는 점에서 정말로 편리한 것이었다. 그러나 이제 1919년이 되어 두 개의 조그마한 공산당이 출현함으로써 이 오래된 '소동'을 더 크게 써먹을 기회가 생기게 되었다. 그 두 개의 군소 공산당이 조직되자, 혁명이 임박했다는 소문이 이전보다 더 크게 떠돌았다. 신문은 모스크바와 소련 간첩 이야기로 뒤덮였다. <뉴욕 트리뷴>지는 1919년 6월 4일에서 "빨갱이 색출 전국적으로 개시"라는 기사를 실었고, 나흘 뒤 <뉴욕 타임즈>는 "러시아의 적색 분자 미국에서 준동"이라는 기사를 보도했다. 또한 1920년 6월 2일 <뉴욕 타임즈>는 "2백 명의 빨갱이 시카고에서 체포, 정부 전복 음모 모의"라는 기사를 실었는데, 이 신문은 43년 전에도 이와 비슷한 제목을 실은 적이 있었다.3)

---

2) 케이턴과 미첼의 말에 따르면, 고용주들은 인종 편견이 이득이 된다는 사실을 알고 있었다고 한다. 그리하여 그들은 파업을 분쇄하고 임금을 낮추는 데 인종 편견을 이용했다. '미국노동총동맹'의 흑인을 배척하는 백인 노조 지도자들이 이와 같은 고용주의 흑·백 노동자 분열정책을 방조했다. 1926년말 '미국노동총동맹'에 가맹한 11개 조합과 13개 비가맹 조합은 백인에게만 회원 자격을 주고 있었다. 이와 같이 조합이 흑인을 배척하는 것을 고용주들은 철저하게 이용했다. "1919년 강철 파업 때, 강철회사는 흑인 노동자들을 각 공장에 이동 배치시켜 백인의 반감을 불러일으켰고, '파업은 흑인들의 소행이다'는 말을 회사 직원들로 하여금 공공연히 퍼뜨리게 했다"고 '국제 교회 조사위원회'는 지적했다. 1934년에 카네기 강철회사의 한 간부는 홈스테드에서 가진 기자회견에서 다음과 같이 말했다. "내가 아는 한 흑인은 강철회사의 생명선 역할을 해 왔다. 노사분규가 있거나 보다 많은 노동자가 필요할 때, 우리는 남부로 가서 수천 명의 흑인을 데려 왔다. 흑인이 없었다면 이 강철회사는 큰 곤란을 겪었을 것이다."
3) 공산주의자들이 혁명을 꾀하고 있다는 긴박한 위기 의식 때문에 사람들은 공산당이 1884년 이래로 미국에 있었다는 사실을 잊고 있었다. 최초의 공산주의 조직은 1852

1920년에도 '전국제조업자연합'은 '빨갱이 소동'을 주무기로 오픈샵 운동을 벌였다. 상원 '라 폴레트 위원회'의 공식 보고에 따르면, '전국제조업자연합'은 "노동조합 인정, 노동시간 단축, 임금인상, 소년과 여성의 노동시간 및 임금 규제 등에 대한 노동자들의 요구"를 빨갱이들의 주장으로 보았다. 또 얼마 전에 만들어진 '재향군인회'는 '전국제조업자연합'과 손잡고 자경단원을 동원해 파업운동을 탄압했으며, 과격파 공산당의 클로즈드샵 음모(볼셰비즘)로부터 나라를 구한다는 명분으로 활동했다.

1920년 1월 2일 밤 대부분이 노조 가입자와 노조 간부들인 노동자 1만 명이 잠자리에서, 회의 장소에서, 혹은 집에서 밖으로 끌려 나와 법무장관 파머와 측근 J 에드가 후버의 지시에 따른 연방 경찰에 의해 투옥되었다. 이 사건은 70개 시에서 동시에 일어났다. 이것은 국외로 추방할 외국인을 잡기 위한 것이거나 기껏해야 예비 검속에 지나지 않았는데도, 수천 명의 시민들이 체포되었다.

몬타나주 출신 상원의원인 토마스 J 월쉬의 말에 따르면 1만 명이 체포되었는데, 그 중 6500명이 아무런 혐의가 없어 결국 석방되었다. 그들은 외국인도 아니고 추방될 사람들도 아니었다. 단지 불행한 실수로 일어난 일에 불과했다. 그러나 그 구타와 감옥과 무례함을 어찌 잊을 수 있겠는가? 그리고 국외 추방이나 또 다른 혐의가 있던 3500명 중에서도 많은 사람들이 석방되었다.

적극적인 노조원들을 색출하기 위해 회사측에서 고용한 자경단원이나 사설 탐정이 법무성의 일제 검거를 도와 주었다. 그들은 도처에서 노동자들을 함부로 다루고 구타했다. 필라델피아에서는 200명이 체포되었는데, 전부 고문을 당했다. 코네티커트주 하트포드에서는 수십 명이 '벌방'에서 뜨거운 불로 고문을 당했다. 거기에서 법무성 수사관은 다른 동료의 이름을 대지 않으면 죽여 버리겠다고 위협하면서 한 사람의 목에다 밧줄을 걸기도 했다.

디트로이트에서는 이 같은 잔인성이 극도에 달했다. 800명의 노동자들을 수사

년 뉴욕에서 태어났다. 사실상 공산당은 1854년에 생긴 공화당보다 더 오래된 미국의 정치조직이었다. 어떤 미국인들은 러시아혁명이 있기 훨씬 전에 공산주의자를 자처한 바 있었다. 공산주의자들은 1857년 불경기 때 실업자 운동을 벌였으며, 남북전쟁에서도 싸웠다. 또 링컨 대통령은 칼 마르크스의 친구이며 공산당 지도자인 조셉 웨드마이어(Joseph Wedemeyer)를 장군으로 임명하기도 했다.

국 건물 맨 윗층 좁은 복도——이 곳은 창문도 없이 꽉 막힌 곳이다——에 빽빽이 처넣고 오랫동안 가두었기 때문에 환자가 속출했고, 꼬박 엿새 동안이나 음식도 주지 않았다. 심지어 제임스 코우즌지 시장이, 문화인이 사는 도시에서 고문당하는 현장은 "도저히 그대로 두고 볼 수 없었다"는 말을 했을 정도였다. 그 후 그들은 어떤 군대 막사로 옮겨졌다. 거기에는 새로운 고문이 기다리고 있었다. 체포된 노동자의 부인들은 갇힌 남편이 보는 데서 구타를 당했다. 알렉산더 부코웨츠키라는 노동자는 항의하다가 총에 맞아 죽었고, 또 한 명은 부상을 당했다.

1920년 6월 9일자 <뉴욕 선>지에 따르면, 시카고에서는 100명의 '빨갱이'들이 "감옥에서 다른 훌륭한 죄수들에게 구타를 당했다. 이 훌륭한 죄수들이란 6명의 금고파괴 도둑과 4명의 자동차 도둑 그리고 보석털이들이었다." 이 폭행 사건의 우두머리는 존 루소라는 강도범이었는데, 그는 "우리는 너희들이 빨갱이들의 일부를 줄이는 애국심을 가졌는지 보고 싶다. 필요한 기구는 창고에 있다"는 제의에 동의했다. 몇 년 뒤 미국 사회의 제1의 적으로 규탄받은 시카고의 악명 높은 갱인 알 카포네도 이와 비슷한 행동에 가담했다.

뉴욕에서는 700명이 체포되었다. 이 체포 사건에 대해 당시 노동성 차관보였던 LF 포스트는 다음과 같이 쓰고 있다.

공개 집회는 아주 거칠게 분쇄되었다. 시민이든 외국인이든 참석한 사람은 무차별로 전부 체포되어 마치 범행 현장에서 체포된 도둑놈처럼 수색을 당했다. 또 구속영장도 없이 경찰서나 임시 구금소에 끌려 가서 고문과 같은 준엄한 심문을 받았고, 진술 내용이 사실이냐 아니냐에 관계없이 서명을 강요당했다.

남자들만 체포된 것은 아니었다. 영어도 잘 모르는 노인들이 보호실에 밀려들어왔다. 갓난아이를 안은 부인과 10대 소녀들도 붙잡혔다. 1920년 1월 3일자 <뉴욕 트리뷴>지는 법무성 수사국장인 일류 사립탐정 출신 윌리엄 J 플린의 뉴욕 사무실 상황을 다음과 같이 보도했다.

법무성 사무실에서는 밤새도록 심문이 계속되었고, 노동자들을 분류 심사했다. 보호실에 빽빽이 들어찬 군중들을 내려다 보면서 …… 한밤중에 플린은 "여기는 미국의 과격파 핵심분자들을 없애 버리는 곳"이라고 말했다.

보호실은 사진 찍을 때 쓰이는 커다란 전구에서 쏟아져 나오는 파란 불로 온통 휘갈겨 놓았다. 겁에 질린 사람들이 승강기에서 쏟아져 나오면, 맨 처음 그들의 눈에 들어오는 것이 이 파란 불빛이었다. …… 자정 바로 직전에 6명의 노인이 요원들의 감시를 받으며 들어왔고, 그 중에는 머리가 흰 노인도 있었다. 남자·여자·소녀 들이 그들이 쓰던 옷가지 등과 함께 승강기에 밀려들어와 윗층으로 실려 올라갔다.

체포된 사람 중에는 1차 세계대전에 참전했던 퇴역 군인들도 있었다. 대부분이 가장(家長)이었다. 몬타나주 출신 상원의원 토마스 J 월쉬는 이 사건의 피해자에 대해 다음과 같은 내용을 의회 회의록에 삽입했다.

피해자는 아이들을 거느린 한 집안의 가장들인 경우가 대부분이었다. 말하기도 슬프지만, 적지 않은 사람들이 전쟁에 커다랗게 공로한 사람이었다. 그런데 그들은 자신들이 몸바쳐 싸운 정부에 의해서, 폭력으로 그 정부를 전복하려 했다는 엉뚱한 혐의를 받고 있으니 …… 또 그 중에는 숙련공도 많았다. ……

체포된 대다수 사람들은 파업이나 노동운동에서 활동적이었던 사람들이다. 한 연방관리는 '국제 교회 조사위원회'에서 증언을 통해 "체포 구금된 급진론자들의 90%가 강철이나 석탄산업 분야의 대기업들에 의해 이미 보고된 사람들이었다"고 하면서 다음과 같이 말했다.

그것은 이들 대기업들이 소위 '비밀요원'을 많이 고용했다는 것을 의미한다. 그들은 구석구석을 돌아다니며, 노동자 조직에 끼여들어 탐지한 바를 회사에 보고하고, 이 보고는 다시 경찰 간부에게 올라간다. …… 대기업이 경찰에게 노동자 조직의 습격을 의뢰하면, 노동자들은 모두 경찰서로 잡혀 가고 법무성이 나중에 통지를 받는다. ……

파머 법무장관의 노동자 습격 사건은 미국 정부가 저지른 불법 행위 중 역사상 가장 악명 높은 사건으로 비난받았다. '미국노동총동맹'의 고문 잭슨 H 랠스턴, 몬타나주 상원의원 월쉬, 연방법원 판사 조지 W 앤더슨, 노동성 차관보 루이스 포스트, 1916년 공화당 대통령 후보였고 나중에 대법원 판사가 된 찰스 E 휴즈

등 이들 모두가 이와 같은 견해를 갖고 있었다.4)

　이 사건은 국민의 권리를 완전히 짓밟은 엄청난 불법 사건으로 비난받았으나, 중요한 사실은 그러한 불법 행위가 애당초 목적한 바를 달성했다는 점이다. 이 사건은 국민을 공포 속으로 몰아넣었고, 투쟁 의식을 약화시켰으며, 노동자들에게 특히 겁을 주었다. 그것은 사용자들의 오픈샵 시행을 뒷받침했고, 노동자의 임금을 계속해서 낮게 유지하는 데 한 몫을 했다. 이 낡아빠진 만능의 무기가 또 한 번 위력을 발휘한 셈이다. 노동운동은 '빨갱이를 때려잡는다'는 구실로 벌어진 탄압으로 인해 뉴딜 정책이 시작될 때까지도 힘을 회복하지 못했다.

재도전

　죄수복을 입은 한 노인이 애틀랜타 형무소에서 대표단의 방문을 받고 자신이 미합중국 대통령 후보로 지명되었다는 소식을 들었다. 이 노인은 물론 유진 뎁스이고, 때는 1920년이었으며, 뎁스를 대통령 후보로 지명한 당은 사회당이었다. 사상 처음으로 옥중 출마를 한 뎁스는 그 영광에 겸연쩍어 하지 않고, 자기를 지명하며 선언한 당의 강령을 비판했다. 그는 다음과 같이 말했다. "빨갱이 위협 운운하며 이간시켜 지배하려는 사용자들의 놀음을 이용하는 게 사회당의 입장이 되어선 안 된다."

　그는 두 미국 공산당의 산업별 노동조합 운동과 계급투쟁에 대한 입장에 대해 언급하면서, 사회당 강령도 이 같은 점에 보다 더 역점을 두기 원한다고 말했다. 그는 사회당의 러시아혁명에 대한 입장도 비판했다.

　이 기결수는 선거에서 거의 100만 표를 얻었는데, 이 덕분에 오하이오주 출신

---

4) 1924년 당시 수사국장 대리였던 J 에드가 후버는 팔머의 대습격 사건이 현행법에 어긋난 일임을 사실상 인정했다. 그의 말은 프랭클린 D 루즈벨트 대통령 행정부에서 법무장관을 지낸 호머 커밍스와 그의 특별 보좌관 칼 맥팔랜드가 함께 쓴 '연방사법'(Federal Justice)에 다음과 같이 인용되어 있다. "1924년 현재까지는 공산주의자와 기타 초과격파들의 행동이 연방 법률을 위반하는 범죄를 구성하지 않았다는 점을 기억해야 한다." (pp. 430~431.)

인 공화당의 위렌 G 하딩이 당선되었다. 뎁스가 얻은 표는 많은 미국 국민이 소위 "빨갱이 위협 운운"하는 말에 영향받지 않았음을 증명했을 뿐만 아니라, 뎁스와 다른 모든 정치범에 대한 사면을 위한 운동을 서서히 가열시키는 원동력이 되었다.

많은 사람들은 뎁스와 수백 명의 인사들을 투옥한 것은 노동자를 탄압하는 행위의 일환이라고 점점 생각하게 되었다. 점점 더 많은 노동운동가들은 파머 법무장관의 노동자 급습 사건이 장시간 노동 및 저임금과 서로 연관된 것임을 알게 되었다. 회사측으로부터 빨갱이로 지목되어 수백 명이 체포되었지만, 실제로는 그들이 격렬하게 노동운동을 해서 체포된 것이었기 때문에 노동운동은 약해질 수밖에 없었다.

하딩 대통령에게 뎁스의 특사를 요청하는 청원서에 수십만 명이 서명했다. '시카고 노동총동맹'이 이 운동을 주도했다. 노동조합 지부 수십 군데에서도 특사를 요구하는 결의를 통과시켰고, 신문사엔 대통령의 관대한 처분을 요구하는 편지가 홍수처럼 밀려들었다. 뎁스가 자유를 박탈당한 것은 자신의 사상과 신념 때문이지, 그가 행한 행동 때문에 구속된 게 아니라는 점이 계속 지적되었다. 마침내 새뮤얼 곰퍼즈까지도 관용을 요청하게 되었고, 심지어 애틀랜타 감옥으로 뎁스를 찾아오기까지 했다. 레이 진저는 이 장면을 다음과 같이 서술하고 있다.

> ······ 이 사회주의 지도자(뎁스)는 사회의 밑바닥에 있는 비숙련 노동자, 조직되지 않은 농부들, 천부의 권리를 박탈당한 죄수들과 입장을 같이했었다. 한편 곰퍼즈는 유능한 숙련공 직업별 노동조합을 위한 의식적인 행동을 해 왔었다. 이제 그들이 만났다. 한 사람은 사업가와 정치가들의 친구로 땅딸막하고 말쑥하게 차려입었고, 또 한 사람은 죄수들의 친구로 바싹 야윈 채 초라한 줄무늬 죄수복을 입었다. 뎁스가 무뚝뚝한 말로 침묵을 깼다.
> "안녕하십니까? 곰퍼즈 씨."
> "안녕하십니까?" 곰퍼즈가 대답했다. 그때 뎁스의 너무나 정중한 말씨에 흠칫 놀란 곰퍼즈는 급히 말을 이었다. "옛날에 당신은 나를 샘(곰퍼즈의 애칭)이라 불렀었죠. 다시 그러한 친밀한 사이로 돌아갈 수 없을까요?" 딱딱한 말씨로 뎁스가 대답했다. "언젠가는 그렇게 되겠죠." 두 사람은 잠시 동안 일반적인 이야기를 나누었고, 뎁스는 곧 병감으로 일하러 돌아갔다.

'미국 재향군인회'의 반대에도 불구하고, 하딩 대통령은 1921년 12월 23일 성탄절 특사로 뎁스를 포함해 23명의 정치범들을 석방했다. 국민들의 요구대로 뎁스를 석방시켜, 국민의 비위를 맞추는 편이 낫다고 생각했던 것이다. 이와 때를 같이하여, 식품가공 공장과 강철 공장 노동자들을 조직했던 경험을 가진 노동운동가들의 지도 하에, 표면적으로는 성공을 거두고 있던 사용자들의 오픈샵 공세에 대해 일반 노동자들이 반격하기 시작했다. 이 저항은 산발적 파업(wildcat strike : 조합의 한 지부가 본부의 통제 없이 멋대로 벌이는 파업)이라는 형태를 띠었다. 사실 이 운동은 진보파들과 중도파들이 점점 협동함으로써 나오게 된 투쟁 방법이다. 이는 노동자들의 독자적인 정치운동을 향한 움직임이 커 가고 있음을 보여주는 사례이다. 또한 동시에 곰퍼즈의 소위 '빨갱이 소동'이 적의 면전에서 노동자를 무장 해제시키는 일이라는 점을 노동자들 자신이 깨닫게 되었음을 뜻한다.

곰퍼즈와 다른 '미국노동총동맹' 지도자들은 두 가지 이유에서 '빨갱이 소동'을 이용했다. '미국노동총동맹'에서 일어나고 있는 진보적인 물결에 자기들이 내세우는 정책이 밀려날까 봐 전전긍긍했기 때문이었다. 로윈(L.L Lorwin)이 그의 저서 ≪미국노동총동맹사 *History of the American Federation of Labor*≫에서 말한 것처럼, 그들은 '빨갱이'(볼셰비즘)란 말을 이용해 기존의 방법과 정책을 견제했다. 즉, 그들은 "빨갱이"란 말을 사용해 '미국노동총동맹' 내에서 산업별 노동조합주의와 경제 및 정치적인 면에서 보다 강력한 행동을 요구하는 진보 세력의 주장을 피해 볼 수 있으리라 생각했다.

그들은 또한 자신과 자신들의 조직이 공산주의가 아님을 과시하기 위해 '빨갱이 소동'을 이용했는데, 실질적으로 이것은 거의 아무런 도움이 안 되었다. 왜냐하면 그들이 순수한 애국주의자들임을 자랑하고자 애썼음에도 불구하고, 수많은 소책자들 —— 그 중에서도 프란시스 R 웰쉬가 쓴 ≪미국 최악의 위기≫ —— 이 보여 주듯이 '미국노동총동맹' 내에 '세계 산업노동자 동맹'과 관계를 가진 '적색 분자들'이 있다고 비난했기 때문이다. 이러한 비난이 거짓임을 증명하기 위해, 곰퍼즈와 그의 동료들은 자기들의 노선에서 벗어난 것은 무엇이든지 전부 '빨갱이'라 몰아붙이는 고용주들과 같이 놀아나게 되었다.

노동자들은 '반공'의 깃발 아래 자기 자신들을 파괴시켜 가고 있었다. 이미 본 바와 같이 노동운동을 반대하는 '전국제조업자연합'의 주된 선전 내용은 클로즈드샵과 노동운동을 "공산주의자의 음모"라고 몰아붙이는 것이었다. 곰퍼즈 자신이 사용자들과 마찬가지로 클로즈드샵과 노동운동을 빨갱이의 음모라고 생각했기 때문에, 그와 '미국노동총동맹'은 오픈샵에 대한 투쟁 자세가 약할 수밖에 없었다. '미국노동총동맹' 지도자들 자신이 고용주들의 반(反)노동운동 선전 구호를 받아들이고 있었던 것이다.

'미국노동총동맹' 고위 지도층이 도와 주었던 '빨갱이 소동'에 크게 힘입어 오픈샵은 미국 사회의 한 원리가 되었다. 어떤 이에게는 그것이 마치 독립선언서처럼 성스럽게 보였다. 1922년 40만 철도 판매종사원들이 파업을 단행했을 때, 정부는 역사상 가장 강력한 노동운동 금지 명령을 법원으로부터 얻어내 이를 분쇄했고, 모든 파업 행위는 투옥의 대상이 된다고 밝혔다. 이때 법무장관 도어티──그는 나중에 뇌물을 받고 정부를 기만한 혐의로 기소되었다──는 다음과 같은 성명을 발표해 순수한 애국자라는 찬사를 크게 받았다. "지금까지도 그래 왔지만 앞으로도 본인이 미국 정부를 위해 일할 수 있는 한, 본인은 본인의 권한 내에서 정부 권력을 행사해 이 나라의 노동조합이 오픈샵을 파괴하지 못하도록 할 것입니다." 그러나 이 애국심 강한(?) 법무장관도 국고를 횡령한 혐의로 기소되자, 자기 자신도 '빨갱이들의 음모'에 제물이 되었다고 주장했다.5)

정부뿐만 아니라 수백 개의 강력한 사설조직들이 노동조합을 빨갱이로 몰거나 여러 가지 방법으로 무력하게 만들려는 일에 몰두했다.

이 거대한 운동에 수백만 달러가 사용되었으며, 단순한 장난이 아닌 이 운동은 저임금을 유지하고 파업을 분쇄하려는 목적으로 이루어지고 있었다. 그것은 모두 미국을 위한다는 이름으로 행해졌다. 노동자 임금은 불경기였던 1921년 25%에서 50%까지 떨어졌고, 350만 명이 해고당했다. 오픈샵 운동은 1921년에서 1922년 동안 절정에 달했는데, 이때 식품가공·섬유·석탄·철도 노동자들의 파업이 분쇄되었다. 이 오픈샵이라는 최후의 장벽을 뚫고 나가려는 일반 노동자들의 격렬한 투쟁에도 불구하고, 목재·육류가공·강철·해운 분야들의 노동조합은 사실상 존재하지 않게 되었고, 석탄·인쇄·섬유·피복·건축·철도 등의 기존 노동

---

5) "나는 빨갱이들에 의해서 늑대에게 던져진 최초의 관리였다. 그들이 내 사건에서 최종적으로 노린 것은 나의 후임으로 오는 사람을 위협해 합중국을 폭력의 지배 하에서 떨게 하려는 것이었다"고 도어티는 썼다.

조합들도 극심한 타격을 입었다.

　이와 같이 뒤집힌 상황은 투쟁적인 노동운동가들과 수천 명의 정직한 일반 노동자들에게 생존을 위한 투쟁을 벌이는 커다란 자극제로 작용되었다. 1920년 11월 '노동조합 교육연맹'이 투쟁적인 노동운동가들에 의해 형성되었다. 이 단체의 회원들은 이중적인 조직을 폐지하고, 모든 조합이 한데 뭉쳐 일하도록 직업별 조합을 산업별 조합으로 합치는 계획을 마련했으며, 독자적인 정치활동과 러시아를 외교적으로 승인하라고 정부에게 촉구했다. 이러한 운동은 처음부터 대단한 성과를 거두었다. 이는 주로 '노동조합 교육연맹'의 투쟁적인 운동가들과 '미국노동총동맹'의 중도파들이 연합한 결과였다.

　'노동조합 교육연맹'은 그 자체가 좌파와 중도파의 통합 위에 형성된 것이었다. 그 구성원은 비공산주의자와 공산주의자 및 모든 분야의 진보파, 또한 곰퍼즈와 그 동료들의 배신적인 정책에 혐오감을 느끼는 모든 노동운동가들을 포함하고 있었다. 그러나 특히 이 조직이 힘을 발휘하게 된 것은 35만 명의 회원을 보유한 미국 산업의 핵심인 '시카고 노동총동맹'과의 연합전선이 계기가 되었다. 미국 노동운동의 지도적이고도 진보적인 운동가들의 중심인 '시카고 노동총동맹'이 직업별 조합을 산업별 조합에 병합시킬 것과 독자적인 정치활동 및 사회주의 러시아에 대한 승인 등을 공식적으로 들고 나오면서 전국의 노동운동을 움직이기 시작했던 것이다.

　'시카고 노동총동맹'의 예를 본받아, 1922년과 1923년에 일련의 중요한 노동자 조직들이 산업별 노동조합주의, 독자적인 정치활동 및 러시아에 대한 승인 등을 공약으로 들고 나왔다. 16개의 전국적인 노동조합이 직업별 조합과 산업별 조합의 통합 내지 산업별 노동조합주의를 지지했고, 펜실베니아·오하이오·미시간·미네소타·인디애나·워싱턴 등 17개의 주(州) 노동총동맹이 양측의 통합을 찬성하는 결의를 통과시켰다. 수천 개의 조합이 이에 가담했다. 캐나다에서도 이와 비슷한 운동이 있었고, 전체 노동조합원의 과반수가 넘는 200만 노동조합원들이 산업별 노동조합을 지지하고 나섰다.

　독자적인 정치활동에 대해 7천여 노동조합 지부가 '노동조합 교육연맹'이 실시한 투표에서 찬성하는 대답을 했다. 또 많은 노동조합이 러시아에 대한 승인을 공식적으로 지지하고 나섰는데, 여기에는 '광산 노동자연합'·'도장공 노조'·'기관사 노조'·'기계공 노조'·'연합 의류 노동조합' 등이 포함되어 있었다. 곰퍼즈와 '미국노동총동맹' 간부들이 독자적인 정치활동에 반대하던 기존의 입장을 버리고, 무소속 '농민 및 노동자 후보' 라 폴레트 상원의원을 1924년에 대통령 후보로 지지하게 된 것은 일반 노동자들의 이와 같은 반격과 진보파 및 중도파의 연합전선의 압력에 반응한 것이다.

라 폴레트는 428만 2856표를 얻었는데, 이는 총 투표수의 16.6%로 미국 역사상 무소속 후보로서는 가장 많은 표를 얻었다. 이것은 고무적인 징조였고, 앞으로 노동자와 농민을 기반으로 하는 독자적인 정당을 만들 수 있음을 증명한 것이었다. 그러나 그런 것은 '미국노동총동맹' 간부들이 바라는 바가 결코 아니었다. 태동하던 이 새로운 정당의 가능성은 1925년 2월 21일 시카고에서 그 정당을 만들 사람들의 결정에 따라 공식적으로 깨져 버렸다. 진보파와 중도파간의 동맹이 깨지고, 또다시 곰퍼즈의 정책들이 판을 치게 되었던 것이다.

곰퍼즈는 1924년 12월 13일에 사망했고, 후임으로 윌리엄 그린(William Green)이 '미국노동총동맹'의 위원장이 되었다. 그러나 그 정책에는 아무런 변화가 없었다. 산업별 노동조합주의와 독자적인 정치활동의 꿈은 침체되었고, 이 운동은 뉴딜 시대에 진보파와 적극적인 중도파들이 '산업별 조직위원회'(CIO)를 결성하기 위해 연합하고 나서야 다시 되살아났다.

8 황금의 광란

편견과 증오

제1차 세계대전 끝나고 난 뒤, 전반적인 사회 분위기는 굴러 들어오는 이윤에 따라 어떤 일이 좋으냐 나쁘냐를 판단하는 풍조가 널리 만연해 있었다. 심지어 증오의 대상이 된 사업까지도 돈이 잘 벌리는 사업으로 각광받았다. 또 국민들이 서로서로를 미워하도록 조종하고, 이를 부추기며, 더욱 커다란 증오심을 일으키게 만드는 방법을 아는 사람들은 수백만 달러를 벌었다.

사회학자들은 다시 일어선 '쿠 클락스 클란'(Ku Klux Klan : KKK단) 같은 조직이 보여 준 증오와 적대감을 이렇게 설명했다. "정부는 싸움에 이긴 자들의 편이 되었으며, 전쟁이 너무 일찍 끝나 미처 다 풀어 버리지 못한 적에 대한 미움은 감정의 골을 깊게 형성시켜 놓았다. 이제 약삭빠른 흥행가들은 사람들의 마음 속에 남아 있는 이런 악감정을 조직적으로 축적시키고 있었다."

외국에서 이민온 노동자나 흑인의 임금이 본토박이 백인 노동자의 절반 정도밖에 안 받는다는 사실을 살펴보면 사태가 보다 정확하게 이해될 수 있을 것이다.1) 자본가들은 매년 수십억 달러의 초과 이윤을 거두어들였다. 그들은 노동자들을 분열시켜 각개 격파할 수 있는 수익성이 높은 기술을 이용했다. 그리고 그들은 많은 사람들에게 더 적은 보수를 줄 수 있도록 일을 거들어 주는 조직들 한테 언제라도 기꺼이 돈을 대줄 준비가 되어 있었다.

1915년 애틀랜타에서 재건된 '쿠 클락스 클란'은 1920년경에 대중의 흥미를 끌기 시작했다. 히틀러가 이런 비슷한 시위를 조직하기 이미 오래 전에 거대하게 조직화된 대중적인 증오의 광란이 남부와 중서부에서 연출되었다. 이 날뛰는 자들은 '애국'이란 간판을 들고 나왔다.

회원들의 말에 따르면, 이 '쿠 클락스 클란'의 회원은 100% 미국인이었다. 이 단체는 노동조합을 공산주의의 한 표현이라고 반대했다. 그들은 또 가톨릭 교회에 반대했다. 가톨릭은 폭력에 의해 백악관을 장악하는 것을 제1의 목적으로 하여 교황을 중심으로 국제 음모를 실행하는 외국 첩자들이라는 것이었다. 그들은 또 모든 유대인이 국제 음모의 대리인이라고 비난하면서, 이들에 대해서도 반대했다.

'쿠 클락스 클란'의 회비는 10달러였다. 스탠리 프로스트의 연구에 의하면 1924년에 회원은 450만 명에 달했으며, 이 단체의 주동자들에게 4500만여 달러가 기부되었다. 이 단체는 의원·주지사·시장·주의회 의원을 당선시켰고, 인디애나

---

1) 미국 이민위원회가 1911년 '도시 거주 이민자에 관한 보고서'에서 밝힌 바에 의하면, 연간 평균 임금은 본토박이 남자 노동자의 경우 533달러, 본토박이 여자 노동자는 275달러였다. 하지만 이에 비해 이민온 남자 노동자는 335달러, 여자 노동자는 219달러밖에 못 받았다. (같은 보고서 pp. 44~45.) 1950년도 연평균 임금은 백인 남자 노동자의 경우 2709달러, 백인 여성 노동자는 1062달러였고, 반면에 흑인 남자 노동자는 1471달러, 흑인 여자 노동자는 겨우 474달러를 받았을 뿐이었다. (*U. E. Fights for FFPC*, p. 3.)

·오하이오·캘리포니아·텍사스·오클라호마·아칸소·오레곤 등지의 정계와 행정부를 지배했다.

다른 나라에서 이민온 1300만 명의 미국인과 그들의 자녀인 3천만 명의 어린이들은 1920년에 미국 산업전선에서 거의 대부분의 일을 해내고 있었다. 특히 탄광·철강·섬유·금속류·광산·건설·해양 및 모든 종류의 제조업 분야에서 그들의 노동은 주요한 역할을 담당했다. 그러나 수백만의 본토박이 미국인들은 그들을 간첩, 파괴분자가 될 가능성이 있는 위험 인물, 태업(怠業)을 벌일 가능성이 짙은 자로 여기며 경멸했다. 인디언을 빼놓고는 미국 사람 모두가 이민온 사람이거나 이민자의 자손들임을 생각할 때, 이러한 사태는 정말로 이해할 수 없는 일이었다.

이민자들은 공정한 토지와 공정한 대우를 기대하고 왔으나, 노예나 다름없는 현실이 그들을 기다리고 있었다. 땀흘려 일했지만 그들은 토박이 백인 노동자에 비해 심한 임금 차별을 겪었고, 수십만 달러를 착취당했다. 그들은 흑인과 마찬가지로 형편없는 집에서 살았고, 아주 낮은 임금을 받으며, 제일 고되게 일했다. 1910년 '미국 이민위원회'는 이민자들 가운데 노예처럼 일하는 사람들이 많다는 증거를 발견했다. 이 노예적 노동제도(Peonsge) 하에 묶인 노동자들은 형편없는 대우와 기아(飢餓) 임금을 받으면서도 일자리를 떠날 수 없었다. 이민위원회는 이러한 노예적 노동조건이 오클라호마주와 코네티커트주를 뺀 미국 어느 주에서나 존재하고 있다고 지적했다. 또 1907년에 미국 이민국장은 수천 명의 이탈리아인과 그리스인들이 자신의 미국 이주에 영향을 미친 선장들에 의해 실질적으로 노예화되었다고 보고했다. 이 같은 심한 임금 차별과 형편없는 생활조건에도 불구하고, 1901년에서 1920년 동안 1453만 1000명의 이민자들이 미국으로 쏟아져 들어왔다. 오스트리아와 헝가리에서 304만 2000명, 이탈리아에서 315만 5000명, 제정(帝政) 러시아에서 251만 9000명이 조국을 떠나 미국으로 이민왔다.

1908년에 이탈리아에서 이민온 두 사람의 경우는 당시 이민자들의 전형적인 예이다. 둘은 모두 가난한 노동자였으며, 지식과 음악을 사랑했고, 이민온 사람들이 당시 미국에 큰 영향을 미친 고전적인 인도주의 전통을 사랑했다. 이들은 다른 모든 이민자들과 마찬가지로 세상에 알려진 사람들도 아니었다. 바톨로미오 반제티(Bartolmeo Vanzetti)는 뉴욕에 도착했을 때 20세였고, 니콜라 사코(Nicola

Sacco)는 보스턴에 도착했을 때 17세에 불과했다.

반제티는 여러 날 동안 일자리를 찾아 헤맸다. 그 동안 그는 배고파 쓰러질 듯한 고통을 겪으며 딱딱한 인도(人道)에서 잠을 잤다. 드디어 그는 뉴욕 사교단체에 접시닦이로 들어갔다. 유럽에서 이민온 다른 수천 명의 운명도 이와 비슷했다. 후에 그는 이렇게 썼다.

나는 거기서 석 달 동안 일했다. 노동시간은 길었다. 숙소인 다락은 더워서 숨이 막힐 지경이었으며, 벼룩 때문에 눈을 붙이기도 어려웠다. …… 여기를 떠나 무퀸 식당에서 같은 일을 했는데, 식기실은 끔찍스러웠다. 도대체 창문이라고는 하나도 없었다. 전기라도 나가는 날이면 그야말로 깜깜 절벽이었다. 접시나 냄비, 식기를 씻으려고 끓이는 물의 수증기가 천장에 부딪쳐 큰 물방울이 되어 먼지와 그을음과 뒤섞인 채 내 머리 위로 방울방울 떨어졌다. 일하는 동안 무더워서 죽을 지경이었다.

반제티는 거기서 여덟 달 동안 일했다. 그러나 구정물통에서 일하는 동안에도 그는 자신 속에서 그 자신의 위대성이 아닌 노동자의 위대성을 느꼈다. 새벽 두 시까지도 일이 끝나지 않을 때가 대부분이었지만, 그는 싸구려 하숙집의 허름한 침대 위에 엎드려 동이 틀 때까지 책을 읽었다. 몇 사람은 부자인데 수백만 명은 왜 지치도록 일만 해야 하는가에 대한 이유를 찾아내는 일에 책이 도움을 줄 거라고 생각했던 것이다. 그는 자신과 다른 사람들이 너절한 인생으로 전전하는 상황이 아니라, 인간으로서의 존엄성을 인정받기를 원했다.

강철 공장을 비롯해 여러 곳으로 일자리를 옮기면서도 그는 계속 책을 읽었다. 지식과 해방에 굶주려 있었기 때문이다. 이 두 가지는 그에게 있어서는 하나였다. 그는 드디어 매사추세츠주의 플리머스에 정착해, 1916년 밧줄 공장에서 파업을 이끌었다. 그때 그는 용기 있는 사람만이 공부를 할 수 있으며, 배우고 진리를 표현하는 것 그 자체가 위험한 일이라는 사실을 알게 되었다.

그러나 그는 당국이 알면 감옥으로 보내거나 추방당할 책들까지도 읽었다. 바로 300년 전 자유로운 땅으로 해방을 찾아온 이민자들이 최초로 상륙했던 이곳 플리머스에서 말이다. 그는 급진적인 서적, 다윈의 《종의 기원》, 그리고 빅토르 위고·고리끼·톨스토이·졸라·단테·르낭 등의 저서를 읽었다. 그는 뒤에 사형을 선고받고 독방에서 이렇게 썼다. "아, 얼마나 많은 밤을 흔들리는 가스등 옆에서 날이 새도록 책을 읽었던가! 겨우 누우려고 하면 호루라기 소리가 들렸고, 나는 다시 공장이나 채석장으로 갔다." 그는 진리를 찾고 진리에 따라 행동하는 데 몸과 마음과 생명까지 바쳐온 한 노동운동 조직에 가담했다. 파슨즈와 헤이우드도 한때 이 조직의 회원이었다.

반제티는 찰스타운의 사형수 독방에서 이렇게 썼다. "나는 계급의식이란 말이 선동가가 만들어 낸 말이 아니라, 현실의 활기찬 힘의 반영이란 것을 알았다. 또한 이 말의 의미를 깨달은 자는 이미 짐을 진 짐승이 아니라 인간이라는 것도 알게 되었다."

반제티는 1916년의 파업으로 인해 블랙리스트 명단에 오른 뒤 생선 행상을 했다. 그는 제1차 세계대전에 반대하는 운동 속에서 동향인 니콜라 사코와 가까운 친구가 되었다. 전쟁을 "장사 속에서 벌이는 실업가들의 전쟁"이라고 말한 윌슨 대통령과 같은 결론에 이른 두 사람은 미국을 떠나 멕시코로 건너 갔다. 여기서 그들은 이탈리아인 무정부주의자 단체에 가담한다. 전쟁이 끝나고 매사추세츠주에 돌아온 뒤에도 둘의 우정은 계속되었다.

사코는 숙련 제화공(製靴工)이었다. 키가 작고 근육이 단단한 사코는 살아 보려고 무척이나 노력하는 미남 청년이었다. 또 그는 구두 공장에 다니면서도 틈틈이 야채를 길러 양식이 없는 사람들에게 나누어 주곤 했다. 그에게는 금발의 사랑스런 아내 로시나와 아들 단테가 있었고, 얼마 뒤엔 딸 이네즈가 태어났다. 로시나는 천성이 착해 악을 모르는 여자였다. 두 사람은 일요일이면 손을 잡고 자주 숲을 산책했을 정도로, 가난했지만 금실이 좋은 부부였다.

그러나 사코는 늘 자신보다 더 불행한 사람들을 생각했다. 일주일에 6일을 구두 공장에서 일하고 집에 돌아와서는 얼마 안 되는 땅에 야채 농사를 짓는 바쁜 생활이었지만, 그는 파업하는 노동자를 돕는 데 시간을 쪼갰다. 1912년에는 로렌스 파업으로 갇힌 에토(Ettor)나 조바니티(Giovaniti) 같은 노동운동 지도자의 변호를 위해 돈을 기부하기도 했다. 그는 1916년 미네소타주 메사비 철광 파업 노동자들의 지지 시위에 참가했다는 이유로 체포되었다. 이에 앞서 그는 자기 집 근처에 있는 호프테일 직물회사 노동자들의 파업을 도왔다. 사코와 반제티는 함께 힘을 합쳐 이 외에도 많은 일을 했다.

1920년 5월 3일 반제티의 친구인 인쇄공 안드레아 살세도가 뉴욕의 파크로우 건물에 있는 법무성 14층 창문 밑에서 변사체로 발견되었다. 그러자 두 사람은 5월 9일 브로크톤에서 그의 죽음에 항의하는 집회를 갖기 위해 곧바로 준비를 시작했다.

그러나 집회는 열리지 못했고, 5월 5일 두 사람은 전단을 든 채로 체포되었다. 처음에는 과격한 행동을 할 '우려'가 있다는 이유로 체포되었지만, 얼마 후 그들은 1920년 4월 15일 매사추세츠주 사우드 브레인트리에서 2명의 호송원이 살해된 강도사건의 범인으로 기소되었다.

반제티에게는 1916년 12월 매사츠세츠주 브리지워터에서 발생한 강도미수 혐의도 덧붙여졌다. 강도 혐의는 물론 엉터리 조작이었다. 사건이 얼마나 엉터리였는가는 이 사건 담당판사 웹스터 테이어가 한 말에서도 엿볼 수 있다. "피고인이 실제로 강도미수를 하지 않았을 지라도, 피고인은 현존 제도의 적이기 때문에 도덕적으로 처벌받을 만하다"고 말했던 것이다. 반제티는 강도미수 혐의로 12~15년형을 선고받았다. 이는 앞으로 닥쳐 오게 될 살인사건 재판에서 써먹을 전과(前科) 사실을 만들어 두자는 목적에서 내린 선고였다.

살인 강도사건도 테이어 판사가 담당했다. 1921년 5월 31일 매사추세츠주 데드햄에서 피고인들은 자비로운 관습과 법에 따라 수갑을 차고 엄중한 경계를 받으며 법정에 들어섰다. 빨갱이를 때려잡는 일이 무엇보다도 절박한 일이라는 인상을 주기 위해 무장경관이 법정을 경계했고, 법정에 들어가려는 사람의 몸을 일일이 수색했다.

테이어 판사는 유럽 전선에서 목숨을 걸고 외국의 적들과 싸우고 있는 병사처럼 임무를 엄숙히 수행하라고 배심원들에게 말했다. 펠릭스 프랑크푸터(Felix Frankfurter)는 당시의 법정 분위기를 그의 저서 《사코·반제티 사건 *The Case of Sacco and Vanzetti*》에서 이렇게 쓰고 있다.

담당 검사는 피고들이 이민온 사람이라는 점, 유창하지 못한 영어, 낯선 사회적 견해 및 전쟁에 반대하고 있다는 사실 등을 체계적으로 이용했다. 그는 피고들에게 불리한 정치적 감정과 애국적 감정을 자극하고 불러일으켰다. 담당 판사도 한패였다.

사코와 반제티는 자신들의 입장을 변호했다. 하지만 어설픈 영어, 전쟁과 이윤 체제에 대한 그들의 견해, 그리고 무엇보다도 그들이 미국인이 아니라는 점 때문에 그들의 말은 먹혀 들어가지 않았다. 더구나 이 사건에는 매사추세츠주 당국뿐만 아니라 연방정부가 개입하고 있었다. 프랑크푸터는 1927년에 출판된 사건 조사보고서에서 연방정부 법무성에 대해 이렇게 썼다.

사코와 반제티에 대한 살인혐의 사건은 공산주의적인 활동을 했다는 이유로 이 두 사람을 제거하려는 관할 검찰관과 연방 법무성 관리들이 공모해서 꾸민 음모였다. 검사도 이러한 사실들을 부인하지는 못했다.

그는 보스턴 주재 법무성 고위관리 로렌스 레더만과 프레드 J 웨이언드의 증언을 인용하고 있다. 이들은 연방 당국이 두 피고인이 아무 죄도 없다는 것을 알고 있었지만, 그들이 가지고 있는 정치적 신념 때문에 처형하기로 작정했다고 증언했다. 레더만은 보스턴 법무성이 두 피고인을 국외로 추방하기 위해 증거를 수집했으나, 충분한 증거를 얻지 못해서 유죄판결로 이들을 처치하려고 했던 것이라며, 이들은 살인사건과 전혀 관련이 없다고 사실을 밝혔다. 웨이언드는 그들의 유죄판결은 법무성과 검찰측의 공모로 이루어진 작품이며, 대다수 일반 관리들 또한 사우드 브레인트리 살인 강도사건은 전문적인 강도단이 저지른 것으로 믿고 있다고 말했다.

검찰측 증인으로 나온 '목격자'들은 피고들이 사우드 브레인트리에서 총질을 하며 강도질하는 것을 보았다고 큰소리로 증언했다. 그들 가운데 한 사람은 평소 평판이 안 좋았던 여자였는데, 일자리를 얻으려고 피고들을 밀고했음이 나중에 밝혀졌다. 또 한 사람은 다른 주에서 죄를 짓고 도망친 사람으로, 후에 가명으로 증언을 한 사실이 드러났다.

배심원의 평결은 피고들에게는 전혀 놀라운 것이 아니었다. 전직 경찰서장의 친구이자 배심원이던 한 사람은, 충분한 증거가 밝혀지기도 전에 배심원장이 그에게 사코와 반제티는 교수형에 처해야 한다고 말했었다고 밝혔다. 그리고 테이어 판사의 친구인 조지 크로커는 사건심리 중에 판사가 자신과 그 사건을 논의한 일이 있었다고 뒷날 밝혔다. 그때 테이어 판사는 두 피고인이 공산주의자이기 때문에 마땅히 유죄판결을 내려야 한다는 식으로 말하며, 무정부주의자와 공산주의자의 위협으로부터 함께 우리 자신을 지켜야 한다고 말했다는 것이다.

물론 피고들은 이들의 대화를 듣지 못했으나, 법정의 분위기로 보아 결과는 뻔한 것이었다. 심리가 시작된 지 37일째 되던 날인 1921년 7월 14일, 1급 살인죄를 범했다는 이유로 유죄 평결(評決)이 내려졌다. 매사추세츠주 법에 의해 1급 살인죄가 적용되어 유죄 평결을 받은 피고들은 모두 전기 의자로 사형당하게 되어 있었다.

쇠로 만든 우리 속에서 사코는 "소노 인노센테(Sono innocente! 나는 무죄다!)"라고 외쳤다.

반제티는 "죄 없는 사람에게 사형이라니 ……" 하고 조용히 말했다.

1921년 8월 29일 재심 신청이 이루어졌다. 다음날 <뉴욕 타임즈>지는 다음과 같은 제목으로 급보를 실었다. "과격분자들의 탄원으로 법원에 경계령, 데디햄 법원 돌발사태에 대비 …… 보스턴도 경계령." 이보다 3일 전인 8월 27일에 이 신문은 "여러 도시에 폭발물을 투척하려는 과격분자들의 음모 적발"이라는 제목으로 이렇게 보도했다. "연방 당국은 3일 동안 전미국에서 폭력을 휘두르려고 음모한 보스턴 과격분자들의 계획을 적발했다. 조사관들에 의하면 음모는 국제적으로 조직된 것으로, 사코와 반제티의 무죄 주장을 뒷받침하려는 과격분자들에 의해 이루어졌다."

이러한 뒤얽힌 광란의 소용돌이 속에서 테이어 판사의 평결을 파기시키려는 투쟁이 시작된다. 이 투쟁은 거의 6년간 계속되었다.

들뜬 세상

사코는 체포되었을 때 29세였고 반제티는 32세였다. 그들의 그림자는 처음엔 하찮았지만, 무죄임이 점점 더 분명해짐에 따라 점차 길어져서 7년간 전국을 뒤덮었다. 반제티의 무죄라는 외침은 전세계에 울려 퍼졌다. 그는 투사였다. 엘리자베드 걸리 플린과 다른 노동자 민권 투사들의 지도 아래 수천 명이 그들을 위해 투쟁했다. 사코는 감방에서 영어를, 반제티는 정치경제학·철학·역사 및 과

학을 공부하고 있었다.

어느 날 저녁 사코는 낡은 전등이 비치는 어두컴컴한 사형수 독방에서 자신의 딸— 감옥에 갇힌 후 태어난— 이네즈에게 편지를 쓰고 있었다. 많이 나아지긴 했으나 알아보기 힘든 서툰 영어로, 아빠가 왜 잡혀 들어와 사형을 선고받게 되었는지에 대해 그는 적었다. 자기와 반제티는 외국인이었지만 파업 대열에서 열렬히 싸웠고, 보다 나은 세계를 추구한다는 이유로 잡혀 왔다는 편지를 써 내려가다가, 그는 문득 개울옆 나무 아래의 작은 오두막에서 있었던 행복했던 순간을 떠올렸다.

내가 지금부터 하는 말을 잘 알아 들어 주기 바란다. 이제부터 쓰는 얘기는 심장에 고동치는 아빠의 뜨거운 사랑이고, 꼭 네게 들려 주려고 오랫동안 생각해 온 것이란다. 아빠가 너를 몹시 사랑하기 때문에 꼭 들려 주고 싶은 거란다. ……
　내가 너, 오빠 단테 그리고 너의 엄마와 함께 아담한 시골집에 살면서 너에게 말을 가르치고 부드러운 사랑을 가르쳐 줄 수 있었다면 정말 아름다운 생활이었을테지. 그렇게만 되었더라면 여름에는 참나무 그늘 밑의 집에서 너와 같이 앉아 사는 것이 무엇인지를 가르쳐 주며, 읽기와 쓰기도 가르치고, 네가 웃고 울면서 들꽃을 따기 위해 무성한 들판을 지나 이 나무에서 저 나무로 뛰어 다니는 것도 보게 되었을 테지. 또 맑은 시내에서 엄마 품에 안겨 있는 네 모습을 보며 노래도 불렀을 테고.
　우리가 행복하게 사는 것을 꿈꾸듯이, 나는 다른 가난한 딸들이 그들의 오빠 동생 엄마와 행복하게 사는 것을 또한 보고 싶었단다. 그러나 눈앞에 벌어진 못사는 사람들의 딱한 삶을 보았을 때, 아빠의 마음은 찢어지듯 아팠단다.
　사람은 누구나 억눌리지 않은 채 아름답고 착한 삶을 살아가는 그런 세계를 누리려고 태어났단다. 그런데 이 죽어가는 낡은 사회의 사람들은 인정 사정 없이 네 오빠와 가난한 엄마로부터 나를 빼앗아가 버렸단다. 그래도 아빠는 꿋꿋하게 자유 정신을 가지고 살아왔고, 또 살아서 너의 엄마 품에 그리고 다른 친척들과 동지들 속으로 다시 돌아가리라고 믿고 살아왔지만 ……. 얘야, 지금 아빠의 마음은 너무나 아프구나.

그렇지만 두 죄수는 때로는 대통령보다도 더 행복해 보였다. 하딩 대통령은 눈가의 주름은 점점 늘어가고 안색이 안 좋았으며 밤에는 잠을 이루지 못하고 있었다. 두 죄수들은 자신이 죄인이라고 전혀 생각하지 않았으나, 하딩 대통령은 행정부 관리들이 어마어마한 돈을 받아먹었다는 사건들이 들려올 때마다 엄청난 죄의식을 느끼며 살아갔다. 하딩은 아마도 대통령 자리에 잘못 앉았다고 생각하면서, 옛날 오하이오주에서 해리 도어티라는 사람이 자신의 걸음걸이와 생각이 깊은 듯한 근엄한 눈초리를 보고 "당신, 대통령감이야!" 하며 감탄했던 지난날을 저주했을 것이다.

지금은 지난 1920년의 공화당 전당대회를 움직인 독점 재벌들——오하이오주 정치 지도자 도어티조차도——대부분이 그를 저버리고 있는 게 현실이었다. 또한 법무장관은 높은 자리를 이용해 돈을 받아먹은 죄로 머지 않아 재판을 받게 되어 있었다. 빨갱이를 때려잡는 일은 자기만이 하는 양 설쳐온 내무장관 앨버트 B 폴도 티포트 돔의 해군용 석유를 민간 석유회사에 넘겨 주고 40만 달러의 뇌물을 받은 죄로 구속되었다. 재향군인회의 우두머리인 찰스 R 포비즈 예비역 대령은 회원 몇 사람과 짜고 엄청난 공금을 빼냈다. 그도 역시 얼마 후 구속되었다. '금주법'(禁酒法)이 나온 이래 하딩 대통령이 이끄는 행정부와 전국은 부정부패로 벌집이 되다시피 엉망이었고, 대통령은 잇따라 드러나는 더러운 사건들 때문에 어찌할 바를 몰랐다.

1923년 8월 2일 하딩 대통령은 갑자기 죽었다. 왜 죽었는지 원인도 몰랐다. 버몬트주 플리머스의 조용한 자기 아버지 농장에서 캘빈 쿨리지(Calvin Coolige) 부통령은 미합중국 대통령으로 취임했다. 국민들은 부정부패를 쓸어 버리는 데 도움이 되리라는 기대 속에 그 같은 아주 간소한 취임식에 만족했다. 그러나 그러한 기대도 헛된 꿈이었다. 굉장한 인플레이션이 시작되었고, 사무원들까지도 신용거래라 불린 분할불(分割拂) 판매제도에 따라 월가(街)의 주식을 사들이는 황금의 광란이 부풀기 시작했다.

약삭빠른 소수가 잘 속는 다수를 등쳐먹는 대탈취가 바야흐로 시작되고 있었다. 가난한 사람은 더욱더 가난해지고 부자는 더욱더 부자가 되는 '빈익빈 부익부 현상'은 계속 심화되었다. 또한 그것은 '모건회사'·'딜론 리드'·'브라운 브라더즈'·록펠러 계열기업·'내셔널 시티 은행' 및 여러 대기업가들이 시장을 독점해 기업 연합을 맺고 수십억 달러의 엉터리 채권을 팔기 시작하면서 빈부의 격차는 엄청난 규모로 벌어졌다. 겉으로는 번영하고 있는 듯이 보이는 광란의 시대가 찾아왔던 것이다.

밀주집이 늘어나고, 술마시고 놀음을 벌이는 일이 점점 더 늘어났다. 금주법을 이용한 관리들의 부패, 폭력배들의 관리 매수, 날치기, 은행강도, 폭력배끼리의 싸움이 도처에서 벌어졌다. 시(市)·군(郡)·노동조합·중소기업을 폭력배들이 지배하는 사태가 흔한 일이 되어 버리면서 한편으로는 주가(株價)가 크게 오르기 시작했고, 온 나라가 돈에 미친 듯이 날뛰었다. 하지만 신용 판매와 월부 판매의 번창으로 생긴 '번영'이 사람들의 눈을 가리고 있었다.

이러한 시대에 "높은 임금, 낮은 가격"을 주장한 포드(Ford)는 앞날을 내다볼 줄 아는 지혜를 가진 사람으로 여겨졌고, "마르크스가 아니라 포드를"(Not Marx but Ford)이란 표어가 전국으로 퍼졌다. 미국의 산업들은 일한 양에 따라 임금을 주는 제도(pay by piece work)[2]를 채택하면서 작업능률 촉진과 생산 증가에 온 힘을 쏟고 있었고, 이런 때에 노동조합은 생산을 더 많이 하기 위해 사용자들이 노동자들을 마음대로 주무르는 데 앞잡이로 전락하고 있었다.

'미국노동총동맹'은 독점 재벌들이 이윤을 긁어모으는 데 방해가 되는 정책을 없애는 일에 내놓고 열심이었고, 조합원이 계속해서 줄어드는 일 따위에는 전혀 신경쓰지 않는 것 같았다. '미국 강철' 회장 엘버트 H 게리는 "노동조합은 이제 필요가 없다!"고 말했다. '회사조합'[3]이 제철을 만난 듯 여기저기서 조직되기 시작했을 때, '미국노동총동맹'은 자신들이 회사조합보다 사용자들의 뜻에 훨씬 더

---

[2] 사용자들의 단체인 '전국 산업회의소'(The National Industrial Conference Board)가 1929년에 조사한 바에 의하면, 대공장의 97%가 일한 분량에 따라 임금을 주는 제도(piece rates)나 특별 장려금 제도를 채택하고 있는 것으로 밝혀졌다. 제1차 세계대전 뒤의 8년 동안 이러한 능률촉진 제도가 널리 퍼진 결과, '상무성(常務省) 연례 보고서, 1927~28'에 의하면 노동자들의 평균 생산량은 그 이전 20년간의 그것보다 33% 또는 약 2배로 늘어났다.

[3] Company Union : 1930년대 미국 자본가들은 '미국노동총동맹'의 노동조합 운동에 대항하기 위해 종업원 대표제(employees' representative plan)를 채택하기 시작했다. 종업원 대표제란, 개별 기업의 테두리를 넘는 노동조합 운동에 대해 회사 내 종업원의 대표를 뽑아 그 대표와의 협의에 의해 노사간의 분쟁을 처리하려는 것이었다. 따라서 그것은 노동조합이라는 이름을 붙이고 있다 할지라도 어용 조합에 지나지 않는 것이었다. 결국 회사조합이란 명칭은 미국에서 어용 조합의 별명으로 쓰여졌다.

잘 부합할 수 있다는 반응을 보였을 뿐이다. '미국노동총동맹' 집행부는 1927년에 공식적으로 이렇게 선언했다. "현재의 노동조합이 회사조합보다 더 효과적으로 일을 처리해 나가는 마당에 굳이 회사조합을 만들 필요는 없다."

모두가 미친 듯이 날뛴 1920년대에 수많은 노조들이 주식·채권·부동산에 자신들의 기금을 투자했다. 그들은 거래소를 세우고 증권을 취급하며 투기를 하고 은행과 보험회사를 개설하는 등 분주히 움직였는데, 결코 파국적인 상황과 닥쳐올 1929년의 대공황에 대해서는 조금도 생각하지 않았다. 번영이 영원히 계속되리라고 그들은 믿었고, 누군가가 앞날에 대해 불길한 예측이라도 내놓으면 공산주의자로 몰아붙여졌다. 또 불경기가 닥쳐올지도 모른다고 주장하는 사람은 비애국적이며 비미국적인 사람으로 취급되었다.

번영에 도취된 분위기가 널리 퍼지자, '미국노동총동맹' 위원장 윌리엄 그린은 파업은 시대에 뒤떨어진 것이라고 말하기까지 했다.

번영이란 과연 그럴 듯한 것이었다. 노동자들이 비단옷을 사입고 집집마다 통닭을 먹으며 자동차가 있다고 떠들어대는 시대에 누가 찰스타운 형무소에 갇혀 있는 억울한 사코와 반제티를 생각할 수 있을 것인가? 백악관의 의전실장 후버가 뒤에 회고했듯이, 매일 오후 2시간 동안 낮잠 잘 정도로 마음이 태평스러웠던 쿨리지 대통령도 두 사람의 처지를 생각할 리 없었다. 대기업이 모든 사람의 행복을 위한다며 건설에 열을 올리고 있을 때도, 쿨리지 대통령은 그저 가만히 지켜만 보아야 한다고 생각했던 사람이다.

메사추세츠주의 언론과 말깨나 하고 글깨나 쓴다는 사람들은 사코와 반제티가 처형되어야 한다고 생각했지만, 은행 살인강도 사건으로 사형선고를 받은 셀레스티노 F 마데이로스는 두 사람을 몹시 동정하게 되었다. 그는 사코의 부인과 어린 딸 이네즈와 아들 단테가 사코를 찾아온 것을 보고 감동을 받았다. 자신의 사건이 항소심에 걸려 있어 사형을 면할 기회가 있었지만, 불의가 자행되는 것을 보기보다는 차라리 살아날 기회를 포기하는 편을 택하기로 그는 마음먹었다. 그는 브레인트리 사건이 사코와 반제티가 아닌 전문적인 강도에 의해 저질러진 것이라는 법무성 요원 두 사람의 증언이 옳다는 것을 알고 있었다. 그것은 악명 높은 강도 모렐리 패가 저지른 사건이었다. 마데이로스는 그것을 알고 있었다. 자신이 현장에 있었기 때문이다.

1925년 11월 15일 마데이로스는 "나는 브레인트리 구두공장 사건의 현장에 있었으며, 사코와 반제티는 현장에 없었다는 사실을 고백하는 바입니다" 하는 내용의 쪽지를 사코에게 보냈다. 그는 그 사건을 맡은 톰슨 변호사에게도 자세히 증언했다. 변호사는 그의 증언을 되풀이해서 자세히 검토했고, 결국 사코와 반제티는 아무 죄가 없음을 밝혀냈다. 이제 많은 사람들은 매사추세츠주 당국이 뻔뻔스럽게 두 사람을 죽이지는 못할 것이라고 생각했다. 하지만 왜 젊은 마데이로스가 하나밖에 없는 자신의 생명을 건질 기회를 포기해 버렸는지 의아하게 생각하는 사람들도 있었다. 마데이로스는 자신의 이 같은 큰 결심을 어떻게 하게 되었는지 그 이유를 다음과 같이 밝혔다. "사코의 아내가 애들과 같이 온 것을 봤어요. 애들이 너무나 안돼서 가만히 있을 수가 없었던 거예요."

그러나 법 절차는 너무나 시간을 오래 끌었고, 또 까다로운 절차를 밟아야 했다. 따라서 그 절차에 맞춰 새로이 밝혀진 많은 증거들을 다시 법률 용어로 정리하여 재심 신청을 해야 피고들의 억울함이 밝혀질 수 있었다. 그래서 두 사람은 법 절차에 따라 재심을 신청했지만 신청은 기각당했다. 판사는 사코와 반제티가 죽어야 한다고 다시 한 번 판결했다. 재심 신청을 기각하고 나서, 테이어 판사는 다트머드 대학의 리차드슨 교수에게 흥분하며 이렇게 말했다. "이 무정부주의자 놈들에게 내가 일전에 취한 조치를 아시지요. 아마 그들은 한동안 잡혀 있게 될 겁니다. ……"

정의를 사랑하는 전세계 사람들의 혈관 속에선 분노와 아픔이 소용돌이치고 있었다. 언론인 엘리자베드 걸리 플린과 '사코·반제티 구명운동위원회'의 노력이 성과를 거두기 시작했다. 자유 기고가 헤이우드 브라운은 <뉴욕 월드>지와 <세인트루이스 포스트 디스패치>지에 이른바 "법의 이름으로 저질러지고 있는 폭력"에 항의하는 글을 실었다. 프랑스·영국·이탈리아·러시아·독일·인도·브라질 주재 미국 대사관 및 영사관 앞에는 시위 대열이 줄을 이었다. 뉴욕·필라델피아와 시카고의 재봉공 조합 및 '광산 노동자연합'의 여러 지부들은 재심을 요구했다. 유타주와 펜실베이니아주의 '노동총동맹' 그리고 마침내는 '미국노동총동맹'까지도 재심을 요구했다.

그러나 대다수 미국인들은 1926년 당시엔 사코와 반제티의 운명 따위에 관심을 기울이지 않았다. 주가(株價)는 하늘 높은 줄 모르고 치솟았으며, 모두가 증권에 눈이 팔려 있었다. 1910년과 1920년 사이에 매년 주식 거래량은 3억 1200만 주를 넘지 않았는데, 1926년 한 해에만 4억 4900만 주가 거래되었고, 1927년에는 5억 7600만 주가 거래되었다. 신용거래를 통해 주식을 사고팔아 엄청난 돈을 벌 수 있는 마당에 누가 두 명의 이탈리아 출신 피고를 생각할 틈을 가졌겠는가?

사코와 반제티가 독방에 갇혀 있던 1926년의 세상은 그런 분위기였다. 매사추세츠주 최고법원이 상고를 기각하여 사형집행일이 1927년 8월 23일로 정해진 1927년에도 세상은 마찬가지였다. 시간이 흐르면서 변화가 일어났다. 감방에서 그 날을 기다리고 있던 반제티의 얼굴에도 자신을 석방하라는 소리 없는 울부짖음이 나타나 있었다. 사형집행 날짜가 다가옴에 따라, 많은 사람들은 갑자기 무슨 일이든 해야 한다고 느끼기 시작했다. 수많은 사람들이 그들이 처형되도록 내버려두어서는 안 된다고 깨닫기 시작한 것이다. 8월로 들어서자, 온 나라에서 수많은 사람들이 보스턴으로 가서 무언가를 해야겠다는 결심을 하고 자리를 박차고 나갔다.

비콘힐(Becon Hill) 주 정부 청사 앞에는 피켓 대열이 줄을 이었고 나날이 그 수가 늘어났다. 독방에서 기다리던 두 사람은 의아스럽다는 표정을 하고 있었다. 시위 군중의 대표들은 앨런 T 풀러 주지사를 만났다. 주지사는 주의 원로 세 사람에게 증거를 수집해 사형 여부를 결정하도록 조치했다. 그 세 사람은 하버드대학 총장 로웰, 매사추세츠 공과대학(MIT) 총장 스트레튼, 은퇴한 판사 그랜트였다. 이들은 상류층 인사이며 나이도 꽤 든 사람이었다.

세 명의 원로가 사건을 신중히 검토하는 동안 전국적으로 항의 집회가 열렸다. 사형집행일이 다가옴에 따라 항의 파업도 일어났다. 전세계로부터 항의의 소리가 미국무성으로 끊임없이 밀려들었다. 미국인들은 법무성이 사건을 조작해서 사람을 죽이는 이번 사건 같은 선례를 그대로 방치한다면, 앞으로도 이런 조작극이 되풀이될 것이라고 아우성쳤다. 파리·런던·마드리드·아바나·멕시코시티·부에노스아이레스·봄베이·모스크바 등지에서 대집회가 열렸다. 모든 사람들이 형무소에 갇혀 있는 두 사람을 실제로 구출하기로 결심한 듯 열심이었다. 로망 롤랑, 버나드 쇼, 아인쉬타인, 싱클레어 루이스, HG 웰즈를 비롯한 수백 명의 저명 인사들도 지난날 유진 뎁스와 아나톨 프랑스가 그들의 죽음을 앞두고 그랬던 것처럼 두 생명을 살리라고 열렬하게 호소했다.

그러나 돈벌이에 온 정신이 팔려 있는 사람들은 이 사건을 빨갱이들의 음모

사건 가운데 하나로만 여겼고, 그들에 관해 실린 신문기사도 읽는 둥 마는 둥 했다. 그들의 관심사는 오직 경제면에 실린 주식값뿐이었다. 시카고 암흑가의 왕자 알 카포네(Al Capone)는 암흑가를 대기업 같은 체제로 조직했다. 강력한 반공주의자라고 자처한 이 미국 제1의 공적(公敵)도 노동자가 공산주의에 물들지 않게 해야 한다고 제법 뭔가 아는 듯이 떠들어댔다. 한편 8월 3일 매사추세츠주의 세 원로는 기존 질서를 보호하기 위해 사코와 반제티를 처형해야 한다는 결정을 내렸다.

사형을 집행하는 밤이 왔다. 전세계는 이를 믿으려 하지 않았다. 세계 여러 나라의 도시에서 사람들이 거리에 모였고, 뉴욕·펜실베니아·콜로라도·일리노이·뉴저지주 등에서는 수십만 명이 사형집행을 반대하는 파업을 벌였다. 필라델피아와 시카고에서는 경찰이 시위자들을 체포했고, 뉴욕 유니온 광장에서는 5만 명이 경찰과 충돌했다.

보스턴에는 비가 내리고 있었다. 흐느끼는 수천 명이 가끔 경찰의 곤봉 세례를 받으며 밤새 주 정부청사 주위를 무거운 발걸음으로 서성이고 있었고, 주 형무소 주변에도 엄숙한 행렬이 이어졌다. 형무소 담은 기관총으로 무장한 주 방위군이 지키고 있었다. 사람들은 팻말을 손에 들고 계속 형무소 담 밑을 걸으면서 "안돼, 그럴 수 없어" 하고 중얼거렸다. 사코는 사형수 독방에서 아들 단테에게 보내는 마지막 편지를 쓰고 있었다.

> 애야, 울지 말고 마음을 강하게 먹어야 한다. 그래야 엄마 마음을 편하게 할 수 있단다. 슬픔에 찬 엄마의 마음을 돌리려거든 내가 그 전에 했던 대로 이렇게 하려무나. 엄마와 함께 조용한 시골을 오래도록 걷고, 여기저기서 들꽃을 따며, 졸졸 흐르는 시냇물 소리와 대자연의 조용함이 어우러져 있는 나무 그늘 아래에서 쉬어라. 그러면 엄마도 즐거워할 테고 너도 틀림없이 마음이 편해질 게야. 그러나 단테야, 행복하다고 해서 너 자신만을 위하는 일에 모든 것을 바쳐서는 안 된다. …… 도와 달라고 아우성치는 약한 사람들을 도와라. 좋은 사람들이기 때문에 학대를 받고 짓밟히는 사람들을 도와라. 그런 사람들은 아버지와 아저씨처럼 싸우다 쓰러지는 우리의 동지들이다. …… 모든 사람들을 위한 자유의 환희를 이룩하기 위해 싸우다 쓰러지는 동지들이란다.

둘을 구하기 위해 자기가 살 수 있는 기회까지도 버린 마데이로스가 앞장섰고 사코와 반제티도 뒤따랐다.

사형이 집행된 후, 형무소장 헨드리는 두 사형수에게 보내온 다음과 같은 전보 한 장을 공개했다. "여러분 용기를 내시오. 정의 때문에 여러분은 죽는 것이고, 사코와 반제티는 역사 속에 살아 있을 것입니다."

그렇다. 그들은 죽지 않고 살았다. 반제티가 넉 달 전에 적절히 썼듯이,

이 사건이 없었더라면 나는 경멸을 받으며 일생을 살아왔을 것이다. 나는 아마 아무런 일도 하지 않는 무명의 인생 실패자가 되었을 것이다. 이것이 우리의 발전이며 승리이다. 더 많은 삶을 살게 되더라도, 나는 인내와 정의와 인간을 이해하는 일을 위해 지금 우리가 한 이것과 똑같은 일을 또 하지는 못할 것이다.

우리의 말, 생명, 고통은 아무것도 아니다! 우리는 선량한 제화공, 가난한 생선 행상이지만 생명을 거는 것—바로 이것만이 전부다!

최후의 순간은 우리 것이다. 최후의 괴로움도 바로 우리의 승리일 뿐이다!

전기의자로 사형을 집행했기 때문에, 형무소의 전기불은 세 번 흐려졌다가 다시 밝아졌다. 밖에 서 있던 사람들은 일이 끝났음을 알았다. 전세계에 걸쳐 많은 사람들이 세상을 저주하며 울었다.

다음날 아침 신문은 온통 사형집행에 관한 기사로 메워졌다. 그러나 많은 사람들은 기껏 제목이나 훑어보고는 경제면으로 눈길을 돌렸다. '제네럴 모터스'의 주식값이 어떻게 되었나 알아보기 위해서 ……

신기루의 뒤편

사람들이 돈에 눈이 멀어 있던 이 시대에는 많은 허튼 소리들이 진리처럼 믿어졌다. 은행가와 거간꾼들이 덕성과 지혜를 갖춘 정직한 사람의 모범으로 여겨졌다. 사업가는 과학처럼 정확하고 성경의 구절만큼이나 의심할 여지가 없는 세계관을 소유한 경륜 있는 사람들로 생각되었다. 1928년 사업가들이 기업

에 유익한 것은 국가에도 유익하다고 말했을 때, 이 말은 성경에 나오는 십계명의 한 구절만큼이나 그럴 듯하게 받아들여졌다. 그러나 몇 달이 채 지나지도 않아 그들은 무식하고 정직하지 못한 인간들이며 소매치기와 마찬가지이고, 도덕이나 양심의 가책이란 털끝만큼도 없이 미국 민중으로부터 수십억 달러를 빼앗았다는 사실이 밝혀졌다.

그러나 이에 앞서 전설처럼 믿어졌던 '1920년대의 번영'이란 신화의 참모습을 살펴보자. 보수적인 '브루킹스 연구소'에 의하면, 찬란한 번영의 혜택을 누렸다는 그 시대에 거의 60%에 이르는 민중이 살아가는 데 기본적으로 필요한 필수품을 살 만한 소득을 얻지 못하고 있었다. 1929년 당시엔 보통 가정에서 기본적인 필수품만을 산다고 해도 1년에 2천 달러의 소득이 필요했다. 그러나 그때까지 미국 역사상 가장 번영한 해였던 그 해, 국민의 59.6%에 달하는 1635만 4천 가구의 1년간 소득이 2천 달러 이하에 불과했다. 거의 6백만 가구가 1년에 1000달러 이하를, 42%인 1200만 가구가 1500달러 이하를, 71%인 2천만 가구가 연간 2500달러 이하의 소득을 얻고 있었을 뿐이다. 맨 꼭대기 0.1%의 국민이 밑바닥의 국민 42%가 벌어들이는 것만큼 벌고 있었다.

1929년 대공황이 일어나기 전, 3300만 명의 미국 노동자들은 일주일에 평균 25달러를 받았다. 노동자의 반 이상이 평균 이하의 임금을 받았고, 10분의 1도 안 되는 노동자가 주당 40달러 정도를 받았다. '연방 여성국'이 조사한 13개 주의 여성 평균 임금도 가장 높은 로드 아일랜드주가 1주당 16.36달러, 가장 낮은 미시시피주는 8.29달러였다.

이른바 이 황금기 동안에 노동시간과 작업강도(speed-up)는 급격히 늘었다. 당시 '경제적 변화에 대한 정부 내 후버 위원회의 조사'에 따르면, 작업능률 촉진책과 새로운 기계 도입으로 제조업 부문의 노동자 1인당 노동생산성은 1918~1927년에 53.5%, 철도 부문에서는 17%가 늘어났다. 1929년 3300만 명의 노동자 중에서 100만 명만이 일주일에 5일을 일했고, 철강 부문에서는 일주일에 54.6시간, 섬유 노동자는 53.4시간, 일반 노동자들은 60시간을 일했다.

이 이른바 황금기에 작업강도를 높이려는 여러 가지 조치가 두드러지게 이루어지면서 실업과 산업재해는 더욱더 늘어났다. 정부 통계에 의하면 제1차 세계대전 전의 실업자 수는 100만 명이었는데, 소위 이 번영의 시대에는 400만 명으로 크게 늘어났다. '연방 노동 통계국'에 따르면 1920년에 미국에서는 매년 2만 5천 명의 노동자가 사망하고, 10만 명이 불구가 되었으며, 매년 250만 명 내지 300만 명이 다치고 있었다.

주식시장은 활기를 띠었고, 여러 대재벌 회사들과 약삭빠른 사람들은 투자자들에게서 수십억 달러를 거두어 들이고 있었지만, 200만 명의 뉴욕 시민들은 이미 1901년에 사람이 살기에 부적합하다고 판명난 허름한 아파트에서 살고 있었다. 불이 나면 빠져 나올 비상구도 없는 위험한 이 아파트에서 많은 사람들이 힘겹게 살아가고 있었다. 또 10만 명이 넘는 뉴욕 시민들이 습기차고 어둡고 창문도 없는 지하실에 살고 있었다. 그리고 전국적으로 회사 주변 마을에는 수많은 노동자들이 수도와 하수도도 없고 칠도 안 된 나무로 지은 판잣집에 살고 있었다.

1차 세계대전이 끝난 이래 농민들의 처지도 계속 나빠졌다. 농산물에서 얻어지는 농촌의 소득은 1920년 135억 6600만 달러에서 1929년에는 119억 1800만 달러로 떨어졌다. 600만 미국 농부 가운데 60만도 채 안 되는 사람들만이 1년에 4천 달러를 벌 수 있는 농산물을 재배하고 있었다. 핵커(L M Hacker)가 말했듯이, "1929년에 미국 농부의 반은 350달러가 안 되는 연 평균 화폐소득을 올리고 있는 실정이었다."

그러나 이 시대는 투자 은행가들에게는 더할 나위 없이 좋은 황금기였다. 그들은 일찍이 철도왕 고울드가 '에리 철도회사'를 손에 넣은 것과 똑같은 방법으로 온 나라를 손아귀에 쥐었다. 1928년에 투자자들이 월가의 투기에서 벌어들인 돈은 모두 합쳐 29억 2800만 달러였다. 이 엄청난 돈의 대부분은 전국민의 0.1%밖에 안 되는 사람들의 손으로 들어갔고, 나머지는 그 당시 주식시장에 뛰어든 중산계급에게로 돌아갔다. 1922년에서 1928년 사이에 438억 달러의 배당금이 주식 소유자들에게 지불되었다.4) 회사 간부들이 자신들의 봉급과 상여금으로 책정한 액

---

4) 1938년 4월 29일 프랭클린 D 루즈벨트 대통령은 주식 소유의 집중 현상에 대해 말하면서, 대기업이 주주에게 주는 배당금이 어떻게 집중되어 있는지를 이렇게 설명했다. "1929년은 주식 소유가 널리 퍼지게 된 최고의 해였다. 그러나 그 해에 미국 국민의 0.3%에 해당하는 사람들이 전체 배당금의 78%를 받았다. 예를 들어 말하자면, 이러한 현상은 국민 300명 가운데 한 사람이 기업의 배당금 1달러 당 78센트를 차지하고 나머지 299명이 22센트를 나누어 가지는 셈이라고 말할 수 있다." (의회에

수는 1928년에 30억 달러 이상에 달했다. 이 황금의 시대에 은행가와 중개업자들이 벌어들인 이 엄청난 액수의 돈은 이전에 드루와 반더빌트가 했던 식으로 증권 투기를 하고, 기업 연합을 만들고, 주식값을 오르게 한 뒤 비싸게 팔고, 주식값이 폭락하기 전에 손을 빼는 방법 등으로 벌어들인 것이었다.

많은 사람들이 사기꾼 같은 수법으로 돈을 모으고 있었지만, 범죄를 저지르는 사람들도 자신이 못된 짓을 하고 있다고는 생각하지 않았다. 1933년과 1934년의 상원 '금융 통화위원회'에서 드러난 것처럼, 미첼·휘트니·모건·내셔널 시티·딜론리드 및 많은 회사의 대표들도 그렇기는 마찬가지였다. 예를 들면 1927~1928년에 '내셔널 시티회사'와 월가의 다른 투자 은행들은 페루 공화국을 위한 채권 9천만 달러를 발행해 450만 달러의 이익을 보았다. 1931년에 이들 세 가지 채권은 과거 페루 채권사건과 마찬가지로 모두 이행 불능이 되었다.

상원 위원회의 고문 페코라는 그의 저서에 이렇게 썼다. "대중은 기회조차 없었다. 설명서에는 페루 정부가 지고 있는 빚의 일람표가 붙어 있었지만, 페루 정부가 그 빚을 갚지 못한 사건이 있었다는 얘기는 어디에도 없었다." 페루 정부가 빚을 갚지 못하는 사태가 몇 년 동안 계속된 뒤, '내셔널 시티회사' 사장 베이커는 상원 '금융 통화위원회'에서 이 사건에 대해 증언하게 되었다. 페코라 고문은 "당신 회사의 외국부장 더렐씨가 1927년 7월에 '페루의 정치 상황은 전과 마찬가지로 불안하다. 가까운 장래에 경제가 실질적으로 개선되리라고는 생각할 수 없다'고 회사에 권고한 일이 있다는 사실을 사람들이 알게 되었더라도 채권에 응모했으리라고 생각하느냐"고 물었다. 베이커는 "사람들에게 그런 사실을 알렸다면 사지 않았겠지요" 하고 대답했다.

이런 방법을 통해 점점 더 소수 사람들의 손으로 부(富)가 집중되었다. 이것은 남북전쟁 이후와 비슷한 상황이었다. 예컨대 1929년에 금융회사를 빼고 약 30만 개의 회사가 전국에 있었는데, 이 가운데에서 0.07%도 안 되는 200개의 대기업이 전국의 법인(法人) 재산 49.2%를 쥐고 있었다. 그리고 이 200개의 대기업은 모건, 록펠러, 멜론 계열이 장악하고 있었다. 예를 들어, 1929년에 모건과 17명의 동업자들은 200억 달러의 자산을 가진 전국의 72개 대기업 이사직 중 94석을 장

보낸 교서, 미국 상원 문서 No. 173, 75th Congr., 3nd Sess., p. 2.)

악하고 있었다. 뒤에 이 숫자는 더욱 늘어 국가 정책에 발언권을 행사할 정도로 거대한 740억 달러의 자산을 지배하게 되었다.

모건과 그의 동업자들인 록펠러·멜론 계열 회사들은 해외에도 160억 달러를 투자했다. 미국 자본가들은 이런 현상을 보고도, 미국 자본은 지금이나 과거에도 제국주의적인 행동을 하지 않았고 또 한 적도 없다고 떠들어댔다. 그들은 해외에 이처럼 막대한 돈을 투자하는 것은 모든 사람들의 이익을 위해 후진국을 발전시키려는 데 그 목적이 있다고 주장했다. 증권시장을 조작하는 것과 마찬가지로, 단지 일반적으로 받아들여지고 있는 장사의 관습에 따라 그렇게 하고 있다는 얘기였다. 그들은 수십만의 식민지 국민들이 살해되고 굶어 죽고 착취를 당하는 현실을 보면서도, 제국주의라는 비난을 왜 받아야 하는지 이해할 수가 없었다. 증권가에서의 그들의 돈벌이를 사기라고 욕하는 것을 이해할 수 없었듯이.

미국 자본가들은 돈으로 세계를 지배하는 것이 노골적으로 외국 영토를 지배하는 것보다 반발도 덜 사고 돈벌이에도 효과적이라는 사실을 잘 알고 있었다. 즉, 노골적으로 다른 나라를 삼키는 것보다는 아이티에서처럼 괴뢰 정부를 세우든지, 쿠바에서처럼 말 잘 듣는 정권을 세우든지, 도미니카와 니카라과에서처럼 대통령을 매수(買收)하는 편이 더 좋았던 것이다. 이렇게 겉으로 보면 전혀 침략이 아닌 것처럼 사람들의 눈을 속이고 지배함으로써, 또 미국의 제국주의를 욕하고 부인하는 척하면서 제국주의의 진짜 알맹이는 모두 빼먹을 수 있었다. 그들은 다른 한편으론 말뿐인 식민지 민족의 민족 자결과 독립을 주장했다. 특히 미국 자본가들은 경쟁 상대인 영국 세력을 '식민지 독립'이란 명목으로 몰아내고, 영국이 뿌려 놓은 제국주의의 열매를 보다 세련된 최신식적인 방식으로 따먹었다.

1920년대 내내 미국 군대는 언제나 미국의 투자를 따라 다녔으며, 미국 재계(財界)가 준 차관(借款)을 갚지 않으려고 하는 정부를 전복시켜 버렸다. 또 미국 석유회사의 재산이 몰수당하지 않도록 지켰으며, 진정한 독립을 얻고자 하는 노력은 닥치는 대로 기관총과 폭탄을 사용해 억누르고 무찔렀다. 수백 명의 라틴 아메리카 지역의 애국자들이 미국 제국주의의 총검에 맞아 죽었다. 미국 내에서 그 사실은 거의 알려지지 않았고, 또 어느 누구도 관심을 기울이지 못했다. 미국 해병대의 버클러 소장은 미국의 총검이 어떻게 사용되었고, 외국에 있는 월가(街)의 이권을 지키기 위해 미군 병사들이 어떻게 죽어 갔는지를 다음과 같이 말했다.

나는 13년 4개월 동안 우리 나라(미국)의 가장 날쌘 군대인 해병대에서 복무했다. 그 동안 나는 소위에서 시작해 소장으로까지 진급했다. 돌이켜보면, 이 13년 4개월 동안 나는 월가(街), 대기업, 은행가를 위해 폭력단원으로서 앞장서 세월을 보내왔다. 한마디로 말하면, 나는 자본주의를 위해 여기저기 총을 들고 협박하러 다닌 공갈자였다.

이리하여 나는 1914년 미국 석유 재벌들이 마음놓고 멕시코와 탐피코에서 돈을 벌 수 있게 하는 일을 도왔던 것이다. 또 '내셔널 시티은행'이 쿠바와 아이티에서 돈을 벌 수 있도록 일을 도왔다. 1909년에서 1912년까지는 니카라과에서 '브라운 브라더스'라는 국제 금융회사의 장사에 방해가 되는 자들을 쓸어 버렸다. 1916년에는 미국의 설탕 재벌을 위해 도미니카 공화국을, 1903년에는 미국 과일회사들을 위해 온두라스를 말 잘 듣게 만들었고, 1927년에는 '스탠더드 석유회사'가 중국에 아무런 방해 없이 진출하도록 도와 주었다.

미국 군대가 해외에서 힘 없는 식민지 원주민들에게 폭력과 무력을 행사하고 있는 동안, 미국 국내에서도 1920년에 이미 1천만 명에 달한 흑인들에게 똑같은 일이 저질러지고 있었다. 이 흑인들도 미국에서 태어난 똑같은 미국인들이었는데. 미국 내에서 일어난 이 같은 일련의 폭력사태는 해외에서와 마찬가지로 대기업들의 이윤을 보장해 주기 위한 것이었다. 1910년에서 1930년 사이에 100만 명 이상의 흑인들이 북부로 이주하여 그 대부분은 노동자로서 여러 업체에 들어갔다. 거기서 그들은 진보적인 노동조합 운동을 접하게 되었다. 이것은 역사적으로 매우 중요한 발전을 가져 온다. 수천 명의 흑인들이 1917년에 일어난 시카고 임시 가축수용장 파업에서 적극적인 역할을 했고, 다른 수천 명은 1919년 강철 노동자 대파업에 참여했다.

이렇게 되자 고용주들이 휘둘러온 흑·백 차별 임금제는 위태롭게 되었다. 흑인과 백인의 임금 차별을 정당화해 주던 이 제도는 고용주들에게 수십억 달러의 이득을 가져다 주어 왔었다. 결국 고용주들은 흑·백 차별 임금제도 속에서 저임금을 계속 유지시키고 수십억 달러의 이윤을 잃지 않기 위해, 백인 노동자를 끊임없이 부추겨 흑인 노동자들과 싸우도록 책략을 꾸몄다. 그 결과 흑인과 백인 사이의 인종 폭동과 분규가 자주 일어났다.

인종 폭동은 디트로이트, 이스트 세인트루이스, 워싱턴, 시카고에서 일어났다. 윌리엄 Z 포스터가 조직했고, JW 존스턴이 지도자로 있던 시카고의 '임시 가축 수용장 노동자협회'는 1919년의 인종 폭동이 가축수용장의 흑·백인 노동자 사이의 분열에 쐐기를 박아 새로운 산업별 노조를 부수어 버리려는 음모라고 강력히 비난했다.

7월 6일 노동자협회는 식료품 가공 공장의 흑·백인 노동자들을 함께 조직해 흑인들이 사는 지구를 행진하는 인상깊은 시위를 벌였다. 하지만 그 곳에서 식료품 가공업자들의 끄나풀들은 미리 진을 치고 있다가 이들을 습격했다. 흑·백인 노동자끼리 서로 싸우는 불행한 일을 막으려는 이 같은 노력에도 불구하고, 인종 폭동은 벌어졌고 2주일 동안 내란이나 다름없는 사태가 시카고 전역을 휩쓸었다. 이러한 소동 속에서도 임시 가축수용장의 백인 노조원 3만 명은 "흑인 형제들"과 자신들은 한 덩어리로 뭉쳐 있다며, 흑인 지구에서 군대를 철수시킬 것을 요구했다.

1919년의 강철 노동자 대파업에서도 이와 비슷한 진전이 이룩되었다. 이 파업에서 노동운동 지도자 포스터는 흑인 노동자들이 백인과 똑같은 자격으로 노동운동에 참여하도록 해야 한다고 강력하게 주장했다. 또한 흑인 노동자와 지식인들도 조직을 만들어 노동조합 운동의 일부로서 자신들의 지위를 향상시키기 위해 노력했다. 진보적인 흑인 신문 <매신저 *Messenger*>는 '미국노동총동맹'의 흑·백인 차별정책(Jim-Crow Policies)을 계속해서 폭로했다.

그러나 일반적으로 노동운동 내에서는 곰퍼즈와 그린이 정한 방침에 따라 흑인 노동자들의 노동조합 가입을 거부했고, 흑인의 고용 기회를 제한시키고 있었다. 이런 점에서는 사용자들과 한패거리였다. 흑인을 받아들이지 않고서는 노동운동 조직이 크게 발전할 수 없다는 실비스와 노동기사단의 주장은 잊혀지고 있는 듯했다. '미국노동총동맹' 지도층은 파업을 파괴하는 앞잡이로서 흑인을 이용했으며, 외국에서 이민온 노동자도 꺼려 하는 힘들고 형편없는 일자리에 흑인을 고용하도록 했다. 이런 점에서 그들은 금융 및 산업자본가들과 한패였다. 그러나 이러한 경멸 속에서도 흑인 노동자들은 자신들이 처한 시련을 용기와 인내로써 극복하며 앞길을 개척해 나갔다. 그리하여 1930년에는 여러 주요 산업 부문에 두드러지게 진출을 하게 되었다. 그 해에 흑인은 제조업과 기계산업 부문 전체 노동자의 7.3%, 건설 노동자의 22.7%, 비숙련 철강 노동자의 16.2%, 비숙련 식품가공산업 노동자의 25%를 점하게 된다.

그러나 많은 노동조합이 흑·백인 노동자를 차별하고 '짐-크로우 정책'을 유지하고 있었기 때문에, 노동운동은 여전히 힘이 약한 상태로 제자리 걸음을 하고 있었다. 이 같은 정책은 자본가만을 도와줄 뿐, 흑·백인 노동자 모두에게는 피해를 가져다 줄 따름이었다.

이런 가운데 증권시장은 여전히 활기에 차 있었고, 반면에 여러 노동조합은 신노동조합주의를 내걸고 은행업이나 증권투자 활동에 정신을 팔고 있었다. 산업별 노동조합을 만들려는 운동은 이제 완전히 사라진 것 같았다.

브루스 바턴은 예수야말로 인류 역사에 처음 나타난 대기업가라며, 미국 기업은 기독교 교리를 모범적으로 실천하고 있는 것이라고 말했다. 뉴욕 브로드웨이 성당의 라이스너 신부는 대기업가들이야말로 가장 영적으로 발전한 사람들이라고 말했다. 기업이 활개치고 세상을 주름잡고 있던 시대였다. 제퍼슨, 실비스, '몰리 매가이어'라고 불렸던 사람들, 인민당, 파슨즈와 뎁스 같은 인물들은 이런 시대 분위기 속에서 먼지나 다름없이 잊혀졌다. 그리고 이러한 시대에 가장 활기에 차 있어야 할 노동운동은 죽어 있었다.

많은 노동운동가들은 산업별 노조를 까맣게 잊어 버리고 있었다. 반세기 이상 동안 벌였던 처절한 싸움은 잊혀진 것처럼 보였다. 그러나 그러한 겉모습, 즉 대기업이 세상의 성자처럼 행세하는 가운데서도 많은 사람들은 거의 20여 년 동안 눈에 띄지 않게 서서히 뭉쳐 새로운 일들을 준비하고 있었다. 여러 산업 분야의 '노조교육연맹'(Trade Union Educational League) 회원들은 동료 노동자들에게 산업별 노동조합 운동을 이야기해 주었다. 그들은 왜 흑백 차별을 없애야 하며, 조합끼리 경쟁하게 하는 직업별 노동조직이 왜 안 좋은 결과를 가져오는지 가르치고 있었다. 또 그들은 배신적인 노조, 폭력, 관료주의를 없애야 한다고도 가르쳤다. 그 당시 시대적인 분위기에 적절했던 그들의 주장을 점점 많은 노동자들이 받아들이기 시작했다.

'노조교육연맹'은 섬유·석탄·재봉 공장 노동자들의 파업을 주도했다. 사용주의 앞잡이인 '미국노동총동맹' 간부들은 파업반대 정책에 여전히 매달려 투쟁적인 노동자들을 무자비하게 탄압했다. 또한 임금을 올리고 노동시간을 줄이기 위한 싸움도 공공연히 방해했으며, 수천 명을 자신들의 조합에서 제명시켰다. 그러자 섬유·석탄·재봉 업체에서는 새로운 독립노조가 '노조교육연맹'의 지도 하에 조직되었다. 이어 1929년에는 포스트를 서기장으로 뽑아 광범한 연합전선 세력으로 뭉친 '노조통일연맹'(Trade Union Unity League)에 가담했다.

'미국노동총동맹' 간부들은 자신들의 조합원들이 파업을 벌이지 못하게 제지시켜 고용주들에게 협력하고 있었지만, '노조교육연맹'은 1926년에 뉴저지주 섬유 노동자들의 패세익 파업을 이끌었다. 이 연맹은 또 뉴베드포드 면화 노동자 2만 6000명이 벌인 파업과 당시 가장 유명한 섬유 노동자들의 파업 사건이었던 1929년 노스 캐롤라이나주의 가스토니아 파업을 이끌었다.

일주일에 겨우 10달러를 받는 이들 가스토니아 파업 노동자들은 거의 반수가 노스 캐롤라이나주 농촌 출신의 여자들이었는데, 이들은 모스크바의 지령을 받는 앞잡이라는 비난을 받았다. 섬유 공장을 소유하고 있던 주지사는 외국의 음모로부터 주(州)를 지킨다는 구실을 붙여 주 방위군을 소집했다. 노동자들은 경찰, 보안관 대리, 민병대, 자경단원 들의 공격을 받으면서도 이들의 공격을 물리쳤다.

4월 18일 자경단원들이 노동조합 사무실로 처들어왔다. 이 공격 속에서 여러 명의 노동자들이 부상을 당했다. 7월 7일 경찰서장의 진두 지휘 하에 자경단원들이 다시 공격해 왔다. 이 전투에서 경찰서장이 죽고, 가장 사랑받던 파업 지도자 가운데 한 사람인 엘라 메이 위긴도 죽었다. 7명의 파업 지도자가 잡혀 갔고, 그 가운데 몇 명은 20년 형을 선고받았다.

이 당시 파업 가운데 가장 격렬하고 가장 중요한 파업 사건은 뉴욕에서 일어난 것이었다. 모피와 재봉 노동자들은 ─ 대다수의 유대인과 함께 흑인·그리스인·슬라브인·이탈리아인과 수많은 여성들로 뒤섞여 있는 ─ 자신들이 소속되어 있는 '미국노동총동맹' 지도층의 지령으로 움직이는 폭력단원들과 경찰에 맞서 콜로라도주 금속 광부들 못지않게 용감한 싸움을 벌였다. 나이가 든 여자들은 머리에 수건을 두르고 곤봉을 휘두르는 경찰에 맞서 싸웠으며, 남자들은 무장한 폭력배들과 싸웠다. 경찰과 폭력배들은 빨갱이들을 때려잡으라고 떠들면서 곤봉과 칼을 휘두르고 총을 쏘아댔다. 그러나 벤 골드(Ben Gold)와 '노조교육연맹'이 이끌었던 1926년의 모피공 파업으로 뉴욕 노동자들은 일주일에 5일, 40시간 노동제를 얻어 낸다. '모피공 노조'는 '전국 여성의류 노동조합'처럼 가장 반동적인 '미국

노동총동맹'과 손을 잡고 있는 우파 사회주의자가 이끌고 있었다. 고용주들은 이 조합을 통해 1만 2000명의 저임금 노동자를 지배하고 있었다. 말하자면 이 조합은 사용자의 앞잡이였다.

'모피공 노조'는 노동자를 팔아먹는 조합 노선에 반대하거나 의문을 품는 노동자들을 폭력배들을 내세워 마구 다루었다.

1922년에 '노조교육연맹' 모피공 지부가 조직된 것은 이러한 상황에 맞서기 위해서였다. 그 당시 노동조합의 상황이 어떠했는지는 다음과 같은 사건에서 엿볼 수 있다. 노동조합의 공개 회합에서 벤 골드가 '전국 여성의류 노동조합' 위원장 카우프만에게 사용자와 맺은 협상안에 대해 자세히 설명을 해 달라고 요구하자, 골드를 칼로 찌르고 때린 사건이 일어났다. "이 자리에서 질문을 하는 자는 누구든지 피를 볼 것"이라고 카우프만은 말했다. 골드가 항의하자 폭력배들이 칼과 의자와 권총을 휘두르며 뛰어들었다. 골드는 머리를 11바늘이나 꿰매는 상처를 입었지만, 경찰은 가해자로 골드를 잡아 갔다. 제조업자들과 '미국노동총동맹' 간부들은 '노조교육연맹'을 "모스크바의 지령을 받아 움직이는 음모단"이라고 몰아붙였지만, 이러한 사건은 연맹의 결속력을 더욱 강화시킬 뿐이었다. 뉴욕의 모피공들은 곧바로 골드의 입장을 지지하는 모임을 열고 광범한 연합 전선을 만들었다. 그리고 1925년에는 진보적인 사람들이 뉴욕시의 노조 행정을 맡는 기관인 '뉴욕 합동위원회'(New York Joint Board)에 압도적으로 진출해 '뉴욕 모피 노조'의 지도권을 장악했다.

'주 5일 40시간 노동과 25% 임금인상'을 요구하는 모피공들의 대파업이 1926년에 일어났다. 17주나 계속된 이 파업에 관해 포너(Philip S Foner)는 그의 저서 ≪모피 및 피혁공 노동조합의 역사≫에서 이렇게 썼다.

3월 8일 월요일에 수만 명의 노동자가 지도자 골드의 호소에 따라 일어섰다. 경찰은 노동자들 속으로 돌진해 수백 명의 남녀 노동자를 때려 눕혔다. 노동자들은 물러서지 않았다. 연약한 소녀들이 겁 없이 경찰의 정면에서 반격을 가했다. 파업자의 대열이 계속 앞으로 나가자, 경찰차가 무서운 속도로 보도(步道) 위에 있는 노동자들 속으로 달려들었다. 그렇지만 노동자들은 여전히 흔들리지 않았다. 수가 불어난 경찰과 기동대가 다시 공격했지만, 노동자들의 숫자도 불어났다. 경찰도 감당할 수 없는 기세였다.

드디어 피켓을 든 군중은 경찰을 돌파해 파업 현장으로 보란 듯이 행진했다. 이 단 한 번의 시위에서 수백 명이 맞아 쓰러지고, 100명의 남자와 25명의 여자가 체포되었다.

이런 충돌이 거의 매일 되풀이되어 수천 명이 부상을 입고 수백 명이 체포되고 또 수십 명이 징역을 살게 되었는데도, 노동자들은 끝까지 싸워 10%의 임금인상과 '주 5일 노동제'를 얻어냈다.

그러나 이것은 싸움의 시작에 불과했다. '미국노동총동맹'은 파업에서 승리한 1만 2천 명의 노동자와 조합 간부들을 제명했다. '전국 여성의류 노동조합'은 제조업자들에게 1926년에 골드를 포함한 조합 간부들과 맺은 계약을 무효로 하고, 그 전에 쫓겨났던 노조 간부들과 새롭게 거래하자고 제안했다. 골드를 비롯한 파업 지도자들은 제조업자의 시설물에 허가 없이 무단 침입했다는 혐의로 체포되었다. 재판이 열려 그들에게 씌어진 혐의가 공개되었다. 골드 등의 주동으로 벌인 파업이 '공산주의 혁명'의 예행 연습이라는 혐의였다. 임금은 다시 18달러로 돌아갔고, 노동시간은 주 50시간으로 길어졌다. 사용자들이 무효화해 버린 1926년의 계약을 다시 관철시키기 위해 1927년에 전면적인 파업이 일어났다. 세지위크(A C Sedgwick)는 이 파업에 참가해 체포된 노동자들이 어떤 대우를 받고 있는지를 <뉴욕 타임즈>지에 다음과 같이 썼다.

한 형사는 고무 호스를 손에 움켜쥐었다. 이것은 수사과에 있는 고문 도구인데, 자국을 남기지 않기 때문에 형사들이 즐겨 이용하고 있었다. 다른 형사는 경찰봉을 뺐다. 나머지 형사들도 몽둥이나 경찰봉을 들고 나섰다. 이윽고 잡혀온 사람들이 고통에 못 이겨 마루 바닥에 쓰러진다. 그들의 얼굴에서는 피가 마구 흘러 나온다. 입에서도 코에서도 피가 나온다. 형사들은 여전히 화가 나서 씩씩거리며 노려본다. 제복을 입은 젊은 순경이 경찰봉으로 쓰러진 노동자의 머리를 쿡쿡 찌르며 소리친다. "너 이 자식, 이래도 파업을 할래?" 형사가 씩씩거리며 한 노동자의 얼굴을 걷어찬다. 발을 끌어올려 책상에 걸쳐 놓고 권총 자루로 머리를 마구 팬다.

그러나 이번 파업도 노동자들이 이겼다. 주 5일 40시간 노동제가 다시 채택되고 임금도 올랐다. '전국 여성의류 노동조합'에서도 '미국노동총동맹' 지도층의 노동귀족에 반대해, 민주적인 노동조합을 이룩하고 노동조건을 개선하기 위한 파업을 일으켰다. 황금빛으로 물든 "20년대 황금기"의 실제 모습은 이런 것이었다. 형편없는 노동조건 속에서도 보다 나은 생활을 이루기 위해 싸우는 사람들의 고통이 어느 때보다도 심한 시대였지, '미국 통조림회사'나 증권시장이 활기를 띠었다고 해서 진실로 민중이 잘 살게 되었던 시대는 아니었던 것이다.

재난

모두가 돈에 미친 듯한 이 황금의 광란은 빨갱이 소동과 부정부패, 오픈샵과 투기가 뒤범벅된 것이었다. 그리고 있는 그대로의 참다운 현실을 보려는 노력을 하지 않음으로써 이 광란도 종말을 고하게 되었다.

1929년 10월, 일은 벌어지고 말았다. 증권시장을 통틀어 거의 250억 달러를 호가하던 증권이 하룻밤 동안에 폭락하는 사건이 벌어진 것이다. 미국 민중을 희생시켜 불릴 대로 불린 이윤을 더욱 늘리는 일에만 정신이 팔려 있던 거대한 독점기업들이 설비를 더욱 늘려 생산재(기계·공장설비·철강)와 소비재(면화·밀·섬유)가 지나치게 많이 생산되어 찾아온 재난이었다. 고용주들은 기본적인 생활필수품을 사는 데 필요한 최소한의 수준도 안 되는 임금을 주면서 노동자들을 혹사시켜 생산을 늘려 왔다. 이리하여 생산은 늘었지만, 기업이 생산에 들이는 비용은 형편없었다. 생산증가와 저임금정책의 결과로 기업가들이 거두어들이는 이윤은 엄청난 것이었다. 그런데도 기업가들은 이 같은 이윤을 더욱 골고루 나누어 주지는 않고, 이윤의 일부를 정기적으로 생산에 쏟아 넣었다. 이렇게 되자 미국 민중들은 자기들이 생산한 것을 다시 살 수 없었다.

은행가 프랭크 밴덜립(Framk Vandelip)이 말했듯이 "자본가들은 너무 많이 가지고 있는 반면에 노동자들의 수입은 형편없었다." 요컨대 1929년 공황의 원인은 1873년, 1884년, 1893년, 1907년, 1921년의 공황과 마찬가지 것이었다. 불경기는 기업의 사회적 생산과 사적(私的) 소유간의 모순, 즉 경제는 생산에 참여해 일하고도 조금밖에 받지 못하는 압도 다수의 사람들이 움직이는 반면에 생산 결과의 대부분을 차지하는 소수가 기업의 소유권을 가지는 경제의 본질적 모순에서 온 것이다. 이 문제에 대해 미국 연방정부 또한 '임시 전국경제 조사위원회'(Temporary National Economic Committee)의 보고서에서 다음과 같이 밝혔다. "현재의 경제 체제는 필연적으로 사람을 더욱 가난하게 만들며, 부자를 더욱 부유하게 만들고, 불경기를 초래할 수밖에 없는 제도이다."

이리하여 미국의 공장·광산·점포·수송 등의 거대한 전체 경제가 마비되었고, 그나마 겨우 움직이는 업체도 평소 생산의 절반밖에 생산하지 못하게 되었다. 5761개의 은행이 파산했다. 농업 분야의 총소득은 120억 달러에서 겨우 50억 달러를 넘는 수준으로 떨어졌다. 계속해서 공장들은 임금을 깎아 내렸고, 마침내 모든 산업 분야에서 평균 45%의 임금이 삭감되었다. 공업 생산량은 거의 50%나 떨어졌다. 1933년이 되자 1200만 내지 1700만 명의 실업자가 발생했다. 나라 구석구석이 실업자들 투성이었다.

수백만 톤의 식량이 있었지만 장사가 되지를 않아 그대로 쌓여 있었기 때문에 못 먹게 되거나 썩어서 사람들은 결국 굶주리게 되었다. 의복류가 창고에 가득히 쌓여 있었지만, 불경기가 계속되면서 수백만 명이 옷이 없어 떨었다. 옷을 사 입을 돈이 없었기 때문이다.

따뜻하게 바람을 막아 줄 집이 수천 채가 있었지만, 그 곳은 비어 있었다. 집에서 쫓겨난 수천 명은 쓰레기 더미 위에 지은 실업자 수용 주택지구(Hooverville)의 비 새는 판잣집에서 추위와 비, 바람, 눈으로 고생하고 있었다. 그리고 머지않아 이러한 모습이 온 미국을 가득 채우게 되었다.

식량 배급을 받기 위해 길게 줄을 선 실업자의 수가 나날이 늘어가도 나라를 이끌어 가는 사람들은 결코 당황하지 않았다. 제법 생각이 깊다고 알려진 사람들과 경제계를 움직이는 사람들은 별로 걱정할 것이 없다고 한결같이 떠들 뿐이었다. 1929년 대공황이 일어나기 얼마 전, 후버 대통령은 이렇게 말했다. "오늘날 미국은 빈곤의 극복이라는 승리의 문턱에 아주 가까이 다가섰다. 가난은 사라지고 있다."

불경기의 고통이 심해지면서 나라를 이끌어 가는 사람들이 실제로 어떤 사람인지 하루하루 그 모습이 드러났다. 그들은 서로 앞을 다투어 얼마 지나지 않아 거짓말임이 드러날 뻔뻔스런 말들을 떠들고 있었다. 반공에 관한 일이라면 누구보다도 앞장서 미국의 반공투사로 이름을 떨쳤고, 알렉산더 해밀턴 이래 "가장 위대한 재무장관"이라고 일컬어지고 있던 앤드류 멜론은 1931년 5월 5일에 임금 삭감이 있어서는 안 된다고 말했다. 그런데 5개월 후인 10월 1일, 그는 자기 자신이 대주주로서 운영을 좌우하고 있던 멜론계 알루미늄 회사의 전체 노동자 임금을 10%나 깎아 내렸다.

유대인들의 음모를 막아야 한다고 수백만 달러를 아낌없이 쓴 바 있는 포드는, 1931년 3월 18일에 불경기는 "보통 사람들이 자발적으로 열심히 일하려고 하지 않기 때문에" 일어났으며 "사람들이 마음만 먹으면 할 일은 얼마든지 있다"고 말했다. 이런 말을 한 지 불과 몇 주일 후에 그는 포드 자동차 공장의 문을 닫았고, 그 결과 7만 5천 명의 노동자가 일자리를 잃고 실업자가 되었다.

1930년 12월 1일 철강업계의 우두머리이자 노동조합을 완강하게 반대하기로 유명한 찰스 M 슈왑은 "우리 나라 경기는 정상적인 상향(上向) 추세이며 앞으로 계속 나아가고 있다"고 말했다. 이 말의 메아리가 채 가시기도 전에 '베슬리엄 강철회사'와 'US 강철회사'는 10%의 임금을 깎아 내렸다. 1930년 11월 '제너럴 모터스' 회장이며 오픈샵을 줄기차게 주장해 온 알프레드 D 슬론 2세는 "1931년이야 말로 최고의 해"가 될 것이라고 말했지만, 막상 1931년이 되자 그도 역시 임금을 10~20% 깎아 내렸다.

1932년이 되자 천만 명의 실업자가 우글거렸다. 그리고 많은 사람들은 자신들이 살기 힘들고 못 사는 것은 공산주의자 때문이라는 주장에 대해 의심을 품기 시작했다. 실업자 구제 문제를 논의하는 상원 소위원회에서도 미국 민중이 못 사는 원인이 공산주의자들의 위협 때문이라는 말은 나오지 않았다. 1932년 1월 4일 펜실베니아 주지사 핀코트는 위원회에서 증언하면서, 미국에 가득 찬 실업자들과 그들의 가족에게서 받은 편지를 읽어 의회 기록에 남겼다.

그 중 몇 가지는 이런 내용이었다.

도움을 청하기는 생전 처음입니다. 그러나 이렇게 할 수밖에 없습니다. 오랫동안 일자리가 없는데, 아내는 아파 누워 있습니다. 약을 먹어야 합니다만, 먹을 것을 살 돈도 없는데 하물며 약값이 어디 있겠습니까? 도둑질을 하고 싶지는 않지만, 먹을 것이 없어 우는 아내와 자식을 그대로 두고 볼 수도 없습니다.

또 다른 편지는 이러했다.

저희 식구는 아홉이에요. 아버지가 몇 달째 일거리를 구하지 못해 먹을 것이 떨어진 지 오래입니다. 어머니는 군청에서 달마다 12달러를 받고 있는데, 어머니가 군청에서 더 많은 도움을 받지 못한다면 우리는 굶어 죽고 말 거예요. 저는 10살 먹은 소녀라서 매일 학교에 다녀요. 그런데 제 밑의 여동생은 신고 갈 신도, 입고 갈 옷도 없어서 학교에도 못 가요. 어머니는 맨발로 지내는데, 도와 주는 사람이 하나도 없다고 밤마다 울어요. 주지사님, 소식 기다리겠어요.

또 이런 증언도 있었다. 1931년 9월 한 달 동안에만도 200명 정도의 여자들이 집이 없어 시카고 공원에서 잠을 잤고, 487명의 남자와 17명의 여자들이 조그만 핏츠버그 공원에서 살고 있다는 것이다. 그 중에는 4개월된 젖먹이도 있다고 했다. 이 쓰레기 처리장을 조사한 시카고의 한 위원회는 이렇게 보고했다. "쓰레기를 쏟는 화물차 주변에 35명 정도의 남자·여자·어린이 들이 모여 있었다. 화물차가 물러나자마자 그들은 너나 없이 달려들어 작대기나 손으로 쓰레기를 뒤져 음식 찌꺼기며 채소 조각을 닥치는 대로 집었다."

1933년에도 전국민의 3분의 1인 4천만 명의 남자·여자·어린이 들이 일정한 일거리나 수입도 없이 비참하게 살아갔다. 모두가 고생한 얘기를 시작하면 한이 없겠지만, 제일 고생한 것은 어린애들이었다. 노동성 아동국은 1932년 8월, 20만 명의 어린이들이 먹을 것을 찾아 거리를 헤매고 있다고 보고했다. 후버 대통령 자신도 "적어도 천만 명의 어린이가 영양실조 상태에 있다"고 말했다.

1932년 6월 6일자 〈뉴욕 타임즈〉지에는 이런 기사가 실렸다.

조지 워싱턴 고등학교 3학년에 재학중이며, 학교 성적도 우수하고, 특히 과학에 흥미를 갖고 있는 16세의 유진 올슨 군이 그의 가족이 살고 있는 지하실 창고에서 목을 매 자살했다. 아버지는 목수인데 몇 달째 놀고 있었다. 방세를 치르지 못해 집에서 쫓겨난 그의 가족은 지하실 창고를 월세 없이 사용하고 있었다. 그의 아버지는 자살의 동기가 집안 살림에 대한 걱정 때문일 것이라고 말했다.

수백 명의 중소기업 경영자들이 파산 때문에 자살했다. 그러나 대기업은 꾸준히 성장해 가고 있었다. 프랭클린 델라노 루즈벨트 대통령도 1938년 의회에서 "불황기에 대기업은 작은 기업을 희생시키면서 점점 더 커질 수가 있다"고 말했다.

'전국농민연맹' 위원장 존 A 심프슨은 1932년에 "농부가 좋은 칫솔 하나를 사려면 달걀 여덟 꾸러미를 팔고도 2센트는 외상을 져야 한다"고 말했다. 셔츠 한 벌을 사자면 면화 40파운드를 팔아야 했던 것이다. 1932년 4월 4일 루이지애나주 출신 상원의원 헤이 롱은 상원에서 발표한 연설을 통해, 제일 부자인 504명의 백만장자들이 230만 명의 농부가 밀과 면화를 심어 벌어들인 총수입보다 더 많은 돈을 1929년에 벌었다고 말했다. 수천 명의 농부가 은행이나 대부회사에서 빌린 돈을 갚지 못해 집에서 쫓겨나고 있었다. 쫓겨난 농부들은 고물 자동차에 정든 가구를 싣고 길을 떠났다. 그들 대부분은 갈 곳이 없어 어쩔 줄 몰라 당황했고, 또 많은 사람들은 캘리포니아주로 향하기도 했다. 온 나라가 일자리와 먹을 것을 찾아 헤매는 사람들로 가득했다.

이러한 불경기와 국민의 고통에 대해 후버 대통령이 한 일이라고는 고작 위원회나 만들고 위원을 임명한 것뿐이었다. 그는 실업자 구제를 위해서는 아무런 조치도 취하지 않고, 임금을 깎아 내리는 기업가들의 행동을 뒷받침해 주었으며, 고작 '노동자 시차(時差) 고용제'나 찬성했다. 시차 고용제란 한 사람이 하루종일 일하는 자리에 여러 사람을 시간제로 고용시켜 일을 시키는 것으로, 여러 사람에게 일할 기회를 준다는 방안이다. 후버 대통령은 도움이 필요한 곳은 기업가들이라는 생각에서 '부흥 금융회사'를 만들었다. 이 국책 회사는 국민이 낸 세금 20억 달러를 산업과 금융회사에 빌려 주었다. 기업이 잘 되면 국민들에게 그 혜택이 돌아가리라는 이론이었다. 그러나 실제로 나타난 결과는 정반대였다.

대체로 '미국노동총동맹' 간부들은 후버 대통령을 밀어 주었다. 그들은 후버의 임금삭감 정책에 반대하지 않았고, 자기들 나름대로 실업자 구제대책을 강구하지도 않았다.

불경기가 시작된 그 한 해 동안 미국 노동자들은 후버 대통령이나 '미국노동총동맹' 간부들에게는 기대할 바가 없으며, 오직 노동자들 자신의 단결된 공동투쟁에 의해서만 무언가를 얻을 수 있다는 사실을 깨닫기 시작했다. 그리하여 1930년에 실업자의 생계 대책을 세우라고 요구하는 굶주린 사람들의 대규모 시위와 빌린 돈을 갚지 못해 집에서 쫓겨난 사람들의 대규모 투쟁이 일어났다. 농민들은 집에서 쫓겨나는 사태와 돈 빌릴 때 담보로 저당잡힌 땅이나 집을 경매 붙이는 일에 반대하고 나섰다. 그들은 생산비에도 못 미치는 농산물 가격체계를 뜯어고치기 위해, 단결해서 농산물을 시장에 내놓지 않는 일도 벌여 나갔다. 이 어두운 시대에 미국의 민중은 싸우고 고통받고 배우면서 위대한 투쟁을 시작했던 것이다. 그리고 마침내 이 싸움에서 민중은 이겼고, 역사의 한 페이지에 위대한 승리를 장식하게 된다.

9 분노의 포도

그로스업 씨의 흥망성쇠―대공황

'몰리 매가이어'도, 파슨즈도, 뎁스도 감지하지 못했던 승리가 다가오고 있었다. 그리고 드디어 승리가 왔을 때는 너무나도 감미로웠다.
 거의 100년간에 걸친 투쟁은 시대적 필요성과 합쳐져 곧 그 성과를 거두려 하고 있었다. 임금삭감과 실업의 충격은 사람들을 고통스런 길로 몰아넣고 있었다. 산업별 노동조합 운동의 씨앗은 스파이즈와 노동기사단, 그리고 '세계 산업노동자 동맹'(IWW)의 수많은 조합원들의 피와 땀으로 자라기 시작했다.
 무수한 논쟁으로도 증명하지 못했던 것을 발전하는 삶의 진실이 증명해 주고 있었다. 즉 설득만으로는 대부분의 노동자들에게 산업별 노동조합주의의 가치를 확신시켜 주지 못했으나, 피켓 대열이란 새로운 투쟁으로 그들에게 보다 강한 확신을 심어 주게 된 것이다. 곤봉과 최루탄은 사람들을 일깨우는 위대한 교사로 작용했는데, 1930년대에는 이것들이 마구 쓰이고 있었다.

일반적으로 경찰봉에 맞은 사람은 냉엄한 현실의 의미를 새롭게 깨닫게 된다. 파업을 파괴하는 자들을 보고 '배반자'라고 외쳤다고 해서 감방에 갇힌 사람들은 정말 법이 중립적인가 의심하게 된다. 무장 군대가 전진해 올 때, 사람들은 구토 가스로 인해 구역질을 하면서 때때로 정말 군대의 역할은 무얼까 의심을 갖는다.

이런 사건들은 '산업별 조직위원회'(CIO)가 결성되기 6년 동안 각지에서 일어나 '산업별 조직위원회'의 토대가 되었다. 단결은 단순히 그럴 듯한 일이기 때문에 필요한 것이 아니라, 역사상 최악의 불황기를 견뎌내는 데 있어 꼭 필요한 것임을 사람들은 깨닫게 되었다. 1936년 '산업별 조직위원회'가 오픈샵의 아성인 강철·석탄·유리·고무·자동차·해운·전기를 포함한 여러 대규모 산업에서 하룻밤 사이에 노조를 조직했을 때, 이 위대한 사건은 번갯불처럼 갑자기 일어난 것처럼 보였다.

그러나 스파이즈가 말했듯이 들불은 계속 타고 있었고, 오픈샵의 긴 암흑 끝에 '산업별 조직위원회'의 불꽃이 갑자기 솟아올랐던 것이다. 정말 미국 노동자들이 갑작스럽게 분출한 것처럼 보였다. 그러나 이미 굶주림의 기나긴 고통 속에 노동자들은 실업자 해고에 맞선 투쟁, 임금삭감에 반대하는 투쟁, 실업보험을 얻기 위한 투쟁들을 계속 벌여 왔다. '미국노동총동맹'의 관료적 지도부가 직업별 조합으로 전락시키려 애쓰던 새로운 산업별 노동조합을 위한 투쟁은 6년간의 인내, 6년간의 배움, 6년간의 준비가 있었던 것이다.

단결은 이제 노동자들이 살아남기 위해 꼭 해야 할 일로 각인되었다. '산업별 조직위원회'가 성립되기 직전의 여러 해 동안 많은 사람들은 이 단결을 이루기 위해 수많은 시행착오를 거듭해 왔으며, 이 단결 위에 '산업별 조직위원회'가 만들어진 것이었다. 그러나 승리는 천천히 다가왔다. 그것은 싸워서 얻어져야만 했다. 그리고 고통스런 체험과 개인적인 고통을 통해 그것은 얻어졌다.

불황(不況)은 홍수, 폭풍우, 태풍처럼 자연적이고 물리적인 재난처럼 보였다. 사람들은 불황을 어찌할 수 없는 자연 재앙으로 이해하고 있었다. 그러나 태풍과는 달리 불황은 저절로 사라지지 않았다. 불황은 1929~1933년에 걸쳐 매년 계속되고, 점점 악화되었으며, 수백만 노동자들의 일자리와 집을 빼앗아 가고 그들을 거리로 내몰았다. 불황은 라틴아메리카와 유럽으로 번졌으며, 자랑스런 대영제국과 프랑스·독일·이탈리아·오스트리아 및 발칸 반도의 여러 나라와 아시아·아프리카 지역을 휩쓸었다. 세계 총생산은 42%나 감소했고, 무역은 65%나 줄었다. 전세계에 실업자는 5천만여 명이나 생겨났다.

또 자연적인 재해와는 달리, 불황의 타격 뒤에는 적십자 구호 같은 것도 없었다. 병들고 굶주린 사람 수가 태풍이나 지진으로 다치거나 집을 잃은 사람 수보다 훨씬 많고 점점 늘어가는데도 아무런 구조대도 없었던 것이다. 처음에 사람들은 모두 외톨이로 집에 가만히 앉아서 실업이나 가난을 마치 부끄러운 병이나 되는 것처럼 숨겼다. 태풍과는 달리 불황의 피해는 눈에 잘 띄지도 않았다. 모든 곳을 불황이 휩쓸고 있는데도 불구하고, 오랫동안 아무 일도 일어나지 않고 있는 것처럼 보였다. 빈민들이 밀집된 구역의 허름한 집들 속에서 그들은 사람들의 눈에 띄지 않은 채, 그들 속에서 차츰 일어나고 있는 느리지만 무서운 공포를 단지 개인적인 재앙으로만 여기며 홀로 싸우고 있었을 뿐이다.

피터 그로스업(Peter Grossup)[1]의 입장도 그런 것이었다. 키 크고 호리호리한 이 55세의 사나이는 희고 펑퍼짐한 얼굴에 과묵한 성품이었다. 숙련된 캐비닛 제조공인 그는 인구 30만의 한 중서부 도시에 자리한 톤티 가구회사에서 26년 동안 일해 왔다. 1930년 1월 1일 해고당하기 전까지 그는 늘 자기 자신과 자신의 생활에 만족해 왔다. 그는 1천 8백 달러로 전세든 집과 아내와 학교 성적이 좋은 두 자식을 좋아하며, 자신의 현재 생활에 만족하고 있었다.

그는 저녁을 먹은 후, 안락 의자에 앉아 있을 때를 가장 좋아했다. 그는 묵묵히 앉아 라디오를 들으면서 신문을 읽었다. 아내는 설거지가 끝나면 그의 옆에 잠시 앉았다. 그는 가끔 그녀의 거친 손을 만져 보고, 21년 전 그녀에게 주었던 결혼 반지를 만져 보기도 했다. 그는 그 반지를 무척이나 좋아했다.

1930년 1월 1일 해고당하기 전까지 그는 이런 식으로 저녁을 보냈다. 18개월

---

[1] 이 사례는 직접 면담에 의한 것이다. 물론 정확한 도시 이름이나 그 위치는 밝히지 않고 있다.

후, 1931년 여름에도 그는 여전히 안락 의자에 앉아 있었다. 그러나 이제는 하루 종일 앉아서 이런저런 생각 속에 자신이 무엇을 잘못했는지 알아 내려고 애썼다. 장래성이 있는 전기부로 나갔더라면 어쩌면 이렇게 되지는 않았을지도 모른다는 후회 속에서.

처음엔 상태가 그리 나쁘지만은 않았다. 가끔은 최고로 멋진 옷을 입고 집을 나와 꼿꼿이 등을 편 채 밝은 얼굴로 바삐 걸으며 마치 사업 약속이나 있어 서두르는 것처럼 보이려고 애썼다. 그러나 그의 발걸음은 늘 공원으로 향했다. "곧 형편이 피겠지" 하고 그는 아내에게 말하곤 했다. "대통령도 그렇게 말했거든." 해고당하던 순간 그에겐 312달러 62센트의 예금이 있었다. 그 후 5천 달러짜리 보험 증서를 팔아 현금 1천 900달러를 마련했다. 한 달에 58달러 50센트씩 물어야 하는 집세만 없었더라도 그는 꽤 오래 견뎠을 것이다. 시계를 팔기는 정말 싫었다. 그래서 시계를 팔아버린 지금도 여전히 손을 더듬어 시계를 찾곤 했다. 텅텅 빈 주머니처럼 이런 행동은 공허감만을 그에게 안겨 주었다. 시계값으로 단돈 15달러를 받았다. 아내도 결혼 반지를 팔았고, 그보다 적은 돈을 받았다. "나를 어떻게 보고 결혼 반지를 전당포에 맡기는 거야? 다른 사람에게 시집 갔더라면 좋았을 걸 하고 후회하는 거지?" 하고 그는 아내를 야단쳤다.

두 자식들은 떠나 버렸다. 조지는 주립대학을 그만두어야 했다. 일자리를 찾아 시카고·세인트루이스·달라스로 갔다. 마지막 소식은 그가 샌디에고에 있다는 것이었다. 그로스업은 딸 메리가 보고 싶었다. 메리는 결혼했다. 그로스업은 사위를 좋아하지 않았다. 그는 가끔 딸이 집안의 어려움을 덜려고 결혼한 것이 아닌가 하고 생각했다. 돈도 없고 직장에도 나가지 않는 이 집 가장(家長)의 처지가 딱해서 …….

지난 여섯 달 동안 은행에서 집을 담보로 빌린 돈을 갚으라는 통지가 계속 날아오고 있었다. 이제는 하루도 못 참겠다. 정말 하루도 못 참겠다. 그는 생각을 정리할 수가 없었다. 정력 있고 창의력 있는 사람은 정부의 구호를 받지 않는다는 신문 기사의 말이 그의 가슴을 치고 있었다.

군(郡) 구호소로 간다는 것은 최악이었다. 하지만 결국 그도 흑인들하고 외국인들과 함께 줄을 서야 했다. 사람들은 부랑자처럼 거칠었다. 납세자이며 건전한 시민이던 그는 실업수당에 의지해 본 적이 없었다. 물론 그는 조합원이었다. 그러나 '미국노동총동맹'도 실업수당을 기대하지 않았다. 아내와 그는 배가 고팠고, 할 수 없이 여기로 온 것이었다.

구호소에서 그는 담당 직원에게 설명하려 했다. 자기의 경우는 다르며 자기는 부랑자가 아니라는 설명을 계속 하자, 그녀는 거친 미소만을 띨 뿐이었다. 친절하지만 조롱하는 듯했다. 그리고 "다음 사람!" 하고 말했다. 군 구호소에서는 한 달에 12달러를 주었다. 이 돈으로 두 사람이 살아가기는 힘들었다.

아내는 부엌문에서 그를 바라보며 서 있었다. 그는 못 본 체했다.

"여보, 말씀드릴 게 있어요."

여전히 그는 보지 않았다. 할 말이 없었다.

"여보, 우린 무언가 해야 돼요!"

"무얼? 내가 이러고 싶어서 여기 앉아 있다고 생각해?"

부인의 입이 떨렸다.

"당신, 전에는 그렇게 이야기하지 않았잖아요."

그는 그녀를 뚫어지게 바라보았다. 그녀도 물러서지 않고 그를 힘껏 쳐다보았다.

"옆집 플래허티 부인과 이야기해 봤어요. 당신이 스페어가(街)에 있는 '실업자위원회'로 가면 우린 쫓겨나지 않아도 될 거래요."

그로스업은 깜짝 놀랐다.

"공산주의자들한테 가라고? 그러느니 차라리 죽는 게 낫지!"

"플래허티 씨도 회원이래요. 뭔가 해야 하지 않아요. 보안관이 언제 와서 집을 비우라고 할지 몰라요."

그로스업은 흥분해서 의자에서 벌떡 일어섰다.

"<레코드>지가 그들은 공산주의적이라고 보도했어!" 그는 떨리는 목소리로 말했다.

"집을 빼앗기더라도 공산주의자한테 도움을 청하지는 않겠어."

그들은 그 다음날 들이닥쳤다. 그로스업은 그 같은 현실을 믿을 수 없었다. 침대를 끌어내리고 집 안을 쿵쿵거리며 낡은 소파를 길거리로 끄집어내도 그로스업은 여전히 그것이 믿어지지 않았다. 그들이 그의 물건을 도둑질하고 있는데도 어느 누구도 도와 주지 않았다. 경찰을 부를 수도 없었다. 왜냐하면 그들 자신이 바로 경찰이니까.

길바닥 위에 가구들이 놓여 있었다. 이웃 사람들이 둘러 서 있었다. 그로스업은 동정을 받을 수 없었다.

두 명의 보안관 대리가 그의 안락 의자를 갖고 내려왔다. 그가 도와 주러 달려갔으나, 한 사람이 구르는 바람에 의자는 계단에서 떨어져 부서졌다.

"맙소사, 그래서는 안 되는데" 하고 그로스업이 외쳤다.

플래허티가 소매를 잡아끌며 말을 걸었으나, 그는 흥분해서 말이 나오지 않는 상태였다. 보안관 대리들은 현관에 서서 갑자기 나타난 일단의 사람들을 보고 있었다. 키 큰 흑인이 돌격할 듯이 플래허티 옆에 서 있었다.

그로스업은 의자를 바로 세우고 방석을 제자리에 놓으면서 "남의 재산을 이런 식으로 취급할 수는 없어" 하고 외쳤다.

주위를 둘러보았다. 얼굴에 경련이 일었다. 플래허티는 다시 그를 끌면서 "'실업자위원회'에서 나왔습니다. 도와 드리고 싶습니다" 하고 말했다.

"돕고 싶으면 해 보시오."

키 큰 흑인이 보안관 대리와 30명의 실업자들을 잠깐 쳐다보았다.

"제자리에 가져다 놓으시오." 하고 그는 말했다. 순간, 침대며 의자 등의 가구가 모두 제자리로 옮겨졌다. 현관에서 보안관 대리들과 잠깐 다툼이 있었으나, 더 많은 이웃들의 도움으로 곧 잠잠해졌다.

그로스업은 어떻게 된 영문인지 몰랐다. 그것은 행복한 광경이었다. 다시 집을 갖게 되었다. 힘을 얻었다. 친구도 생겼다. 의자는 제자리로 돌아갔다. 아내는 갑자기 젊어 보였다. 경찰이 증원되어 왔으나 바깥에 불어나는 군중을 보고 선 곧 물러났다.

한 사람이 부엌에서 커피를 끓이고 샌드위치를 만들었다. 축하 모임 같았다. 모두가 소리치고 웃었다. 그로스업은 전에는 만난 적도 없는 사람들과 악수했다. 실업자들의 흑인 지도자인 헨더슨(Hugh Henderson)은 손에 샌드위치를 든 채 현관에서 연설했다.

그로스업도 무의식중에 연설했다. "평생 고된 노동 끝에 마련한 집을 빼앗긴다는 것은 옳지 않습니다. 그들은 의자와 모든 세간을 길바닥에 내놓았습니다. 평생 동안 나는 열심히 일했습니다. 이것은 너무나 부당합니다."

즐거웠다. 몇 사람이 나갔으나 더 많은 사람들이 남아 있었다. 헨더슨은 경찰이 다시 오지 못하도록 잠시 남아 있겠다고 했다.

긴장과 고독감이 그로스업의 핏줄에서 차츰 사라졌다. 그는 참으로 비참했었다. 혼자서는 아무 일도 할 수 없었으니까. 얼마나 많은 사람들이 자신과 똑같은 일을 겪고 있는지도 몰랐었다.

이제 무언가 그에게 변화가 생겼다. 그는 마치 무기력했던 스스로의 감옥에서 탈출한 것 같았다. 더 이상 집에 앉아 있을 필요가 없었다. 그는 이제 피켓 대열에 참가하거나, 다른 사람의 가구를 제자리로 돌려 놓는 일을 도우러 나섰다. 그는 역경의 충격 속에서 성장하고 있었다. 그리고 모든 미국인이 이처럼 성장하고 있었다.

빈곤을 벗어나려는 몸부림

그로스업과 같은 각계 각층의 수많은 사람들이 1932년에 공황과 싸웠다. 사람들이 변하면서 나라도 변했다. 미국은 절망이 가득한 나라에서 투쟁의 나라로 바뀌었다. 사람들은 일생 동안 배운 것보다 더 많이 세상의 움직임을 한 시간 사이에 배웠다.

천천히 끓어오른 이런 움직임은 '산업별 조직위원회'로 절정에 이르렀다. 실업자들은 개인의 부끄러움으로 생각하던 각자의 처지를 박차고 나왔다. "굶주리지 말자! 투쟁하자!"고 외치며.

모든 사람들이 배우고 있었다. 경험이 스승이었다. 빌린 돈을 갚지 못해 집이 날라가는 것에 대항하는 투쟁이나 먹을 것과 잠잘 곳을 마련해 달라는 투쟁 속에서 단결된 사회적인 힘을 모으기가 어려운 것이기는 했지만, 일단 이루어지기만 하면 꺾을 수 없다는 사실이 점차 드러났다. 이 위대한 교훈은 그로스업과 같은 단순한 사건을 통해서 얻어졌다.

실업자들의 투쟁과 방어를 위한 무기는 1930년 7월 4일 시카고에서 '전국실업자위원회'(The National Unemployed Council)라는 조직으로 구체화된다. 이것은 '산업별 조직위원회'가 생기기 전까지는 미국의 모든 조직체 가운데 가장 중요한 위치를 차지했다. 이 조직은 전국의 거의 모든 도시와 46개 주에 지부를 두고 있었다.

흑인들이 위원회 활동에서 가장 적극적이었다. '미국노동총동맹'이 실업보험에 대한 입장을 바꾸게 된 것도 이 위원회의 힘 덕분이었다. 이 위원회 때문에 국가는 1933년에 1200만 내지 1700만의 실업자들의 문제 해결을 위해 조치를 강구하지 않으면 안 되었다.

위원회의 가장 큰 활동 가운데 하나는 집에서 쫓겨나는 것을 방지하는 일이었다. 오하이오주 5대 공업도시에서만 1930년 1월부터 2년 반 동안 10만 가구가 퇴거 명령을 받았다는 사실만 보더라도 이 활동의 중요성은 분명히 알 수 있는 것이었다. 뉴욕에서도 1932년 6월 30일까지 여덟 달 동안 18만 5784가구가 퇴거 명령을 받았다. 그러나 이 중 7만 7천 가구는 위원회의 도움으로 다시 집으로 돌아갔다.

처음부터 위원회는 공산주의 단체라는 공격을 받았는데, 상당수의 공산주의자들이 그들을 뒷받침하고 활동한 것도 어느 정도 사실이었다. 이에 수십만 비공산주의자들이 위원회를 떠나느냐 남느냐는 문제에 부딪쳤다. 그러나 그들은 정치적인 이유 때문에 위원회 안에 분열이 일어나면 실업자들에게 극히 불리해질 것이라고 말하면서 싸움을 삼가했다.

처음부터 경찰과 정부는 시위와 굶주림을 호소하는 행진을 혁명의 첫 단계라고 생각했으며, 실업자들을 무자비하게 투옥하고 곤봉으로 맞섰다. 실업에 대한 최초의 전국적인 항의는 1930년 4월 6일 '노조통일연맹'(Trade Union Unity League)과 공산당에 의해 주도되었다. 그날 전국에서는 125만 명으로 추산되는 사람들이 대집회를 열었다. 디트로이트에 10만 명, 시카고에 5만 명, 비슷한 숫자가 핏츠버그에도 모였다. 밀워키, 클리블랜드, 로스앤젤레스, 샌프란시스코, 덴버, 시애틀, 필라델피아에서도 거대한 집회가 열렸다.

뉴욕에서는 유니온 광장에 11만 명이 모였는데, 갑자기 경찰 2만 5000명이 공격했다. 수백 명의 노동자들이 맞아 쓰러지고 수십 명이 짓밟혔다. 경찰은 56년 전 톰킨스 광장의 산업자 집회 때처럼 미친 듯이 곤봉을 휘둘렀다. 명목은 1874년과 마찬가지로 실업자들이 공산주의자라는 것이었다.

한 <뉴욕 타임즈> 기자는 다음과 같이 썼다.

여자들은 곤봉으로 얼굴을 맞았다. 소년들은 7,8명씩 무리진 경찰에 얻어맞았다. 한 노인이 입구 쪽으로 도망갔으나 주먹과 곤봉에 맞았다.

형사들은 모자에 기자 신분증을 붙이기도 하고, 대부분은 경찰 뱃지도 달지 않은 채 군중 속으로 뛰어들어가 공산주의자로 보이는 사람을 때렸다.

사람들은 얼굴에 피를 흘리며 임시 경찰본부로 끌려가서 순찰차가 실으러 올 때까지 땅에 내동댕이쳐진 채 기다렸다.

그러나 실업자들의 투쟁은 점점 거세져 갔다. 실업보험의 요구는 더 이상 억누를 수 없는 문제가 되었다.

공산당 조사를 위해 1930년에 창설된 악명높은 '피시 위원회'(Fish Committe)도 더 이상 빨갱이라는 외침으로 미국 국민을 위협할 수 없었다. 뉴욕주 출신인 피오렐로 H 라 가르디아 의원은 의회에서 '피시 위원회'를 비난하며 이렇게 말했다.

나는 공산주의 조사에 쓰이는 돈을 차라리 실업자 문제를 해결하기 위해 필요한 건설적인 일에 쓰겠다. 불만의 원인을 없애라. 그러면 공산주의 활동의 위험은 사라진다. 그러나 실업과 빈곤과 굶주림이 있는 한, 의회가 아무리 공산주의를 조사해 봐야 원망은 사라지지 않을 것이다. 오픈샵을 주장하는 자들은 노동자의 이익을 지키려 하는 사람들을 모두 빨갱이로 몰고 있다. ……

'피시 위원회'가 조사하든 않든 간에 실업자들의 시위는 계속되었다. 대부분의 시(市) 재정은 파산 위기에 있었는데도, 후버 대통령은 여전히 연방정부의 구제책과 실업보험 또는 대기업에 대한 융자를 제외한 그 어떤 시책도 채택하기를 강력히 반대하고 있었다. 때문에 그러한 시위는 굶주림을 피하기 위해 당연히 필요했다.

은행의 파산이 계속되고, 점점 더 많은 공장이 문을 닫았으며, 실업자 수가 늘어감에 따라 '전국실업자위원회'의 힘은 커져 갔다. 위원회 지도자들의 목표는 연방정부의 실업자 구제정책, 실업보험, 공공사업, 흑인 노동자에 대한 차별 철폐였다.

1932년 12월 '실업자위원회'는 워싱턴에서 전국적 기아(飢餓) 행진을 벌일 준비를 했다. 여러 배타적 단체의 뚱뚱한 은빛 머리 노신사들은 혁명이 일어날지 모른다고 다시 속삭였다. 도보로, 화물 마차로, 낡은 자동차로 전국의 실업자들은 워싱턴으로 몰려들었다. 공포에 사로잡힌 상원의원들과 로비스트·장관·퇴역장성·하원의원 들은 겁을 집어먹었다. 국회의원들은 경계를 요구했고, 또다시 혁명이 일어날지 모른다고 떠들었다. 누더기를 걸친 무리들이 펜실베니아 거리를 행진하자, 군대는 워싱턴 주변의 기지에서 즉각적인 출동 준비를 갖추고 대기했다.

행진한 사람은 겨우 3천 명이었다. 그러나 이들은 수백만 실업자의 대표였다. 1894년 워싱턴에서 일어났던 비슷한 시위에서 콕시가 체포되었던 것과는 달리 이번에는 아무도 체포되지 않았다. 세 배나 많은 경찰이 행렬을 포위했다. 행렬이 의사당 앞 계단에 이르자 정치가들은 당황했다.

커티스 부통령과 민주당 소속 하원의장 가너를 포함한 이들 모두는 실업자 대표들에게 냉담했다. 이들은 굶주리는 자들은 조용히 굶주려야 한다고 생각했다.

그러나 1932년에 굶주리는 자들은 조용히 있지 않았다. 남부에서는 흑인 및 백인 소작들이 '소작인 연맹'으로 단결했다. 흑인들은 재건 시대 이래 상당히 적극적이었다. 워싱턴 행진에서도 반이 흑인이었다. 그들의 진취성과 용기는 실업자 운동에서 뚜렷이 드러났다.

아이오와·일리노이·노드다코타·네브라스카·뉴욕 주에서는 농부들이 쇠갈퀴와 나사 돌리는 연장 등을 잡고서 시장으로 가는 길을 가로막았다. 생산비도 못 건지는 값싼 농산물값에 항의하기 위한 것이었다. <뉴욕 타임즈>지는 1932년 8월 16일자에서 아이오와주의 수우시(市) 상황을 이렇게 보도했다.

> 우유·농산물·가축 등을 싣고 수우시로 가던 트럭 수십 대의 운전사들이 경고를 받은 후 되돌아갔다. 시 북쪽 수백 명의 농민들이 모인 곳에서는 40대 이상의 트럭이 정지당했고 …… 몇 대는 다리를 가로질러 막아 놓은 장애물을 들이받고 지나갔지만, 철도 건널목에서 농부들이 내려 놓은 차단기에 막혀 버렸다.

농부들이 이럴 때, 한편 디트로이트의 '포드 자동차공장'에서 해고된 노동자들은 '실업자위원회' 주도 하에 자신들의 처지를 개선하기 위한 행동을 계획하고 있었다. 2월에 헨리 포드의 아들 에드셀 포드는 포드 회사에서 해고된 8만 5천 실업자들을 돕겠다고 말했다. 전직 종업원들은 그의 말을 그대로 믿고 1932년 3월 7일 디어본 공장에 모여 재고용 계획안을 내놓기로 했다.

실업자들은 늦겨울 아침 햇빛에 현수막을 번쩍이며 거대하면서도 엄숙한 공장으로 다가갔다.

포드가 판을 치는 디어본시(市) 경계로 접근하자, 공산주의자이며 '미시간주 실업자위원회' 위원장인 알 고에츠는 위에 올라서서 외쳤다. "명심하라. 우리는 폭력을 바라지 않는다! 위원회는 우리의 요구를 제출할 것이다. 충돌도, 싸움도 없다. 경계에서 멈춰라!"

디어본 경찰은 길 건너편에서 다가왔다. 무장경찰이 있는 줄도 모른 채 시 경계 뒤의 여러 구역으로 뻗어 있던 행진자들은 앞으로 밀려 갔고, 선두는 경찰 지지선을 넘게 되었다. 수백 명의 포드 폭력단과 포드 회사 총잡이들은 담 위에 숨어 공장으로 접근하는 행렬을 향해 치명적인 발포를 시작했다. 브노스키는 이렇게 썼다.

> 총알이 날아왔다. 총알 스치는 소리가 빌의 귀에 들렸다. 프랑스의 참호 속에 있던 기억을 되살리며 그는 몸을 움츠렸다. 갑자기 몸이 꺾이는 것처럼 남녀가 그의 앞에 쓰러졌다. 애쉬드라는 젊은이는 다리에 총을 맞고 땅바닥에 쓰러졌다. 앞에는 조오크가 쓰러졌다. 어떤 사람은 가슴과 어깨에 피를 흘리며 달렸다. 어떤 이는 뼈까지 드러난 다리를 보며 땅바닥에서 몸부림쳤다.
>
> 행진자들은 쓰러졌다. 그러나 다시 믿을 수 없는 용기가 솟아올랐다. 그들은 부상자들 — 거의 60명이었다 — 을 찾아냈다. 이들은 전에 부상자를 본 적이 없었다. 그러나 결코 공포에 빠지지 않았다. 피가 땅을 물들였다. …… 정문 안쪽의 기관총 하나가 죽음의 총성을 뱉어 냈다. …… 행진자들이 더 쓰러졌다. 그들의 놀란 얼굴은 하늘을 향하고 있었다. 무방비 상태에서 손으로 피 흐르는 배를 움켜잡고, 그들은 땅바닥으로 고꾸라졌다. 세 명이 더 죽었다. 조 버셀, 콜먼 레니, 조 드블라시오. 또 다른 23명은 중상을 입은 채 쓰러져 있었다.

이것이 '포드 자동차회사 대학살 사건'(Ford Massacre)이다. 그러나 총알로 미국 민중을 멈추게 하기에는 너무 때가 늦어 있었다.

맥아더 장군 전투에서 이기다

제1차 세계대전의 퇴역 군인들이 이미 얼마나 때가 늦었는가를 보여 주려 하고 있었다. 1923년 의회가 제정한 법률에 따라 수천 명의 재향군인은 복무에 대한 조정된 연금으로 50달러 또는 100달러를 받도록 규정되어 있었다. 그러나 연금은 1945년까지 지불이 보류되었다. 1932년 당시에 이만한 돈은 상당한 재산이었고, 몇 주를 먹고 지낼 수 있는 액수였다. 궁핍으로 인해 재향군인들은 제각기 아내와 자식을 이끌고 워싱턴으로 갔다. 그리고 의회에 연금 지급을 요구하는 기묘한 비조직적인 운동을 벌였다.

이 운동은 1932년 4월에 시작되었다. '재향군인 노동자연맹'(Workers Ex-Servicemen's League) 지도자 피터 캐치온, 제임스 W 포드, 엠마뉴엘 레빈은 하원 세출위원회에서 이른바 상여금을 즉시 지급할 것을 요구했다. 즉 그들은 13년 이후에나 지급될 전쟁 근무수당에 대해 국내 근무에 1일 1달러, 해외 근무에 1일 1달러 25센트를 추가 조정하여 요구했던 것이다. 의회는 그들의 요구를 비웃었고, 재향군인들은 워싱턴 행진을 감행했다. 그러나 이렇게 시작된 행진이 커다란 결과를 낳으리라고 생각한 사람은 아무도 없었다.

그들은 국가를 구했으나 얻은 것은 아무것도 없었다. 집에서 강제로 쫓겨나고, 실업, 굶주림, 질병, 그리고 '후버빌'이라는 이름의 실업자 수용주택 이외는 잘 곳이 없는 상황이었다. 행진 소집이 발표되자마자, 많은 재향군인들이 그 유명한 워싱턴 행진을 시작했다. 그들은 워싱턴을 향해 전국에서 모여들었다. 심지어 저 멀리 알래스카에서도 왔다. 상류층과 신문들은 신경질적으로 그들을 돌려보내야 하며 분산시켜야 한다고 주장했다. 그들은 언제나 통렬한 표어를 들고 나왔다. '1917년에는 영웅들—1932년에는 부랑자들', '우리는 민주주의를 위해 싸웠다—민주주의는 어디 있는가?' 또 흑인 재향군인들은 흑백 차별에 관한 표어판을 들고 나왔다.

워싱턴시 경찰국장 펠햄 글래스포드 장군은 그들에게 즉시 돌아가라고 말했다. 그는 각 주지사들과 경찰국장 등에게 전문을 보냈다. 6월에 2만여 명의 사람들이 워싱턴에 모여, 의원들에게 13년 후가 아니라 당장 돈을 지불하는 법안을 통과시킬 것을 요구했다. 처음에 도착한 사람들은 제3번로와 펜실베니아가(街) 교차점에 있는 한 버려진 건물을 근거지로 삼았다. 다른 사람들은 근처 빈터에 판자촌을 만들었다. 재향군인 무리는 계속 워싱턴으로 몰려들었고, 아나코시아 저지대라는 황무지를 향해 포토맥 강을 건넜다. 7월 15일까지 2만 5천 명에 이르는 사람들이 이 이상한 마을에 머무르고 있었다. 그들은 동굴, 땅굴, 포장상자로 지은 오두막집, 천막집, 그리고 담요 외에는 하늘밖에 없는 곳에서 살았다. 이 모든 일이 국가의 심장부이며 국민 주권의 민주적 상징인 의사당과 백악관으로부터 그리 멀지 않은 곳에서 일어나고 있었다.

글래스포드 장군이 나중에 말한 바에 의하면, 7월 15일까지 이들을 분산시키기로 결정되어 있었다. 어떤 부유층 인사들은 수도 점거를 혁명이라 생각했다고 한다. 7월에 워싱턴 주변의 육군과 해병은 최루탄 사용과 대중 해산 기술에 대한 특별 훈련을 받기 시작했다.

부유층 일부는 재향군인들에게 조정 복무수당을 주어서는 안 된다고 결론짓고, '전국경제인연합회'를 통해 의회에 이를 통지했다. 이 조직은 상당히 유력한 단체였는데, 수당 지급 반대에 매우 적극적으로 대응했다. 존 D 록펠러 2세, 마샬 필드, 모건의 동업자이던 미망인 HP 데이빗 여사, '스탠더드 석유회사'의 에드워드 하크니스 등과 같은 인물이 재정 지원을 하고 있었다.

의회는 재향군인들의 청원에 대해서는 아무런 조치도 취하지 않은 채, 7월 17일에 휴회를 했으며, 의원들은 재빨리 중심가를 빠져 나갔다. 7월 28일 글래스포드 장군의 지휘 하에 경찰은 수백 명의 재향군인들에게 제3번가와 펜실베니아가 교차로의 건물에서 퇴거할 것을 명령했다. 재향군인들이 이를 거부하자 행동이 개시되었다. 이 싸움에서 재향군인 두 명이 살해된다. 이 소식은 곧 백악관에 보고되었다.

지난 3년의 불황 동안 별다른 조치도 취하지 않았던 후버 대통령은 이번 일에는 신속히 행동했다. 그는 예전의 미국 군인과 그 아내와 자식들에 대항하기 위해 현역 미군을 소집했다. 미국인에 대한 공격을 지휘할 참모장 더글라스 맥아더(Douglas MacArthur) 장군이 자신의 군복을 가져오도록 근처 기지에 심부름을 보내는 동안 공격은 약간 지체되었다. 거기서 아이젠하워 대령[뒤에 미국 대통령이 됨]과 페튼 소령이 합세한다. 글래스포드 장군이 맥아더에게 상여금 요구 행진자들 속에는 여자와 아이들이 있다고 보고하자, 그는 알고 있다고 대답했다.

군대가 펜실베니아가(街)에 접근했을 때 맥아더와 아이젠하워가 도착했다. 오후 네 시경이었다. 행진자 가운데 몇 명이 재향군인들의 비참한 마을이 있는 제3번로에 방책을 쳐놓았다. 기병대는 총검을 흔들면서 방책을 제거했고, 보병은 방독면을 쓰고 포장 상자로 된 오두막의 애처로운 임시 거처로 다가왔다. 여자와 어린이들은 뒤에서 최루탄을 던지며 쫓아오는 군대 때문에 울부짖으며 도망쳤다.

메이어 부인의 11주 된 젖먹이는 최루가스로 한참을 구역질을 한 뒤, 그 다음 날 몸에 얼룩이 생겨 병원으로 데려 갔으나 곧 죽었다. 미육군이 거둔 성과였다.

승리한 군대는 기병대, 탱크, 보병, 기관총 소대를 거느리고 아나코시아 저지대로 향했다. 이 곳에서도 방책이 쳐 있었다. 방책 한쪽 끝에는 제대한 키 큰 흑인이 성조기를 들고 있었고, 옆에는 다른 사람들이 구부리고 있었다. 그들 중에는 링컨의 사촌인 찰스 프레데릭 링컨도 있었다. 그 옆에는 독립전쟁, 1812년 전쟁, 남북전쟁, 미국-스페인 전쟁에 참전했던 자들의 후손인 존 페이스가 있었다.

전투는 신속했고 야만적이었다. 기병들이 총검을 휘두르며 공격했고, 이어서 보병이 방독면을 쓴 채 최루탄을 던지며 진격해 왔다. 제대한 군인들의 마을은 곧 잿더미로 변했다. 군인들은 오두막과 보잘것없는 가재 도구를 불태웠다. 고물차들도 부수어 버렸다. 다시 사람들은 도망갔다. 군대가 뒤를 쫓았고 가스로 눈이 보이지 않는 상황이었다. 그들은 이웃 거리로 이리 저리 도망쳤다.

미육군은 또 승리했다. 역전의 맹장 맥아더는 기자회견에서 약간 재미있는 어조로 "반도들은 형편없다. 부드럽고 관대하게 대해 주었더니, 그들은 이것을 약한 것으로 오인했던 것이다" 하고 말했다.

후버 대통령은 승리에 취해 자랑스럽고 웅장한 성명을 발표했다. "미합중국의 권위에 대한 도전은 신속하고도 확고하게 진압되었다. …… 나의 최우선 임무는 헌법과 법의 권위를 지키는 것이다. ……"

그날 밤과 이튿날 재향군인들은 워싱턴에서 쫓겨났다. 어떤 사람들은 어린이를 데리고, 어떤 사람들은 절룩거리며, 또 어떤 사람들은 가스 때문에 구토하는 그야말로 혼란 그 자체였다. 어린이들은 길을 잃고 울었다. 여자들은 남편을 찾아 대열을 벗어났다.

2만 5000명이 여러 지역으로 나뉘어 정부와 군대로부터 도망쳤다. 몇몇은 목발을 짚고, 어떤 이는 저주를 퍼부으며, 또 많은 사람들이 분노와 치욕으로 울었다. 그들은 다만 헌법이 보장한 청원권을 행사한 것뿐이었다. 그들 자신이 지난 날 복무한 자랑스럽게 싸웠던 군대는 그들을 배신했다. 전투복을 입은 그들의 군대가 아내와 자식들을 공격했다.

그들이 우는 것은 당연했다.

그러나 그들은 오래 울지 않았다. 강렬한 분노가 사람들을 사로잡았다. 그 분노는 이윽고 많은 피켓 대열 속에서 강하게 불타올랐고, 이 불꽃은 '산업별 조직위원회'를 세운 원동력이 되었다. 그리고 마침내 그들 자신들의 투쟁으로 상여금을 얻어내고야 말았다.

최루탄과 단결

1932년 여름 뉴욕 주지사 프랭클린 D 루즈벨트는 시카고 민주당 전당대회에서 대통령 후보로 지명되었다. 얼마 뒤 '자유연맹'(Liberty Leaguers), '기독교 전선'(Christian Fronters), '미국 제1위원회'(America Firsters) 회원들이 미국 대통령이 될 그를 공산주의자 내지 그 동반자라고 비난하게 된다. 그러나 이제 전국의 반동적인 세력들도 그 어조가 누그러지고 있었다.

확실한 재난과 완전한 붕괴는 점점 불가피해졌고, 그것이 곧 닥쳐올 것만 같았다. 루즈벨트 후보는 전국으로부터 받은 보고를 통해, 즉각적인 구제책이 없다면 미국 국민은 무력 혁명을 일으킬 가능성이 있다고 느꼈다.

<뉴욕 그래픽>지와 가진 인터뷰에서 그는 외교 정책에 대해 언급하면서, 1917년 이래의 적대적 정책을 바꾸어 소련을 승인할 것을 제의한다고 말했다. 그러나 곧 그는 국내의 심각한 상황으로 말을 바꾸었다.

"우리 국민은 다시 튼튼히 서야 합니다" 하고 그는 말했다. "곧 무슨 조치를 취해야 해요. 국민은 동요하고 있습니다. 지난 주 서부로부터 돌아올 때, 나는 대서부 철도를 운영하고 있는 옛 친구에게 물었어요. '프레드, 저 바깥에 있는 사람들이 뭘 이야기하고 있지?' 그의 대답이 아직도 생각나요. '프랭크 미안한 말이지만 그들은 혁명에 대해 이야기하고 있다네.'"

전세계 사람들이 동요했고, 전세계의 독점기업들은 두려워하고 있었다. 루즈벨트가 압도적 표 차이로 당선되어 대통령 취임식을 갖기 5주 전에, 아돌프 히틀러는 독일 권력을 장악했다. 즉시 히틀러는 노동조합을 해산하고, 독점자본의 앞잡이인 친정부 노동전선을 만들어 모든 민중 단체에 공산주의라는 누명을 씌워 반대 운동을 벌이도록 했다. 몇 달 내에 수천 명의 노조운동가, 공산주의자, 유대인, 사회주의자, 성직자, 진보주의자 들이 기소되거나 집단수용소에 수용된다. 1920년대 3만 명의 공산주의자들은 히틀러 및 반동 세력과의 투쟁 속에서 목숨을 잃었다. 히틀러의 등장에 대항하는 오랜 투쟁 기간 중에, 많은 사람들은 독일 독점자본의 반공 운동이 공산주의자에 국한될 것이라고 믿었다. 그들은 이 운동이 그들 스스로를 파멸하고, 노동조합이 오랜 투쟁으로 쟁취한 모든 독일인의 자유를 파괴시킬 전조라는 사실을 몰랐다. 독일 국민들은 히틀러의 '빨갱이 소동'과 해를 거듭하며 벌어지고 있는 반공 운동, 간첩 기사와 공산주의자들의 반국가 음모에 대한 기사로 가득 찬 독일 신문 등에 의해 절름발이가 되고 마비가 되었다. 독일 국민들은 단결하지 못하고 있었다. 반면, 나치스와 독점자본가들은 공산주의가 나라를 휘어잡으려 한다고 떠들고는 그들 자신이 국가를 휘어잡았다.

독점자본가들의 후원을 받으면서 무솔리니도 비슷한 수법으로 1920년에 이탈리아를 휘어잡는다. 이제 둘은 힘을 합쳐 "공산주의로부터 세계를 구하기 위한" 파시스트 운동의 첫 번째 제물로 민주주의적인 스페인을 노리고 있었다. 두 나라 모두 임금은 유례 없이 낮았고, 노동강도와 노동시간은 극도의 상태로 치달았다. 반면, 산업은 탄약과 무기 생산에서 버는 이익으로 일대 활기를 띠었다. 그리고 독재자들은 소련에 대한 방위에 군수산업이 필요하다고 계속 말했다.

그러나 미국은 전투적 민중들이 단결해 민주적 지도자를 뽑았다. 신임 대통령이 취임식을 가진 1933년 3월 4일, 미국 경제가 완전히 붕괴 상태에 놓인 듯이 보였음에도 불구하고 새로운 희망이 피어올랐다. 루즈벨트가 대통령으로 선출되기는 했지만 후버가 아직 백악관에 남아 있던 1933년 2월에, 여러 주에서는 잇달아 은행이 파산하고 은행 폐쇄명령이 내려져 국가 재정체계는 거의 정지 상태로 들어갔다. 돈은 사라지고 임금은 지불되지 못했다. 구매는 불가능하고 식량조차 살 수 없었다. 수표도 지불되지 않았다. 은행 폐쇄로 파산한 군중들이 소란을 피우고 울면서 각 도시의 조용하게 빈 예금기관 앞에서 소동을 부렸다. 은행가들은 자기들이 가진 돈으로 월가(街)의 휴지쪽 같은 증권이나 외국 채권을 사들인 것 때문에 고객들의 예금을 잃었을 것이라고 고백했다. 3월 4일 대통령 취임식이 있기까지 전체 주(州)의 4분의 3이 은행을 폐쇄하고 예금 인출을 연기시켰다. 행정기관 자금도 동결되었다. 학교도 문을 닫았다. 회사나 시에서 새로운 지폐를 발행했으나, 아무도 쓸모 없는 지폐를 원하지 않았다.

이제 국가의 위대성은 발가벗겨졌다. 오픈샵 고용주들도 발가벗겨졌고, '빨갱이 위기'가 진짜 위기처럼 보이지는 않았다. '빨갱이 위기'란 월가의 음모에 불과했다. 전지 전능한 기업가, 대금융가, 현명한 경영자의 부정직한 무능이 폭로되었다. 그들은 정직하지도 현명하지도 않았다. 국가는 그들의 정책으로 인해 완전히 정체 상태가 되어 버렸다.

3월 4일 정오, 모든 사람들은 새 대통령의 취임식을 중계하는 라디오 앞에 모여 그가 무슨 정책을 취할까 궁금해했다. 첫마디가 떨어지자마자 벌써 안도의 한숨이 새어 나왔다. 얼마 안 지나 사람들의 가슴 속에 용기가 샘솟았다. 그의 확신에 찬 목소리는 진실에 입각해 있는 그대로를 솔직하게 드러내 놓고 이윤 추구를 위해 민중을 배반한 부자들을 경멸했다.

"다른 사람의 돈으로 투기하는 것을 끝장내야 합니다. …… 수많은 실업자들은 생존이라는 절박한 문제에 직면하고 있으며, 또 다른 많은 이들은 얼마 안 되는 보수를 받으며 땀 흘리고 있습니다. 우리의 가장 급한 과제는 민중에게 일자리를 주는 것입니다. 나는 헌법상의 의무에 따라 고통받는 국가에 필요한 정책을 취할 것입니다."

흥분과 기쁨이 나라를 채웠던 뉴딜 정책 초기에는 긴급 사태에 대처하기 위한 법률이 쏟아져 나왔다. 구제(Relief), 부흥(Recovery), 개혁(Reform)이 뉴딜(New Deal)의 구호였다. 거대한 공공 사업으로 수천 명이 일자리를 찾았고 임금을 받게 되었다. 제일 먼저 '긴급 은행법'(Emergency Bank Act)이 나와, 모든 은행은 연방정부의 승인이나 감독 하에 재설립될 때까지 폐쇄되어야 했다. 증권 매매에 있어서도 광범하게 퍼진 사기와 부정 및 타인의 돈으로 투기하는 행위를 막기 위한 법률들이 곧 통과되었다.

농촌의 가난한 청년들에게 일자리를 주기 위해 '민간 식림 치수단'(民間植林治水團: the Civilian Conservation Corps)이 만들어졌고, 농민들을 돕기 위한 '농업 조정법'(AAA: the Agricultural Adjustment Act)이 제정되었다. '전국 산업부흥법'(NIRA : the National Industrial Recovery Act) 제7조 (A)항은 노동자들에게 스스로의 선택에 따라 노동조합을 조직하도록 보장했다. '와그너법'(Wagner Act) 또는 '전국 노동관계법'(National Labor Relations Act)은 처음으로 단체 교섭권을 보장하고, 사용자측의 강압적인 반(反)노조활동을 금지했으며, 파업권을 보장했다. '공정 노동기준법'(Fair Labor Standards Act)에서는 최대 노동시간과 최저임금을 규정하고, 주(州) 사이에 거래가 이루어지던 소년 노동을 규제했다.

　루즈벨트와 그의 뉴딜 정책의 목적은 위험에 처한 자본주의 체제를 구원하는 것이었다. 그러나 그것은 진정한 의미에서 대중운동이기도 했다. 국민, 특히 노동자 농민 및 흑인의 투쟁 열기와 단결력이 뉴딜 정책의 추진력이었다. 미국 민주주의 운동의 한 정점인 뉴딜 정책은 국민의 끊임없는 요구에 대한 답변이였다. 루즈벨트는 국민의 요구에 응해서 세계적 인물이 되었던 것이다.

　그는 라디오를 통해 자주 국민과 대화를 하여 국민의 친숙한 이웃이 되었다. 그는 전쟁이 아니라 평화를, 나라 사이의 우호를, 정복과 제국주의의 중지를, 독일·이탈리아 및 군국 일본의 파시즘을 억제하기 위한 미국·소련·영국·프랑스의 집단 안보를 주장했다.

　뉴딜 정책의 첫 번째 작업은 1933년 '전국 산업부흥법'의 통과였다. 부흥은 정부 감독 하에 스스로 회복하고자 하는 각 산업의 극심한 경쟁을 철폐하며, 공정 거래와 공정 기준을 설정하고, 높은 임금에 의한 구매력 증대(增大)를 위한 최저임금과 노동시간을 합의하는 것 등을 통해 성취될 수 있는 것이었다. 노동자들에 관한 한, 법의 핵심은 제7조 (A)항이었다. 제7조는 노동자들 자신이 선택한 대표자를 통해 단체교섭을 할 수 있도록 규정하고 있었다. 전에는 노동조합에 관해 생각해 본 적이 없던 은행원과 신문기자 등의 사무직 노동자들도 노동시간·임금·노동조건에 대해 얘기하기 시작했다. '웨스팅 하우스'·'미국 라디오'(RCA)·'제네럴 일렉트릭'·'미국 강철' 등 자동차·전기제품·고무·유리·해운 노동자들은 그들의 생활조건에 대해 말하지 못하게 만들어 온 오픈샵이 정말로 가장 큰 애국인지 의심하기 시작했다.

　전국 산업부흥법 제7조가 현실로서 시행되도록 하기 위한 노동자들의 투쟁이 계속되었다. 1933년에는 지난해의 세 배에 달하는 90만 명의 노동자가 노동조합의 승인과 임금인상을 요구하는 파업을 벌였다. 77만 5000명의 노동자가 노동조합에 가입했다. 50만 명은 '미국노동총동맹'에, 15만 명은 독립노조(independent union)에, 12만 5000명은 '노조통일연맹'에 가담했다. '노조통일연맹'은 철강·자동차·석탄·식품가공·설탕 산업의 파업을 이끌었다. 1933년에만도 '노조통일연맹'은 디트로이트의 1만 6000명의 자동차 노동자, 엠브리지의 5~6천 명의 철강 노동자, 핏츠버그의 2700명의 식품가공산업 노동자들의 파업을 이끌었다.

파업은 계속되었다. 1934년에는 거의 150만 명이 투쟁에 참여했다. 1935년에는 115만이 참여해 1만 8천여 명이 체포 구금되었다. 1934년에서 1936년 사이에는 88명이 파업 중 목숨을 잃었다.

노동자들이 투쟁에서 죽고 체포되는 가운데, 철강·섬유·자동차·유리·고무·전기 등의 산업에 거대한 노조 지부가 결성되었다. 노동자들이 산업별 노조를 만들었던 것이다. 여러 개의 경쟁적인 직업별 조합으로 자신들을 쪼개서 한 공장 내의 힘을 약화시키는 건 어리석은 짓이라는 것을 알았기 때문이다.

1934년에서 1935년 사이에 '미국노동총동맹'도 어쩔 수 없이 스스로 조직된 이들 거대한 산업별 노조에 회원 자격을 부여했다. 그러나 보수적인 지도층은 불안스러워 동맹 강령이라는 것을 발표했다. 이 강령에서 그들은 기회만 있으면 새로운 산업별 노조를 직업별 조합으로 나눌 것이라고 솔직하게 밝혔다. '미국노동총동맹'의 보수적인 지도층이 우려한 것은 또 있었다. 노조가 결성되자마자, 또 결성되기도 전에 대부분의 새로운 회원들은 행동을 원했다. '미국노동총동맹' 조직 담당자들이 전국으로 급파되었다. 그들의 임무는 조직이 아니라 파업 방지와 투쟁 억제였다. 노동자들의 투쟁열은 대단히 높았고, 이들은 2년 후에나 그럭저럭 맡은 임무를 완수할 수 있었다. 그 후 '미국노동총동맹' 지도층은 끊임없이 분열된다.

새로운 노조는 '세계 산업노동자 동맹'과 '노조통일연맹'의 투쟁 방법을 채택했다. 대대적인 피켓팅, 노래, 연설, 토론과 회합, 여자들을 파업의 적극적 또는 보조적인 참가자로 조직화하기, 연좌 농성, 태업, 시위, 빠른 속도로 차를 몰아대기, 확성기 사용 등등이 그것이었다.

새로운 노조 투사들은 사용자를 고발하고, 라디오를 이용했으며, 신문에 전면 광고를 냈다. 또한 파업 후원회를 조직하고, 파업의 쟁점을 대중에게 알렸다. 그리고 항상 조합 정책을 결정하기에 앞서 대대적인 집회를 열어 민주적으로 다수의 의견을 물었다.

한편 대기업도 전례 없이 굉장한 반조합 운동을 전개했다. 그들은 노조를 반대하는 운동을 반공의 깃발 아래 위장해 전개하는 것도 잊지 않았다.

노조 억제책이 실패로 돌아가자, 미국 산업은 1934년에 연간 8천만 달러를 들여 밀정을 고용하기 시작한다. 이들의 임무는 노동자들과 노조 움직임의 보고, 요주의 인물 명단 작성, 노조 간부 매수, 노조 파괴 등이었다. '라 폴레트 상원위원회'의 조사에 따르면, 230개의 사설 탐정사가 미국 대기업에 10만 명의 밀정을 제공해 전국 4만 8천 노조 지부에 침투시켰다. 그리고 밀정의 상당수가 노조 간부가 되었다. 적극적인 조합원들이 계속 밀고되고 해고되었던 것이다.

'제너럴 모터스 자동차회사'는 상원위원회의 증언에서 단체교섭 조항을 어기고 회피하기 위해 밀정을 고용하는 데 수십만 달러를 썼다고 시인했다. '제너럴 모터스'는 1934년 1월에서 1935년 1월까지 1년 동안 '핀커튼 흥신소'에만 41만 9850달러 10센트를 지불했다. 그 기간 동안 이 회사가 밀정을 부리는 데 사용한 총비용은 99만 4855달러 68센트였다. '미국 라디오 주식회사'·'웨스팅 하우스 전기'·'미국 알미늄'·'크라이슬러'·'파이어 스톤'·'스탠더드 석유회사'·'뉴욕 에디슨'·'베슬리엄 강철'·'리비-오웬스-포드 유리회사'·'유나이티드 신발 기계'·'카네기-일리노이 강철'·'웨스턴 유니온'·'컨티넨탈 통조림'과 다른 50여 개 주요 기업도 비슷한 비용을 들였다.

'라 폴레트 상원위원회'에 따르면, 또한 1934년에 파업중인 노동자를 공격하기 위해 최루탄·산탄총·자동권총·기관단총·장갑차 등을 구입하는 데 수십만 달러가 쓰여졌다고 한다. 미국 대기업 경영층은 법과 질서를 내세우며 폭력을 사용하는 공산주의자들의 음모를 비난하면서도, 노동자와의 사적(私的) 전쟁을 위해 많은 무기를 사들였던 것이다. 그들은 군수품 제조업체 중 단 3개 사에서만도 1933년에서 1936년 동안 104만 621달러 14센트 어치 무기를 사들였다.

'연방 화약 제조회사'의 사장 존 W 영은 한 상원위원회에서 증언하면서, 자신은 진실로 인도주의자이기 때문에 총알보다 최루탄을 더 많이 팔았다고 말했다. 죽이는 것보다 최루탄을 쏘는 것이 낫다는 것이다. 파업이 많이 일어나자 영은 기뻐하며 파업이 발생하는 곳마다 판매원을 보내 많은 주문을 받았다.

영은 그가 흔히 '공산주의 반란'이라 부르곤 했던 파업을 좋아했다. 이 회사의 우수한 판매원 조셉 로우쉬는 샌프란시스코에서 선원들의 파업이 일어날 것이라는 신문 보도를 보자, 1934년 여름에 여러 가지 가스총과 가스를 가지고 핏츠버그에서 샌프란시스코로 대륙을 급히 가로질러 갔다. 이때 그는 그 회사 판매원이 모두 그렇듯이, 모든 파업의 원인은 공산주의자라는 내용을 담은 딜링(Elizabeth Dilling)이 쓴 ≪빨갱이 조직망 *The Red Network*≫이라는 책과 ≪범죄와 혼란을 일으키는 빨갱이 노선 *The Red Line of Crime and Civil Disorder*≫이라는 책을 가지고 갔다. 로우쉬는 1934년 선원 파업에 때를 맞추어 샌프란시스코에 도착해 자기 회사 제품의 성능을 여지없이 보여 주었다.

1934년에 '쿠 클락스 클란'이 히람 W 에반스 박사 주도 하에 공산주의로부터 국가를 구원한다는 거짓 목적을 내세우고 다시 등장했다. 1934년에는 반공이란 구실로 오픈샵을 확립하고 뉴딜을 파괴할 목적으로, 회원들의 총투자가 370억 달러에 달하는 '미국자유연맹'이 만들어졌다. 또 '제너럴 모터스'·'스탠더드 석유'·'웨스팅 하우스' 등 전국 12개 대기업으로 구성된 '특별위원회'라는 비밀 조직이 결성되기도 했다. 이들은 스스로를 노동자와 뉴딜 정책에 대해 반격 작전을 벌이는 신비스러운 비밀 지휘부라고 자처했다. 이 위원회의 서기 ES 카우드릭은 정부에 압력을 넣기 위해, 1935년 12월 20일 상무 차관보에게 편지를 보냈다. 그것은 '30시간 노동법' 등의 조치에 대한 명확한 반대 정책이 취해진다면, 정부에 대한 기업의 신뢰는 회복될 것이라는 내용이었다. 그리고 얼마 후에는 '라 폴레트 상원위원회'의 노조에 대한 기업체의 밀정 행위 조사가 취소되었으면 좋겠다는 공식적인 제의를 상무성에 보내기까지 했다.

'제너럴 모터스' 인사담당 부사장 앤더슨은 특별위원회의 한 동료에게 '검은 부대'(Black Legion)를 이용하면 도움이 된다고 편지를 보냈다. '검은 부대'란 '쿠 클락스 클란'과 같은 성질의 북부 지역 비밀단체였다. 불황기에 디트로이트와 폴리트 지역에서 생겨난 이들은 검은 복면을 쓰고, 채찍과 권총으로 무장한 천 명 이상의 회원을 갖고 있었다. 이들은 1934년과 1935년에 노조 운동에 적극적인 수십 명의 자동차 노동자를 납치해 채찍질하고, 고문했으며, 적어도 10명을 살해했다. 하지만 죽은 자들은 공산주의자라고 발표되었다. 펜실베니아주의 조지 얼 주지사는 그들이 델라웨어의 '듀퐁', '제너럴 모터스'와 '자유 연맹'에 속한 재벌들의 재정 지원을 받고 있다고 공개적으로 비난했다.

1877년부터 시작해서 '헤이마키트 사건'을 거치며 1894년의 '풀먼 회사 파업' 때와 1919~1920년 팔머 법무장관의 노동자 습격에서 절정에 달했던 '빨갱이로 몰아치기'의 오랜 과정에서도, 이처럼 수많은 조직들이 노동자의 개혁 운동을 공산주의라고 비난하면서 수백만 달러를 들여 이를 파괴하려고 애쓴 적은 결코 없었다. 그러나 그들의 노력은 결코 성공하지 못했다. 경제 귀족들은 너무나 지나친 행동을 했던 것이다. 뉴딜 정책 이래로 루즈벨트 행정부는 빨갱이로 몰아치는 소동을 달가워하지 않았다. 왜냐하면 뉴딜 자체가 너무 자주 이 소동의 희생물이 되었기 때문이다. 더욱이 재벌들은 루즈벨트 대통령도 소련의 끄나풀이라고 계속 주장했다. 물론 대부분의 사람들에게 이것은 허튼 소리로 들렸다. 공산주의로 몰아치는 빨갱이 소동이 성공하려면 정부가 뒤에서 도와 주어야만 가능한 것이었다. 그러나 뉴딜 정책을 추진하는 당국은 이것이 국민을 분열시키려는 속임수에 불과하다고 생각했다.

1934년 "한 사람을 해치는 것은 전체를 해치는 것"이라는 단결의 중요성과 연대 의식이 전국의 노조 지부에서 보편적으로 형성된다. 그리고 한 조합이 경찰의 공격을 받으면 지역 내 모든 노조가 총파업을 일으키겠다고 위협했다. 1934년과 1935년에 몇 번이고 이런 일이 되풀이되었다. 이러한 연대감을 보여 준 가장 큰 시위이자 미국 사상 최대의 파업 가운데 하나는, 1934년 여름 샌프란시스코의 모든 노조가 고통받는 해운 노동자들을 돕기 위해 시 전체를 죽은 듯이 조용하게 마비시켰던 총파업 사건이다.

엠바카데로 부두의 연대 의식

샌프란시스코는 60만 인구를 가진 서해안의 심장부이며 생명의 원천이다. 그러나 이 도시를 살려 나가는 사람들인 부두 노동자와 선원들은 1933년에 겨우 주당 10달러를 받고 있었다. 정확히 말해서 부두 노동자의 주급은 평균 10달러 45센트이며, 상급 선원은 월 53달러, 보통 선원은 36달러를 받았다.

더욱 중요한 사실은, 블랙 상원 조사위원회의 조사에 의해 밝혀진 바대로, 해운 노동자들은 기업 전제주의의 말 못하는 노예이자 연방정부로부터 수백만 달러의 보조금을 받는 해운회사의 무력한 고용원이었다. 일부 선원은 부패하고 매수당한 회원이었고, 보다 적은 수의 노동자가 '노조통일연맹' 산하의 투쟁적인 '해운노동조합'(Marine Workers Industrial Union)에 속해 있었으나 실제적인 성과를 거둘 만큼 그들은 조직되어 있지 못했다. 1919년 이래 부두 노동자들은 '블루 북 조합'(Blue Book Union)이라는 해운회사가 만든 조직에 강제로 가입되어 있었다. 이 조직은 폭력배가 지배했으며, 저임금 노동자들에게 일자리를 얻으려면 뇌물을 바치라고 강요하고 있었다.

부두 노동자들은 고용되기 위해선 현장 감독 주위에 둘러서서 자신을 뽑아주기를 기다리는 수밖에 없었다. 3,4일이나 기다려서 겨우 뽑혔지만, 그것도 고작 한 교대에 24~36시간을 일했다. 선원은 일단 배를 타면 임시직으로 하루에 14~16시간 정도 일했다.

참을 수 없는 노동조건에 불만을 품은 샌프란시스코와 태평양 연안 부두 노동자들은 1933년 '전국 산업부흥법' 제7조에 영향을 받아 '미국노동총동맹' 산하 '국제 부두노동자 연맹'(International Longshoremen's Association)이란 단체에 모이기 시작했다. 위원장 조셉 P 라이언을 믿을 수 없었기 때문에, 그들은 연맹을 일반 조합원이 통제하기로 했다. 그 지도자 가운데 한 사람인 브리지는 날카로운 인상의 소유자로 좀 거칠지만 매우 정직했고, 일반 노조원의 자치 능력과 권리에 대해 굳센 믿음을 갖고 있었다.

그러나 고용주들은 서슴없이 법을 어기면서 조합과의 단체교섭을 거부했고, 1933년 9월에는 네 명의 조합 지도자들을 해고했다. 지방 노동위원회가 4명에 대한 복직을 명령하자, 노동자들은 '블루 북 조합'이 전화번호만 있는 사무실에 불과한 유령 노조임을 새삼 깨닫고 '국제 부두노동자 연맹'으로 몰려들었다.

고용주들이 조합과의 교섭이나 승인을 계속 거부하자, 1934년 5월 9일 오전 8시를 기해 부두 노동자 1만 2천 명이 파업에 들어갔다. 샌프란시스코, 시애틀, 타고마, 포틀랜드, 산페드로, 샌디에고, 스토크턴, 벨링햄, 애버딘, 그레이스하버, 아스토리아 등 모든 태평양 연안 항구에서 노동자들은 일제히 일어났다. '해운 노조'(MWIU)가 그 뒤를 따랐다. 5월 25일에는 8개 해운 노조의 3만 5천 노동자가 파업에 나섰다.

전례 없는 경찰의 잔인성이 노동자들을 더욱 격분시켰고, 선원 파업은 샌프란시스코 노동자 12만 7천 명의 총파업으로 확대되었다. 곧 온 시는 전혀 움직임이 없는 유령 도시로 변했다. 경찰은 샌프란시스코 부자들과 손을 잡았다. '법질서 위원회' — 샌프란시스코 부자들에 의해 1919년에 조직된 협회 — 는 태평양 연안에서 가장 강력한 집단으로, 지역 정치인과 관료들을 지배했다.

5월 9일 오후 8시 '기업가 협회'와 '샌프란시스코 상공회의소'는 협상할 것이 없다고 발표했다. 있다면 진압해야 할 공산당의 반란이 있을 뿐이라는 것이었다. 기업가 단체의 간부들은 항구는 열려야 하며, 경찰이 부두 앞에 늘어선 대규모 피켓 시위 행렬을 처부셔야 한다고 강력히 말했다.

부두 노동자들은 요구조건을 내놓았다. 시간당 1달러 임금, 하루 6시간, 주 30시간 노동, 일자리를 소개하는 조합 사무소 설치 등이었다. 그러나 고용주들은 협상할 것은 없으며, 빨갱이 혁명 진압만이 문제라고 단호히 말할 뿐이었다. 신문, 성직자, 방송 등도 노동자들의 생활조건 개선을 위한 투쟁에 신경질적으로 반응했다.

'국제 부두노동자 연맹' 위원장 라이언은 뉴욕의 폭력배들과 어울리다가 파업을 가라앉히기 위해 급히 돌아왔다. 열렬한 반공주의자로 알려진 그는 해고 노동자를 매수하는 일이 불가능해지자, 예상했던 대로 본색을 드러냈다. 그는 파업이 공산주의 음모라고 말했다. 신문은 대문짝만한 제목으로 이를 보도했다. 뉴욕 모피공 파업 진압을 맡았던 노동차관보 에드워드 W 맥그러디도 워싱턴에서 달려왔다. 그도 역시 노동자들의 투쟁을 막는 데 실패하자, 파업을 공산주의 혁명이라고 비난한다.

고용주들은 1934년 7월 3일 엠바카데로(Embacadero)의 부두에서 피켓팅을 공격하겠다고 발표했다. 오후 1시 27분 부두 앞에는 수천 명의 피켓팅 군중이 모였다. 38번 부두 철문이 올라갔다. 8대의 경찰 순찰차 뒤를 따라 짐을 실은 5대 트럭이 움직였다.

싸움은 샌프란시스코 시민들이 지켜보는 가운데 4시간 동안 계속되었다. 시민의 반 이상이 언덕에서 이를 지켜보았을 것이다. 구경꾼을 실은 두 대의 비행기가 피로 물든 지역을 낮게 선회했다. 전투는 치열했으나 이는 '피의 일요일'(Bloody Thursday)의 서막에 불과했다. 경찰의 선제 공격이 있은 다음날인 7월 4일은 독립기념일이었기 때문에 하루의 휴전을 갖고, 7월 5일 목요일에 싸움은 다시 시작되었다.
　오전 8시에 경찰은 행동에 들어갔다. 한 신문은 이렇게 보도했다.

　비교적 덜 해로운 최루 가스 대신 구토 가스가 사용되어 수십 명의 노동자와 시민이 심하게 토하며 몸도 꼼짝할 수 없게 되었다. 어제의 전투는 실전이나 다름없었다. 경찰은 권총을 들고 달려왔다. 수십 발의 총알이 발사되었다. 총소리가 하루종일 울렸다.

　파업자들과 수천 명의 지지자들은 총알과 폭탄에 대항해 맨손으로 싸웠다. 유일한 무기는 벽돌과 돌뿐이었다. 수백 명이 부상을 당했고, 두 명이 살해되었다. 한 사람은 부두 노동자이고, 또 한 사람은 요리사 노조원이었다.
　하루종일 전투가 계속되었고, 다른 노조의 노동자들이 피켓팅에 가담했다. 노동자들은 "사용자들이 이기면 샌프란시스코에는 다른 노조도 존재할 수 없다!"고 선언했다. 경찰은 수백 명의 행인과 구경꾼을 곤봉으로 후려쳐 부상을 입혔고, 부두 노조 본부로 밀고 들어가 이를 분쇄했다. 그날 밤 메리엄 주지사는 완전 무장한 2천 명의 주 방위군을 출동시켰다. 부두 노동자의 지도자 브리지는 "우리는 경찰 기관총과 주 방위군의 총검을 견뎌 낼 수 없다"고 말했다.
　사용자들은 자기들이 이겼다고 생각했다. 그러나 이긴 것이 아니었다. 그것은 시작에 불과했다. 그날 밤 샌프란시스코의 모든 가정과 사람들이 모인 곳에서는 파업 이야기들이 계속 번져 나갔다. 사람들이 이집 저집에 소식을 전하고 전화를 걸었다. 사람들이 죽었다. 당국은 폭력을 썼다. 밤이 지나도 이야기는 계속되었다. 총파업은 샌프란시스코의 가정에까지 침투하고 있었다.
　도장공 노조 1158 지방 지부가 총파업을 선언했다. 곧이어, 기계공 노조도 나섰다. 그러나 우선 시체를 묻어야 했다. 3만 5천 명이 넘는 노동자들이 관을 앞세우고 행진했다. 시의 중심부로 행진해 가는 굳은 표정의 노동자들 주위에 경찰은 보이지 않았다.
　이제 여러 노조 지부들은 시 전역에서 모임을 갖고 총파업을 투표로 결정했다. 해운 노동자들의 투쟁에 공산주의자가 적극적이었다는 점이 토론 과정에서 인정되었다. 그 문제에 관해 말하자면, 그들이나 다른 마르크스주의자들이 1877년 철도 파업 이래 모든 큰 파업에서 적극적이었다는 것은 사실이었다. 그리고 비록 공산주의자가 끼어 있기는 하지만, 샌프란시스코 노동운동이 고용자들의 '빨갱이로 몰아치기' 방법에 무너진다는 것은 자신들을 분열시키고 저임금과 장시간 노동을 가져다줄 뿐이라고 노조 지부들은 선언했다. 7월 10일 '알라메다 노조협의회'가 총파업을 정식 승인했고, 7월 12일 샌프란시스코와 오클랜드 트럭 운전수 노조(teamsters' union) 지부가 총파업을 지지했다.

윌리엄 그린이 파업금지 전문(電文)을 보냈으나, 12만 7천 노동자를 회원으로 갖고 있는 160여 개 '미국노동총동맹' 지부는 그 다음날 총파업에 대해 찬반 투표를 실시했고, 노조원들은 압도적으로 찬성했다. 인쇄공들과 전기 노동자들이 연좌농성한 것을 제외하고, 모든 노조원들은 7월 16일 아침에 쏟아져 나왔다. 마이크 퀸은 이렇게 썼다.

> 파업에 의한 마비는 예상보다 훨씬 효과적이었다. 모든 산업은 정지 상태였다. 큰 공장은 비어 있었고, 거리를 달리는 전차는 없었다. 모든 상점이 문을 닫았다. 거대한 상업 기구들은 생명을 잃은 무기력한 폐선(廢船) 같았다. ……
> 노동자들은 작업장에서 손을 거두었다. 노동자들은 마치 몸에서 피가 빠지듯 상점과 공장에서 빠져 나왔다. 수백만 달러의 돈을 투자해 세운 공장들을 조용히 남겨둔 채. 노동이 없으면 거대한 기계는 쓸모없다는 사실을 파업 노동자들은 보여 주었다.
> 노동자들이 떠났을 때 모든 것들은 그대로 거기에 있었다. 기계, 설비 기구, 원자재, 건물 등. 노동자들은 자신들의 것 — 노동 — 만을 갖고 떠났다. 그들이 노동을 가지고 떠났을 때, 모든 것을 갖고 간 듯했다. 그들의 손이 없으면 남겨진 정교한 기계는 무가치하고 무의미했기 때문이다. 기계는 노동에 의해 만들어져 노동에 의존하는 노동 연장에 불과했다. ……
> 시로 향하는 고속도로는 피켓팅 군중으로 가득 차 있었다. 총파업 투쟁위원회의 허락 없이는 아무것도 움직일 수 없었다. 기업주들은 총파업 투쟁위원회 내의 보수파를 통해 진보파를 견제하려 했지만, 보수파도 대중의 뜻에 노골적으로 반기를 들 수 없었다.

3천 명의 증원 부대가 급파되었으나 아무 소용이 없었다. 그때 경찰은 500명의 노인, 실업자, 몰락한 사람들을 체포해 공산주의 음모자들이란 혐의를 씌웠다. 이것은 불법적인 행동이었다.

경찰과 자경단이 이렇게 날뛰었지만 어쩔 수가 없었다. 7월 16일, 도시는 무덤같이 조용했다. 17일과 18일에도 샌프란시스코는 무덤 같았다. 그러나 총파업 투쟁위원회의 보수파는 파업의 기세를 늦추어 가는 데 성공하고 있었다. 어느날 식당문이 열렸다. 다음날은 트럭이 움직였다. 점점 더 많은 예외들이 일어났다. 파업이 끝났다는 소문이 돌았다.

이 미국 사상 최대의 시위 가운데 하나였던 이번 파업은 7월 19일에 끝난다. 그날 딜·밴들러·키들러 등 '미국노동총동맹'의 보수적인 간부들은 호명 투표를 거부하고 기립 투표를 통해 191 대 174로 총파업을 끝내기로 결정했다고 선언했던 것이다.

그러나 노동자들은 승리를 축하하듯이 작업장으로 돌아왔다. 해운 노동자들은 여전히 피켓팅을 하고 있었고, 그 세력은 점점 늘어났다. 이제 경찰은 공격하지 않았다.

7월 30일, 3만 5천 해운 노동자들이 일터로 돌아갔다. 몇 주일 후에 부두 노동자들은 하루 6시간 노동, 주 30시간 노동제 등을 쟁취했다. 임금은 시간당 90센트, 1시간 초과에 대해선 1달러 40센트 수준으로 인상되는 등 직접적인 파업의 성과물을 얻었다. 무엇보다도 그들은 부두 노동자들에게 민주적으로 돌아가며 일을 나누어 주기 위해 필요한 노동조합 사무실을 싸워 얻었다.

선원들은 국제 선원 노조을 인정받는 조건으로 돌아왔다. 그러나 조합은 해운 회사의 이익에 봉사하는 자들에 의해 지배되고 있었기 때문에 선원들의 실적인 이득은 별로 없었다. 반면 부두 노동자 지부는 일반 조합원이 운영하고 있었기 때문에 꾸준히 노동자들의 이익이 확대되었다.

일반 조합원 지도자 해리 브리지는 '국제 부두노동자 연맹' 샌프란시스코 지부장으로 선출되었다. 후에 그는 서해안 지역을 대표하는 위원장으로 선출된다. 그때부터 그는 주목받는 인물이 되었다. 그는 용서받을 수 없는 죄(?)를 저지른 것이다. 그는 임금을 올리고 노동시간을 줄였다. 그는 노동자들이 자신의 고용이 결정되는 데 있어 발언권을 행사하도록 만들었다. 비록 그가 이 모든 것을 스스로 완성시키지는 않았더라도, 그는 적어도 이 가치 있는 목적을 성취하는 데 중요한 역할을 담당했다. 브리지의 지도력이 임금인상에 있어 결정적인 역할을 하게 되자, 곧 그는 샌프란시스코 기업가 협회에 의해 공산주의자로 낙인찍혀졌다.

협회는 그를 매수하거나 협박할 수도, 또 뇌물을 줄 수도 없었다. 이에 고용주들은 그를 없애 버리기로 마음먹었다.

그들은 네 번이나 그를 간첩·위증자 등의 범죄자로 만들기 위해 공모했으나, 그때마다 연방 당국과 배심원들은 그가 현재나 과거에도 공산주의자가 아니며 단지 교묘한 음모의 희생물로 기소되었을 뿐이라고 판결했다. 연방 최고재판까지도 그렇게 판결했다. 이 같은 판결에도 불구하고, 태평양 연안의 강력한 기업가 집단은 해리 브리지를 모함하기 위해 다섯 번째의 음모를 꾸미고 있었다.[2]

그러나 노동자들은 브리지에 대한 끊임없는 조작극이 이미 1934년 그가 샌프란시스코 총파업을 지도할 때부터 시작되었다는 것을 알고 있었다. 그리고 그 파업은 강고한 단결을 널리 과시한 것으로 모든 노동자에게 힘을 불어넣은 것이었다. 그것은 샌프란시스코에서 멀리 떨어진 곳까지 임금인상 투쟁을 하는 데 있어 중요한 공헌을 했다. 그리고 그것은 더 큰 전투와 승리의 서곡이 되었다.

---

2) 고(故)프랭크 머피 대법원 판사는 브리지의 기소를 "인간의 인간에 대한 편협성을 나타내는 기념비적" 사건이라고 말했다. 더글라스 대법원 판사는 브리지가 단지 "노동조합 운동을 열렬히 주장했을 뿐"이며 "법률로 금지된 파괴 행동"을 저지르지는 않았다고 1945년에 판결했다.

하버드 대학교 법과대학 제임스 랜디스 학장은 1939년에 열린 청문회에서 브리지가 "공산당 당원도 아니며 아무 관련도 없다"고 증언하고, 브리지를 나쁘게 말한 증언은 "분명한 거짓말"이라고 말했다.

10 승리

산업별 조직위원회

이제 절정의 순간은 더욱더 가까이 다가오고 있었다. 지금까지 모든 미국 노동운동의 역사는 '산업별 조직위원회'(CIO)라는 위대한 노동운동의 새로운 시대를 열기 위한 서막에 지나지 않았던 것처럼 보였다. "더 이상 불만과 분노를 억누를 수 없는 수십만 명의 사람들이 싸움에 뛰어들었다. 그들은 망설이는 법이 없었으며, 어떤 장애가 그들의 앞을 가로막더라도 멈추지 않았다." 혁명적이고도 계시적인 시대였다. 여러 세대를 걸쳐 싸워도 이루지 못했던 것을 지금은 단 몇 주일 아니 며칠 만에 이룩하고 있었다. 지금까지는 불가능했던 일들이 하루하루

이루어져 갔다. 그동안 수없이 쓰러지고 짓밟혀 오기만 했던 노동자들이 드디어 승리한 것이다.

강렬한 혈기와 의욕으로 가득찬 시대였고, 무엇보다도 단합된 행동을 과시한 시기였다. 새로이 노동조합에 가입하는 사람들은 더 이상 두려움의 대상이 아니었다. 그들은 따뜻한 환영을 받았다. 이제 빨갱이 소동은 비웃음거리에 지나지 않았다. 사람들은 더 이상 이따위 엉터리 소동에 속아 넘어가지 않았다. 사람들은 능력이나 기지, 용기 등에서 자신들이 성장하고 있음을 느낄 수 있었다. 그리고 뜻을 같이하는 사람들이 하나로 뭉치면 그 단합된 힘이 얼마나 힘있는 것인가도 알게 되었다. 그들은 단합된 힘으로 마치 회오리바람이 티끌을 날려 버리는 것처럼 오픈샵과 같은 낡은 제도들을 날려 버렸다. 노동자들은 단합된 힘으로 지금까지는 도저히 정복하지 못했던 것을 정복했으며, 또 무기와 첩자와 돈으로 무장한 채 엄청난 기세로 활개치던 기업의 권력 집단을 공격해 이를 굴복시키고 변화시켰다.

힘을 북돋우는 분위기가 널리 퍼져 나갔다. 사람들의 가슴마다 용기가 불붙었다. 단합된 힘은 점점 불어나 공장·도시·상점 등 나라 구석구석으로 퍼져 나갔다. 전국 모든 신문에는 새로운 수많은 사람들이 그들 자신의 이익을 위해 움직이고 있다는 새로운 소식이 실렸으며, 그 힘은 나날이 새롭게 강렬해져 갔다. 사람들은 일찍이 그 예를 찾아볼 수 없는 대규모 연좌농성 앞에 그 동안 너무도 당당했던 수십억 달러짜리 오픈샵의 요새 '제네럴 모터스'가 굴복하고 있다는 기사를 읽으면서, 수백만에 달하는 이름 없는 사람들의 존재를 피부로 느낄 수 있었다. 이러한 투쟁 소식을 접하게 된 다른 노동자들은 더욱더 새로운 마음과 각오를 가질 수 있게 되었다. 살아 있다는 것은 좋은 일이었다. 더욱이 억눌리고 짓밟히기만 하던 노동자들이 승리하고 있다는 것은 더욱 좋은 일이었다. 언제 노동자들이 이와 같은 규모로 자본가들을 이겨 본 적이 있었는가? 여러 세대에 걸쳐 불황에 시달리면서 겪어 온 기나긴 고통과 무기력, 패배, 굴욕 따위를 스스로의 힘에 의해 거둔 승리 속에 풀어 버리는 것 또한 매우 좋은 일이었다.

활기에 찬 피켓 대열에 참가하고 있는 수많은 사람들은 어쨌든 처절했던 싸움의 역사를 알고 있었다. 1877년 19명의 광산 노조원들이 처형된 것, '하루 8시간 노동제' 확립을 위해 싸웠던 파슨즈와 다른 투사들이 억울한 누명을 뒤집어쓰고 교수형당한 일, 뎁스의 투옥, 헤이우드의 기나긴 고난, 흑인·여성·이민·미숙련 노동자 등에 대한 끝없는 차별, 그리고 그 동안 패배한 수많은 파업에서 날조된 혐의로 매맞고 체포되고 살해당한 수천 명의 파업자들에 대해 그들은 알고 있었다.

그들은 드디어 긴 패배의 역사가 끝나고 있다는 강한 역사적인 느낌을 갖고 있었다. 비록 선배 노동자들이 겪은 고통에 대해 자세히 그리고 생생히 알지는 못했지만, 그들이 겪은 잊을 수 없는 일들도 한두 가지가 아니었던 것이다. 공장에서 쫓겨난 후 일자리를 구하지 못해 당했던 고통, 1932년 포드 회사에서 있었던 실직된 시위 노동자들에 대한 총격 사건, 자기 나라 군대로부터 공격당했던 재향군인들, 그리고 샌프란시스코에서 조합원들을 죽인 사건 등은 그들이 결코 잊을 수 없는 일들이었다.

노동자들의 울분은 폭발 직전이었다. '전국 산업부흥법'(NRA)은 노동자들에게 관한 한 기만적인 법률임이 드러났다고 노동자들은 이야기했다. 1935년까지 600개 이상의 전국 노동조합 지부가 혐오 대상으로 낙인찍혀 해산당했다. 강철회사에서 일하는 노동자의 1년 수입은 평균 560달러였다. 이 당시 한 가족이 근근히 살아가는 데 필요한 최저생활비는 정부 통계에 따르더라도 1500달러였다. 그런데 560달러는 이 최저생활비의 3분의 1보다 약간 많은 것이었다. 전력산업 분야에서 일하는 노동자의 시간당 평균 임금은 50센트에 불과했고, 거의 모든 노동자들이 주당 10달러를 받고 있었다. 1934년에 자동차회사에서 일하던 노동자의 연간 수입은 1천 달러를 넘지 못했다.

법원은 1935년에 '전국 산업부흥법'이 헌법에 위반되는 법률이라고 판결을 내렸다. 이 해 '와그너 노동법'(Wagner Labor Act)[1]이 통과된다. '와그너법'은 부흥

---

[1] 노동자의 단결권·단체교섭권·파업권의 보장을 통해 노사(勞使)의 교섭력을 평등하게 만드는 것을 목적으로 1935년 7월 5일 제정된 미국 최초의 연방법이다. '와그너법'은 이 법의 제안자인 와그너 상원의원의 이름을 따서 부르는 통칭으로, 정식 명칭은 '전국 노동관계법'(National Labor Relations Act)이다. 이 법은 뉴딜 정책을 실현하기 위한 주요 법률인 '전국 산업부흥법'(National Industrial Recovery Act = NIRA: 1933년 6월 제정) 이 연방 최고재판소에 의해 위헌 판결을 받자, 노사관계에 관한 부흥법의 기본 정책을 실시하면서 얻은 경험을 기초로 하여 보다 명확하고 구체적으로 발전시킨 법이다. 노동자의 단결권 등을 침해하는 사용자의 일정한 행위

법처럼 노동자들 자신이 선택한 조합들을 통해 단체교섭할 권리를 노동자들에게 보장했다. 그러나 노동자들은 자신들의 권리를 보장하는 법률이 생겼다고 해서 일이 순조롭게 진행되어 가리라는 순진한 생각만 하지는 않았다. 법이 보장한 권리라도 강력하게 싸우지 않으면 누리지 못한다는 사실을 노동자들은 깨닫고 있었다. 고용주들은 자기네의 이익을 지키는 데 필요하다고 생각하면 법률 따위는 지키지 않아도 된다는 사고방식을 가지고 있었기 때문이다. 고용주들은 노동조합이 법을 지키라고 강력히 요구하여 어쩔 수 없이 법에 따를 수밖에 없는 상황에 처하기 전까지는 법을 지키지 않는 데 익숙해져 있었던 것이다.

노조원이 아닌 3500만 명의 노동자들은 조합의 보호를 열렬히 바라고 있었다. 1935년 '노동총동맹'에 속한 노동자는 304만 5347명에 불과했다. '노동총동맹'의 회원 수에다 독립노조에 가입하고 있던 57만 1000명을 합쳐도, 조직된 노동자는 조직되기를 기다리고 있는 전체 노동자들의 10.6%인 361만 6347명에 지나지 않았던 것이다. 그러나 '미국노동총동맹'은 미조직 노동자들을 조직할 수 있는 노동운동 사상 가장 좋은 기회를 활용하려고 하지 않았다.

1935년 10월, 무섭게 생긴 눈썹에 튼튼한 몸매를 가진 존 L 루이스가 단상에 앉아 있는 애틀랜타시 '미국노동총동맹' 총회장 윌리엄 허치슨의 콧잔등을 후려갈긴 사건이 일어나자, 일반 조합원들은 기뻐서 어쩔 줄을 몰라 했다. 그린, 월, 프레이 등과 함께 허치슨은 수백만 노동자들을 산업별로 조직하는 데 반대해 온 '미국노동총동맹'을 상징하는 인물이었기 때문이다. 수천 명의 노동자들은 루이스가 했듯이 기회만 있으면 언제든지 허치슨을 후려갈기려고 벼르던 터였다. 루이스의 행동은 '미국노동총동맹' 산하 8개의 노동조합과 다른 '미국노동총동맹' 노동조합 사이에 깊어지고 있는 불화를 단적으로 보여 준 사건이다. 이 8개 노동조합의 회원은 100만 명이었고, 이 노조 간부들은 미조직된 노동자들을 산업별 조합 형태로 조직할 것을 요구하고 있었다. 반면, '미국노동총동맹'의 나머지 조합들은 골치 아픈 일은 피하고 현재의 상태를 유지하려는 보수파들이 지배하고 있었다.

를 [부당 노동행위로서] 금지하고 전국 노동관계국을 만들어 그 심사와 구제에 관한 일을 맡게 했다. 이 같은 획기적인 법률에 의해 노동조합 세력은 두드러지게 강해졌는데, 제2차 세계대전 후 사용자측의 강력한 반격으로 제정된 '태프트-하틀러 법'에 의해 크게 수정을 받았다 — 옮긴이.

창백한 얼굴, 독살맞게 번득거리는 눈, 연극배우 같은 안면 근육을 가진 루이스가 300파운드나 나가는 산돼지같이 큰 몸짓의 허치슨을 공격했을 때, 그것을 불끈 화난 사람이 무의식중에 저지른 행동이었다고 생각한 사람도 있을지 모른다. 그러나 그것은 완전히 의도적이었고 계획적인 행동이었다. 솔 알린스키가 쓴 루이스의 전기 속에 잘 표현되어 있는 것처럼, 루이스는 뒷날 알린스키에게 결국 '산업별 조직위원회'라는 새로운 조직이 탄생함으로써 완전히 갈라서고 만 '미국노동총동맹'의 분열을 더욱 촉진시키기 위해 그 같은 행동을 계획했던 것이라고 말했다.

루이스는 알린스키에게 이렇게 말했다.

'산업별 조직위원회'를 만들기 위해 추진된 모든 움직임을 가리지 않고 방해할 자들은 바로 '미국노동총동맹'의 윌리엄 허치슨의 지지자들과 동료들이었습니다. 나는 1935년도 '미국노동총동맹' 총회에서 한 것처럼 느리지만 냉혹하게 복도를 가로질러 걸어본 적이 결코 없었습니다. 당시에는 어떤 종류의 행동, 다시 말하면 이 나라 노동자들의 힘을 북돋을 수 있고 열광시킬 수 있는 극적인 행동이 필요했습니다. 아니 필요한 정도가 아니라 없어서는 안 될 행동이었습니다. 이러한 마음가짐으로 나는 계획을 세웠습니다. 나는 1935년도 '미국노동총동맹'의 연차 총회에서 일을 벌이기로 마음먹었고, 허치슨을 표적으로 결정했습니다. 왜 허치슨을 골랐는지는 1934년도 '미국노동총동맹' 연차 총회에서 허치슨과 내가 가지고 있었던 배경을 살펴보면 알 수 있습니다.

두 노조 지도자들이 마루 위에서 뒹굴며 서로 치고받는 광경을 보며 사람들은 루이스 쪽의 산업별 조직운동가의 차원 높은 정치 수완이 눈앞에서 발휘되고 있다는 사실을 미처 깨닫지 못했을지도 모른다. 두 파 사이의 틈은 더 이상 메워질 수 없었고, '산업별 조직위원회'의 탄생은 시간 문제였다. 바로 그 연차 총회에서 루이스 지지자들과 비조직 노동자들을 산업별 조직 속에 포함시키는 데 찬성하는 사람들이 서로 만나 1935년 11월 10일 워싱턴에서 새로운 위원회의 창립 총회를 개최한다는 계획을 세웠다.

그 창립 총회에 루이스 외에도 '인쇄 노조'의 찰스 P 하워드, '연합의류 노동조합'의 시드니 힐맨, '섬유 노조연합'의 토머스 맥마흔, '광산·제련 노조'의 토머스 브라운, '유전·천연가스 및 정유(精油) 노동조합'의 하비 프레밍, '전국 여성의류 노조'의 데이비드 더빈스키, '모자제조 노동조합'의 막스 자리츠키 등이 참석했다.

이 회합에서 'CIO'(Committee for Industrial Organization) 즉 '산업별 조직위원회'가 탄생한다. 이 위원회는 독자적인 조직을 만들지 않고 '미국노동총동맹' 내에서 일하는 것이 목표라고 밝혔다. 역사상 처음으로 기초 산업에 종사하는 수백만 미숙련 노동자들을 조직하는 운동이 수백만 달러의 돈과 풍부한 경험을 가진 조직의 뒷받침을 받으며 벌어질 참이었다. 정열과 많은 사람들의 열정은 경험과 돈이 합쳐져 더욱 강력한 힘을 발휘하게 된 것이다.

새로운 조직이 결성되었다는 발표 그 자체만으로도 수백만 노동자에게 새로운 힘을 북돋아 준 것 같았다. '산업별 조직위원회'가 사무실을 열고 조직운동가들을 현장으로 보내기도 전에 이미 열띤 분위기가 끓어오르기 시작했다. 그리고 오랫동안 지그시 참으며 안에서만 끓고 있던 분노가 마침내 터졌다. 1936년 12월과 1937년 1월 뉴욕시에 있는 대부분의 호텔 종업원들이 파업을 했다. 이렇게 되자 손님들은 방까지 걸어서 올라다니며 잠자리를 손수 마련하고 직접 요리를 하며 자질구레한 일까지 다해야만 했다.

파업은 여기저기서 벌떼처럼 일어나 전국적으로 퍼져 나갔다. 많은 파업들은 미국 산업 역사상 최초의 연좌농성에서 얻은 교훈과 경험을 바탕으로 진행되었다. 이 농성이라는 무기는 아주 새로운 것으로 고용주들에게 커다란 타격을 주는 파업 방법이었다. 방법은 매우 간단했다. 사전에 알리거나 파업을 하겠다고 경고하지도 않고 파업을 시작한 후, 기계나 일관작업대 옆에 앉아 파업으로 마비된 공장 안에 그대로 머물러 버리는 것이다. 비록 단순했지만, 파업이 갖는 특성과 힘을 모두 갖춘 방법이었다. 공장 안에서 연좌하는 것이기 때문에 안전하고 눈과 비와 추위와 더위를 피해 몸을 보호할 수 있고, 파업을 깨뜨리려는 경찰과 자경단원의 공격으로부터도 역시 안전했다. 노동자들은 기계 앞에 자리를 잡았고, 그들이 기계 앞에 있는 한 어떤 파업 파괴자도 파업 대열을 깨뜨릴 수는 없었다. 공장은 요새나 마찬가지였다. 노동자들이 공격을 당하면 자신들의 기계가 다치지 않을까 하는 고용주들의 두려움 때문에 공장은 비교적 지키기도 쉬웠다.

더욱이 이 새로운 파업 방법은 서슴없이 실시되었고, 특히 미국에서는 최초로 그것도 대규모로 실시되었다. 이 같은 사태는 오하이오주의 아크론에 있는 고무 공장인 파이어스톤 타이어 제1공장에서도 일어났다. 야간 교대조는 새벽 두시에 전원을 끄고 일관작업대의 기계 소리를 멈추기로 했다. 1936년 1월 29일이었다. 회사 노조(company union = 어용 노조)와 '미국노동총동맹' 산하의 조합원들은 동원할 수 있는 온갖 방법들을 다 써 보았지만, 회사측의 노동강화 요구를 물리칠 수 없었고 최저 생계임금을 보장받지도 못했다. 많은 사람들이 아직도 '산업별 조직위원회'에 가담하지 않은 상태였지만, 상당수의 사람들이 가담했다. 이제 그들은 이 새로운 전략을 시도해 볼 작정이었다. 그들 가운데 상당수는 프랑스 노동자들이 최근에 그와 같은 파업 방법을 사용해 성공을 거두었다는 사실을 읽은 사람이었다.

밤이 깊어 갔고 드디어 새벽 2시가 가까워 오자 분위기는 긴장되었다. 감독은 어떤 일이 벌어지려고 하는지 전혀 눈치채고 있지 못했지만, 그도 역시 어떤 굉장한 사건이 일어나려 하고 있다는 것을 어렴풋이 느끼고는 있었다. 루스 맥케니는 미국에서 처음으로 일어난 거대한 연좌농성 파업이 시작된 모습을 이렇게 썼다.

> 감독은 공원들 옆을 천천히 왔다갔다했다. 그는 무심결에 나타나는 어떤 기미라도 있을까 하여 기계를 뚫어질 듯 쳐다보기도 하고 눈초리를 다른 데로 옮겨 보기도 했다. 그는 아무 말도 듣지 못했고, 아무런 기미도 눈치채지 못했다. 손들은 번개처럼 재빨리 움직이고 있었으며, 등을 구부정하게 구부리고 팔을 뻗치고 있는 모습은 너무나도 단조로운 동작이었다. 감독은 그의 조그마한 의자로 되돌아가서는 부드러운 방석이 깔린 회전의자에 어색하게 앉았다. 그는 머리가 굉장히 어지러웠다. "무엇인가 다가오고 있기는 한데 …… 그러나 그게 무엇일까? 도대체 무엇일까?" 하고 감독은 생각했다. ……
> 1936년 1월 29일, 오전 1시 57분. 타이어 제조공들은 조용한 흥분 속에서 온 몸이 땀에 젖은 채로 일하고 있었다. 피댓줄 소리와 참을 수 없는 소음들과 단조로운 기계 소리들이 계속되고 있었다. 남쪽 벽에 붙은 커다란 시계는 이제 막 두시가 되려 하고 있었다. 일관작업대의 끝에 있는 한 제조공이 올려다 보았을 때 시계 바늘이 두시를 향해 움직였다. 감독은 대낮같이 밝은 불빛 아래에서 일하는 사람들의 줄을 응시하며 조용히 앉아 있었다. 겨울밤이라 거리에는 사람도 다니지 않았다. 공장의 윙윙거리는

기계 소리가 눈 위에 희미하게 울릴 뿐이었다. ……

작업대 끝에 있던 제조공이 침을 꿀꺽 삼킨다. 여태까지 재빠르게 움직이던 그의 손이 멈추었다. 작업대에 있는 모든 사람들이 일을 멈추고 뻣뻣이 섰다. 넓은 방의 이곳 저곳에서 손들이 주춤거리고 있다. 감독은 머뭇거림을 보자마자 무슨 일이 벌어졌구나 하고 생각했다. 그는 벌떡 일어나 책상 옆에 서서 작업대의 이쪽 저쪽으로 눈초리를 움직여 살펴보았다.

그때 작업대 끝에 있던 제조공이 주 개폐기(마스터 스위치) 쪽으로 서너 걸음 걸어가 깊은 숨을 몰아 쉬고는 나무로 만든 무거운 손잡이를 잡아 당겼다. 이것을 신호로 하여, 거대한 대량 생산공장에서 몸에 익힌 그 동작으로 타이어 제조공들은 기계로부터 물러섰다. ……

일시에 시끄러운 기계 소리가 딱 멈추었다. 공장 안 전체가 아주 조용해졌다. 타이어 제조공들은 다닥다닥 붙어 길다란 줄로 늘어서서 전혀 움직이지 않고 죽은 듯이 고요하게 있었다. 바로 전까지는 타이어를 짜 맞추느라고 손이 분주하게 움직이고, 바퀴들이 돌아가고 핏대가 움직이고 번쩍거리는 연장들이 널려 있는 시끄러운 곳이었는데, 이제는 아무런 움직임도 소리도 없는 완벽한 적막뿐이었다. ……

소름끼치는 이 적막 속에서 창문 옆에 선 몸짓 큰 타이어 제조공의 목소리가 들려왔다. "주여, 이 세상이 끝난 것 같습니다." ……

그가 마술에라도 걸린 듯한 그 침묵의 순간을 깬 것이다. 그가 떨며 내뱉은 이 한 마디 말은 모든 사람에게 이런 의미로 받아들여졌다. "우리는 해냈습니다! 우리는 핏대를 멈추게 했습니다! 우리는 마침내 해치웠습니다!" 사람들은 흥분해 손뼉을 치고 소리를 지르며 침묵을 깨고 고함을 질렀다. 그들은 어깨 위로 힘줄이 불뚝불뚝 선 팔들을 감고 소리쳤다. "우린 해치웠다! 우리 해냈어!"

그들은 아주 멋지게 일을 벌였고, 계속 앉아서 농성을 벌였다. 사흘도 못 되어 그들은 승리했다. 작업 속도는 늦추어졌고 기본급은 올랐다. '미국노동총동맹'이 해낼 수 없던 일을 연좌농성으로 얻어 낸 것이다. 어떤 논쟁과 협상으로도 그리고 단체교섭을 통해서도 이룰 수 없었던 것을 그들은 연좌농성으로 이룩하고만 것이다. '전국 산업부흥법'과 연방정부의 힘으로도 이루지 못한 것을 그들은 이 연좌농성을 통해 이룩한 것이다.

그들이 성공한 데 힘입어 이윽고 여러 곳에서 노동자들이 똑같은 연좌농성을 하게 된 것 같다.2) 그들은 연좌농성을 벌였고 '산업별 조직위원회'와 결합했다. '산업별 조직위원회' 사무실은 흥분한 노동자들로부터 전화가 빗발쳤다. "우리는 연좌농성을 하고 있소. 우리들을 조직하도록 누군가를 보내 주시오" 하는 전화들이었다. 전국 고등학생들까지도 연좌농성을 하며 악질 교사들과 형편없는 학교 급식에 항의했다. 북부 펜실베니아주에서 남부 알라바마주에 이르기까지 죄수들은 감옥에서 농성을 벌였다. 매사추세츠주 그린필드에서는 은 세공사들이, 필라델피아에서는 축전기 제조공들, 재단사들 그리고 양말 제조공들이 연좌농성을 벌였다.

시카고에서는 시청 노동자들이 다리를 들어 열어 놓은 채로 연좌농성을 계속해 시카고 강을 중심으로 도시가 두 동강이 나고 말았다. 여기 저기에서 노동자들은 앉아서 또는 서서 농성과 파업을 벌였고, 공장에 눌러앉아서 또는 공장 밖에 모여 파업을 계속했다. 겨우 여섯 달 안에 '산업별 조직위원회'는 2백만 명의 회원을 갖게 되었다. 그 중 백만 명은 곧바로 가입한 사람들이었고, 나머지 백만 명은 새로 만들어진 8개 조합과 함께 들어왔다. 1936년 8월 4일 '미국노동총동맹' 집행위원회는 '산업별 조직위원회'에 가담한 조합들의 회원 자격을 정지시켰고, 얼마 뒤 그 조합들을 제명했다. 그러나 노동자들은 동요하지 않았다. 바로 그 무렵 파업을 하고 있던 지하철 노동자들도 '산업별 조직위원회'에 가입한다. 이들은 뉴욕에 있는 비엠티(BMT) 발전소를 장악해 전 도시를 몇 시간 안에 마비시키려고 위협하고 있었다. 그러나 미국은 여전히 새로운 사태 전개에 대해 아무 것도 몰랐다.

'미국노동총동맹' 최고 지도자들은 '산업별 조직위원회'가 공산주의적인 음모를 꾸미고 있다고 노동자들에게 경고했다. 그러나 노동자들은 이 같은 경고에 아랑

---

2) 1936년 9월부터 1937년 5월에 이르기까지 48만 5천여 명의 노동자들이 농성 파업에 참가했다. 그 파업들로 인해 다른 60만 노동자들을 고용하고 있는 공장들도 문을 닫았다. '자동차 노조연합'의 법률 고문인 모리스 슈거가 지은 다음의 노래는 이 연좌농성 시대의 정신을 요약하고 있다.
"기업주가 조합원을 해고하거든 연좌하라! 농성하라! 해고당한 동료를 복직시키게 하려거든 연좌하라! 농성하라! 작업 속도를 빨리 하라고 독촉하거든, 손가락을 비비꼬며 연좌하라! 농성하라! 사장이 교섭을 걸어올 때까지, 눈썹도 까딱 말고 연좌하라! 농성하라!"

곳하지 않고 떼지어 몰려들었다. '미국노동총동맹'은 공식적으로 '산업별 조직위원회'가 노동조합을 둘로 분열시키고 다수결에 따르지 않는다고 비난했다. 또한 '총동맹' 간부들은 '산업별 조직위원회'가 소련과 내통하고 있다며 지치지도 않고 떠들어댔다.

1938년 8월 13~16일 동안 '미국노동총동맹' 금속노조 위원장 프레이(John P Frey)는 '디이즈 비미국 활동 조사위원회'(The Dies un-American Activities Committee)의 공개 청문회에서 '산업별 조직위원회'(CIO)는 공산주의자들이 지배하고 있다고 증언했다. 반동적인 세력들은 뉴딜 정책에 반대하는 싸움을 벌이면서, 통치 기구의 한 부분을 손아귀에 넣을 만큼 이미 되살아나 있었다. 이는 의회에서 반(反)노동자적인 '디이즈 위원회'를 만든 것으로 나타났던 것이다. 프레이의 증언은 블랙리스트 명단이 미국 통치기구의 지원을 받으며 작성되기 시작했음을 알려주는 사건이었다. 또한 반공을 구실로 노동운동을 파괴하는 데 있어 대기업들이 통치기구를 이용하기 시작했음을 알려 준 사건이기도 했다.

신문들은 열심히 프레이의 증언을 취재해서 실었다. <뉴욕 타임즈>지 8월 14일자는 "공산주의자들 '산업별 조직위원회' 장악. '미국노동총동맹'의 프레이, 증언에서 248명을 빨갱이로 지목"이라는 제목으로 기사를 실었다. '산업별 조직위원회' 간부들이 빨갱이로 낙인찍혔고, 그 가운데 상당수는 1955년에도 여전히 빨갱이라는 혐의로 탄압받던 사람들이었다. 그리고 프레이는 그 뒤에도 걸핏하면 사람들을 빨갱이로 모는 등 많은 음모를 선구적으로 시작한 사람이다.

그러나 1936년에는 '산업별 조직위원회'가 크나큰 힘으로 나아갈 때라 모든 것이 행동뿐인 시기였다. 따라서 분열이 아니라 단결만이 그들의 구호였다. '제너럴 일렉트릭', '웨스팅 하우스', '필코' 등을 비롯한 거대한 회사에서 조합이 조직되었고 그들도 종종 시위를 벌였다. 젊고 유능하고 정력적인 조직가 짐매틀스가 이끄는 '미국노동총동맹' 소속 '전국 기계공조합'과 '총동맹' 산하 지부들, 그리고 독립 노조들도 단결의 물결에 합류했다. 이윽고 미국에서 가장 크고 가장 훌륭하게 운영되는 조합들 가운데 하나로 등장하는 '미국 전기·라디오 및 기계노동자 연합회'(The United Electrical, Radio and Machine Workers of America : 약칭 UE)가 1936년 3월에 조직된다. 그 해 5월에는 셰넥테디에 있는 '제너럴 일렉트릭'의 거대한 공장의 한 부서에서 연좌농성을 통해 여러 가지 성과를 거둔다.

1936년 여름에 있었던 가장 큰 파업인 '미국 라디오회사'(Radio Corporation of America : RCA)의 캠덴 공장에서 일어난 '미국 전기·라디오 및 기계 노동자 연합회'(UE)의 파업투쟁은 살벌하고도 대담했다. 그러나 일관작업대에서 일하는 '연합회' 소속의 이 젊은 노동자들이 화려하게 장식된 뉴욕 5번가의 거대한 록펠러 센터에 있는 '미국 라디오' 사장 데이비드 사노프의 사무실에 몇 달 전에 들어갔을 때는 조금은 어색하게 보였을지도 모른다. 그들은 단체교섭과 뉴저지주에 있는 '미국 라디오' 캠덴 공장 노동자들의 조합 승인을 요구했다.

"나는 이처럼 압력을 받는 분위기에서는 협상하지 않겠어. 마치 내 머리에 총을 겨눈 것이나 다름없는 상태에서는 협상하지 않겠어" 하고 사노프 사장은 실업계의 거물답게 침착하고 단호한 태도로 말했다. "하여튼 자네들은 파업해서는 안돼. 존 L 루이스가 개인적으로 내게 파업을 하지 않겠다고 확실히 약속했으니까 말이야."

사노프는 젊은 조합 지도자들을 말썽 없이 내보내고는, 루이스 같은 상위 조합 간부들의 이름을 팔아서 젊은 녀석들을 가로막는 데 성공했다고 틀림없이 믿었을 것이다. 그러나 젊은 노동자들은 루이스가 파업을 하지 않겠다고 약속했다는 사노프의 말을 믿을 수가 없었다. 그들은 그 당시 모든 노동자들이 그러했듯이 밤새도록 지치지 않고 차를 몰아, 마침내 펜실베니아주 헤이즐턴에 있는 호텔을 막 나서려는 루이스를 찾아냈다. 투쟁적인 조합원들에게 둘러싸인 루이스는 파업을 벌이지 않겠다고 말한 적이 결코 없다고 말했다.

다음날 아침, 캠덴에 있는 '미국 라디오' 공장 6천 명의 노동자들이 노동조합을 인정하라고 요구하며 파업에 들어갔다. 수백 명의 노동자들이 합세했고, 노동조합 가입원서에 서명했다. 천 명의 시 경찰과 주 방위군, 무장한 파업 파괴자들, 살인 청부업자들, 범죄자들이 매일 노동자들의 피켓 대열을 공격했다. 깡패들은 '셔어우드 사립 탐정회사'가 '미국 라디오'의 돈을 받고 고용한 자들이었다. '20세기 기금'의 연구에 따르면, '미국 라디오'가 파업을 막기 위한 싸움에 들인 돈은 적어도 24만 4930달러가 될 것이라고 한다. 그리고 이 돈의 상당한 부분이 무장한 살인 청부업자, 깡패들, 파업 파괴자들을 고용하는 대가로 '셔어우드 사립 탐정회사'에 돌아갔다.

약 175명의 '미국 라디오' 파업 노동자들이 체포되었고, 보석금은 총 200만 달러에 달했다. 매일 구급차들이 싸움이 치열한 파업 현장으로 달려가서 부상자들을 병원으로 실어 날랐다 .파업 노동자들은 자신의 요구를 관철하기 위해서뿐만 아니라, 전체 노동운동을 위해 싸우고 있다는 사실을 깨닫게 되었다 '산업별 조직위원회' 조직책 파워즈 햅굿이 투옥되었을 때는 5천 명의 파업 노동자들이 캄덴 형무소로 몰려갔다. 사방에서 감옥을 향해 새까맣게 떼지어 몰려오는 노동자들을 보곤 보안관은 들어가서 즉시 햅굿을 석방하도록 명령했다.

거의 매일 파업자들에게 형을 선고하던 캄덴의 뉴츠 판사는 파업과 노동조합이 공산주의자의 수법이며 음모라고 말했다. 대부분 주당 10달러도 받지 못하는 파업 노동자들은 그러한 비난이 노동자들을 분열시키고 해치려는 음모라고 생각했다. 4주간에 걸친 지리하고도 피비린내 나는 투쟁에서 승리하자 그들은 다시 투쟁을 벌였고, 그 후 10년에 걸쳐 전기산업 분야에서 시간당 59센트의 임금인상을 실현시킨다. 조합이 결성되기 전 15년 동안 인상된 임금은 시간당 5센트에 불과했다. 그러나 '미국 라디오' 파업에서 승리한 이후에는 사정이 달라졌다. 그 파업으로 인해 '미국 전기·라디오 및 기계 노동자 연합회'(UE)는 이름을 널리 떨치게 되었다.

1936년 9월 '연합회'(UE)와 조선소 노동자들은 '산업별 조직위원회'에 가입했다. 그들의 결합으로 '산업별 조직위원회' 내에 결정적인 변화가 일어난다. 두 분야 노동조직의 가입은 '산업별 조직위원회'가 새롭고 한창 성장해 나가는 커다란 조합들을 끌어들일 수 있다는 점과, '산업별 조직위원회'를 구성해 왔던 당초의 '미국노동총동맹' 소속 조합들 외에도 더 많은 조합들을 끌어들일 수 있음을 입증한 것이다. 그 해 연말이 되기 전에 연합회(UE)는 셰넥테디에 있는 '제네럴 일렉트릭' 공장에 조합을 조직한다.

연합회(UE)가 '산업별 조직위원회'에 가입한 것과 거의 동시에 이 '산업별 조직위원회'에는 '판유리 노조', '철·강철 및 주석 노동자 연합회'(이것은 강철 노동자 조직위원회가 접수했다), '자동차 노조연합', '고무 노동자연합' 등의 노조가 가입한다. 매일, 매주, 새로운 조합들은 당초 '산업별 조직위원회'를 만들었던 루이스가 이끄는 60만 광산 노동자들과 7개의 다른 창립 조합의 조합원인 40만 노동자들의 단체에 가입했다.

플린트(Flint)의 연좌농성

전략가들은 1892년 홈스테드 투쟁 이후, 조합을 파괴하고 있는 강철산업 부문 노동자들을 오픈샵 중심으로 조직하려는 계획을 짜고 있었다. 그러나 노동자들이 자발적으로 노조를 만드는 흐름이 커지고 또한 새로운 연좌농성 전술을 알게 되자 계획을 바꾸지 않을 수 없었다. 자동차산업에서 일하는 노동자들은 정말로 견디기 어려운 혹사를 당하고 있었다. 생산 증가를 위한 지나친 노동으로 인해 디트로이트·폰티악·플린트·디어본 등의 공장에서 노동자들은 살을 깎는 노동을 하고 있었다. 노동자들은 40세도 되기 전, 기력을 너무나 소모한 나머지 아무짝에도 쓸모 없는 폐인이 되어 회사에서 쫓겨나고 있었다. 무더운 날에도 핏대는 더욱더 빨리 돌아가고, 기계소리는 천지를 진동했다. 노동자들은 있는 힘을 다해 일하다가 마침내 일관작업대를 따라 오르내리다 지쳐 공장 바닥에 굴러 떨어지고 마는 실정이었다.

1936년 여름에는 특히 날씨가 무더웠다. 헨리 크라우스의 말을 인용해 보자.

7월에 화씨 100도를 넘는 숨막히는 무더위가 일주일 동안 계속됐다. 그러나 일관작업대는 사정없이 계속 돌아갔고, 수많은 노동자들이 일하다가는 파리처럼 쓰러져 갔다. 미시간주 자동차공장에서 3~4일 동안 죽은 노동자는 수백 명에 달했다. 디트로이트, 폰티악, 플린트에 있는 공장에는 병원 구급차가 쉴 새 없이 드나들었다.

노동자들은 일한 양에 따라 임금을 주는 낮은 임금제도 하에서도 초인간적인 노력으로 높아진 생산증가 목표를 따르고 있었다. 그러나 노동자들이 아무리 빨리 일을 해도 임금은 제자리 걸음이었다. 파운틴(Cayton W Fountain)은 《조합원들 *Union Guy*》이라는 저서에서 이렇게 말했다.

우리들의 주된 고민은 일한 양에 따라 임금을 주는 업적금 제도였다. 당시 충격 흡수 장치 하나에 얼마씩 받았는지 정확하는 기억할 수 없지만, 아마 일당 6달러 50센트 내지 7달러 정도였을 것이다. 장려 임금제도 이론에 의하면, 일을 열심히 빨리 하면 할수록 임금을 더 많이 받게 되어 있지만, 사용자는 임금 규정을 변경할 수 있는 권한을 가지고 있었다. 우리는 회사의 시간당 작업량 기록 담당자가 마음대로 결정한 새로운 임금에 따라 일을 시작했고, 조금이라도 임금을 더 받기 위해 2주일 동안 매일 죽어라고 일을 하곤 했다. 그러고 나면 어느 날 아침 갑자기 시간당 작업량 기록 담당자가 그 전날보다도 충격 흡수장치 하나에 1~2센트가 낮아진 새로운 임금에 따라 임금을 주기로 했다고 일방적으로 통보하곤 했다.

그러나 이것만이 모두는 아니었다. 어떤 공장에서는 임금이 시간당 20센트에 불과했다. 연 15만 달러 내지 50만 달러의 월급을 받고 있는 자동차산업의 기업가들은 노동자들에게 그 어느 때보다도 심한 폭행과 감시를 일삼았다. 그들은 조금도 노동조합과 협정을 맺도록 규정하고 있는 법률인 와그너법을 지키려고 생각하지 않았다. 노동조합을 결성하려는 노동자들은 인정사정 없이 해고당했고 매질을 당했다. 또 단지 웃었다는 이유로, 때로는 전혀 이유 없이 노동자들을 해고했다. 고용주들은 겁주듯이 기습적으로 해고시키면 노동자들을 순순히 말 잘 듣게 만들 수 있다고 생각했던 것이다.

수백 명의 전과자들이 노동자들을 못살게 굴고 위협하는 일에 고용되었다. 많은 전과자들이 '포드 자동차'의 해리 베네트가 책임자로 있는 소위 봉사부에 고용되었다. 노동자들은 점심 도시락까지 조사당했다. 폭력으로 침묵을 강요하는 수법, 즉 사람들의 의사 소통을 철저하게 금지시키는 수법은 디어본에서 특히 심했다. 그 곳에는 사업주들의 첩자 수가 포드 자동차의 첩자 수만큼이나 많았다. 자동차 공장 밖에는 '검은 부대'(Black Legion)라는 것이 있었다. '제네럴 모터스'의 HW 앤더슨이 말한 바에 의하면, 살인과 고문을 통해 노동조합 결성을 막는 것이 그 '부대'의 임무였다고 한다.

그러나 이 같은 폭력 행위나 억압은 자동차회사 노동자들의 마음 속에서 금방 터질 듯이 고여 있는 고통을 일시적으로 막는 것이었을 뿐, 사람답게 살고 싶다는 노동자들의 열망을 뿌리 뽑을 수는 없었다. 1920년대에도 '노조교육연맹'의 지도 하에서 노조를 만들려는 노력이 꾸준히 행해졌다. 그리고 1930년대초부터는 투쟁적인 노동자들이 조합 결성을 위해 본격적으로 움직였다. 노조를 조직하기 위해 뛰어 다니는 조직운동가들은 어둠을 틈타 자동차 노동자들의 집으로 찾아가서 조합에 가입하겠다는 서명을 받았다. 그들은 마치 독재자 히틀러 치하의 독일 노동운동가들이 사용한 방법과 비슷하게 그리고 매우 조심스럽게 일을 진행했다. 또 때로는 일관작업대를 따라 늘어서 있는 조립이 안 된 반제품 자동차 속에 노동조합을 결성하자는 주장의 유인물을 집어넣기도 했다.

플린트에 있는 거대한 '제네럴 모터스' 차체 제1공장에서 1930년 '노조통일연맹'(TUUL)의 지도 하에 '자동차 노조'는 파업을 벌였다. 그러나 이 파업에서 노동자들은 패배했고, 파업 노동자들은 요주의 인물로 점찍혔다. 1933년에도 파업을 벌였지만 실패했고, 이번에 파업한 사람들도 요주의 인물이 되었다. 1935년초에는 위헌이라는 판결로 효력을 잃게 되는 법률인 '전국 산업부흥법' 제7조 (A)항에 자극받아 자동차 노동자들이 '미국노동총동맹' 소속 노동조합에 홍수처럼 밀려들어 왔다. 40만 자동차 노동자들은 이제 노동자의 권리를 누리기 위해 고용주의 횡포를 깨뜨릴 기회가 왔다고 믿고 있었던 것이다. 그러나 '미국노동총동맹' 간부들은 거대한 자동차산업 앞에 무릎을 꿇고 만다. 그들은 심지어 고용주가 조합을 인정하지 않는 것까지도 받아들였다. 화가 난 수천 명의 자동차 노동자들은 고무회사 노동자들이 전에 했던 것처럼 조합 장부를 찢어 버리고 불살라 버렸다.

1936년 5월 '자동차 노조'는 '미국노동총동맹'을 탈퇴하고 난 뒤, '미국자동차 노조연합'(United Automobile Workers of America)이란 이름으로 '산업별 조직위원회'에 가입했다. 아크론 파업을 본받아 연좌농성 투쟁의 물결이 전국으로 퍼져 나가자, 비장한 결심으로 다시 한 번 싸워야겠다는 각오가 자동차 노동자들 사이에 싹텄다. 특히 '제네럴 모터스' 노동자들의 가슴 속에 더욱 강렬하게 불붙었다. 수십억 달러의 재산을 가지고 있는 '제네럴 모터스'는 지금까지 노동자들이 노동조합을 만들려는 기미만 있으면 철저하게 깨부셔 온 회사였다. 노동자들의 입장에서 보면 치욕적일 정도로 노조를 너무나 쉽게 분쇄당했었다. 회사 간부들은 그런 일이 다시 일어나더라도 여지없이 깨뜨릴 수 있다고 자신만만해 하고 있었다. 수십억 달러의 재산을 가진 회사니까 그런 자신을 가질 만도 했을 것이다.

"미국 노동운동 사상 가장 커다란 대격변 가운데 하나가 서서히 막 오르면서" 1937년의 위기가 닥쳐왔을 때에도, '제네럴 모터스' 경영진이 갖고 있던 노조 파괴에 대한 확신은 잘못된 것처럼 보이지 않았다. 이 회사는 자동차산업에 종사하고 있는 40만 노동자의 반 이상을 차지하는 26만 1979명의 노동자를 고용하고 있었다. 1937년에 '제네럴 모터스'는 연간 211만 6897대의 차를 생산 판매했고, 10억

4065만 5천 달러의 자본금을 갖고 있었다. 또한 미국 전역에 흩어져 있는 57개 도시에 커다란 공장들도 갖고 있었다.

'제네럴 모터스'는 사실상 회사의 공장이 있는 많은 도시를 송두리째 소유하고 있었던 셈이다. '제네럴 모터스'는 그러한 도시의 법원, 경찰 및 도시 행정관리 전체를 주무르고 있었기 때문이다.

뷕(Buick)과 시보레(Chevrolet) 자동차를 대규모로 조립하는 공장이 있는 '제네럴 모터스'의 중심부인 미시간주 플린트에 대해 알린스키는 이렇게 쓰고 있다.

'제네럴 모터스'는 모든 것을 장악하고 마음대로 주물렀다. 신문과 지방 방송국들은 사설과 편파적인 기사를 통해서뿐만 아니라, 새로 생긴 '산업별 조직위원회' 소속 조합의 광고도 싣기를 거부했다. 이것은 '제네럴 모터스'의 명령을 충실히 이행했던 것이다. 경찰, 정치인들 및 판사들만이 '제네럴 모터스'에 무릎을 꿇은 것은 아니다. 목사·신부·선생 들까지도 거의 예외 없이 '제네럴 모터스'에 무릎을 꿇었다. '제네럴 모터스'는 '플린트'에서 일반 대중을 제외하고는 모든 것을 소유하고 있었다. 일반 대중은 '제네럴 모터스'에 대해 가슴에 맺힌 원한을 품고 있었다.

이 대중의 증오심, 그리고 이 미움과 함께 생긴 열렬한 갈망, 즉 일관작업대에서 기계의 한 부품처럼 매달려 노예처럼 일하는 것 이상의 가치 있는 그 무엇이 되고자 하는 열망이 1936년 늦게 연좌농성 파업이란 모습으로 나타나기 시작한다. 다른 모든 경우에도 거의 그러했듯이 이 파업도 견디기 어려운 지나친 노동강화와 '자동차 노조연합'과의 교섭을 회사측이 거부해 일어났다. 11월 18일 애틀랜타의 '제네럴 모터스' 공장에서 연좌농성 파업이 일어났다. 12월 19일 '미국자동차 노조연합' 위원장인 젊은 호머 마틴(Homer Martin : 그는 전직 전도사이자 높이뛰기·넓이뛰기 선수권자였다)은 워싱턴으로 달려가 사태 발전에 관해 존 L 루이스와 상의했다.

존 L 루이스는 공식 성명을 통해 다음과 같이 말했다. "제네럴 모터스가 생산에 아무런 지장도 일으키지 않고, 현재 벌어지고 있는 문제들을 평화롭게 해결하는 데 합의해 주기를 '미국자동차 노조연합'은 바라고 있다. 단체교섭은 이 나라 법률로 정해져 있는 것으로 우리는 '제네럴 모터스'가 단체교섭에 나서야 한다고 생각한다."

그러나 법률 따위에 신경을 쓸 '제네럴 모터스'가 아니었다. 교섭 따위는 안중에도 없었다. '제네럴 모터스' 윌리엄 너드센 부사장은 전국 단위의 단체교섭이란 틀려먹은 것이라고 말했다. 즉, 회사는 노동자들과 만날 용의가 있고 또 이를 열렬히 바라고는 있지만, 공장 단위로만 교섭이 이루어져야 한다는 입장이라는 얘기였다. 어떤 불평이나 불만이든지 57개 공장 책임자들과 각각 해결해야 할 문제라는 것이다.

이러한 너드센의 입장이 밝혀지자, 12월 28일 클리블랜드 공장에서 일하는 노동자들은 파업을 벌여 회사의 방침에 도전했다. 동시에 '자동차 노조연합'의 투쟁적인 부위원장 윈드햄 모티머는 클리블랜드 파업은 전국적인 단체교섭——이는 전체 '제네럴 모터스' 공장에 미치는 것이다——이 이루어져야 끝날 수 있다고 말했다. 12월 30일에는 네 군데의 주요한 '제네럴 모터스' 공장들이 파업하고 있었다. 이 파업에는 '제네럴 모터스' 본사가 있는 플린트의 거대한 시보레 제4공장, 차체 제1공장 및 제2공장 등도 가담했다. 1월 4일이 되자, 파업 노동자들은 오하이오주의 클리블랜드, 조지아주의 애틀랜타, 인디애나주의 앤더슨, 오하이오주의 노오우드, 캔자스시티 및 회사 심장부인 미시간주의 플린트 공장을 점거하고 있었다.

1월 4일까지 사태는 악화될 대로 되어 있었다.

플린트시는 내란 직전의 위기에 있었다. '제네럴 모터스'가 회사를 지키기 위해 만든 자경단인 '플린트 사원 동맹'은 조지 보이슨이라는 회계주임을 지내던 자가 조직한 것이었는데, 이 단체는 시보레 제4공장을 인간 도살장으로 만들어 버리겠다고 위협했다. 이 위협에 맞서 조합원들은 미국 중서부 전역으로 수천 명씩 먼 길을 마다 않고 차를 타고 재빨리 달려왔다.

수천 명의 연좌 파업 노동자들은 두 개의 차체 공장과 시보레 제4공장에서 군대의 피비린내 나는 공격 위협을 받고 있었다. 공장 바깥에는 이들을 지키기 위해 수천 명의 노동자들이 피켓을 들고 열을 지어 서 있었다. 그리고 공장 안에서 연좌농성중인 남편, 아버지, 아들을 지켜 주기 위해 수천 명의 여성들과 아이들도 이 피켓 대열에 합류하고 있었다. 밤낮으로 이 거대한 군중들은 지축을 흔드는 방송차의 지시에 따라 앞뒤로 파도처럼 움직였다. 겨울밤의 추위를 약하게 녹여 주는 불빛 속에서 군중들은 안에 있는 그들의 동지, 남편, 아버지, 아들을 보호해야겠다고 결심을 굳게 다졌다.

파업을 이끄는 비상대책위원회로 잘 조직된 세 공장의 수천 명의 노동자들은 며칠이 지나도 완벽하게 질서를 지켰다. 그들은 마치 고동치는 미국의 심장 같았다. 굳은 결심으로 버틴 그들의 파업은 끝내 한 달 이상이나 계속되어 국가의 생존을 좌우할 정도로 고용주들에게 강한 충격을 주었다. 움직이지 않는 일관작업대 위에 그대로 놓여 있는 반제품 자동차 속에서 잠을 자고 순찰대와 악단을 조직하며 버티는 플린트의 파업 노동자들은 온 나라의 관심을 집중시켰다. 노동자들은 순간 순간마다 경찰과 군대의 공격을 받을 것 같은 절박한 위협 속에서도 44일이란 긴 시간을 버텨 내고 있었다.

그들의 수염은 날이 갈수록 길고 길게 자랐다. 그들은 카드놀이도 하고 편지를 쓰기도 하면서, 움직이지 않는 일관작업대 옆에 새로 생긴 공동 사회를 다스리고 운영해 나갔다. 그들의 단결된 힘은 마침내 루즈벨트 대통령을 움직여 드디어 프랜즈 퍼킨스 노동장관이 '제네럴 모터스'가 국법에 복종하고 협상에 나서도록 종용하고 나섰다.

물론 별 성과를 거두지는 못했지만 사용자들을 협상의 자리에 앉도록 하기 위해 워싱톤과 디트로이트로부터 존 L 루이스를 달려오게 한 것도, 움직이지 않는 일관작업대 옆에서 단합해 밤낮으로 싸운 노동자들의 행동 때문이었다.

새 주지사로 취임한 프랭크 머피의 정치 생명을 위태롭게 한 것도 그들의 투쟁이다. 그는 이제 막 미시간 주지사로 취임했는데, 수천 명의 사람들은 군대를 동원해 사건을 해결하라고 주장하는가 하면, 수백 명의 사람들은 그가 사건을 해결하지 못하면 탄핵당할 것이라고 위협하고 있었다.

전국 모든 신문의 논평란은 모조리 "파업 노동자들이 일하는 것도 공장을 떠나는 것도 모두 거부했다"는 기사로 채워졌고, 의회도 이 같은 사태에 관해 매일같이 대책을 강구하고 있었다.

'산업별 조직위원회'를 세운 것은 그들의 단호한 행동 때문이었다. 수백 개의 다른 노동조합 결성을 가능하게 한 것도, 오픈샵을 부수어 버린 것도, 평범한 노동자들의 가슴을 커다란 전율과 결심으로 가득 차게 한 것도 모두 마찬가지였다. 방방곡곡에 있는 노동자들은 신문이 나오자마자 다투어 신문을 사 보았다. "그들은 아직도 공장 안에 있을까? 그들은 계속 버티고 있을까?" 궁금한 사람들은 파업 노동자들이 여전히 굳게 버티고 있다는 기사를 읽으면서 눈물을 글썽였고, 또한 갑작스레 울컥 솟아나는 자부심을 온몸으로 느낄 수 있었다. 보이지 않는 마음을 통해 플린트 파업 노동자들과 전체 미국 노동자들은 맺어져 있었던 것이다.

1936년 연좌농성 파업이 진행되자, 신문과 정치인들은 가벼운 분노를 터뜨렸다. 그러나 일시적으로 지나가는 일이기를 바라고 있었기 때문에 거칠게 욕설을 퍼붓지 않았다. 그러나 그것은 그리 간단한 일이 아니었다. 자랑스럽게 여겨 온 미국적인 생활양식과 사유재산 제도가 가져다 주는 긍지와 화려함, 힘과 영광이라는 점에 비추어 볼 때 '제네럴 모터스'의 파업은 이루 말할 수 없는 모욕이었다. 그것은 혁명이었다. 그것은 엄청난 절도행위였으며, 대대적으로 법과 질서를 비웃는 행위였다. 그것이 빨갱이들의 소동이 아니고 무엇이냐! '제네럴 모터스' 사장 알프레도 P 슬론은 그것이 자동차산업을 "공산화"하고 "모든 산업을 공산화하기 위한 예행연습"이라고 말했다.

'제네럴 모터스'의 파업에 대해 퍼부어진 그러한 엄청난 아우성은 미국 역사상 처음 있는 일이었다. 수천 명의 저명 인사들이, 파업 노동자들을 공장 밖으로 끌어내 총살해야 한다고 주장한 미시간주 출신 하원의원 클레이 호프만의 말에 맞장구를 치고 있었다.

존 L 루이스의 생각은 달랐다. 그는 국법, 즉 '와그너 노동법'을 위반한 것은 법률에 복종하기를 거부한 미국에서 가장 큰 회사인 '제네럴 모터스'라고 말했다. 노동운동 지도자들을 비롯한 거의 모든 사회 인사들은 파업 노동자들이 사유재산을 점거하는 엄청난 죄악을 저지르고 있다는 주장 앞에서 할 말을 찾지 못하고 물러서 있었다. 그러나 존 L 루이스는 '제네럴 모터스'와 교섭을 벌이기 위해 디트로이트에 도착해서 단호하게 이렇게 말했다. "산업별 조직위원회는 이번 파업을 굳게 지지하고 있습니다."

루이스는 연좌농성이란 새로운 수단을 통해 교섭권을 얻게 되리라는 점을 알고 있었기 때문이다. 플린트 공장에서 온 사람들은 물론 거만한 '제네럴 모터스' 간부들은 루이스에게 말조차 걸려고 하지 않았다. 그러나 그들에게서 루이스는 말뿐만 아니라 결국에 가서는 단체교섭에 응하리라는 느낌을 갖게 되었다.

무력과 군대를 동원해 파업 노동자들을 내쫓으라는 강력한 여론을 여전히 힘겹게 이겨 나가고 있던 머피 주지사는 '제네럴 모터스' 간부들과 루이스를 한 자리에 불러 대면시켰다. 너드센, 머피, 루이스 세 사람 중 두 사람은 아주 괴로워하고 있었다. 생산에 직접 참여하고 있는 너드센은 일관작업대와 기계에 일종의 애정 같은 것을 갖고 있었다. 인간을 덜 사랑했다는 이야기가 아니라 그는 기계를 더 잘 이해하고 있었다.

기적 같았던 '제네럴 모터스'의 생산을 생각할 때 그는 견딜 수가 없었다. 그는 생산량을 높이기 위해 경영자 입장에서 노예처럼 일하고 땀흘려 왔는데, 이제 파업 노동자들을 몰아내기 위한 싸움에 생산은 결단이 나고 있었던 것이다.

파업 노동자들을 쫓아내라는 강제 명령이 무효임이 선포되었다. 그 명령을 발부한 판사는 '제네럴 모터스' 대주주였다. 그 자신이 내리는 판결로 인해 어떠한 경우에도 이익을 취해서는 안 된다는 주법을 위반했음이 밝혀졌기 때문이다. 이제 파업 노동자들을 내쫓기 위한 제2의 강제 명령이 발부되었다.

스스로 아일랜드의 혁명투사이며 노동자들을 동정하고 있다고 말한 바 있는 주지사(그의 할아버지는 영국인에 의해 교수형당했다)는 그럼에도 불구하고 자신의 직무를 충실히 이행하려면 필요한 경우에는 군대를 동원해 강제 명령을 집행할 의무가 있다고 믿고 있었다.

교섭 석상에서 머피와 너드센은 땀을 뻘뻘 흘리며 고민하고 있었지만, 존 L 루이스는 비교적 긴장을 풀고 있었다. 끝없는 침묵이 계속되었다. 그들은 거짓된 단체교섭에서 오직 머피 주지사의 결정에만 보조를 맞출 뿐이었는데, 주지사는 때때로 고소하다는 듯이 완고하고 말 없는 '제네럴 모터스' 우두머리들을 꾸짖어 괴롭히고 있었다. 몇 시간 동안이나 입도 달싹 않고 앉아 있는 고집세고 까다롭고 위엄 부리기 좋아하는 존 토머스 스미스에게 루이스가 한번은 의자를 자기에게 더 가깝게, 이를테면 3인치 이내로 당겨 앉아 주는 호의를 베풀어 달라고 말한 적이 있다. 루이스는 이때의 일을 알린스키에게 다음과 같이 회고했다. "스미스는 우리들 의자 사이의 공간을 응시했지요. 그러고는 갑자기 소리쳤답니다. '의자를 당신에게 당겨 붙이라고요? 왜 우리가 지금 무릎을 맞대고 앉아야 합니까? 루이스 씨 내 의자는 당신 의자에서 6인치밖에 안 떨어져 있는데, 왜 당신은 내가 당신에게 더욱 가까이 다가앉기를 원하고 있습니까?'"

"그때 나는 그를 천천히 바라보며 생각에 잠긴 듯한 목소리로 말했지요. '실은 스미스 씨, 지난 몇 시간 동안 나는 15억 달러를 가진 최대 갑부와 단지 6인치 거리를 두고 앉아 있었다는 사실에 대해 먼 훗날 내 손자들에게 어떻게 말할지 생각하고 있었던 중이지요. 나는 6인치 떨어져 있었다고 하는 것보다는 3인치밖에 떨어져 있지 않았다고 말하고 싶은 거랍니다. 그러니 당신 의자를 조금만 더 가깝게 제게로 당겨 주시지 않겠습니까?'"

그와 같은 접근 방법에 대해 때때로 '제네럴 모터스' 간부들은 반발하며 고함을 지르기도 했다. 그렇지만 그때마다 그들은 쟁점에 관한 얘기에 말려들지 않으려고 늘 자제하곤 했다. 날짜는 하루하루 지나갔다. 열 하루, 열 이틀, 열 사흘, 무지하게도 느리게 일주일이 송두리째 지나가고 1월 21일이 되었다. 너드센을 비롯한 회사 간부들도 이렇게 되고 보니, 자기들 나름의 연좌농성을 하며 버티고 있는 셈이었다. 그들의 진정한 관심은 플린트 농성 파업자들에게 있었지 존 L 루이스가 아니었다. 싸움은 단체교섭을 위한 협상 자리에서 일어난 것이 아니고, 연좌농성 파업 노동자들에 맞서 끝까지 버티기로 작정한 회사 경영진 사이에서 일어나고 있었다. 문제는 어느 쪽이 먹히느냐 하는 것이었다.

너드센은 플린트 3개 공장의 난방장치를 꺼버려 연좌농성 파업자들의 기를 꺾어 놓으려고 했다. 노동자들을 추위에 떨게 하여 내쫓을 작정이었던 것이다. 그러나 어떻게 알았는지 회사의 보험 계약 내용을 알고 있던 노동자들은 창문을 열어 젖히고 공장 소방시설을 꽁꽁 얼게 만들겠다고 으름장을 놓았다. 소방시설이 얼어 버리는 날엔 보험 계약은 무효가 되고 공장이 다 타 버려도 보험금을 한 푼도 받지 못하게 되기 때문에 이것은 보통 위협이 아닐 수 없었다. 너드센은 몹시 괴로워하다가 난방 장치를 다시 가동시키라고 명령했다. 그러고는 연좌농성중인 노동자들을 굶겨, 노동자들이 스스로 배가 고파 공장을 떠나게 만들기로 방침이 정해졌다. 그렇게 되자 경찰과 부인들 사이에 싸움이 벌어졌다. 부인들은 거의 한 달 동안 매일같이 남편들에게 음식을 날라다 주고 있었는데, 굶겨 내쫓으려는 그들의 탄압에 꺾일 수 없다고 굳게 마음먹었다. 마침내 부인들과 경찰이 충돌해 14명이 총에 맞아 부상을 당했다. 이 싸움은 후에 "경관이 날뛴 전투"라 일컬어진다. 메리 히튼 보오스는 경찰들이 날뛰었기 때문에 이렇게 부른다고 쓰고 있다. 그녀는 계속해서 이렇게 썼다.

전투에 앞서 거리는 말끔히 정리되었다. 차량은 다른 곳으로 돌아가게 통제되었다. 경찰은 최루탄과 총으로 무장을 하고 공장 주위에 자리를 잡았다. 부인들이 저녁밥을 가지고 왔을 때 경찰은 방독면을 쓰고 있었다. 이제까지 음식을 들여보냈던 문이 막히자, 부인들은 창문으로 음식을 들여보내기 시작했다. 그때 최루탄이 터졌다. 최루탄 하나가 공장 안으로 날아 들어갔다. 또 하나가 군중 가운데 떨어졌다. 그러나 부인들과 남편들은 눈물을 줄줄 흘리면서도 필사적으로 음식을 안으로 들여보내고 있었다. 그들은 반격했다. 이에 대해 부인들은 뒤에 다음과 같이 말했다. "그 어떤 것도 우리들이 남편에게 음식을 들여보내는 것을 막지는 못했습니다. 최초의 최루탄이 공중에서 터지자 공장 안에서 커다란 소화용 호스가 나와 연기를 뿜고 있는 최루탄과 경찰들 위에 물을 뿜기 시작했어요. 경찰은 부인들이 섞여 있는 군중을 향해 정면으로 발사하기 시작했지요. 노조 운동에 뜻을 같이하는 사람들은 유일한 방어 수단인 돌멩이, 석탄, 쇠, 돌쩌귀, 우유병 등으로 반격을 했지요. 이러한 어줍잖은 무기들과 용기만이 그들이 가진 유일한 무기였어요. 그러나 그들은 한 치도 양보하지 않았어요."

이제 결정적인 순간이 다가오고 있었다. 주 경찰이 동원되고 민병대도 동원되었다. 시보레 제9공장 앞에서 전투가 벌어졌다. 그 전투에서 아주 많은 여성들이 최루탄 세례를 받았다. 플린트의 거리를 지키고 있는 경찰과 민병대가 시보레 제4공장에 들어가려고 한다는 소문이 어마어마한 피켓 대열을 이루고 있는 거대한 군중들과 여성들, 어린이들, 파업 동조자들 및 중서부 지방 전역에서 달려 온 사람들 사이로 퍼졌다.

파업한 지 30일째 되는 날이 지나갔다. 파업 노동자들은 그들이 마치 늘 움직이지 않는 일관작업대 옆에서 살았던 것 같은 느낌이 들었다. 바뀐 생활—여태까지 그런 생활 말고는 다른 생활을 한 일이 없었다는 듯이—에는 아내도, 아이들도, 술도, 노름도, 침대도 없었다. 오직 기다림, 기다림밖에 없었다. 문제가 해결될 날이 오기를 기다리는 일, 아니면 무장 군인들의 침입을 기다리는 것뿐이었다. 질 수 없다는 결심을 빼놓고는 그들의 마음 속에는 거의 아무것도 없었다.

35일째 되는 날, 플린트 당국은 특수 경찰인 수백 명의 자경단원들을 무장시키기 시작했다. 그들로 하여금 세 개의 공장 안에서 버티는 노동자들을 말끔히 쓸어 버리게 할 작정이었다. 이제 긴장은 고조될 대로 고조되어 있었다. 무언가 터지지 않고는 못 배길 정도에 다다른 것이다. 매일같이 '플린트 동맹' 사람들은 총을 쏘겠다고 공언하고 있었다. 머피 주지사가 마침내 군대에게 파업 노동자들을 공장에서 몰아내라고 명령했다는 소문이 퍼졌다. 그때마다 그 소문은 거짓말임이 드러났다. 그러나 40일째 되는 날, 파업 노동자들은 다음과 같은 전문(電文)을 머피 주지사에게 보냈다.

> 우리들은 아무런 무장도 하지 않고 있는데 살인적인 무기로 무장한 민병대, 보안관, 경찰을 공장으로 진입시킨다는 애기는 무장하지 않은 노동자들을 대량으로 죽이자는 뜻일 것입니다. 플린트시의 경찰은 '제네럴 모터스'의 경찰입니다. 제네시 군(郡)의 보안관도 '제네럴 모터스' 소속입니다. 제네시 군의 판사들도 '제네럴 모터스' 소속입니다. 이제 미시간주의 주지사가 '제네럴 모터스' 소속인지 아닌지를 우리는 두고 볼 참입니다.
> 주지사님, 우리들은 공장 안에서 버티기로 결심했습니다. 만약 폭력으로 우리를 쫓아내려 한다면 우리들 가운데 많은 사람들이 죽을 것은 뻔합니다. 그리고 이와 같은 사태는 우리들의 아내와 아이들, 그리고 미시간주의 주민들과 전국 일반 대중에게 우리가 당한 무참한 일을 널리 알려주는 계기가 될 것임이 분명합니다. 우리들을 쫓아내기 위해 이러한 불상사가 빚어진다면, 주지사님은 우리 죽음에 대해 책임을 져야 한다는 사실을 잊지 마십시오!

주지사 머피는 이 글을 읽으면서 틀림없이 몹시 괴로워했을 것이다. 너드센의 혈색 좋은 얼굴도 창백해졌을 것이다. 주지사는 어떻게 하든 시간을 끌려고 애썼지만 더 이상 버틸 수가 없는 형편이었다. 전국 모든 신문과 방송, 돈푼깨나 있다는 모든 사람들은 주지사에게 직무를 성실히 이행하라고 아우성치고 있었다. 다만 루즈벨트 대통령과 뉴딜 정책 추진자들은 예외였다.

그는 있는 힘을 다해 소위 협상이라고 하는 것을 진전시키려고 노력했다. 어떤 때는 너드센이 수그러지고 있다고 생각이 드는가 하면, 또 어떤 대는 루이스가 수그러든다는 생각이 들 때도 있었다. 그러나 이제 루이스는 '제네럴 모터스'가 대량 살인을 음모하고 있다고 비난하면서, 너드센이 그토록 아끼는 기계를 부수어 버리겠다는 위협적인 주장을 들고 나오고 있었다.

파업이 42일째 되는 날도 거의 저물어 갈 무렵이었다. 한밤중에 존 L 루이스의 호텔 방문을 두드리는 사람이 있었다. 방문 앞에는 주지사 머피가 괴로운 표정을 하고 서 있었다. 주지사는 마침내 굴복하고만 것이다. 제일 먼저 손든 것은 너드센이 아니라 주지사였다. 주지사의 손에는 다음날 아침 공장에서 파업 노동자들을 몰아내도록 주 방위군을 출동시키는 명령서가 쥐어져 있었다.

앓아누워 있던 존 L 루이스는 있는 힘을 다해 마지막으로 주지사를 설득했다. 주지사는 '법을 지켜야 하는' 자신의 입장을 변명했다. 루이스는 괴로워하고 있는 주지사에게 그러면 안 된다고 비난도 하고 설득도 하면서, 있는 힘을 다해 명령을 취하하도록 종용했다. 알린스키는 이 장면을 이렇게 썼다.

루이스는 점점 목소리를 높이며 이야기했다. '머피 주지사님, 주지사님께서 대영제국에 항거하는 아일랜드 혁명운동을 열렬히 지지했을 때 그 운동이 법과 질서를 유지하는 데 도움이 되기 때문에 그렇게 하신 것은 아닐 겁니다. 주지사님께서는 그때 '법을 지키자'고 말씀하시지는 않았을 것입니다. 머피 주지사님, 주지사님의 부친께서 아일랜드 혁명 투사로 일한 죄로 영국 당국에 의해 갇히셨을 때, 주지사님께서 주님을 찬미하며 "법률이 잘못되었을리 없다. 법은 지켜야만 한다. 나의 아버지를 가둔 법은 옳고 정의롭다! 법을 지켜라"고 말씀하시지는 않았을 것입니다.

그리고 영국 정부가 아일랜드 혁명 투사인 주지사님의 할아버지를 체포하여 교수형에 처했을 때, 주지사님께선 어떤 경우에도 법을 지켜야 한다고 하면서 그 국법의 신성함과 그 국법의 영광스러움과 그 국법의 깨끗함을 무릎꿇고 찬미하며 통곡하셨습니까?

그런데 주지사님, 주지사님께서는 지금 무슨 일을 하자는 겁니까? 제 말씀을 좀 드리지요. 내일 아침 저는 '제네럴 모터스' 제4공장으로 들어가겠습니다. 가서 군인들에게 주지사님의 명령을 듣지 말고 자기의 위치를 계속 지키라고 명령하겠습니다. 그러고 나서 공장의 제일 큰 창문으로 가서 창문을 열고, 내 웃옷을 벗으며, 내 셔츠를 헤치고 가슴을 드러내 놓겠습니다. 주지사님이 총을 쏘도록 군대에게 명령하면 제 가슴이 제일 먼저 벌집이 되도록 말이에요.

여기서 루이스는 목소리를 낮추어 말했다. "제 몸뚱이가 창문에서 굴러 떨어지면 주지사님의 귀에는 '진정 너는 옳은 일을 하고 있느냐'고 물으시는 할아버지의 목소리가 울려오겠지요.

주지사는 백지장 같은 얼굴로 벌벌 떨고 있다가 돌아서 도망치듯 방을 나갔다. 다음날 아침 주지사는 발포 명령을 내릴 수가 없었다. 고민에 빠져 있는 사람은 주지사만

이 아니었다. 너드센도 역시 괴로워하고 있었다. 만약 무력 공격 사태가 일어나면, 지금 주주들이 길고 긴 생산 중단에 대한 책임을 그에게 묻고 있듯이, 이번에는 대중이 유혈극에 대한 책임을 '제네럴 모터스'에게 다시 물어올 것은 뻔한 일이었기 때문이다. 날이 갈수록 냉혹한 경쟁 회사인 '크라이슬러'와 '포드'는 자동차 시장을 빼앗아 갔다. 너드센과 경영진은 파업이 시작된 후 43일 동안을 하루도 빠짐없이 이 괴로운 문제와 씨름해 왔다. 만약 '제네럴 모터스'가 진다면 강철회사 및 모든 미국 산업들이 굴복할 수밖에 없는 사태가 벌어지리라. 망할 놈의 노동조합, 빌어먹을 루이스놈, 전에는 못 보던 이 염병할 연좌농성 파업! 어떻게 하면 노동자들을 공장에서 내쫓을 수 있을까? '제네럴 모터스'는 그들을 빨갱이로 몰아쳐 보기도 했고, 법원을 움직여 형사 입건을 꾀해 보기도 했으며, 경찰과 자경단원까지 동원해 보았지만 노동자들은 장승처럼 버티고 앉아 있지 않은가? 밤이면 밤마다 '제네럴 모터스'의 높은 사람들은 의논도 하고 토론도 벌이며 걱정을 했지만 뾰족한 수가 없었다.

파업 44일째인 2월 11일 목요일 새벽 2시 45분, '제네럴 모터스'는 드디어 항복하고 말았다. 그들은 노동조합을 인정하고 전국적인 단위로 노동시간, 임금, 노동강화 방침에 대해 협상하겠다고 발표했다.

연좌농성을 하던 노동자들은 처음에는 그것을 믿으려 하지 않았다. 그건 아마도 그들을 밖으로 끌어내기 위한 농간이려니 생각했다. 그러나 시간이 지남에 따라 파업 노동자들은 점점 높아지고 점점 가까이 다가오며 점점 더 크게 들려 오는 환호성을 들을 수 있었다. 창문 밖을 내다보자 공장 밖에 몰려들어 기쁨으로 금방 미칠 듯이 날뛰며 춤추며 부둥켜안고 고함을 치며 엉엉 울고 있는 수천 명의 군중들을 볼 수 있었다. 그때 그들은 조합 지도자들로부터 믿을 수 있는 말을 들었다. 그들은 승리했다. 그들 자신과 그들의 가족을 위해서뿐만 아니라 미국의 가장 큰 산업에서 승리를 거두었고 미국의 모든 노동자들을 위해 승리한 것이다. 그들은 빨갱이의 조종이라는 모함이나 그 어떤 종류의 농간에도 분열하지 않고 싸워 이긴 것이다.

극도의 긴장이 서서히 풀어지기 시작하자, 파업 노동자들은 현기증과 피로를 느꼈다. 그들은 잠시 동안 기뻐 소리치며 아우성치다가는 곧바로 44일 동안 그들의 가정이었던 그리고 아직도 승리의 환호성이 메아리치고 있는 휑한 넓은 공장 안을 멍하니 둘러보았다. 천천히 그들은 소지품을 챙겼다. 함께 바깥으로 행진할 참이었다. 차체 제1공장 소속 존 스레이셔는 뒤에 그들의 감격에 대해 이렇게 말했다.

처음으로 얻은 승리의 들뜬 기분이 점차 가라앉으면서 동료들의 마음은 44일 동안이나 우리의 가정이었던 조용한 공장을 떠나자는 생각들로 가득 차게 되었지요. 다시 시작되는 가정 생활은 어떤 것일까 생각도 해 보며 이런 저런 생각이 머리에 떠오르더군요. 집에 가면 어떻게 되어 있을까? 내일 다시 자동차를 타고 이 공장으로 오면 어떻게 되어 있을까? 오랫동안 잠자고 있던 저 기계들이 으르렁거리며 다시 돌아가게 되는 것일까? 그러나 그런 것은 내일 생각할 일이지.

짐을 꾸려야 했어요. 나는 종이로 된 장바구니에다 나의 '집(연좌농성장)'에서 사는 데 필요했던 물건들, 즉 슬리퍼, 몇 벌의 셔츠, 양말, 내의, 면도날과 면도기, 두 권의 책과 함께 내 잠자리 위에 걸어 두었던 아내의 사진 등을 집어넣었지요. 떠날 시간이 가까와 왔어요. 이미 밖에는 수많은 차들과 사람들, 우리들을 에워싸고 갈 동료 노동자들로 붐비고 있었습니다. 승리는 일단 우리들에게 왔지만 싸움이 끝난 것은 아니었죠. 우리들은 적수들의 모든 단합된 힘을 깨뜨릴 수 있을 정도로 강했기 때문에 이긴 것이었고, 또 단결을 통해 노예 같은 삶을 때려치우게 되었다는 사실을 기억하고 뭉쳐 나가면 계속 이길 수 있다는 신념도 얻었답니다. 드디어 공장 문이 열리고 우리는 밖으로 승리의 발걸음을 옮겼답니다.

헨리 크라우스는 그의 저서 ≪다수와 소수 The Many and the Few≫에서 차체 제1공장을 떠나는 이야기를 다음과 같이 계속하고 있다.

공장의 기적 소리가 높고 길게 울리자, 사람들은 문 쪽으로 행진하기 시작했다. 바깥에 모여 있던 수천 명의 군중들은 대열의 선두에 선 버드 시몬즈가 나타나자 큰 소리로 만세를 불렀다. 파업 노동자들은 모두 커다란 짐꾸러미를 등에 짊어지고 있었다. 축하 잔치를 벌이기로 한 다른 공장까지 2마일의 거리를 행진하기 위해 사람들은 즉시 길에 정열했다. 대형 성조기를 든 기수들이 앞장을 섰다. 조그만 성조기들이 사람들의 모자마다 새겨져 있었다. 파업 노동자들, 뜻을 같이하는 사람들 그리고 수백 대의 자동차들이 노래를 부르며, 환호하고, 경적을 울리며 이웃 마을을 향해 행진을 시작했다.

승리의 환호를 지르느라고 기진맥진해진 이들도 승리를 거둔 용감한 노동자들이 계단을 오르기 시작하자, 다시 새롭게 원기를 회복했다. 그들은 극도의 피로 때문에 수척해 보였다. 그들이 밖으로 나오자 아내와 어린이들이 44일 동안이나 보지 못했던 남편과 아버지를 만나러 달려왔다. 수염이 덥수룩하게 자란 남자들은 부끄러움도 잊고 눈물을 흘렸다. 그때 누군가가 '단결'(Solidarity)이란 노래를 부르기 시작했다.

모든 사람들이 다시 만나는 그 순간은 바로 감동과 감격이 사무친 순간이었다.

그로부터 일 년 안에 임금은 대부분의 경우 시간당 30~40센트에서 1달러까지 올라 자동차산업이 지불한 임금 총액은 3억 달러로 증가했다. 1년 이내에 '자동차 노동조합연합' 조합원 수는 3만 명에서 50만 명으로 늘어났고 4천 개 자동차회사 및 부속품 업체와도 협약을 맺었다. 승리의 행진에 참가하고 있는 노동자들은 이와 같은 사실들이 벌어질 줄 이미 알았다는 표정들이었다. 메리 히튼 보오스는 노동자들이 행진하면서 "자유! 자유! 자유!"를 소리 높여 외쳤다고 쓰고 있다.

"차를 몰고 따르는 사람들과 행진을 하고 있던 노동자들은 거리에 들어선 다른 노동자들에게 "노동조합에 가입하라! 그러면 자유를 얻는다!"고 소리쳤다. 호머 마틴, 윈드햄 모티머, 봅 트래비스 및 다른 파업 지도자들이 기뻐 어쩔 줄 모르는 군중 앞에서 연설했다. 승리의 기쁨이 플린트 전 시가지를 누볐다. 플린트 노동자들은 그들이 거둔 역사적 승리를 발판으로 새로운 삶을 창조하기 시작한 것이었다."

그리고 미국 모든 노동자들도 또한 그러했다.

승리

마침내 오픈샵의 대들보가 무너져 버렸다. '제네럴 모터스'가 무릎을 꿇었다는 소식이 들리자 전국 노동자들은 환희의 함성을 질렀다. 자동차 공업 노동자들은 다음 차례는 '포드 회사'가 될 것이라고 말했으며, 비록 4년 이상이나 걸리긴 했어도 '포드'도 두 손을 들었다.

플린트에서의 파업이 있은 후, 앉아서 버티는 연좌농성 파업은 눈송이처럼 퍼져 나갔다. 폭풍은 플린트에서 디트로이트, 시카고, 밀워키로 번져 나가면서 상점들과 공장들과 호텔들을 마비시켰다. 파업 열풍은 덴버까지 급속히 퍼졌고, 서부 해안을 휩쓴 후 다시 대서양 연안으로 돌아왔다. 세인트루이스의 '에머슨 전기회사'의 '전기·라디오 및 기계 노동자 연합' 소속 노동자 2천 명은 53일간이라는 역사상 가장 긴 연좌 파업 끝에 노조 설립승인과 임금인상이라는 열매를 따냈다.

과거에 노동자들의 전술이었던 파업은 이제 보편적으로 퍼져 나갔다. 상류 사회 사람들은 연좌농성 파업을 어떤 무서운 질병, 즉 그들이 가는 곳마다 그들을 괴롭히는 납득이 안 가는 질병처럼 보았다. 울워스 상점의 여점원들은 파업으로 문이 닫혀진 상점 복도에서 스윙춤을 추어 댔다. 고급 술집에서 일하는 웨이터들은 높은 사람들의 자리에 앉아서 시중들기와 의자를 요구하는 은행가들을 차갑고도 무감각하게 쏘아보았다.

일련의 새로운 규범들이 미국인들 사이에 갑자기 만발하는 것 같았다. 한때는 보잘것없던 실비스, 파슨즈, 뎁스와 헤이우드의 묵은 지혜가 모든 사람들의 입에 오르내렸다. 건축가·기술자·약제사·과학자·교수 들까지도 그들이 조합을 결성했을 때, "피켓 대열을 사수하라. 단결만이 힘이다. 한 사람에 대한 폭행은 모두에 대한 폭행이다" 하고 외쳤다. 이발하러 이발관에 가면 이발사들이 농성 파업을 하고 있고, 점심을 먹으러 식당에 가면 요리사와 종업원들이 파업을 하고 있었다. 교사, 공사기획청(WPA) 노동자, 예술가, 버스 차장, 호텔 급사, 시청 고용인, 재단사, 급사(웨이터), 바텐더, 광부, 선원, 소방수, 발전소 노동자 등 전에는 조합에 대해 거의 들어본 적도 없는 수천 명의 사람들이 조직을 하고, 농성하며, 협약을 체결하고 임금을 올리면서 결속을 이야기하기 시작했다.

캘리포니아주의 황금 해안에서 메인주에 이르기까지 상류 사회 사람들은 갑자기 자신들의 위치를 망각한 사람들의 손에 고통을 당한 공포의 이야기들을 해 가며 벌벌 떨었다.

노조을 지지하는 이 같은 상승 분위기에 힘입어, '산업별 조직위원회'는 중공업 분야에서 노조를 조직하는 방향으로 신속히 대처해 나갔다. 또 자동차산업의 경우 '크라이슬러 회사'는 대규모 연좌 파업에 금방 굴복해 '제네럴 모터스'의 뒤를 이었다. 미국 오픈샵의 역사적 창설자였던 대강철산업도 1892년과 1919년 후반에 사용했던 전통적인 살인과 폭력에 의한 방법이 '산업별 조직위원회'에게는 힘을 못쓴다는 사실을 알게 되었다.

세계 최대 전기산업이며, 1892년 이래 노동조합 조직을 막는 데 성공해 온 모건 재벌계의 '제네럴 일렉트릭' 산하 40개 대공장들(지금은 93개)에는 이제 하나씩 노조가 결성되어 가고 있었다.

그러나 이때까지 모든 조직운동 가운데 가장 중요한 것은 강철 분야였으며, 이 산업 분야의 노동운동은 파죽지세로 전진해 나갔다. 강철 노동자들과 모든 곳의 노동자들은 거의 신앙적인 정열로 노동운동에 뛰어들어 왔다.

강철산업에는 5천여 명의 자발적인 조직운동가들이 있었다. 자동차산업의 농성으로 가열된 정열은 뒤에 미국 최대 노동조합인 '광산 노동자연합'의 경험, 방법 등의 모든 자원들에 첨가되었다. 1936년 6월에 창설된 필립 머레이가 이끄는 '강철노동자 조직위원회'는 즉각 핏츠버그, 시카고, 버밍햄 세 곳에 방대하고 능률화된 지역 사무실을 개설했다. 거기에는 선전 담당원, 통계 전문가, 변호사뿐 아니라 존 브로피, 밴 A 비트너, 빌 미취 및 후에 '강철노조' 위원장이 된 데이비드 맥도날도와 같은 기민한 노장들이 일하고 있었다.

'강철노동자 조직위원회'는 3개 지역 사무실 산하에 35개 소지역 사무실을 두었다. 거기에는 158명의 현장 지도자와 상근 조직가와 80명의 비상근 조직가들이 일했다. 대강철 파업을 주도했던 노장들은 가끔 와서 줄 이은 속기사들의 유리가 깔린 우아한 책상들, 서류철 그리고 변호사들을 멍청히 바라보면서, 누구의 도움도 받지 못하고 맨주먹으로 뛰었던 1919년의 가난하고 괴로웠던 시절을 회상하며 슬픈 듯이 머리를 가로 저었다.

대약진이 시작되었다. 이 약진은 당시 필립 머레이가 묘사한 바에 따르면, "지금까지 기억되는 조직된 노동운동 가운데 가장 규모가 큰 것이었다. 그리고 노동운동 사상 가장 중요한 작업이었다." 처음에는 대단히 어렵게 진척되었다. 용기에 찬 수천 명의 노동자들이 있는 반면 오랫동안 무자비한 박해의 표적이 되어 왔던 강철공장들의 다른 수천 명의 노동자들은 두려움에 차 있었다. 11월까지 '강철노동자 조직위원회'는 약 8만 2천 명의 조합원을 확보하고 있었다. 그러나 플린트에서 파업이 일어나고 있는 동안 수천 명의 노동자들이 몰려들었고, 마침내 '제네럴 모터스'를 꺾고 승리한 순간에는 조합원은 15만 명으로 늘어났다.

'제네럴 모터스'를 꺾고 얻은 승리에 감동한 사람은 강철산업 노동자들만이 아니었다. '미국 강철회사' 이사장 마이론 C 테일러도 감동했다.

테일러는 '제네럴 모터스'에서의 노조 승리로 위세를 온 나라에 떨치고 있던 존 루이스와 협의하고 있었다. 갑자기 아무런 파업이나 경고도 없었는데 세계에서 제일 큰 강철회사가 항복했다. '산업별 조직위원회'가 생각하기에는 가장 끈질기게 대적해 올 것이라고 생각했던 적수가 아무런 투쟁도 없이 굴복한 것이다. 단순한 힘의 시위만으로 '강철노동자 조직위원회'는 임금을 10% 인상시켰으며, 노동시간을 주당 40시간으로 조정하고 '미국 강철회사'에 고용된 수천 명의 노동자들을 위해 노동조합 승인을 약속받은 것이다.

'미국 강철'의 항복을 보고 노동자도 놀랐지만 '군소 철강(little steel)회사'들을 운영하는 기업가들도 놀랐다. 이 '리틀 스틸'이라는 말은 미국 강철 생산의 25%를 차지하는 소규모 강철회사들을 합쳐 부르는 말이다. '리퍼블릭 강철회사' 톰 거들러는 테일러 '미국 강철' 이사장이 강철산업을 배반했다고 말했다. 그는 '산업별 조직위원회'와 협상하느니 차라리 강철회사를 그만 두고 사과나 재배하겠다고 말했다. 또 그는 미국을 공산주의자에게 넘겨 주는 이 따위 일에 가담할 수 없다고 말했다.

필 머레이가 말했듯이 '리퍼블릭 강철회사'와 그 지지자들은 '영스타운 쉬트 앤드 튜브 회사'·'인랜드 강철회사' 등과 소위 "신성하지 못한 동맹"을 맺고 노동자들과 싸울 무기를 비축하여 뻔뻔스럽게도 와그너 노동법을 위반했다. '라 폴레트 위원회'에 따르면, 1937년 봄 '강철노동자 조직위원회'가 파업을 선언하기 직전 몇 주일 동안 이들 '리틀 스틸'은 기관총·소총·권총·최루탄·폭탄 등을 구입하는 데 4만 3900달러를 쏟아부었다.

'리틀 스틸'과의 싸움은 곧 닥쳐왔다. 5월이 되자 클리블랜드와 매실론, 영스타운과 시카고에서 시작된 이 전쟁은 현충일에 절정에 달했는데, 리퍼블릭 공장 앞에서 평화적인 파업을 시도하던 노동자 가운데 10명이 사살되고 수십 명이 부상하는 사태가 발생했다.

이러한 투쟁 속에서 '산업별 조직위원회'는 성장했다. 거들러는 무기류를 구입했느냐는 질문을 받자 아주 명랑한 어조로 대답했다. "우리가 무기를 구입한 건 틀림없어요."

그러나 사람들이 헛되이 죽은 것만은 아니다. 1877년 펜실베니아주에서 교수형을 당한 아일랜드인 광부들이 결코 헛되이 죽지 않았듯이, 그들의 죽음으로 '리퍼블릭 강철'과 '리틀 스틸'에 조합이 조직되었고, 수천 명의 동료 조합원의 임금이 10% 오르게 되었다. 또한 노동시간이 주 5일, 40시간으로 단축되었다. '산업별 조직위원회'의 승리는 그들의 죽음과 그들처럼 죽은 뭇사람들과 수백만 노동자들의 단결에서 비롯된 것이다.

1869년 이래 노동조합에 가입하기 위해 싸워 온 흑인 노동자들이 백인과 평등한 조건 아래 수천 명씩 전국 규모의 노조인 새로운 '산업별 조직위원회'에 가입했다. 강철·자동차·식품·해운 산업 분야의 노동자를 조직하는 데에 있어 흑인들의 노력은 필수적인 것이었고, 소속 조합원은 성별·인종·종교·국적에 의해 제한받지 않는다는 '산업별 조직위원회' 헌장을 기초하는 데서도 그들은 결정적인 역할을 했다.

섬유와 봉재 노조를 제외하고는 역사상 최초로 수천 명의 여성 노동자들이 동일 노동에 동일 임금을 받는다는 원칙에 입각한 '전기 노동자연합', 식품가공 및 다른 노조들에 가입했다. 1860년대의 실비스, 수잔 B 안토니 그리고 엘리자베드 캐디 스탠턴 등이 이러한 진보를 위해 벌인 투쟁은 헛되지 않았다.

사상 처음으로 파슨즈, 헤이우드, 뎁스, 포스터 등이 꿈꾸던 목표가 실현되었다. 드디어 독점기업과 트러스트화된 기업의 핵심부에 산업별로 노조가 조직되었다.

조합원 수가 100만에서 200만으로, 300만에서 400만으로 늘어가면서 '산업별 조직위원회'가 이룬 성과는 이것만이 아니었다. 1938년 '산업별 조직위원회'(CIO : The Committee for Industrial Organization)는 그 명칭을 '산업별 노동조합회의'(CIO : The Congress of Industrial Organizations)로 바꾼다.

'산업별 노동조합회의'가 광산 노동자를 60만, 자동차 노동자를 40만, 강철 노동자를 37만 5천, 직물 노동자를 30만, 여성 봉재 노동자를 25만, 전기 노동자를 20만, 농업 및 식품가공 노동자를 10만의 규모로 조직화해 나가는 성장의 위력에 자극받아 '미국노동총동맹'도 보다 적극적인 행동을 전개하게 되었다. 따라서 기계공들, 트럭 운전수들, 호텔과 식당 종업원들 그리고 보일러 제작공들의 조직화 추진은 '미국노동총동맹'의 조합원을 100만 명 이상 증가시켰다.

1940년까지 '미국노동총동맹' 소속 조합원은 424만 7424명으로 늘었고, '산업별 노동조합회의' 소속 조합원은 381만 381명, 그리고 독립 노동조합의 조합원 수는 약 200만 명에 이르렀다. 불과 4년 만에 노동조합원은 1천만 명에 달함으로써 거의 3배로 늘어났던 것이다.

더욱이 1866년부터 목숨을 바치며 외쳐 온 '하루 8시간 노동제'가 마침내 많은 산업에서 실현되었다. 특히 남부 섬유업계 같은 오픈샵 작업장에 '산업별 노동조합회의'의 남녀 노동운동가들이 결합했는데, 그들은 매질을 당하거나 온몸에 타르를 칠한 채 새털을 씌워 놓는 형벌을 받았고, 일부는 백인 폭력 단체인 'KKK단'에게 살해되기도 했으나 남부에 남아 조직 작업을 계속했다.

1890년의 노동자 인민당원들과 실비스의 꿈이었던 독자적인 정치활동은 '비당파 활동 노동연맹'(Labor's Non-Partisan Action League)이 1936년 선거운동을 벌여 루즈벨트 대통령을 재선시키고, 시드니 힐맨(Sidney Hillman)이 이끄는 '산별노조회의'(CIO) '정치활동위원회'가 수백만 명을 뉴딜의 기치 아래 모임으로써 적어도 부분적으로 실현하게 된다. 뉴욕의 미국 노동당, 태평양 연안 워싱턴주 연맹, 미네소타주의 '농민·노동당' 등은 이 기간에 노동자들이 벌인 독자적인 정치활동의 또 다른 예들이다.

1940년 '산별노조회의'의 이야기는 승리의 이야기였다. 그것은 변화된 삶의 이야기였다. 여태까지 혼자서 일관작업대의 덜거덕거리는 소리에 압도당해 죽자살자 일만 해 왔던 수많은 노동자들은 조합 회의를 준비하고, 연설하며, 위원회에 봉사하고, 조합 서류를 검토하고, 조합 문서를 만들고, 수많은 방법으로 조합을 육성 발전시키며 그들 자신의 중대한 결정들을 민주적인 행동 방식으로 자신들이 직접 채택했다. 많은 노동자들이 위험에 맞섰고 또 그 위험을 극복해 왔다. 경찰과 군대에 맞섰고, 법원 판결에 언제나 시달려 온 이들 파업 노동자들은 이제 더 이상 옛날의 노동자가 아니었다. 자기 스스로의 노력으로 미국 노동자들은 자신들의 임금을 올리고, 여가 시간을 얻었으며, 인간으로서의 존엄성을 인정받았다. 그들은 자신들이 사는 나라를 보다 살기 좋은 곳으로 만들었고, 또한 그러한 일은 앞으로도 계속되어야 할 크나큰 과업이었다.

필립 머레이는 1939년 샌프란시스코의 '산업별 노동조합회의' 연차 총회에서 이 모든 것에 관해 다음과 같이 말했다.

지난 3년 동안 '산별노조회의'에 가입한 미국 노동자들은 임금인상을 이룩했고, 또한 그 간접적 효과로 수백만 비조직 임금 노동자들의 임금도 인상되었습니다. 이에 미국 노동자들의 구매력은 전국적으로 해마다 거의 50억 달러나 더 늘어났습니다. 여러분도 아시다시피 저는 이것이 봉사요, 이 나라를 위한 중요한 일이며, 이것으로 더 많은 의복과 더 많은 교육 혜택과 그리고 더 좋은 음식을 주고 있다고 생각합니다. 우리 사회를 위해 우리가 할 수 있는 이보다 더 큰 공헌이 어디 있겠습니까?

승리의 비결

마침내 오픈샵의 둑이 무너지고 60여 년 동안 억압받고 억제되어 온 거대한 힘이 풀어지자 '산업별 노동조합회의'가 재빠르게 설립되었다. 그러나 그것은 공산주의자들의 음모라는 비난으로 깊은 상처를 받았고, 전체 대중매체의 98%에 달하는 신문과 라디오로부터 비난을 받았으며, 세계 최대의 독점자본 조직들로부터 강력한 공격을 받아야 했다.

'산별노조회의'는 노동운동 안팎에서 타격을 받았다. 1937년 뉴딜의 높은 이상이 달성되고 사업이 끝나게 되었다는 현실이 공격에 부채질을 가했다. 1938년까지 독점기업들은 노동운동을 봉쇄하고 그들의 이익을 도모하기 위해 국가를 장악하려는 긴 노력의 제1단계 조치를 취했다. 1단계 조치란 '하원 비미국 활동 조사위원회'를 구성하고, 텍사스주 출신 마틴 디이즈 하원의원의 주도 하에 국가가 노동조합원 중 요시찰 인물들의 명단을 작성하게 하는 것이었다.

이 위원회는 1938년 전국적으로 노조간부 선거가 실시되기에 앞서, 노동계에 빨갱이들이 준동하고 있다고 떠들며 노동자들을 '미국노동총동맹'으로 몰리게 하는 노력의 일환으로 청문회를 개최했다. 그들은 매일같이 '산업별 노동조합회의'가 공산주의적인 폭동을 조장한다고 비난하면서 자경단원들을 투입해 '산별노조회의'의 피켓 대열을 분쇄했다. 이 모든 일은 국가를 빨갱이로부터 구하기 위함이라는 명분 하에 이루어졌다. 우리들은 앞서 거대한 '제네럴 모터스'의 파업이 자동차산업을 소비에트화하려는 시도라는 중상모략을 보았다. '전국제조업자연합'은 아이젠하워 같은 인물을 대통령으로 선출하고 뉴딜을 제거하기 위한 장기적인 책략의 과정으로 "산별노조회의에 가입해 공산주의 미국 건설을 도웁시다"는 전단 220만 장을 만들어 뿌렸다.

공산주의라는 비난에도 불구하고 '산별노조회의' 소속 노동자들과 간부들은 대체로 동요하지 않았다. 공산주의자들의 책동이라는 비난은 4년 동안에 걸쳐 점점 더 고조되어 왔지만, '산별노조회의'는 누구를 숙청하거나 제명시키거나 스스로를 약화시키는 일은 하지 않았다. 간부들과 일반 조합원들은 미조직된 노동자들을 조직하는 어려운 사업을 계속해 갔고, 어떤 형태로든지 하나의 노동조직으로 결합되면 모든 불화는 치유될 수 있으며, 또 치유되어 왔다는 사실을 한시도 잊지 않았다. 그리고 그들은 미국 노동자들의 80%가 아직도 조직되지 않은 채로 방치되어 있다는 사실도 잊지 않았다.

'산별노조회의' 위원장이며 그 생명인 존 루이스는 '산별노조회의'의 단결력과 생명 자체를 위협하는 공격들이 늘어간다고 지적하면서, '산별노조회의'가 공산주의자들에 의해 지배되고 있다고 말하는 사람들은 새빨간 거짓말쟁이라고 말했다.

그는 1938년 '산업별 조직위원회'를 '산업별 노동조합회의'로 개칭하는 첫 규약 개정 대회에서 반대 세력의 공격에 대해 다음과 같이 말했다.

> 이 운동에 참여하고 있는 노동자들은, 민주주의 체제 내에서도 노동자의 권리와 자유를 지키는 일이 얼마나 힘이 드는가를 알고 있습니다. 그들은 폭력과 야만과 중상(中傷)에 맞서 투쟁해 왔습니다. 공공의 권력은 노동자들에게 불리하게 악용되고 있습니다. 그러나 우리들은 파괴되어서는 안 될 권리를 갖고 있다는 강한 신념을 여전히 가지고 있습니다.
>
> 공공 보도기관들은 '산업별 조직위원회'를 반대하는 이야기로 지면을 채웠습니다. 이런 허위의 폭풍우 속을 뚫고 우리 노조의 조합원들과 친구들은 성실하게 냉소적인 거짓과 고통스러운 허위 진술에 흔들리지 않고 전진하고 있습니다.
>
> 이런 운동을 통해 수백만 명이 자유라는 말의 새로운 의미를 알게 되었습니다. 공공연히 남을 착취하고 싶어하는 자들도 자유를 부르짖습니다. 이 오랜 미국의 이상과 탈을 쓰고 거대한 경제력을 가진 자들은 땀흘리는 자에게 남아 있는 약간의 자유마저도 파괴하려고 들 것입니다. 우리가 추구하는 자유는 이와는 다릅니다. 그것은 일반 대중을 위한 자유, 경제적 속박으로부터 벗어나는 자유, 거대한 기업들의 관료적 억압에서 벗어나는 자유, 인간의 창의성을 회복하기 위한 자유이며, 또한 경제적 안정과

인간의 자존에서 비롯되는 자유를 의미합니다.

노동운동을 마비시키는 여러 가지 욕설과 모함에 직면하면서도 조합원이 1936년 100만에서 1940년에는 400만으로, 1945년에는 600만 명으로 '산업별 노동조합회의'가 계속적으로 성장한 이유들을 검토하기 전에 아마도 우리는 실패로 돌아간 빨갱이 소동의 일반적인 배경을 살펴보아야 할 듯하다.

빨갱이 소동은 독점자본의 힘이 노동운동보다 더 약했기 때문에 실패한 것이 아니다. 사정은 이와 반대였다. 1938년 루즈벨트 대통령이 지적했듯이, 대중에게는 고통스럽기 짝이 없는 불황이 대기업에게는 기업의 세력을 늘리고 자본을 집중시키는 절호의 기회였던 것이다. 독점기업은 계속 자기 세력과 기업 집중을 착실히 늘리고 있었다.

고울드와 록펠러 그리고 이들과 관계를 맺고 있는 악덕 신흥 자본가들이 1873년 공황을 틈타 그들의 경쟁자를 쓰러뜨리고 국가 재산을 가로챘듯이, 이들보다 거대한 규모를 확장한 그들의 후계자들도 1929년에 시작된 공황 동안 한껏 배를 채웠다. 그 결과 1935년 정부 통계에 따르면 미국 기업의 0.1%에 불과한 대기업이 전체 순이익의 50%를 차지했고, '산업별 노동조합회의'를 공격하고 있는 전체 기업의 4%도 채 안 되는 알짜 대기업들이 전국 기업들의 총 이윤 중 84%를 차지했다고 대통령은 말했다.

> 혼자 사는 사람을 포함해 미국 총 세대수의 47%가 1년간 1천 달러도 안 되는 소득을 얻는 데 반해, 미국 총 세대수의 1.5%도 안 되는 상류층은 밑바닥 47%의 세대와 같은 액수의 총 수입을 얻고 있습니다.

대통령은 거대하고 또 점점 커지는 자본 집중에 대해 언급하면서, 독립적인 듯이 꾸미고 있는 많은 기업들이 실은 은밀한 기업 합동의 일부를 이루고 있고, 이리하여 방대한 자본 집중을 꾀하고 있다고 말했다.

투자를 통해 연쇄적인 영향력을 행사하거나 지주회사 같은 금융적인 장치를 통해 면밀히 재정적인 통제를 확립해 겉으로는 독립된 단위 기업으로 가장하고 있지만, 실은 그렇지 않습니다. 미국 산업의 주요 부문들은 금융과 경영을 한 손아귀에 장악한 세력이 지배하고 있습니다. 기업의 자유 기업적인 성격은 이미 사라지고 사적(私的)인 집산주의(集産主義) 덩어리로 되어가고 있습니다. 즉, 미국식 모형에 따른 자유 기업 체제의 탈을 쓰고 빠른 속도로 유럽식 방법을 좇아 은폐된 카르텔을 이룩해 가고 있는 것입니다.

그럼에도 불구하고 '산별노조회의'는 이 거인들을 때려부수고 있었다. 머레이가 자랑스럽게 지적한 바에 의하면, 노동자들은 이 거대 기업들로부터 임금인상을 통해 1년에 50억 달러를 더 뜯어내고 있었다. 태초 이래 고용주들이 자발적으로 그들에게 돌아오는 이윤의 몫을 그들 고용인들의 임금인상에 반영시키는 경우는 기록상 많지 않다. 고용주들을 가장 화나게 만드는 일은 바로 임금인상으로 비용이 늘어나는 것이었다.

따라서 상원의 공식 청문회에서 밝혀졌듯이, 독점기업가들은 임금인상을 피하기 위해 갖은 악랄한 방법이나 잔인한 수법도 사양하지 않았던 것이다. 임금인상을 막기 위해 미국 대기업들은 1년에 8천만 달러를 들여 첩자와 살인 청부업자들을 고용해 노동조합 결성을 막으려 했다. 만약 조합 결성이 성공한 경우에는 조합원들을 쓸어 버리기 위한 무기를 사들이는 데 다시 수천만 달러를 추가로 투입했다. 1937년이 되자, 세계 최강의 자본가 집단 대표들은 진보의 발걸음을 막아 버리고 '산별노조회의'를 분쇄하는 데 필요한 모든 준비를 끝낸다.

그들이 미국 대통령을 모함하는 데 쓴 수법들을 생각할 때, 돈으로도, 뇌물로도, 위협으로도 움직여지지 않는 노조 지도자들과 노동운동을 공격하는 데 사용한 방법들이 얼마나 끔찍한 것인지는 능히 짐작할 만했다.[3] 사실 그들 중 많은

---

[3] 가장 위대한 미국 대통령 가운데 한 사람인 루즈벨트가 사실은 미친 놈이라고 '자유연맹'과 소위 헌법의 수호자를 자칭하는 자들은 몰아대며 간교하고도 악랄한 막후 중상(中傷)을 퍼뜨렸다. 대통령이 몹쓸 병으로 고통당하고 있고, 백악관 회의에서 갑자기 미친 듯이 웃음을 떠뜨린다는 소문을 그들은 끈질기게 퍼뜨렸던 것이다. 이미 죽은 대통령을 "소련의 압력도 필요없이 히틀러와 전쟁을 개시해 미국을 소련에 팔아 넘긴" 반역자로 몰아치려는 엉터리 같은 모함의 씨앗이 이때 뿌려진 것이다. "소련 간첩을 고의로 높은 지위에까지 진급시켰다"는 트루만 전대통령에 대한 모함의 씨앗도 이때 뿌려진 것이다. 이러한 점들로 미루어 볼 때, 정직한 노조 지도

이들이 히틀러의 수법과 같은 음모를 꾸몄다. 즉, 파시스트에 의한 권력 장악이란 음모는 광신적인 '기독교 전선'(The Christian Front) 지지자들을 필두로 '독일 미국 협회'(The German-American Bund) 및 기타 조직들 그리고 재산과 명망을 한 몸에 지닌 실업계 거물들 사이에서 점점 퍼지며 되풀이되었다. 헨리 포드, '국제 사무기계 회사' 사장 T J 와트슨 및 상당수의 대기업 우두머리들이 히틀러가 주는 훈장을 받았고, 히틀러는 수많은 미국 실업가들의 영웅으로 추앙되기에 이른다. '전국제조업자연합' 회장을 지낸 H W 프렌티스는 "미국 실업계는 어떤 형태의 위장된 파쇼 독재 체제에 호소할 수밖에 없는지도 모른다"고 말했다.

1938년에는 파시스트의 정권 탈취에 관한 은밀한 이야기가 많은 곳에서 예사로 나돌았다. 버틀러 장군은 자기가 그 같은 파시스트 쿠데타를 이끌어 달라는 부탁을 받았다고 증언했다. 이것은 정권 탈취가 단순한 이야기에 그친 것이 아니라 그 이상의 음모가 진행되고 있을 거라는 점을 보여 준다. 대통령 자신이 "만일 사사로운 재벌의 힘이 민주 국가의 권력보다 더 강해지도록 우리 국민이 두고만 본다면 자유민주주의는 결코 안전하지 않습니다. 그것은 본질적으로 파시즘(Fascism)입니다"고 말하면서 주의를 환기시켰다. 버크헤드(Birkhead) 박사의 연구에 따르면, 1936년에 이미 미국에는 "119개의 친(親)파쇼 조직이 있었고, 500만 명이 이 조직들과 연관을 맺고 있었다." 이 조직들 대부분이 허스트(Hearsts)나 맥코믹(McCormicks), 펠리(Pelleys), 코플린(Coughlin), 스미스(Smith), 헤이롱(Huey Longs) 등의 재벌에게 인정을 받고는 있었지만 대단한 존재는 아니었다. 그러나 1940년에 들어와 생긴 강력한 친 히틀러 조직인 '미국 제1위원회'(pro-Hitler American First Committee)에는 상당히 많은 미국 산업계 대표들이 포함되어 있었다.

독일에서는 히틀러가 집권한 뒤, 노동조합이 깡그리 없어진 사실을 보고 많은 미국 실업가들은 강렬한 인상을 받았다. 모든 민주적인 반대자들이 없어지고 독점기업들이 지배하는 국가에서는 임금인상으로 기업의 비용이 늘어나는 일은 생기지 않았다. 파쇼 미국을 건설하려는 반동의 청사진 속에서 공산주의자들은 분명히 부차적인 문제에 불과했다. 즉 공산주의자들이 첫 희생자들이 되겠지만, 진

자들에게 가해진 정치적 공격이나 기업가들의 모함은 새삼 놀라운 것이 아니다.

짜 목표는 수십억 달러를 민중에게 임금으로 지불하여 생산비용을 증가시키는 비공산주의자들, 바로 뉴딜 정책을 추진하고 있는 비공산주의자들이었다. 빨갱이 소동이 '기독교 전선'과 '독일 미국 협회'와 재벌들의 구상대로 진행되었더라면, 뉴딜 정책을 공산주의 음모라고 몰아붙이는 중상모략에서부터 노동운동을 파괴하는 공작으로까지 전개되었을 것이다.

반동적인 세력은 풍자를 통해 루즈벨트 대통령을 암암리에 공산주의자로 몰아가려고 했으나, 오히려 많은 사람들은 '산별노조회의' 노동자들이 공산주의자가 아니듯이 대통령도 공산주의자가 아니라고 믿을 뿐이었다. 많은 실업가들은 존 L 루이스를 여러 가지로 불러 댔지만, 그를 공산주의자라고 주장하면 웃음거리가 될 뿐이었다.

한편 프랑스, 중국 특히 스페인에서는 수백만 노동자들과 반(反)파쇼주의자들이 단결해 파시즘의 '거대한 사기극'과 세계 정복 기도에 대항한 민주전선을 구축해 갔다. 또한 미국을 비롯한 세계 전역에서 수많은 노동자들은 히틀러와 무솔리니가 스페인을 침입한 1936년 이후, 프랑코·히틀러·무솔리니를 몰아내는 전쟁에 참여하기 위해 스페인으로 갔다.

존 루이스가 주장한 바에 의하면, 일부 실업가들이 1937년과 1938년에 파시스트의 권력 탈취 가능성에 대해 이야기하고 있을 때, 보다 더 많은 수의 기업가들이 일부러 불경기를 일으켜 뉴딜에 대항하는 연좌농성 파업을 계속하도록 유도하여 결국은 뉴딜을 망쳐 버리려고 획책했다는 것이다. 그들은 이렇게 하면 노동운동의 대세를 역전시키고 '와그너법'과 뉴딜 전체를 폐지시킬 수 있으리라고 믿었던 것 같다. 그리하여 일어난 결과의 하나는 1938년의 불황이었고 또 다른 하나는 일련의 파업이었다. 이 대부분의 파업에서 노동자들은 승리를 거둔다. 이들 중 많은 파업들은 임금을 깎아내려 노동조합을 파괴하려는 시도에 의해 유발된 것들이었다.

이러한 승리들 가운데 전형적인 예는 필라델피아 전기 노동자 8천 명의 임금 인하에 대항한 투쟁이다. 또 29일간의 파업 끝에 시간당 5센트씩 임금을 올리는 데 성공한 필코 회사 노동자들의 투쟁도 있다. 이들은 파업이 공산주의자들의 음모라는 모함에 결코 약해지거나 분열되지 않았다.

독점기업가들의 책략은 단호한 '산별노조회의' 정책으로 말미암아 벽에 부딪쳤다. 그것은 빨갱이로 몰아치는 데 대비해 마련된 정책이었다. 이들의 정책은 오히려 1936년부터 1941년까지 공산주의자가 노조를 지배한다는 비난이 점점 강화되는 가운데에서도 조합원 수와 힘을 크게 확장시켜 주었다. 그 정책의 핵심은 조직자의 정치적 신념에 관계없이 비조직 노동자들을 조직하고 실질 임금인상을 위해 투쟁하는 것이었으며, 그 밖의 것들은 부차적인 것이었다. 그 정책의 기초는 단결이었다. 즉, 그것은 비조직 노동자들의 조직화와 실질 임금인상 투쟁을 승리로 이끄는 데 필요한 단결이었고, 그 밖의 모든 일들은 단위 조합들의 자치에 맡기는 것이었다.

이 정책은 승리의 비법이었고, 그것으로 1년에 수십억 달러에 달하는 인상된 임금이 노동자들 호주머니 속으로 들어갔다. 이 정책으로 '산별노조회의'는 자체 분열 및 조합원 수와 행동력의 감소를 막을 수 있었고, 독점자본가들이 그토록 원하던 소속 조합원들의 처벌도 막을 수 있었다. 그 정책 하에서 여태까지 남아 있던 미조직 노동자들이 조직되었으며, 노동자들은 역사상 유례 없을 정도로 성장하고 힘을 과시했다. 또한 그 정책으로 노동자들의 피켓 대열은 크게 늘어났고, 파업 현장에는 투쟁적인 정신이 가득 찼으며, 철강·자동차·고무·유리·전기·수송·식품가공·통신 등 모든 미국의 기간산업에서 오픈샵을 몰아냈다.

이 성공의 비결, 즉 조직자의 정치적 신념에 관계없이 비조합원들을 조직하는 단결력은 예로부터 '산별노조회의'의 특징이었다. 자동차·철강·전기·해운업 부문의 노동자가 조직되고 있을 때, 루이스와 머레이 그리고 말단 조합원까지 모두가 조합원으로 가입할 수 있는 사람은 누구든지 조합에 가입하기를 바랐다. 그리고 그들은 가입한 조합원이 공화당원이든 무식한 사람이든 개의치 않았다. 그들은 싸우고 있는 중이었다. 따라서 중요한 것은 성과였던 것이다.

그들은 성과를 원했기 때문에, 처음에 일한 수많은 '산별노조회의' 조직운동가들은 '노동조합 통일연맹' 출신이었다. 그들은 이전에 포스터의 지도 하에서 계속 투쟁에 참여했으며, 파업투쟁의 전략이나 자경단원들의 공격에 대처하는 필요한 방법들도 모두 알고 있었다. 그들 가운데 일부는 공산주의자들이었지만, 나머지는 공산주의자가 아니었다. 그러나 루이스와 머레이는 충성 여부를 판단하는 데 있어 오직 하나의 기준만 갖고 있었다. 즉, 비조합원들의 조직화와 임금인상이라고 하는 '산별노조회의'의 정책을 수행해 가는 구체적인 행동을 통해 드러나는 충성으로 판단했던 것이다. 정치적 입장이 어떠냐는 전혀 문제가 아니었다. 강력한 행동이 강조되는 가운데 온 나라가 투쟁의 물결에 휩싸인 채 조직 내부에 제휴의 기운이 번져 '산별노조회의'의 정책은 전례 없는 성공을 거두었다. 그것은 좌파와 중도파의 제휴였고, 진보파와 공산주의자들 그리고 중도파들의 제휴와 단결이었다. 독점기업이 원한 조직으로부터의 추방이나 분열은 어느 누구에게도 이익이 안 된다는 인식 아래 결성된 이 연합은 승리와 비조직 노동자들의 조직화라는 기본적인 입장의 통일과 회원 조합의 자치를 인정한다는 점을 조직적으로 표현한 것이다.

그러나 단결을 유지하기란 쉬운 일이 아니었다. 언제나 그것은 위협을 받았으며 분열의 위기와 싸워야만 했다. 단결을 깨뜨리려는 공격은 엄청나게 끈질겼고, 언제나 공산주의에 대한 투쟁이라는 가면을 쓰고 있었다. 결국 1939년 '라 폴레트 상원위원회'까지도 '전국제조업자연합'은 "모든 노동자들의 처우 개선 문제를 언제나 공산주의자들의 책동이라고 주장하고 있다"고 말하기에 이르렀다. 이 위원회는 또한 "기업가들은 그들 자신과 국가를 공산주의로부터 지킨다는 구실로 노동자들에 대한 그들의 적개심을 위장하고 있다"고 덧붙였다. 톰 거들러가 '산별노조회의' 조합원 노동자들이 임금인상을 요구하자 "'리퍼블릭 강철회사'와 이 회사에 근무하고 있는 모든 사람들이 공산 독재와 '산별노조회의'의 폭력에 굴복해야 한단 말인가? 만약 미국이 자유국가로 존속하려면 결코 폭력에 굴복할 수 없다"고 말한 것은, 그뿐만 아니라 그의 동료 기업가들의 심정까지도 잘 들어낸 말이었다.

처음부터 고용주들은 '산별노조회의'를 분열시키기 위해 빨갱이라는 혐의를 뒤집어씌워 하원의 '비미국 활동 조사위원회'를 잘 이용했다. 그 위원회에서 일했고, 후에 급료 지불 장부를 조작해 횡령한 혐의로 투옥된 J 파넬 토마스는 기업주들에게 행한 연설에서 그들 조사위원회는 방대한 요시찰 인물들의 명단을 모아주는 등 고용주들에게 봉사하고 있다고 주장했다. 그는 1941년 1월 6일 다음과 같이 말했다.

'디이즈 위원회'의 서류철에는 기업 경영에 매우 가치있는 자료들이 있습니다. 우리는 과거나 현재의 파괴적인 조직들과 연관을 갖고 있었기 때문에, 혐의로 둘 만한 근거가 있는 수천 명의 명단을 갖고 있습니다. 이들 서류는 당신들에게 도움이 됩니다.

신문 지면을 채우고 전국에 널리 퍼진 사용자들의 선전 중에서도 가장 전형적인 것은 미시간주 출신 하원의원 클레어 E 호프만의 소책자였다. 그 소책자에는 '산별노조회의'가 매년 수백만 달러의 임금을 인상시켜 왔으며, 이 단체는 공산주의 미국을 건설하려는 소련 음모의 앞잡이에 불과하다고 쓰고 있었다. ≪죽음의 여단 *Battalions of Death*≫이라는 제목을 가진 이 소책자에 그는 다음과 같이 썼다.

'산별노조회의'는 그 지도 체제와 그 깃발 아래 노동자들이 전진하고 있다고 득의만만해 있는 것 같다. 그들이 앞세운 그 깃발은 무슨 색깔인가? 그리고 그들은 어디를 향해 나아가고 있는가? 그들의 깃발은 소련의 붉은 기이며, 그들의 목표는 공산주의 미국 건설이다.

그러나 빨갱이로 몰리면서도 '산별노조회의'는 굳건히 저항했고, 조합원 수를 늘리고 임금을 인상시켰으며, 노동조합 승인을 얻어냈다. 또한 협약을 체결하고, 노사고정(勞使苦情) 처리위원회를 설립했으며, 노조직장 대표위원제(Shop Steward System)를 마련했다. '산별노조회의'는 이전에는 상상도 못했던 공장과 지역들에서도 유급휴가, 유급휴일, 시간외 근무수당, 노동강도 단축, 주 5일 40시간 노동 등의 값진 성과를 얻어냈다. '산별노조회의' 조합원들은 빨갱이로 몰아붙이는 데 정면으로 맞서 그것을 이겨냈으며, 그렇게 하여 그들과 그들 가족들의 생활을 더욱 향상시켰다.

1938년 불경기 — 이 불경기는 산업이 제2차 세계대전에 쓰이는 무기와 전쟁장비를 생산하여 활기를 되찾을 때까지 계속된다 — 에도 불구하고 '산별노조회의'는 경기 후퇴가 시작된 첫 해에 조합원 수를 100만 이상 늘리고, 직접 간접으로 임금을 인상시켜 50억 달러가 미국 노동자들의 수중으로 들어가게 했다.

'산별노조회의' 내 좌파와 중도파 연합을 파괴하기 위해 기업주가 벌인 모든 음모들은 "비조직 노동자들을 조직하자"는 외침 앞에서 꺾이고 말았다. 설립 당시부터 '산별노조회의'의 지도적인 위치를 담당했던 노장 존 브로피는 다음과 같이 말했다.

빨갱이로 몰아치기, 사기, 중상, 그리고 투쟁적이며 진보적인 노동조합 지도자들을 공산주의자들이라고 주장하는 모략들은 이들 수법을 사용하는 자들이 자신들의 진정한 목적을 이루기 위한 연막에 불과하다. 그들의 실제 목표는 '산별노조회의'를 죽이고, 단체협약을 파괴하고 '산별노조회의'가 전국적으로 이룩하고 있는 조직 노동자와 비조직 노동자들의 단결을 부수는 것이다.

얼마 뒤 위원장이 된 월터 로이터는 이렇게 말했다.

여러 해 전, 이 나라 사용자들은 노동자가 강력한 노동조합을 결성하지 못하도록 여러 가지 종류의 소동을 벌였습니다. 사용자들은 먼저 가톨릭이 개신교에 맞서는 소동을 벌이게 했고, 본토박이들이 이민온 사람들에게 반대하는 소동을 벌이게 하여 많은 실효를 거두었습니다. 이제 그들은 새로운 소동, 즉 빨갱이 소동을 일으키고 있습니다. 그들은 돈을 주고 고용한 앞잡이를 시켜 여기저기 돌아다니며 아무개 — 통상 이들은 투쟁적인 노동조합 지도자들입니다 — 는 빨갱이라는 소문을 퍼뜨리게 합니다. 그렇게 하면 다른 노동자들이 노조 지도자에게 등을 돌릴 줄로 알고 있습니다. 그러나 기업주들이 그렇게 하는 진정한 이유는 그가 진짜 빨갱이이기 때문이 아니라, 그 지도자가 충성스럽고 믿음직스러운 조합원이고 기업주들을 무서워하지 않으며, 조합 형제자매들을 헌신적으로 도와 주는 투사이기 때문입니다.

후에 자신이 속한 '전기·라디오 및 기계노동자 연합'를 등지고 그것과 경쟁적인 다른 조직을 만든 제임스 카레이(James Carey)는 빨갱이 소동은 역사의 진보를 거부하는 자들이 만든 것이며, "진보적인 일이면 무슨 일이든 공산주의자들의 소행이라고 외쳐대는 디이즈(Dies)와 그 패거리들은 이들 반동적인 자들의 앞잡이에 불과하다"고 말했다.

그리고 필립 머레이는 1944년 '산별노조회의' 창립 당시를 생각하며 회고하는 투로, 당시 '전기·라디오 및 기계노동자 연합회'에 퍼부어진 비난은 1935년과 1936년에 '산별노조회의'에 퍼부어졌던 비난과 똑같으며, '산별노조회의'는 단결을 통해 그 공격을 분쇄해 버린 바 있다고 말했다.

노동운동의 원로인 존 L 루이스는 단결을 깨뜨리려는 시도가 일어날 때마다 "비조직 노동자들을 조직하자!"는 구호로 맞섰다. 1939년 '산별노조회의' 총회에서 그는 전에도 여러 차례 그래왔듯이 다음과 같이 말했다.

> 비조직 노동자들을 조직합시다! 우리들의 운동에 참여하기를 열렬히 갈망하고 있는 노동자들이 수백만 명이나 있습니다.
>
> 여러분의 사업이 이루어지지 않은 이상 끝은 아직 멀었습니다. 안락의자에 앉아 있을 때가 아닙니다. 그 점에 있어서는 저나 여러분이나 마찬가지입니다. 우리는 때때로 그들을 만나러 가야 하며, 우리들의 도움을 기다리고 있는 많은 산업 분야 노동자들에게 노동운동의 철학과 이념을 전달해 주어야 합니다.

'산별노조회의'의 단결이 처음으로 금가기 시작한 1940년 총회에서 노동운동의 백전노장인 루이스는 그의 고별 연설을 하는 자리에서까지 비조합원들을 조직화하는 데 필요한 단결을 호소했다. 미국의 제2차 세계대전 참전 여부를 둘러싸고 소위 빨갱이가 어쩌고 하는 말들이 과거 어느 때보다 더 요란했던 것도 바로 이 대회였다. 제2차 세계대전 참전 논쟁은 이듬해에 최고조에 달했고, 미국의 선전 포고로 적어도 겉으로는 말썽이 가라앉은 것 같았다. 루이스는 '산별노조회의'가 자신을 따라 대통령선거에서 루즈벨트 대신 윌슨을 지지하지 않는다는 이유로 위원장직을 사임하고 자신이 이끄는 '광산 노동자연합'을 탈퇴시켰지만, 그는 말다툼 대신 조직화를 주장했다.

> 이 나라에는 제대로 먹지 못하는 사람이 5200만 명이나 있습니다. 여러분은 이 문제에 어떻게 맞설 것입니까? 여러분은 잘 먹고 있습니다. 저도 그렇습니다. 여러분은 배고프지 않습니다. 저도 마찬가지입니다. 그러면 우리는 어떻게 해야겠습니까? 우리들은 말다툼과 의견 차이로 시간을 소비할 것이 아니라, 그 문제와 직결되는 무언가를 해야 할 것입니다.

엄청난 사기극과 맞서 싸운 4년 동안의 '산별노조회의'의 단결—단결은 1940~1941년에 한때 깨졌다가 그 후 다시 5년간 계속된다—은 '산별노조회의'를 승리로 이끈 비결이었을 뿐만 아니라 보다 큰 단합, 즉 좌파와 중도파의 연합을 촉진함에 있어 결정적인 역할을 했다. 이 연합은 흑인·농민과 공장·사무직 노동자들 그리고 소규모 기업가들에 의해 뒷받침된 것이었다. '산별노조회의' 지도 하에서 이들 강력한 집단들은 빨갱이 소동에 맞섰으며, 노동자들과 보조를 같이하여 '사회 보장법'(Social Security Act)과 '최저 임금법'(Minimum Wage Law)을 제정 시행하게 했고, 실업 수당을 얻어냈으며, 일반 대중들은 실질 소득을 증가시키는 데 성공했다.

'산별노조회의' 입장에 서서 노동자들을 도와 준 강력한 협력자들 가운데 전형적인 사람은 시카고 추기경 먼델린(Mundelein)이었다. 1938년 1월 12일 그는 시카고 '예수회'에서 다음과 같이 말했다.

> 과거 우리들이 겪은 고통은 우리들이 너무 자주 악한 편과 손을 잡았기 때문에 생긴 것이었습니다. 노동자들을 부리는 이기적인 사용자들은 그들 밑에서 일하는 사람들에게는 당치도 않은 임금을 지불하면서도, 교회를 위대한 보수 세력이라고 부르며 비위를 맞추고 교회가 자기네의 이권을 지켜 주는 경찰력으로 행동하기를 요구했습니다.
> 그들이 '공산주의를 때려잡는다'는 간판을 자기네의 부패 행위를 숨기기 위한 가면으로 이용하지 못하게 합시다. 바로 그들이야말로 스스로 사회적인 불의를 저지르고 있는 자들입니다. 예를 들어 말씀드린다면 그들이 최저 임금제를 반대하고 소녀들과 여성 노동자들에게 시간당 10~15센트를 주며 먹고 살라고 하는 일 등이 바로 사회적 부정의의 예들입니다.

루즈벨트 대통령도 직접 '디이즈 위원회'가 도매금으로 빨갱이로 몰아대는 것을 "야비한 처사"라고 말하면서 그 위원회를 비난했다. 권위 있는 가톨릭 잡지인 <신세계>는 빨갱이로 모는 소동은 '자유연맹'과 '미국 상공회의소' 및 '전국제조업자연합'이 꾸며낸 짓거리라고 말하고, 만약 '디이즈 위원회'가 "진실로 '비미국 활동'을 조사하는 위원회라면 그 자체부터 조사를 시작해야 하며, 제일 첫 번째 증인으로 비미국 활동가 디이즈 씨 자신이 소환되어야 한다"고 주장했다.

앞에서도 말했듯이 '산별노조회의' 좌파와 중도파의 연합은 미국이 제2차 대전에 참전하기 전인 1940~1941년 사이에 흔들렸다. 그러나 전쟁 초기 독점기업 측이 그토록 오랜 세월 동안 비난해 온 공산주의 소련과 본의는 아니었겠지만 동맹을 맺어 빨갱이 소동은 사라지고 만다. 진보 세력과 중도 세력의 연합은 계속되어 1945년까지 '산별노조회의'는 승리에 승리를 거듭했다. 1945년이 되자, '산별노조회의' 조합원은 6백만 명으로 늘었다. 이는 미국 노동운동사를 통틀어 확실한 성과 가운데 가장 자랑스러운 기록이다.

그러나 월가 자본가들은 빨갱이로 모는 일에 실패한 이후에도 포기하지 않았다. 그럴 듯한 기회만 오면 언제 어느 때고 그들은 노동운동 파괴 공작에 나설 참이었다. 노동조합과 민주적인 반대파가 뿌리뽑혀 조용한 히틀러의 독점자본 국가에 대한 기억은 히틀러가 망한 뒤에도 오랫동안 망령처럼 그들의 머리에 남아 있었다. '전국제조업자연합'의 프렌티스는 "어떤 형태로 위장된 파쇼 독재"가 여러 가지 이점을 갖고 있다고 계속 주장했다. 그를 비롯한 자본가들은 가장 탁월한 노동자들이 '빨갱이'라는 소리 한마디에 절절 매던 쿨리지 대통령이나 후버 대통령의 시대를 잊을 수가 없었다. 그런 시대가 다시 돌아올지도 모르는 일이었다.

11 전쟁―열전과 냉전

재연된 피의 황금

역사에 일어난 두 가지 사건을 비슷한 성격을 가진 것으로 무리하게 해석할 수도 있겠지만, 이야기의 끝이 가까워지면서 이 이야기의 첫머리를 상기시켜 주는 것들이 많이 나타난다.

남북전쟁과 제2차 세계대전은 모두 혁명적인 성격을 띤 전쟁이었다. 동시에 미국 자본의 힘을 유례 없이 강화시켰다. 즉 남북전쟁은 아메리카 대륙에서 미국 자본의 힘을 강화시켰고, 제2차 세계대전은 전세계적으로 미국 자본을 강화시켜 주었다.

이 두 차례의 전쟁은 규모와 격렬함에 있어 이제까지 그 예를 찾아볼 수 없는 것이었다. 미국 남북전쟁은 그때까지 서반구에서 일어난 가장 피비린내 나는 전쟁으로 미시시피주에서 대서양까지가 전쟁터였고, 제2차 세계대전은 지구 전체를 싸움터로 만들었다. 제2차 세계대전은 하늘과 땅, 바다 위와 바다 속, 아시아와 태평양에서부터 아프리카·프랑스·이탈리아까지, 그리고 열대 지방의 산호섬에서 런던의 빈민가까지, 중국과 말레이지아와 필리핀에서부터 소련의 발틱해와 흑해를 잇는 동부 전선까지 모든 것을 불태우고 쉴 새 없이 파괴했다. 전투와 폭격, 질병과 전시의 굶주림으로 또한 '인종적인 우월성'이란 미명 아래 수백만 명을 잔인하게 처형한 히틀러의 정책으로 1억여 명의 사람들이 죽었다.

한편으로 이 두 차례의 전쟁은 인종을 바탕으로 하여 사람들을 노예로 만들겠다는 목적을 갖고 있었다. 남북전쟁에서 남부는 미국인 400만 명을 흑인이라는 이유로 계속 노예 상태로 묶어 부려먹으려는 목적으로 싸웠다. 히틀러는 다른 인종들은 열등한 혈통을 갖고 있으며 오직 나치의 아리안족의 필요에 봉사하는 데 적합하게 만들어져 있다는 이유로, 수백만 명의 폴란드인·프랑스인·체코인·유고인·러시아인·루마니아인 그리고 유대인을 처형했다.

두 차례의 전쟁은 모두 잔혹한 반동 세력으로부터 민중을 해방시키기 위한 것이었기 때문에, 노동계급과 미국 흑인 및 미국 여성들에게 커다란 이익을 가져다 주었다. 또한 자본가들은 사람들이 죽어가는 동안 긁어모은 황금으로 톡톡히 재미를 보면서도, 두 전쟁이 모두 진보적인 것이었기 때문에 그 전쟁으로 비롯된 대규모 민중 운동을 두려워했다. 두 번 모두 대자본가들은 역사의 진보를 되돌려 놓고, 노동자 투쟁의 결과물인 중요한 개혁들을 원점으로 돌려 놓았다. 그리고 임금을 깎고 노동조합 운동을 파괴하며 다가오는 불경기에서 입을 손해를 민중에게 뒤집어씌우고 흑인과 노동자 사이를 이간질하려고 했다. 전쟁이 끝날 때마다 의회는 국민의 소유인 사원을 대기업에게 넘겨 주곤 했다. 즉, 남북전쟁 이후 서부의 공유지를 신흥 재벌들에게 넘겨 주더니, 제2차 세계대전이 끝난 후에는 수십억 달러에 달하는 국민 재산인 연안 해저 석유자원을 새로운 벼락부자들에게 넘겨 주었다.

뒤에 국무장관이 된 존 포스터 덜레스(John Foster Dulles)와 그와 비슷한 생각을 품고 있던 '미국 제1위원회'(American First Committee) 회원들이 그 당시 파시스트가 미국을 침략할 위험성은 없다고 공언했음에도 불구하고, 1941년 12월 7일 미국은 일본의 진주만 기습으로 미국 태평양 함대가 궤멸됨에 따라 제2차 세계대전에 말려들었다. 이런 파시스트의 공격에 대해 대부분 미국 중서부에 몰려 있던 미국의 주요 독점자본가들은 처음에는 얼떨떨하고 분노했다. 그러나 독일 제국주의를 봉쇄해야 한다고 믿던 미국의 주도적인 독점자본가들조차도 이번 전쟁은 싸울 상대와 싸울 장소가 잘못된, 무엇인가 잘못된 전쟁이 아닌가 하는 의구심에 자주 사로잡혔다. 실상 이 전쟁은 민중의 입장에서 보면 반(反)파쇼전이라고 할 수 있고, 독점자본의 입장에서 보면 이윤 추구를 위한 전쟁이었다. 따라서 이 전쟁은 모든 사람의 이해관계와 연관을 맺고 있었다.

미국 국민이 낸 세금에서 나온 수십억 달러를 군수품 생산비용이나, 거대한 군수품 공장을 면세로 세우는 방식으로 독점자본에게 넘겨 줌으로써 나타난 엄청난 규모의 재분배 과정에 구미가 끌린 월가의 부자들은 국민적 단결에 가담했다. 이로써 그들은 엄청난 돈을 벌었지만 여전히 불안에서 벗어나지는 못했다. 그러나 납세자들로부터 거두어들인 대략 1170억 달러가 군수물자 생산 계약을 통해 미국의 1백 개 대기업으로 집중적으로 흘러 들어갔다. 전쟁 전에 비해 재벌의 이윤은 250%나 엄청나게 늘었고, 물가는 45% 올랐으나, 임금은 1941년보다 겨우 15% 올랐을 뿐이었다.

이렇게 믿을 수 없을 정도의 거대한 이윤이 분명히 눈앞에 보이는 데도 불구하고, 정부 기관의 보고에 의하면, 대기업들은 정부가 군수물자 생산에 사용하는 엄청난 국민 세금에 대한 통제와 폭리에 대해 자신들이 제시한 조건이 받아들여지기 전에는 전쟁 수행에 협력하기를 거부했다는 것이다. '임시 전국 경제조사위원회' 보고서는 이미 1940년에 이러한 사태를 다음과 같이 예언하고 있었다.

> 솔직히 말해서, 정부와 국민은 전시에는 기업에게 우롱을 당한다. 요즈음 그 재판(再版)을 보고 있는 듯한 느낌이지만 1차 대전을 통해서 보면, 기업이란 '적절한 보상'이 있어야만 이러한 통제(전쟁을 예상하여 수립되고 있는 계획경제)를 따른다는 점을 보여 주고 있다. 이것은 사실상 국민들을 등 처먹는 것이나 다름없다.

기업의 공갈 수법에 관한 '임시 전국 경제조사위'의 이러한 예언은 무엇보다도 강철과 전기, 자동차 및 화학업계가 1941년과 1942년 1/4분기 중에 천천히 민간 생산체제에서 전시 생산체제로 바뀌면서 정확하게 맞아 떨어졌다. 루즈벨트 대통령은 국가가 존망의 위기에 처해 있음을 알고도 배짱을 튕기며 그대로 꼼짝 않고 있는 독점자본가들을 끌어내기 위해 월가의 대표자들을 그의 행정부 요직에 앉히지 않으면 안 되었다. 그래서 재계의 거물들은 행정부의 중요한 자리들을 차지한다.

'미국 강철' 회장 겸 '제네럴 모터스' 부사장 에드워드 스테티니어스가 국무장관이 되고, 버나드 바루크와 넬슨 록펠러, 딘 애치슨, 매리너 S 에클즈, 루이스 W 더글러스 및 수십 명의 석유회사 중역들과 수십 명의 강철회사와 자동차회사 부사장 및 수백 명의 다른 기업인들, 그리고 거기에 소속된 변호사들이 군수물자 생산 계약과 정책 결정을 주무르는 중요한 자리를 차지했다.

그리고 생산 원가와 각종 계약금에다가 특별 상여금, 푸짐한 특혜, 게다가 기업가들이 엄청난 흑자를 볼 수 있는 공장들을 짓는 데 사용될 국민의 세금 수십억 달러까지 대주겠다고 약속하자, 비로소 대기업들은 전쟁과 국민적 단결에 참여하기로 동의했다. 그런데도 대기업들은 전쟁의 승리보다 이윤 추구를 앞세웠다고 미주리주 출신 해리 S 트루만(Harry S Truman) 상원의원은 말했다. 그는 계속해서 자신이 위원장으로 있는 상원의 한 위원회 보고서를 통해 이렇게 지적했다.

> 본 위원회는 생산 관리처와 전시 생산국의 업무는 그 곳에서 일하는 임직원들이 주로 대기업군(群)에서 들어오는 만큼 방해를 받고 있다고 거듭해서 결론지은 바 있다. …… 이러한 사람들은 오랜 세월에 걸쳐 몸에 밴 태도와 인간관계를 가지고 있기 때문에, 그들에게 전시 생산계획들을 전적으로 맡긴다는 것은 바람직하지 않다.

이러한 사실에도 불구하고, 미국 국민 대부분은 그들이 가진 땀과 의지와 용기를 전쟁의 승리를 위해 남김없이 바쳤다. 미국 젊은이들은 머나먼 바다와 섬에서 벌어진 피비린내 나는 전투에 참가하기 위해 수송기와 군함을 타고 계속 떠나갔다. 많은 사람들은 싸움터인 드넓은 태평양과 북대서양을 비행기로 넘나들었다. 많은 사람들은 이번 전쟁이야말로 노예화와 인종차별주의에 맞서 싸우는 성스런 전쟁이며, 독점자본의 이익을 위해 노동조합과 민주주의를 파괴하고 말살하려는 자들에 대한 전쟁이라고 생각했다.

소련군과 국민들은 파괴되고 황폐한 소련의 국토에서 한걸음 한걸음을 피로 적셔가며 나치스군을 몰아냈다. 그리하여 전세계는 세계의 운명은 여기서 결정되고 있다는 사실을 깨닫게 되었다. 그래서 마침내는 맥아더 장군까지도 "그 전쟁의 규모와 웅대함은 인류 역사상 가장 위대한 군사적 업적이다" 하고 말했던 것이다. 이 전쟁은 '산업별 노동조합회의'와 뉴딜을 낳았던 것과 조류는 같았으나, 규모가 훨씬 더 큰 합작을 통해 승리로 끝난다. 이 합작은 처칠과 장개석이 이끄는 영국과 중국의 보수주의자들과 그 자체가 좌·우파의 연합체인 루즈벨트 지도하의 미국, 스탈린과 모택동이 이끄는 소련과 중국 공산주의자들을 포함하는 범세계적인 것이었다. 그리고 승리를 위해 이러한 거창한 국제적 합작에 참여한 사람들 가운데 미국 노동자들보다 더 중요한 역할을 한 사람들은 아마도 거의 없다. 미국 노동자들의 엄청난 기여가 없었더라면 전쟁은 이길 수 없었을 것이다.

남북전쟁 때와 마찬가지로, 이번에도 미군의 절대 다수는 노동자, 농민과 그들의 아들·딸 들이었다. 325만 명이 넘는 노조원들이 군복을 입었으며, 수백만 명의 군인이 노조원들의 가족과 노조에 관련된 사람들이었다. 대기업들이 본국에서 전쟁기간에 해마다 평균 220억 달러의 이윤을 안전하게 올리고 있는 동안─이것은 당시로서는 사상 최대의 이윤이었다─수많은 노조원들은 육지와 바다와 하늘에서 피를 흘렸다. 대기업들의 이 같은 이윤은 전쟁 전까지 미국 역사상 가장 높은 이윤을 기록했던 1929년보다 두 배나 많은 것이었다.

진주만의 폭음이 채 사라지기도 전에 미국 노동자들, 즉 '미국노동총동맹'과 '산별노조회의' 및 독립 노조들은 전쟁 중에는 파업을 하지 않기로 다짐했다. 그리고 노동자들은 보통 주당 48시간을 기본 노동시간으로 일하며 생산 일선에서 보기 드문 용맹을 발휘했다.

30만 대가 넘는 비행기와 5천 척이 넘는 상선이 만들어졌고, 크고 작은 해군 함정 6만 5천 척이 건조되었다. 또 30억 정의 기관총이 만들어졌다. 공장과 광산 및 제조업소는 3교대제로 24시간 가동됐고, 수많은 노동자들이 일주일에 60~70시간을 일하면서 650만 정의 소총과 7만 5천 대 이상의 전차, 550만 정의 카빈 소총과 200만 정 이상의 기관단총 및 100만여 대의 트럭을 생산했다. 이 생산 과정 속에서 남녀를 가리지 않고 모든 노동자들은 녹초가 될 정도로 일을 했고, 쉴 새 없이 움직이는 일관작업대 앞에서의 사고율도 꾸준히 높아졌다. 그리고 그 대가로 7300만 발의 박격포탄과 400억 발 이상의 소화기(小火器) 탄약 및 4억여 발의 대공 포탄이 생산된다.

노동조합원들은 전쟁 무기들을 생산했을 뿐만 아니라, 그 무기들을 널리 펼쳐져 있는 전선까지 운반하기도 했다. 노조에 속한 5천여 명의 선원들이 수많은 비행기와 전차와 트럭·야포·폭약·휘발유·지프차 폭탄·식품·포탄·증기삽·군인 들을 세계 각 지역의 전선으로 수송하다가 적의 공격으로 목숨을 잃었다. 수많은 노동자들은 주택난 때문에 트레일러(이동식 주거용 차량) 생활이나 비좁은 셋방살이를 했지만 일터에서의 사기는 아주 높았다.

노동조합을 통해 점점 더 큰 생산 성과를 해내도록 박차를 가한 것은 경영자 측이라기보다는 노동자들이었다. 경영자측의 갖가지 도발을 무시하고, 수백만 동료 노동자들을 노예로 만들며, 또 더 많은 사람을 노예로 만들려고 위협하는 파시즘과 싸워 이길 때까지는 생산을 계속해야 한다고 굳게 결심한 것은 노동조합원들 자신들이었다. 노동조합과 노동자들이 스스로 생산 기강을 세우는 동안 아무 할 일도 없이 뒷전에서 구경만하던 허수아비 사장들과 경영자들에게는 갑자기 세상이 거꾸로 뒤집힌 것 같았다.

미국 노동자들이 반파시스트 전쟁을 위해 모든 것을 다 바치고 있었던 반면, 대기업들은 국제적인 카르텔 협정으로 이러한 반파시트 노력을 방해했다. 이러한 대기업들의 구체적 교역 동맹은 "전략적으로 중요한 산업정보를 독일 국민들과 그리고 독일 정부에까지 알려 주어 다른 나라들의 군사안보를 해롭게 한 것에 머물지 않았다." 미국 상원 군사위원회 산하 한 소위원회는 계속해서 이렇게 지적했다. "또한 전략산업 분야에 있어서 [이러한] 여러 가지 카르텔 협정의 취지는, 독일 이외의 곳에서 지극히 중요하고 새로운 몇 가지 군수물자를 대량 생산하지 못하도록 막기 위한 것이었다."

그러나 이러한 시설들과 치솟는 물가, 묶여 있는 임금, 노동강화, 오랜 노동시간에도 불구하고 미국 노동자들은 반파시트 투쟁을 밀고 나갔다. 그들은 적에 대한 승리를 앞질러 보았을 뿐만 아니라, 노동자들이 더욱더 많이 참여해 건설하게 될 평화와 번영의 밝은 신세계를 예견하기도 했던 것이다.

국내의 반동적인 정책으로는 반파쇼 전쟁을 제대로 수행해 낼 수 없었기 때문에, 미국의 전쟁 노력이 확대될수록 자유 영역도 매일같이 늘어났다. 더욱이 역사적으로 너무나도 당연하게 차별 대상이 되어 왔고, 자신들이 차별받고 있다는 사실조차 거의 깨닫지 못하던, 미국인의 반을 차지하는 여성들이 남자들이 맡았던 각 산업 분야의 일을 맡게 되었다. 그리하여 여성 노동력의 진출은 비약적인 발전을 보게 된다. 여성 노동자는 1940년에 1300만 명이던 것이 1944년에는 1815만 명으로 늘어나, 미국의 전체 노동인구 가운데 3분의 1 이상을 차지하게 되었다.

항공기산업에서는 50만여 명의 여성이 작업복 바지를 입고 기계를 움직이며 폭격기와 수송기, 전투기 등을 만들었다. 금속과 화학 및 고무 공업계의 여성 노동자 수도 전쟁 전에 비해 1944년에는 460% 이상이 늘었다. 예를 들어, 진주만 기습 이전에는 거의 단 한 명의 여성도 고용하지 않았던 조선소에서도 여성 노동자의 수가 10%를 차지했다. 노동조합 안에서의 여성 수도 4배 이상이나 늘었다. 1938년에는 80만 명의 여성만이 노조에 가입했으나 1944년말에는 350만여 명이 가입했다.

노동력의 필요와 자유를 수호하기 위한 전쟁의 활력으로, 남북전쟁과 남북전쟁 후 남부의 재건 이래 어떤 때보다도 많은 경제적 자유가 흑인들에게 주어졌다. 1940년에는 100만 이상의 흑인 노동자들이 실직 상태였다. 흑인들은 여전히 차별의 대상으로서 전통적으로 제일 나중에 고용되고 제일 먼저 해고당했으며, 여전히 숙련 기술직에는 배척되었고, 노동운동 내에서도 관심 밖의 대상들이었다. 그러나 1944년에는 흑인들이 지금까지 받아들여지지 않던 숙련산업 분야에 대거 고용된다. 제조업과 가공업 분야의 흑인 노동자 수는 1940년의 50만에서 1944년에는 125만 명으로 늘어났다.

남부로부터 흑인의 대이동이 일어남에 따라, 12만여 명의 흑인들이 자동차와 항공기 공장에 고용되었고, 19만 명이 조선소에 그리고 10만 명이 전기 기기(機器) 및 전기설비 공장에 고용되었다. 이러한 공장들은 전쟁 전에는 흑인들이 전혀 발을 붙이지 못하던 곳이었다. 또한 많은 흑인 여성들이 전쟁 중에 처음으로 산업기관에 취직하게 되었다. 흑인 고용을 위한 중요한 자극이 된 것은 루즈벨트 대통령이 대통령령으로 설치한 '공정 고용위원회'였다. 1944년에는 85만 명의 흑인들이 노조에 가입되어 있었다.

　5년간의 전쟁 기간 중에 1111만 2600명이 부상하고 8만 8100명이 사망하는 희생을 치르면서[1] 노동자들이 생산의 기적을 이룩하는 동안, 조직 노동자들의 수는 1940년 898만 400명에서 1945년에는 1477만 6천 명으로 늘어났다. 그 결과 조합원의 가족을 포함해서 5600만여 명의 미국인이 노조 조직의 주장에 영향을 받고 그 계획에 호의적인 태도를 취하게 되었다. 노조는 미국에서 가장 강력한 정치 세력이 될 기미를 보였고, 노조의 계획은 전체 미국 국민복지를 개선하기 위해 마련되었기 때문에 점차 많은 동조 세력들을 끌어모았다.

　1929년에 시작되어 1937~1938년에 다시 닥쳐온 경기 침체를 극복하기 위해서는 전쟁이 필요했다고 여러 곳에서 지적이 되었다. 또 미국 체제는 전쟁이 아니라 평화를 바탕으로 완전 고용을 실현하여 미국 국민들에게 기여한다는 점을 증명하지 않으면 안 될 것이라는 얘기도 여러 곳에서 나왔다. 그리고 이것은 바로 루즈벨트 대통령의 커다란 목표들 가운데 하나였다.

　이런 여러 가지 사태에 부딪힌 미국 대기업가들은 특이한 분열로 괴로워하고 있었다. 현재와 미래에 대한 자신들의 전망은 매우 밝았으나, 그들이 직면하고 있는 위험 또한 그에 못지않게 커다란 것이었다. 전쟁에 승리하면 그들에게 자본주의 세계에 대한 거의 완벽한 지배권 및 영국과 독일, 프랑스, 이탈리아, 일본 등이 완전히 무력화되거나, 불구가 된 이들의 경제와 식민지를 지배하게 될 것이었다. 그러나 한편으론 사태가 진전되면서 사회주의가 유럽과 아시아로 퍼지는 사태가 일어나고 있었고, 민중은 지금까지 그렇게도 오랫동안 제한된 극소수의 이익을 위해 그들의 노동력과 기술을 바쳐 왔던 은행과 공장, 광산, 제조업소 등을 대중의 소유로 해야 한다고 주장했다.

　이윤은 황금 물결을 이루며 미국 트러스트에게 들어갔으며, 독점기업은 끊임없이 힘이 약한 경쟁 회사들을 집어삼켜 2450여 개의 미국 제조업체와 광산회사들이 점점 비대해져 가는 법인체 대재벌에 의해 흡수되었다. 전쟁 중과 전쟁 직

---

[1] 미국 노동통계국 공보 916호 '1947년도 노동통계 편람' 164면을 참조. 1941년부터 1945년까지(45년을 포함한다) 주요 제조업소와 비제조업소에서 다치거나 죽은 노동자는 모두 1120만 명인데, 이는 제2차 세계대전에서 입은 사상자 105만 8천 명의 약 11배에 해당한다.

후의 몇 년간 대기업이 인수한 경쟁에서 패배한 회사들의 재산은 50억 달러 이상에 이르렀다.

그것은 괜찮았지만 나치스 군대가 물러간 자리를 몰려오는 소련이 메우면서 전세계적으로 영향력이 점점 강해지는 것은 미국 재벌들에게는 그리 즐거운 일이 아니었다. 게다가 조직 노동자들의 수와 힘과 영향력이 크게 증가한 것도 해외에서의 소련의 영향력이 증가한 것과 마찬가지로 자본가들에게는 겁나는 일이었다. 공산주의자들이 뉴딜 정책을 좌우하고 있다는 귓속말과 함께, 이번에는 아직 히틀러와의 전쟁이 끝나지 않았는데도 소련에 대한 다음번 전쟁에 관한 귓속말이 오고갔다.

냉전의 선봉장이며 과거에 독일 독점 재벌들에게 자주 차관을 제공했던 '딜론 리드 회사'의 전(前)사장인 제임스 포레스탈 해군차관은 이미 그때 미국 독점자본이 노동자들을 철통같이 억눌러 집안을 튼튼히 다진 후, 소련을 격멸해 세계를 지배하는 다음 전쟁을 꿈꾸고 있었다.

그러나 대기업들에게 보다 직접적인 위협을 주었던 것은 '산별노조회의'와 그 동맹 단체들이 루즈벨트를 미국 역사상 유례가 없는 4선 대통령으로 선출하고, 수많은 친(親)노조적인 의회의원들과 주지사들과 시장을 당선시키기 위해 벌인 눈부시게 성공적인 선거운동이었다. 노동운동은 시드니 힐맨이 이끄는 '정치활동위원회'를 통해 전쟁에서 이기고 국내에서는 진보를 이룩하기 위해 광범한 연합투쟁에 수백만 미국인들을 동원했다. 이들의 방송과 광고 문헌, 대규모의 호별 방문 선거운동 등을 보면서, 자본가들은 장차 노조가 이끄는 독자적인 민중연합체가 이 나라의 앞날을 송두리째 바꾸어 독점자본을 위한 독점자본의 지배를 끝장내지나 않을까 하는 위기감에 휩싸였다. 점점 커져 가는 노조의 규모와 세계 정세로 보아 '정치활동위원회'가 한 세력으로 있다가 나중에는 강력한 동맹 세력을 가진 독자적인 노동당으로 발전할 것 같은 기세였다.

1944년에 '정치활동위원회'가 벌인 멋진 선거운동 방법들은 적과 친구 모두에게 깊은 인상을 주었고, 심지어 <타임>지까지도 '정치활동위원회'의 벽보와 방송과 소책자들을 미국에서 지난 한 세대 동안에 나온 가장 교묘한 정치선전이라고 단언했다. 이러한 수단들은 너무도 잘 먹혀 들어갔기 때문에 듀이(J.E Dewey)를 대통령후보로 지명한 공화당원들과 루즈벨트 대통령에 반대하는 민주당원들로부터 거센 반발과 항의가 일어난다. 전쟁 중에는 수근거리는 유언비어의 형태로 계속되었으나, 지하로 숨어들었던 빨갱이 소동이 다시 일어나기 시작했다. 공화당 소속 의원 13명은 루즈벨트 행정부는 미국을 공산주의자들에게 팔아 넘기려는 거대한 음모의 일부라고 주장하는 문서 300만 장을 찍어냈다. 그들은 "공산주의의 붉은 마수가 이 나라 방방곡곡에 뻗쳐 있다"고 덧붙였다.

듀이와 마틴 디이즈(Martin Dies)는 비록 그들이 만들어낸 말은 아니었지만, '산별노조회의'의 '정치활동위원회'가 공산주의 음모의 일환이라고 끈질기게 떠들어댔다. 디이즈는 선거의 해인 그 해 3월에 공개된 하원 '비미국 활동 조사위원회'의 215쪽짜리 보고서에서 이렇게 말했다.

다시 말하자면 공산당과 '산별노조회의' 산하 정치활동위원회의 정치적 견해는 하나 하나가 완전히 일치한다.

루즈벨트의 4선을 위한 선거운동의 핵심은 미국·소련·영국·프랑스·중국 사이의 동맹관계를 계속 유지시켜 전쟁에서 이기고, 전쟁이 끝나면 평화를 이룩한다는 것이었다. 이러한 외교 정책과 똑같이 중요한 정책은 평화시에 미국 경제 속에서 완전 고용과 완전 생산을 이루어 미국 민중의 생활수준을 점차 향상시켜 준다는 것이었다. 루즈벨트 대통령은 국내에 불경기가 일어나면 세계대전의 위험이 커진다는 것을 잘 알고 "국내의 안전 없이는 세계의 항구적인 평화도 있을 수 없다"고 말했다.

미국과 소련의 우호관계에 바탕을 둔 평화로운 세계 속에서 미국 경제를 끊임없이 발전시킨다는 구상을 갖고 있던 루즈벨트 대통령은 미국인의 경제적 기본권을 밝혔다. 그리고 1944년 1월 11일 그는 회의에서 다음과 같이 말한다.

이 시대에 이들 경제적 진리들은 자명한 것으로 받아들여지게 되었다. 말하자면, 우리들은 지위와 계급, 신조에 관계없이 모든 사람을 위해 안정과 번영의 새로운 토대로 확립할 수 있는 제2의 권리장전을 당연한 것으로 받아들이게 되었다. 여기에는 다음과 같은 권리들이 포함되어 있다.
  1. 국가의 광산, 농장, 상점, 공장 등에서 유익하고 보수가 지급되는 직업을 가질 권리.

2. 상당한 음식과 옷과 오락을 즐길 만큼 돈을 벌 권리.
3. 모든 농부가 자기가 생산한 작물을 자신과 가족이 품위 있게 살 수 있는 수입을 얻을 만큼 높은 가격으로 팔 수 있는 권리.
4. 국내와 해외에서 독점자본에 의해 지배받지 않고, 또한 불공정한 경쟁을 하지 않으며, 크고 작은 모든 기업인들이 자유스러운 분위기에서 기업 활동을 할 수 있는 권리.
5. 모든 가정이 인간답게 살 권리.
6. 적절한 치료를 받고 건강을 유지하고 누릴 권리.
7. 노령과 질병, 사고, 실업 등의 경제적인 위협으로부터 적절하게 보호받을 권리.
8. 훌륭한 교육을 받을 권리.

취업의 자유를 포함한 이러한 모든 권리들은 그 후 노동자들이 전쟁 소동과 빨갱이 소동으로 혼란에 빠지고 분열되어 언론의 자유와 더불어 적어도 일시적으로는 상실되거나 허물어졌다. 그러나 당시 국민들은 생활의 안전을 위해서 이러한 여덟 가지 항목이 이루어지기를 갈망했고, 루즈벨트 대통령이 다시 당선되면 이러한 것들이 현실적인 계획으로 구체화될 수 있을 것이라고 생각했다. 루즈벨트는 다시 당선되었다. '정치활동위원회'의 활약이야말로 그가 승리하는 데 결정적인 공로였다. 더구나 '정치활동위원회'는 120명의 하원의원과 17명의 상원의원 및 6명의 주지사를 당선시키는 데에도 중요한 역할을 했다.

그러나 일시적으로 기다리는 일은 있어도 절대 무릎을 꿇지는 않는 노동운동 반대 세력은 일대 반격을 가하기 위해 힘을 모았다. 반대 세력은 전선에서 싸우고 있는 병사들과 국내에서 무기를 생산하고 있는 노동자 사이에 쐐기를 박아 이간질시키려고 작심했다. 즉 신문, 잡지, 출판물, 방송들은 노동자들이 자기 동포들이 흘린 피의 대가로 살을 찌우면서도 쉴 새 없이 파업을 하고 있는 것처럼 일제히 선전해 댔던 것이다.

미국 노동통계국에 의하면, 사실은 거의 모든 노동조합이 파업을 않겠다는 약속을 지켰고, 사실 계획된 노동시간의 0.01%만이 파업에 낭비되었다. 또한 1941년에 비해 물가는 45% 폭등하고 이윤은 250%로 급상승했는데도 불구하고, 임금은 15% 인상된 선에서 동결되어 있었다.

그럼에도 불구하고 이러한 악선전은 대부분 먹혀 들어갔다. 비록 많은 병사들은 선전에 넘어가지 않았지만, 거의 모든 의회의원들이 넘어갔다. 의회의원들은 그것을 1943년 6월 행동으로 증명해 보였다. 높은 생활비를 견딜 수 없어 작업을 중지할 수밖에 없었던 석탄 광부들의 파업에 분노한 하원은 '태프트-하틀리'(Taft-Hartly) 법의 전신인 탄압적인 '스미스-코놀리'(Smith-Connolly) 법을 통과시켰다. 그러나 루즈벨트 대통령은 이에 거부권을 행사한다.

대기업의 앞잡이들은 차츰차츰 루즈벨트 행정부에 침투해 들어가 다음에 닥쳐올 전쟁에 대해 점점 더 떠들어대면서 민중의 대진격을 방해하고 승리의 속도를 늦출 수 있었다. 그러나 독일 독점자본에 대한 전쟁을 통해 고삐가 풀린 거대한 역사의 힘을 멈출 수는 없었다. 1944년 6월 4일 로마가 미군에 의해 해방되었다. 연합군은 또 1944년 6월 6일 프랑스를 향해 엄청난 힘으로 밀고 들어갔다. 그리하여 대승리를 거두면서 한발 한발 독일을 향해 진격해 갔고, 가는 곳마다 프랑스의 무장 유격대들로부터 도움과 환영을 받았다.

미군과 영국군, 프랑스군이 서부전선에서 진격하고 있는 동안 1943년 2월 6일 스탈린그라드에서 독일 제6군단을 사로잡은 이래로 계속 전진해 오던 소련군도 폴란드의 해방을 위해서 총공세를 전개했다. 따라서 동독까지 진출한 연합군은 동서 양면에서 독일로 육박해 들어갔다. 1945년 4월 12일 그가 그렇게도 얻으려고 노력했던 승리를 눈앞에 두고 루즈벨트 대통령은 세상을 떠났다. 이탈리아 독점자본의 앞잡이인 무솔리니는 1945년 4월 28일 이탈리아 애국자들에 의해 살해되었고, 5월 1일에는 베를린이 함락되고 독점자본의 원흉 히틀러도 자살했다.

8월 14일 일본도 항복하여 제2차 세계대전은 끝난다. 민중은 승리했다. 전 유럽에서 민중들은 무장한 채 투쟁에 앞장 선 남녀노소, 농민, 노동자, 보수주의자, 공산주의자 할 것 없이 거리로 쏟아져 나와 파시즘과 결탁한 독점자본가들을 처형하라고 외쳤다. 프랑스군의 원수(元帥) 페탱(Petain)은 바로 투옥되었고, 조국 프랑스를 나치스군에게 팔아 넘겼던 프랑스 수상 라발도 프러시아의 몇몇 고위 장성과 함께 처형되었다. 마닐라에서 북경(北京), 바르샤바에서 프라하와 부다페스트에 이르기까지 파시즘과 결탁한 부자들은 그들의 엄청난 재산과 공장들이 민중의 손으로 넘어가자, 도망가기에 바빴다.

그러나 이러한 모든 사태들보다도 미국 독점자본가들이 훨씬 더 보기 거북했던 것은 나치스의 동료 독점자본가인 크루프(Krupps)・튀센(Thyssens)・파르벤(Farbens) 재벌 등이 재판에 회부된 일이다. 그리고 그들은 전쟁으로 얻게 될 수십억 달러의 이익을 바라고 히틀러를 재정적으로 후원해 세계대전을 일으키게 했다는 혐의로 유죄판결을 받았던 것이다. 특히 소련 대표들과 미국의 뉴딜 정책 추진자들이 나치스 독점자본가들이 유죄판결을 받도록 하려고 적극적으로 활동했다. 대부분의 나치스 독점자본가들은 미국 은행가들과 관련을 맺고 있었다. 미국 독점자본가들이 볼 때 뒤바뀌어져야 할 일은 다름아닌 바로 이러한 혁명적인 분위기, 즉 기업가들을 피고석에 앉히고 더 큰 이윤을 얻으려고 전쟁을 조장했다고 그들을 고발하는 사태였다. 그리하여 이미 꿈틀거리던 냉전이 더욱더 기승을 부리게 되었다. 이것은 국내와 국외에서 소용돌이치듯 치솟아 오르는 민주적인 힘들의 기세를 꺾는 것을 목표로 삼고 있었다.

누구를 위한 냉전인가?

냉전 때문에 가장 커다란 피해를 입은 것은 미국 민중이었다. 공격을 받은 것은 바로 그들의 노동조합이었고, 국내와 국외에서 독점기업이 생산하는 냉전에 필요한 군수품 계약을 위해 들인 수십억 달러의 돈은 바로 민중들의 호주머니에서 나온 것이었다. 파괴된 것은 민중의 자유였으며, 핵전쟁에 의해 위협을 받게 된 것은 민중의 생명이었다. 대재벌의 순이익이 69% 증가한 반면, 미국인은 냉전의 영향으로 주당 5%나 실질 임금이 감소되었다. 또 지구 저쪽 편의 머나먼 한국전쟁에서 죽어간 것도 이들의 아들과 형제들이었다.

세금으로 거두어들인 민중의 땀과 돈으로 미국 대기업들은 1947년 이후 5년 동안 1130억 달러의 순이익을 얻었다. 냉전 체제를 뒤받침하는 데 쓰인 3천억 달러의 막대한 돈도 대부분 노동자들로부터 나온 것이었으며, 그것의 대부분이 대기업의 이익으로 돌아갔다.

많은 역사학자들은 이미 망할 대로 망해 버린 일본에 역사상 처음으로 원자폭탄을 투하한 데서부터 냉전이 시작되었다고 본다. 일본인들이 휴전 교섭에 착수하려고 할 때인 1945년 8월 6일 트루만 대통령의 명령으로 원자폭탄이 히로시마에 투하되었다. 이 당시는 원자 무기 시대의 초창기였다. 이때 이 폭탄은 16만 명의 남녀노소를 죽이거나 부상시켰다. 블랙케트(PMS Blackett) 교수는 이것은 미국 독점자본의 말을 따르는 것이 현명하다는 것을 소련에 보여 주기 위해 발생한 부수적인 사건에 불과하다고 주장한다. 그는 8월 9일 나가사끼에 투하된 원자폭탄에 대해 언급하면서 다음과 같이 말하고 있다. "원자폭탄 투하는 제2차 세계대전의 마지막 군사적 행위라기보다는 오히려 현재 진행중인 소련과의 외교적 냉전을 처음으로 전개한 것으로 보아야 한다."

그러나 히로시마의 대학살 이전, 제2차 세계대전이 계속되고 있는 가운데도 소련을 공격하자는 이야기는 많이 있었다. 더군다나 미국은 원자폭탄을 가지고 있는 반면, 소련은 가지고 있지 않다는 것을 알자 몇몇 사람들은 예방 전쟁을 해야 한다는 환상에 사로잡혔다. 워싱턴의 평론가 앨버트 카(Albert Z Carr)에 따르면, 소련이 제2차 세계대전을 측면에서 지원하기 위해 준비하고 있던 1945년 5월에 "워싱턴의 관리들은 소련과의 전쟁이 멀지 않다고 판단하고 전면적인 외교 단절을 개인적으로 예견하고 있었으며, 그러한 관리들 가운데 적어도 한 명은 백악관의 보좌관이었다"는 것이다.

대통령의 보좌관 중에서 그러한 견해를 갖고 그러한 말을 한 사람이 실제로 있었다고 해도 그것은 별로 놀라운 일이 되지 못한다. 그것은 바로 트루만 대통령의 견해를 반영한 것에 불과하기 때문이다. 왜냐하면 그는 일찍이 상원의원 시절에 나치스 독일이 소련을 침략했다는 말을 듣자, 다음과 같이 말했기 때문이다. "만약 독일이 승리할 것 같으면 우리는 소련을 도와야 하며 소련이 이길 것 같으면 독일을 도와야만 할 것이다. 그리고 이런 식으로 가능한 한 많이 자기들끼리 죽이도록 내버려두어야만 한다. ……"

그러한 견해를 갖고 있었기 때문에 월가 출신 국방장관 포레스탈이 자신과 마찬가지로 소련과의 전쟁이 불가피하다고 믿는 사람들 쪽으로 트루만 대통령을 끌어들이는 것은 어려운 일이 아니었다. 미국밖에는 원자폭탄을 가지고 있지 않았으므로 그러한 전쟁은 빨리 올수록 좋다고 포레스탈은 생각했다. 그는 1947년 12월 8일 다음과 같이 말했다. "대규모의 파괴력을 갖는 무기로 어떤 국가가 우리를 공격하기 전의 기간이 우리들에게는 절호의 기회이다." 포레스탈은 문자 그대로 냉전을 위해 자기 목숨을 바쳤다. 그는 냉혹할 정도의 정력으로 자기 자신을 혹사시키다 과로로 졸도한 후, 1949년 마지막으로 입원했던 메릴랜드주 베데스타 해군병원에서 '경비원이 지키지 않는' 창문에서 뛰어내려 그는 자살하고 말았다.

트루만 대통령은 아무리 해도 미친 정신에서 나온 것인지 아니면 뭔가 신들린 정신에서 나온 것인지 알 수 없는 포레스탈의 그러한 억센 정력을 억누를 수 없었다. 포레스탈은 바로 미국 경제력의 핵심 세력을 대표하고 있었기 때문에 그처럼 권위 있는 목소리로 말했던 것이다. 루즈벨트가 죽은 지 채 2주일도 안 돼 트루만 대통령은 직접 "망할 놈의 소련놈들"이라며 루즈벨트 정책의 핵심을 뒤엎었다. 1945년 샌프란시스코에서 국제연합이 창설되기도 전에 이미 루즈벨트의 대외 정책은 완전히 내동댕이쳐졌다. 그대신 존 포스터 덜레스와 루즈벨트와는 가장 양립하기 어려운 적대자이며 덜레스와 마찬가지로 보수적인 상원의원 반덴버그(Arthur Vadenberg) 이 두 사람에게 외교 정책이 넘겨졌다.

냉전은 처음부터 민중을 제외한 모든 이들을 자기 편으로 끌어들였다. 미국 민중 특히 1600만 명에 달하는 노동조합원들은 여전히 루즈벨트의 정책을 확고히 지지하고 있었다. 전국무차관 섬너 웰즈(Sumner Welles)가 루즈벨트에게 쓴 것과 마찬가지로 소련과의 확고한 조약이 미래의 평화를 유지하는 데 필요 불가결한 요소임을 민중들은 잘 알고 있었던 것이다. 민중은 평화시의 생산을 바탕으로 경제를 성장시키려는 루즈벨트의 계획을 압도적으로 또 열광적으로 지지했다.

포레스탈과 덜레스는 냉전이 효율적으로 진행되기 위해서 우선 국민들에게 겁을 주어 냉전 속으로 끌어들일 필요가 분명히 있었다. 포레스탈은 그가 금융가들과 기업가들에게 쉴 새 없이 보고하는 동안 소련과의 전쟁이 불가피하다는 그의 주문(呪文)을 몇몇 사람들이 솔깃해서 듣는다는 사실을 발견했다. 그리하여 그는 미국 상공회의소와 '전국제조업자연합'이 오랫동안 주요 정책으로 삼았던 수법, 즉 빨갱이의 위험을 선전하는 수법을 약간 변형시켜 그대로 써 먹는다.

이제 애국심과 사리 사욕이 공공연히 하나로 뭉쳐 행세하게 되었다. 고용주의 이기적인 음모였던 것이, 적어도 몇몇 사람들의 눈엔 이제는 미국 정부가 축복과 지원을 하는 성스러운 투쟁으로 보이기 시작한 것이다. 전쟁이 불가피한 것으로 이야기되면서 다가올 새로운 큰 전쟁에 대비하는 동안, 노동자들이 파업과 불평을 하지 않도록 하며 수지맞는 새로운 군수품 생산계약을 잘 이행하는 것이 애국적인 의무로 등장했다. 군 장성들은 이러한 노동자 문제에 관해 "해외에서의 전쟁을 위해서 국내 후방 전선을 안정시킬 필요가 있다"고 말했고, 기업가들은 그 말을 전적으로 지지했다. 대기업의 입장에서 볼 때, '애국'이라는 고상한 도덕적 목적과 독점자본의 잇속이 이처럼 근사하게 결합된 적은 역사상 단 한 번도 없었을 것이다.

그러나 민중은 루즈벨트의 평화와 안정에 관한 정책들을 너무나도 좋아했고 고분고분하지 않는 편이었다. 따라서 이성이라는 것을 송두리째 추방해 버릴 수 있는 아주 거대한 공포, 즉 모든 것을 압도할 수 있는 공포가 필요했다. 이것은 전에 '산별노조회의'가 성장하는 과정에서도 이미 시도되었다가 실패한 적이 있었다. 그러나 그때는 재계(財界)와 국민을 공포 속으로 몰고 가려는 그들의 욕망 사이에 루즈벨트 대통령과 그의 행정부가 확고부동하게 버티고 있던 뉴딜 정책의 전성 시대였다.

그러나 이제 뉴딜 정책은 그 주창자들과 더불어 숨이 끊어졌고, 트루만 행정부에서 뉴딜 정책의 옹호자들도 쫓겨났다. 그 대신 월가의 사장들이나 부사장들이 그 자리를 차지하고 있었다. 이제 새 시대의 전형적인 인물은 파시스트 조직체의 도움으로 1946년 위스콘신주에서 당선된 성급하고 시건방질 정도로 야심만만한 조셉 레이몬드 매카시(Joseph Raymond McCarthy)라는 초선 상원의원 같은 사람이었다. 그가 당선되자 마자, 처음으로 취한 행동은 1944년의 발지(Bulge) 전투 때 말메디(Malmedy)의 미군 대학살을 저지른 나치스 전범들을 처형하려는 노력에 강력하게 항의한 일이다.

이제 독점자본은 방어적인 입장에 서 있지 않았다. 그들의 적인 루즈벨트는 죽고 외국 경쟁자들은 불구가 되었다. 또 전체 자본주의 세계는 미국에 빚을 지고 있거나 미국의 호의와 은전에 의존해야만 했기 때문에, 독점자본은 전쟁 공포와 빨갱이 공포를 불러일으켜 새 역사를 만들 셈이었다. 독점자본은 미국 정부의 온갖 위세와 수백억의 돈을 배경으로 그러한 공포증을 유포시키고 만연시키려고 마음먹었다.

냉전이 외교 전선에서는 1945년 원자폭탄이 투하된 것과 더불어 시작된 것이라면, 국내 전선에서는 노동자들이 임금동결에 대파업으로 맞선 1945년말과 1946년초에 시작된 셈이다. 바로 이때부터 계속 아주 이상한 대응현상이 일어났다. 즉 국외에서 냉전 움직임이 있을 때마다, 이에 대응해 국내에서는 민권(民權)과 노동운동을 탄압하는 조치들이 취해졌다. 1945~1946년의 대파업에 깜짝 놀란 독점자본가들은 냉전이야말로 그 규모와 단결과 투쟁정신에 있어 계속 성장하고 있는 노동운동을 처수부기 위해 하늘이 내려준 절호의 기회라는 확신을 갖게 되었다.

그러나 일반 노동자들은 모두 싸우기를 갈망했다. 사실상 임금은 낮고 물가는 높았기 때문에 노동자들은 투쟁할 수밖에 없었다. 그러나 미국 대기업의 비밀 참모회의격인 '특별 협의위원회'(Special Conference Committee)는 뉴욕에서 회의를 열고 어떠한 임금인상 노력에도 모두 반대하여 싸운다는 통일정책을 채택한다. 결국 1945년에는 350만 노동조합원이, 이듬해인 1946년에는 460만 조합원이 파업을 감행했던 것이다. 이것은 미국 노동운동 역사상 가장 큰 파업이었고, 미국 노동운동사의 절정들 가운데 하나였다.

많은 동맹 파업자들은 여전히 행동 통일을 했다. 파업 노동자들은 "단 하나의 전선으로 뭉치자. 생계임금을 얻기 위한 전선으로 ……" "총탄 대신 생활에 필요한 것들을 ……" 등과 같은 피켓을 들고 그들이 뉴딜 정책을 뒷받침하고 '산업별 노동조합회의'를 조직하며 배운 모든 것을 총동원했다. 그들의 기술과 열의와 단결력은 너무나도 훌륭했다. 이러한 투쟁 정신은 다른 무엇보다도 석탄, 자동차, 강철, 전기, 해운, 식품가공 분야 사용자들의 독하고 확고부동한 반대를 극복하고 임금을 크게 올리는 성과를 거두었다.

그들의 구호와 외침, 그들의 방송 대담과 신문광고, 그들의 시민위원회들은 사회 전반의 커다란 지지를 얻었다. 그리고 당면한 현실문제들, 특히 임금은 1941년도 분의 15% 인상으로 묶여 있는 반면 물가는 45%, 기업의 이윤은 250%나 치솟았다는 현실을 널리 알렸다. 이 외에도 4백만의 퇴역 군인들이 실업자로 미국 경제에 되돌아 왔다는 것이 포함돼 있었다. 그리고 미국 경제란 전쟁이 있거나 전쟁의 위협이 있을 동안에만 호황을 누리는 것처럼 보인다고 그들은 꼬집었다.

노동자들의 전진을 막을 무기를 찾고 있던 고용주들은 냉전이라는 새로운 상황과 예전부터 써먹던 '빨갱이 소동'을 다시 써먹기로 했다. 이 두 가지를 함께 쓰면 비할 바 없는 만능 무기를 만들 수 있었다. 이 무기는 결국 전시 체제를 가져오고, 그렇게 하여 위협적인 불경기를 지연시켜 주며, 동시에 노동조합을 약화시키고 분열시키는 수단이 될 수 있었다. 이보다 더 완벽한 무기가 어디 있겠는가?

'제네럴 일렉트릭'의 총수 윌슨은 "냉전은 두 가지를 노리고 있는데, 그 하나는 국내의 노동운동이며 다른 하나는 소련"이라고 솔직하게 털어 놓았다. 트루만 행정부에 곧 기용될 수백 명의 재계 중역들 가운데 한 사람이었던 윌슨은 1946년 10월 10일 다음과 같이 말했다. "미국이 당면한 문제는 해외의 소련과 국내의 노동운동이라는 단 두 마디로 요약할 수 있다."

고용주들이 냉전 공세를 펼쳐 감에 따라 누가 냉전의 주역인지, 즉 망상에 사로잡힌 포레스탈인지 아니면 미국 상공회의소의 간부들인지를 가려내기가 때때로 어려웠다. 포레스탈은 전쟁이 코앞에 닥쳤으며 모든 것은 전쟁이 닥칠 때의 필요성에 대비해 조정돼야 한다는 주장을 기간산업의 지도적 인사들에게 쉬지 않고 떠들었다. 그러나 1946년의 동맹 파업이 다시는 되풀이되서는 안 된다고 굳게 결심한 상공회의소는 널리 배포된 다섯 권의 책 가운데 1권을 그 해에 간행한다. 이 다섯 권의 책은 모두 냉전을 촉진시키는 내용이었으며, 이 건의 사항은 그 후 정부의 법령이나 정책으로 반영되었다.

이 총서 1권 ≪미국에서의 공산주의의 침투: 그 성격과 대항 방법≫은 미국의 방송, 영화, 출판사, 극장, 텔레비젼 등이 이미 모스크바의 지령을 받고 있다고 주장하는 내용이었다. 이 책은 의회의 위원회가 이 분야를 조사할 것을 제안했다. 그 해가 끝나기도 전에 '상·하 양원 합동 비미국 활동 조사위원회'는 수많은 작가와 교수·예술가·의사·연출가·배우 들의 직업을 박탈하고 투옥할 것을 요구하기 위한 준비에 착수했다. 표면적인 혐의 내용은 의회 모독죄였지만, 실제적인 내용은 상공회의소가 받아들일 수 없는 정치적 신념을 가지고 있기 때문이었다.

1947년 상공회의소는 ≪정부 내의 공산주의자들: 그 진상과 계획≫이라는 책을 간행했다. 이 책은 뉴딜 정책이 공산주의자의 음모에 불과했다는 혐의를 조작하기 위한 계획서였다. 이윽고 상원의원 매카시는 이 책을 성서처럼 받들며 인용했다. 그 해에 또다시 상공회의소는 ≪노동운동 내부의 공산주의자들: 그 진상과 대책≫이라는 책을 발간했다. 이 책은 '태프트-하틀리 법'을 통과시키기 위한 싸움에서 처음으로 발사된 총탄이었는데, 결국 이 법은 그 해 안에 통과된다.

1946년에 시작된 이래로 날이면 날마다 달이면 달마다 계속된 빨갱이 소동을 과거의 빨갱이 소동과 비교하는 것은 마치 권총과 원자폭탄을 비교하는 것과 같다. 신문이 포레스탈로부터 적절한 보도자료 설명과 안내를 받은 지 얼마 되지 않아서, 모든 신문은 하나같이 국내외의 마귀 같은 빨갱이들이 저지르는 소행에 관한 기사들로 모든 지면을 가득 채웠다.

그런데 가장 겁나는 보도가 나타나기 시작했다. 적군(赤軍)이 우선 이란을 침략하고, 다음에는 터키를 침공하고, 세 번째로 서(西)유럽을 침략하기 위해 동원되고 있다는 소식이 신문과 방송을 통해 국민들에게 전해졌다. 그 후 빨갱이 혐의자 재판에서 나온 증언에 따르면, 유고슬라비아는 물론이고 심지어는 디트로이트를 점령하려는 적군(赤軍)의 음모가 있었다고 했다. 이러한 보도들은 우리 미국인을 구한 것은 오직 우리가 원자폭탄을 독점하고 있었기 때문이며, 모스크바에 원자폭탄을 떨어뜨려 모든 것을 해결하자는 말들이 점점 더 많이 입에 오르게 만들었다.

신문과 방송은 아무리 허황한 얘기라도 그럴 듯하게 다루었다. 특히 육군이나 해군이 의회 세출위원회에 추가로 수십억 달러의 예산을 요청하기 직전에는 더욱 그러했다. 비행기 추락 사건이 일어나면 그것은 공산주의자의 소행으로 알려졌다. 살인 사건이 나도 공산주의자가 저지른 것이라고 이야기했다. 그런데도 미국은 아직도 진상을 바로 보지 못하고 있었다.

트루먼 대통령은 정부 내에 공산주의자들이 침투해 있다는 상공회의소 발행 소책자를 철석같이 믿고 2백만 공무원에 대한 충성심을 시험할 채비를 갖추고 있었다. 어느 공무원도 자신을 고발한 사람의 신원을 알 수가 없었고, 또한 자신에 대한 혐의 내용도 알 수 없는 시대적 분위기였다.

이러한 가운데 상공회의소의 앞잡이인 변호사와 관리, 로비스트들은 '와그너 노동법'을 폐기하고, 공명정대라는 미명 아래 노동자들을 사용자들이 멋대로 주무르게 허용하는 '태프트-하틀리 법'을 기분 좋게 입안하고 있었다. 루이스가 "미국 최초의 야비하고 야만적인 파시즘의 등장"이라고 말했던 이 조치는 비록 상원의원 태프트와 하원의원 하틀리의 이름을 달고 있었지만, 사실은 대기업가들이 먼저 이들에게 법안을 갖다 준 다음에 이들이 이를 의회에 제출한 것이었다.

이 법은 1947년 6월 의회를 통과했다. 파업자를 군대에 징집하겠다고 협박해 1946년 철도 파업을 종결시킨 바 있는 트루먼 대통령은 사실상 이 법안을 거부하거나 반대 여론을 조성할 처지에 있지 않았다. 그는 얼마 후 임금인상을 위한 파업을 막기 위해 오히려 모두 아홉 번이나 이 법을 사용했다. 그는 형식적으로 거부권을 행사했으나, 의회는 그의 비효과적인 항의를 물리치고 이 법을 다시 재빠르게 통과시켰다. 이 법을 지지했던 대부분의 사람들은 이 법의 반공적 조항에 주의를 집중시키면서 자신들의 입장을 냉전 논리로 정당화시켰다. 모든 노동조합 간부들은 자신들이 공산주의자가 아니라는 맹세를 하도록 강요당했다. 게다가 냉전이란 상황 때문에 이 법에 대한 반대는 처음부터 봉쇄되어 있었다. 많은 노동조합과 조합원들은 반공이라는 것에 반대해 효과적으로 투쟁을 전개하다간 자신들이 빨갱이로 몰리지나 않을까 점점 더 겁을 먹게 되었다.

대기업들이 노동자들에 대해 거둔 이러한 승리 때문에 계속 희희낙락한 것은 너무나도 당연한 일이었다. <비즈니스 위크>지는 이 법이 통과되자마자 이는 "미국의 기업가들을 위한 새로운 특혜"라고 보도했다. 6년 뒤에 <뉴 에스 뉴스 앤드 월드 리포트>지도 "노동조합은 퇴보하고 있는가? 6년 동안 제자리걸음"이라고 만족하며 당시를 묘사했다. '태프트-하틀리 법'의 특별한 규정들을 잠깐 훑어만 보아도 고용주들이 하늘에 올라간 듯 기뻐하고, 조합원 수가 늘던 노동조합이 정체하며, 점점 올르던 임금이 제자리걸음을 하게 된 이유를 금방 알 수 있을 것이다.

'태프트-하틀리 법'은 파업금지 명령을 내릴 수 있게 다시 규정했고, 이를 위반하면 법원이 벌금을 물릴 수 있는 권한을 부여했다. 또한 이 법은 노동쟁의 과정에서 흥분을 가라앉히는 60일 동안의 냉각기간 동안에는 어떠한 파업도 할 수 없도록 규정했다. 이 법은 노동쟁의 때 회사 입구에 진을 치고 변절자나 비조합원의 출입을 막으며, 문전에서 농성하는 대규모의 피켓 시위를 불법화했다. 이 법은 노동자가 '부당한 노동행위'를 고소할 수 있도록 규정해 놓고 있지만, 노동조합이 정치적인 운동에 기여할 수 있는 권리를 박탈했다. 이 법은 노동 조합원만을 채용해야 하는 클로즈드샵 제도를 폐지했다. 심지어 '산업별 노동조합회의'가 구성되기 이전 케케묵은 옛날에 실시된 바 있는 노동조합원이 아닌 사람들도 채용할 수 있는 오픈샵 제도로 되돌아갈 수 있는 여건을 조성했다. 이 법은 사용자가 노동자들이 노동조합에 가입하려는 일에 간섭할 수 있는 권한까지도 주었다. 또 이 법은 지지 파업을 금지시켰다.

이러한 규정 때문에 사용자는 피켓 시위나 기타 여러 가지 정규적인 파업 절차에 반하는 금지 명령을 통해 동맹 파업을 분쇄시킬 수 있었다. 사용자는 심지어 협상을 피하기 위해 공장문을 닫아 단체교섭을 거부할 수 있도록 규정했다. 사용자는 소송을 통해 조합의 재정을 파탄시킬 수도 있었고, 노동자들에 대한 합법적인 위협으로 비노동조합원도 고용할 수가 있었다. 또 회사의 첩자들을 노조에 침투시켜도 누구든 회비만 내면 법의 보호를 받기 때문에 노조는 그들을 내쫓을 수 없었다. 사용자는 유능한 노동조합원을 공산주의자라고 비난하든가 간부로 당선되는 것을 불가능하게 만들었다. 또 만약 그가 당선되더라도 그 선출 과정에 잘못이 있다고 새빨간 거짓말을 퍼뜨려 노동조합의 민주주의를 함정에 빠뜨릴 수 있었다.

이러한 위험성은 광산 및 제련 노조의 클린턴 젱크스 사건으로 증명되었다. 그는 밀고자의 말 한마디로 선서문에 거짓으로 서명했다는 혐의를 덮어쓰고 5년형을 선고받았는데, 그 후 그 밀고자가 자신이 위증을 했다고 고백했던 것이다. 이것은 비공산주의 노조들도 공산주의 노조와 마찬가지로 위험한 경우가 많다고 밝힌 <월 스트리트 저널>지와 상공회의소에 의해서도 입증되었다. 이것은 또 수백만 달러씩 봉급을 올리는 데 앞장섰던 '해상 요리사 및 여객계원 노조' 위원장 휴 브라이슨과 '국제 모피 및 피혁 노조' 위원장 벤 골드가 비공산주의자라고 거짓으로 선서했다고 위증 혐의로 기소되어 그 정체를 드러냈다.

그러나 어마어마한 전시(戰時)체제와 '테프트-하틀리 법'에도 불구하고 미국은 1949년의 불황을 향해 치닫고 있었다. 이 해 실업자는 500만여 명으로 증가한 것으로 추산되었고, 민간 총투자는 23% 감소했으며, 산업생산 지수는 192에서 176으로 떨어졌다. 개인 순저축 액도 1949년도 1/4분기의 120억 달러에서 3/4 및 4/4분기에는 60억 달러도 채 미치지 못한 정도로 뚝 떨어졌다.

냉전도, 거대한 군수품 생산계약도, 미국의 악화되는 경제 침체를 막기에는 충분하지 못하다는 것이 밝혀졌다. 그러나 <유 에스 뉴스 앤드 월드 리포트>지는 또 다른 전쟁 바람이 불면 사태가 안정될 것이라고 말했다. 이 잡지는 1950년 2월 17일 다음과 같이 보도했다.

"전쟁 분위기를 일으키기는 쉽다. 그리고 그렇게 하면 더 많은 무기를 만들어내는 데 드는 돈을 마련할 수 있을 것이 거의 확실하다." 한국전쟁이 일어나기 직전에 이 잡지는 이렇게 썼다.

정부의 정책 입안자들은 좋은 시절을 거의 영원히 지속시키기 위한 마술적인 방법을 발견해 낸 것으로 생각하고 있다. 그들은 영구적인 운동이라는 게 따지고 보면 별게 아니지 않은가 하고 생각하기 시작한다. …… 냉전은 바로 영구적인 운동의 촉매이다. 냉전은 자동적으로 펌프에 부어지는 마중물(誘水) 같은 경기 부양 방법이다. 물꼭지를 돌리면 대중은 더 많은 무기를 소비하라고 아우성을 친다. 그리고 꼭지를 다른 쪽으로 돌리면 그 아우성은 그친다. …… 냉전 수요(需要)란 완전히 이용하기만 하면 거의 무한대인 것이다.

그러나 1949년에 경제적 침체가 심해져도 마법의 방법은 효력을 발생하지 못했다. 애당초 이 묘책이 통할 리 없었다. 열전이든 냉전이든 전쟁을 통한 경기 회복 정책은 불황을 연기시켜 줄지는 모르지만, 필연적으로 불황은 찾아오고 그 위력은 더욱더 강해지도록 만들 뿐이다. 독점자본은 1950년 6월 트루만 대통령이 한국전쟁에 개입하겠다고 갑작스럽게 선언하여 곤경을 벗어나게 되었다. 전시(戰時) 주문과 군수품 생산계약은 두 배나 증가했고, 임금은 또다시 동결되었다. 한편 세금을 빼지 않는 독점자본의 이익은 한국전쟁의 처음 2년간에는 연간 평균 430억 달러까지 비약적으로 뛰어 올랐다.

한국에서 피비린내 나는 전쟁이 계속되는 동안 미국 산업은 힘차게 돌아갔고, 일시적으로는 완전 가동이 다시 이루어졌다. 그러나 세금을 뺀 연간 이익이 2차 대전 때 연간 이익보다 두 배나 되는 호경기와 함께 산업이 바쁘게 돌아가면서도 사실은 또한 더욱더 경제적 침체에 끊임없이 다가갔다. 결국 이 기간에 4~5백만 명으로 추산되는 실업자를 다시 양산해 낸다. 왜냐하면 그러한 길의 끝에는, 즉 전쟁 바람이나 빨갱이 공포를 구실로 폭리를 취하고 대다수의 사람들이 극단적인 착취를 당한 연후에는 불황의 엄청난 곤궁이 도사리고 있었기 때문이다.

12 더 영광스러운 승리

시대의 흐름 바꾸기 시작하다

1952년 육군 원수 드와이트 D 아이젠하워는 대기업가와 노동운동 적수들의 만장일치 지지를 받는 가운데 공화당 후보로 미국 대통령에 당선되었다. 많은 사람들은 사태가 다시 원점으로 되돌아간 것이 아닌가 하고 우려했다. 즉, 지배자들이 노동자들에게 취하던 방식대로 "굶주린 자들에게는 총알밥이나 처먹여라"는 사태가 다시 온 듯했다.

어쨌든 사람들은 트루만 치하의 불안한 유령이었던 뉴딜 정책이 이제는 틀림없이 매장되었다고 말했다. 다시 반동이 고개를 들었다. 약탈을 일삼았던 그랜트 대통령이나 19세기말의 신흥 악덕 자본가 시대는 아닐지라도 하딩 대통령(1921~1923)의 시대로 되돌아간 셈이었다. 트루만 시절에 조금이나마 남았던 뉴딜의 흔적에도 구애받지 않던 전문가들은 빨갱이 공포를 조장하고 덜레스의 "대량 보복 정책"을 통해 냉전을 뜨겁게 가열시켜 갈 참이었다. 그런데도 아이젠하워 행정부 시대에 조직된 노동자들은 유기적인 통일을 이룩했고, '미국노동총동맹'과 '산업별 노동조합회의'는 다시 결합했다. 이는 노동운동의 더 큰 발전을 위한 기본조건과 한 세대에 걸친 꿈이 실현된 결과물이었다. 이제 전세계적으로 자유민주주의를 표방하는 동맹체를 이끌게 된 미국은 더 이상 파업 노동자에게 총격을 가할 수 없게 되었고, 따라서 더 이상 광범한 폭력사태가 유발되기도 힘든 상황이었다. 이와 비슷한 현상으로 인종과 피부색으로 인해 박해받던 미국인들은 이제 더 이상 참지 않았으며, 세계적인 격변의 영향으로 연방 최고재판소가 흑·백 분리 교육을 금지시키게 된 것도 한 변화였다.

　노동운동 탄압의 오래 무기인 전쟁 공포와 빨갱이 소동조차도 이상하리 만큼 움츠러드는 새로운 경향이 나타났고, 점차 시대에 뒤떨어진 것이 되어 버렸다. 전쟁 위협은 밖으로는 동맹국들을 놀라게 만들었고, 안으로는 국민의 지지를 잃어갔다. 이 같은 심각한 세계적인 위기 시대에 아이젠하워를 대통령으로 하여 공화당이 정권을 잡았다. 이 위기는 그들의 모든 행동에 영향을 미쳤고, 개인적 욕망도 희생하도록 만들었다. 그러나 문제의 핵심은 세계 전쟁은 점점 현실적으로 불가능해지고 있다——미국의 생산은 주로 전쟁을 전제로 해 이루어지고 있었으나 전쟁이 발발하면 인류가 멸망하기 때문에——는 점이었다. 즉, 생존이 이윤추구보다도 우선하는 과제로 등장하기 시작한 것이다.

　그러나 빨갱이 공포와 냉전에 의해 추진되는 미국의 정책은 사람들이 원하고 있지 않은 전쟁을 자행할 수밖에 없었다. 이제는 단 하나만으로도 수많은 사람을 죽이는 무서운 능력을 가진 수소폭탄의 위협 아래 전멸하는 참극을 막기 위해 생산과 정책 양면에서 많은 변화가 있어야만 했다. 아이젠하워 자신도 평화와 생존을 바라는 대중의 희망을 무시할 수 없게 되었고, 일부 미국인들은 국가의 여러 문제를 다시 생각해 보아야 할 것이라고 말했다. 그는 전세계인들의 압력이 높아지자, 소련과 중공까지도 포함하는 세계 무역에 대해 말하기 시작했다. 특히 "우리는 군수물자의 생산 없이도 번영을 누릴 수 있다"는 그의 선언은 당시엔 다소 새로운 어조였다. 그리고 그는 마치 뉴딜 정책을 주장했던 사람들처럼 열기 띤 목소리로 대대적인 도로 건설의 계획안을 제안했다.

물론 이것은 예상 밖의 일이었다. 그것은 어쩔 수 없는 객관적 현실들, 특히 세계 평화를 바라는 전례 없이 큰 조직된 세계인들의 요구 때문에 생긴 결과였다. 그러한 요구는 거스를 수 없을 만큼 강력했다. 전쟁을 원하던 자들까지도 이 같은 주어진 평화의 틀 속에 그들의 계획을 맞추어야만 했다. 빨갱이 공포도 위력을 상실해 가고 있었다. 적색 공포를 부추겨 공산당이 침략할지도 모른다고 떠들어대며 군비 증강에 몰두하던 자들에게 그들의 그러한 야욕이 결국은 인류의 종말을 가져올지도 모른다는 위기 의식이 싹트고 있었기 때문이었다. 버트란트 러셀이 "우리가 함께 살 수 없다면 우리는 같이 죽을지도 모른다"고 말했듯이, 수단 방법을 가리지 않고 공산주의를 때려부수자는 주장은 세계대전을 일으켜 도시들을 모조리 파괴하자는 주장과 마찬가지라는 사실이 희미하게 인식되기 시작했던 것이다. 많은 사람들은 새로운 시대를 예고하는 듯한 평화 공존의 주장을 지지했으며, 이는 미국 노동세력에 있어서도 새로운 기회로 다가왔다.

그러나 갑자기 아이젠하워 행정부가 변한 것은 아니다. 뒤에 일어난 모든 변화는 여론 때문에 어쩔 수 없이 일어난 결과이다. 아이젠하워 행정부는 이러한 여론의 압력을 거역하지 못하고 많은 모순을 안은 채, 후퇴를 거듭하며 인류는 멸망할 수 없다는 요구에 점차로 순응해 갔다. 초기에 아이젠하워 행정부는 '태프트-하틀러 법'을 개정하기는커녕 노동자들이 굴복하지 않을 경우 이 법을 충분히 활용하려는 그들의 본색을 여지없이 드러냈다. 공산당을 불법화시킨다는 간판을 걸고 아이젠하워 행정부는 많은 민주당 의원들의 도움과 부추김을 받아 가면서, 실제로는 노동조합에 대한 정부의 승인제도를 확립하는 법을 통과시켰던 것이다. 이 법은 미국 역사상 최초로 한 정당을 불법화시켰다. 또한 이를 통해 미국 국민들이 생각할 수 있는 것과 없는 것이 무엇이며, 그들이 누구에게 투표할 수 있고 누구에게 투표할 수 없는지를 규정했다. 이 외에도 이 법은 파업을 비롯한 여러 경우에 사용자 또는 그 밖의 사람들이 노동조합에 "공산주의자가 침투했다"고 고발하면 노동조합을 파괴할 수 있는 법적 근거를 마련해 주었다.

이리하여 적당한 때가 되면 사용하기 위한 노동운동 파괴용 시한 폭탄이 추가로 마련된 것이었다. 공산주의자가 아니라는 선서를 강요하는 조항들을 포함하고 있는 '태프트-하틀러 법'의 경우와 마찬가지로, 새로 만들어진 이 법도 겉으로는 다만 공산주의자들의 활동 금지를 목적으로 한다고 되어 있었다. 그러나 실제로는 모든 노동운동을 겨냥하고 있었던 것이다. '미국노동총동맹' 위원장 조지 미니와 '산업별 노동조합회의' 위원장 로이터는 그 새로운 법이 좌익 노동조합뿐만 아니라 모든 일반 노동조합까지도 파괴하는 데 사용될 수 있다고 강력히 비난했다. 그러나 '태프트-하틀러 법'의 경우에도 그러했듯이, 노동운동 지도자들은 노동자들의 이익을 위해 행동을 취하면 공산주의자로 낙인찍힐까 두려워한 나머지 그 반노동자적인 법률에 반대해 노동세력을 전면적으로 동원하지 못했다. 그것은 바로 노동운동을 부수려는 자들이 노린 점이었다.

뉴딜은 트루만 시대에는 단순한 상징에 불과했지만, 아이젠하워 시대에는 '반역'과 같은 말처럼 여겨지게 되었다. 아이젠하워의 표현을 빌리자면, 소위 뉴딜 정책의 야금야금 기어 들어오는 "잠행성(潛行性) 사회주의"를 해체시키기 위한 노력으로 연안 해저유전, 정부 소유의 합성고무 공장들, 공유지(公有地), 그리고 국가가 관리하는 동력 및 원자력 시설들이 사적(私的) 이윤을 마음껏 누리고 있는 자들의 손아귀로 넘어갔다. 또한 500억 달러가 넘는 자원과 기업체들이 '스탠더드 오일'·'제네럴 일렉트릭'·'듀퐁'을 비롯한 거대한 독점기업의 소유로 넘어 갔다. 이것들에 비하면 그랜트 대통령 시절에 신흥 재벌들이 해먹은 규모는 보잘것없는 것이었다.

뉴딜 정책의 이른바 '사회주의적 경향'이 기업을 위해 정부의 분배로 뒤집히고 있는 동안, 매카시 상원의원은 수백만 미국인들과 대부분의 민주당원들이 소위 "20년간의 반역"을 승인했거나 그것에 편들었다고 전국을 다니며 비난했다. 매카시를 비롯한 극우파 공화당 의원들은 루즈벨트 전대통령이 얄타회담에서 공산주의자들에게 미국의 이익을 팔아먹었다고 말했다. 매카시의 이러한 노력은 지나간 시대의 적색공포를 다시 꽃피운 계기가 되었다. 그리고 마침내 적색공포의 촉수는 사회 구석구석에 파고들어 장군들과 정부 고위관료들──예를 들자면 원자무기를 생산하는 데 주역이었던 오펜하이머 박사 같은 위대한 과학자들──에게로 점차 번져 갔다. 결국 이들은 적색공포의 희생물이 되었다.

매카시와 법무장관 브라우넬은 전직 대통령인 트루만까지도 공산주의의 음모에 가담했다고 비난했다. 이러한 사태를 보고 전세계 사람들은 혹시 미국 사람들이 몽땅 미쳐 버린 것이 아닌가 하고 의아해 했다. 매카시와 브라우넬은 트루만이 그 정체를 알고 있으면서도 간첩을 한 국제기구의 고위직으로 승진시켰다고 말했다. 1954년 민주당의 대통령후보 아들라이 스티븐슨은 콜럼비아 대학에서의 연설을 통해 "왜 우리는 서로를 두려워하게 되었는가" 하고 의문을 제기했다. 그가 "우리는 전국민이 마치 안보를 해치는 위험분자인 듯이 서로를 의심하고 있다"고 한탄할 무렵, 아이젠하워 행정부는 천 명의 공무원을 해고했다. 용공분자 혹은 다른 종류의 안보를 해치는 자라는 명목으로 수천 명의 미국인들이 직장을 잃었는데, 그들 대다수는 매카시로부터 비난받은 노동조합원들이었다.

불순한 사상을 품거나 관계를 맺고 있다는 누군가의 모함으로 그들은 어처구니없게도 자기 나라에서 배척을 받았던 것이다. 그 밖에도 수천 명의 사람들이 지난날 모든 미국인의 천부적 권리였던 저항권을 상실한 채, 전국적으로 휘몰아치던 빨갱이 소동에 이성을 마비당하여 침묵하게 되었다.

그러나 사람들이 모두 비겁하거나 굴복한 것은 아니었다. 서서히 제 정신을 차리자는 소리가 커지기 시작했다. 또한 이 당시 전세계인들의 평화 염원 의지는 이러한 국내의 분위기와 맞아떨어졌다. 매카시는 자신이 '빨갱이'로 본 사람들에 대해 가차없었던 것만큼이나 단호하게 전쟁을 지지한 과거를 가진 인물이었다. 매카시의 연설이 있고 나면 세계 각국의 외무성과 언론으로부터 항의가 빗발쳤다. 이제 그가 행정부와 미국 국민에게 짐이 되고 있음이 분명해졌다. 미국은 일시적으로 그를 버려야 할 처지였다. 그래서 행정부는 그에 대한 지지를 철회했고, 국민들은 상원의원 선거에서 반대표를 던져 그를 불신임했다.

매카시가 밀려난 데는 이 외에도 여러 요인이 작용했다. 그 가운데 적지 않은 영향력을 미친 요인으로는 하벌트 매투소우(Harvert M Matusow)라는 사람을 들 수 있다. 매카시와 법무성에 고용되어 당시의 주요한 밀고자로 한 몫을 했던 그는 회고록 ≪거짓 증언 False Witness≫에서 자신이 공산주의자와 비공산주의자 그리고 노동조합 지도자들을 포함한 수십 명을 유죄로 만들기 위해 정부로부터 돈을 받고 거짓 증언을 했다고 고백했다. 연방법원 판사 디모크(Dimock)는 하니와 트락텐버그가 폭력에 의한 정부 전복을 주창했다고 한 매투소우의 말이 위증이었음을 공식으로 확인했다. 결국 디모크 판사는 공산당 지도자들이 새로운 재판을 받도록 허용했다. 그러는 동안 양심 있는 미국인들은 '스미스 사상 규제법'

에 근거한 모든 재판들이 날조된 것이 아닌가 하고 의심하게 되었다.

매튜소우의 고백과 아울러 돈을 주고 사람을 사서 거짓 증언을 시킨 법무성의 모든 위계구조가 붕괴될 위기에 처하게 되었다. 법무성은 여러 번 재판부의 기각 판결이 있고 난 후, 존스 홉킨스 대학교의 극동문제 전문가인 라티모어 박사에 대한 날조된 기소를 취하하겠다고 발표했다. 이 기소는 법무성이 돈을 주고 산 밀고자 루이스 부덴즈의 고발을 근거로 이루어졌던 것이다. 이 외에도 예는 얼마든지 있었다.

이 무렵 연방 최고재판소는 피터스 박사의 사건을 통해 주로 노동세력이 수난을 당하는 밀고 제도가 부당하다고 판결을 통해 밝혔다. 최고재판소가 예일 대학교 의과대학 교수이며 연방 공중위생국의 시간제 상담역을 불충(不忠)하다는 이유로 해고한 것은 부당하다고 판결했던 것이다. 윌리엄 D 더글러스 연방 최고재판소 판사는 이렇게 판결했다.

피터스 박사는 그를 고발한 '충성 심사위원회'에조차 알려지지 않은 몇 사람을 포함한 정체 불명의 고발자들에 의해 유죄로 몰렸다. 밀고자 가운데 일부는 선서도 하지 않았고, 또한 어떤 자도 반대 심문을 받은 적이 없다. 아무도 직접 피터스 박사와 대질하지도 않았다. 우리들 혹은 '충성 심사위원회'가 아는 한 그들은 매수된 자들이거나 밀고를 하는 데 신바람이 난 정신병자들일지도 모른다. 그들은 이전에 원한을 품은 자들일지도 모른다. 반대 심문을 받으면 그들의 이야기는 거짓임이 드러나 버릴지도 모른다. 그들이 쉬쉬하는 비밀이란 따져 보면 비뚤어진 성격의 소유자들이거나, 진실된 사람이기는 하지만 관찰과 기억의 능력이 빈약한 사람들이 꾸며낸 이야기로 판명될지 모른다.

그 동안 정체 불명의 밀고자들은 광범하게 이용되어 왔다. 이러한 관습은 공무원 외에도 정부와 계약을 맺고 있는 개인 기업체의 임직원들을 제거하는 데에도 이용되었다. ……

이것은 수많은 사람들에게 피해를 주었고, 또한 수많은 사람들을 파멸시켰다. 그것이야말로 비미국적 행위이며 우리는 이 제도를 규탄해야 한다. 그것은 수정헌법 제5조가 규정한 '자유'를 인간에게서 박탈하는 행위이다. 왜냐하면 인간의 가장 소중한 자유들 가운데 하나는 노동할 권리이기 때문이다.

매카시가 청문회를 연 '제네럴 일렉트릭'의 경우와 같이, 보통 노동위원회 선거가 실시되기 전 재판도 없이 매카시가 공청회를 주관하여 많은 노동조합원들이 일할 권리를 박탈당했다. 그러나 해고 사태가 있고 난 후, 항상 여론의 변화에 민감한 반응을 보이던 법원은 더 자유주의적인 판결을 내리기 시작했다.

예를 들면, 연방 최고재판소는 노동조합 문제에 대해 적대적인 한 의회 위원회의 개입을 거부한 이유로 유죄판결—의회 모독죄—을 받은 '전기 노동자 연합' 회계간사 줄리어스 엠스팍에 대한 유죄판결을 뒤집었다. 또한 워싱톤의 순회 항소법원은 국무성이 자의적으로 또는 확인되거나 공개되지도 않은 밀고자의 고발에 근거를 두고 해외여행용 여권 발급을 거부할 수 없다고 판결했다. 그 밖에도 미국 헌법이 보장한 기본권을 피해자들에게 회복시켜 주는 여러 판결들이 잇달았다.

이러한 사례들은 모두 의미 있는 것이었다. 그것은 노동세력이 밀정과 밀고자, 날조와 위증의 역사적 희생물이 되어 왔음을 증명하는 것 이상의 의미를 가진다. 또한 그것은 미국인들이 평화를 위한 생산을 주장하고, 기본권의 보장을 주장하며, 수소폭탄의 위협에서 벗어나 안정된 생활을 주장할 수 있는 새로운 정치적 환경이 만들어지기 시작했음을 나타낸 징후이기에 중요한 것이었다. 그러한 모든 사건이 당초 매투소우의 고백에 의해 발단되었다고 한다면, 사태를 발전시킨 좀 더 근본적인 동인(動因)은 세계적 긴장의 완화와 평화를 바라는 전세계의 요구였다. 특히 평화에 대한 바람과 요구는 당시의 가장 중요했던 현상으로 모든 사물과 사건을 한 군데로 모으는 힘을 가지고 있었다. 따라서 사법부가 헌법의 기본권 조항에 보장된 자유들을 재확인하기 시작하고, 국무성이 전세계에서 냉전의 분위기가 사라지고 있는 현실을 바로 보기 시작하면서, 민주세력을 탄압하기 위한 수단으로 공산주의 위협을 이용하는 것은 점점 더 어렵게 되었다.

새로운 물결

아이젠하워 행정부는 처음부터 모순을 안고 출범했다. 5성 장군 아이젠하워를 지지하는 많은 사람들은 그가 예방 전쟁을 수행해 미국의 세기를 이룩해 주기를 기대했다. 미국 국민들은 평화를 열망했기 때문에, 독점자본이 내세운 이 대통령 후보는 백악관의 주인이 되기 위해 한국전쟁을 끝내겠다고 약속하지 않을 수 없었다. 백악관에 들어선 아이젠하워의 첫 조치 가운데 하나는 중국을 재점령하려는 장개석의 고삐를 미국의 원조로 "풀어 놓겠다"는 위협이었다. 하지만 해외에서는 동맹국들의 항의가 높았고, 국내에서는 국민들의 항의가 시끄러웠기 때문에 곧 사라졌다.

얼마 뒤 닉슨 부통령은 미국이 인도차이나 전쟁에 개입할지도 모른다는 '시험 기구'를 띄워 올렸다. 그 풍선은 교회, 공제조합, 정치단체, 노동조합 등을 비롯한 각계 각층의 전례 없는 빗발치는 비난의 화살에 맞아 터져 버렸다. 의회가 대통령에게 중국 대륙과 대만 사이의 섬들을 지키는데의 필요에 따라 전투를 개시하거나 원자무기까지도 사용할 수 있는 권한을 부여하자, 무시무시한 원자 세계대전으로 사태가 전개될 것을 두려워한 나머지 미국의 가장 가까운 동맹국들을 포함한 전세계가 이에 항의하고 나섰다.

전세계의 많은 사람들을 평화의 대열로 집결시킨 단 한 가지 부인 못할 사실을 지적하라면 수소폭탄의 존재를 들 수 있다. 아이젠하워 대통령을 포함한 전세계 과학자들과 정치가들은 모두 이 무기를 사용하는 전쟁이 일어나면 그것은 문명을 말살시켜 버릴 것이고, 수억의 인류를 죽여 버릴 것이므로 이긴 자도 진 자도 없는 전쟁이 될 것이라는 생각을 가지게 되었다. 수소폭탄이 발명되었고, 그것이 미국·소련 두 나라 모두에서 개발된 1954년 봄 이후, 우익 노동조합들도 세계 평화를 지향하는 명확한 입장을 취했다. '산업별 노동조합회의'에서 셋째로 큰 규모인 '연합의류 노동조합'은 핵전쟁을 피하기 위해 협상을 벌이라고 요구하며 세계가 멸망하면 노동운동도 있을 수 없다고 지적했다.

조합 총회에서 식품가공 노조의 간부들은 연설을 통해 "수소폭탄의 무시무시한 파괴력"을 전제로 한 국제 정세를 재평가하면서 "우리의 목적은 평화이고 우리의 수단은 협상이어야만 한다"고 말했다. 큰 노조 가운데 하나인 '미국섬유노조'도 세계 평화를 추구하는 협상을 요구하며, 매카시즘은 결국 파시즘과 핵전쟁으로 이르는 길이라고 지적했다. 강력한 '광산 노동자연합'과 '미국노동총동맹' 내 '정육(精肉) 노조' 간부들도 평화 공존을 요구했다. 노동세력의 세계 평화를 위한 새로운 움직임의 전형적인 예는 '연합의류노조' 중앙집행위원회가 낸 보고서이다.

이 위원회는 수소폭탄으로 인해 인간과 국가간의 견해 차이가 어느 때보다 더 협상을 통해 조정되어야 할 필요가 생겼다고 하면서 다음과 같이 지적했다.

국제 정치에 대한 우리의 생각은 수소폭탄의 발명으로 충격을 받았다. 그것은 현대전에 대한 종래의 모든 개념을 근본적으로 변화시켰다. 지금까지는 일부 사람들이 고립된 군사적 상황에서의 제한전(制限戰)을 생각해 볼 수 있었다. 그러나 수소폭탄이 등장함으로써 군사적 승리는 불가능해졌다. 왜냐하면 이 무기의 사용은 이미 우리가 아는 바와 같이 전세계와 모든 문명을 파멸시킬 수 있기 때문이다. 인류가 자멸을 원하지 않는다면 세계 평화가 유지되어야만 한다. 이제 평화냐 전멸이냐 하는 선택만이 있을 뿐이다.

전세계에 걸쳐 사람들은 초조하게 그리고 한결같이 평화를 말하면서, 정부 수뇌들의 정상회담과 핵전쟁을 피할 수 있는 방법을 모색하라고 강력히 요구하고 있었다. 전세계의 모든 국가에서 '평화'가 지배적인 정치 쟁점으로 등장했으며, 국제 정치에서도 역시 그 문제는 압도적인 관심의 대상이 되었다. 세계 인구의 반이 넘는 아시아·아프리카의 공식 대표가 한 자리에 처음 모인 '반둥'(Bandoeng) 회의에서도 협상을 통한 공존과 세계 평화가 주장되었다. 1955년 여름 샌프란시스코에서 열린 국제연합 제10차 연차총회에서 66개 국의 대표들은 함께 평화를 외쳤다. 핀란드 수도 헬싱키에서 개최된 세계 평화회의에서 99개국으로부터 2천 명의 대표가 참가해 협상과 세계 평화를 요구했으며, 이 회의는 또한 다른 대부분의 회의처럼 군비 축소와 핵무기 금지를 요구했다.

이런 모든 일들은 이전과는 다른 전혀 새로운 변화였으며, 수소폭탄보다도 더 강력한 움직임이었다. 가장 호전적인 정치가라 할지라도 평화를 바라는 인류 공통의 염원을 고려하지 않을 수 없게 되었다. 아이젠하워 대통령이 "전쟁이 아닌 평화를 목적으로 하는 생산을 통해 번영을 이룩하자" 그리고 "결국 그것도 가능하다"고 말한 것도 그때였으며, 미국·소련·프랑스·영국 대표들 사이에 정상회담이 합의되고 곧 이어 제네바에서 회담이 열린 것도 그때였다.

삶과 죽음간의 선택의 폭이 좁아지면서 개개인의 인간적인 욕망보다는 거역할 수 없는 현실들이 점차 인류의 갈 길을 좌우하게 된다는 사실이 날이 갈수록 분명해져 갔다.

'미국노동총동맹'과 '산업별 노동조합회의'의 통합 문제에 있어서도 독점자본의 이익에 봉사하는 히틀러식 노동전선 같은 것으로 만들고 싶어하는 자들보다는, 강력하고 통일된 미국 노동운동 본부를 만들어야 된다는 역사적 요청이 이 새로운 기구의 진로를 결정하게 될 것처럼 보였다. 떨어지는 것이 어디로 가고 싶든 중력은 그것을 땅으로 끌어당기듯이 사태는 결국 순리대로 돌아가기 마련이다. 미국 노동운동 세력이 유기적인 통일 조직을 이루면 결국 커다란 활력을 가짐으로써 더 큰 투쟁 능력과 더 높은 임금을 얻어내고, 남부의 노동자들을 조직화시키며, 해마다 임금이 인상되도록 제도화하고, 자동화(오토메이션)로 생기는 실업으로부터 노동자들을 보호하고, 독자적인 정치활동을 추구할 수 있을 것으로 보였다. 이것은 부분적으로는 노동자들이 단결하면 강력한 세력이 될 수 있다는 일반 노조원들의 신념에서 나온 것이었다.

마침내 통일된 노동조직의 위원장 조지 미니와 몇몇 후계자들은 미국이 평화롭게 살려면 소련과 평화를 이룩해야 하며, 또한 아이젠하워 대통령이 소련 수상과 회담을 가질 수 있다면 이들 강대국들은 공존할 수 있을 것이라는 점을 이해하게 되었다. 그러나 이 뿐만이 아니었다. 그들은 시민의 평화와 행복은 세계 평화와 행복에 달려 있음을 깨달았다. 이 같은 위대한 사실에서 국가를 불황의 위협과 전쟁의 파멸로부터 구제할 통일된 노동운동 세력을 바탕으로 한 미국인에 대한 희망과 몇 가지 징후가 나타났다. 그리고 그러한 연합은 독점자본의 적색 공포 작전과 이와 한통속인 히틀러의 커다란 사기가 모든 사람들의 머리 속에서 사라지기 전에는 이루어질 수 없다는 점도 마찬가지로 분명해졌다.

맺음말

'**위**' 기'(危機)라는 말의 한자 표기는 '위험'을 뜻하는 '危'자와 '기회'를 의미하는 '機'의 두 글자가 합쳐져 이루어진 단어이다. 세계적 위기에 직면해 미국은 한편으로는 위험과 또 한편으로는 기회를 맞이하고 있었다. 즉 '위험'은 핵전쟁을, '기회'는 미국인을 전쟁이 아닌 평화를 위한 경제활동으로 이끌어 가는 것이었다. '위험'은 전세계적인 참화이며 결정적인 파멸이다. '기회'는 거대한 미국 경제가 엄청난 무기생산이 아닌 다른 산업에 힘을 쏟아 이제까지 누린 적이 없던 풍요와 만족을 이룩하는 것이다.

이 책의 처음에 말했듯이, 미국 노동자들의 이야기는 근본적으로 미국 민중의 역사이다. 노동자들은 따로 떨어져서 산 적도 없었으며, 동맹세력 없이 발전한 적도 없었다. 노동운동은 독점자본과 마찬가지로 미국인의 생활에 주류(主流)였다. 과거 노동운동이 월가(街)의 세력에 대항해 1890년대 인민당의 봉기에서 농민, 중소기업가, 흑인과 손을 잡았던 것처럼 노동자들이 서로 동맹했을 때에만 위대한 성과를 거둘 수 있었다. 또 뉴딜 정책에서 승리를 거둔 것도 이 같은 연합을 통해서였다.

동(東)과 서(西), 자본주의와 사회주의가 공존하는데 필요한 평화의 방향으로 나아감에 따라, 전쟁 공포나 빨갱이 공포를 북돋우는 것이 아닌 평화와 행복을 이룰 수 있는 경제를 건설할 미국 민중의 새로운 연합을 주도하는 것이 노동운동 세력의 역사적 역할로 등장하고 있다. 이제 '빨갱이로 몰아치기'가 공식적으로 한 물간 정부 정책이 된 것을 보더라도, 노동자들이 공개적으로 그 정체를 폭로하는 노력을 안했거나 강력한 반대 운동을 하지 않았다면 반동적인 세력은 공산당으로 모는 수법을 언제나 사용했음을 미국 역사의 교훈을 통해 새롭게 발견하게 된다.

또한 국민이 노동운동 세력의 주도 아래 단결될 때 실비스가 이 책의 첫머리에서 말했듯이 "우리가 도전할 수 없는 악의 세력은 존재하지 않게 된다." 하나로 뭉친 노동운동 세력 ── 그 동맹세력과 단결한 노동세력 ── 은 풍요하고 사랑스런 미국이란 땅을 피와 땀으로 위대하게 만든 미국 민중들에게 되돌려 줄 수 있는 억누를 수 없는 절대적인 사회적 힘이다. 민중의 단결은 수소폭탄보다도 더 큰 힘을 갖고 있다. 이 힘은 민중이 독점자본이 떠드는 낡아빠진 '빨갱이'라는 위협으로 갈라지거나 약해지지만 않는다면 꺾일 수 없는 것이다.

이 처절한 이야기를 통해 우리는 전쟁과 가난을, 그리고 생각이 다르다는 이유로 박해를 받는 일이 잔인한 과거의 추억에 지나지 않게 되는 그런 때가 꼭 오리라는 확신을 가질 수 있다. 에드먼드 러핀은 인간을 종으로 삼는 노예제도가 영원히 유지될 것이라고 생각했고, 법원이 모든 노동조합을 외국 음모의 소산이며 앞잡이일 뿐이라고 판결했던 시절도 한때 있었다. 실비스에서 시작된 투쟁의 길은 길고도 험했고 많은 역경이 있었다. 하지만 노동운동은 언제나 전진만이 있었다.

록키 산맥의 탄광 광부들의 투쟁에서 처절하게 싸운 빌 헤이우드의 투쟁과 숨지는 순간까지도 "민중의 소리를 들어라!"고 외쳤던 파슨즈의 죽음은 결코 헛된 것이 아니었다. 민중의 소리는 결국 이룩될 것이므로……. 노동자들의 역사를 돌이켜보면 '몰리 매가이어' 사람들과 유진 뎁스와 또 무엇보다도 '산업별 노동조합회의' 및 뉴딜 정책의 승리를 거둔 수백만 노동자의 용맹과 단결에서 앞날은 밝다고 확신할 수 있다.

그들은 대격전의 날들과 어둠의 날들이 가로놓여 있음을 알았다. 그러나 그 어둠의 저 너머로 그들은 밝은 새날의 장엄한 빛을 볼 수 있었다. 그들은 "희생이 힘겨울수록 승리는 더욱 영광스러운 것이다" 하는 위로를 새겨 보았다.

역자 후기

혼히 사람들은 미국을 떠올리면 '아메리칸 드림'이나 '자유민주주의의 이상형'을 생각하곤 한다. 이제는 많이 사라져 버린 말들이지만, 아직도 그러한 잔혼들이 남아 있는 것은 사실인 듯하다. "자유의 화신"이자 "부와 기회의 상징"으로 줄곧 들어온 미국에 대한 기억이 많은 사람들 사이에서 아스라히 떠돌고 있는 것이다.

하지만 또 다른 한쪽에선 분명 오래 전부터 미국에 대한 이런 시각에 도전장을 던져 왔던 것도 사실이다.

특히 베트남 살육과 니콰라과 침공, 그리고 파나마 운하에 대한 이권을 지키기 위해 4천 명 이상의 민중들을 학살하며 벌였던 파나마 사태 등을 보며 '미국 바로보기'는 더욱 구체적으로 진행되어 왔다. 게다가 우리 나라의 현실도 그 제국주의의 위력 앞에서 결코 자유롭지 못한 상태이고 …….

그러나 미국의 제국주의적 침략에 대해선 비판의 소리가 높지만, 미국 국내에서 벌어졌던 질곡의 피어린 역사 과정에 대해선 잘 모르고 있는 경우가 일반적인 듯하다. 미국 정부가 다른 약소국 민중들에 대해선 무자비한 칼날과 조치들을 휘두르고 있지만, 자국 국민들에게는 그래도 민주적인 조치들로서 대하고 있고 여전히 미국은 노동자들에게 '기회'가 펼쳐져 있는 나라라는 것이다.

하지만, 사실은 전혀 그러지 않았다. 그것은 알려져 있지 않았을 뿐, 어느 나라 못지않게 노동자투쟁과 그 피비린내 나는 대결이 있어 왔다. 그 노동자운동은 오랫동안 전진과 후퇴의 길 속에서 소중한 경험과 단결력을 쌓아 왔다.

이 책 ≪알려지지 않은 미국 노동운동 이야기≫는 미국의 노동운동을 통해 남북전쟁 후 미국의 전(全)역사과정을 꼼꼼히 살피고 있다. 그래서 미국의 '자유신화'를 올바르게 볼 수 있도록 하는 데에 큰 힘을 제공한다.

노동자들과 흑인·여성 들의 가슴 절절한 피어린 역사가 여기에 있다.

그리고 록키 산맥 탄광에서 투쟁을 이끈 빌 헤이우드, 자유언론의 기수 존 스윈튼, '민중의 소리를 들으라'는 말을 남기고 형장의 이슬로 사라진 앨버트 R 파슨즈와 평생 동지이자 그의 반려자였던 루시 파슨즈, 최초의 전국적 노동조직을 만든 강철 사나이 윌리엄 H 실비스, 미국 노동운동의 거목인 유진 뎁스, 공제조합 노조 지도자였던 존 씨니, '세계 산업노동자 동맹'의 여성 조직가 엘리자베드 걸린 플린, '8시간 노동제'를 위해 싸우다 사형당한 오거스트 스파이즈, 이민 노동자로서 노동운동에 투신한 바톨로미오 반제티 등의 숨겨진 얘기가 이 책에 담겨 있다.

또한 가슴 벅찬 산업별 노동조합회의의 건설과정과 플린트 연좌농성의 가슴 떨리는 구체적인 얘기가 흥미진진하게 담겨져 있다.

그러나 이 모든 것은 좀더 나은 사회를 건설하기 위해 싸웠던 '평범한' 전체 노동자 운동의 한 일부분일 뿐이다.

한편 그 반대편에서 노동자운동에 맞섰던 J P 모건, 존 D 록펠러, 앤드류 카네기, 조지 M 풀먼, 필립 아머 등의 기업주들과 '빨갱이 소동'의 주역 메카시, 노동운동의 전진에 맞서 기업주와의 타협에 일관했던 새뮤얼 곰퍼즈 등의 배신과 음모·협잡의 세세한 내막들도 여기에 있다.

미국의 노동운동 경험에서 우리는 교훈들을 이끌어 낼 수 있을 것이다.

이 책은 1981년도에 '인간사'에서 출간된 적이 있었다. 책의 내용이 좋아 아직도 유용하리라는 믿음을 가지고, 새로운 작업을 오랜 인내 속에서 해 왔다.

이 책의 재출판을 허락해 준 '도서출판 인간사' 대표님께 감사드리고, 무엇보다 책갈피 편집부 식구들에게 고마움의 인사를 전한다. 그들이 없었다면 이 책은 나오기 힘들었을 것이다.

물론, 오역과 의미의 부정확한 전달이 있다면 그 책임은 모두 나에게 있는 것이다.